Die Entsprechenserklärung zum Deutschen Corporate Governance Kodex
nach § 161 AktG

Schriftenreihe zum Gesellschafts- und Kapitalmarktrecht

Herausgegeben von Lutz Michalski,
Axel Jäger und Klaus-Rudolf Wagner

Band 10

PETER LANG
Frankfurt am Main · Berlin · Bern · Bruxelles · New York · Oxford · Wien

Christoph Radke

Die Entsprechenserklärung zum Deutschen Corporate Governance Kodex nach § 161 AktG

Grundlagen und Haftungsfragen

PETER LANG
Europäischer Verlag der Wissenschaften

Bibliografische Information Der Deutschen Bibliothek
Die Deutsche Bibliothek verzeichnet diese Publikation in der Deutschen Nationalbibliografie; detaillierte bibliografische Daten sind im Internet über <http://dnb.ddb.de> abrufbar.

Zugl.: Bayreuth, Univ., Diss., 2004

D 703
ISSN 1619-117X
ISBN 3-631-52556-7

www.peterlang.de

Meinen Eltern

Vorwort

Die vorliegende Arbeit ist im Wintersemester 2003/2004 als Dissertation von der Rechts- und Wirtschaftswissenschaftlichen Fakultät der Universität Bayreuth angenommen worden. Für die Veröffentlichung sind Rechtsprechung und Literatur bis Anfang 2004 berücksichtigt. Die Arbeit wurde gefördert durch ein Stipendium der *Hanns-Seidel-Stiftung e.V.* aus Mitteln des Bundesministeriums für Bildung und Forschung (BMBF).

Großer Dank gilt meinem Doktorvater *Prof. Dr. Lutz Michalski*. Er hat diese Arbeit betreut und stand mir jederzeit für Ratschläge zur Verfügung. Gleichzeitig hat er mir großen Freiraum bei der Erarbeitung der Dissertation gegeben. Ich danke ihm auch für die schnelle Erstellung des Erstgutachtens und für die Aufnahme der Arbeit in diese Schriftenreihe.

Herrn *Prof. Dr. Karl-Georg Loritz* danke ich für die zügige Erstellung des Zweitgutachtens, Herrn *Prof. Dr. Wilfried Berg* für die Übernahme des Vorsitzes der Prüfungskommission.

Herrn Rechtsanwalt *Prof. Dr. Gerd Krieger*, Düsseldorf, danke ich dafür, dass er mich frühzeitig auf das Thema aufmerksam gemacht hat. Herrn *Philipp Schmidt*, Düsseldorf, danke ich für Anregungen bei der Korrektur des Manuskripts.

Ganz besonderer Dank gilt meiner *Britta*. Sie hat mich von der ersten Idee an, eine Dissertation zu schreiben, auf jede erdenkliche Weise unterstützt. Schon durch ihre Bereitschaft mir zuzuhören und mit mir zu diskutieren, aber auch durch vielfältige Anregungen hat sie zum Gelingen dieser Arbeit beigetragen.

Gewidmet ist diese Arbeit meinen Eltern *Romy und Bernd Radke*, die mir mein Studium ermöglicht und mich jederzeit in allen Belangen großzügig unterstützt haben.

Bayreuth, im Februar 2004 *Christoph Radke*

Inhaltsübersicht

Inhaltsverzeichnis

Die in der Arbeit benutzten Abkürzungen richten sich nach *Kirchner, Hildebert / Butz, Cornelie* Abkürzungsverzeichnis der Rechtssprache, 5. Auflage Berlin 2003.

Sämtliche Internetseiten sind – soweit nicht anders vermerkt – zuletzt am 15. September 2003 abgerufen worden.

Einführung

Corporate Governance ist wahrscheinlich *das* Thema der letzten Jahre im Gesellschafts- und Kapitalmarktrecht. Nachdem das Thema aus dem angloamerikanischen Raum zunächst von den Rechts- und Wirtschaftswissenschaften entdeckt worden war, haben sich auch die Bundesregierung und schließlich der Gesetzgeber dieses Bereichs ausdrücklich angenommen.

So wurde im Mai 2000 eine Regierungskommission „Corporate Governance" eingesetzt, die unter anderem empfohlen hat, einen „Code of Best Practice" für deutsche Unternehmen zu entwickeln. Hierfür wurde im September 2001 die „Regierungskommission Deutscher Corporate Governance Kodex" gebildet, die den von ihr erarbeiteten „Deutschen Corporate Governance Kodex (DCGK; Kodex)" am 26.2.2002 der Bundesministerin der Justiz überreichte. In diesem Kodex, der auf Vorarbeiten der ersten Regierungskommission, aber auch auf privaten Kodex-Initiativen und Kodizes einzelner Unternehmen aufbauen konnte, werden nunmehr die wesentlichen gesetzlichen Vorschriften zur Unternehmensführung und -kontrolle börsennotierter Gesellschaften in Deutschland zusammengestellt. Daneben beinhaltet er Verhaltensregeln in Form von Empfehlungen und Anregungen, die nach Meinung der Regierungskommission gute Corporate Governance, also gute Unternehmensleitung und -überwachung, ausmachen. Der Kodex ist erstmals am 30. August 2002 offiziell im elektronischen Bundesanzeiger veröffentlicht worden.

Der Kodex steht aber nicht auf gleicher Stufe wie Kodizes privater Initiativen oder Kodizes einzelner Unternehmen. Denn durch das Gesetz zur weiteren Reform des Aktien- und Bilanzrechts, zu Transparenz und Publizität (TransPuG), das am 21. Juni 2002 endgültig vom Bundesrat verabschiedet wurde und zum 26. Juli 2002 in Kraft getreten ist[1], wurde ein neuer § 161 AktG in das deutsche Aktienrecht eingeführt. Dieser verpflichtet Vorstand und Aufsichtsrat börsennotierter Gesellschaften, jährlich zu erklären, ob den Empfehlungen des Deutschen Corporate Governance Kodex entsprochen wurde und wird, oder welche Empfehlungen nicht angewendet wurden oder werden. § 161 Satz 2 AktG bestimmt zudem, dass diese sogenannte Entsprechenserklärung den Aktionären dauerhaft zugänglich gemacht werden muss.

Mit diesem Gesetz, so heißt es, werde eine neue Epoche der Corporate Governance in Deutschland eingeläutet[2]. Der Kodex sei ein neuer Meilenstein[3] bzw. der vorläufige Endpunkt der Entwicklung der Corporate Governance in

---

1 Gesetz vom 19.7.2002, BGBl. I, S. 2681; dazu ausführlich unten Kapitel 3 (Seite 69 ff.).
2 *Hütten* BB 2002, 1740.
3 Vgl. die Nachweise bei *Seibert* AG 2002, 417.

Deutschland[4]. Die Frage „comply or not to comply" im Hinblick auf den Kodex sei eine Existenzfrage für börsennotierte Gesellschaften[5]. Die durch diese Stellungnahmen zum Ausdruck kommende große Bedeutung der Entsprechenserklärung nach § 161 AktG zeigt sich sowohl an den vielen Seminaren, Kolloquien und Konferenzen, die hierzu abgehalten wurden[6], aber auch an den kaum noch überschaubaren Veröffentlichungen.

A. Problemaufriss und Stand der Diskussion

Bis zum 31.12.2002 mussten Vorstände und Aufsichtsräte börsennotierter Unternehmen erstmals die Entsprechenserklärung in eingeschränkter Form abgeben, bis zum 31.12.2003 müssen sie eine umfassende Erklärung abgeben. Dabei ist schon die Abgabe dieser Erklärung mit erheblichen Unsicherheiten verbunden. Wer ist überhaupt Adressat der Erklärungspflicht? Was ist Gegenstand der Erklärung, und welchen Inhalt hat diese Erklärung? Vor allem aber: Welche Bindung besteht an die einmal abgegebene Erklärung, inwieweit ist diese Erklärung änderbar? Und schließlich als – höchst umstrittene – Kernfrage: Inwieweit birgt die neue Erklärungspflicht auch neue Haftungsrisiken für die Erklärenden oder die Unternehmen?

Die Unsicherheiten sind nicht nur darauf zurückzuführen, dass § 161 AktG relativ kurzfristig eingeführt wurde. Hinzu kommt, dass der Gesetzgeber durch die Verbindung einer gesetzlichen Regelung mit einem Verhaltenskodex einer – vom Gesetzgeber nicht beeinflussbaren – Regierungskommission eine völlig neue Art der rechtlichen Gestaltung gewählt hat[7]. Weitere Unklarheiten werden durch – bisher zwei – Überarbeitungen des Kodex ausgelöst.

Viele der genannten und weitere Fragen wurden bereits bei Bekanntwerden der Gesetzesentwürfe gestellt. Sie sind mittlerweile in einer Vielzahl von

---

4 *Lutter* ZIP 2003, 737, 738.

5 *Schüppen* ZIP 2002, 1269, 1271.

6 Etwa „Der Corporate Governance Kodex – Rechte, Pflichten und Risiken für Vorstand und Aufsichtsrat" am 6.11.2002 in Düsseldorf, am 22.11.2002 in Berlin und am 29.11.2002 in München; „Der Deutsche Corporate Governance Kodex – Chancen und Verantwortung für Aufsichtsrat und Vorstand" mit anschließendem Diskussionsforum „Kodex konkret" am 20. und 21.2.2003 in Frankfurt am Main; Kölner Tage „Corporate Governance", Tagungsbericht in BKR 2002, 425 f. und bei *jja* FAZ vom 22.4.2002 (Nr. 93), S. 18; Hannoveraner Kolloquium Corporate Governance am 4.7.2003, zu dem auch eine Ringvorlesung und ein weiteres Kolloquium geplant sind, vgl. den Veranstaltungsbericht NJW Heft 37/2003, S. XIV ff. und schließlich die Konferenzen Deutscher Corporate Governance Kodex, vgl. zur ersten Konferenz *Cromme* Corporate Governance Report 2002; zur zweiten Konferenz am 25. und 26. Juni 2003 in Berlin vgl. Handelsblatt vom 26.6.2003 (Nr. 120), S. 2 und Handelsblatt vom 27./28.6.2003 (Nr. 121), S. 14.

7 So die ganz herrschende Meinung, vgl. *Ulmer* ZHR 166 (2002), 150, 152; *Semler/Wagner* NZG 2003, 553, 554; anders nur *Abram* ZBB 2003, 41, 42 mit Verweis auf § 3 Nr. 5 BGBInfoVO; der Verweis direkt aus einem formellen Gesetz auf einen nicht vom Gesetzgeber beeinflussbaren, von einem konkreten privaten Gremium erstellten Kodex ist aber in jedem Fall eine völlig neue Regelungsart.

Veröffentlichungen, die in ihrer großen Mehrheit erst während der Erstellung dieser Arbeit herausgekommen sind, angesprochen und diskutiert worden. Zum Deutschen Corporate Governance Kodex selbst gibt es mittlerweile bereits drei Praxiskommentare[8], seit Neuestem ist auch eine Kommentierung des § 161 AktG veröffentlicht worden[9]. Eine umfassende monographische Darstellung, die die angesprochenen Fragen abdeckt und darüber hinaus angrenzende Bereiche behandelt, ist aber bisher nicht erschienen. Die vorliegende Arbeit will daher die Grundlagen des § 161 AktG darstellen, wobei auch auf den Kodex und zuvor auf die grundlegenden Entwicklungslinien der Corporate-Governance-Bewegung eingegangen wird. Die Arbeit will außerdem Möglichkeiten der Umsetzung des Kodex aufzeigen und vor allem eine Antwort auf die Frage einer möglichen zivil- und auch strafrechtlichen Haftung geben. Dabei wird vielfach auf Ansätze zurückgegriffen, die in der bisherigen Diskussion in der Literatur bereits angeklungen sind. Diese werden unter Berücksichtigung der Auseinandersetzung in der Literatur erörtert und vertieft, darüber hinaus werden neue Aspekte in die Diskussion eingebracht.

B. Themenabgrenzung

Gegenstand der Arbeit sind Grundlagen und Haftungsfragen der Entsprechenserklärung zum Deutschen Corporate Governance Kodex nach § 161 AktG. Hierdurch werden bereits so viele Probleme zu erörtern sein, dass dadurch zwei miteinander zusammenhängende Fragestellungen aus eher rechts- und verfassungstheoretischem Gebiet nur im Rahmen dieser Einführung angesprochen werden können.

Dabei handelt es sich zum einen um die im Zusammenhang mit § 161 AktG auftretenden verfassungsrechtlichen Probleme. Im Hinblick auf den Regelungsmechanismus § 161 AktG/Kodex/Kodex-Kommission sind hier erhebliche Bedenken im Hinblick auf die Verfassungsmäßigkeit, insbesondere zur Vereinbarkeit mit dem Gesetzesvorbehalt und dem Demokratieprinzip, geäußert worden[10]. Denn in § 161 AktG verweise der Gesetzgeber auf den Kodex einer Kommission, deren Berufung ohne gesetzliche Legitimation erfolgt sei, und für deren Unabhängigkeit und Verfahren der Gesetzgeber keinerlei Regeln aufgestellt habe[11]. Er behandele sie vielmehr als vorgefundene, vor- oder

8 *Peltzer* DCG; *Ringleb* u.a. DCGK-Komm; *Hucke/Ammann* DCGK-Leitfaden; seit Anfang 2004 ist außerdem das „Handbuch Deutscher Corporate Governance Kodex", herausgegeben von *Norbert Pfitzer* und *Peter Oser* im *Schäffer-Poeschel-Verlag* veröffentlicht – dieses konnte in der vorliegenden Arbeit jedoch nicht mehr berücksichtigt werden. Gleiches gilt für das im *Otto-Schmidt-Verlag* in Zusammenarbeit mit dem *Schäffer-Poeschel-Verlag* erschienene „Handbuch Corporate Governance", herausgegeben von *Peter Hommelhoff, Klaus J. Hopt und Axel von Werder*.

9 MünchKommAktG/*Semler* § 161.

10 Etwa bei *Kollmann* WM-Sonderbeilage 1/2003, S. 6; *Seibt* AG 2002, 249, 250; *Ulmer* ZHR 166 (2002), 150, 161; *Wolf* ZRP 2002, 59 f.; *Wilsing* FAZ vom 9.3.2002, S. 21.

11 *Ulmer* ZHR 166 (2002), 150, 163.

außerrechtliche Instanz[12]. Diese Bedenken haben dazu geführt, dass es in der Begründung des Gesetzes nunmehr heißt[13]:

> „Der Gesetzeswortlaut soll die Bezeichnung der Kodex-Kommission „Regierungskommission Deutscher Corporate Governance Kodex" wiedergeben. Es wird damit klar darauf Bezug genommen, dass es sich um die vom Bundesministerium der Justiz eingesetzte und unter Wahrung der Grundsätze der Repräsentanz und Ausgewogenheit zusammengesetzte „Regierungskommission Deutscher Corporate Governance Kodex" handelt. Zugleich wird vorgeschrieben, dass die Verpflichtung zur Abgabe der Entsprechenserklärung nur nach Bekanntmachung im amtlichen Teil des elektronischen Bundesanzeigers durch das Bundesministerium der Justiz besteht. Das verdeutlicht, dass dem Bundesministerium der Justiz eine Rechtskontrolle des Kodex bleibt und obliegt. Enthielte der Kodex Rechts- oder Verfassungsverstöße oder Empfehlungen, die zu rechtswidrigem Verhalten auffordern, so müsste dem Kodex die Bekanntmachung verwehrt werden".

Der Regelungsmechanismus wird von Regierungsseite mit den Worten umschrieben, hier sitze „die Regierung auf der Ersatzbank"[14]. Der Hinweis des Gesetzgebers, die Kommission sei unter Wahrung der Grundsätze der Ausgewogenheit und Repräsentanz besetzt worden, soll die verfassungsrechtlichen Anforderungen erfüllen, die gestellt werden, wenn wesentliche normative Entscheidungen auf eine Ebene unterhalb des formellen Gesetzes verwiesen werden[15]. Ob hierdurch dem Kodex tatsächlich ausreichende verfassungsrechtliche Legitimation gegeben worden ist, bleibt abzuwarten. Denn verfassungsrechtlich wird zumindest die Ausarbeitung verfahrensrechtlicher Vorgaben vom Gesetzgeber gefordert[16], die im vorliegenden Fall gerade nicht existieren[17]. Weiterhin könnte fraglich sein, ob es sich hier nicht um eine nur in engen Grenzen zulässige dynamische Verweisung handelt[18]. Für die Ursprungsversion des Kodex wird man darauf verweisen können, dass diese dem Gesetzgeber zur Zeit der Verabschiedung von § 161 AktG bekannt war, so dass er diese in seinen Willen inkorporiert hat. Für spätere Abweichungen gilt das aber gerade nicht mehr. Hierfür wird lediglich darauf verwiesen, „der Gesetzgeber könne die Sache wieder an sich ziehen, wo er den Kodex für nicht ausreichend hält oder die Akzeptanz [durch die Unternehmen] nicht ausreicht"[19].

---

12 *Ulmer* ZHR 166 (2002), 150, 163.
13 Beschlussempfehlung und Bericht Rechtsausschuss, BT-Drs. 14/9079, S. 18.
14 *Marx* Wpg-Sonderbeilage 2001, 9, 10.
15 Vgl. dazu etwa *Hommelhoff/Schwab* FS Kruse, S. 693, 700 ff. m.w.N.; zuvor bereits *Lübbe-Wolff* ZG 1991, 219, 243.
16 *Denninger* Anforderungen, S. 172; *Lübbe-Wolff* ZG 1991, 219, 247.
17 Dazu noch unten Seite 53 f., 66 f.
18 Allgemein dazu *Sachs* in: Sachs Grundgesetz, Art. 20 Rn. 123 m.w.N.; viele Nachweise auch bei *Ulmer* ZHR 166 (2002), 150, 162.
19 *Seibert* BB 2002, 581, 582; in diese Richtung auch [Bundesjustizministerin] *Zypries* nach *Nink/Ehrlich* FTD vom 22.9.2003, S. 9.

Die zweite Frage, die nur kurz angesprochen wird, ist die nach der Rechtsnatur des Mechanismus von § 161 AktG in Verbindung mit dem Kodex. Denn während schon die Einordnung privater Kodizes in das System der bisher bekannten Rechtsquellen große Probleme bereitet hatte[20], ist durch die in § 161 AktG enthaltene Verweisung auf den Kodex diese Einordnung nochmals erschwert, insbesondere soweit es um die Empfehlungen des Kodex geht[21]. Denn der Kodex beinhaltet Normen, die von einer Kommission gesetzt sind und damit kein staatliches Recht im Sinne einer mittleren Regulierungsebene[22]. So sind bisher vor allem negative Abgrenzungen vorgenommen worden[23]. Dabei ist deutlich geworden, dass die bisher bekannten Kodizes, die Insiderhandelsrichtlinie und der Übernahmekodex, als Vergleichsmaßstab ausscheiden, da hierfür eine gesonderte Unterwerfung notwendig war[24]. Besonderes Augenmerk ist Parallelen und Unterschieden zu § 342 HGB gewidmet worden[25], der die Anerkennung privater Rechnungslegungsgremien vorsieht und eine Vermutung aufstellt, dass bei Beachtung der von diesen Gremien erstellten Empfehlungen die Grundsätze ordnungsgemäßer Buchführung beachtet worden sind. Eine solche Vermutungsregel stellen § 161 AktG oder der Kodex aber gerade nicht auf[26]. Denkbar ist auch, den Kodex als Teil der schwer zu fassenden „Privaten Rechtsetzung" zu verstehen[27]. Allerdings zeigt die Ernennung der Kommission durch das Bundesjustizministerium, dass es sich hier gerade nicht um ein rein privates Gremium handelt, sondern um ein staatlich sanktioniertes. Auch ein Vergleich mit normkonkretisierenden Verwaltungsvorschriften, die im Öffentlichen Recht weithin üblich sind[28], oder mit den in §§ 48 ff. BImSchG genannten „Beteiligten Kreisen"[29] kommt kaum in Betracht, da bei § 161 AktG und im Kodex keine Regeln konkretisiert werden sollen, sondern ganz neue Regeln aufgestellt werden, die dann auch nicht verbindlich sind, sondern zu denen Vorstand und Aufsichtsrat auch einfach erklären können, sie werden die Empfehlungen und Anregungen des Kodex nicht einhalten.

---

20 Vgl. *Claussen/Bröcker* AG 2000, 481 ff.

21 Vgl. *Hucke/Ammann* DCGK-Leitfaden, S. 140 ff.; *Borges* ZGR 2003, 508, 514 ff.; *Kollmann* WM-Sonderbeilage 1/2003, S. 5 f.

22 *Ulmer* ZHR 166 (2002), 150, 158 f. m.w.N.

23 Insbesondere *Bachmann* WM 2002, 2137, 2138 f.; *Kollmann* WM-Sonderbeilage 1/2003, S. 5 f.; *Ulmer* ZHR 166 (2002), 150, 158 ff.

24 *Borges* ZGR 2003, 508, 526 f.; *Ulmer* ZHR 166 (2002), 150, 159; zum Versagen von Insiderhandelsrichtlinie und Übernahmekodex *Hopt* ZGR 2000, 779, 788; *Borges* ZGR 2003, 508, 535 f.; *Ehrhardt/Nowak* AG 2002, 336, 343 f.

25 *Borges* ZGR 2003, 508, 518 ff.; *Ulmer* ZHR 166 (2002), 150, 161 ff.

26 So auch *Bachmann* WM 2002, 2137, 2138 f.

27 *Ulmer* ZHR 166 (2002), 150, 160 m.w.N. in Fußnote 40.

28 Dazu *Denninger* Anforderungen; *Marburger* Regeln der Technik; *Rittstieg* Konkretisierung; *Lübbe-Wolff* ZG 1991, 219 ff.

29 Dazu etwa *Leitzke* Anhörung beteiligter Kreise.

Soweit es in der vorliegenden Arbeit um die Frage geht, welches rechtliche Gewicht dem Kodex im Hinblick auf die Konkretisierung von Sorgfalts- und Verhaltenspflichten zukommt, wird hierauf zu gegebener Zeit eingegangen[30].

Im Ergebnis kommt bei der Frage nach der Verfassungsmäßigkeit und der Rechtsnatur des Mechanismus § 161 AktG/Kodex/Kodex-Kommission ein Problem zum Vorschein, das – vor allem von den Politikwissenschaften in den 1980er Jahren – mit dem Begriff (Neo-)Korporatismus bezeichnet wurde. Gemeint ist hiermit die Vermischung und Auflösung der Grenzen zwischen Staat und Gesellschaft durch zunehmende Interaktion und organisatorische Zusammenschaltung staatlicher Entscheidungsträger und privater Interessenverbände auf der Grundlage zunehmender wechselseitiger Abhängigkeit[31]. Der Neokorporatismus spiegelt sich dabei gerade auch in der Einsetzung immer neuer Expertenrunden und Kommissionen wieder. In letzter Zeit ist diese Entwicklung vor allem unter den Begriffen Entformalisierung (Informalisierung) und Entparlamentarisierung sowie unter dem Gesichtspunkt der Selbstentmachtung des Parlaments wissenschaftlich, aber auch verfassungspolitisch stark kritisiert worden[32].

C. Gang der Darstellung

Am Anfang ist bereits kurz erwähnt worden, dass Corporate Governance das Thema der letzten Jahre im Gesellschafts- und Kapitalmarktrecht schlechthin war. Daher behandelt *Kapitel 1* die Corporate-Governance-Bewegung. Nach einführenden Begriffsbestimmungen, insbesondere zur Bedeutung von „Corporate Governance", folgt die Darstellung des Ausgangspunkts, der Zielsetzung und der verschiedenen Ausformungen von Corporate Governance. Anschließend werden die Entwicklung der Corporate-Governance-Debatte und insbesondere ihre Rezeption und Auswirkungen in Deutschland dargestellt.

Kapitel 2 stellt den im August 2002 erstmals offiziell veröffentlichten – und im Anhang in seiner aktuellen Version abgedruckten – Deutschen Corporate Governance Kodex vor. Dies geschieht durch einen Überblick über die

---

30 Vgl. dazu unten Kapitel 6 A.I.1.b) (insbesondere Seite 204 f.).

31 Dazu *Denninger* Anforderungen; *Lübbe-Wolff* ZG 1991, 232 ff. m.w.N.; kritischer *Grimm* HdB. VerfR, § 15 Rn. 10.

32 Vgl. unter anderem *Papier* ZFSH/SGB 2003, 67, 69 ff.; *Ruffert* DVBl 2002, 1145, 1147 f.; dazu auch der Tagungsbericht der Vereinigung der Deutschen Staatsrechtslehrer in St. Gallen 2002 bei *Grote* JZ 2003, 510; außerdem in der allgemeinen Presse etwa „[Bundespräsident] *Rau* kritisiert Kommissionswesen", nach *ban* FAZ vom 28.6.2003 (Nr. 147), S. 2; Oberster Verfassungsrichter rügt „Politik mit Kommissionen", [Präsident des Bundesverfassungsgerichts] *Papier* nach jja. FAZ vom 25.4.2003 (Nr. 89), S. 13; erneut *Papier* in einem Interview des Tagesspiegel vom 14.9.2003 (Nr. 18240), S. 8; kritische Anmerkungen auch im Gutachten „Aktuelle Formen des Korporatismus", erstellt vom Wissenschaftlichen Beirat beim Bundesministerium für Wirtschaft und Technologie, Datum vom 13. Juni 2000,

Entstehungsgeschichte des Kodex, seine Ziele, seinen Aufbau und seinen Inhalt. Nach einem Bericht über die Veränderungen des Kodex durch die Regierungskommission wird aufgezeigt, an welchen Stellen des Kodex die Literatur Kritik übt. Diese reicht von der grundsätzlichen Infragestellung der Notwendigkeit eines Kodex und seiner Konzeption bis hin zu Kritik an einzelnen Regelungen. Es folgt eine Darstellung der Auswirkungen und künftigen Entwicklungsmöglichkeiten des Kodex.

Die Verankerung der Pflicht zur Entsprechenserklärung in § 161 AktG ist Gegenstand der Erläuterungen des *Kapitel 3*. Nach einem Überblick über die Entstehungsgeschichte der Norm werden die Regelungen des § 161 AktG im Einzelnen betrachtet. Hier geht es um die Themen Adressat der Erklärungspflicht, Gegenstand, Inhalt, Zeitpunkt sowie Form und Art der Erklärung. Es folgt die Erörterung von Problemen im Zusammenhang mit der (unterjährigen) Änderung der Entsprechenserklärung. Im Anschluss daran wird die Frage untersucht, inwieweit eine solche Änderung der Entsprechenserklärung auch die Pflicht zur Abgabe einer Ad-hoc-Mitteilung gemäß § 15 WpHG nach sich zieht. Den Abschluss des Kapitels 3 bildet die Wiedergabe verschiedener Untersuchungen zur Akzeptanz der Empfehlungen des DCGK durch börsennotierte Unternehmen.

Es folgt ein kurzes *Kapitel 4*, in dem die Möglichkeiten der (ergänzenden) Umsetzung des Kodex in den Aktiengesellschaften untersucht werden. Hier ist zu klären, in welcher Form und von wem der Kodex als Ganzes oder einzelne seiner Regelungen umgesetzt werden können. Abschließend erfolgt eine kurze Zusammenfassung zum Internen Controlling durch einen Kodexbeauftragten.

Wie bereits erwähnt ist eine der – wenn nicht die – Kernfrage(n) im Zusammenhang mit § 161 AktG, inwieweit durch die Pflicht zur Abgabe der Entsprechenserklärung neue Haftungsrisiken entstehen. Diese Frage ist Gegenstand der Kapitel 5 und 6, die untersuchen, welche Verstöße gegen den Kodex denkbar sind, und welche Folgen die verschiedenen Verstöße haben.

In *Kapitel 5* wird zunächst dargestellt, dass zwischen verschiedenen Arten von möglichen Verstößen zu unterscheiden ist. Mit Hilfe dieser Unterscheidung ist dann zu prüfen, welche Folgen die einzelnen Verstöße haben können. Dabei kommt eine Sanktionierung durch den Abschlussprüfer oder durch die Aktionäre ebenso wie durch staatliche Stellen in Betracht. Die Frage einer möglichen strafrechtlichen Ahndung nimmt bei dieser Untersuchung einen relativ breiten Raum ein.

Kapitel 6 beschäftigt sich mit der zivilrechtlichen Haftung im Zusammenhang mit § 161 AktG. Besonderes Augenmerk liegt dabei auf der Frage, ob eine persönliche Haftung der Mitglieder von Vorstand und

Aufsichtsrat gegenüber der Gesellschaft (Innenhaftung) oder gegenüber den Aktionären (Außenhaftung) in Betracht kommt. Dabei werden neben §§ 93 (116), 117 AktG vor allem deliktsrechtliche Normen des BGB – bei § 823 Abs. 2 BGB insbesondere unter dem Aspekt, welche Normen Schutzgesetz sein können – und des WpHG untersucht. Es folgt die Erörterung, inwieweit aus spezialgesetzlicher oder bürgerlich-rechtlicher Prospekthaftung Ansprüche der Aktionäre gegen die Mitglieder von Vorstand und Aufsichtsrat herzuleiten sind. Ein wichtiger Punkt ist dabei auch die Frage, wie ein konkreter Schadenseintritt und die Schadenshöhe festgestellt werden können. Weiterhin wird geprüft, ob eine Haftung der Gesellschaft gegenüber den Aktionären in Frage kommt. Gegenstand von Kapitel 6 ist darüber hinaus, inwieweit die richterrechtliche Entwicklung eines neuen Haftungstatbestands zu Gunsten der Aktionäre möglich oder sogar nötig ist. Schließlich wird untersucht, ob de lege ferenda aufgrund verschiedener Gesetzgebungsvorschläge und Gesetzgebungsankündigungen der Bundesregierung das gefundene Ergebnis in Zukunft anders ausfallen könnte.

Kapitel 7 fasst die Ergebnisse dieser Arbeit zusammen.

Kapitel 1: Die Corporate-Governance-Bewegung

A. Begriffsbestimmungen

I. Corporate Governance

„Corporate Governance“ bezeichnet ein interdisziplinär, insbesondere rechts- und wirtschaftswissenschaftlich bearbeitetes Themenfeld. Definitionsversuche für den Begriff der „Corporate Governance“ gibt es mittlerweile unübersehbar viele, sie haben aber bisher nicht zu einem einheitlichen, allgemein anerkannten Ergebnisse geführt[33]. Dies liegt an dem unterschiedlichen historischen, theoretischen und (gesellschafts-)rechtlichen nationalen Kontext, der Corporate Governance geprägt hat und vor dem Corporate Governance betrachtet wird[34] aber auch an der Tatsache, dass Rechts- und Wirtschaftswissenschaftler häufig eine ganz unterschiedliche Zielsetzung ihrer Arbeit haben.

Die Begründung der hier interessierenden heutigen Bedeutung des Begriffs „Governance“ erfolgte Ende der 1970er Jahre. Sie wird häufig *Oliver Williamson* zugeschrieben, der hiermit 1979 bei der ökonomischen Analyse des (Unternehmens-)rechts[35] rechtlich-institutionelle Arrangements bezeichnete, die zwischen Parteien langfristiger Verträge zur Problemlösung entwickelt wurden[36]. Allerdings hatte *Harold Wilson* bereits 1977 ein Buch mit dem Titel „The Governance in Britain“ veröffentlicht und damit den Begriff „Governance“ wiederbelebt[37], und 1978 war der Begriff „Governance“ bereits Gegenstand

---

33 Ähnlich *K. Schmidt* GesR, § 26 II 3 b) (S. 767): „juristisch nicht präzis greifbar“; zu Definitionen aus dem englischsprachigen Bereich vgl. die Zusammenstellungen bei *Berrar* Entwicklung der Corporate Governance, S. 24 ff.; *Wunderer* Verwaltungsrats-Präsident, S. 12 f.; *Schneider* DB 2000, 2413; längere deutsche Definitionsversuche etwa bei *Holzer/Makowski* DB 1997, 688; *von Rosen* Bank 2001, 283; *Roth/Büchele* GesRZ 2002, 63 f.; *Ulmer* AcP 202 (2002), 143, 151; Darstellungen und Systematisierungen der unterschiedlichen Herangehensweise an den Begriff „Corporate Governance“ (vornehmlich aus ökonomischer Sicht) bei *Kreitmeier* Corporate Governance, S. 12 ff. und Anhang 2; *Wunderer* Verwaltungsrats-Präsident, S. 14 ff.

34 Vgl. dazu etwa *Berrar* Entwicklung der Corporate Governance, S. 25; *Kreitmeier* Corporate Governance, S. 14; *Hopt* ZGR 2000, 779, 798; *Schneider/Strenger* AG 2000, 106, 107; *von Werder* in: v. Werder (Hrsg.) GCCG, S. 12; zustimmend auch *Lutter* ZGR 2001, 224, 225 (Fußnote 7); ähnlich *Merkt* Rolle des Kapitalmarktrechts, S. 2 f.; *Lück* FAZ vom 21.10.2002, S. 24.

35 *Williamson* JL&E 22 (1979), 233 ff., auch abgedruckt bei *Tricker* Corporate Governance, S. 133 ff.

36 *Behrens* FS Drobnig, S. 491.

37 *Charkham* Keeping good Company, S. 248.

einer Äußerung von *Clifford C. Nelson*, damaliger Präsident der American Assembly, einem Institut der Columbia University[38].

Hinsichtlich der Bedeutung von „Corporate Governance“ scheint sich heute ein Verständnis durchzusetzen, das als der kleinste gemeinsame Nenner[39] bezeichnet werden kann: „Corporate Governance“ bezeichnet Regeln der Unternehmensleitung und Unternehmensüberwachung. Das Begriffspaar „Leitung und Überwachung“ (oder auch „Leitung und Kontrolle[40]“) wird nicht nur in den meisten Definitionen genutzt, es steht auch sowohl auf internationaler Ebene – etwa in der Definition der *OECD*-Grundsätze[41] – als auch in den einleitenden Sätzen der deutschen Corporate-Governance-Kodizes[42] an herausragender Stelle, um zu umschreiben, was „Corporate Governance“ bedeutet. Jede weitere Eingrenzung führt bereits zu Widerspruch, etwa wenn behauptet wird, Corporate-Governance-Grundsätze gelten nur für börsennotierte Gesellschaften[43], oder wenn die Frage aufkommt, ob Corporate-Governance-Grundsätze nur im Interesse der Anteilseigner (der *„shareholder“*) bestehen. Die These, Corporate Governance betreffe die Frage, wie es gelingen könne, die Unternehmensleitung zu veranlassen, den Interessen der *Anteilseigner* auf bestmögliche Weise gerecht zu werden, ist in den USA und auch Großbritannien weitgehend akzeptiert[44]. Hier handelt es sich um ein kapitalmarktrechtliches

---

38 *Dill* Running the American Company, zit. nach *Tricker* Corporate Governance, Introduction, S. xviii; auch die erstmalige Verwendung des zusammengesetzten Begriffs „Corporate Governance“ wird *Williamson* zugeschrieben, vgl. *Escher-Weingart* ZVglRWiss 99 (2000), 387. Zur American Assembly <http://www.columbia.edu/cu/amassembly/about.htm>.

39 So auch *Pellens/Hillebrandt/Ulmer* BB 2001, 1243.

40 Die exklusive Verwendung des Begriffs „Kontrolle“ für die Vorstandsarbeit und „Überwachung“, soweit der Aufsichtsrat gemeint ist – vgl. vor allem *Hommelhoff* Konzernleitungspflicht, S. 186; *Hommelhoff* AG 1990, 422, 427 – hat sich nicht durchgesetzt. So spricht § 91 AktG von „Überwachungssystem“, das der Vorstand einrichten muss. Auch der Gesetzgeber verwendet die Begriffe zumindest synonym, vgl. KonTraG, Begr. RegE, BT-Drs. 13/9712, S. 1: „Kontrolle durch den Aufsichtsrat und die Hauptversammlung“, S. 15: „Überwachungspflicht ist Teil der Gesamtverantwortung des Vorstands“.

41 Veröffentlicht z.B. in AG 1999, 340 – Vorwort, 3. Absatz, Satz 3; dazu unten C.II.2.a) (Seite 26).

42 Deutscher Corporate Governance Kodex I. Präambel Abs. 1 Satz 1 (dazu Kapitel 2, Seite 41 ff.; abgedruckt im Anhang); German Code of Corporate Governance Präambel Satz 1 (veröffentlicht in AG 2001, 1, 6ff.); Corporate-Governance-Grundsätze für börsennotierte Gesellschaften I. Satz 1 (veröffentlicht in AG 2000, 109) (zu beiden Kodizes unten D I., Seite 32 ff.); außerdem auch *Baums* (Hrsg.) Bericht RegKomm, Rn. 5.

43 Vgl. aber die Kritik an der Einengung des Begriffs „Corporate Governance“ auf börsennotierte Gesellschaften bei *Feddersen/Hommelhoff/Schneider* Corporate Governance, S. 1; anders aber etwa die Definition bei *Hofmann* Globalisierung, S. 86: „verantwortliche, auf langfristige und nachhaltige Wertschöpfung orientierte Unternehmensleitung und -kontrolle *börsennotierter* Gesellschaften“ (Hervorhebung vom *Verf.*).

44 Vgl. *Assmann* FS Kümpel, S. 1, 3; *Hess* in: Feddersen/Hommelhoff/Schneider (Hrsg.), Corporate Governance, S. 10; *Rock* AG 1995, 291; *Beffa* in: Cromme (Hrsg.), Corporate Governance, S. 6, 7 f.; ebenso *Claussen/Bröcker* AG 2000, 481.

Modell von Corporate Governance, bei dem es vorrangig um den Schutz der Anlegerinteressen, den Schutz der Aktionäre in ihren Vermögensinteressen geht[45]. Anders aber im kontinentaleuropäischen und japanischen Raum, wo Corporate Governance weitergehend auch die Interessen derjenigen umfasst, die einen spezifischen Beitrag zum Unternehmenserfolg leisten, insbesondere Arbeitnehmer, Kapitalgeber, Lieferanten und Kunden (die *„stakeholder"*)[46]. Das Verständnis der „Corporate Governance" als Unternehmensleitung und -kontrolle wird dabei mittlerweile ganz überwiegend nicht nur in einem gesellschafts- also aktienrechtlichen Sinn verstanden, wodurch ausschließlich das Verhältnis der Verwaltung zu den Gesellschaftern betrachtet wird. Vielmehr wird vor allem die Kontrolle nach einem weiten Verständnis von Corporate Governance auch durch Regeln der Arbeitnehmermitbestimmung und der Verfassung der Arbeitsmärkte, durch die Rolle der Banken sowie Regelungen der Börsen und Kapitalmärkte und schließlich durch das Unternehmen selbst auf den Märkten – für Kapital, Unternehmenskontrolle und Managementleistung – ausgeübt[47]. Dennoch sollte darüber nicht vergessen werden, dass „Corporate Governance" jedenfalls nach dem US-amerikanischen Ansatz primär die Beziehung des Unternehmens zu den Anteilseignern betrifft. Gerade die Corporate-Governance-Kodizes sollen dazu dienen, Anleger bzw. Investoren für ein Unternehmen zu interessieren. Hierzu ist zwar auch wichtig, wie das Unternehmen mit den *stakeholdern* umgeht. In erster Linie dürfte aber einen (künftigen) Anteilseigner interessieren, wie er an möglichst umfassende Informationen über ein Unternehmen gelangt, welche Rechte er in dem Unternehmen hat, und wie er diese Rechte effektiv durchsetzen kann.

Der Versuch, einen eigenständigen *deutschen* Begriff für „Corporate Governance" zu prägen, wird in der Regel nicht (mehr) unternommen. So wird der mögliche Begriff der „Unternehmensverfassung" abgelehnt, da er unter Juristen zu sehr mit der Diskussion um die Mitbestimmung – insbesondere der Frage, welche Eingriffe in das Eigentum verfassungsrechtlich noch zumutbar sind – verbunden ist[48], während die Wirtschaftswissenschaftler unter „Unternehmensverfassung" (nur) die grundlegende Struktur eines Unternehmens verstehen[49]. Auch „Unternehmenskontrolle" oder „Verwaltungskontrolle" wären zu eng, da es sich bei Corporate Governance auch um Unternehmensleitung

---

45 *Merkt* Rolle des Kapitalmarktrechts, S. 5 f.

46 Vgl. *Assmann* FS Kümpel, S. 1, 3; *Bassen/Böcking/Loistl/Strenger* Finanzbetrieb 2000, 693; *Hopt* 3. Hachenburg-Gedächtnisvorlesung, S. 9, 12 f.; *Teichmann* ZGR 2001, 645, 648 f.; ausführlicher Vergleich des US-amerikanischen und kontinentaleuropäisch-deutschen Konzepts der Corporate Governance bei *Merkt* Rolle des Kapitalmarktrechts, S. 5 ff.; auch *Baum* RabelsZ 62 (1998), 739, 743, der die US-amerikanische Sichtweise für das japanische Corporate-Governance-System als zu eng ansieht.

47 *Hopt* in: Hommelhoff u.a. (Hrsg.), Corporate Governance, S. 27, 30 f.; ebenso *Merkt* Rolle des Kapitalmarktrechts, S. 3; jew. m.w.N.

48 Vgl. *Assmann* AG 1995, 289.

49 *Berrar* Entwicklung der Corporate Governance, S. 24; anders aber *von Werder* in: v. Werder (Hrsg.) GCCG, S. 2; *von Werder* in: DCGK-Komm, Rn. 1.

handelt[50]. Umgekehrt erscheint die Übersetzung mit „angemessener Unternehmensorganisation"[51] unnötig blass und lässt offen, welche Kernelemente (Leitung und Überwachung) zur Angemessenheit der Unternehmensorganisation im Sinne von Corporate Governance führen. Auch „Unternehmensordnung" ist eng auf die Unternehmensorganisation bezogen, während die Betonung dessen, was hinter Corporate Governance steht, mehr auf Verantwortung und Kontrolle ausgerichtet ist[52]. „Corporate Governance" hat sich daher – trotz unterschiedlicher Akzentuierungen bei der Definition – als Fachausdruck für die Gesamtheit der Regeln zur Unternehmensleitung und einer weit verstandenen Unternehmensüberwachung in der deutschen Wissenschaft ebenso wie auf internationaler Ebene durchgesetzt [53]. Bei diesem weiten und fächerübergreifend geteilten Verständnis kann man Corporate Governance als „neues" Themengebiet bezeichnen, selbst wenn hierunter auch bereits bekannte Problemstellungen behandelt werden[54].

II. Verwaltung

Die mit Corporate Governance bezeichnete Führung und die Überwachung von Aktiengesellschaften im engeren Sinn wird im deutschen Recht – anders als im angloamerikanischen, wie noch näher gezeigt werden wird[55] – von zwei verschiedenen Organen wahrgenommen: Einerseits vom Vorstand, der die Gesellschaft nach § 76 Abs. 1 AktG unter eigener Verantwortung zu leiten hat, und andererseits vom Aufsichtsrat, der nach § 111 Abs. 1 AktG die Geschäftsführung zu überwachen hat. Beide Organe gemeinsam werden häufig als „Verwaltung" bezeichnet, da sie in ihren Leitungs- und Überwachungsaufgaben als funktionale Einheit verstanden werden[56]. Auch § 122 Abs. 2 AktG („... billigt die Hauptversammlung die Verwaltung der Gesellschaft durch die Mitglieder des Vorstands und des Aufsichtsrats.") geht in diese Richtung. Demgegenüber scheidet der Begriff „Organe" als Oberbegriff aus, da mit ihm auch die Hauptversammlung als das dritte Organ der

50 Ähnlich *Baum* RabelsZ 62 (1998), 739, 742.

51 So *Feddersen/Hommelhoff/Schneider* Corporate Governance, S. 1.

52 *Hopt* FS Mestmäcker, 909, 911.

53 Vgl. zu Frankreich die Hinweise bei *Berrar* Entwicklung der Corporate Governance S. 24 m.w.N. in Fußnote 19 und bei *Hopt* FS Mestmäcker S. 909, 911 Fußnote 6; zu Japan der Hinweis bei *Baum* RabelsZ 62 (1998), 739, 742.

54 Daher auch *Hopt* 3. Hachenburg-Gedächtnisvorlesung, S. 12 „nichts neues unter der Sonne" und *Schneider* DB 2000, 2413 „Alter Wein in neuen Schläuchen?"; *von Werder* in: v. Werder (Hrsg) GCCG, S. 2 „nahtlos anschließt an (...) lange Tradition (...g)leichwohl (...) neue Akzente; ähnlich *Hirte* in: Hirte (Hrsg.) TransPuG, Kap. 1 Rn. 1; *Roth/Büchele*, GesRZ 2002, 63, 64 „ein neuer Name für ein altes Thema (...) allerdings auch inhaltlich eigene Akzente und (...) beschreitet (...) methodisch einen neuen Weg".

55 Sogleich unter III.

56 Bedenkenloser Gebrauch etwa in der Begründung des TransPuG, BT-Drs. 14/8769, S. 21; *Fleischer* ZIP 2002, 1217; *Hüffer* AktG, § 124 Rn. 12 ff.; *Pfitzer/Oser/Wader* DB 2002, 1120, 1121; *Thoma* NZG 2002, 105, 109; *Wiesner* in: Münch. Hdb. GesR IV, § 19 Rn. 1 f.; bereits *Immenga* ZGR 1977, 249, 251; *Ludwig* Leitungsgremien, S. 22.

Aktiengesellschaft umfasst wäre. Die Bezeichnung „Leitungsorgane“[57] erscheint dagegen missverständlich, da die Leitung des Unternehmens grundsätzlich dem Vorstand obliegt, vgl. nochmals § 76 Abs. 1 AktG. Zweifel an der Tauglichkeit des Begriffs der Verwaltung als Oberbegriff für Vorstand und Aufsichtsrat werden allerdings geäußert, da hierdurch die Unterschiede in der Kompetenzverteilung verwischt würden[58]. Kommt es in der vorliegenden Arbeit auf die Kompetenzverteilung zwischen den Organen an, so wird der Begriff der Verwaltung vermieden. Ansonsten wird hingegen – nicht zuletzt aus Gründen der Lesbarkeit – an dem Begriff der „Verwaltung“ zur Bezeichnung von Vorstand und Aufsichtsrat festgehalten.

III. Dualistisches und monistisches Leitungs- und Überwachungssystem

Herkömmlicherweise werden zwei Systeme zur Leitung und Überwachung von Kapitalgesellschaften unterschieden. In angelsächsischen Staaten, aber auch in einigen südeuropäischen Staaten wie etwa Spanien[59] haben Kapitalgesellschaften regelmäßig nur ein eingliedriges Leitungsorgan, das *board of directors*. Dieses System wird als monistisches System oder als *one-tier-board* bezeichnet. Dagegen wird in Kontinentaleuropa, insbesondere in Dänemark, Deutschland, den Niederlanden und Österreich[60] die Verwaltung von Aktiengesellschaften (und auch mitbestimmter Gesellschaften mit beschränkter Haftung[61]) regelmäßig durch zwei Organe ausgeübt. Die Leitung der Gesellschaft erfolgt durch den Vorstand, während der Aufsichtsrat die Überwachung übernimmt. Hier spricht man von einem dualistischen bzw. dualen System oder einem *two-tier-board*. In der vorliegenden Arbeit wird dabei zur Bezeichnung des deutschen bzw. kontinentaleuropäischen Systems von „dualistischem System“ gesprochen, da dieser Begriff – anders als der Begriff „duales System“ – deutlicher hervorhebt, dass dies der Gegenbegriff zum Begriff des „monistischen Systems“ ist.

---

57 So *St. Schmidt* Corporate Governance, S. 48.

58 *Wöhe* Einführung S. 110; zustimmend *Theisen* Überwachung, S. 46; ähnlich auch *Hoffmann-Becking* ZGR 1998, 497, 510.

59 Hierzu *Teichmann* ZGR 2001, 645, 667.

60 Vgl. dazu die Studie *Gregory/Simmelkjaer* Comparative Study, Annex IV, S. 2 (Österreich), S. 35 (Dänemark), S. 171 (Niederlande).

61 Dazu ausführlich Michalski/*ders.* GmbHG, Syst. Darst. 1, Rn. 33, 170 ff.; Michalski/*Heyder* GmbHG § 52 Rn. 1 ff.; *Lutter/Krieger* Rechte und Pflichten, Rn. 891 ff.

B. Grundsätzliches

I. Ausgangspunkt der Corporate-Governance-Bewegung

Zwar wurde der Begriff „Corporate Governance" erst Ende der 1970er Jahre geprägt[62]. Die Wurzeln reichen aber deutlich weiter zurück. Allgemein anerkannt ist, dass der Ausgangspunkt der Beschäftigung mit Corporate Governance die fortschreitende Trennung von Eigentum und Leitungsmacht im Unternehmen ist[63]. Die erste eingehende Untersuchung dieses Phänomens erfolgte 1932 durch den amerikanischen Rechtsprofessor *Adolf A. Berle*, und seinen Landsmann *Gardiner C. Means*, einen Wirtschaftswissenschaftler, in ihrem Werk „The Modern Corporation and Private Property"[64]. Hiermit legten sie den Grundstein für die moderne Gesellschaftsrechtslehre in den USA[65]. Nach *Berle* und *Means* kommt es durch die Trennung von Eigentum und Unternehmensleitung zu einem Interessenkonflikt zwischen den Eigentümern und dem Management. Insbesondere in öffentlich gehandelten Aktiengesellschaften (*public corporations*) führe der Streubesitz der Anteile dazu, dass eine effektive Einflussnahme der Anteilseigner auf das Management nicht möglich sei; vielmehr komme es zu einer Machtkumulation beim Management[66].

1. *Das principle-agent-Problem*

Der Interessenkonflikt zwischen Eigentümern und Management einer Kapitalgesellschaft stellt einen der bedeutendsten Anwendungsfälle[67] des sog.

---

62 Siehe oben A.I. (Seite 9).

63 *Nassauer* Internationalisierung von Unternehmen, S. 10; *Assmann* AG 1995, 289, 290; *nr.* FAZ vom 10.3.2003 (Nr. 58), S. 21 (unten) „die *agency*-Theorie ist die zentrale Theorie der Corporate-Governance-Debatte". *Kreitmeier* Corporate Governance, S. 28 spricht von „Trennung von Eigentum und Management". Die Übersetzung des englischen „separation of ownership and control" lautet richtigerweise „Trennung von Eigentum und Kontrolle" und wird auch von vielen deutschen Autoren genutzt. Da im Deutschen unter „Kontrolle" aber regelmäßig die Überwachung des Vorstands durch den Aufsichtsrat verstanden wird, ist zur Vermeidung von Verwechslungen die hier genutzte Terminologie gewählt worden; unzutreffend allerdings die Übersetzung bei *Berrar* Entwicklung der Corporate Governance, S. 30 „Trennung von Eigentum und Kapital".

64 *Berle/Means* Modern Corporation; Zusammenfassung bei *Tricker* Corporate Governance [2].

65 So *Behrens* FS Drobnig, S. 491, 495; *Rock* AG 1995, 291; ähnlich auch *Tricker* Corporate Governance, S. xv. Einige Autoren heben daneben hervor, dass Ansätze dieser Sichtweise bereits bei *Adam Smith* 1776 erkennbar werden, vgl. *Hopt* 3. Hachenburg-Gedächtnisvorlesung, S. 12. Nachweise zu Ansätzen zu Beginn des 20. Jahrhunderts auch bei *St. Schmidt* Corporate Governance, S. 21.

66 Näher etwa *St. Schmidt* Corporate Governance, S. 20 f.

67 *Richter/Furubotn* Neue Institutionenökonomik, S. 164; nach *Nassauer* Internationalisierung von Unternehmen, S. 10 sogar der bedeutendste Anwendungsfall.

principle-agent-Problems oder *agency*-Problems dar[68]. Dazu ist das Unternehmen als eine Vielzahl von Verträgen zu verstehen. Der Auftraggeber (Prinzipal oder „*principal*") beauftragt einen Vertreter – den Agenten oder „*agent*" – zur Ausführung einer Leistung in seinem Namen, da dieser hierzu in der Regel besser befähigt ist als der Auftraggeber selbst[69]. Dabei kommt es zu Informationsasymmetrien zwischen Prinzipal und Agenten[70]: Zum einen weiß der Prinzipal im Zeitpunkt der Beauftragung nicht, ob die angegebenen Qualifikationen und Charaktereigenschaften des Agenten den tatsächlichen Eigenschaften entsprechen („*hidden characteristics*"). Zum anderen weiß er nicht, inwieweit die Ergebnisse der Arbeit des Agenten durch dessen Anstrengung oder nur durch äußere Einflüsse (Glück, Pech) erzielt wurden („*hidden action*"). Und schließlich hat der Agent in der Regel das bessere Fachwissen, so dass der Prinzipal nicht beurteilen kann, ob es erfolgsversprechendere Handlungsalternativen als die vom Agenten gewählten gegeben hat („*hidden information*"). Außerdem muss der Prinzipal dem Agenten einen – relativ großen – Entscheidungsspielraum gewähren, um dessen Tätigkeit überhaupt zu ermöglichen. Weiterhin geht die ökonomische Theorie davon aus, dass die Interessen von Managern und Eigentümern nicht gleichgerichtet sind, so dass die Manager sich „opportunistisch"[71] verhalten: sie werden versuchen, ihre Kompetenzen und damit auch ihren individuellen Nutzen auf Kosten der Eigentümer zu maximieren[72].

Als Lösung des *principle-agent*-Problems wird vorgeschlagen, Anreizsysteme („*incentives*") zu schaffen, durch die die Interessen von Unternehmenseigentümern und Unternehmensleitern gleichgerichtet werde. Außerdem müsse das Handeln und die Ergebnisse des Agenten beobachtet werden („*monitoring*"). Bei dieser Beobachtung des Managements durch die Eigentümer kommt es zu weiteren Problemen insbesondere bei Publikumsgesellschaften. Denn wenn ein Unternehmen eine große Anzahl von Gesellschaftern hat, sind die Kosten eines koordinierten Verhaltens der Anteilseigner („*collective action*") bei der Überwachung größer als der

---

68 Ausführlich hierzu *Richter/Furubotn* Neue Institutionenökonomik, S. 135 ff., insbes. S. 163 ff.; *Kreitmeier* Corporate Governance, S. 28 ff.; *Nassauer* Internationalisierung von Unternehmen, S. 9 ff.; *Behrens* FS Drobnig, S. 491 ff.; *Escher-Weingart* ZVglRWiss 99 (2000), 387; auch *Hucke/Ammann* DCGK-Leitfaden, S. 21 f.

69 *Richter/Furubotn* Neue Institutionenökonomik, S. 163; *Nassauer* Internationalisierung von Unternehmen, S. 9 ff.

70 Hierzu zusammenfassend *Mensch* WiSu 1999, 686, 687; *nr.* FAZ vom 10.3.2003 (Nr. 58), S. 21.

71 *Behrens* FS Drobnig, S. 491, 493.

72 Vgl. *Behrens* FS Drobnig, S. 491, 494 f.; *Escher-Weingart* ZVglRWiss 99 (2000), 387 f. Anders sieht dies allerdings die neoklassische Theorie und die auf ihr basierende *stewardship*-Theorie, nach der die Interessen von Eigentümern und Managern gleichgerichtet sind, vgl. die Nachweise bei *Tricker* Corporate Governance, S. xxii, sowie bei *Berrar* Entwicklung der Corporate Governance, S. 28 ff., der sich darüber hinaus um eine Einbindung der *stewardhip*-Theorie in die *agency*-Theorie bemüht. Weitere Arbeiten, die eine Parallelisierung der Interessen von Eigentümern und Management thematisieren bei *Kreitmeier* Corporate Governance, S. 20.

erzielbare Nutzen. Und diejenigen, die sich an der Überwachung nicht beteiligen, partizipieren in gleicher Weise am Nutzen der Überwachung („*free rider*"). Daher verfallen die Anteilseigner in eine rationale (da ökonomisch sinnvolle) Apathie – statt die Gesellschaft zu kontrollieren ziehen sie es vor, ihre Anteile zu verkaufen[73]. Das Management hingegen kontrolliert sich nur noch selbst, wobei der Effekt durch das Recht des sog. *proxy-voting* noch verstärkt wird, wonach die Aktionäre die Ausübung ihres Stimmrechts per Vollmacht auf das Management übertragen können[74]. Hieraus folgt, dass institutionelle Arrangements getroffen werden müssen, die eine effiziente Überwachung des Managements durch die Gesamtheit der Anteilseigner ermöglichen und damit opportunistisches Verhalten des Managements verhindern oder zumindest einschränken. Diese institutionellen Arrangements werden als „governance structures" bezeichnet[75]. Zur Beantwortung der Frage, wie diese Strukturen beschaffen sein müssen, bedienen sich die Wissenschaften, die sich mit Corporate Governance befassen, unterschiedlicher Wege[76]: Die Ökonomen stellen die Frage, wie die Aktionäre als Eigentümer eines Unternehmens die externen Manager am besten und kostengünstigsten überwachen können, also wie sie die *agency-costs* möglichst gering halten können. Demgegenüber steht bei Juristen regelmäßig – neben anderen strukturellen und institutionellen Mechanismen und der Pönalisierung – die persönliche Haftung der Verwaltungsmitglieder als Mechanismus der präventiven und repressiven Verhaltenssteuerung im Vordergrund[77].

2. Die Unterscheidung zwischen externer und interner Corporate Governance

Um die verschiedenen Ansatzpunkte von Corporate-Governance-Maßnahmen grob strukturieren zu können, hat sich die Unterscheidung in externe und interne Corporate-Governance-Strukturen weitgehend durchgesetzt. Die Tatsache, dass einige Staaten eher auf externe, andere eher auf interne Corporate-Governance-Strukturen setzen, hängt stark mit der Tradition, Geschichte und Kultur der einzelnen Rechtssysteme zusammen[78]. Mittlerweile kommen die Systeme nicht mehr in ihrer Reinform vor, sondern werden miteinander kombiniert, was im Interesse effektiver Corporate Governance auch wünschenswert ist[79]. Dennoch hat man die Unterscheidung in externe und interne Corporate-Governance-Maßnahmen beibehalten.

---

[73] Vgl. dazu *Escher-Weingart* ZVglRWiss 99 (2000), 387 ff. m.w.N.

[74] Dazu *Escher-Weingart* ZVglRWiss 99 (2000), 387, 388; zur nunmehr vergleichbaren Rechtslage in Deutschland, aber auch zu verbleibenden Unterschieden nach Einführung des § 134 Abs. 3 Satz 3 AktG vgl. *Hüffer* AktG, § 134 Rn. 26a ff. m.w.N.

[75] *Behrens* FS Drobnig, S. 491, 493.

[76] Nach GroßKommAktG/*Hopt* § 93 Rn. 15.

[77] Kritisch hierzu *Behrens* FS Drobnig, S. 491, 496 ff.

[78] Hierzu eingehend *Dunlavy* in: Hopt/Kanda/Roe u.a. Corporate Governance (1998), S. 5 ff.

[79] *Haid* Vierteljahrshefte zur Wirtschaftsforschung 2001, S. 193, 194; zur Notwendigkeit der Kombination auch *Teichmann* ZGR 2001, 645, 678.

a) *Externe Corporate Governance*

Unter Mechanismen externer Corporate Governance versteht man solche, die auf den Kapitalmarkt als Kontrollinstanz setzen. Man bezeichnet sie deshalb auch als kapitalmarktorientierte Corporate-Governance-Strukturen, was impliziert, dass sie vor allem für börsennotierte Unternehmen in Betracht kommen[80]. Instrumente externer Corporate Governance sind insbesondere der Markt für (feindliche) Unternehmensübernahmen – durch schlechte Corporate Governance sinkt der Aktienkurs, so dass eine Übernahme einfacher wird, wobei davon ausgegangen wird, dass das übernehmende Unternehmen die Geschäftsleitung auswechseln wird – und Aktienoptionsprogramme – hiermit werden die Interessen der Anteilseigner und der Manager zur Deckung gebracht, da beide von guten Kursen profitieren[81]. Außerdem sollen der Gütermarkt und der Arbeitsmarkt für Manager eine kontrollierende Wirkung entfalten[82]. Da gerade die erstgenannten Mechanismen einen aktiven und weit verbreiteten Börsenhandel sowie hochentwickelte Kapitalmärkte und Kapitalmarktrecht voraussetzen, setzten ursprünglich vor allem die USA, aber auch Großbritannien und andere angelsächsische Staaten auf externe Corporate Governance[83], während mittlerweile auch andere moderne Industriestaaten diese Mechanismen kennen[84].

b) *Interne Corporate Governance*

Mechanismen interner Corporate Governance funktionieren durch ein System von „*checks and balances*" innerhalb eines Unternehmens. Hierbei geht es um die Organisation und Struktur des gesamten Unternehmens, insbesondere aber der Unternehmensleitung. Dazu gehört vor allem die Existenz eines effektiv arbeitenden Aufsichtsgremiums. Eine relativ strikte Trennung der Unternehmensverwaltung in Vorstand und Aufsichtsrat ist in Deutschland bereits vom Gesetzgeber vorgegeben (§§ 76 ff. bzw. §§ 95 ff. AktG), wird aber weiterhin ganz überwiegend als verbesserungsbedürftig empfunden[85]. In den USA musste sich eine Arbeitsteilung zwischen geschäftsführenden und überwachenden Direktoren sogar mit der Zeit erst herausbilden[86]. Zu dem System von checks and balances gehört aber auch die Frage der möglichst effektiven Ausübung von Aktionärsrechten[87].

---

80 *Teichmann* ZGR 2001, 645, 647.

81 *Teichmann* ZGR 2001, 645, 647 und 659 ff. m.w.N. auch detailliert zur Kritik, alles dem freien Spiel der Kräfte zu überlassen; insbesondere zur Unternehmenskontrolle durch Unternehmensübernahmen auch *Hopt* ZGR 2000, 779, 787 ff.

82 Dazu *Kreitmeier* Corporate Governance, S. 31 ff. auch mit Kritik an dieser Ansicht.

83 *Wymeersch* AG 1995, 299, 308.

84 *Hopt* 3. Hachenburg-Gedächtnisvorlesung, S. 9, 41 f.

85 *Berrar* Entwicklung der Corporate Governance, S. 201 ff.; *Hopt* 3. Hachenburg-Gedächtnisvorlesung, S. 9, 27 ff.; *Lutter* ZGR 2001, 224, 228.

86 *Davies* ZGR 2001, 268 ff.

87 *Teichmann* ZGR 2001, 645, 671.

c) *Weitere Mechanismen der Corporate Governance*

Verschiedene Mechanismen sind auch Bestandteil von Corporate-Governance-Strukturen, allerdings ohne dass sie eindeutig der externen oder der internen Corporate Governance zugeordnet werden können. Dies sind insbesondere die Offenlegung, die Abschlussprüfung und die Finanzmittler wie etwa Banken. Diese Mechanismen finden zwar innerhalb der Gesellschaft statt, sie sind aber auch oder sogar primär an den Markt gerichtet und werden dort wirksam[88].

II. Erweiterung der Zielsetzung – Prämienzahlung für gute Corporate Governance

Ursprünglich sollte gute Corporate Governance sicherstellen, dass ein fremdgeführtes Unternehmen trotz des *principle-agent*-Problems im Interesse der Eigentümer geleitet wird, was insbesondere durch die Schaffung eines Anreizsystems und einer funktionierenden Überwachung sichergestellt werden sollte. Hier könnte man vermuten, dass ein Unternehmen mit guten *governance*-Strukturen für Anleger besonders attraktiv ist. Denn in diesem Fall sind die Interessen von Eigentümern und Management gleichgerichtet, und darüber hinaus wird das Management effektiv überwacht. Tatsächlich ist ein Effekt erzielt worden, der insbesondere in den letzten Jahren das ursprüngliche Ziel in den Hintergrund hat treten lassen und – zumindest bei börsennotierten Unternehmen – zu einem eigenständigen Ziel geworden ist: Durch die Einhaltung von Corporate-Governance-Grundsätzen soll das Unternehmen attraktiver für (institutionelle) Investoren werden. So verstanden nach einer zur Jahreswende 2000/2001 durchgeführten repräsentativen Umfrage unter den damaligen DAX-100-Unternehmen[89] nur 33,8% der Befragten unter Corporate Governance explizit den *principle-agent*-Konflikt, aber 61,8% sahen hierin eine Möglichkeit zur Unternehmenswertsteigerung[90]. Auch bei der Übergabe des Deutschen Corporate Governance Kodex (DCGK), wird vom Vorsitzenden der Regierungskommission, die den Kodex erstellt hat, als Ziel genannt, den

---

[88] *Hopt* ZGR 2000, 779, 782 f.; hinsichtlich des Wirtschaftsprüfers („Schnittstelle") auch *Teichmann* ZGR 2001, 645, 648; anders *Haid* Vierteljahrshefte zur Wirtschaftsforschung 2001, S. 193, 194, der die Rolle der Banken zu Mechanismen externer Corporate Governance zählt.

[89] Der DAX-100 umfasste die 30 im DAX notierten Gesellschaften sowie darüber hinaus 70 Gesellschaften, die im MDAX notiert waren. Nach der Neusegmentierung der Börse am 24.3.2003 umfasst der MDAX nur noch 50 Unternehmen, 30 weitere Unternehmen sind im neu geschaffenen TecDax enthalten, vgl. dazu *dys* FAZ vom 1.11.2002 (Nr. 254), S. 19.

[90] *Pellens/Hillebrandt/Ulmer* BB 2001, 1243, 1246; Mehrfachnennungen waren möglich.

Standort Deutschland attraktiver zu machen, damit die Börsenbewertung deutscher Unternehmen auch ihrem tatsächlichen Wert entspräche[91].

Diese Erweiterung der Zielsetzung guter Corporate Governance basiert darauf, dass sich in verschiedenen Studien gezeigt hat, dass institutionelle Investoren bereit sind, einen erheblichen Aufschlag auf den Börsenkurs eines Unternehmens zu zahlen, wenn dieses Unternehmen sich an Prinzipien guter Corporate Governance hält. So hat die Unternehmensberatung *McKinsey* in den vergangenen Jahren mehrere „Investor Opinion Survey" veröffentlicht. Nach der 1996 veröffentlichten Studie waren die Investoren im Schnitt bereit, eine Prämie von 11% auf den Börsenkurs gut geleiteter und kontrollierter Unternehmen zu zahlen[92]. In den Jahren 2000 und 2002 wurden vergleichbare Studien durchgeführt, bei der sich ca. 80% der institutionellen Investoren bereiterklärten, eine Prämie für Unternehmen zu bezahlen, die eine gute Corporate Governance beachten würden[93]. Diese Prämie lag für deutsche Unternehmen im Jahr 2000 bei 20%[94], in der im Jahr 2002 veröffentlichten Studie noch bei 13%[95]. Den Rückgang der Prämienhöhe, der auch bei anderen Staaten zu beobachten war, führen die Autoren auch darauf zurück, dass staatliche Maßnahmen zur Verbesserung der Governance-Strukturen ergriffen worden waren. Dennoch wird man weiteren Reformbedarf sehen, denn die Qualität der Corporate Governance in Europa steigt weiter an, und Deutschland liegt dabei nach wie vor unter dem europäischen Durchschnitt[96]. Ein sich nach guter Corporate Governance orientierender Investor wird aber wohl immer in demjenigen Staat investieren, der für ihn die beste Einhaltung von Maßnahmen guter Corporate Governance aufweist. Kritisch hinsichtlich der Wertsteigerung durch Einhaltung von Corporate-Governance-Kodizes wurde allerdings angemerkt, dass dann, wenn der Neuheiteneffekt vorüber sei, Analysten und die Börse wieder hauptsächlich wirtschaftliche Kriterien ihrer Entscheidung zu Grunde legen

---

91 *Cromme* Rede zur Übergabe des DCGK, veröffentlicht unter <http://www.corporate-governance-code.de/ger/news/rede-cromme-20020226.html>; ebenso *Peltzer* 3. Hachenburg-Gedächtnisvorlesung, S. 49, 57; ausführlich hierzu unten Kapitel 2 (Seite 41 ff.).

92 *Felton/Hudnut/van Heeckeren* McKinsey Quarterly IV/1996, 170 ff.; dabei wurden auch diejenigen Investoren berücksichtigt, die nicht bereit waren, eine Prämie zu zahlen. Bei denjenigen, die zur Zahlung bereit waren und dies auch quantifizieren konnten lag der durchschnittliche Aufschlag bei 16%.

93 *Coombes/Watson* McKinsey Quarterly IV/2000 – special edition, 74 ff.; McKinsey Global Investor Opinion Survey on Corporate Governance, 2002, Exhibit 3, abrufbar unter <http://www.mckinsey.com/practices/corporategovernance/PDF/GlobalInvestor OpinionSurvey2002.pdf>; vgl. außerdem *Seibt* AG 2002, 249, 255 mit Verweis in Fußnote 49 auf Price Waterhouse, Shareholder Value and Corporate Governance – Bedeutung im Wettbewerb um institutionelles Kapital, 1997.

94 *Coombes/Watson* McKinsey Quarterly IV/2000 – special edition, 74 ff.; McKinsey Global Investor Opinion Survey on Corporate Governance, 2002, Exhibit 3, abrufbar unter <http://www.mckinsey.com/practices/corporategovernance/PDF/GlobalInvestor OpinionSurvey2002.pdf>.

95 *Wels/Scholz* FAZ vom 8.7.2002, S. 18.

96 Studie *Heidrick & Struggles*, nach FAZ vom 26.5.2003 (Nr. 121), S. 23.

würden[97]. Dies übersieht allerdings, dass ursprünglich eine wirtschaftliche Erwägung hinter dem Konzept der Corporate Governance stand, nämlich die Verhinderung opportunistischen Verhaltens des Managements zu Lasten der Eigentümer. So besagt auch eine weitere Studie, dass Gesellschaften mit sehr guter Corporate Governance gegenüber Gesellschaften mit schlechter Corporate Governance in einem Zeitraum von 1989 bis 1999 jährlich um 8,5% höheren Kursgewinn erzielten[98]. Diese Studie unterstützt die Auffassung, dass gute Corporate Governance von den Investoren belohnt wird. Weiter wird darauf hingewiesen, dass höhere Börsenkurse einen höheren Unternehmenswert bedeuten und damit die Eigenkapitalkosten gesenkt würden[99], und dass gute Corporate Governance eine Senkung der Kapitalkosten und eine Stabilität der Finanzierungsquellen mit sich bringe[100]. Auch diese Aussage ist mittlerweile durch eine statistisch ausreichend abgesicherte Studie bestätigt[101]. Weitere Studien belegen eine positive Relation zwischen guter Corporate Governance und überdurchschnittlicher Kursentwicklung.[102] Auch Kritiker stellen fest, dass Corporate-Governance-Richtlinien ein Instrument zur Beeinflussung von Anlegerentscheidungen sind, die den Unternehmen ermöglichen, größeres Vertrauen zu gewinnen und so leichteren Zugang zum Kapitalmarkt zu erhalten[103]. Eine mögliche theoretische Begründung dafür lautet[104]: Aufgrund der Informationsasymmetrien können aktuelle und potentielle Aktionäre die Corporate Governance eines Unternehmens nur unvollständig einschätzen. Daher sind sie nur bereit, einen durchschnittlichen Preis für Anteilspapiere dieses Unternehmens zu zahlen. Denn Unternehmen, deren hohe Corporate-Governance-Qualität einen überdurchschnittlichen Preis rechtfertigen würden, sind als solche nicht identifizierbar. Werden Unternehmen mit überdurchschnittlicher Qualität der Corporate Governance erkennbar, wird auch ein entsprechend höherer Preis für deren Aktien bezahlt. Tatsächlich meinten in der bereits erwähnten Umfrage unter DAX-100-Unternehmen über 85% der

---

97 *Peltzer* NZG 2002, 593, 594.

98 *Gompers/Ishii/Metrick* QuartJE, 118, S. 107; eine weitere Studie von CALPers wird – ohne Fundstellenangabe – zitiert bei *Schneider/Strenger* AG 2000, 106, 107; kritisch allerdings *Talaulicar* Zwecksetzungen und Wirkungsprognosen, S. 25.

99 *Schneider/Strenger* AG 2000, 106, 107; *Peltzer/von Werder* AG 2001, 1, 2; *Strenger* Mitbestimmung, Heft 6/2002, S. 17; *Strenger* nach FAZ vom 26.10.2002 (Nr. 249), S. 21; *Peltzer* 3.Hachenburg-Gedächtnisvorlesung, S. 49, 57; zum DCGK auch MünchKommAktG/*Semler*, § 161 Rn. 10.

100 *OECD*-Principles, Einleitung, 5. Absatz, abgedruckt in AG 1999, 340, 341; ebenso *Sommer* in: Sommer (Hrsg.) Being Public, Kap. 2, Rn. 5.

101 *Drobetz/Schillhofer* FAZ vom 13.1.2003, S. 20; die ausführliche Studie ist erhältlich unter <http://www.unibas.ch/wwz/finance/publications/researchpapers/2-03Governance.pdf>.

102 Vgl. etwa ECGI-Working Paper Nr. 34 und weitere Studien, abrufbar unter <www.ecgi.org>, abgerufen am 17.2.2004 sowie eine noch unveröffentlichte Studie von *Lawrence D. Brown* und *Marcus L. Caylor* (*Georgia State University*) in Verbindung mit *Institutional Shareholder Services* (ISS) aus dem Jahr 2004.

103 *Schulze-Osterloh* ZIP 2001, 1433, 1436.

104 *Pellens/Hillebrandt/Ulmer* BB 2001, 1243.

Befragten, gute Corporate Governance habe einen positiven Effekt auf den Aktienkurs[105]. Für Vorstand und Aufsichtsrat eines Unternehmens ist es damit auch aus dieser Sicht interessant und empfehlenswert, sich mit Corporate Governance zu beschäftigen, selbst wenn Zweifel hinsichtlich der ökonomisch-theoretischen Begründungen bestehen. Im Ergebnis ist Corporate Governance zu einem maßgeblichen Investitionskriterium geworden[106].

C. Entwicklung der Corporate-Governance-Debatte

I. Überblick über die historische Entwicklung, insbesondere in den USA

Wie gesehen ist der Ausgangspunkt der Corporate-Governance-Bewegung also die Erkenntnis, dass es zwischen Eigentümern und Managern eines Unternehmens einen Interessenkonflikt gibt. Im Laufe der Zeit gab es in der Diskussion – die lange Zeit ausschließlich in den angloamerikanischen Staaten, insbesondere in den USA, geführt wurde – verschiedene Schwerpunkte bei den Ansätzen zur Lösung oder zumindest Eindämmung dieses Interessenkonflikts, um sicherzustellen, dass das Unternehmen im Interesse der Eigentümer geführt wird[107]:

In den sechziger und siebziger Jahren lag das Hauptaugenmerk der wissenschaftlichen Diskussion, aber auch der legislativen Anstrengung auf dem „*board of directors*". Dieses sollte ausschließlich oder zumindest teilweise aus unabhängigen Personen („*outside directors*") bestehen und so in Vertretung der Eigentümer eine institutionalisierte Interessenvertretung auf der Ebene der Gesellschaft bilden. Dazu sollte den *outside directors* ausreichend Zeit, sowie Zugang zu Informationen und Unabhängigkeit zur Verfügung stehen. Außerdem wurde vorgeschlagen, bestimmte Ausschüsse ausschließlich mit *outside directors* zu besetzen, so insbesondere den Ausschuss zur Bestellung und Abberufung neuer *directors* und des höheren Managements („*nomination committee*"), den Rechnungsprüfungsausschuss („*audit committee*") sowie den Ausschuss zur Festlegung der Entlohnung des Managements („*compensation committee*"). Dabei spielte auch der Vergleich mit dem deutschen System und seiner Zweiteilung der Unternehmensverwaltung in Vorstand und Aufsichtsrat eine Rolle, wobei aber insbesondere im Hinblick auf die Idee der Mitbestimmung eine Übertragung des Systems auf die angloamerikanischen Staaten abgelehnt wurde[108]. Heute sind die „*boards of directors*" zu 80% mit

---

105 *Pellens/Hillebrandt/Ulmer* BB 2001, 1243, 1249; ausdrücklich etwa auch [der Vorstand der *Continental AG*] *Hippe* nach FAZ vom 2.9.2002 (Nr. 203), S. 19.

106 So auch ausdrücklich *Schilling* FAZ vom 27.5.2002, S. 25.

107 Nach *Rock* AG 1995, 291, 293 ff.; ihm folgend *Escher-Weingart* ZVglRWiss 99 (2000), 387, 389 f. m.w.N.; dagegen sieht *Hopt* 3. Hachenburg-Gedächtnisvorlesung, S. 9, 14 ff. die Corporate-Governance-Debatte in den USA bis 1994 als eine einheitliche Etappe, der zwei weitere folgen.

108 *Tricker* Corporate Governance, Introduction, S. xvi.

outside directors – meist Vertreter institutioneller Anleger – besetzt, während 20% als *inside directors* das aktive Management bilden. *Audit committee*, *compensation committee* und *nomination committee* werden von *outside directors* besetzt[109].

In den achtziger Jahren sollte in erster Linie der (Kapital-)Markt die Kontrollfunktion über die Unternehmen übernehmen, der Staat sollte lediglich einen rechtlichen Rahmen bereitstellen, durch den die Effektivität des Marktes möglichst unbehindert gewährleistet wird. Diese marktzentrierte Sichtweise beruhte auf der Annahme, dass schlecht geführte Gesellschaften einen niedrigen Aktienkurs aufweisen würden und somit Kandidaten für (feindliche) Übernahmen seien. Durch eine Übernahme würde auch das bisherige Management seine Stellung verlieren, und um dies zu vermeiden schon aus eigenem Interesse für eine gute Eigentümer-, also *shareholder-value*-orientierte Unternehmensführung sorgen. Damit könnten die Interessen von Managern und Eigentümern gleichgesetzt werden, denn beide würden von einem hohen Aktienkurs profitieren.

In den späten 1980er Jahren endete nach verschiedenen Skandalen und dem Börsenrutsch von 1987 diese „*takeover era*" mit ihrem Vertrauen in die Marktmechanismen, und es erfolgte eine Rückbesinnung auf *Berle* und *Means*. Die Situation hatte sich allerdings dahingehend grundlegend geändert, dass nun institutionelle Investoren, insbesondere Pensionsfonds, Aktienpakete erheblicher Größe besaßen. Daher sollten nun diese die Überwachungsfunktion übernehmen, einerseits direkt in der Hauptversammlung, andererseits aber auch durch informelle Gespräche mit der Geschäftsleitung („*New Institutionalism*"). Die Gesprächsbereitschaft der Gesellschaft konnte hiernach durch die Drohung mit dem Verkauf von Anteilen erzwungen werden. Verbunden war dies mit der Forderung nach Entfernung der rechtlichen Hürden, die die Aktivitäten der institutionellen Investoren behinderten[110], während andere es für unwahrscheinlich hielten, dass hierdurch tatsächlich den Eigentümerinteressen gedient sei. In dieser Debatte wurden dann – wie schon in den 1960er und 1970er Jahren – auch wieder vermehrt ausländische Corporate-Governance-Systeme, insbesondere das deutsche und das japanische, untersucht[111]. Diese Untersuchungen konnten aber weder die Notwendigkeit der Übertragung von Regelungen eines Systems auf das andere belegen, noch konnten sie eine klar herrschende Ansicht begründen, ob ein System dem anderen überlegen sei.

---

109 Hierzu *Hofmann* Globalisierung, S. 87.

110 Dazu zählen insbesondere Beschränkungen für einen Blockbesitz von über 5% und andere Mechanismen zur Abschreckung der Blockbildung nach dem *Glass-Steagall Act* (1933) und *Bank Holding Company Legislation, Investment Company Act* (1940), vgl. dazu *Berrar* Entwicklung der Corporate Governance, S. 65 m.w.N.

111 Ein tabellarischer Vergleich zwischen dem deutschen und japanischen Corporate-Governance-System einerseits und dem angelsächsischen, insbesondere US-amerikanischen System andererseits findet sich bei *Heinrich* Complementaries, S. 9 ff.; zum japanischen Corporate-Governance-System auch *Kanda* in: Hopt/Wymeersch Comparative Corporate Governance (1997), S. 185 ff.

Herrschende Meinung diesbezüglich ist heute, dass sich das dualistische und das monistische Führungssystem aufeinander zubewegen und gleichermaßen erfolgreich sind[112]. Nicht zuletzt durch die vergleichenden Überlegungen gelangte die Corporate-Governance-Diskussion dann Mitte der 1990er Jahre über USA und Großbritannien schließlich auch nach Kontinentaleuropa[113], wie auch die seither erschienenen Veröffentlichungen zeigen[114].

II. Ausarbeitung von Corporate-Governance-Prinzipien

1. In einzelnen Staaten auf nationaler Ebene

Eine zweite, enorm wichtige Entwicklung der Corporate-Governance-Diskussion kann man in den 1990er Jahren, ausgehend vom angloamerikanischen Raum, vor allem von Großbritannien, beobachten: Die Ausarbeitung und Zusammenstellung von Prinzipien guter Corporate Governance. Zunächst wurden diese von privaten oder halbstaatlichen Gremien entwickelt und ihre Umsetzung den Unternehmen empfohlen, später entwickelten einige Unternehmen eigene Kodizes. In den USA geschah dies zunächst durch eine Zusammenstellung des *American Law Institutes* zum geltenden Recht und zu Empfehlungen zu seiner Verbesserung[115], ihm folgten Ausarbeitungen vor allem von institutionellen Investoren[116] und Zusammenschlüssen von Unternehmensführern, aber auch von einzelnen Unternehmen[117]. In Großbritannien gab es verschiedene (halb-)offizielle Expertenkommissionen, beginnend mit der 1992 vorgelegten Untersuchung „The Financial Aspect of Corporate Governance". Die nach ihrem Vorsitzenden *Sir Adrian Cadbury* benannte Kommission, die vom *Financial Reporting Council* und der Londoner Börse eingesetzt worden war, stellte erstmals einen

112 Präambel Abs. 7 DCGK; auch *Baums* in: Hommelhoff u. a. (Hrsg.) Corporate Governance, S. 13, 17; *Peltzer* 3. Hachenburg Gedächtnisvorlesung, S. 49, 52 ff.; *Wiesner* in: Münch. Hdb. GesR IV, § 19 Rn. 4; a. A. aber *Assmann* FS Kümpel, S. 1, 5 f.: keine Annäherung, sondern Erosion, wenn nicht Verfall des kontinentaleuropäischen Modells.

113 *von Rosen* Bank 2001, 283.

114 Vgl. die Nachweise bei *Hopt* 3. Hachenburg-Gedächtnisvorlesung, Fußnoten 6 bis 10; zur Vergleichenden Corporate Governance die Bibliografie bei *Hopt/Kanda/Roe* u.a. Corporate Governance (1998), S. 1206 ff.

115 *American Law Institute* (*ALI*), Principles of Corporate Governance: Analysis and Recommendations, 2 Bände (zit. nach *Hopt* 3. Hachenburg-Gedächtnisvorlesung, Fußnote 19).

116 Etwa die Investmentfonds *CalPERS* (*Califonia Public Employees' Retirement System*) und *TIAA-CREF* (*Teachers Insurance an Annuity Association College Retirement Equity Fund*). Die *CalPERS* Statement of Govnernance Principles sind abgedruckt in *Hopt/Wymeersch* Comparative Corporate Governance (1997), M 49 ff. Die aktuellen Versionen sind einsehbar im Internet unter <http://www.calpers-governance.org> bzw. <http://tiaa-cref.org/pubs/html/governance/index.html>; s. dazu *Monks* in: Feddersen/ Hommelhoff/Schneider (Hrsg.) Corporate Governance (1996), 331, 336.

117 Vgl. zu den verschiedenen Arten der Corporate-Governance-Richtlinien in den USA *Berrar* Entwicklung der Corporate Governance, S. 117 ff., insbesondere S. 119 mit Fundstellennachweisen; ebenso *von Werder* in: v. Werder (Hrsg.) GCCG, S. 8 f.

„Code of Best Practice" vor[118]. Ihr folgte 1995 ein weiterer Kodex der *Greenbury*-Kommission[119], und 1998 eine Zusammenfassung dieses Kodex mit dem der Cadbury-Kommission durch die *Hampel*-Kommission im sog. „Combined Code" [120]. Dieser stellt eine Ergänzung der Listing-Regeln der Londoner Börse dar, wonach die Unternehmen zu erklären haben, ob sie diesen Kodex erfüllen und im Falle des Nichterfüllens dieses auch begründen müssen (*„comply or explain"*)[121]. Seine Auswirkungen auf die Struktur der britischen Unternehmen waren erheblich, insbesondere führte er zu einer in den meisten Unternehmen durchgeführten personalen Trennung des Amtes des *CEO* (*Chief Executive Officers*) von dem des *Chairman of the Board.* Eine überarbeitete Version des *Combined Code* ist am 1.11.2003 in Kraft getreten[122].

Die Tatsache, dass die Idee der Entwicklung von Kodizes als Mechanismus der Selbstregulierung zuerst im angelsächsischen Rechtskreis entstanden ist, kann man darauf zurückführen, dass die Kapitalgesellschaften bei der Ausgestaltung ihres Corporate-Governance-Systems weitgehend Satzungsfreiheit genießen[123]. So ist in den USA der Bundesstaat Delaware vor allem deshalb gesellschaftsrechtlich besonders bedeutend, weil er ein besonders liberales Gesellschaftsrechtssystem hat[124]. Dem britischen Beispiel folgend haben auch die Börsen von Malaysia (1997), Singapur (1998) und Thailand Corporate-Governance-Kodizes herausgegebenen[125]. Auf nationaler Ebene folgten Ausarbeitungen zum Thema Corporate Governance, teilweise verbunden mit eigenen Kodizes, in Europa etwa in Schweden (1994 und 2000), Frankreich (Viénot-Raport, 1995 und Viénot-II-Rapport, 1999), Spanien (Código de Buen Gobierno, 1996) und den Niederlanden (Peter´s Report, 1997). Allein im Bereich der EU und ihrer Mitgliedstaaten existieren mittlerweile rund 40

---

118 Abgedruckt bei *Tricker* Corporate Governance, S. 279 ff.; Kodex und Auszüge aus dem Report bei *Hopt/Wymeersch* Comparative Corporate Governance (1997), M 1-M 21; dazu auch *Gregory/Simmelkjaer* Comparative Study, Annex IV, S. 237 ff.

119 Kodex abgedruckt bei *Hopt/Wymeersch* Comparative Corporate Governance (1997), M 41-M 48; dazu *Gregory/Simmelkjaer* Comparative Study, Annex IV, S. 251 ff.

120 Code abrufbar unter <http://www.fsa.gov.uk/pubs/ukla/lr_comcode.pdf>; zum *Combined Code Davies* ZGR 2001, 268, insbes. 275 ff.; *Berrar* Entwicklung der Corporate Governance, S. 140 f.; *Hucke/Ammann* DCGK-Leitfaden, S. 7 ff.

121 § 12.43 A, (=Chapter 12) der *listing rules* der *London Stock Exchange*, abrufbar unter <http://www.fsa.gov.uk/pubs/ukla/chapt12-3.pdf>. Vgl. hierzu *Berrar* Entwicklung der Corporate Governance, S. 141 ff.; *Hopt* 3. Hachenburg-Gedächtnisvorlesung, S. 21; *Talaulicar* Zwecksetzung und Wirkungsprognosen, S. 25; zuletzt *Assmann* FS Kümpel, S. 1, 13. Das Listing hängt allerdings nicht von der Einhaltung des Codes ab, zumindest missverständlich daher *Ulmer* ZHR 2002, 150, 153; *Baums* (Hrsg.) Bericht RegKomm, Rn. 5 (richtig aber Rn. 9); *von Werder* in: v. Werder (Hrsg.) GCCG, S. 2 Fußnote 2 sowie S. 9.

122 Vgl. dazu *Weber-Rey/Kellett* AG-R 2003, 508, 510.

123 *Schneider* DB 2000, 2413, 2415; *Schneider/Strenger* AG 2000, 106, 107.

124 *Delaware General Corporate Law*; zur Bedeutung Delawares vgl. *Hess* in: Feddersen/Hommelhoff/Schneider Corporate Governance, S. 9, 11 ff.

125 Links zu den verschiedenen Kodizes auf der mittlerweile veralteten Seite <http://www.worldbank.org/html/fpd/privatesector/cg/codes.htm>.

verschiedene Kodizes[126], lediglich Luxemburg verfügt bisher über keinen – privaten oder offiziellen – Kodex[127]. Weiter sind auf der Zusammenstellung einer Liste der Weltbank Bemühungen zum Thema Corporate Governance von Australien (Australian Investment Manager's Association, 1997 und Australian Committee on Corporate Governance, 1993), Südafrika (King Report, 1994/95), Kanada (Toronto Stock Exchange recommendations on Canadian Board practices, 1995), Hong Kong (Report on Corporate Governance from the Hong Kong Society of Accountants, 1996), Indien (Confederation Code, 1998), Japan (Corporate Governance Forum, 1998), Brasilien (Code of Best Practice of Corporate Governance, 1999) und anderen Staaten zu finden[128].

2. *Auf internationaler Ebene*

Neben der Entwicklung von Corporate-Governance-Prinzipien auf nationaler Ebene wurde Mitte der 1990er Jahre von verschiedenen Seiten damit begonnen, international gültige Corporate-Governance-Grundsätze aufzustellen. Einer der ersten Versuche waren die „Guidelines of Good Practice" des *Centre for European Policy Studies* (*CEPS*), das von Wissenschaftlern und Vertretern der Privatwirtschaft erarbeitet wurde[129]. Weitere Regelwerke privater internationaler Organisationen sind etwa die Richtlinien des *International Corporate Governance Network* (*ICGN*) und der *European Asociation of Securities Dealers* (*EASD*)[130]. Auch der *Global Compact* der Vereinten Nationen, der weltweit beachtet werden soll, enthält Regeln guter Unternehmensführung[131]. Besonderes Interesse finden aber die *Principles on Corporate Governance* der *Organisation for Economic Cooperation and Development* (*OECD*) sowie die *Guidelines der Commonwealth Association for Corporate Governance* (*CACG*), da beide auf staatliche Initiative zurückgehen. Schließlich werden die Bemühungen der Kommission der Europäischen Gemeinschaften auf dem Gebiet der Ausarbeitung von Corporate-Governance-Kodizes dargestellt.

---

126 Die *Gregory/Simmelkjaer* Comparative Study, Final Report, S. 2, hat 39 Kodizes aufgeführt; hierin sind aber weder der österreichische Kodex noch der DCGK enthalten.

127 In der Studie wird auch noch Österreich genannt, hier ist aber im Jahr 2002 ebenfalls ein Corporate-Governance-Kodex veröffentlicht worden: <http://www.corporate-governance.at>; dazu auch *Roth/Büchele* GesRZ 63 ff.

128 Diese mittlerweile allerdings veraltete Übersicht von Kodizes aus 25 Staaten sowie internationalen Grundsätzen findet sich unter <http://www.worldbank.org/html/fpd/privatesector/cg/codes.htm>; eine aktuellere Zusammenstellung ist veröffentlicht unter <http://www.ecgi.org/codes/all_codes.htm>. Eine weitere Liste findet sich bei *Millstein*/OECD Corporate Governance, S. 120 ff. Zu den Kodizes von Frankreich, Indien, Malaysia, Südafrika und Brasilien vgl. auch *Berrar* Entwicklung der Corporate Governance, S. 105 ff. bzw. 142 ff.

129 Dazu sowie zu weiteren privaten europäischen Initiativen *Berrar* Entwicklung der Corporate Governance, S. 93 ff.

130 *Baums* (Hrsg.) Bericht RegKomm, Rn. 5.

131 Global Compact veröffentlicht unter <http://www.unglobalcompact.org/Portal>.

a) Die OECD-Principles on Corporate Governance

Der Ministerrat der *OECD* billigte 1999 die seit 1996 auf verschiedenen Ebenen erarbeiteten *OECD*-Prinzipien zur Corporate Governance[132]. Diese fünf Prinzipien enthalten unverbindliche Grundsätze der Unternehmensleitung und -kontrolle. Sie betreffen die Aktionärsrechte, die Gleichbehandlung der Aktionäre, die Rolle der *stakeholder*, Offenlegung und Transparenz sowie die Pflichten des Aufsichtsrats. Vorrangig wenden sich die Prinzipien an börsennotierte Unternehmen und zielen vor allem auf aufstrebende Länder in Asien, Osteuropa und Lateinamerika[133]. Sie zeichnen sich dadurch aus, dass sie die nationalen Besonderheiten anerkennen und bewahren – etwa die Mitbestimmung in Deutschland – und nicht versuchen, den nationalen Rechtsordnungen ein bestimmtes System aufzuzwingen. Außerdem versuchen sie, eine Balance zwischen *shareholer-* und *stakeholder*-Interessen zu finden. Die Hauptverantwortung der Umsetzung der Prinzipien wird dabei dem privaten Sektor zugesprochen[134]. Bemerkenswert hieran ist, dass damit eine deutliche Stärkung der Rolle der Gesellschaften gegenüber dem Staat bei der Entwicklung ihrer Corporate-Governance-Stukturen gesehen werden kann, die teilweise als Aufforderung zur Deregulierung staatlicher Vorschriften in Deutschland interpretiert worden ist[135]. Die *OECD*-Prinzipien sollen bis zur Ministerkonferenz im März 2004 fortentwickelt werden[136].

b) Die CACG-Guidelines for Corporate Governance

Die *CACG* wurde 1998 eingerichtet und legte Ende 1999 ihre „*Guidelines for Corporate Governance*“ vor[137]. Sie beschreibt den Stand der und die nationalen Vorschläge zur Corporate Governance in fast allen Staaten des Commenwealth. Die Besonderheit sind einmal die Anerkennung der sozialen Rolle der Unternehmen und die Feststellung der Existenz von Investoren, die nach ethischen Gesichtspunkten handeln, außerdem der sog. „Modern Inclusive Approach“, wonach alle *stakeholder* einbezogen werden müssen, um eine gute Unternehmensführung zu erhalten, die Unternehmensleitung aber nur den Aktionären gegenüber rechenschaftspflichtig und verantwortlich ist[138].

---

132 Abgedruckt in AG 1999, 340; ausführliche Besprechungen bei *Berrar* Entwicklung der Corporate Governance, S. 78 ff.; *Hommelhoff* ZGR 2001, 238; *Seibert* AG 1999, 337; nach *Borges* ZGR 2003, 508, 511 sind die Principles das wichtigste Beispiel internationaler Corporate-Governance-Kodizes.

133 *Seibert*, AG 1999, 337, 338.

134 Vorwort, 3. Absatz.

135 Vgl. *Hommelhoff* ZGR 2001, 238, 241 f., der sich damit insbesondere gegen die Interpretation *Seiberts* („Principles werden (...) keinen gesetzgeberischen Impuls (...) entfalten“, AG 1999, 337, 339) wendet.

136 *Wiesner* BB 2003, 513, 514; Mitteilung KOM (2003) 284 endg. vom 21.5.2003, S. 14, auf deutsch erreichbar unter <http://europa.eu.int/comm/internal_market/de/company/company/modern/>.

137 Abgedruckt in: *Tricker* Corporate Governance, S. 459; dazu S. xxii.

138 *Berrar* Entwicklung der Corporate Governance, S. 96 ff.

c) Corporate Governance auf der Ebene der Europäischen Union

Maßnahmen zur Harmonisierung des Gesellschaftsrechts innerhalb der Europäischen Union sind – insbesondere bei der Verwirklichung verschiedener Richtlinienvorschläge – teilweise auf erhebliche Schwierigkeiten gestoßen[139], nicht zuletzt im Hinblick auf Fragen der Mitbestimmung[140]. Auf dem Gebiet des Kapitalmarktrechts ist hingegen mittlerweile eine tiefgreifende Harmonisierung erreicht worden[141]. Problematisch ist, inwieweit die verschiedenen europäischen Corporate-Governance-Systeme harmonisierungsbedürftig und -fähig sind[142]. Bereits die Frage, ob die formalen Voraussetzungen eines Einschreitens der Europäischen Union gegeben sind – also ob ein Tätigwerden zur Herstellung eines einheitlichen Binnenmarktes notwendig ist –, ist umstritten[143]. Außerdem müsse der Gefahr vorgebeugt werden, dass es durch die Harmonisierung aufgrund nationaler Besonderheiten im Ergebnis zu ineffizienten Regelungen komme[144].

Einer der Hauptunterschiede der Corporate-Governance-Systeme im europäischen Raum ist die Gestaltung des Leitungsorgans der großen Kapitalgesellschaften. Wie bereits gesehen ist das dualistische System bei Aktiengesellschaften insbesondere in Mitteleuropa vorherrschend, während in Großbritannien und einigen südeuropäischen Ländern das monistische System anzutreffen ist[145]. In Frankreich[146] haben Unternehmen die Wahl zwischen ein- und zweigliedrigem Leitungsorgan, ähnliches gilt auch in Portugal und Finnland[147]. Eine erhebliche Annäherung hat sich dadurch ergeben, dass im britischen Board immer mehr sog. *outside directors* sitzen, die nur für die

---

139 Ausführlich *Hopt* ZGR 2000, 779, 809 ff.; *Hopt* ZIP 1998, 96 ff.; soweit sich dies auf das SE-Statut bezieht ist die Kritik allerdings veraltet, da das Statut der Europäischen Gesellschaft (SE) durch die VO Nr. 2157/2001 beschlossen ist und zum 8. Oktober 2004 als Gesellschaftsform zur Verfügung stehen wird. Dazu etwa *Schwarz* ZIP 2001, 1847; *Thoma/Leuering* NJW 2002, 1449.

140 *Hopt* FS Everling, S. 475; *Wiesner* ZIP 2000, 1792, 1793 im Hinblick auf das SE-Statut.

141 *Grundmann/Mülbert* ZGR 2001, 215, 218; Überblick über die Rechtsakte der EU auf dem Gebiet des Europäischen Unternehmensrechts bei *Van Hulle* EWS 2000, 521; *Wiesner* ZIP 2000, 1792.

142 Skeptisch etwa *Lutter* ZGR 2000, 1, 17 f., der aber die Erarbeitung eines europäischen *Code of best practice* für Fragen der ordnungsgemäßen Geschäftsführung und Kontrolle als *soft law* anregt; für eine forcierte Harmonisierung *Berrar* Entwicklung der Corporate Governance, S. 64 ff., insbes. S. 78; S. 267 ff. sowie S. 272 m.w.N. zur Diskussion.

143 Vgl. *Hopt* ZGR 2000, 779, 813 f.

144 *Grundmann/Mülbert* ZGR 2001, 215, 218 f.

145 Vgl. hierzu bereits oben A.III. (Seite 13).

146 Code commercial Art. L 225-17 ff. (monistisches System), Art. L 225-57 ff. (dualistisches System); vgl. dazu *Guyon* FS Lutter, S. 83, 85; *Gregory/Simmelkjaer* Comparative Study, Annex IV, S. 64 f.

147 Vgl. zu Finnland *Gregory/Simmelkjaer* Comparative Study, Annex IV, S. 50; zu Portugal *Gregory/Simmelkjaer* Comparative Study, Annex IV, S. 191 f.

Kontrolle, aber nicht für das operative Geschäft zuständig sind[148]. Diese Annährung wurde von deutscher Seite durch die Stärkung des Aufsichtsrats im Wege des KonTraG[149] unterstützt. Daher kommt auch der Diskussion, welches System „das bessere“ ist, immer weniger Bedeutung zu[150]. Hinzu kommen Angleichungen der Systeme bei Unternehmensübernahmen, die in ganz Europa dem britischen Vorbild grundsätzlich – trotz der bisher nicht durchgesetzten Übernahmen-Richtlinie – folgten[151]. Ein großer Schritt zu mehr Rechtsvereinheitlichung war die Durchsetzung der SE-Verordnung (SE-VO) im Jahr 2001[152], durch die eine weitere Angleichung der Corporate-Governance-Systeme in Europa erreicht werden konnte. Denn in Art. 38 lit. b) SE-VO wird den Unternehmen die Möglichkeit eingeräumt, dass die Societas Europaea, die europäische (Kapital-)Gesellschaft (SE), entweder dem dualistischen System mit Aufsichts- und Leitungsorgan oder dem monistischen System mit einheitlichem Verwaltungsorgan folgt. Und im Diskussionsentwurf des deutschen Umsetzungsgesetzes werden in §§ 18 ff. SEEG-DiskE ausführliche Regelungen für die Errichtung einer SE auch in Deutschland mit monistischer Struktur geschaffen[153]. Dabei bestimmt § 24 Abs. 1 Satz 2 SEEG-DiskE, dass auch Mitglieder des Verwaltungsrates zu Geschäftsführenden Direktoren bestellt werden können, sofern die Mehrheit des Verwaltungsrats weiterhin aus nicht geschäftsführenden Mitgliedern besteht. Allerdings kann eine SE nur unter den besonderen Voraussetzungen von Art. 2 SE-VO gegründet werden, im Ergebnis muss daher immer ein grenzüberschreitender Bezug zu einem anderen EU-Mitgliedsstaat vorliegen. Es ist daher weiterhin nicht möglich, eine Aktiengesellschaft als rein deutsche SE und damit mit monistischer Struktur zu errichten.

Es bestehen aber auch Unterschiede der Corporate-Governance-Systeme der EU-Mitgliedstaaten fort, etwa bei Fragen der Mitbestimmung, des Konzernrechts und der Rolle der Universalbanken[154]. Zusammenfassend wird man sagen können, dass sich das Gesellschaftsrecht und die Corporate-Governance-Systeme in Europa auch ohne große und durchgreifende Maßnahmen der Europäische Gemeinschaften angenähert haben, dass aber Unterschiede in Teilbereichen bleiben.

---

148 *Hopt*, ZGR 2000, 779, 784 f.; *Bernhardt/von Werder* ZfB 2000, 1269, 1277; *von Werder* DB 2002, 801 mit vielen w.N. in Fußnoten 23 und 24; zustimmend auch *Assmann* FS Kümpel, S. 1, 5 f., der aber gleichzeitig von einer Erosion wenn nicht Verfall des kontinentaleuropäischen System spricht. Kritisch zu dieser sog. Konvergenztheorie *Davies* ZGR 2001, 268, 282 ff.

149 Gesetz zur Kontrolle undTransparenz im Unternehmensbereich vom 27.4. 1998, BGBl. I, S. 768.

150 *Bernhardt/von Werder* ZfB 2000, 1269, 1276 m.w.N.; *Peltzer* 3. Hachenburg-Gedächtnisvorlesung, S. 53; *Teichmann* ZGR 2001, 645, 675.

151 *Hopt* ZGR 2000, 779, 787 ff.

152 Verordnung (EG) Nr. 2157/2001 des Rates vom 8. Oktober 2001 über das Statut der Europäischen Gesellschaft (SE), ABl. L 294/1 vom 10.11.2001.

153 Diskussionsentwurf Gesetz zur Einführung der Europäischen Gesellschaft (SEEG), abgedruckt in AG 2003, 204; Einführung dazu bei *Neye/Teichmann* AG 2003, 169.

154 *Hopt* ZGR 2000, 779, 798 ff. m.w.N.; auch *Wymeersch*, ZGR 2001, 294, 296 ff.

Der Begriff Corporate Governance steht seit Mai 1999 auch im Aktionsplan für den Finanzbinnenmarkt der Kommission der Europäischen Gemeinschaften[155]. Die nationalen Kodizes sollten auf etwaige rechtliche oder administrative Hemmnisse hin überprüft werden, die die Entwicklung eines einheitlichen EU-Finanzmarktes behindern könnten. Im Auftrag der Kommission wurde eine vergleichende Studie der existierenden Corporate-Governance-Kodizes erstellt, die die unterschiedlichen Corporate-Governance-Kodizes auflistet, deren Regelungen vergleicht und deren wesentliche Ähnlichkeiten und Unterschiede darstellt. Außerdem stellt sie die Durchsetzbarkeit von Corporate-Governance-Regelungen dar und beschreibt die zu erwartenden Entwicklungen. Die Studie wurde im Januar 2002 abgeschlossen und im März desselben Jahres veröffentlicht[156]. Darüber hinaus wurde im September 2001 eine „Hochrangige Gruppe von Experten auf dem Gebiet des Gesellschaftsrecht" eingesetzt, um den Rahmen für ein modernes europäisches Gesellschaftsrecht abzustecken, das hinreichend flexibel und zeitgemäß ist, um den Bedürfnissen der Unternehmen zu entsprechen. Der Expertengruppe stand dabei nicht nur die bereits erwähnte vergleichende Studie zur Verfügung, sie führte auch Konsultationen und Anhörungen zur Corporate Governance in den Staaten der Europäischen Union durch[157]. Ihre Ergebnisse legte sie im November 2002 vor[158]. Einen großen Teil der Studie nimmt dabei die Auseinandersetzung mit der Corporate Governance ein[159]. Im Wesentlichen empfiehlt sie die Abgabe einer jährlichen Corporate-Governance-Erklärung börsennotierter Unternehmen, die von der Verwaltung abgegeben werden soll[160]. In jedem Mitgliedsstaat solle dafür ein einheitlicher Kodex bestehen, zu dem die Unternehmen erklären, ob sie ihn einhalten oder wie und warum sie hiervon abweichen[161]. Von der Erstellung eines einheitlichen europäischen Corporate-Governance-Kodex rät die Expertengruppe dagegen ab, da dieser entweder sehr allgemein gefasst sein müsste oder aufgrund der Vielzahl von Sonderregelungen wenig zur Rechtsklarheit beitrüge[162]. Auf der Studie und der Arbeit der Expertengruppe basierend legte die Europäische Kommission im Mai 2003 einen weiteren Aktionsplan zur „Modernisierung des Gesellschaftsrechts und Verbesserung der Corporate Governance in der Europäischen Union" vor, in dem sie einzelne Maßnahmen zur Reform des Gesellschaftsrechts, die zukünftig

155 KOM (1999), 232 endg. vom 11.5.1999, abgedr. in ZBB 1999, 254, 260.

156 *Gregory/Simmelkjaer* Comparative Study.

157 *Winter* u.a. Regulatory Framework for Company Law, S. 1.

158 *Winter* u.a Regulatory Framework for Company Law; vgl. auch FAZ vom 5.11.2002 (Nr. 257), S. 13; *Wiesner* BB 2003, 213.

159 *Winter* u.a. Regulatory Framework for Company Law, S. 43-77.

160 *Winter* u.a. Regulatory Framework for Company Law, S. 10, 45 ff. (Empfehlung III. 1).

161 *Winter* u.a. Regulatory Framework for Company Law, S. 12, 72 ff. (Empfehlung III.16).

162 *Winter* u.a. Regulatory Framework for Company Law, S. 72 ff.; ebenfalls sehr kritisch zu einem „Europäischen Superkodex" *Wiesner* BKR 2002, 145.

ergriffen werden sollen, aufzeigt[163]. Auch sie lehnt die Schaffung eines einheitlichen europäischen Kodex ab. Sie verweist darauf, dass die nationalen Kodizes ein hohes Maß an Übereinstimmung aufwiesen und das Nebeneinander zahlreicher Kodizes von den Unternehmen nicht generell als Schwierigkeit empfunden werde[164]. Ein solcher Kodex böte wegen der zum Teil sehr unterschiedlichen nationalen gesellschaftsrechtlichen Vorschriften auch nicht die Gewähr für eine umfassende Information der Anleger[165]. Die Kommission greift auch die weiteren Bedenken der Expertengruppe auf, will aber zumindest in Bezug auf grundsätzliche Regeln eine angemessene Koodinierung der Corporate-Governance-Kodizes gewährleistet wissen[166]. Nach den Vorstellungen der Kommission sollten börsennotierte Unternehmen zu einer jährlichen Erklärung zur Corporate Governance verpflichtet werden. Hierin sollen sie die wichtigsten Elemente der Strukturen und Praktiken der Unternehmensführung und -überwachung, derer sie sich bedienen, darstellen. Möglich soll dies aber auch sein durch Verweis auf einen nationalen Kodex, den sie befolgen und in Bezug auf den sie Abweichungen offenlegen[167]. Da die Kommission eine solche Initiative für besonders dringlich hält, ist eine kurzfristige Umsetzung bis 2005 geplant[168].

D. Die Corporate-Governance-Bewegung in Deutschland

Wie schon erwähnt[169] hat der Begriff „Corporate Governance" erst Mitte der 1990er Jahre über Großbritannien in Deutschland Einzug erhalten[170]. Daher kann Deutschland im Hinblick auf die Beteiligung an der Corporate-Governance-Debatte als „Spätentwickler" bezeichnet werden. Dies liegt sicher auch darin begründet, dass das deutsche Gesellschaftsrechtssystem eine wesentlich höhere Regelungsdichte im Hinblick auf das Pflichtprogramm für

---

163 Mitteilung KOM (2003) 284 endg. vom 21.5.2003, auf deutsch erreichbar unter <http://europa.eu.int/comm/internal_market/de/company/company/modern/>; vgl. dazu FAZ vom 22.5.2003 (Nr. 118), S. 11; *Maul/Lanfermann/Eggenhofer* BB 2003, 1289; *Wiesner* ZIP 2003, 977; *Maier-Reimer* FAZ vom 4.6.2003, S. 21; Stellungnahme des Handelsrechtsausschusses des *Deutschen Anwaltvereins e.V.* (*DAV*), veröffentlicht in NZG 2003, 1008.

164 Mitteilung KOM (2003) 284 endg. vom 21.5.2003, S. 13, auf deutsch erreichbar unter <http://europa.eu.int/comm/internal_market/de/company/company/modern/>.

165 Mitteilung KOM (2003) 284 endg. vom 21.5.2003, S. 14, auf deutsch erreichbar unter <http://europa.eu.int/comm/internal_market/de/company/company/modern/>.

166 Mitteilung KOM (2003) 284 endg. vom 21.5.2003, S. 14, auf deutsch erreichbar unter <http://europa.eu.int/comm/internal_market/de/company/company/modern/>.

167 Mitteilung KOM (2003) 284 endg. vom 21.5.2003, S. 15, auf deutsch erreichbar unter <http://europa.eu.int/comm/internal_market/de/company/company/modern/>.

168 Pressemitteilung, S. 2, erreichbar unter <http://europa.eu.int/comm/internal_market/de/company/ company/modern/>; *Maul/Lanfermann/Eggenhofer* BB 2003, 1289; *Wiesner* ZIP 2003, 977, 979; *Maier-Reimer* FAZ vom 4.6.2003, S. 21.

169 Oben C.I. (Seite 21 f.)

170 Vgl. auch *Schneider* DB 2000, 2413; *von Rosen* Bank 2001, 283.

Vorstände und Aufsichtsräte aufweist als angelsächsische Staaten. Außerdem führt das monistische System dazu, dass jedes einzelne Unternehmen eigene Regelungen über die Aufgabenverteilung innerhalb des *boards* treffen muss. Dagegen ist zumindest die Frage, wer das operative Geschäft des Unternehmens führt und wer diese Geschäftsführung überwacht, in Deutschland durch die Trennung von Vorstand und Aufsichtsrat bereits gesetzlich vorgegeben. Etwa seit 1995 war dennoch das Interesse der deutschen Gesellschaftsrechtswissenschaft am Thema Corporate Governance geweckt, wie sich schon an den zu diesem Zeitpunkt beginnenden umfangreichen Veröffentlichungen ablesen lässt[171]. Mittlerweile wird „Corporate Governance" von einigen bereits als „wissenschaftliche Teildisziplin"[172] bezeichnet.

Der Standard der Corporate Governance in Deutschland konnte dadurch erhöht werden, dass einige Lücken und Schwachstellen im Bereich der Kontrolle in der Aktiengesellschaft durch das bereits erwähnte KonTraG von 1998 abgemildert wurden[173]. Dennoch blieben Mängel im deutschen Corporate-Governance-System auch im Vergleich mit anderen kontinentaleuropäischen Staaten[174]. Dabei waren nach ganz überwiegender Ansicht vor allem im Bereich des Aufsichtsrats weitere Verbesserungen nötig[175], während andere den Ansatzpunkt für Verbesserungen der Corporate Governance in erster Linie beim Vorstand sahen[176]. Bei der Frage, wie eine weitere Verbesserung zu erzielen sei, trat – nachdem lange kein Bedarf hierfür gesehen wurde[177] – eine in anderen Staaten bereits genutzte Regelungsmöglichkeit verstärkt ins Bewußtsein: Die Zusammenstellung von Regeln, die für eine gute Unternehmensleitung und -überwachung national und international bewährt sind, in Kodizes. Neben dieser sog. Ordnungsfunktion sollten die Kodizes noch einem weiteren Zweck dienen:

171 Vgl. die Aufsatzsammlungen und Bücher etwa von *Hopt/Wymeersch* Comparative Corporate Governance (1997); *Hopt/Kanda/Roe* u. a. Corporate Governance (1998); *Feddersen/Hommelhoff/Schneider* Corporate Governance (1996); außerdem die Nachweise bei *Hopt* 3. Hachenburg-Gedächtnisvorlesung, S. 9, 10 f., insbesondere Fußnoten 7 bis 10.

172 *Lutter* ZGR 2001, 224, 225; auch *Grundmann/Mülbert* ZGR 2001, 215, 216.

173 *Hommelhoff/Mattheus* AG 1998, 249 ff.; *Seibert* AG 1999, 337, 339.

174 *Heidrick & Struggles* (Hrsg.) Is your Board fit for the Global Challenge? Corporate Governance in Europa, Frankfurt 1999, zitiert bei *Nölting* ManagerMagazin 9/2000, S. 132 ff.; *Berrar* Entwicklung der Corporate Governance S. 181, *Hofmann* Globalisierung, S. 88 ff. In der darauffolgenden Zeit gab es aber weitere Verbesserungen in den Bewertungen, vgl. etwa den Mittelplatz Deutschlands im *DWS* Corporate Governance Survey 2001, European Corporate Governance Ranking Report – EuroStoxx 50, S. 12.

175 *Berrar* Entwicklung der Corporate Governance, S. 201 ff.; *Hopt* 3. Hachenburg-Gedächtnisvorlesung, S. 27 ff.; *Lutter* ZGR 2001, 224, 228; vor Inkrafttreten des KonTraG bereits *Bernhardt* ZHR 159 (1995), 310; *Lutter*, ZHR 159 (1995), 287; *Lutter* NJW 1995, 1133.

176 *Peltzer/von Werder* AG 2000, 1, 2.

177 *Seibert* BB 2002, 581; auch *Berg/Stöcker* WM 2002, 1569, 1570: „Die Notwendigkeit, eine unvollständige gesetzliche Regelung durch einen Verhaltenskodex zu ergänzen, besteht insofern (wegen des weitgehend zwingenden Aktienrechts, *d. Verf.*) hierzulande nicht"; die rhetorische Frage nach der Überflüssigkeit ablehnend *von Werder* DB 2002, 801.

Der Information insbesondere ausländischer Anleger über die Grundzüge und Besonderheiten des deutschen Corporate-Governance-Systems. Hinsichtlich der Grundzüge wird darauf hingewiesen, dass die Regelungen über verschiedene Gesetze verstreut und daher verhältnismäßig schlecht zugänglich sind[178]. So finden sich Regelungen nicht nur im Aktiengesetz, sondern auch im Handelsgesetzbuch (HGB), im Mitbestimmungsgesetz, im Wertpapierhandelsgesetz (WpHG) und seit 2001 auch im Wertpapiererwerbs- und Übernahmegesetz (WpÜG); für Versicherungen außerdem im Versicherungsaufsichtsgesetz (VersAUfG), für Banken im Kreditwesengesetz (KWG). Zu den erklärungsbedürftigen deutschen Besonderheiten zählen vor allem das dualistische Führungssystem deutscher Aktiengesellschaften, das Kollegialprinzip für den Vorstand und die Regeln der unternehmerischen Mitbestimmung[179]. Mit einer Darstellung dieser Grundzüge und Besonderheiten erfüllen Kodizes damit neben der Ordnungsfunktion auch eine Informations- oder Kommunikationsfunktion[180]. Wie in den USA wurden auch in Deutschland zwei Arten von Kodizes entwickelt: einerseits solche, deren Umsetzung einer Vielzahl von Unternehmen empfohlen wird und andererseits Kodizes die sich ein Unternehmen selbst zur Verbesserung seiner Corporate Governance gegeben hat. Die Kodizes sollen dabei in der Regel nicht nur der Verbesserung der Corporate Governance in den Unternehmen als Selbstzweck dienen, sie sind regelmäßig in der Hauptsache an die Teilnehmer des Kapitalmarktes gerichtet[181]. Dabei wird behauptet, dass die Einhaltung der Kodizes das Unternehmen zu einem besonders gut geführten macht und unter Heranziehung der beschriebenen Untersuchungen[182] vorgebracht, dass sich eine Investition in diese Unternehmen eher rentieren werde als bei Unternehmen, die diese Grundsätze nicht einhalten.

I. Kodizes für eine Vielzahl von Unternehmen

Eine Zusammenstellung allgemein anerkannte Leitlinien bilden die bereits in den 1960er Jahren erstmals formulierten Grundsätze ordnungsgemäßer Unternehmensführung (GoU)[183]. Sie sind aber vor allem Handlungsempfehlungen für das Top-Management, also bei der Aktiengesellschaft für den Vorstand, und erfassen daher nur Teilbereiche der Unternehmensführung und -überwachung. Darüber hinaus wurde ihnen auch nur wenig Beachtung geschenkt[184]. Die ersten umfassende Empfehlungen zur Corporate Governance von Unternehmen in Deutschland erschienen erstmals

178 *Cromme* Kreditwesen 2002, 502 f.; *von Werder* DB 2002, 801, 802.
179 *von Werder* DB 2002, 801, 802.
180 *von Werder* DB 2002, 801, 802; *von Werder* in: v. Werder (Hrsg.) GCCG, S. 5 ff.; ihm folgend *Schüppen* DB 2002, 1117; *Lück* FAZ vom 21.10.2002, S. 24.
181 *Schneider* DB 2000, 2413, 2414.
182 Dazu oben B.II. (Seite 18 ff.).
183 Hierzu *von Werder* DB 1999, 2221 m.w.N.
184 So *Pellens/Hillebrandt/Ulmer* BB 2001, 1243, 1244.

1998 mit den Guidelines der *Deutschen Schutzgemeinschaft für Wertpapierbesitz (DSW)*[185]. Im darauffolgenden Jahr verfasste der bedeutende US-amerikanische Pensionsfonds *CalPERS* spezifisch eigene Empfehlungen für Investitionen in deutsche Aktiengesellschaften[186]. Er forderte auch zur Erstellung eines deutschen Kodex auf[187]. Besondere Bedeutung in der Gruppe der Kodizes für eine Vielzahl von Unternehmen hatten aber der Kodex der Grundsatzkommission Corporate Governance des Frankfurter Initiativkreises (a)) und der German Code of Corporate Governance des Berliner Initiativkreies (b)); darüber hinaus wurden in dieser Zeit auch andere Kodizes und grundsätzliche Überlegungen zur Corporate Governance in Deutschland veröffentlicht (c)).

1. Grundsatzkommission Corporate Governance – der „Frankfurter Initiativkreis"

Die „Grundsatzkommission Corporate Governance" hatte sich im zweiten Halbjahr 1999 konstituiert und im Januar 2000 den erste vollständigen Vorschlag eines *„Code of best practice"* präsentiert, dessen vorläufige Endfassung im Juli 2000 veröffentlicht wurde[188]. In diesem sog. „Frankfurter Initiativkreis" waren Vertreter börsennotierter Unternehmen, institutionelle Anleger, Vertreter beratender Berufe und Hochschullehrer vertreten[189]. Corporate Governance wird von der Grundsatzkommission als verantwortliche, auf langfristige Wertschöpfung ausgerichtete Unternehmensleitung und -kontrolle verstanden. Nach internationalem Vorbild wollte sie einen Katalog praxisnaher Modellgrundsätze guter Corporate Governance für börsennotierte Unternehmen aufstellen[190]. Als börsennotierte Gesellschaften werden dabei nicht nur die im geregelten Markt, sondern auch die nur im Freiverkehr gehandelten Aktiengesellschaften verstanden[191]. Der Kodex richtet sich einerseits an die gegenwärtigen und zukünftigen Aktionäre, andererseits will er auch das Vertrauen der *stakeholder* in das Unternehmen fördern und vertiefen. Das ihm zugrundeliegende Konzept ist aber in erster Linie kapitalmarktorientiert[192], so dass der Kodex der externen Corporate Governance zuzuordnen ist. Im ersten Teil erläutert der Kodex „Generelle Fragen der Corporate Governance" in

---

185 *DSW* 1998: DSW Guidelines, zitiert nach *Bernhardt/von Werder* ZfB 2000, 1269, 1270, Fußnote 4.

186 <http://www.calpers-governance.org/principles/international/germany/page01.asp>; dort finden sich auch spezifische Empfehlungen für Frankreich, Japan und Großbritannien.

187 <http://www.calpers-governance.org/principles/international/germany/page04.asp>.

188 Abgedruckt in AG 2000, 109; ausführlich hierzu *Schneider/Strenger* AG 2000, 106; *Schneider* DB 2000, 2413; *von Rosen* Bank 2001, 283; FAZ vom 27.1.2000 (Nr. 22), S. 22.

189 Vgl. die Aufzählung seiner Mitglieder bei *Schneider/Strenger* AG 2000, 106, 108.

190 *Schneider/Strenger* AG 2000, 106, 108.

191 Kritisch dazu, dass die Abweichung von der gesetzlichen Definition nicht kenntlich gemacht wird *Berrar* Entwicklung der Corporate Governance, S. 182.

192 *Schneider* DB 2000, 2413, 2414 ff., der zu den Verfassern des Kodex zählt.

Deutschland, wobei er sich mit den Stichworten „Schutz der Aktionärsrechte", „Gleichbehandlung der Aktionäre" und „Offenlegung und Transparenz" an (drei der fünf) *OECD*-Principles orientiert. Dieser Teil enthält auch einige Soll-Vorschriften, die über die derzeit geltende Rechtslage hinausgehen und damit nicht zwingend von den Unternehmen zu beachten sind, sondern einer gesonderten Umsetzung bedürfen[193]. Der zweite Teil enthält Vorschriften für den Vorstand, unterteilt in 1.) Zuständigkeiten und Aufgaben, 2.) Informations- und Offenlegungspflichten, 3.) Vergütungen und 4.) Regeln für Interessenkonflikte und Eigengeschäfte. Der abschließende dritte Teil beschäftigt sich mit dem Aufsichtsrat unter den Punkten 1.) Zusammensetzung und Vergütung, 2.) Zuständigkeit und Aufgaben, 3.) Bildung von Ausschüssen (Präsidial- und Strategieausschuss, Bilanz- und Prüfungsausschuss, Personalausschuss, Auswahl- und Ernennungsausschuss, Markt- und Kreditrisikoausschuss, Vermittlungsausschuss) und wiederum 4.) Regeln für Interessenkonflikte und Eigengeschäfte. Der deutschen Corporate-Governance-Bewegung entsprechend, die den Schwerpunkt ihrer Vorschläge bei den Regelungen für den Aufsichtsrat sieht, ist dieser dritte Teil der längste. Ausweislich des begleitenden Aufsatzes zur Erstveröffentlichung des Kodex hofften seine Verfasser, dass die Corporate-Governance-Grundsätze etwa „durch die Gestaltung der Zulassungskriterien sowie die Aufnahme in Indizes" berücksichtigt werden würden. Außerdem sollten die Erwartungen der Kapitalmärkte, der Investoren, der übrigen *stakeholder* und der Öffentlichkeit zu einer breiten Akzeptanz des Kodex führen[194]. In der Auseinandersetzung mit dem Kodex wurde grundsätzliche Kritik[195] am Fehlen von besonderen Vorschriften für die Hauptversammlung[196] bzw. für (einzelne) Aktionäre[197] geäußert. Darüber hinaus fehlten Regelungen zur Rechnungslegung und Abschlussprüfung. Häufig gebe der Kodex nur die Gesetzeslage wieder, ohne die einschlägigen Vorschriften zu zitieren[198]. Darüber hinaus enthalte er einerseits weitgehend Selbstverständlichkeiten, andererseits aber Empfehlungen, die der deutschen Tradition widersprächen[199]. Schließlich fehle auch eine Stellungnahme zur Aufsicht im Konzern[200] und zur Konzernrechnungslegung[201]. Dadurch dass de- Kodex an die Anleger gerichtet sei, könne hierdurch auch nicht ein *stakeholder-value*-Ansatz implementiert werden[202]. Auch wenn trotz aller Kritik die generelle Bewertung dieses ersten deutschen Corporate-

193 Nachweise und Kritik bei *Berrar* Entwicklung der Corporate Governance, S. 181 f.

194 *Schneider/Strenger* AG 2000, 106, 109.

195 Mit Einzelregelungen des Kodex befassen sich kritisch *Claussen/Bröcker* AG 2000, 481, 487 ff. und vor allem *Berrar* Entwicklung der Corporate Governance, S. 179 ff.

196 *Berrar* Entwicklung der Corporate Governance, S. 179.

197 *Claussen/Bröcker* AG 2000, 481, 486.

198 *Schulze-Osterloh* ZIP 2001, 1433, 1435.

199 *Schulze-Osterloh* ZIP 2001, 1433, 1435.

200 *Lutter* ZGR 2001, 224, 234.

201 *Claussen/Bröcker* AG 2000, 481, 487.

202 *Berrar* Entwicklung der Corporate Governance, S. 255.

Governance-Kodex positiv war[203], blieb der Erfolg des Kodex in der Praxis überschaubar. Zwar behauptete einer der Kodex-Autoren Ende 2000, eine Reihe von Unternehmen hätte den Kodex bereits anerkannt oder stehe kurz davor, die Grundsätze anzuerkennen[204]. Hierfür werden aber keine Zahlen genannt. Die bereits erwähnte Befragung der damaligen DAX-100-Unternehmen führte zu dem Ergebnis, dass der *Code of Best practice* zwar 77,9% der Befragten bekannt war, dass aber nur ein Unternehmen diesen Kodex anerkennt. Lediglich 15 weitere Unternehmen äußerten den Plan, diesen Kodex umzusetzen[205].

2. GCCG – German Code of Corporate Governance

Ein weiterer *Code of Best practice* wurde vom sog. „Berliner Initiativkreis" erstellt und im Juni 2000 der Öffentlichkeit vorgestellt[206]. Diesem Initiativkreis gehörten zehn Personen aus Theorie und Praxis, vorrangig Vertreter der modernen Managementlehre, an[207]. Dadurch ist der Kodex primär betriebswirtschaftlich ausgerichtet[208] bzw. managementorientiert[209]. Der Kodex, so seine Verfasser, basiere auf einem umfassenden Konzept[210], indem er bestehende Rechtsvorschriften ausfülle und ergänze. Damit werden zwei Ziele verfolgt: Zum einen enthält der Kodex „wichtige Empfehlungen zur Ausgestaltung wichtiger Aspekte der Unternehmensführung, welche die Qualität und Transparenz der Leitung und Überwachung deutscher Unternehmen stärken"[211] (Ordnungsfunktion). Er richtet sich damit an die Unternehmen. Zum anderen soll er „gerade ausländischen Investoren einen kompakten Einblick in die Grundordnung der Corporate Governance in Deutschland, die vor allem durch das dualistische System aus Vorstand und Aufsichtsrat sowie durch die Mitbestimmung im internationalen Vergleich bedeutsame Besonderheiten aufweist"[212], geben (Kommunikationsfunktion). Dabei kritisiert der Initiativkreis insbesondere die Tatsache, dass in der deutschen Corporate-Governance-Diskussion der Aufsichtsrat im Mittelpunkt stehe. Dies sei ein „jahrelanger Irrweg"[213]. Denn der Vorstand trage die Verantwortung für die Entwicklung des Unternehmenswerts, und so müsse sein Handeln im Mittelpunkt stehen. Denn Aufsichtsrat und Abschlussprüfer könnten Qualität in ein Unternehmen nicht

203 *Berrar* Entwicklung der Corporate Governance, S. 191 f.; *Claussen/Bröcker* AG 2000, 481, 486; distanziert hingegen *Schulze-Osterloh* ZIP 2001, 1433, 1434 ff.

204 *Schneider* DB 2000, 2413, 2417.

205 *Pellens/Hillebrandt/Ulmer* BB 2001, 1243, 1247 f.

206 Abgedruckt in: AG 2001, 6; DB 2000, 1573; hierzu *Bernhardt/von Werder* ZfB 2000, 1269; *Peltzer/von Werder* AG 2001, 1; FAZ vom 14.6.2000 (Nr. 136), S. 22; ausführlich *von Werder* (Hrsg.) GCCG.

207 *Schneider* DB 2000, 2413, 2414.

208 *Bernhardt/von Werder* ZfB 2000, 1269, 1270; ebenso *Ulmer*, AcP 202 (2002), 143, 168.

209 *von Werder* DB 2002, 801, 803; *von Werder* in: v. Werder (Hrsg.) GCCG, S. 12.

210 *von Werder* in: v. Werder (Hrsg.) GCCG, S. 3.

211 *von Werder* in: v. Werder (Hrsg.), GCCG, S. VI (Vorwort zur 1. Auflage).

212 *von Werder* in: v. Werder (Hrsg.), GCCG, S. VI (Vorwort zur 1. Auflage).

213 *Peltzer/von Werder* AG 2001, 1, 2; ähnlich auch *Lück* FAZ vom 21.10.2002, S. 24.

„hineinprüfen" oder „hineinüberwachen"[214]. Nach einer Präambel enthält der Kodex Bestimmungen zur Grundordnung (I.) und zu Kernprozessen (II.) der Corporate Governance. Daran schließen sich Vorschläge zu Governance-Standards für den Vorstand (III.) und den Aufsichtsrat (IV.), Anteilseigner und Arbeitnehmer (V.) sowie zur Transparenz und Prüfung (VI.) an. Es folgen Empfehlungen zur Corporate Governance in geschlossenen Gesellschaften (VII.) und im Konzern (VIII.) Abschließend enthält der Kodex elf „Berliner Thesen zur Corporate Governance". Vier Kernprozesse der Corporate Governance werden dabei hervorgehoben: die personelle Besetzung des Vorstands, die Informationsversorgung des Aufsichtsrats, die Entscheidungsfindung bei grundlegenden Weichenstellungen im Unternehmen sowie die Pflege der Diskussionskultur in den Unternehmensorganen[215]. In der Kritik steht bei diesem Kodex – erwartungsgemäß – vor allem, dass die Rolle des Aufsichtsrats entgegen internationalen Gepflogenheiten und Erwartungen zurückgenommen werde[216], obwohl das deutsche Corporate-Governance-Problem gerade beim Aufsichtsrat liege[217]. Außerdem werden auch hier die „erstaunliche(n) Allgemeinplätze"[218] sowie die fehlende Kennzeichnung gesetzlicher Regelungen[219] negativ bewertet, wobei letzterer Kritik dadurch begegnet wurde, dass ein ergänzender Aufsatz aufzeigt, inwieweit der Kodex über den Gesetzestext hinausgeht[220]. Schließlich wird die Gefahr aufgezeigt, dass aufgrund der sehr detaillierten Regelungen eine allgemeine Umsetzbarkeit schwierig und die Akzeptanz dadurch gefährdet sei[221]. Eine empirische Untersuchung bei den DAX-100-Unternehmen, initiiert von den Autoren des Kodex, ergab dabei eine große Zustimmung hinsichtlich der elf Berliner Thesen zur Corporate Governance[222], wenn auch die Mehrheit der befragten Unternehmen eine Teilnahme an der Untersuchung abgelehnt hat. Eine Umsetzung der Thesen des Berliner Initiativkreises durch auch nur ein Unternehmen ist nicht bekannt. Die zum Jahreswechsel 2000/2001 durchgeführte Untersuchung kam zu dem Ergebnis, dass kein Unternehmen die Umsetzung des GCCG plane[223].

3. Sonstige Kodizes und Überlegungen zur Corporate Governance

Auf der Basis des Kodex der Grundsatzkommission Corporate Governance, also des Frankfurter Initiativkreises, hat die *Deutsche Vereinigung für*

214 GCCG I.7; These (5); vgl. auch *Bernhardt/von Werder* ZfB 2000, 1269 und 1273.
215 Ausführlich *Bernhardt/von Werder* ZfB 2000, 1269, 1274 f.
216 Vgl. auch *Schneider* DB 2000, 2414.
217 *Lutter* ZGR 2001, 224, 227 Fußnote 19.
218 *Schulze-Osterloh* ZIP 2001, 1433, 1435 f.
219 *Berrar* Entwicklung der Corporate Governance, S. 197.
220 *Peltzer* in: v. Werder (Hrsg.) GCCG, S. 35 ff.
221 *Volk* DStR 2001, 412, 415.
222 *Pohle/von Werder* DB 2001, 1101, 1106; Teile der Studie auch bei *von Werder* in: v. Werder (Hrsg.) GCCG, S. 22ff.
223 *Pellens/Hillebrandt/Ulmer* BB 2001, 1243, 1248.

Finanzanalyse und Asset Management eine *Scorecard* entwickelt[224]. In fünf Bereichen wird der Grad der Erfüllung des Kodex eines Unternehmens abgefragt und gewichtet. Das Ergebnis spiegelt dann den Stand der Corporate Governance dieses Unternehmens im Vergleich zu anderen Unternehmen wider[225]. Es handelt sich bei der *Scorecard* um ein Analysewerkzeug zur Evaluierung der Corporate Governance eines Unternehmens[226].

Einen eigenen Kodex stellt *Berrar* im Rahmen seiner Monographie auf[227]. Dieser beruht auf den Ergebnissen einer Analyse der verschiedenen deutschen und internationalen Kodizes und Entwicklungen auf dem Gebiet der Corporate Governance. Auswirkungen auf die deutsche Diskussion zur Corporate Governance sind allerdings nicht erkennbar.

Weitere Überlegungen von Kommissionen zur Corporate Governance in Deutschland stellen die Ende 1999 gegründete, im Jahr 2000 aber ohne Ergebnis beendete Herzog-Tietmeyer-Kommission[228] sowie die 2000 veröffentlichten Überlegungen der Schmalenbach-Gesellschaft[229] dar. Hinzu kommen zahlreiche Symposien zum Thema der deutschen Corporate Governance[230].

Einen großen Schub erhielt die Corporate-Governance-Bewegung in Deutschland durch die Einsetzung der Regierungskommission Corporate Governance in den Jahren 2000/2001. Bisheriger Abschluss und zugleich Höhepunkt der Entwicklung der Corporate-Governance-Kodex-Bewegung ist die Einsetzung einer weiteren Kommission, der Regierungskommission Deutscher Corporate Governance Kodex, die den gleichnamigen Kodex erstmals am am 26. Februar 2002 veröffentlichte[231].

II. Kodizes von einzelnen Unternehmen

Am 25. Oktober 1999 stellte die *Deutsche Pfandbriefbank AG* (*DePfa AG*) als erstes deutsches börsennotiertes Unternehmen einen eigenen Corporate-Governance-Kodex auf[232]. Vorausgegangen waren erhebliche *governance*-Probleme in ihrem Aufsichtsrat[233]. Inhaltlich gleichen die Grundsätze sehr stark

224 *Bassen/Böcking/Loistl/Strenger* FinanzBetrieb 2000, 693 ff.

225 Dazu *Volk* DStR 2001, 412, 413 f.; ausführlich *Berrar* Entwicklung der Corporate Governance S. 193 ff.

226 *Pellens/Hillebrandt/Ulmer* BB 2001, 1243, 1245.

227 *Berrar* Entwicklung der Corporate Governance, S. 255 ff.

228 *Berrar* Entwicklung der Corporate Governance S. 196 f.; *Nölting* ManagerMagazin 9/2000, 132, 135 f.

229 *Schmalenbach-Gesellschaft* DB 2000, Beilage Nr. 11/2000; dazu *Volk* DStR 2001, 412, 414 f.

230 Etwa *IDW* (Hrsg.) Reform der deutschen Corporate Governance im globalen Wettbewerb, WPg Sonderheft 2001.

231 Zu beiden Regierungskommissionen ausführlich sogleich Kapitel 2.

232 *DePfa AG*: Corporate-Governance-Grundsätze im Konzern, Wiesbaden 1999; abgedruckt bei *Steinkühler* Bedeutung von Unternehmensgrundsätzen, S. 12 ff., der die Grundsätze eingehend untersucht; zu den *DePfa*-Grundsätzen auch *Jakobs* Handelsblatt vom 1.11.1999, S. 22.

233 *Bernhardt/von Werder* ZfB 2000, 1269, 1270.

dem – erst später veröffentlichten – Kodex des Frankfurter Initiativkreises. Von großem öffentlichen Interesse wurde auch die Veröffentlichung des Corporate-Governance-Berichts der *Deutschen Bank AG* begleitet, da sie als erstes DAX-30-Unternehmen eigene, also spezifisch auf die *Deutsche Bank* zugeschnittene Grundsätze veröffentlichte[234]. Ihr folgten in kurzer Zeit die Veröffentlichung von Corporate-Governance-Grundsätzen der *MLP AG*, der *Metro AG* und der *SAP AG* sowie der *Douglas Holding AG*[235].

III. Auswirkungen

Wie gesehen hat die Corporate-Governance-Bewegung trotz der Unterschiede zum angloamerikanischen System in Deutschland in den letzten Jahren einen enormen Zulauf erhalten. Bis Anfang des Jahres 2002 gab es in Deutschland zumindest drei ausformulierte unterschiedliche Kodizes, die sich an eine Vielzahl von Unternehmen richteten. Einer dieser Kodizes wurde unterstützt durch eine *Scorecard*, und einige Unternehmen hatten erklärt, diesen umsetzen zu wollen. Darüber hinaus hatten verschiedene Unternehmen eigene Corporate-Governance-Richtlinien veröffentlicht. Gerade bei den Kodizes, die für eine Vielzahl von Unternehmen gelten sollten, wurde sehr schnell der Wunsch nach Vereinheitlichung laut, teilweise wurde eine solche Vereinheitlichung auch erwartet[236]. Von den in der bereits erwähnten Studie zum Jahreswechsel 2000/2001 befragten Unternehmen befürworteten über 85% eine Harmonisierung in Form einer Zusammenführung der Kodizes, während unter 10% der Unternehmen eine Pluralität der Richtlinien vorzogen[237]. Selbst soweit eindringlich betont wird, dass die Grundsatzkommission Corporate Governance und der Berliner Initiativkreis ganz unterschiedliche Ansätze verfolgen, wird ein Bedarf für eine Standardisierung gesehen[238]. Auch die positiven Äußerungen aus der Praxis für den einen und oder anderen Kodex konnte darüber hinaus offenbar keine signifikante Zahl von Unternehmen dazu bewegen, sich explizit über die Einhaltung eines der Kodizes zu erklären. Wie gesehen ergab die bereits erwähnte Untersuchung bei den damaligen DAX-100-Unternehmen, dass Anfang 2001 nur ein teilnehmendes Unternehmen des MDAX den Kodex der Frankfurter Grundsatzkommission anerkannt hat, fünf weitere Unternehmen folgten selbst verfassten Corporate-Governance-Grundsätzen[239]. Etwas mehr als die Hälfte der verbliebenen Unternehmen folgte

---

234 *Deutsche Bank AG*, Corporate-Governance-Bericht 2001, S. 3; abgedruckt bei *Hucke/Ammann* DCGK-Leitfaden, S. 205 ff.

235 Vgl. dazu *Bernhardt* DB 2002, 1841, 1846; *Hütten* BB 2002, 1740.

236 *Baums* (Hrsg.) Bericht RegKomm, Rn. 7; *Hopt* in: Hommelhoff u.a. (Hrsg.) Corporate Governance, S. 27, 29; *von Rosen* Bank 2001, 283, 286 und 287; *Volk* DStR 2001, 412, 416; anders hingegen *Bernhardt* in: Hommelhoff u.a. (Hrsg.) Corporate Governance, S. 134 f.

237 *Pellens/Hillebrandt/Ulmer* BB 2001, 1243, 1248; dafür aus der Wissenschaft auch *Bernhardt* in: Hommelhoff u.a. (Hrsg.) Corporate Governance, S. 134 f.

238 *Schneider* DB 2000, 2413, 2417.

239 *Pellens/Hillebrandt/Ulmer* BB 2001, 1243, 1247.

partiell Corporate-Governance-Regeln, der andere Teil verfügte nicht über schriftliche Regeln zur Corporate Governance[240]. Ein Grund für den geringen Grad der Anerkennung war sicher, dass nicht erkennbar war, welcher der Kodizes sich durchsetzen würde[241]. Eine Vereinheitlichung der Kodexbemühungen wurde auch deshalb für nötig gehalten, da sonst eines der Hauptziele, die Information ausländischer Investoren[242], aufgrund der verschiedenen Kodizes – noch dazu mit unterschiedlicher Ausrichtung – wohl eher zur Verwirrung denn zu Transparenz geführt hätte[243]. Diese Verwirrung gesteigert haben dürfte, dass beide Kodizes für sich in Anspruch nahmen, einen breiteren Ansatz[244] bzw. ein umfassenderes Konzept[245] der Corporate Governance zu verfolgen. In den kritischen Auseinandersetzungen mit den Corporate-Governance-Kodizes wird schließlich darauf hingewiesen, dass die Bereitschaft der Unternehmen zur Abgabe einer Erklärungen über die Einhaltung der Kodizes ohnehin gering sein dürfte, jedenfalls solange noch nicht geklärt sei, ob es sich nicht nur um einen kurzlebigen Modetrend handele[246].

Durch die Erstellung eines einheitlichen Kodex für Deutschland von der Regierungskommission Deutscher Corporate Governance Kodex[247] und die gesetzliche Pflicht zur Abgabe einer Erklärung über die Einhaltung dieses Kodex in § 161 AktG[248] haben sich diese Bedenken mittlerweile allerdings erledigt.

---

240 *Pellens/Hillebrandt/Ulmer* BB 2001, 1243, 1247.

241 Siehe dazu auch *Nölting* ManagerMagazin 9/2000, S. 132, 139, der den Chef eines Konzern mit den Worten zitiert „Wir warten erst einmal ab, welche Initiative das Rennen macht, und dann hängen wir uns da ran.".

242 So *von Werder* in: v. Werder (Hrsg.) GCCG, S. 7 f.; *Schneider/Strenger* AG 2000, 106, 108.

243 So auch die bei *Pohle/von Werder* DB 2001, 1101, 1102 wiedergegebenen Äußerungen.

244 *Schneider* DB 2000, 2413, 2414.

245 *von Werder* in: v. Werder (Hrsg.) GCCG, S. 3.

246 *Claussen/Bröcker* AG 2000, 481, 485; *Peltzer* NZG 2002, 593, 594.

247 Dazu ausführlich sogleich in Kapitel 2 (Seite 41 ff.).

248 Dazu ausführlich unten Kapitel 3 (Seite 69 ff.).

Kapitel 2: Der Deutsche Corporate Governance Kodex (DCGK)

A. Entstehungsgeschichte

Die Debatte um eine Verbesserung der Corporate Governance in Deutschland wurde schließlich auch von der Bundesregierung aufgegriffen. Sie berief hierzu zwei Regierungskommissionen ein[249]: Zunächst wurde Mitte 2000 die Regierungskommission Corporate Governance eingesetzt (I.). Auf deren Empfehlung folgte die Einberufung der Regierungskommission Deutscher Corporate Governance Kodex Mitte 2001 (II.).

I. Die Regierungskommission Corporate Governance

Die Debatte um die weitere Verbesserung der Corporate Governance in Deutschland brachte die Bundesregierung Mitte des Jahres 2000 dazu, eine Regierungskommission mit dem Namen „Corporate Governance – Unternehmensführung – Unternehmenskontrolle – Modernisierung des Aktienrechts" unter dem Vorsitz des Juristen Prof. Dr. *Theodor Baums*, Frankfurt, einzuberufen[250]. Von den 22 Mitgliedern der Kommission kamen zehn aus Vorständen bzw. Aufsichtsräten deutscher Unternehmen und sieben Mitglieder aus der Politik und Regierung. Weiterhin waren drei Gewerkschaftsfunktionäre, zwei Rechtswissenschaftler und ein Vertreter von Kleinaktionären in der Kommission vertreten[251]. Die Kommission sollte sich „mit möglichen Defiziten des deutschen Systems der Unternehmensführung und -kontrolle befassen" und „im Hinblick auf den durch Globalisierung und Internationalisierung der Kapitalmärkte sich vollziehenden Wandel unserer Unternehmens- und Marktstrukturen Vorschläge für eine Modernisierung unseres rechtlichen Regelwerkes unterbreiten"[252]. Dabei sollte das Ziel der Arbeit „eine Neujustierung des Verhältnisses von staatlichem Ordnungsrahmen und Instrumenten der Selbstregulierung"[253] sein. Hierzu erarbeitete die Regierungskommission einen Fragebogen, der von 63 der angefragten rund 80

249 Zur Kritik an der Verlagerung politischer Entscheidungen auf Kommissionen vgl. oben Einführung B (Seite 3 ff., 4 und 6).

250 Hierzu allgemein *Berrar* Entwicklung der Corporate Governance, S. 198 ff.; *Volk* DStR 2001, 412; *Nölting* ManagerMagazin 9/2000, S. 132; zu den Reformvorschlägen hinsichtlich des Aufsichtsrats auch *Berrar* NZG 2001, 1113.

251 Die Liste der Mitglieder mit Nennung ihrer Funktion findet sich bei *Baums* (Hrsg.) Bericht RegKomm, S. 3.

252 Schreiben des Bundeskanzlers zur Einsetzung der Kommission vom 29.5.2000, zit. bei *Baums* (Hrsg.) Bericht RegKomm, S. 1.

253 Mitteilung des Bundeskanzleramtes vom 21.6.2000, zit. bei *Baums* (Hrsg.) Bericht RegKomm, S. 1.

in- und ausländischen Sachverständigen und Verbänden beantwortet wurde[254], sie holte mündliche und schriftliche Auskünfte ein und hörte Sachverständige an. Als Ergebnis ihrer Arbeit legte die Kommission am 10. Juli 2001 einen über 300-seitigen Bericht vor, der von allen Mitgliedern beschlossen und damit als gemeinsamer Standpunkt auch von allen mitgetragen wurde[255]. Die erste und auch zentrale Forderung dieses Berichts greift die Forderung nach der Erarbeitung eines einheitlichen deutschen Corporate Governance Kodex auf[256]. Es wird empfohlen, hierfür eine – weitere – Kommission aus besonders anerkannten und fachlich geeigneten Mitgliedern einzusetzen; zur Weiterentwicklung des Kodex solle diese Kommission in angemessenen Zeitabständen erneut zusammentreten[257]. Hinsichtlich der Form des Kodex zeichnet der Bericht der Regierungskommission bereits die grundlegenden Strukturen vor. So soll der Kodex einerseits einschlägige gesetzliche Vorschriften wiedergeben, andererseits ergänzende Empfehlungen für börsennotierte Gesellschaften aussprechen[258]. Auch zum Inhalt dieser ergänzenden Empfehlungen enthält der Bericht der Regierungskommission bereits eine Vielzahl von Vorschlägen[259]. Gleichzeitig warnt er aber vor der Gefahr, ein weiteres Regelwerk zu schaffen, das den deutschen Unternehmen zusätzliche und entbehrliche Regulierungskosten aufbürden würde[260]. Hinsichtlich der Verbindlichkeit des Kodex empfiehlt die Regierungskommission, dass eine gesetzliche Pflicht für Vorstand und Aufsichtsrat börsennotierter Unternehmen eingeführt werden solle, sich einmal jährlich über die Einhaltung der Empfehlungen verbindlich erklären zu müssen; dabei seien etwaige Abweichungen zu begründen[261].

II. Die Regierungskommission Deutscher Corporate Governance Kodex

Den Empfehlungen der Regierungskommission Corporate Governance folgend berief die Bundesministerin der Justiz am 6. September 2001 eine weitere Kommission zur Erarbeitung eines einheitlichen Corporate Governance Kodex, die „Regierungskommission Deutscher Corporate Governance Kodex".

---

254 Veröffentlicht wurden etwa die Stellungnahme des *Instituts der Wirtschaftsprüfer in Deutschland e.V.* (*IDW*) in WPg 2000, 1027; des Handelsrechtsausschusses des *DAV* in NZG 2001, 181; des *Deutschen Notarvereins e.V.* in NZG 2001, 185.

255 *Baums* (Hrsg.) Bericht RegKomm, S. 7.

256 *Baums* (Hrsg.) Bericht RegKomm, Rn. 7 (Empfehlung 1); in ähnlicher Weise auch vorgeschlagen von *Lutter* ZGR 2001, 224, 235 f., der aber die Erstellung eines Code of Best Practice bevorzugte, welcher auch Teil der Börsenzulassungsvoraussetzung sein sollte; den von der Regierungskommission vorgeschlagene Mechanismus (dazu sogleich) nennt er nur beiläufig als – offenbar nicht vorzugswürdige – Alternative.

257 *Baums* (Hrsg.) Bericht RegKomm, Rn. 15 ff., insbes. Rn. 17 a.E. (Empfehlung 5).

258 *Baums* (Hrsg.) Bericht RegKomm, Rn. 8.

259 Vgl. nur die Empfehlungen zu den Leitungsorganen bei *Baums* (Hrsg.) Bericht RegKomm, Zweites Kapitel, insbes. Rn. 45, 52, 54, 55 und 66.

260 *Baums* (Hrsg.) Bericht RegKomm, Rn. 7.

261 *Baums* (Hrsg.) Bericht RegKomm, Rn. 10 (Empfehlung 3); zur gesetzlichen Verpflichtung Rn. 16 f.

Zur Erleichterung der Abgrenzung zu der Regierungskommission Corporate Governance wird sie häufig als „Kodex-Kommission" bezeichnet; diese Bezeichnung wird hier übernommen. Vorsitzender der Kodex-Kommission war Dr. *Gerhard Cromme*, Aufsichtsratsvorsitzender der *ThyssenKrupp AG*. Darüber hinaus hatte die Kommission zwölf – statt der von der Regierungskommission Corporate Governance empfohlenen elf – weitere Mitglieder[262]. Ziel der Auswahl der Mitglieder war dabei Ausgewogenheit und Repräsentanz, um damit eine möglichst breite Akzeptanz des zu entwickelnden Kodex zu gewährleisten[263]. Neben zwei Wissenschaftlern und jeweils einem Vertreter von Kleinaktionären und der Gewerkschaften gehörten der Kodex-Kommission nur Vertreter der Wirtschaft an, wobei sich diese auf große, mittlere und junge Unternehmen ebenso verteilte wie auf verschiedene Wirtschaftszweige. Auffällig ist, dass in der Kommission kein Regierungsvertreter oder Politiker vertreten war. Damit sollte erreicht werden, dass der Kodex ein „Akt der Selbstorganisation der Wirtschaft"[264] ist. Allerdings hat das Bundesministerium der Justiz die Kodex-Kommission betreut und beraten[265]. Am 18. Dezember 2001 wurde ein Entwurf des Kodex der Öffentlichkeit vorgestellt[266], am 26. Februar 2002 die – neben einigen klarstellenden redaktionellen Änderungen nur geringfügig veränderte[267] – Endfassung des Kodex an die Bundesministerin der Justiz übergeben[268]. Über das Verfahren der Beschlussfassung ist bekannt, dass der Kodex als Gesamtwerk von allen Kommissionsmitgliedern gebilligt worden ist, auch wenn einige Regelungen nach Meinung einzelner Mitglieder der Kommission nicht weit genug oder aber zu weit gingen[269]. Bei der Ausarbeitung des Kodex konnte die Kommission auf die Vorarbeiten durch die Regierungskommission Corporate Governance zurückgreifen und ist dieser auch in weitem Umfang gefolgt. Dies lag sicher auch an der teilweisen

---

262 Nach *o.V.* ManagerMagazin 4/2002, S. 60 wurde *Wendelin Wiedeking*, Vorstandsvorsitzender der Porsche AG, auf Wunsch des Bundeskanzlers *Gerhard Schröder* nachträglich zum Mitglied der Regierungskommission ernannt; die vollständige Liste der Mitglieder mit Nennung ihrer Funktionen bei *Seibert* BB 2002, 581 f.; die jeweils aktuelle Besetzung ist zu finden unter <http://www.corporate-governance-code.de/ger/mitglieder.index.htm.

263 *Seibert* BB 2002, 581, 582.

264 *Seibert* BB 2002, 581, 582; ebenso *Cromme* Rede zur Übergabe des DCGK, veröffentlicht unter <http://www.corporate-governance-code.de/ger/news/rede-cromme-20020226.html>; auch schon *Cromme* Rede zur Übergabe des DCGK-E, veröffentlicht unter <http://www.corporate-governance-code.de/ger/news/rede-crommes.html>; ähnlich Prämbel Abs. 9 Satz 4 DCGK „Selbstregulierung der deutschen Unternehmensfassung"; ebenso [die damalige Bundesjustizministerin] *Däubler-Gmelin* Ansprache aus Anlass der Übergabe des DCGK; veröffentlicht unter <http://www.bmj.bund.de>; Stand: 31. Mai 2002 „Regeln der Wirtschaft für die Wirtschaft".

265 *Seibert* BB 2002, 581, 582.

266 Abgedruckt in NZG 2002, 75.

267 Hierzu s. unten E.I. (Seite 55).

268 Die Endfassung ist abgedruckt etwa in ZIP 2002, 452; AG 2002, 236.

269 *Cromme* Rede zur Übergabe des DCGK-E, veröffentlicht in <http://www.corporate-governance-code.de/ger/news/rede-crommes.html>.

Personenidentität der Kommissionsmitglieder[270]. Aber auch die Corporate-Governance-Grundsätze der Frankfurter Grundsatzkommission Corporate Governance und die Vorschläge des Berliner Initiativkreises zum „German Code of Corporate Governance" wurden bei der Ausarbeitung berücksichtigt. Wie schon bei der Regierungskommission Corporate Governance wurde also auch hier versucht, einen Konsens zwischen den Mitgliedern der Kommission zu erreichen. Die Kodex-Kommission will einmal jährlich zusammenkommen, um den Kodex vor dem Hintergrund nationaler und internationaler Entwicklungen zu überprüfen und bei Bedarf anzupassen[271]. Die offizielle Erstveröffentlichung des Kodex im elektronischen Bundesanzeiger erfolgte am 30. August 2002[272].

B. Ziele des DCGK

In Prämbel Abs. 1[273] DCGK sind die Zwecke und Ziele des Kodex beschrieben. Er

> „[1] (...) stellt wesentliche gesetzliche Vorschriften zur Leitung und Überwachung deutscher börsennotierter Gesellschaften dar und enthält international und national anerkannte Standards guter und verantwortungsvoller Unternehmensführung. [2]Der Kodex soll das deutsche Corporate Governance System transparent und nachvollziehbar machen. [3]Er will das Vertrauen der internationalen und nationalen Anleger, der Kunden, der Mitarbeiter und der Öffentlichkeit in die Leitung und Überwachung deutscher börsennotierter Aktiengesellschaften fördern."

Der Kodex will also hauptsächlich zwei Ziele erreichen, die bereits den privaten Kodexinitiativen zu Grunde lagen: Zum einen das Ziel der Kommunikation der gesetzlichen Regelungen des deutschen Corporate-Governance-System als ein „Restatement of Law"[274]. Durch die komprimierte Darstellung soll das System transparent und nachvollziehbar werden (Kommunikationsfunktion[275]). Dabei wurde dem Ziel leichter Verständlichkeit

---

270 *Cromme* Rede zur Übergabe des DCGK-E, veröffentlicht in <http://www.corporate-governance-code.de/ger/news/rede-crommes.html>.

271 Hierzu unten D (Seite 53 f.).

272 Offizielle Veröffentlichung gemäß § 161 AktG im Amtlichen Teil des elektronischen Bundesanzeiger unter <http://www.ebundesanzeiger.de>.

273 Die Zählung der Absätze bei der Präambel orientiert sich an der Bekanntmachung im Amtlichen Teil des elektronischen Bundesanzeigers in der Fassung vom 21. Mai 2003. Während die Präambel nach der ursprünglichen Fassung vom 30. August 2002 und auch nach der Fassung vom 7. November 2002 nur neun Absätze hatte – die genauere Erläuterung des dualen Führungssystems erfolgte nicht in Absätzen sondern, wie die Einrückung zeigt, in Unterabsätzen zu Präambel Abs. 3 DCGK – ist die Darstellung des Kodex nunmehr an andere Veröffentlichungen angepasst, vgl. etwa *Ringleb* u.a. DCGK-Komm oder *Peltzer* DCG. Dadurch hat die Präambel nun zwölf Absätze. Inhaltliche Änderungen sind mit dem anderen Drucksatz nicht verbunden gewesen.

274 So *Seibt* AG 2002, 249, 250.

275 Zur Kommunikationsfunktion ausführlich *Talaulicar* Zwecksetzung und Wirkungsprognosen, S. 15 ff.

der Vorrang vor juristischer Präzision gegeben[276]. Dass dadurch nicht jede Feinheit der Rechtsprechung beachtet wurde ist aber vertretbar, da der Kodex nur einen ersten Zugang und Überblick schaffen soll. Zum anderen hat der Kodex bei der Formulierung derjenigen anerkannten Corporate-Governance-Standards, die über das Gesetzesrecht hinausgehen, auch eine Ordnungsfunktion. Vor allem für internationale Investoren soll der Standort Deutschland attraktiver gemacht werden. Denn aus dem Ausland gab es Kritik an der deutschen Unternehmensverfassung und -führung. Vor allem wurde die mangelhafte Ausrichtung auf Aktionärsinteressen, die dualistische Unternehmensverfassung mit Vorstand und Aufsichtsrat, die mangelnde Transparenz deutscher Unternehmensführung, die mangelnde Unabhängigkeit deutscher Aufsichtsräte und die eingeschränkte Unabhängigkeit des Abschlussprüfers kritisiert[277]. Daher richtet sich der Kodex in besonderem Maße an ausländische Anleger. So wird bereits im ersten Absatz zweimal besonders die internationale Ausrichtung des Kodex betont („international und national anerkannte Standards", „Vertrauen der internationalen und nationalen Anleger"). An anderer Stelle (Präambel Abs. 12 DCGK) wird darüber hinaus von „nationaler und internationaler Entwicklung[en]" gesprochen. Die Ausrichtung auf Anleger vor allem aus dem angelsächsischen Rechtskreis wird in Präambel Abs. 7 DCGK deutlich. Zum einen wird das dualistische System von Vorstand und Aufsichtsrat in den kontinentaleuropäischen Kontext gesetzt und so gezeigt, dass das deutsche System keineswegs ein Ausnahmeerscheinung ist. Zum anderen betont der Kodex die Konvergenz des deutschen dualistischen mit dem vor allem in den angelsächsischen Staaten bekannten monistischen System bei funktionierender Corporate Governance. Die Systeme

> „(...) bewegen sich wegen des intensiven Zusammenwirkens von Vorstand und Aufsichtsrat in der Praxis aufeinander zu und sind gleichermaßen erfolgreich."

Das Bemühen um ausländische Investoren wird schließlich darin deutlich, dass die gesamte Dokumentation der Kodex-Entstehung im Internet auch auf Englisch zu finden ist[278] und darüber hinaus der Kodex nicht nur ins Englische, sondern auch ins Französische, Italienische und Spanische übersetzt wurde und im Internet abrufbar ist[279]. Verbindlich ist allerdings ausschließlich die deutsche Fassung.

Eine Abgrenzung des deutschen vom klassisch angelsächsischen Corporate-Governance-Systems wird bei der Aufzählung "Anleger, Kunden, Mitarbeiter und Öffentlichkeit" (Präambel Abs. 1 Satz 3 DCGK) deutlich. Der Kodex knüpft hier an den – für Kontinentaleuropa typischen – *stakeholder*-Gedanken

---

276 *Cromme* Kreditwesen 2002, 502, 503; *Cromme* Vorwort zum DCGK, veröffentlicht unter <http://www.corporate-governance-code.de/ger/download/DCG_vorwort_D200202.pdf>.

277 *Cromme* Rede zur Übergabe des DCGK-E, veröffentlicht in <http://www.corporate-governance-code.de/ger/news/rede-crommes.html>.

278 <http://www.corporate-governance-code.de/index-e.html>.

279 Jeweils abrufbar unter in <http://www.corporate-governance-code.de>.

an. Auch an anderen Stellen des Kodex gibt es kein eindeutiges Bekenntnis zum reinen *shareholder*-Ansatz. So sollen Vorstand und Aufsichtsrat "zum Wohle des Unternehmens" (3.1 DCGK) zusammenarbeiten, der Vorstand ist bei der Unternehmensleitung "an das Unternehmensinteresse gebunden und er Steigerung des nachhaltigen Unternehmenswertes verpflichtet" (4.1.1, Satz 2 DCGK). Dass aber auch der Kodex die herausgehobene Stellung der Aktionäre unter den *stakeholdern* anerkennt, zeigt Präambel Abs. 2 DCGK, indem er betont, dass die Aktionäre „der Gesellschaft das erforderliche Eigenkapital zur Verfügung stellen und das unternehmerische Risiko tragen".

Zur Erreichung dieser Ziele verlangt neben § 161 AktG[280] auch der Kodex selbst in Ziff. 3.10 DCGK, dass Vorstand und Aufsichtsrat jährlich über die Corporate Governance des Unternehmens berichten und eventuelle Abweichungen von den Empfehlungen des Kodex erläutern.

Trotz einer entsprechenden Ankündigung in der Gesetzesbegründung[281] wird durch den Kodex nur bedingt ein Beitrag zur Deregulierung geleistet. Soweit hierunter verstanden wird, dass keine zusätzlichen gesetzlichen Regelungen benötigt werden, ist dem zuzustimmen. Versteht man unter Deregulierung allerdings in einem weiteren Sinne, dass für Unternehmen insgesamt weniger Regelungen – unabhängig vom Regelgeber – existieren, trifft dies nicht zu[282]. Denn auch der Kodex stellt Regelungen auf, mit denen sich die Unternehmen auseinanderzusetzen haben und deren Einhaltung regelmäßig erwartet wird.[283] Das gilt erst recht, wenn die Bundesjustizministerin ankündigt, bei Nichteinhaltung bestimmter Empfehlungen werde der Gesetzgeber diese in zwingendes Recht überführen[284].

Schließlich wird vereinzelt dem Kodex auch eine sog. Qualitätssicherungsfunktion beigemessen. Hierbei geht es einerseits darum, ob die Unternehmen den Kodex tatsächlich befolgen und sich die Kodexregeln in der Unternehemnspraxis durchsetzen, und andererseits um die Frage, ob und inwieweit eine Befolgung des Kodex tatsächlich eine erfolgreichere Unternehmensführung bewirkt[285].

---

280 Hierzu ausführlich unten 3. Kapitel (Seite 69 ff.).

281 Begr. RegE BT-Drs. 14/8769, S. 21; so bereits *Baums* (Hrsg.) Bericht RegKomm, Rn. 7.

282 So auch *Talaulicar* Zwecksetzung und Wirkungsprognosen, S. 8 ff., insbes. S. 9 f.; vgl. auch *Wiesner* FAZ vom 10.9.2003, S. 23, der den Kodex als Teil der „Normenflut für Unternehmen" nennt.

283 Angedeutet bereits bei *Baums* (Hrsg.) Bericht RegKomm, Rn. 7.

284 [Bundesjustizministerin] *Zypries* nach *Nink/Ehrlich* FTD vom 22.8.2003, S. 9.

285 Ausführlich *Talaulicar* Zwecksetzung und Wirkungsprognosen, S. 24 ff.

C. Aufbau und Inhalt

Der DCGK besteht neben der Präambel (1) aus sechs (weiteren)[286] Kapiteln, die die Themen Aktionäre und Hauptversammlung (2), Zusammenwirken von Vorstand und Aufsichtsrat (3), Vorstand (4), Aufsichtsrat (5), Transparenz (6) sowie Rechnungslegung und Abschlussprüfung (7) behandeln.

Der Kodex enthält gemäß Präambel Abs. 9 DCGK drei Arten von Bestimmungen, die sich durch den Grad ihrer Verbindlichkeit voneinander unterscheiden. Zum einen sind dies sprachlich nicht weiter gekennzeichnete Regeln, die die wesentlichen gesetzlichen Vorschriften zur Unternehmensleitung und -überwachung börsennotierter Gesellschaften zusammenfassend darstellen. Diese stehen häufig am Anfang eines Kapitels bzw. des jeweiligen Themenbereiches und sind schon deshalb verbindlich, weil der Kodex hierin nur das geltende zwingende Gesetzesrecht wiederholt. Zum anderen enthalten die sechs Kapitel insgesamt über 60 „Empfehlungen“[287]. Diese mit „soll“ gekennzeichneten Verhaltensregeln berücksichtigen nach dem Willen ihrer Autoren international und national anerkannte Verhaltensstandards guter Corporate Governance[288]. Und schließlich sind im Kodex fast 20 sog. „Anregungen“ für eine gute und verantwortungsvolle Unternehmensführung zu finden, die durch die Worte „sollte“ oder „kann“ gekennzeichnet sind. Während von letzteren ohne Offenlegung abgewichen werden kann, sind die Gesellschaften nach Präambel Abs. 9 DCGK verpflichtet, Abweichungen von den Empfehlungen jährlich offenzulegen. Die Möglichkeit von Abweichungen soll eine Berücksichtigung der branchen- und unternehmensspezifischen Bedürfnisse ermöglichen und zur Flexibilisierung und Selbstregulierung der deutschen Unternehmensverfassung beitragen. Nach Ziff. 3.10 DCGK wird den Unternehmen empfohlen, Abweichungen von den Empfehlungen in ihrem jährlichen Bericht über die Corporate Governance zu erläutern.

I. Präambel

Neben der bereits erwähnten Bestimmung der Zielsetzung in Absatz 1, der Anerkennung der wichtigen Stellung der Aktionäre (Absatz 2) und der Erläuterung der formalen Struktur des Kodex mit seinen drei verschiedenen Arten von Bestimmungen in Absatz 9 zeichnet die Präambel bereits die Struktur des Kodex vor. Schwerpunkt der Präambel ist die Erläuterung des dualistischen Führungssystem von Vorstand und Aufsichtsrat in den Absätzen 3 bis 6. In den Absätzen 4 und 5 wird erklärt, dass der Vorstand das Unternehmen in eigener

---

286 Im Folgenden wird aus Gründen der besseren Übersichtlichkeit die Präambel als Kapitel mitgezählt. Damit wird der Gleichlauf der Kapitelbezeichnung und der Nummerierung im Kodex erreicht.

287 Übersicht zur ersten Version des Kodex bei *Schüppen* DB 2002, 1117, 1118 ff.

288 *Cromme* Rede zur Übergabe des DCGK-E, veröffentlicht unter <http://www.corporate-governance-code.de/ger/news/rede-crommes.html>; nach Präambel Abs. 1 Satz 1 gilt dies für den gesamten Kodex.

und gemeinsamer Verantwortung leitet und der Aufsichtsrat den Vorstand bestellt, überwacht und berät. Es folgt in Absatz 6 die Darstellung der groben Züge der Mitbestimmung. In Absatz 7 wird – wie bereits erwähnt – festgestellt, dass sich die Systeme mit monistischer und dualistischer Führungsstruktur von Aktiengesellschaften annähern. Absatz 8 bezieht sich auf die Rechnungslegung, die am *True-and-fair-view*-Prinzip orientiert sei, Absatz 11 empfiehlt auch den nicht-börsennotierten Unternehmen die Beachtung des Kodex. Absatz 10 enthält eine Bestimmungen zur Terminologie („Unternehmen" statt „Gesellschaft", wenn Konzernunternehmen von den Kodexregelungen mitbetroffen sind) und Absatz 12 verspricht die jährliche Überprüfung und nötigenfalls Anpassung des Kodex.

II. Die sechs (weiteren) Kapitel des Kodex

Nachdem die Hauptversammlung als Ort der Stimmrechtsausübung und Rechtswahrnehmung der Aktionäre benannt (2.1.1 DCGK) und das Prinzip *one share one vote* festgelegt wurde (2.1.2 DCGK), konzentriert sich der Kodex im zweiten Kapitel auf die Hauptversammlung. Neben den wesentlichen gesetzlichen Regelungen beziehen sich die Empfehlungen auf die Ermöglichung der effektiven Ausübung der Aktionärsrechte, die durch eine rechtzeitige Information der Aktionäre sichergestellt werden soll.

Wie bereits in der Präambel deutlich wurde, liegt der inhaltliche Schwerpunkt des Kodex beim Führungs- und Überwachungssystem deutscher Aktiengesellschaften und hierbei wiederum beim Aufsichtsrat. Mit dem Führungssystem beschäftigen sich die Kapitel 3 bis 5; hierin werden weit über die Hälfte der Vorschriften des Kodex aufgeführt.

Nachdem die Grundstuktur des dualistischen Führungssystems und der Mitbestimmung bereits in der Präambel dargestellt worden war, geht es im dritten Kapitel um das Zusammenwirken von Vorstand und Aufsichtsrat. Schon formal wird durch diese Voranstellung deutlich, dass ungeachtet der dualistischen Verfassung der Aktiengesellschaft in Deutschland zahlreiche Governanceaufgaben nur im konstruktiven Zusammenspiel von Vorstand und Aufsichtsrat sachgerecht erfüllt werden können[289]. Ziff. 3.1 DCGK, der als Wiedergabe des Gesetzes gekennzeichnet ist, statuiert daher auch die enge Zusammenarbeit von Vorstand und Aufsichtsrat zum Wohle des Unternehmens. Dabei geht es vor allem um die Ermöglichung einer effektiven Aufsichtsratsarbeit. Aus den folgenden Vorschriften ergibt sich, dass dies vor allem durch frühzeitige und umfassende Information über und Einbeziehung des Aufsichtsrats in die Planungen und Strategie des Vorstands erfolgen soll. Weiterhin enthält dieses Kapitel Vorschriften zur Vertraulichkeit im Umgang miteinander (3.5 DCGK), zum Verhalten bei einem Übernahmeangebot (3.7 DCGK), zur Haftung mit Einschluss der Empfehlung eines Selbstbehalts bei Abschluss einer D&O-Versicherung (3.8 DCGK), zur Kreditgewährung an

[289] Vgl. auch *von Werder* DB 2002, 801, 803.

Mitglieder der Verwaltung und ihrer Angehöriger (3.9 DCGK) und schließlich die bereits erwähnte Empfehlung in Ziff. 3.10 DCGK zur Abgabe eines jährlichen Berichts zur Corporate Governance des Unternehmens mit Erläuterung eventueller Abweichungen vom Kodex. Diese Ziffer ist nunmehr[290] ergänzt um die Anregung, auch zu den Anregungen des Kodex Stellung zu nehmen.

Das vierte Kapitel ist dem Vorstand gewidmet. Hinsichtlich der Aufgaben und Zuständigkeiten (4.1 DCGK) sowie der Interessenkonflikte (4.3 DCGK) werden fast ausschließlich die gesetzlichen Vorschriften zusammengefasst, es wird lediglich die Empfehlung ausgesprochen, dass Vorstandsmitglieder Nebentätigkeiten, insbesondere Aufsichtsratsmandate außerhalb des Unternehmens nur mit Zustimmung des Aufsichtsrats übernehmen sollen (4.3.5 DCGK). Vollkommen anders ist das Bild bei den Vorschriften zur Zusammensetzung und Vergütung des Vorstands (4.2 DCGK). Hier gibt es fast ausschließlich Empfehlungen und einige Anregungen. So soll der Vorstand aus mehreren Personen bestehen, einen Vorstand oder Sprecher ebenso wie eine Geschäftsordnung haben (4.2.1 DCGK); es werden Kriterien für die Angemessenheit der Vergütung aufgestellt (4.2.2 DCGK) und Empfehlungen für die Gestaltung der Vergütung, insbesondere von Aktienoptionsplänen und vergleichbaren Gestaltungen (4.2.3 DCGK), gegeben. Schließlich gab in der Ausgangsversion des Kodex die Empfehlung, die Vergütung der Vorstandsmitglieder in Komponenten zerlegt auszuweisen sowie die Anregung, dies individualisiert zu tun. Nach der letzten Überarbeitung des Kodex im Mai 2003[291] sind die Bestimmungen dieses Abschnitts erheblich verschärft worden. In Ziff. 4.2.2 DCGK ist die Empfehlung aufgenommen worden, dass das Aufsichtsratsplenum auf Vorschlag des zuständigen Ausschusses über die Struktur des Vergütungssystems für den Vorstand beraten und das System regelmäßig überprüfen soll. Weiterhin enthält der Kodex nunmehr die Empfehlungen, die Aktienoptionen auf anspruchsvolle, relative Vergleichsparameter zu beziehen und mit einer Obergrenze (*Cap*) zu versehen. Außerdem wird die Offenlegung des Wertes dieser Optionen empfohlen, die Grundzüge des Vergütungssystems sollen im Internet bekanntgemacht und auf der Hauptversammlung erläutert werden. Die Anregung 4.2.4 DCGK, Vorstandsbezüge individualisiert auszuweisen, ist zu einer Empfehlung aufgewertet worden.

Das fünfte Kapitel behandelt den Aufsichtsrat. Es ist der Schwerpunkt des Kodex, was sich nicht nur daran ablesen lässt, dass es das längste Kapitel ist. In diesem Kapitel gibt es mehr als ein Drittel der gesamten Empfehlungen und über die Hälfte aller Anregungen des Kodex. Seine Erklärung findet dies darin, dass nach herrschender Meinung bei der gesetzlichen Regelung des Aufsichtsrats die Lücken und Schwachstellen größer sind als bei den Vorschriften über die Rechte

[290] Kodex-Version vom 30.6.2003 in der Fassung vom 21. Mai 2003, veröffentlicht am 4.7.2003.

[291] Die Überarbeitung ist in Kraft getreten durch die Veröffentlichung am 4.7.2003.

und Pflichten des Vorstands[292]. Zunächst enthält der Kodex die bereits aus der Regelung zum Vorstand bekannten Abschnitte zu Aufgaben und Zuständigkeiten (5.1 DCGK), Zusammensetzung und Vergütung (5.4 DCGK) sowie Regelungen bei Interessenkonflikten (5.5 DCGK). Der erste Abschnitt enthält vor allem die Empfehlung der langfristigen Nachfolgeplanung und Regelungen zur Bestellung des Vorstands (5.1.2 DCGK). Einen großen Raum nehmen die Bestimmungen zur Zusammensetzung und Vergütung des Aufsichtsrats ein. So gibt der Kodex als Auswahlkriterien für Aufsichtsratsmitglieder Kenntnisse, Fähigkeiten, fachliche Erfahrung, Unabhängigkeit unter Berücksichtigung der internationalen Tätigkeit des Unternehmens, potientielle Interessenkonflikte und eine festzusetzende Altersgrenze vor (5.4.1 DCGK). Außerdem sollen dem Aufsichtsrat nicht mehr als zwei ehemalige Vorstandsmitglieder angehören, ebensowenig sollen die Aufsichtsratsmitglieder weder Organ- noch Beratungsfunktionen bei wesentlichen Wettbewerbern ausüben (5.4.2 DCGK) und als Vorstand börsennotierter Aktiengesellschaften nicht mehr als fünf Aufsichtsratsmandate innehaben (5.4.3 Satz 2 DCGK). Durch Letzteres soll sichergestellt werden, dass das Aufsichtsratsmitglied genügend Zeit für die Wahrnehmung seiner Mandate zur Verfügung steht (5.4.3 Satz 1 DCGK), wobei ein Fehlen in mehr als der Hälfte der Sitzungen im Bericht des Aufsichtsrats vermerkt werden soll (5.4.6 DCGK). Hinsichtlich der Vergütung des Aufsichtsrats werden – ähnlich wie bei der Vorstandsvergütung – Kriterien für ihre Gestaltung aufgestellt. Dabei wird nach der Überarbeitung des Kodex im Mai 2003 eine in Bestandteile aufgegliederte und individualisierte Ausweisung der Vergütung im Anhang des Konzernabschlusses nicht mehr nur angeregt sondern als Empfehlung ausgestaltet. Schließlich wird eine individualisierte Ausweisung der den Aufsichtsratsmitgliedern gezahlten Vergütungen oder gewährten Vorteilen für persönlich erbrachte (insbesondere Beratungs- und Vermittlungs-)Leistungen empfohlen (5.4.5 DCGK). Zur Behandlung von Interessenkonflikten wird eine Offenlegung gegenüber dem Aufsichtsrat (5.5.2 DCGK) und ein Bericht an die Hauptversammlung empfohlen, wobei wesentliche und nicht nur vorübergehende Konflikte zu einer Beendigung des Aufsichtsratsmandats führen sollen (5.5.3 DCGK). Weiter enthält der Kodex Abschnitte zu Aufgaben und Befugnissen des Aufsichtsratsvorsitzenden (5.2 DCGK), der Bildung von Ausschüssen (5.3 DCGK) und zur Effizienzprüfung (5.6 DCGK). Letztere besteht allerdings nur in der Empfehlung, dass der Aufsichtsrat eine solche hinsichtlich seiner eigenen Tätigkeit regelmäßig durchführen soll. Als ein Mittel der Effizienzsteigerung nennt der Kodex die Bildung von Ausschüssen (5.3.1 Satz 2 DCGK), wobei angeregt wird, dass die Ausschüsse die Sitzungen des Aufsichtsrats nicht nur vorbereiten, sondern auch an seiner Stelle entscheiden

---

292 *Lutter* ZGR 2001, 224, 227 f. mit Hinweisen auf die Lücken hinsichtlich des Aufsichtsrats im kodifizierten deutschen Recht; anders hingegen *Peltzer/von Werder* AG 2000, 1 ff. und dementsprechend auch der GCCG; vgl. zu dieser Auseinandersetzung bereits oben Kapitel 1 D. (Seite 30 f.).

können (5.3.4 DCGK). Besonderen Wert legt der Kodex auf die umfassende Einbindung des Aufsichtsrats in das Risikomanagement der Gesellschaft. So soll der Vorsitzende des Aufsichtsrats hierüber – sowie über die Strategie und Geschäftsentwicklung – bei regelmäßigen Kontakten mit dem Vorsitzenden oder Sprecher des Vorstands beraten (5.2 Abs. 3 DCGK). Es wird empfohlen, einen Prüfungsausschuss (*audit committee*) zu bilden, der sich neben der Rechnungslegung und Fragen der Abschlussprüfung mit dem Risikomanagement beschäftigen soll (5.3.2 DCGK) und dessen Vorsitz weder der Aufsichtsratsvorsitzende (5.2 Abs. 2 DCGK) noch ein ehemaliges Vorstandsmitglied der Gesellschaft (5.3.2 Satz 2 DCGK) innehaben soll.

Im sechsten Kapitel mit der Überschrift „Transparenz" wird neben der Darstellung der Pflicht zu Ad-hoc-Meldungen (§ 15 Abs. 1 Satz 1 WpHG) in 6.1 DCGK und zur Mitteilung bei Erreichen, Über- oder Unterschreiten der Schwellenwerte des § 21 Abs. 1 Satz 1 WpHG in 6.2 DCGK vor allem die zeitnahe und gleichmäßige Information der Aktionäre empfohlen (6.3 bis 6.8 DCGK). Zu den mitzuteilenden Informationen zählt der Kodex solche, die Finanzanalysten mitgeteilt wurden (6.3 Satz 2 DCGK) und solche, die im Ausland veröffentlichungspflichtig sind und dort veröffentlicht wurden (6.5 DCGK). Ursprünglich enthielt der Kodex auch die Empfehlung, dass alle Aktien-, Options- oder Derivatsgeschäfte sowie der Aktien- Options- und Derivatsbesitz der Organmitglieder ab einem Gesamtbesitz von über 1% im Anhang zum Konzernabschluss mitgeteilt werden sollen, soweit die Geschäfte bzw. der Besitz Konzernunternehmen betrifft (6.6 DCGK). Aufgrund der Einführung des § 15a WpHG durch das Vierte Finanzmarktförderungsgesetz[293] sind diese Regelungen in weiten Teilen zwingendes Gesetzesrecht geworden. Der Kodex ist hieran angepasst worden und paraphrasiert nunmehr den wesentlichen Inhalt des § 15a WpHG, gekennzeichnet als bloße Wiedergabe des Gesetzes. Schließlich wird die Erstellung eines Finanzkalenders mit den Terminen wesentlicher wiederkehrender Veröffentlichungen sowie die Veröffentlichung aller Informationen auf einer übersichtlich gegliederten Internetseite empfohlen (6.4, 6.7, 6.8 Satz 1 und 2 DCGK). Dabei wird die Veröffentlichung dieser Informationen in englisch angeregt (6.8 Satz 3 DCGK).

Auch der erste Teil des siebten Kapitels, der die Rechnungslegung behandelt, dient der zeitnahen und gleichmäßigen Information der Aktionäre sowie der Konkretisierung dessen, was in Präambel Abs. 8 DCGK unter *true and fair view* bezeichnet wurde. Dabei können die Regelungen in zwei Gruppen eingeteilt werden[294]: Einerseits enthält der Kodex Vorschriften, die Aussagen zum System der Rechnungslegung beeinhalten. Neben der Darstellung der Grobstruktur der gesetzlichen Regelung wird empfohlen, Zwischenberichte anzufertigen (7.1.1 Satz 2 DCGK) und diese binnen 45 Tagen nach Ende des Berichtszeitraums zu veröffentlichen, während der Konzernabschluss innerhalb

[293] Gesetz zur weiteren Fortentwicklung des Finanzplates Deutschland vom 21.6.2002, BGBl. I, S. 2010.

[294] Nach *von Werder* DB 2002, 801, 809.

von 90 Tagen nach Geschäftsjahresende öffentlich zugänglich sein soll (7.1.2 Satz 2 2. Hälfte DCGK). Andererseits enthält der Kodex Empfehlungen zu Einzelregelungen des Konzenabschlusses. So soll dieser konkrete Angaben über Aktienoptionsprogramme und ähnliche Anreizsysteme (7.1.3 DCGK), eine Liste von Drittunternehmen, an denen die Gesellschaft eine Beteiligung nicht untergeordneter Bedeutung hält (7.1.4 DCGK) und Angaben zu Personen, die nach Rechnungslegungsvorschriften als nahestehend qualifiziert werden (7.1.5 DCGK), enthalten.

Der zweite Teil des siebten Kapitels regelt schließlich die Abschlussprüfung, zu der der Aufsichtsrat den Prüfungsauftrag erteilt und die Honorarvereinbarung trifft (7.2.2 DCGK). Die Empfehlungen sollen einerseits Gewähr für die Unabhängigkeit des Abschlussprüfers bieten (7.2.1 DCGK) und andererseits den Umfang der Information des Aufsichtsrats durch den Abschlussprüfer vorschreiben (7.2.3 DCGK). Letzteres wird auch dadurch gewährleistet werden, dass der Abschlussprüfer gemäß § 171 Abs. 1 Satz 2 AktG an der Beratung des Aufsichtsrats über den Jahres- und Konzernabschluss teilnimmt und über die wesentlichen Prüfungsergebnisse berichtet (7.2.4 DCGK).

III. Die Unterstützung des DCGK durch den Kapitalmarkt

Schon bei den privaten Kodex-Initiativen waren – in Anlehnung an die oben[295] genannten Untersuchungen – der Einhaltung von Maßnahmen guter Corporate Governance positive Wirkung auf den Börsenkurs und die Kapitalbeschaffungskosten bescheinigt worden[296]. Diese Wirkung soll auch der DCGK entfalten. Durch seine Einhaltung soll der Börsenbewertung deutscher Unternehen ihrem tatsächlichen Wert entsprechen[297]. Die Einhaltung von Empfehlungen soll vom Kapitalmarkt mit entsprechenden Wertsteigerungen der Aktien honoriert bzw. ihre Nichteinhaltung sanktioniert werden[298]. Durch die Öffentlichkeit der Erklärung zum Kodex würden die Unternehmen einer besonderen Beurteilung durch den Kapitalmarkt unterworfen, die Auswirkungen auf den Börsenkurs, die Emissionsfähigkeit und die Kapitalkosten haben

---

295 Siehe oben Kapitel 1 B.II. (Seite 18 ff.).

296 Dazu etwa *Schneider* DB 2000, 2413, 2415.

297 *Cromme* Kreditwesen 2002, 502; *Cromme* anlässlich der Übergabe des Kodex, veröffentlicht unter <http://www.corporate-governance-code.de/ger/news/rede-cromme-20020226.html>.

298 In diese Richtung *Pielorz* FS Metzeler, S. 167, 169; *Sieg* FS Metzeler, S. 191, 203; *Ulmer* ZHR 166 (2002), 150, 168; ähnlich *Claussen/Bröcker* DB 2002, 1199, 1200: der Kodex soll im Wettbewerb um Eigenkapital Strahlungswirkungen erzielen; *Seibert* BB 2002, 581, 584: Die Einhaltung des Kodex soll über Anlegerreaktionen und Marktmechanismen sanktioniert werden. Kritisch dazu allerdings *Hirte* in: Hirte (Hrsg.) TransPuG, Kap. 1 Rn. 13 und in Ansätzen auch *Talaulicar* Zwecksetzung und Wirkungsprognosen, S. 30, mit Hinweis darauf, dass nicht alle Normen des Kodex im Interesse der Aktionäre sind.

werde[299]. Das gilt nach der Gesetzesbegründung auch für die Bewertung der Gleichwertigkeit eines etwaigen unternehmenseignenen Kodex mit dem DCGK[300].

IV. Einordnung zu Mechanismen der internen oder externen Corporate Governance

Hinsichtlich der klassischen Einteilung von Corporate-Governance-Maßnahmen in solche der internen oder externen Corporate Governance[301] bereitet die Einordnung des Kodex Schwierigkeiten. Inhaltlich dienen viele Regelungen der Gewährleistung einer effektive Arbeit des Aufsichtsrats. Außerdem wird großer Wert darauf gelegt, dass die Aktionäre ihre Rechte effektiv ausüben können. Dies sind typische Merkmale von Maßnahmen interner Corporate Governance. Andererseits soll der Kapitalmarkt die Einhaltung des Kodex kontrollieren und auf eine Nichteinhaltung reagieren. So sollen Unternehmen, die den Kodex nicht einhalten, vom Kapitalmarkt bestraft werden[302]. Der Kodex selbst wendet sich explizit an die Investoren und damit an den Kapitalmarkt[303]. Diese Mechanismen zeichnen regelmäßig Maßnahmen der externen Corporate Governance aus. Damit soll der Kodex zwar inhaltlich auf die interne Corporate Governance eines Unternehmens einwirken, dies hat aber Auswirkungen vor allem an den Börsen, also auf dem Kapitalmarkt. Insofern ist der DCGK ein weiteres Instrument, das sich nicht eindeutig zuordnen lässt, sondern zu den sonstigen Mechanismen der Corporate Governance zählt.

D. Die Überarbeitungen des Kodex

Nach Prämbel Abs. 12 DCGK wird der Kodex einmal jährlich vor dem Hintergrund nationaler und internationaler Entwicklungen überprüft und bei Bedarf angepasst. Nach den Vorstellungen der Regierungskommission Corporate Governance und der bisherhigen Handhabung wird hierfür keine Änderungskommission berufen, vielmehr wird die Kodex-Kommission als „Standing Commission" eingerichtet[304]. Hinsichtlich des Verfahrens der Entscheidungsfindung ist davon auszugehen, dass die Kommission auch weiterhin versuchen wird, einen Konsens herzustellen.

299 MünchKommAktG/*Semler* § 161 Rn. 10; in diese Richtung auch *Hucke/Ammann* DCGK-Leitfaden, S. 148; kritisch *Borges* ZGR 2003, 508, 533, der dem Kodex aber dennoch Einfluss auf die Meinungsbildung der Akteure des Kapitalmarkts über richtige Unternehmensleitung zuerkennt, vgl. ZGR 2003, 508, 538; kritisch auch *Ehrhardt/Nowak* AG 2002, 336, 342 ff.

300 Begr. RegE, BT-Drs. 14/8769, S. 21.

301 S. oben Kapitel 1 B.I.2. (Seite 16 f.).

302 Zur Wirkung des Kodex über den Kapitalmarkt vgl. soeben unter III.

303 *Schüppen* DB 2002, 1117 spricht von einer „kapitalmarktorientierten Darstellung".

304 *Ringleb* in: DCGK-Komm, Rn. 108; *Baums* (Hrsg.) Bericht RegKomm, Rn. 17 a.E.; *Cromme* Kreditwesen 2002, 502, 505; *Seibert* BB 2003, 693, 695.

Bisher ungeklärt ist die Frage, wann ein Mitglied aus der Kommission ausscheidet. Denkbar ist, dass dies bereits dann geschieht, wenn es aus seiner jetzigen Funktion ausscheidet. Allerdings sind die Mitglieder als Persönlichkeiten berufen worden, nicht weil sie ein bestimmtes Amt ausüben. Da mittlerweile erste Mitglieder die Beschäftigung, die sie zum Zeitpunkt ihrer Berufung innehatten (*Breuer* und *Kley* sind vom Vorstand in den Aufsichtsrat der *Deutschen Bank AG* bzw. der *BASF AG* gewechselt), sie aber weiterhin Mitglieder der Kodex-Kommission sind, wird dies durch den tatsächlichen Gang der Dinge bestätigt. Daher wird es nur zu einem Ausscheiden aus der Kommission kommen, wenn das Mitglied darum bittet oder seine Aufgaben nicht mehr wahrnehmen kann. Ob dies auch gegen den Willen des Mitglieds, etwa auf Antrag der Kommission, oder durch Erreichen einer Altersgrenze (die die Kommission selbst bei Vorständen und Aufsichtsräten für bedeutsam hält, vgl. 5.1.2 Abs. 2 Satz 3 und 5.4.1 Satz 2 DCGK), ist bisher nicht bekanntgegeben worden. Allerdings wird vertreten, dass das Bundesjustizministerium jederzeit die Kommission auflösen, vergrößern, verkleinern oder einzelne Mitglieder abberufen könne[305]. Sollte sich diese Auffassung durchsetzen, würde das die Bedenken im Hinblick auf die Unabhängigkeit der Kommission erheblich steigern. Auch die Frage, inwieweit bei der Ersetzung ausgeschiedener Mitglieder die Kodex-Kommission ein Vorschlags-, Anhörungs- oder Vetorecht hat, ist nicht erläutert und erst recht nicht geklärt. Eine gesetzliche Regelung wie etwa beim Sachverständigenrat zur Begutachtung der gesamtwirtschaftlichen Entwicklung, den sog. Wirtschaftsweisen, der für den Einzelnen keine direkten Regeln aufstellt, bei dem aber gesetzliche Regeln über Inkompatibiltäten (§ 1 Abs. 3 SachVerstRatG), Umfang des Auftrags (§§ 2 und 7 SachVerstRatG), Unabhängigkeit der Mitglieder (§ 3 SachVerstRatG) und das Verfahren der Berufung und des Ausscheidens (§ 7 SachVerstRatG) sowie der Beschlussfassung (§ 8 SachVerstRatG) bestehen[306], gibt es bisher jedenfalls nicht.

E. Veränderungen des Kodex durch Überarbeitungen

Die Regierungskommission Deutscher Corporate Governance Kodex soll und will nach Präambel Abs. 12 DCGK einmal jährlich den Kodex vor dem Hintergrund nationaler und internationaler Entwicklungen überprüfen und

---

305 *Ringleb* in: DCGK-Komm, Rn. 112.

306 Gesetz über die Bildung eines Sachverständigenrates zur Begutachtung der gesamtwirtschaftlichen Entwicklung vom 14. August 1963 (BGBl. I, S. 685); die aktuelle Version des Gesetzes ist auch zu finden unter < http://www.sachverstaendigenrat-wirtschaft.de/wueu/gesetz.html>.

anpassen. Hierbei werden auch Stellungnahmnen und Eingaben berücksichtigt, die jedermann an die Geschäftsstelle der Regierungkommission schicken kann[307].

I. Gegenüber dem Entwurf

Nach der Veröffentlichung des Entwurfes am 18. Dezember 2001[308] konnten einen Monat lang Änderungsvorschläge bei der Kodex-Kommission eingereicht werden. Die hiernach durchgeführten Änderungen waren vor allem redaktioneller Natur und dienten der Klarstellung und Verdeutlichung der Kodex-Bestimmung. Einige Änderungen sind hingegen auch inhaltlich bedeutsam. Hierzu zählen die Erweiterung der Zustimmungspflicht bei Krediten auch auf Angehörige von Vorstands- und Aufsichtsratsmitgliedern nach 3.9 DCGK, die Veränderung bei den Bestimmungen zur variablen Vergütung des Vorstands, 4.2.3 DCGK, und die Empfehlung, dass Aufsichtsratsmitglieder bei Interessenkonflikten nicht nur den Vorsitzenden, sondern den gesamten Aufsichtsrat informieren müssen, 5.5.2 DCGK. Die letztgenannte Änderung führte zur Streichung der Empfehlung 5.2.2 Satz 2 DCGK-E, wonach nur der Aufsichtsratsvorsitzende Interessenkonflikte dem gesamten Gremium mitteilen muss. Ebenfalls gestrichen wurde 4.3.5 Satz 2 DCGK-E, der als einzige Vorschrift eine Regelung für leitende Mitarbeiter enthielt[309]. Zwei weitere Vorschriften (3.9 Halbsatz 2[310] und 7.2.2 Satz 2[311] DCGK-E) wurden ebenfalls teilweise gestrichen, komplett weggefallen sind die Empfehlung 4.1.5 DCGK-E[312] sowie die Anregung 7.2.5 DCGK-E[313], letzteres mutmaßlich durch die Intervention mittelständischer Wirtschaftsprüfer[314]. Schließlich wurde bei den Regelungen zur Zusammensetzung und Vergütung des Aufsichtsrats (5.4 DCGK) die Anregung 5.4.1 Satz 2 DCGK-E[315] zu einer Empfehlung

307 Vgl. <http://www.corporate-governance-code.de/index.html>; *Ringleb* in: DCGK-Komm, Rn. 122 meint, Anregungen sollten bis Anfang Oktober eines jeden Jahres eingesendet werden, um noch berücksichtigt zu werden.

308 Abgedruckt in NZG 2002, 75.

309 Diese Vorschrift war als Gesetzeswiedergabe gekennzeichnet und besagt, dass Nebentätigkeiten von leitenden Mitarbeitern der Genehmigung durch den Vorstand bedürfen.

310 Empfehlung einer Genehmigung der Kreditvergabe an Vorstands- und Aufsichtsratsmitglieder auch durch den Vorstand.

311 Empfehlung der Beratung des Aufsichtsrats mit dem Vorstand über die den Auftrag und die Honorarvereinbarung mit dem Abschlussprüfer.

312 „Der Vorstand soll geschäftspolitische Grundsätze und Unternehmensleitlinien aufstellen".

313 „Der Aufsichtsrat sollte darauf hinwirken, dass für in den Konzernabschluss einzubeziehende Tochterunternehmen, die wegen ihrer Geschäftstätigkeit oder ihrer Risikosituation von besonderer Bedeutung für den Konzernabschluss sind, möglichst der Konzernabschlussprüfer oder eine mit ihm verbundene Prüferorganisation auch zum Prüfer des Jahresabschlusses bestellt wird."

314 So *Bernhardt* DB 2002, 1841, 1845.

315 Berücksichtigung der internationalen Tätigkeit des Unternehmens, potentielle Interessenkonflikte und Altersgrenze bei der Auswahl der Aufsichtsratsmitglieder.

aufgewertet, umgekehrt war die Anregung 5.4.5 Abs. 3 Satz 1 DCGK[316] ursprünglich eine Empfehlung. Letztere Vorschrift hat allerdings auch eine inhaltliche Änderung in zwei Richtungen erfahren: Im Entwurf war eine Empfehlung vorgesehen, nach der die Gesamtvergütung der Aufsichtsratsmitglieder aufgegliedert nach Bestandteilen auszuweisen war. In der im August 2002 offiziell veröffentlichten Version des Kodex ist diese durch die Anregung ersetzt, die Vergütung der Aufsichtsratsmitglieder individualisiert und aufgegliedert nach Bestandteilen auszuweisen. Damit wird zwar inhaltlich mehr gefordert als im Entwurf. Durch die Herabstufung zur bloßen Anregung muss die Gesellschaft sich zur Einhaltung dieser Regelung aber gar nicht mehr erklären.

II. Nach der ersten jährlichen Sitzung der Kodex-Kommission im November 2002

Die erste jährliche Sitzung der Kodex-Kommission zur Überprüfung und Anpassung des DCGK fand Anfang November 2002 statt. Berücksichtigt wurden hierbei diejenigen Angaben, die bis zum 30. September eingegangen waren. Die Änderungen des Kodex wurde am 14. November 2002 im elektronischen Bundesanzeiger bekanntgemacht. Allerdings kam es nur zu einer einzigen Änderung, die bereits erwähnt wurde[317]: Die Empfehlung Ziff. 6.6 DCGK zu Aktien-, Options- und Derivatsgeschäften und -besitz von Organmitgliedern war durch die Einführung des § 15a WpHG überholt. Ausweislich der Pressemitteilung der Kodex-Kommission beschäftigte sich diese auch mit Grundsätzen für eine angemessene und transparente Vorstandsvergütung, dem angemessenen Selbstbehalt bei der D&O-Versicherung, der angemessenen Vergütung des Aufsichtsrats sowie Fragen der Ausschussarbeit.[318] Dies hatte jedoch – noch – keine Auswirkungen auf den Inhalt des Kodex.

III. Sitzung der Kodex-Kommission im Mai 2003

Entgegen der ursprünglichen Planung, dass die Kodex-Kommission einmal jährlich im Herbst eines Jahres zusammentrifft, fand ihre nächste Sitzung bereits im Mai 2003 statt. Die Regierungskommission begründete diese Vorverlegung damit, dass die Kommission der Europäischen Gemeinschaften angekündigt hatte, ihren Aktionsplan zur Modernisierung und Verbesserung der Corporate

316 Ursprünglich gab der Kodex die Empfehlung, die Gesamtvergütung der Aufsichtsratsmitglieder auszuweisen, jetzt richtet sich die Anregung auf den individualisierten Ausweis der Vergütung.

317 Dazu oben C.II.2.c) (Seite 48 ff., 51).

318 Veröffentlicht unter <http://www.corporate-governance-code.de/ger/news/presse-20021108.html>.

Governance in der Europäischen Union zu veröffentlichen[319]. Allerdings wird auch der konkretisierte Maßnahmenkatalog der Bundesregierung von Ende Februar 2003[320] wesentlich hierzu beigetragen haben. Denn hierin waren einige Punkte enthalten, die sich direkt an die Kodex-Kommission richteten und eine Weiterentwicklung des Kodex vor allem im Hinblick auf die Vergütung der Vorstände und Aufsichtsräte forderten. Im Maßnahmenkatalog war angekündigt, dass der Gesetzgeber aktiv werde, sollte die Kodex-Kommission nicht entsprechend den Forderungen der Bundesregierung Änderungen am Kodex vornehmen. Auch der Vorsitzende der Kodex-Kommission widerspricht in einem Interview nicht der rhetorischen Frage, ob nicht erst das Drängen der Justizministerin zu einer Veränderung der betreffenden Kodex-Vorschriften beigetragen habe[321].

Im Mittelpunkt der Kommissionsberatungen standen Fragen einer angemessenen und transparenten Vorstandsvergütung. In der Literatur war zuvor kritisiert worden, dass die Kodex-Regelungen nicht weit genug gingen[322]. Nach kontroverser Diskussion und entgegen der Erwartung des Bundesjustizministeriums[323] beschloss die Kommission schließlich einvernehmlich[324] eine Anpassung insbesondere von Ziff. 4.2 DCGK. Danach werden fünf neue Empfehlungen in den Kodex aufgenommen. So soll das Aufsichtsratsplenum auf Vorschlag des Gremiums, das die Vorstandsvergütung verhandelt, über die Struktur des Vergütungssystems für den Vorstand beraten und es regelmäßig überprüfen. Weiter wird empfohlen, die Vorstands- und Aufsichtsratsvergütung individualisiert offenzulegen, Aktienoptionen und vergleichbare Gestaltungen auf anspruchsvolle, relevante Vergleichsparameter zu beziehen und gleichzeitig mit einer Obergrenze (*Cap*) zu versehen sowie schließlich den Wert der Aktienoptionen offenzulegen. Außerdem sollen die Grundzüge des Vergütungssystems auf der Internetseite der Gesellschaft in allgemein verständlicher Form bekanntgemacht und im Geschäftsbericht erläutert werden. Schließlich soll der Aufsichtsratsvorsitzende die Hauptversammlung über die Grundzüge des Vergütungssystems und deren Veränderungen informieren. Eine interessante Änderung wurde außerdem in Ziff. 6.6 Abs. 2 Satz 2 DCGK vorgenommen. Hier ist aus einer Formulierung, die als Gesetzeswiedergabe verstanden werden konnte, eine Empfehlung zur Angabe des Aktienbesitzes von Vorstands- und Aufsichtsratsmitgliedern geworden. Eine geringfügige Änderung hat auch Ziff. 7.2.1 Abs. 2 DCGK

---

319 Pressemitteilung vom 21.Mai 2003, veröffentlicht unter <http://www.corporate-governance-code.de/ger/news/presse-20030521.html>.

320 Abgedruckt etwa in NJW 2003, Heft 17, S. XXVIII; Kurzfassung in *Strunk* u.a. TransPuG und Corporate Governance Kodex, S. 197 ff.; AG-Report, R 139; dazu *Seibert* BB 2003, 693, 695.

321 *Cromme* in: Focus Nr. 22/2003, S. 202 f.

322 *Ulmer* ZHR 166 (2002), 150, 156, Fußnote 29; *Strenger* Mitbestimmung Heft 6/2002, 17, 18; zur Kritik am Kodex sogleich unter F (Seite 58 ff.).

323 *Seibert* BB 2003, 693, 695.

324 So Pressemitteilung vom 21. Mai 2003, veröffentlicht unter <http://www.corporate-governance-code.de/ger/news/presse-20030521.html>.

erfahren. Schließlich wurde in Ziff. 3.10 DCGK die Anregung eingefügt, dass in der jährlichen Corporate-Governance-Erklärung des Unternehmens auch zu den Anregungen des Kodex Stellung genommen werden sollte.

Die Änderungen des Kodex sind am 4.7.2003, dem Tag der Veröffentlichung des neuen Kodex im elektronischen Bundesanzeiger, in Kraft getreten.

F. Kritik am derzeitigen Kodex

I. Notwendigkeit eines Kodex

Bei der kritischen Betrachtung des DCGK stellt sich – wie schon bei den Kodizes der privaten Initiativen – zunächst die grundsätzliche Frage nach der Notwendigkeit eines Kodex. Immerhin existierte in Deutschland bis zum Jahr 2000 kein einziger Kodex, vielmehr hatte man sich immer gegen einen Verhaltenskodex ausgesprochen, da dies die Bürokratisierung und Verrechtlichung noch verschlimmern könnte[325]. Ein solcher Kodex sei nur in einem Rechtssystem sinnvoll, das viele Lücken habe, wie etwa den angloamerikanischen, nicht aber in einem hoch regulierten System wie dem deutschen[326]. Die Herkunft der Kodex-Idee aus Staaten mit weniger strengen Regeln könne dabei als Indiz genommen werden, dass ein Bedarf für Corporate-Governance-Kodizes nur dort besteht[327]. Jedenfalls sei es problematisch, wenn eine klare Abrenzung zwischen Gesetz und außergesetzlichen Regelungen fehle[328].

Ein anderes Bild erhielt dagegen die Regierungskommission Corporate Governance bei der Auswertung der ihr zugesandten Stellungnahmen. Diese hatten sich nahezu ausnahmslos für die Entwicklung eines Kodex ausgesprochen[329]. Ein ähnliches Ergebnis erhielten die Autoren einer repräsentativen Umfrage unter den damaligen DAX-100-Unternehmen Anfang des Jahres 2001. Obwohl nicht konkret danach befragt, sprachen sich viele der Teilnehmer für einen freiwilligen Corporate-Governance-Kodex aus, der aufgrund seiner größeren Flexibilität einem Gesetz vorzuziehen sei[330]. Es konnte auch gezeigt werden, dass 95,6% der teilnehmenden Unternehmen (68 der 100 Unternehmen kannten den Begriff der Corporate Governance und konnten insofern hierzu gezählt werden) eine Regulierung in Form von Richtlinien für sinnvoll hielten[331]. Infolgedessen votierte auch die Regierungskommission

---

325 *Seibert* BB 2002, 581.
326 *Seibert* BB 2002, 581.
327 Im Ergebnis allerdings verneinend *von Werder* DB 2002, 801.
328 *Hüffer* AktG, § 76 Rn. 15c.
329 *Baums* (Hrsg.) Bericht RegKomm, Rn. 7; eine mit deutlichen Worten vorgebrachte negative Stellungnahme hat allerdings der Handelsrechtsausschuss des *DAV* abgegeben, vgl. NZG 2001, 181 ff.
330 *Pellens/Hillebrandt/Ulmer* BB 2001, 1243, 1246.
331 *Pellens/Hillebrandt/Ulmer* BB 2001, 1243, 1250.

bereits in ihrer ersten Empfehlung für die Entwicklung eines Kodex[332]. Sie begründete dies einerseits mit der einfacheren Information insbesondere ausländischer Investoren über die Regelungen des deutschen Aktienrechts, vor allem der Besonderheiten und Vorzüge der dualistischen Unternehmensverfassung, andererseits mit der Chance, eine Deregulierung und Flexibilisierung des deutschen Rechts zu erreichen[333]. Im Hinblick auf die Information ausländischer Anleger sei nochmals darauf hingewiesen, dass häufig vorgebracht wurde, die deutschen Regelungen seien im Ausland nicht genügend bekannt, so dass es zu Missverständnissen komme[334], was dazu führe, dass Deutschland im Hinblick auf die Corporate Governance häufig als gesetzarmer „Wilder Westen" bezeichnet werde[335]. Zwar ist es erstaunlich, dass institutionelle Investoren, die teilweise Milliardenbeträge verwalten, die Grundzüge des deutschen Aktien- und Kapitalmarktrechts nicht ausreichend kennen (sollen), so dass ihnen bereits mit einem – nur die groben Strukturen des deutschen Rechts nachzeichnenden – Kodex geholfen werden kann. Aber wenn man ausländischen Investoren damit dienen kann, sollte man diesen Service anbieten. Steht man infolgedessen aber auf dem Standpunkt, dass ein Kodex verfasst werden soll, um in-, vor allem aber ausländische Investoren zu informieren, dann würden verschiedene Kodizes tatsächlich eher verwirrend und unübersichtlich wirken, so dass ein einheitlicher Kodex wünschenswert ist[336]. Zwar wird gegen eine Vereinheitlichung vorgebracht, dass im Wesentlichen nur in Großbritannien ein einheitlicher Kodex existiere, während sich etwa in den USA ein buntes Bild verschiedenster Kodizes biete[337]. Im Interesse einer schnellen, einfachen und effektiven Information der Anleger ist dann aber eher dem britischen Vorbild zu folgen.

II. Form der Darstellung

Akzeptiert man die Notwendigkeit eines einheitlichen Kodex, so kommt man zur Frage, ob für den Kodex die richtige Form gefunden wurde. Bereits bei den privaten Kodizes war kritisiert worden, dass nicht ersichtlich sei, auf welche Norm eine Vorschrift zurückgeht, die vorgibt, nur Gesetzesrecht zu beschreiben[338]. Auch der DCGK hat aber eine solche Form der Darstellung gewählt. Will der Adressat sich die hinter einer Kodex-Vorschrift stehende Norm näher anschauen – was schon alleine deswegen interessant ist, da der

---

332 *Baums* (Hrsg.) Bericht RegKomm, Rn. 7.

333 *Baums* (Hrsg.) Bericht RegKomm, Rn. 7.

334 Vgl. das von *von Werder* in: von Werder (Hrsg.) GCCG, S. 7 f., zitierte Beispiel, wonach trotz des Verweises auf die Aktienrechtreform 1965 auch 1999 noch eine Vorschrift des AktG 1937 zitiert wird.

335 So *von Rosen* Bank 2001, 283, 284.

336 So begrüßt etwa auch der *Bundesverbandes der Deutschen Industrie* (*BDI*) das Ende der Kodex-Vielfalt, vgl. *von Wartenberg* WM 2001, 2239.

337 Stellungnahme des Handelsrechtsausschusses des *DAV* NZG 2001, 181; *Bernhardt* DB 2002, 1841; kritisch hierzu *Bender/Vater* DStR 2003, 1807.

338 Vgl. etwa *Schulze-Osterloh* ZIP 2001, 1433, 1435.

Kodex das Gesetzesrecht explizit nicht umfassend und in allen Facetten darstellen will, sondern die leichte Verständlichkeit als primäres Ziel vorgibt[339] – , muss er diese zunächst suchen. Dabei kommt es erneut zu dem Problem, dass die Vorschriften des Kodex aus verschiedenen Gesetzen stammen, so dass nicht einmal eine Kommentierung des Aktiengesetzbuches oder des Wertpapierhandelsgesetzes ausreicht, um die betreffende Norm tatsächlich zu finden. Hier wäre die Einfügung von Fußnoten oder einer zusätzlichen Kommentierung für den Anwender eine große Hilfe. Diese (gewollte?) Lücke ist allerdings bereits erkannt worden und hat zur Veröffentlichung von entsprechenden Kommentierungen in Praxishandbüchern geführt[340]. In der Literatur wird – gerade mit Blick auf ausländische Investoren – auch die redaktionelle Form des Kodex, insbesondere das Nebeneinander von bloßer Darstellung des Gesetzesrechts und Empfehlungen sowie Anregungen kritisiert[341]. Die Kodex-Kommission hat eine Entscheidung zu Gunsten der Systematik der Darstellung und der besseren Lesbarkeit getroffen, die ein solches Nebeneinander zwingend erfordert. Zwar mag es etwas Mühe bereiten, eine Empfehlung oder Anregung von der reinen Gesetzesdarstellung zu unterscheiden. Aber diese Mühe wird wohl auch bei ausländischen Investoren geringer empfunden als eine strikte Trennung, die auf Kosten der Darstellung und Lesbarkeit gegangen wäre. Im Übrigen wird durch eine Markierung der Schlüsselwort „soll", „kann" und „sollte" und ihrer Konjugation der Unterschied sehr einfach und schnell deutlich. Darüber hinaus gibt es bereits tabellarisch aufbereitete Darstellungen der Empfehlungen und Anregungen für die Praxis[342].

Daneben wird noch kritisiert, dass die Mitbestimmung auf Unternehmensebene nicht zumindest generell begründet wird[343]. Gerade im Hinblick auf die für ausländische Investoren wäre eine über die bloße Darstellung hinausgehende Begründung zwar wünschenswert gewesen. Da aber auch die sonstigen Regelungen nicht begründet werden, hätte eine Begründung in diesem Fall einen Systembruch dargestellt und wäre vielleicht auch wegen der politischen Brisanz nicht zufriedenstellend ausgefallen.

III. Inhaltliche Kritik

Die inhaltliche Kritik am DCGK wird vor allem in drei Richtungen geäußert. Zum einen wird vorgebracht, der Kodex enthalte in seinem darstellenden Teil Regelungen, die das bestehende Gesetzesrecht nicht nur wiedergäben, sondern auch interpretierten (1.), zum anderen gebe es Empfehlungen, die nicht Praxis in deutschen Unternehmen seien (2.). Außerdem wird kritisiert, dass

---

339 *Cromme* Vorwort zum Deutschen Corporate Governance Kodex, veröffentlicht unter <http://www.corporate-governance-code.de/ger/download/DCG_vorwort_D200202.pdf>.

340 Insbesondere *Peltzer* DCG, S. 1 – 16; bei den Einzelregelungen auch in *Ringleb u.a.* DCGK-Komm. und bei *Hucke/Ammann* DCGK-Leitfaden.

341 *Bernhardt* DB 2002, 1841; Kritik anklingen lässt auch *Ulmer* ZHR 166 (2002), 150, 153.

342 *Pfitzer/Oser/Wader* DB 2002, 1120, 1122 ff.; *Schüppen* DB 2002, 1117, 1118 f.

343 *Talaulicar* Zwecksetzung und Wirkungsprognosen, S. 21 f.

Empfehlungen oder Anregungen für bestimmte Bereiche fehlten oder nicht weitreichend genug seien (3.).

1. Kritik am darstellenden Teil

Verschiedene Autoren haben eine Reihe von Regelungen benannt, die zwar vorgeben, nur über die bestehende Gesetzeslage zu informieren, tatsächlich aber hierüber hinausgehen. Einige hiervon interpretieren zwar das Gesetz, entsprechen aber insofern allgemeiner Meinung. Dazu zählt, dass der Versammlungsleiter für eine zügige Hauptversammlung sorgt (2.2.4 DCGK), Vorstand und Aufsichtsrat eng zusammenarbeiten (3.1 DCGK) sowie die Verpflichtung von Vorstand und Aufsichtsrat auf das Unternehmensinteresse (4.1.1 und 4.3.3 bzw. Abs. 6 Satz 4 Präambel und 5.5.1 DCGK)[344]. Problematischer werden hingegen solche Regelungen gesehen, die – selbst wenn sie eine herrschende Meinung oder die Rechtsprechung wiedergeben – nicht auf ungeteilte Zustimmung stoßen. In diesem Bereich sind von den unterschiedlichen Autoren verschiedene Regelungen ausgemacht worden, allerdings ohne dass diese Kritik bei einer Regelung von allen Autoren geteilt wird. *Ulmer*[345] kritisiert vor allem die Handhabung des Zustimmungsvorbehalts nach § 111 Abs. 4 Satz 2 AktG in 3.3 DCGK und die Regelung des 6.3 DCGK zur informationellen Gleichbehandlung der Aktionäre. *Schüppen*[346] hält die Aussage, dass die Hauptversammlung über alle wesentlichen unternehmerischen Maßnahmen entscheidet (2.2.1 Abs. 2 DCGK), dass der Vorstand nach Bekanntgabe eines Übernahmeangebots ohne Zustimmung von Hauptversammlung oder Aufsichtsrat keine Handlungen außerhalb des gewöhnlichen Geschäftsverkehrs mehr vornehmen darf (3.7 Abs. 2 DCGK) und dass die Festlegung der Vorstandsvergütung durch den Aufsichtsrat auf der Grundlage einer Leistungsbeurteilung erfolgt (4.2.2 Satz 1 DCGK), für kritisch. *Von Werder*[347] verweist darauf, dass die Darstellung der Verpflichtung zur ausreichenden Informationsversorgung des Aufsichtsrats als gemeinsame Aufgabe von Vorstand und Aufsichtsrat zwar wohlbegründet, aber juristisch umstritten ist. Für umstritten hält *Semler*[348] die Kodexbestimmungen Ziff. 2.2.2 (Bezugsrecht), 3.4 (Information des Aufsichtsrats und Zuleitung des Wirtschaftsprüferberichts), 3.7 (Handlungsbefugnisse des Vorstands nach Bekanntmachung einer Übernahmeabsicht), 3.9 (Kreditkündigung), 4.3.4 (Vertretung der Gesellschaft gegenüber Vorstandsmitgliedern), 5.1.2 (Vorzeitige Wiederbestellung), 5.5.4 (Beratungsverträge mit Aufsichtsratsmitgliedern) 6.3 (Gleichbehandlung der Aktionäre mit Informationen) DCGK. Schließlich sprechen *Roth* und *Hucke/Ammann*[349] im Hinblick auf die Rechte der

344 Nach *Schüppen* DB 2002, 1117, 1118.
345 *Ulmer* ZHR 166 (2002), 150, 153 Fußnote 11.
346 *Schüppen* DB 2002, 1117, 1118.
347 *Von Werder* DB 2002, 801, 803.
348 MünchKommAktG/*Semler* § 161, Rn. 26 in Fußnote 49.
349 *Roth* ZIP 2003, 369, 370; ebenso *Hucke/Ammann* DCGK-Leitfaden, S. 140.

Hauptversammlung davon, dass in Ziff. 2.2.1 bis 2.2.3 DCGK ein Schönwetterbild gezeichnet werde, dass den Realitäten der großen Publikums-Aktiengesellschaft nicht gerecht werde. Zusammenfassend wird auf die Gefahr hingewiesen, dass Sein und Sollen nicht hinreichend voneinander abgegrenzt werden, so dass ein falscher Eindruck entstehen könne[350].

Aus Gründen der richtigen Information der Aktionäre sind solche Zweifel an der Richtigkeit der Darstellung bedauerlich. Für die Unternehmen haben sie indes einen Vorteil: Selbst wenn ein Unternehmen dies anders sieht muss es sich hierüber nicht äußern. Denn die Entsprechenserklärung nach § 161 AktG bezieht sich nur auf die Empfehlungen des Kodex, nicht hingegen auf den darstellenden Teil[351]. Die Unternehmen können diese Darstellungen also als eine Art besonderen Hinweis zur Verwirklichung einer guten Corporate Governance nutzen, ein Abweichen hiervon müssen sie aber nicht offenlegen. Wird zu den – vorgeblich – gesetzeswiedergebenden Teilen nichts erklärt, so kann auch nichts Falsches erklärt werden, und eine Pflicht zu Offenlegung von Abweichung von diesen Darstellungen gibt es grundsätzlich nicht.

2. *Kritik an den Empfehlungen*

Während einige Autoren meinen, die Befolgung der meisten Empfehlungen mache keine Schwierigkeiten, da in der Praxis ohnehin so verfahren werde[352], kritisieren andere, dass die Empfehlungen teilweise eine Unternehmensführung und -überwachung beschreiben, die in Deutschland keine aktuelle Praxis sei. So hat *Schüppen* eine Liste zusammengestellt, nach der insbesondere bei der Vorstandsvergütung und der Zusammensetzung sowie Vergütung des Aufsichtsrats mehr als die Hälfte der Regelungen eine Praxis beschreiben, die der bisher üblichen Praxis nicht entsprechen[353]. *Theisen* zählt hierzu auch noch einige Regelungen der Zusammenarbeit von Vorstand und Aufsichtsrat[354]. Selbst wenn man unterstellt, dass alle in der Kritik stehenden Regelungen eine (bisher) in Deutschland nicht bekannte Art der Unternehmensführung und -überwachung beschreiben, ist das per se noch nicht negativ. Denn der Kodex enthält nach Präambel Abs. 1 Satz 1 DCGK gerade auch international anerkannte Standards der Corporate Governance. Damit soll er gerade nicht nur die übliche Praxis in Deutschland darstellen, sondern im echten Wortsinn Empfehlungen und Anregungen für eine zukunftsorientierte, modern ausgerichtete Corporate Governance geben. Die Tatsache, dass ein Unternehmen in Deutschland die im Kodex enthaltenen Empfehlungen nicht beachtet, kann

---

350 *Talaulicar* Zwecksetzung und Wirkungsprognosen, S. 20.

351 Ausführlich dazu unten Kapitel 3 C.II.1 (Seite 86 f.).

352 *Bernhardt* DB 2002, 1841, 1842; *Ehrhardt/Nowak* AG 2002, 336, 342; *Peltzer* NZG 2002, 593, 595; [der Vorsitzende des Aufsichtsrats der *E.ON AG*] *Hartmann* nach FAZ vom 26.4.2003 (Nr. 97), S. 17, wonach 80 bis 90% der Grundsätze von Großunternehmen praktiziert werden.

353 *Schüppen* DB 2002, 1117, 1118 f.

354 *Theisen* HB vom 27.2.2002, S. 8, 2. und 3. Spalte.

dann auch als Zeichen an das Unternehmen verstanden werden, seine Corporate-Governance-Strukturen zu überprüfen, da es den Anschein erweckt, den aktuellen Entwicklungen auf diesem Gebiet hinterherzulaufen. Damit stellen nicht alle Kodex-Regelungen allgemein akzeptierte Standards von „*best practice*“ dar, aber vielleicht solche, die von fortschrittlichen Unternehmen beachtet werden. Tatsächlich sind 36 der 60 Empfehlungen nach den abgegebenen Entsprechenserklärung bei den DAX-30-Unternehmen unumstritten, werden also von allen Unternehmen befolgt[355].

3. *Fehlen oder fehlende Reichweite von Empfehlungen oder Anregungen*

Viel diskutiert war die Regelung des Verhaltens der Zielgesellschaft im Falle eines Übernahmeangebots. So wird gefordert, dass der Kodex eine Empfehlung – und nicht nur eine Anregung – aussprechen solle, dass in einem solchen Fall immer eine außerordentliche Hauptversammlung einberufen wird (3.7 Abs. 3 DCGK)[356]. Hierzu hat der Vorsitzende der Kodex-Kommission bei der Übergabe des Kodex darauf hingewiesen, dass auch einige Mitglieder der Kommission eine deutlichere Stellungnahme bevorzugt hätten. Er hat aber auch daran erinnert, dass der Gesetzgeber während der laufenden Kommissionsarbeit das Wertpapiererwerbs- und Übernahmegesetz verabschiedet hat. Darüber hinaus gebe es weiterhin Bestrebungen auf europäischer Ebene, eine Übernahmerichtlinie zu verabschieden, nachdem der vorangegangene Richtlinienentwurf vor allem wegen deutscher Bedenken gescheitert ist. Die Kodex-Kommission wollte daher zunächst die weiteren gesetzgeberischen Schritte ebenso wie die Reaktionen der Emittenten, Investoren und Anleger hierauf abwarten[357].

Wie schon beim Kodex der Frankfurter Grundsatzkommission wurden erneut Zweifel daran laut, ob es richtig sei, dass der Focus des Kodex beim Aufsichtsrat liegt[358]. Allerdings wird auch bei den Kritikern anerkannt, dass die Zusammensetzung des Aufsichtsrats und seine Zusammenarbeit mit dem Vorstand sowie eine Selbstevaluierung des Aufsichtsrats für die Steigerung der Effizienz seiner Arbeit bedeutend sind[359]. Ein weiterer Kritikpunkt war die fehlende Regelung einer Verkleinerung des Aufsichtsrats[360]. Wie in der

---

355 SZ vom 3.3.2003 (Nr. 51), S. 20; ausführliche Auswertung der Entsprechenserklärungen unten Kapitel 3 E (Seite 134 f.).

356 *Strenger* Mitbestimmung Heft 6/2002, 17, 18; *Ulmer* ZHR 166 (2002), 150, 156, Fußnote 29; in dieser Richtung auch *Peltzer* FAZ vom 2.3.2002, S. 23.

357 *Cromme* Rede zur Übergabe des DCGK-E, veröffentlicht unter <http://www.corporate-governance-code.de/ger/news/rede-crommes.html>.

358 *Peltzer* NZG 2002, 593, 594.

359 *Peltzer* NZG 2002, 593, 595 ff.

360 *Kollmann* WM-Sonderbeilage 1/2003, S. 10; *Strenger* Mitbestimmung Heft 6/2002, 17, 18; [Der Vorsitzende des Aufsichtsrats der *Siemens AG*] *Baumann* nach FAZ vom 3.8.2002 (Nr. 178), S. 12; *Cromme* nach FAZ vom 12.5.2003 (Nr. 109), S. 15; [der Finanzvorstand der Allianz AG] *Achleitner* im Interview mit der SZ vom 3.3.2003 (Nr. 51), S.20.

Gesetzgebung so stößt dies aber auch in der Kodex-Kommission auf großen Widerstand der Gewerkschaften[361]. Da der Kodex nur im Konsens verabschiedet wird und in der Kodex-Kommission auch Gewerkschaftsfunktionäre vertreten sind, ist die Einführung einer solchen Vorschrift realistischerweise nicht zu erwarten gewesen. Weiterhin wurde bemängelt, dass die Vorschläge der Regierungskommission nicht aufgegriffen wurden, die eine Kodex-Vorschrift für Spendenberichte des Vorstands an den Aufsichtsrat, einen Katalog zustimmungsbedürftiger Geschäfte und zur Verschwiegenheitsbeachtung im Aufsichtsrat und die Aufstellung von Anforderungskriterien an die Wahlvorschläge für den Aufsichtsrat gefordert hatten[362].

Eine weitere Forderung nach Aufwertung betrifft die Regelung, dass die Aufsichtsratssitzungen „bei Bedarf“ ohne Vorstand stattfinden sollten (3.6 Abs. 2 DCGK)[363]; besteht hier ein Bedarf, könnte diese Regelung tatsächlich schärfer formuliert werden. Außerdem wurde gefordert, den Auftrag des Wirtschaftsprüfers im Rahmen der Abschlussprüfung deutlicher zu formulieren und die Anforderungen an die Prüfung zu erhöhen[364].

Kritisiert wird auch, dass die Angemessenheit des Selbstbehalts bei der D&O-Versicherung nicht näher bestimmt wird. So könne jedes Unternehmen selbst bestimmen, welche Höhe angemessen ist; dies reicht derzeit von 5.100 Euro bis zur Höhe der Hälfte der Jahresgesamtvergütung[365]. Andere meinen hingegen, die Einführung eines Selbstbehalts hätte ungeregelt bleiben und den Entwicklungen der Praxis überlassen werden sollen[366].

Schließlich wurde darauf hingewiesen, dass der Kodex wegen seiner Auslandsorientierung zu wenig auf den Mittelstand eingehe. Zwar sei er nicht mittelstandsfeindlich, aber jedenfalls beachtet er kleine und mittlere Börsenunternehmen nicht ausreichend[367]. Daher solle man bei einer Überarbeitung über eine Freistellung von mittleren und kleinen Aktiengesellschaften und damit über eine Deregulierung für sie nachdenken[368].

Der Kritik hinsichtlich des Fehlens einer Empfehlung zur individualisierten Offenlegung von Vorstandsgehältern und der Bekanntmachung des Wertes von

---

361 Zum Kodex *Schmoldt* Mitbestimmung Heft 6/2002, 10, 15.

362 *Ulmer* ZHR 166 (2002), 150, 156 f.

363 *Ulmer* ZHR 166 (2002), 150, 156, Fußnote 29.

364 *Strenger* Mitbestimmung Heft 6/2002, 17, 18.

365 Dazu *Grauke/Sandmann* FAZ vom 5.2.2003, S. 21; vgl auch *Seibt* AG 2003, 465, 474; allgemein hierzu *Dreher/Görner* ZIP 2003, 2321.

366 *Kollmann* WM-Sonderbeilage, S. 13.

367 *Claussen/Bröcker* DB 2002, 1199, passim; vgl. dazu auch die Auswertung unter Kapitel 3 E (Seite 134 f.).

368 *Claussen/Bröcker* DB 2002, 1199, 1206.

Aktienoptionsprogrammen[369] ist die Kodex-Kommission durch die Änderung vom Mai 2003 hingegen mittlerweile nachgekommen.

G. Zusammenfassung – Auswirkungen und mögliche künftige Entwicklungen des Kodex

Vor allem von allgemeinen Wirtschaftszeitungen hat der Kodex nach seiner Veröffentlichung viel Kritik geerntet. Er sei ein ein Marketing-Gag[370], ein Sammelsurium vager Versprechen und wachsweich formuliert, ein großer Bluff, da er keine Sanktionen beeinhalte, eine Werbemaßnahme insbesondere für Anleger in den USA[371]. Positiv gewendet heißt es dazu in Fachpublikationen, der Kodex könne ein Marketing-Erfolg werden.[372] Der Kodex habe mehr Substanz als es auf den ersten Blick scheinen mag, er bringe einen beachtlichen Modernisierungsschub mit sich, sei jedenfalls ein Schritt in die richtige Richtung[373]. Dazu sollte man sich in Erinnerung rufen, dass der Kodex zu einer Vereinheitlichung der Kodex-Landschaft in Deutschland und damit zu der Übersichtlichkeit geführt hat, die weitgehend gefordert worden war. Obwohl der DCGK dem Frankfurter Kodex näher ist, hat er auch von den führenden Vertretern der Berliner Kodex-Kommission viel Lob erfahren[374] – was wohl (auch) daran liegt, dass einer der Mitglieder der Berliner Kommission zugleich Mitglied der Regierungskommission Deutscher Corporate Governance Kodex ist. Damit ist auch gewährleistet, dass es keinen dauerhaften „Gegenkodex" zum DCGK geben wird. Auch die Diskussionen über weitere Verbesserungen der Corporate Governance deutscher Unternehmen, sei es im Hinblick auf gesetzliche Regelungen, sei es im Hinblick auf Ergänzungen des Kodex, haben seither eine gemeinsame Grundlage, einen gemeinsamen Ausgangspunkt[375]. So wurde sehr schnell nach der Veröffentlichung des Kodex eine *Scorecard* entwickelt, die den DCGK als Basis hat[376]. Das Kalkül der Bundesregierung,

---

369 *Lutter* ZIP 2003, 737, 743; *Strenger* Mitbestimmung Heft 6/2002, 17, 18; *Ulmer* ZHR 166 (2002), 150, 156, Fußnote 29; aus der allgemeinen Presse vgl. auch zur *SAP AG* FAZ vom 31.3.2003 (Nr. 76), S. 21; zur *ThyssenKrupp AG* FAZ vom 7.10.2002 (Nr. 232) S. 21; zur *Schering AG* FAZ vom 15.1.2003 (Nr. 12), S. 18; zur Ausgestaltung von Stock-Option-Programmen etwa *Waclawik* DB 2002, 1461 ff.; *Bursee/Schawilye* FAZ vom 24.3.2003, S. 30.

370 [Die Vorsitzende der Schutzgemeinschaft der Kleinaktionäre e. V., SdK] *Keitel* nach *Mildenberger* HB 7.3.2002, S. 31.

371 Weitere Nachweise bei *Claussen/Bröcker* DB 2002, 1199, 1200 (Fußnote 14) sowie bei *Schüppen* DB 2002, 1117 und *von Werder* DB 2002, 801, 810; Kritik auch bei *Theisen* HB vom 27.2.2002, S. 8.

372 *Schüppen* DB 2002, 1117, 1118.

373 *Von Werder* DB 2002, 801, 810; *Lück* FAZ vom 21.10.2002, S. 24.

374 Vgl. nochmals *Peltzer* NZG 2002, 593; *Von Werder* DB 2002, 801.

375 In diese Richtung auch *Borges* ZGR 2003, 508, 526 f.

376 Dazu *Peltzer* NZG 2002, 593, 594 (Fußnote 12); die *Scorecard* und eine Einleitung hierzu sind zu finden unter <http//www.dvfa.de>, beide Dokumente existieren allerdings derzeit nur auf Englisch.

eine ausgewogen besetzte Kommission mit anerkannten Fachleuten von großer Kompetenz zu berufen, ist also in dieser Hinsicht aufgegangen.

Ob der Kodex hingegen tatsächlich als „Akt der Selbstorganisation der Wirtschaft" zu verstehen ist, scheint zweifelhafter denn je. Zunächst mochte man den Aussagen der direkt Beteiligten vielleicht noch Glauben schenken, obwohl bereits die Aussage stutzig machte, die Regierung werde auf neue Gesetzesinitiativen nur verzichten, wenn der Kodex ihr Wohlgefallen finde[377]. Bestärkt werden die Bedenken, wenn es heißt, das Bundesjustizministerium bleibe jederzeit Herr des Verfahrens und könne daher die Kommission jederzeit auflösen, vergrößern, verkleinern oder Mitglieder abberufen[378]. Spätestens durch das Zehn-Punkte-Programm der Bundesregierung vom 28. Februar 2003 wird deutlich, dass sie ganz erheblich Druck auf die Kodex-Kommission ausüben will, damit der Kodex im Sinne der Regierung gestaltet wird[379]. Zwar wird behauptet, die Überlegungen zur Überarbeitung des Kodex seien mehr als Empfehlung denn als Drohung mit einem Gesetz zu verstehen[380]. Doch in der politisch-diplomatischen Sprache ist dies genau letzteres – eine Drohung mit gesetzgeberischen Maßnahmen. Und diesem Druck hat sich die Kodex-Kommission sehr schnell gebeugt. Obwohl sie noch bei ihrer Sitzung im November 2002 Änderungen der Kodex-Bestimmungen ablehnte, legte sie eine außerplanmäßige Sitzung im Mai 2003 ein und nahm die von der Regierung geforderten Dies betrifft insbesondere die individualisierte Veröffentlichung der Vorstands- und Aufsichtsratgehälter und der Stock-Options-Programme[381], die stark im öffentlichen Interesse gestanden haben und nach der entsprechenden Aufforderung im Maßnahmenkatalog nunmehr im Kodex eingearbeitet wurden. Mit dem von der Regierungskommission erstellten Kodex hat die Bundesregierung damit eine schnelle und effektive Möglichkeit gefunden, ihre Ideen möglichst schnell und unkompliziert durchzusetzen – insbesondere ohne die Durchführung von langwierigen Gesetzgebungsverfahren und der Suche nach parlamentarischen Mehrheiten. Die verfassungsrechtlichen Bedenken[382] werden damit sicherlich eher bestätigt als entkräftet. Denn dass den Empfehlungen des Kodex zumindest de facto eine Bindungswirkung zukommt, wird kaum bestritten und zeigt sich auch daran, dass die Unternehmen bestrebt sind, ihn weitgehend zu erfüllen. Verstärkend wirkt in diesen Fällen die Ankündigung der Regierung, bei Nichteinhaltung bestimmter Empfehlungen diese als zwingendes Recht ins Gesetz zu übernehmen[383]. Daher gehören in

[377] Vgl. *Seibert* BB 2002, 581, 582.
[378] *Ringleb* in: DCGK-Komm, Rn. 112.
[379] Entlarvend insoweit *Seibert* BB 2003, 693, 695.
[380] FAZ vom 12.5.2003 (Nr. 109), S. 11 und 15.
[381] Vgl. oben E.III. (Seite 56 ff.); die FAZ vom 10.5.2003 (Nr. 108), S. 11 und 15 etwa gibt einen Überblick über die Jahresbezüge aller Aufsichtsratsmitglieder.
[382] Dazu oben Einführung B (Seite 3 ff., 4 und 6).
[383] Etwa [Bundesjustizministerin] *Zypries* nach *Nink/Ehrlich* FTD vom 22.8.2003, S. 9 zur individuellen Offenlegung von Vorstandsgehältern.

diese Richtung auch die Bedenken, dass der Kodex keine echte Deregulierung für die Unternehmen bedeutet[384]. Andererseits wurde durch die Drohung mit gesetzgeberischen Maßnahmen eine Weiterentwicklung des Kodex ermöglicht, zu der die Kodex-Kommission aus eigener Kraft vielleicht nicht in der Lage war. Hierdurch wird auch erreicht, dass die Unternehmen über eine Empfehlung zu einem Verhalten gebracht werden, das sie bisher nicht an den Tag gelegt haben. Damit enthält der Kodex wirklich fortschrittliche, bisher nicht beachtete Regeln guter Corporate Governance, konkret im Bereich der Transparenz der Vergütung von Vorstand und Aufsichtsrat.

Ein Diskussionspunkt für die Zukunft ist die Frage, ob der Vorstandsvorsitzende eines Unternehmens direkt im Anschluss an seine Amtszeit den Aufsichtsratsvorsitz übernehmen darf, wie dies noch in den letzten beiden Jahren unter anderem bei der *E.ON AG*, der *Allianz AG*, der *Münchener Rück AG*, der *BASF AG* und der *Deutschen Bank AG* geschehen ist. In dieser Diskussion wird häufig auf eine Weiterentwicklung des Kodex verwiesen[385].

Schließlich kommt durch den Kodex doch die Debatte über bestimmte Aspekte der Mitbestimmung wieder zum Vorschein. So wurde – insbesondere im Fall der *Deutschen Lufthansa AG* – eine heftige Diskussion auch darüber geführt, inwieweit Gewerkschaftsvertreter im Aufsichtsrat sitzen dürfen, die durch die Organisation von Streiks bei anderen Unternehmen eine Schädigung des Unternehmens, in dessen Aufsichtsrat sie sitzen, bewusst und wohl auch gewollt in Kauf nehmen[386]. Verwiesen wird in diesem Zusammenhang vor allem darauf, dass hier ein wesentlicher und nicht nur vorübergehender Interessenkonflikt im Sinne der Ziff. 5.5.3 DCGK vorliegt, bei der der Kodex die Beendigung des Mandats empfiehlt. Dies führte mittlerweile sogar zur Verweigerung der Entlastung des betreffenden Gewerkschaftsvertreters in seiner Funktion als stellvertretendem Aufsichtsratsvorsitzenden, ein bisher einmaliger Vorfall bei einem Unternehmen des DAX-30[387]. Umso verwunderlicher angesichts dieser Diskussion ist allerdings, dass in Bezug auf diese Empfehlung dennoch eine positive Entsprechenserklärung der *Lufthansa* abgegeben wurde. Hier böte sich an, die Empfehlung pointierter zu formulieren, auch um zu verhindern, dass dem Kodex aufgrund der Auslegbarkeit dieser Regelung Vertrauen entzogen wird.

Insgesamt kommt die Idee des Kodex jedenfalls so gut an, dass auch in anderen Bereichen ein Kodex entwickelt wurde. So hat mittlerweile die

384 Vgl. dazu oben B (insbesondere S. 39).

385 FAZ vom 7.5.2003 (Nr. 105), S. 20; differenzierend *Cromme* nach FAZ vom 12.5.2003 (Nr. 109), S. 15; sehr kritisch hierzu jetzt auch *Bender/Vater* DStR 2003, 1807 f. m.w.N.

386 Der Spiegel Nr. 4/2003, S. 53; FAZ vom 27.3.2003 (Nr. 73), S. 25.

387 FAZ vom 20.6.2003 (Nr. 140), S. 17 und 20; vgl. auch *Bender* FAZ vom 9.7.2003, S. 17.

Fondsbranche ihren eigenen Kodex entwickelt[388], gleiches gilt für die Immobilienwirtschaft, die sich ausdrücklich auf den DCGK beruft[389], die Deutsche Vereinigung für Finanzanalyse und Asset Management[390] und den Mittelstand in Form der „Bremer Initiative Corporate Governance für den deutschen Mittelstand“[391]. Außerdem wird der Kodex als Grundlage für weitere Corporate-Governance-Initiativen auch von börsennotierten Unternehmen genutzt. So haben zehn Unternehmen die sog. Frankfurter Erklärung abgegeben, mit der sie alle Empfehlungen und die meisten Anregungen für sich als verbindlich ansehen[392]. Insofern muss man den Kodex als Erfolg bezeichnen.

---

388 Als „Wohlverhaltensregeln“ zu finden unter <http://www.bvi.de> als .pdf-Dokument.

389 FAZ vom 14.3.2003 (Nr. 62), S. 45; zu finden etwa unter <http://www.ivg.de/download/CGKodexImmo_040203.pdf>.

390 Vgl. Pressemitteilung vom 25.2.2003, abrufbar unter <htp://www.dvfa.de>.

391 FAZ vom 10.4.2003 (Nr. 85), S. 24; vgl. auch *Kollmann* WM-Sonderbeilage 1/2003, S. 16 f.; generell befürwortend *Strenger* BB Heft 32/2003, S. I; ablehnend *Bernhardt* DB Heft 32/2003, S. I.

392 FAZ vom 14.11.2002 (Nr. 265), S. 29.

Kapitel 3: Die Verankerung des Deutschen Corporate Governance Kodex in § 161 AktG

A. Wortlaut und Zielsetzung des § 161 AktG

Die Regierungskommission Corporate Governance hatte nicht nur die Erarbeitung eines einheitlichen Corporate-Governance-Kodex empfohlen worden, sondern auch die Einführung einer gesetzlichen Verpflichtung der Unternehmensorgane, sich über die Einhaltung der Empfehlungen dieses Kodex jährlich zu erklären[393]. Die Pflicht zur Abgabe dieser – meistens als Entsprechenserklärung[394], aber auch als Compliance-Erklärung[395] bezeichneten – Erklärung ist nunmehr in § 161 AktG enthalten. Dieser lautet:

> „*§ 161. Erklärung zum Corporate Governance Kodex.* Vorstand und Aufsichtsrat der börsennotierten Gesellschaft erklären jährlich, dass den vom Bundesministerium der Justiz im amtlichen Teil des elektronischen Bundesanzeigers bekannt gemachten Empfehlungen der „Regierungskommission Deutscher Corporate Governance Kodex" entsprochen wurde und wird oder welche Empfehlungen nicht angewendet wurden oder werden. Die Erklärung ist den Aktionären dauerhaft zugänglich zu machen."

§ 161 AktG wurde eingeführt durch Art. 1 Nr. 16 des Gesetzes zur weiteren Reform des Aktien- und Bilanzrechts, zu Transparenz und Publizität (TransPuG) [396]. Mit dem TransPuG

> „ (...) sollen die Vorschriften zu Transparenz und Publizität in Fortführung der Gesetzgebungsvorhaben KonTraG, NaStraG und ERJuKoG verbessert werden, um eine – modernen internationalen Standards angepasste – Unternehmensführung und -kontrolle sicherzustellen."[397]

Dabei wurden nur die weniger komplexen und nicht grundsätzlich umstrittenen Punkte aus der Empfehlung der Regierungskommission Corporate Governance umgesetzt, um das Gesetzgebungsvorhaben noch in der 14. Legislaturperiode abzuschließen[398]. § 161 AktG schließt den 1. Abschnitt des Fünften Teils des Ersten Buchs des AktG ab, dessen Überschrift nun nach

---

393 *Baums* (Hrsg.) Bericht RegKomm, Rn. 16 f.

394 Begr. RegE, BT-Drs. 14/8769, S. 21 re. Sp.; *Lutter* ZHR 166 (2002), 523, 529; *Schüppen* ZIP 2002, 1269 ff.; *Ulmer* ZHR 166 (2002), S. 150 ff.; in anderer Schreibweise „Entsprechens-Erklärung", etwa *Ihrig/Wagner* BB 2002, 789 ff.; *Kollmann* WM-Sonderbeilage 1/2003, S. 6 ff. *Lutter* FS Druey, S. 463, 465; *Pfitzer/Oser/Wader* DB 2002, 1119 ff.; bei *Seibt* AG 2002, 249 ff.

395 Begr. RegE, BT-Drs. 14/8769, S. 21 li. Sp.

396 Gesetz vom 19.7.2002, BGBl. I, S. 2681.

397 Begr. RegE, BT-Drs. 14/8769 S. 1.

398 *Seibert* ZIP 2001, 2192; ebenso *Hirte* in: Hirte (Hrsg.) TransPuG, Kap. 1, Rn. 2.

Art. 1 Nr. 15 TransPuG folgerichtig „Jahresabschluss und Lagebericht. *Entsprechenserklärung*“[399] lautet.

Wie zuvor die Regierungskommission Corporate Governance und die Kodex-Kommission zeigt auch der Gesetzgeber, dass ein Hauptaugenmerk des Kodex auf ausländischen Investoren liegt. Er hebt hervor, dass durch den Kodex die Möglichkeit geboten wird,

> „die geltende Unternehmensverfassung für deutsche Aktiengesellschaften und die diesbezüglichen, im Wesentlichen im zwingenden Gesetzesrecht verankerten Verhaltensmaßstäbe für Unternehmensleitung und Unternehmensüberwachung in einer gerade auch für ausländische Investoren geeigneten Form zusammenfassend und übersichtlich darzustellen und die Besonderheiten und Vorzüge der dualistischen Unternehmensverfassung zu verdeutlichen. Gerade im Hinblick auf die Information ausländischer Anleger erschien es unvermeidlich, einen maßgebenden Corporate-Governance-Kodex für Deutschland zu initiieren Dies rechtfertigt es, nur einem Kodex, den die von der Bundesregierung eingesetzte Kodex-Kommission formuliert, einen besonderen Nachdruck durch die Pflicht der Entsprechenserklärung zu verschaffen.“[400]

Weiter betont die Gesetzesbegründung im Hinblick auf die weitere Verbesserung der Corporate Governance die im Kodex liegenden Chancen auf Deregulierung und Flexibilisierung für die Unternehmen. Die im Kodex gegebenen unverbindlichen Empfehlungen seien daher – zwingenden – Maßnahmen des Gesetzgebers vorzuziehen[401].

B. Entstehungsgeschichte des § 161 AktG

Der alte § 161 AktG war 1985 durch Art. 2 Nr. 28 des Bilanzrichtlinien-Gesetzes (BiRiLiG)[402] aufgehoben worden. Er enthielt die Ermächtigungsgrundlage für die FormblattVO, die jetzt in der erweiterten Ermächtigungsvorschrift des § 330 HGB enthalten ist. Eine inhaltlich mit dem neuen § 161 AktG vergleichbare Regelung hatte es im Aktienrecht bislang nicht gegeben.

Als zweite Stufe der Umsetzung der Empfehlungen der Regierungskommission Corporate Governance – nach der Einsetzung der Kodex-Kommission im September 2001 – war am 26. November 2001 vom Bundesministerium der Justiz der Referentenentwurf des TransPuG veröffentlicht worden[403]. Hiermit sollten neben der Einführung des § 161 AktG schwerpunktmäßig Neuerungen zum Aufsichtsrat und seiner Zusammenarbeit

399 Hervorhebungen vom *Verf.*
400 Begr. RegE, BT-Drs. 14/8769, S. 21.
401 Begr. RegE, BT-Drs. 14/8769, S. 21.
402 Gesetz zur Durchführung der Vierten, Siebenten und Achten Richtlinie des Rates der Europäischen Gemeinschaft zur Koordinierung des Gesellschaftsrechts vom 19.12.1985, BGBl. I, S. 2355.
403 ZIP 2001, 2192 m. Einf. *Seibert*; NZG 2002, 78.

mit dem Vorstand, Regelungen zu neuen Medien und zu Kapitalmaßnahmen sowie Fragen der Rechnungslegung ins Gesetz eingeführt werden[404]. Dagegen wurden die Empfehlungen der Regierungskommission zur Anfechtung von Hauptversammlungsbeschlüssen und zur Organhaftung wegen ihrer regelungstechnischen und rechtspolitischen Komplexität in die nachfolgende Wahlperiode verwiesen[405]. In der Fassung des Referentenentwurfs[406] lautete § 161 AktG:

> „*§ 161. Erklärung zum Corporate Governance Kodex.* Vorstand und Aufsichtsrat der börsennotierten Gesellschaft erklären jährlich, dass den im Bundesanzeiger elektronisch bekannt gemachten Verhaltensregeln der Kodex-Kommission zur Unternehmensleitung und -überwachung entsprochen wurde und wird oder welche Verhaltensregeln nicht angewendet werden. Die Erklärung ist den Aktionären dauerhaft zugänglich zu machen."

Nach einer – knappen – Frist zur Stellungnahme der beteiligten Kreise bis zum 11. Januar 2002 wurde der Regierungsentwurf am 6. Februar von der Bundesregierung verabschiedet und dem Bundesrat zugeleitet[407]. Gegenüber dem Referentenentwurf enthält § 161 AktG nach kritischen Stellungnahmen[408] geringfügige Änderungen[409]:

> „*§ 161. Erklärung zum Corporate Governance Kodex.* Vorstand und Aufsichtsrat der börsennotierten Gesellschaft erklären jährlich, dass den im **elektronischen** Bundesanzeiger bekannt gemachten **Verhaltensempfehlungen** der Kodex-Kommission zur Unternehmensleitung und -überwachung entsprochen wurde und wird oder welche **Empfehlungen** nicht angewendet werden. Die Erklärung ist den Aktionären dauerhaft zugänglich zu machen."

In der zweiten und dritten Lesung des Bundestags wurde das Gesetz am 17. Mai einstimmig verabschiedet[410]. Der Bundestag nahm dabei weitere Änderungen des § 161 AktG vor, der in seiner endgültigen Fassung nunmehr lautet[411]:

> „*§ 161. Erklärung zum Corporate Governance Kodex.* Vorstand und Aufsichtsrat der börsennotierten Gesellschaft erklären jährlich, dass den **vom Bundesministerium der Justiz im amtlichen Teil des** elektronischen Bundesanzeiger bekannt gemachten **Empfehlungen** der **„Regierungskommission Deutscher Corporate Governance Kodex"** entsprochen wurde und wird oder welche Empfehlungen nicht angewendet

404 *Seibert* ZIP 2001, 2192.
405 *Seibert* ZIP 2001, 2192.
406 Abgedruckt bei *Seibert* TransPuG, S. 64.
407 BR-Drs. 109/02; der Regierungsentwurf ist auch abgedruckt in NZG 2002, 213.
408 Veröffentlicht ist die Stellungnahme des *DAV* NZG 2002, 115.
409 Vgl. Hervorhebungen des *Verf.*
410 BT-Drs. 14/8769 i.d.F. BT-Drs. 14/9079 und 14/9134 (letzterer enthielt nur die Streichung der Änderung des § 10 Abs. 1 Satz 4 KAAG, da diese Änderung bereits durch Art. 3 Nr. 11 des Vierten Finanzmarktförderungsgesetzes vom 21. Juni 2002, BGBl. I, S. 2010, 2040, erfolgt war).
411 Hervorhebungen des *Verf.* markieren die Änderungen gegenüber dem Regierungsentwurf.

> **wurden oder** werden. Die Erklärung ist den Aktionären dauerhaft zugänglich zu machen."

Darüber hinaus führte der Bundestag auf Empfehlung seines Rechtsausschusses[412] durch Art. 3 Abs. 2 Nr. 3 TransPuG folgende Übergangsvorschrift als § 15 EGAktG ein:

> „*§ 15. Übergangsvorschrift zu § 161 des Aktiengesetzes.* Die Erklärung nach § 161 des Aktiengesetzes ist erstmals im Jahr 2002 abzugeben. Sie kann in diesem Jahr aber darauf beschränkt werden, dass den Empfehlungen der „Regierungskommission Deutscher Corporate Governance Kodex" entsprochen wird oder welche Empfehlungen nicht angewendet werden."

Mit der Einführung des § 161 AktG hängen außerdem die Ergänzungen der Vorschriften zum Jahres- bzw. Konzernabschluss um die §§ 285 Nr. 16 und 314 Abs. 1 Nr. 8 HGB zusammen, nach denen im Anhang zum Jahres- bzw. Konzernabschluss anzugeben ist, ob die Entsprechenserklärung abgegeben und den Aktionären zugänglich gemacht worden ist. Schließlich sind die Unternehmen nach der Erweiterung des § 325 Abs. I Satz 1 HGB verpflichtet, die Entsprechenserklärung im Bundesanzeiger bekannt zu machen und zum Handelsregister einzureichen.

Nach Weiterleitung an den Bundesrat beendete dessen Beschluss zur Annahme des Gesetzes ohne Änderungen vom 21. Juni 2002[413] das parlamentarische Verfahren.

Das TransPuG wurde am 19. Juli 2002 ausgefertigt und am 25. Juli 2002 verkündet. Nach Art. 5 TransPuG ist es am Tag nach seiner Verkündung und damit am 26. Juli 2002 in Kraft getreten[414].

C. Die Regelung des § 161 AktG im Einzelnen

Obwohl § 161 AktG im Gesetzgebungsverfahren mehrfach geändert worden ist, bleiben viele Tatbestandsmerkmale umstritten. Hierbei geht es insbesondere um die Frage, wer Adressat der Erklärungspflicht ist (I.), zu welchem Gegenstand (II.) und vor allem mit welchem Inhalt (III.) diese Erklärung abzugeben ist. Weiter ist zu klären, welchen Zeitraum die Erklärung umfasst (IV.) und zu welchem Zeitpunkt sie abzugeben ist (V.). Schließlich wird erörtert, in welcher Form die Erklärung abzugeben ist (VI.), wie die Übergangsvorschrift des § 15 EGAktG zu verstehen ist (VII.) und welche Folgerungen hieraus gezogen werden können (VIII.).

---

412 BT-Drs. 14/9079 S. 13.

413 BR-Drs. 450/02.

414 Vgl. zum Gesetzgebungsverfahren *Seibert* NZG 2002, 608, 613 sowie die ausführliche Dokumentation des Beratungsablaufs unter <http://www.dip.bundestag.de>, Vorgang Nr. 14019892.

I. Adressat der Erklärungspflicht

Nach dem Wortlaut des § 161 AktG sind „Vorstand und Aufsichtsrat der börsennotierten Gesellschaft“ zur Erklärung verpflichtet.

1. Börsennotierte Gesellschaft

Entsprechend den Empfehlungen der Regierungskommission Corporate Governance[415] erstreckt sich die Pflicht zur Entsprechenserklärung nur auf börsennotierte Unternehmen. Die Legaldefinition des Begriffs „börsennotiert“ enthält § 3 Abs. 2 AktG. Die ursprünglich strittige Frage, ob hierzu in Deutschland auch der Neue Markt zählt, wurde durch die Gesetzesänderung vom Juli 1998[416] entschieden, da auch der Handel am Neuen Markt nach § 66a Frankfurter Börsenordnung und Abschnitt 2 Ziff. 2.3 Abs. 1 des Regelwerks des Neues Marktes der *Deutschen Börse AG* eine Zulassung zum Geregelten Markt voraussetzt[417]. Nachdem die *Primacom AG* als letzes Unternehmen den Neuen Markt am 5. Juni 2003 verlassen hat und das Segments „Neuer Markt“ damit geschlossen wurde[418], ist diese Frage de facto unerheblich geworden. Zweifelsfrei nicht erfasst vom Begriff der börsennotierten Gesellschaft sind solche Unternehmen, die nur im Freiverkehr gehandelt werden.

Zum 31.12.2002 waren 934 Unternehmen im Sinne der Definition des § 3 Abs. 2 AktG börsennotiert, allerdings sind hierunter auch 219 ausländische Unternehmen[419]; inwieweit diese Unternehmen eine Entsprechenserklärung nach § 161 AktG abgeben müssen wird sogleich (b)) problematisiert. Von der Verpflichtung zur Abgabe der Entsprechenserklärung nicht erfasst sind dagegen nicht-börsennotierte Gesellschaften. Für nicht-börsennotierte Gesellschaften gibt Präambel Abs. 11 Satz 2 DCGK allerdings die Empfehlung, dass auch diese den Kodex beachten sollten. Diese Unternehmen – also etwa nicht börsennotierte Aktiengesellschaften oder GmbHs – dürfen daher freiwillig eine Entsprechenserklärung abgeben[420].

a) Deutsche Unternehmen

Von § 3 Abs. 2 AktG und damit von § 161 AktG werden alle deutschen Unternehmen erfasst, die in Deutschland börsennotiert sind. Darüber hinaus

---

415 *Baums* (Hrsg.) Bericht RegKomm, Rn. 13 f.

416 Gesetz zur Umsetzung der EG-Einlagesicherungsrichtlinie und der EG-Anlegerentschädigungsrichtlinie vom 22. Juli 1998, BGBl. I, S. 1842.

417 So auch MünchKommAktG/*Heider* § 3 Rn. 40; *Hüffer* AktG, § 3 Rn. 6.

418 Vgl. *dys* FAZ vom 4.6.2003 (Nr. 128), S. 25.

419 Factbook Deutsche Börse 2002, S. 2; *von Werder* DB 2002, 801, 802 zählt (zum Jahresende 2001) fast 1.000 Unternehmen, ohne zwischen in- und ausländischen Unternehmen zu differenzieren.

420 *Hirte* in: Hirte (Hrsg.) TransPuG, Kap. 1 Rn. 29; *Schüppen* in: Hirte (Hrsg.) TransPuG, Kap. 2 Rn. 5.

werden auch deutsche Unternehmen erfasst, die zwar nicht in Deutschland, aber an einer vergleichbar organisierten Börse im Ausland gehandelt werden[421].

b) Ausländische Unternehmen

Problematisch ist die Behandlung ausländischer Unternehmen, die in Deutschland börsennotiert sind. Hier wird vertreten, dass auch diese eine Entsprechenserklärung abgeben müssten[422]. Eine Begründung für diese Meinung wird aber nicht gegeben. Voraussetzung dafür wäre, dass § 161 AktG auf ausländische Unternehmen Anwendung findet. Dies kann nicht schon aus der Tatsache geschlossen werden, dass § 161 AktG an die Börsennotierung anknüpft. Denn hiermit werden nur Sonderregeln für diejenigen Aktiengesellschaften geschaffen, die ohnehin schon deutschem Recht unterstehen[423]. Eine ausdrückliche Anordnung der Verpflichtung auch ausländischer börsennotierter Unternehmen zur Abgabe der Entsprechenserklärung enthält § 161 AktG ebenfalls nicht. Neuerdings wird außerdem darauf hingewiesen, dass die Darstellung der deutschen Corporate Governance und des geltenden deutschen Aktienrechts keinen Sinn machen würde, sollte der Kodex auch auf ausländische Gesellschaften angewendet werden[424].

Ob eine Norm des deutschen Rechts auf eine (ausländische) Gesellschaften Anwendung findet, bestimmt sich nach dem Internationalen Privatrecht. Dies wäre jedenfalls immer dann der Fall, wenn § 161 AktG Teil des deutschen Gesellschaftsstatuts wäre und das betreffende Unternehmen diesem Statut unterstünde. Wonach zu beurteilen ist, ob ein Unternehmen dem deutschen Gesellschaftsstatut unterfällt, ist umstritten. Die in Deutschland bisher herrschende Meinung[425] entscheidet dies nach der Sitztheorie, nach der das Recht des Staates ausschlaggebend ist, in dem der tatsächliche Sitz der Hauptverwaltung der Gesellschaft liegt; nach anderer Auffassung, der Gründungstheorie, ist hierfür das Recht maßgeblich, nach dem die Gründer die Gesellschaft errichtet haben[426]. Ist die betreffende Gesellschaft, die in Deutschland börsennotiert ist, aber im Ausland gegründet und hat dort auch ihren Verwaltungssitz – nur dann rechtfertigt sich überhaupt die vorbehaltlose Bezeichnung als „ausländische“ Gesellschaft – , so ist nach beiden Theorien das anzuwendende Gesellschaftsstatut das ihres Sitz- bzw. Gründungsstaates, nicht aber das deutsche Recht. Damit kann hier noch dahinstehen, ob § 161 AktG überhaupt Teil des deutschen Gesellschaftsstatuts ist, denn selbst bei Bejahung

421 BT-Drs. 13/9712 S. 12; *Lingemann/Wasmann* BB 1998, 853, 854.

422 *Claussen/Bröcker* DB 2002, 1199, 1204.

423 *Lutter* FS Zöllner S. 363, 376; ähnlich auch *Ringleb* in: DCGK-Komm, Rn. 972.

424 *Ringleb* in: DCGK-Komm, Rn. 972.

425 Diese wird durch die Rechtsprechung des EuGH der letzten Jahre nachhaltig in Frage gestellt, vgl. die Entscheidungen EuGH NJW 1999, 2027 (Centros) und EuGH NJW 2002, 3614 (Überseering) sowie den Schlussantrag des Generalanwalts *Alber* im Fall „Inspire Art“, NZG 2003, 262 sowie jetzt die Entscheidung EuGH NJW 2003, 3331.

426 Vgl. dazu *von Hofmann* IPR, § 7 Rn. 24 m.w.N.

dieser Frage würde er auf die ausländische Gesellschaft keine Anwendung finden.

Allerdings könnte § 161 AktG aus anderen Gründen von ausländischen Gesellschaften zu beachten sein. Dies ist der Fall, wenn die Norm einem Regelungsbereich zuzuordnen ist, der zwingend von sämtlichen in Deutschland börsennotierten Gesellschaften beachtet werden muss. Hierunter fallen viele Regelungen des Kapitalmarktrechts, dessen Kernstücke das WpHG und das BörsG sind. Allerdings ist der Begriff des Kapitalmarktrechts nicht fest umrissen. Regelungsziel von kapitalmarktrechtlichen Normen sind die Funktionsfähigkeit des Kapitalmarktes und der Anlegerschutz[427], während das Gesellschaftsrecht unter anderem die Organisation der Gesellschaft einschließlich der Rechte und Pflichten der Organe zum Ziel hat[428]. Nach einer weiten Auffassung gehören zum Kapitalmarktrecht alle Normen, die Bezug zum Kapitalmarkt haben und ihn mittelbar beeinflussen[429]. Nach einer engeren Definition umfasst das Kapitalmarktrecht sowohl die Verfassung des Kapitalmarktes als auch die Vorschriften für die Transaktion auf dem Primärmarkt und dem Sekundärmarkt[430]. Nach der erstgenannte Auffassung wäre § 161 AktG Teil des Kapitalmarktrechts, da er – wie viele andere Regelungen, die gleichzeitig Teil des Gesellschaftsrechts sind auch – den Kapitalmarkt zumindest mittelbar beeinflusst. Unter letztere Definition fällt § 161 AktG nicht, da er weder Transaktionsrecht enthält noch eine Organisationsvorschrift für den Kapitalmarkt darstellt.

Festzuhalten ist, dass § 161 AktG einerseits Pflichten für die Verwaltungsorgane der Aktiengesellschaft aufstellt und insofern Teil des Gesellschaftsstatuts sein könnte. Andererseits soll er schon nach dem Willen des Gesetzgebers Auswirkungen auf den Kapitalmarkt haben. Insofern hat § 161 AktG Marktbezug und könnte Teil des Kapitalmarktrechts sein. § 161 AktG ist damit weder dem Gesellschaftsrecht noch dem Kapitalmarktrecht eindeutig zuzuordnen. Dies ist aber kein Phänomen, das nur bei § 161 AktG zu beobachten ist[431]. Vielmehr sind Kapitalmarkt- und Gesellschaftsrecht nicht strikt voneinander zu trennen, sondern sind miteinander verzahnt[432], üben eine Wechselwirkung aufeinander aus[433], haben Berührungsflächen[434] bzw.

427 *Kümpel* Bank- und Kapitalmarktrecht Rn. 8.173 ff.; *Schneider* AG 2001, 269, 271.

428 GroßKommAktG/*Assmann* Einleitung Rn. 593; Staudinger/*Großfeld* IntGesR, Rn. 335.

429 So etwa bei *Assmann/Buck* EWS 1990, 110 ff., 190 ff., 220 ff.; *Seidel* FS Lukes 1989, 575, 585 ff.

430 *Zimmer* Internationales Gesellschaftsrecht S. 40 ff., 121; *Hopt* in: Grundmann Systembildung S. 307, 315; *Schneider* AG 2001, 269, 271; mit stärkerer Betonung der Gewährleistung der Funktionsfähigkeit des Kapitalmarktes MünchKommBGB/*Kindler* IntGesR, Rn. 62.

431 Vgl. zum Problem der Einordnung des Übernahmerechts in das Gesellschafts- oder Kaptialmarktrecht *Berding* WM 2002, 1149.

432 Ausführlich *Möllers* ZGR 1997, 334, 336 ff. m.w.N. auch zur Gegenansicht.

433 MünchKommBGB/*Kindler* IntGesR, Rn. 59; *K. Schmidt* GesR, § 1 II 3 a) und c).

434 MünchKommBGB/*Kindler* IntGesR, Rn. 59.

Überlagerungen[435] und sind daher als Querschnittsrecht und als eine Methode, mit der Aktienrecht (auch) interpretiert werden kann, zu bezeichnen[436]. Beispielhaft werden dabei gesellschaftsrechtliche Vorschriften wie die Rechnungslegungsvorschriften genannt, die zugleich anlegerschützend gedeutet werden könnten[437]. Für das Verständnis des § 161 AktG weiterführend ist dabei, dass die mit der Rechnungslegung zusammenhängenden Vorschriften zum Jahresabschluss und Lagebericht der Aktiengesellschaft im selben Abschnitt des Aktiengesetzes geregelt werden wie § 161 AktG. § 161 AktG ist damit auch nach seiner systematischen Stellung bei Normen angesiedelt, die weder dem Gesellschafts- noch dem Kapitalmarktrecht eindeutig zugeordnet werden können. Bezüglich der Publikation von Jahresabschluss und Lagebericht hat der Gesetz- bzw. Verordnungsgeber aber ihre Publizität im – unstreitig auch von ausländischen Gesellschaften zu beachtenden – Kapitalmarktrecht in § 65 BörsZulVO (über § 44 Abs. 1 Nr. 3 BörsG) angeordnet. Da diese ausdrückliche Anordnung – bisher – für die Entsprechenserklärung nicht erfolgt ist, stellt § 161 AktG auch keine Regelung für in Deutschland börsennotierte ausländische Gesellschaften auf. Für diese Lösung spricht auch die Rechtssicherheit. Bisher können ausländische Gesellschaften ihr Pflichtenprogramm bei einer Börsennotierung in Deutschland bestimmen, ohne von vornherein jede Norm des Aktiengesetzes auf ihre Beachtung prüfen zu müssen. Ihr Programm ergibt sich insbesondere aus dem Börsengesetz mit der Börsenzulassungsverordnung, dem WpHG und neuerdings auch dem WpÜG. Schließlich käme man auch zu widersinnigen Ergebnissen, wenn man eine gegenteilige Meinung vertreten würde: Nach allgemeiner Auffassung unterfallen deutsche Unternehmen, auch dann § 3 Abs. 2 AktG, wenn sie ausschließlich an ausländischen Börsen notiert sind. Ihre Vorstände und Aufsichtsräte unterfallen daher auch der Pflicht zur Abgabe der Entsprechenserklärung nach § 161 AktG. Soll diese Regelung auch auf ausländische Unternehmen anwendbar sein, so stellt sich die Frage, warum diese nicht auch bei einer (ausschließlichen) Notierung an einer ausländischen Börse § 161 AktG einhalten sollten. Denn nach dem Willen des Gesetzgebers spielt der Standort der Börse bei § 3 Abs. 2 AktG gerade keine Rolle. Dadurch bekäme die Regelung aber einen exterritorialen, grenzenlosen Anwendungsbereich. Diese Schlussfolgerung ist aber unstreitig weder vom Gesetzgeber des § 161 AktG vorgesehen, noch wäre sie vertretbar[438].

Ein Nachteil entsteht den in Deutschland notierten ausländischen Aktiengesellschaft dabei nicht. Denn sie sind zwar nicht verpflichtet eine Entsprechenserklärung abzugeben, die Abgabe der Erklärung ist ihnen aber auch nicht verboten. Damit können sie die Befolgung des Kodex erklären und damit

---

[435] *Lutter* FS Zöllner, 363.

[436] *Schneider* AG 2001, 269, 271.

[437] *Möllers* ZGR 1997, 334, 336 m.w.N.; zu den Rechnungslegungsvorschriften ausführlich *Zimmer* Internationales Gesellschaftsrecht, 114 ff., 129 f., 176 ff.

[438] Zur Diskussion der exterritorialen Anwendung durch den Sarbanes-Oxley-Act vgl. *Gruson/Kubicek* AG 2003, 337, 339 f.; *Stunk* u.a. TransPuG und Corporate Governance Kodex, S. 127 ff., insbes. 130 f.

zeigen, dass sie die in ihm enthaltenen Standards guter Corporate Governance befolgen. Allerdings wird ihnen dies schwerfallen, soweit typische deutsche Strukturen im Kodex angesprochen werden; dies gilt insbesondere für Gesellschaften mit monistischem Leitungssystem hinsichtlich aller Regelungen, die Vorstand, Aufsichtsrat und deren Zusammenarbeit betreffen.

c) Börsennotierte Unternehmen in besonderen Situationen

Neuerdings ist vorgeschlagen worden, den Anwendungsbereich des § 161 AktG teleologisch einzuschränken bzw. auszuweiten[439].

So soll eine Aktiengesellschaft nicht mehr zur Abgabe einer Entsprechenserklärung nach § 161 AktG verpflichtet sein, wenn ein Beschluss zum Squeeze Out nach § 327a Abs. 1 Satz 1 AktG gefasst wurde. Gleiches soll nach einem Liquidationsbeschluss und der Eröffnung des Insolvenzverfahrens über das Vermögen der Gesellschaft, § 262 Abs. 1 Nr. 3 AktG, gelten; allerdings nicht bei gewöhnlichem Liquidationsbeschluss nach § 262 Abs. 1 Nr. 2 AktG. Die Einschränkung des Anwendungsbereichs wird damit begründet, dass in den beiden genannten Fällen die Kapitalmarktorientierung weggefallen sei bzw. fehle. Hierfür gibt es allerdings keine Stütze im Wortlaut des § 161 AktG. Vielmehr muss gelten: Solange eine Gesellschaft börsennotiert im Sinne des § 3 Abs. 2 AktG ist, treffen sie auch alle Pflichten[440], also auch die Pflicht aus § 161 AktG. Dass eine solche Gesellschaft die jährliche Erklärungspflicht möglichst hinausschieben wird[441], ist ihr unbenommen.

Noch weniger Zustimmung kann der Vorschlag finden, dass auch ein Unternehmen gleich welcher Rechtsform eine Entsprechenserklärung abzugeben hat, wenn eine börsennotierte Gesellschaft von diesem Unternehmen aufgrund eines Beherrschungs- und Gewinnabführungsvertrages nach § 291 Abs. 1 AktG abhängig ist[442]. Eine solche „Infizierung mit der Erklärungspflicht“ ist gerade nicht in § 161 AktG vorgesehen. Außerdem passt aber ein Großteil der Regelungen des Kodex überhaupt nicht auf nicht börsennotierte Unternehmen. Das gilt umso mehr, wenn diese nicht die Rechtsform der Aktiengesellschaft gewählt haben – insofern müsste ein solches Unternehmen hinsichtlich fast aller Regelungen eine Nichtbefolgung erklären, die aber ohne weitergehenden Informationsgehalt wäre. Weiterhin bestimmt Präambel 10 DCGK, dass Regelungen, die nicht nur die Gesellschaft selbst, sondern auch ihre Konzernunternehmen betreffen, besonders gekennzeichnet werden. Auch der Kodex geht also davon aus, dass Konzernunternehmen grundsätzlich nicht vom Kodex und der Erklärungspflicht nach § 161 AktG erfasst werden. Schließlich bestimmt § 314 Abs. 1 Nr. 8 HGB, dass im Konzernabschluss anzugeben ist, dass die einbezogenen *börsennotierten* Unternehmen die Erklärung nach § 161

439 *Hirte* in: Hirte (Hrsg.) TransPuG, Kap. 1 Rn. 31 ff.

440 Vgl. zur insoweit gleichgelagerten Problematik der Publikation von Ad-hoc-Mitteilungen *Rattunde/Berner* WM 2003, 1313, 1315.

441 Dazu unten V. (Seite 98 ff.)

442 So *Hirte* in: Hirte (Hrsg.) TransPuG, Kap. 1 Rn. 33.

AktG abgegeben und den Aktionären zugänglich gemacht haben. Für andere Unternehmen wird dies aber nicht bestimmt, also geht auch der Gesetzgeber nicht davon aus, dass es zu einer Infizierung mit der Erklärungspflicht bei allen konzerngebundenen Unternehmen kommt.

2. *Erklärung von Vorstand und Aufsichtsrat*

Nach § 161 AktG sind zur Abgabe der Entsprechenserklärung der Vorstand und der Aufsichtsrat der Gesellschaft verpflichtet. Die Regierungsbegründung verweist darauf, dass die Empfehlungen sich an die Verwaltung insgesamt richten[443]. Allerdings sind eine Reihe von Empfehlungen auch an die Gesellschaft als solche, an einzelne Organmitglieder oder an die Hauptversammlung adressiert[444]. Dennoch geht die ganz herrschende Meinung davon aus, dass es sich bei der Pflicht zur Abgabe der Entsprechenserklärung nicht um eine Pflicht der Gesellschaft handelt, die bloß von den Verwaltungsorganen erfüllt wird, sondern um eine Erklärung von Vorstand und Aufsichtsrat selbst[445]. Neben dem bereits erwähnten Willen des Gesetzgebers spricht hierfür auch der Wortlaut des § 161 AktG, der beide Organe explizit in die Erklärungspflicht nimmt. Andernfalls hätte es heißen müssen „Die börsennotierte Gesellschaft erklärt..." oder aber „Vorstand und Aufsichtsrat erklären für die börsennotierte Gesellschaft...". Auch teleologische Erwägungen führen zu diesem Ergebnis. Denn durch die Pflicht zur Entsprechenserklärung soll gerade nicht eine – weitere – anonyme Erklärung der Gesellschaft abgegeben werden, sondern gezeigt werden, dass für die Corporate Governance der Gesellschaft Vorstand und Aufsichtsrat selbst Verantwortung tragen. Damit finden auch die Regeln des Aktiengesetzes über die Vertretung der Gesellschaft, insbesondere § 78 Abs. 1 AktG, keine Anwendung. Auch die Feststellung, dass die Kodex-Empfehlungen sich etwa an einzelne Vorstandsmitglieder (z.B. 4.3.4 DCGK) oder einzelne Aufsichtsratsmitglieder (z.B. 5.5.2 DCGK) an unterschiedliche Adressaten richten[446], führt nicht dazu, dass jedes Verwaltungsmitglied eine eigene Entsprechenserklärung abgeben muss oder darf. Auch dem steht der Gesetzeswortlaut entgegen, der von einer Erklärung der Organe und nicht von einer Erklärung der einzelnen Organmitglieder ausgeht.

Dagegen wird diskutiert, ob Vorstand und Aufsichtsrat bei der Abgabe der Entsprechenserklärung ein einheitliches Beschlussorgan bilden (a)), wie die

---

[443] Begr. RegE, BT-Drs. 14/8769, S. 21 (nimmt der Gesetzgeber ein Gesetzesvorhaben der Regierung an, so inkorporiert er auch die Begründung in seinen Willen); zustimmend *Pfitzer/Oser/Wader* DB 2002, 1120, 1121.

[444] So richtig *Ihrig/Wagner* BB 2002, 789 f.

[445] *Borges* ZGR 2003, 508, 527; *Hirte* in: Hirte (Hrsg.) TransPuG, Kap. 1 Rn. 22; *Peltzer* NZG 2002, 593, 595; *Schüppen* in: Hirte (Hrsg.) TransPuG, Kap. 2 Rn. 14; *Seibt* AG 2002, 249, 252 f.; anders aber MünchKommAktG/*Semler* § 161 Rn. 73; wohl auch *Lutter/Krieger* Rechte und Pflichten, Rn. 497.

[446] *Ihrig/Wagner* BB 2002, 789, 790, Fußnote 10; *Lutter/Krieger* Rechte und Pflichten, Rn. 493; *Peltzer* DCG, Rn. 121.

Beschlussfassung abläuft (b)) und welche Folgen divergierende Beschlüsse von Vorstand und Aufsichtsrat haben (c)).

a) Beschlussorgan

Denkbar ist, dass Vorstand und Aufsichtsrat bei der Abgabe der Entsprechenserklärung ein einheitliches Beschlussorgan bilden[447]. Allerdings wird selbst von denjenigen Autoren, die meinen, § 161 AktG verlange eine gemeinsame Erklärung von Vorstand und Aufsichtsrat, darauf hingewiesen, dass hierin keine gemeinsame Beschlussfassung im Sinne eines einheitlichen Organs liegt[448]. Ein solches Einheitsorgan von Vorstand und Aufsichtsrat wäre dem deutschen Aktienrecht auch fremd[449]. Allerdings scheint der Gesetzgeber dies so deutlich nicht gesehen zu haben. Zwar enthält § 161 Satz 1 AktG („Vorstand und Aufsichtsrat (...) erklären jährlich (...)") insoweit keine Aussage. Allerdings lautet § 161 Satz 2 „Die Erklärung ist den Aktionären dauerhaft zugänglich zu machen". Damit geht das Gesetz von einer einzigen Erklärung aus, denn sonst müsste es heißen „Die Erklärungen sind...". Dass auch der Gesetzgeber nicht an zwei nach außen dringende Erklärungen gedacht hat, zeigt sich in der Gesetzesbegründung, in der zwar nicht ausdrücklich zu dieser Frage Stellung genommen wird, aber immer von der „Erklärung" im Singular gesprochen wird. Dies ist wohl auch darauf zurückzuführen, dass die gesamte rechtliche Konstruktion eines freiwilligen Kodex, verknüpft mit einer Verpflichtung zur Entsprechenserklärung, aus dem angloamerikanischen Raum stammt. Dort ist aber eine divergierende Erklärung gar nicht möglich, da mit dem monistischen Board nur ein Verwaltungsorgan existiert, das diejenigen Aufgaben wahrnimmt, die in Deutschland von Vorstand und Aufsichtsrat gemeinsam bzw. anteilig übernommen werden. Dennoch ist es abwegig, in § 161 AktG die Einführung eines einheitlichen Beschlussorgans nach dem Vorbild des monistischen Boards durch die Hintertür zu sehen. Hierfür fehlt nicht nur der eindeutig geäußerte Wille des Gesetzgebers, es fehlen auch sämtliche Festlegungen etwa im Hinblick auf Abstimmungsmechanismen oder Mehrheitsfragen. So müssten für eine Abstimmung in einem gemeinsamen Beschlussorgan etwa qualifizierte Mehrheiten vorgesehen werden. Denn bei einer Abstimmung nach Köpfen hätte der Aufsichtsrat, der regelmäßig mehr Mitglieder hat als der Vorstand, immer eine Mehrheit auch gegen Willen des Vorstands. Richtigerweise müssen also Vorstand und Aufsichtsrat jeweils einen eigenen Beschluss über die Abgabe der Entsprechenserklärung fassen.

---

[447] Dazu ausführlich, aber im Ergebnis ablehnend MünchKommAktG/*Semler* § 161 Rn. 77 ff.

[448] *Lutter/Krieger* Rechte und Pflichten, Rn. 491 und 497; *Gelhausen/Hönsch* AG 2002, 529, 533; *Schüppen* ZIP 2002, 1269, 1271; unklar allerdings *Ringleb* in: DCGK-Komm, Rn. 994.

[449] MünchKommAktG/*Semler* § 161 Rn. 83; *Ihrig/Wagner* BB 2002, 789, 790; *Krieger* FS Ulmer, S. 365, 369.

Im Ergebnis entscheiden Vorstand und Aufsichtsrat also nicht als einheitliches Beschlussorgan über die Abgabe der Entsprechenserklärung.

b) Beschlussfassung

Da § 161 AktG von der „Erklärung“ im Singular spricht, ist davon auszugehen, dass der Gesetzgeber eine inhaltlich übereinstimmende Erklärung von Vorstand und Aufsichtsrat erwartet. Teilweise wird sogar vertreten, die Organe unterlägen einem Einigungszwang[450]. Da dennoch beide Organe eine eigene Erklärung abgeben, ist die Frage, wie diese Einheitlichkeit erreicht werden kann.

In diesem Zusammenhang ist darauf hingewiesen worden, dass gemeinsame Erklärungen von Vorstand und Aufsichtsrat kein Novum im deutschen Aktienrecht seien und dabei auf § 124 Abs. 3 AktG sowie die Feststellung des Jahresabschlusses, §§ 172, 173 AktG verwiesen worden[451]. Hinsichtlich letzterem regelt das Gesetz selbst in § 173 Abs. 1 AktG den Fall, dass der Aufsichtsrat den Jahresabschluss nicht gebilligt hat, mithin die Erklärungen von Vorstand und Aufsichtsrat nicht übereinstimmen. Dann hat die Hauptversammlung den Jahresabschluss festzustellen. Insofern ist dort die rechtliche Situation anders als bei § 161 AktG. Denn eine mit § 173 Abs. 1 AktG vergleichbare Auffangregelung zugunsten der Hauptversammlung enthält § 161 AktG gerade nicht. Bei § 124 Abs. 3 AktG geht es um die Beschlussvorschläge von Vorstand und Aufsichtsrat zu den einzelnen Gegenständen der Tagesordnung der Hauptversammlung. Er lautet:

> „Zu jedem Gegenstand der Tagesordnung (...) haben Vorstand und Aufsichtsrat (...) Vorschläge zur Beschlussfassung zu machen.“

Schon nach dem Wortlaut des Gesetzes handelt es sich damit um getrennte Vorschläge der Verwaltung, denn andernfalls hätte der Gesetzgeber formuliert „haben Vorstand und Aufsichtsrat (...) einen Vorschlag zu machen“. Auch wenn die Vorschläge in der Praxis regelmäßig übereinstimmen, sieht die ganz herrschende Meinung hierin keinen gemeinsamen Vorschlag der Verwaltung[452]. Darüber hinaus kann dann, wenn sich Vorstand und Aufsichtsrat nicht einigen können, ein eigener Vorschlag von jedem Organ unterbreitet werden[453]. Danach können beide genannten Regelungen nicht auf den Fall des § 161 AktG übertragen werden.

---

450 *Seibt* AG 2002, 249, 253; *Lutter* ZIP 2003, 737, 738.

451 *Hirte* in: Hirte (Hrsg.) TransPuG, Kap. 1 Rn. 22; *Schüppen* ZIP 2002, 1269, 1271.

452 GroßKommAktG/*Werner* § 124 Rn. 72; *Hüffer* AktG, § 124 Rn. 12 jew. m.w.N.; vgl. auch *Krieger* FS Ulmer S. 365, 369.

453 GroßKommAktG/*Werner* § 124 Rn. 72; *Hüffer* AktG, § 124 Rn. 12.

aa) Gemeinsame Sitzung

Allerdings lässt sich aus den Kommentierungen zu § 124 Abs. 3 AktG entnehmen, wie ein gleichlautender Beschluss über die Entsprechenserklärung in der Praxis ermöglicht werden kann. So kann eine Aufsichtsratssitzung abgehalten werden, bei der der Vorstand anwesend ist und in der beide Gremien in Abstimmung miteinander die Entsprechenserklärung erarbeiten[454]. Die Anwesenheit des Vorstands ist nach § 109 Abs. 1 AktG erlaubt und kann nach allgemeiner Auffassung sogar vom Aufsichtsrat verlangt werden[455]. Die Aufforderung zu gemeinsamen Sitzungen von Vorstand und Aufsichtsrat wird teilweise auch in Ziff. 3.1 und 3.2 DCGK hineingelesen[456].

Im Ergebnis kann allerdings die gesamte Phase der Vorbereitung der Entscheidung, damit auch die Frage, ob die Organe die Beschlüsse gemeinsam oder getrennt vorbereiten und ob hierbei der Vorstand oder der Aufsichtsrat federführend ist, dahinstehen[457]. Denn einerseits wird es kaum möglich sein, dies nachzuprüfen und andererseits wird die Vorbereitung der Beschlüsse von Unternehmen zu Unternehmen unterschiedlich sein, wohl auch von den jeweiligen Vorstands- und Aufsichtsratsmitgliedern abhängen. Als wichtigster Grund ist aber anzuführen, dass eine Anweisung diesbezüglich nicht im Gesetz steht und damit kein Verbot oder Gebot die freie Gestaltung der Vorbereitung innerhalb des Unternehmens einschränkt. Es kommt aber bei der rechtlichen Bewertung nicht auf die Vorbereitung der Beschlüsse an, sondern auf die Beschlüsse selbst.

bb) Entscheidungsprärogative

Dass in dem geschilderten Verfahren keine Einigung zwischen Vorstand und Aufsichtsrat über den Inhalt der Entsprechenserklärung erzielt werden kann, wird in der Praxis äußerst selten vorkommen. Dies gilt insbesondere für den vergangenheitsbezogenen Teil der Entsprechenserklärung, da es sich hierbei um eine reine Wissenserklärung handelt[458]. Wird aber tatsächlich keine Einigung – und sei es auch nur im Hinblick auf den zukunftsbezogenen Teil der Entsprechenserklärung[459] – erzielt, so stellt sich die Frage, ob ein Organ die Entscheidungsprärogative hat. Von der herrschenden Meinung wird dies bejaht. Hiernach soll sich die Kompetenz über die interne Entscheidung im Hinblick auf

---

454 So auch GroßKommAktG/*Werner* § 124 Rn. 72 zur Erarbeitung gemeinsamer Beschlussvorschläge der Verwaltung nach § 124 Abs. 3 AktG.

455 *Hüffer* AktG, § 109 Rn. 3 m.w.N.

456 *Ringleb* in: DCGK-Komm, Rn. 994.

457 Hierzu ausführlich etwa *Ringleb* in: DCGK-Komm, Rn. 983 ff; vgl. auch *Happ* in: Happ (Hrsg.) AktR, 8.14 Rn. 4 a.E.

458 Allgemeine Meinung, vgl. *Bachmann* WM 2002, 2137, 2139; *Krieger* FS Ulmer, S. 365, 371; *Seibt* AG 2002, 249, 253.

459 Dazu ausführlich unten IV.2.b) (Seite 96 ff.).

die Empfehlungen des Kodex nach allgemeinem Aktienrecht richten[460]. Zwar wird darauf verwiesen, dass jedes Organ sich eine eigene Meinung bilden solle. Falls es dann aber zu keiner Einigung zwischen den Organen komme, könne das nach allgemeinem Aktienrecht zuständige Organ auch für das andere Organ bindend entscheiden[461]. Begründet wird dies vor allem damit, dass es sonst zu einer Vermischung aktienrechtlicher Zuständigkeiten komme[462]. Eine solche Entscheidungsprärogative existiert aber höchstens faktisch, denn eine gesetzliche Grundlage für diese Meinung fehlt. § 161 AktG spricht davon, dass sich sowohl Vorstand als auch Aufsichtsrat zu sämtlichen Empfehlungen des Kodex erklären müssen. Es wird gerade nicht danach unterschieden, an wen sich die jeweilige Empfehlung richtet. Mit dieser Regelung wäre es aber unvereinbar, wenn sich ein Organ zwar Gedanken machen darf über eine Empfehlung, im Ergebnis aber dann das jeweils nach allgemeinem Aktienrecht für die Umsetzung zuständige Organ verbindlich entscheidet, wie die Erklärung ausfällt. Denn das allgemeine Aktienrecht bestimmt darüber, wer die Empfehlungen des Kodex umsetzen muss[463]. Es enthält aber keine Aussagen darüber, inwieweit sich diese materielle Umsetzungskompetenz auf die Abgabe der Entsprechenserklärung auswirkt[464]. Umgekehrt sagt die Entsprechenserklärung auch nichts über die tatsächliche Umsetzung der Empfehlungen im Unternehmen aus. Weiterhin spricht gegen die Annahme einer Einschätzungsprärogative in Folge des allgemeinen Aktienrechts, dass hinsichtlich verschiedener Empfehlungen überhaupt nicht eindeutig feststellbar ist, wer hierfür das Hauptentscheidungsrecht besitzt – so etwa im Kapitel 3 DCGK, das das Zusammenwirken von Vorstand und Aufsichtsrat regelt. Schließlich spricht gegen die Annahme, die Umsetzungskompetenz umfasse auch die Erklärungskompetenz, dass ein Teil der Empfehlungen nur durch die Hauptversammlung umgesetzt werden kann[465]. Hinsichtlich dieser Empfehlungen käme der Hauptversammlung dann die Entscheidungsprärogative zu, allerdings spielt die Hauptversammlung bei der Abgabe der Entsprechenserklärung unstrittig keine Rolle[466].

Im Ergebnis können Vorstand und Aufsichtsrat daher jeweils für sich frei entscheiden, mit welchem Inhalt sie ihre Entsprechenserklärung abgeben. An Vorgaben anderer Organe sind sie dabei nicht gebunden.

---

460 *Ulmer* ZHR 166 (2002), 150, 173; auch *Ihrig/Wagner* BB 2002, 789, 790; *Peltzer* NZG 2002, 593, 595; *Vetter* DNotZ 2003, 748, 756; a.A. aber wohl *Happ* in: Happ (Hrsg.) AktR, 8.14 Rn. 4; *Ringleb* in: DCGK-Komm, Rn. 974; *Hirte* in: Hirte (Hrsg.) TransPuG, Kap. 1 Rn. 24; *Sieg* FS Metzeler, S. 191, 199.

461 *Krieger* FS Ulmer, S. 365, 373.

462 MünchKommAktG/*Semler* § 161 Rn. 86 und 88; ebenso *Semler/Wagner* NZG 2003, 553, 555.

463 Ausführlich dazu unten Kapitel 4 B. (Seite 147 ff.).

464 Auch *Krieger* FS Ulmer, S. 365, 370 macht deutlich, dass durch die Abgabe der Entsprechenserklärung andere Adressaten der Empfehlungen nicht gebunden werden können.

465 Auch hierzu ausführlich unten Kapitel 4 B.I. (Seite 147 ff.).

466 MünchKommAktG/*Semler* § 161 Rn. 94 und 96; *Krieger* FS Ulmer, S. 365, 373 f.

cc) Abstimmung; Unterschrift

Mangels abweichender Regelung in § 161 AktG richtet sich dagegen die Abstimmung innerhalb der Organe nach den allgemeinen Regeln für Abstimmungen. Danach stimmt der Aufsichtsrat durch Beschluss nach § 108 Abs. 1 AktG ab, wobei nach weit herrschender Meinung gemäß § 32 Abs. 1 Satz 3 BGB die einfache Mehrheit ausreichend[467] ist. Beim Vorstand gilt dagegen nach § 77 Abs. 1 Satz 1 AktG das Prinzip der Einstimmigkeit, soweit die Satzung oder die Geschäftsordnung nach § 77 Abs. 1 Satz 2 nicht eine andere Regelung getroffen haben und so eine Mehrheitsentscheidung für die Beschlussfassung ausreicht[468]. In beiden Organen ist eine Delegation der Abgabe der Entsprechenserklärung auf ein Organmitglied oder auf einen Ausschuss unzulässig[469]. Dies ergibt sich aus dem Wortlaut des § 161 AktG.

Teilweise wird vertreten, dass die Entsprechenserklärung dabei von allen Organmitgliedern zu unterzeichnen ist, da sie eine Wissenserklärung darstelle und damit eine der Vertretung nicht zugängliche Äußerung sei[470]. Sofern die Entsprechenserklärung zukunftsgerichtet ist, liegt allerdings bereits eine Absichts- und keine reine Wissenserklärung vor. Generell gegen eine Unterzeichnungspflicht für alle Mitglieder spricht, dass die Entsprechenserklärung durch einen Organbeschluss abgegeben wurde und keine Erklärung der einzelnen Organmitglieder darstellt. Daher gelten die allgemeinen Regeln für die Beschlussfassung der Organe. Hinsichtlich des Vorstands greift damit wiederum § 77 Abs. 1 AktG ein, so dass mangels abweichender Satzungs- oder Geschäftsordnungsregelung der Beschluss über die Entsprechenserklärung von allen Vorstandsmitgliedern zu fassen ist. Über eine etwaige Protokollierung entscheiden Satzungs- oder Geschäftsordnungsregelungen, eine Unterschrift ist also – auch mangels einer § 245 HGB zum Jahresabschluss entsprechenden Regelung – nicht zwingend nötig[471]. Beim Aufsichtsrat unterschreibt der Vorsitzende zwar nach § 107 Abs. 2 AktG das Sitzungsprotokoll, auch hier ist die gesonderte Unterschrift unter die Entsprechenserklärung mangels Schriftformerfordernis nicht nötig[472].

---

467 *Raiser* Kapitalgesellschaften, § 15 Rn. 66; *Ringleb* in: DCGK-Komm, Rn. 991; *Henn* HdbAktR, Rn. 663; *Hirte* in: Hirte (Hrsg.) TransPuG, Kap. 1 Rn. 23.

468 *Ringleb* in: DCGK-Komm, Rn. 987; *Hüffer* AktG, § 77 Rn. 6, 11 ff.; *Henn* HdbAktR, Rn. 574 m.w.N.; *Hirte* in: Hirte (Hrsg.) TransPuG, Kap. 1 Rn. 23.

469 *Hirte* in: Hirte (Hrsg.) TransPuG, Kap. 1 Rn. 23; *Kiethe* NZG 2003, 559, 564; *Krieger* FS Ulmer, S. 365, 376; *Seibt* AG 2002, 249, 253; *Pfitzer/Oser/Wader* DB 2002, 1120, 1121; *Semler/Wagner* NZG 2003, 553, 555 („Plenumsbeschluss"); im Fall des Aufsichtsrats zweifelnd allerdings *Ihrig/Wagner* BB 2002, 2509, 2513.

470 So *Seibt* AG 2002, 249, 253; auch MünchKommAktG/*Semler* § 161 Rn. 125 für den Vorstand, aber nicht für den Aufsichtsrat; *Semler/Wagner* NZG 2003, 553, 555 und 556 sind jetzt dafür, dass der Vorstandsbeschluss von Vorstandsmitgliedern in vertretungsberechtigter Zahl, der Aufsichtsratsbeschluss vom Vorsitzenden zu unterschreiben ist.

471 So richtig *Krieger* FS Ulmer, S. 365, 376; anders aber *Gelhausen/Hönsch* AG 2002, 529, 533.

472 *Krieger* FS Ulmer, S. 365, 376; *Peltzer* NZG 2002, 593, 595, Fußnote 18; anders auch hier MünchKommAktG/*Semler* § 161 Rn. 123; *Gelhausen/Hönsch* AG 2002, 529, 533.

c) Folge divergierender Beschlüsse

Trotz fehlender Entscheidungsprärogative wird es – wie bereits erwähnt – nur selten zu divergierenden Beschlüssen von Vorstand und Aufsichtsrat über die Entsprechenserklärung kommen. Dennoch hält die wohl herrschende Meinung voneinander abweichende Erklärungen durchaus für möglich[473]. Fraglich ist, wie in einem solchen Fall zu verfahren ist. Denn divergierende Beschlüsse erfüllen nicht die Anforderungen des § 161 AktG, da dieser in Satz 2 eindeutig von nur einer „Erklärung" spricht. Eine gesetzeskonforme Entsprechenserklärung kann dann bei divergierenden Beschlüssen von Vorstand und Aufsichtsrat nicht abgegeben werden. Bei divergierenden Erklärungen in der Erkärung nach außen eine Nichtbefolgung der betreffenden Empfehlungen kundzutun[474], würde dazu führen, dass der Beschluss eines Organs nicht wahrheitsgemäß wiedergegeben wird. § 161 AktG verlangt aber in Satz 1 eine Erklärung von Vorstand und Aufsichtsrat. Dennoch wird vorgeschlagen, beide Erklärungen zu veröffentlichen, denn als Minus zu § 161 AktG habe man dann aber alles Mögliche getan, um die gesetzlichen Anforderungen zu erfüllen[475]. Unzutreffend ist jedenfalls die Ansicht, divergierende Erklärungen seien als Nichtbefolgung aller Kodexempfehlungen zu werten[476]. Denn für einen Teil der Empfehlungen werden die Erklärungen üblicherweise übereinstimmen, und soweit sie deren Befolgung zum Ausdruck bringen, sind sie auch eindeutig keine Nichtbefolgung. Auch die Entsprechenserklärung als nicht erfolgt anzusehen würde über das Ziel hinausschießen. Denn es gibt zwei Erklärungen, und diese erfüllen die mit § 161 AktG bezweckte Information des Kapitalmarktes in besonderer Weise[477]. Denn so wird der Öffentlichkeit deutlich, dass Vorstand und Aufsichtsrat im Hinblick auf die Unternehmensführung und -kontrolle nicht einig sind. Ein solches – zumindest partielles, aber in einem wichtigen Bereich gelegenes – Zerwürfnis ist für die Aktionäre und den gesamten Kapitalmarkt sehr aufschlussreich. Zwar könnte man argumentieren, § 161 AktG wollte den börsennotierten Gesellschaften nicht schaden, sondern ihnen nutzen, indem ihr Börsenwert aufgrund einer positiven Entsprechenserklärung zunimmt. Aber in erster Linie will § 161 AktG die Informationsversorgung der aktuellen und potentiellen Aktionäre verbessern, und das geschieht, wenn divergierende Entsprechenserklärungen veröffentlicht werden. Auch das Argument, durch § 161 AktG sollte die Gesellschaft über ihre Corporate-Governance-Struktur verlässlich informieren, und dies kann durch eine divergierende Entsprechenserklärung gerade nicht geschehen, tritt hinter die – viel

473 *Claussen/Bröcker* DB 2002, 1199, 1204; *Ihrig/Wagner* BB 2002, 789, 790; *Pfitzer/Oser/Wader* DB 2002, 1120, 1121.

474 Dafür *Semler/Wagner* NZG 2003, 553, 555.

475 *Hucke/Ammann* DCGK-Leitfaden, S. 134 f.; *Schüppen* ZIP 2002, 1269, 1271 f.; auch *Kiethe* NZG 2003, 559, 561 f. und Pielorz FS Metzeler, S. 167, 180, die aber eine solche Erklärung für gesetzeskonform halten.

476 So *Claussen/Bröcker* DB 2002, 1199, 1204.

477 So auch *Krieger* FS Ulmer, S. 365, 370, der diesen Fall später einen „unternehmenspolitischen Offenbarungseid" nennt.

verlässlicher zutage tretende – Information über das Zerwürfnis von Vorstand und Aufsichtsrat zurück. Dass eine divergierende Entsprechenserklärung im angelsächsichen Board-System nicht vorkommen kann, da dort nur ein einheitliches Verwaltungsorgan existiert, ist zwar in gewisser Weise ein Nachteil für deutsche Gesellschaften, ist aber hinzunehmen, will man das dualistische System nicht aufweichen.

II. Gegenstand der Erklärung

Die Entsprechenserklärung der Verwaltung bezieht sich nach § 161 AktG auf die

> „vom Bundesministerium der Justiz im amtlichen Teil des elektronischen Bundesanzeigers bekannt gemachten Empfehlungen der 'Regierungskommission Deutscher Corporate Governance Kodex'".

Mit dem ebenfalls durch das TransPuG neugefassten § 25 AktG ist der elektronische Bundesanzeiger eingeführt worden. Dass dieser auch einen amtlichen Teil haben wird, wurde dort nicht geregelt, vielmehr ist der amtliche Teil durch seine bloße gesetzliche Erwähnung in § 161 AktG ins Leben gerufen worden[478]. Eine gedruckte Version wird es damit nicht mehr geben[479]. Gleichzeitig ist damit klargestellt, dass die amtliche, also verbindliche und aktuelle Fassung des Kodex im elektronischen Bundesanzeiger zu finden ist und nicht in sonstigen Veröffentlichungen, wie etwa auf der Internetseite der Kodex-Kommission. Außerdem soll hierdurch nach dem Willen des Gesetzgebers verdeutlicht werden,

> „(...) dass dem Bundesministerium der Justiz die Rechtskontrolle des Kodex bleibt und obliegt. Enthielte der Kodex Rechts- oder Verfassungsverstöße oder Empfehlungen, die zu rechtswidrigem Verhalten auffordern würden, so müsste dem Kodex die Bekanntmachung verwehrt werden."[480]

Durch die Verwendung des „offiziellen" Namens der Kodex-Kommission wird außerdem verdeutlicht, dass nur die Erklärung zu *diesem* Kodex der Pflicht des § 161 AktG entspricht und dass es sich bei der Kommission

> „(...) um die vom Bundesministerium der Justiz eingesetzte und unter Wahrung der Grundsätze der Repräsentanz und Ausgewogenheit zusammengesetzte „Regierungskommission Deutscher Corporate Governance Kodex" handelt."[481]

Letztere Formulierung in der Gesetzesbegründung ist zumindest auch eine Reaktion auf die in weiten Teilen der Literatur geübte Kritik am Vorgehen des

---

478 *Seibert* NZG 2002, 608, 611; ihm folgend *Ringleb* in: DCGK-Komm, Rn. 967.
479 Daher falsch *Sommer* in: Sommer (Hrsg.) Being Public, Kap. 4 Rn. 4.
480 Beschlussempfehlung Rechtsausschuss BT-Drs. 14/9079, S. 18.
481 Beschlussempfehlung Rechtsausschuss BT-Drs. 14/9079, S. 18.

Gesetzgebers hinsichtlich der Kodex-Kommission insbesondere im Hinblick auf die Einhaltung verfassungsrechtlicher Vorgaben[482].

1. Empfehlungen

Während im Referentenentwurf zu § 161 AktG noch von einer Erklärung zu den „Verhaltensregeln der Kodex-Kommission zur Unternehmensleitung und -überwachung" gesprochen wurde und im Regierungsentwurf von „Verhaltensempfehlungen" die Rede war, wird durch die nun in Kraft getretene Fassung durch die Verwendung des Begriffs „Empfehlungen" vom Gesetzgeber die Terminologie des Kodex übernommen. Hierdurch wird klargestellt, dass die Entsprechenserklärung sich nur auf die Empfehlungen, nicht aber auf die Anregungen oder den gesetzesdarstellenden Teil, die auch Verhaltensregeln enthalten, beziehen muss. Dadurch ist sichergestellt, dass die Erklärung sich nicht zu den gesetzesinterpretierenden Regelungen, die der Kodex im eigentlich nur gesetzesdarstellenden Teil enthält[483], erklären muss[484]. Dies hätte den Anschein erwecken können, dass Vorstand und Aufsichtsrat zwingenden gesetzlichen Vorschriften nur eingeschränkt nachkommen.

Hinsichtlich der Anregungen besteht nach § 161 AktG keine Pflicht des Unternehmens, sich über eine etwaige Einhaltung zu äußern. Möglich ist dies aber, zumal die Einhaltung der Anregungen weitere Hinweise auf die Qualität der Corporate Governance des Unternehmens geben. Mittlerweile wird in Ziff. 3.10 Satz 3 DCGK die Anregung ausgesprochen, dass Unternehmen in ihrer jährlichen Corporate-Governance-Erklärung auch zu den Anregung Stellung nehmen sollten. Es ist davon auszugehen, dass ein Unternehmen über die Einhaltung der Anregungen freiwillig Auskunft geben wird, denn ohne eine solche Auskunft wird der Kapitalmarkt annehmen, dass die Anregungen nicht befolgt wird. Abzulehnen ist die Auffassung, dass die aktuellen Aktionäre über die Befolgung der Anregungen durch das Unternehmen nach § 131 AktG Auskunft verlangen können[485]. § 131 AktG das Auskunftsrecht des Aktionärs auf der Hauptversammlung zur sachgemäßen Beurteilung der Gegenstände der Tagesordnung. Hierdurch soll der Aktionär die Informationen erhalten, die er für die sinnvolle Ausübung seiner Rechte in der Hauptversammlung braucht[486]. Zunächst wäre zu klären, unter welchen Gegenstand der Tagesordnung nach § 131 Abs. 1 Satz 1 AktG eine solche Information fallen könnte. Hier könnte noch argumentiert werden, dass etwa bei der Frage der Entlastung von Vorstand und Aufsichtsrat für einen Aktionär entscheidend ist, ob auch die Anregungen des Kodex eingehalten werden. Allerdings ist gerade bei der Frage der Entlastung richtigerweise ein strenger Maßstab anzulegen, ob die

---

482 Dazu oben Einführung B. (Seite 3 ff., 4 und 6).

483 Dazu s. oben Kapitel 2 F.III.1. (Seite 61 f.).

484 Ebenso etwa MünchKommAktG/*Semler* § 161 Rn. 147; *Hirte* in: Hirte (Hrsg.) TransPuG, Kap. 1 Rn. 20; *Krieger* FS Ulmer, S. 365, 367.

485 Offengelassen bei *Kiethe* NZG 2003, 559, 567 und bei *von Werder* DB 02, 801, 803.

486 *Hüffer* AktG, § 131 Rn. 1.

Auskunftspflicht besteht[487]. Darüber hinaus spricht gegen ein Informationsrecht des Aktionärs, dass es für die Verwaltungsorgane keine Pflicht oder Obliegenheit gibt, sich über die Einhaltung der Anregungen des Kodex Gedanken zu machen. Das ist durch die bereits genannte Anregung in Ziff. 3.10 Satz 3 DCGK nicht anders geworden. Die Vorbereitungspflicht des Vorstands auf die Hauptversammlung[488] erstreckt sich daher nicht auf die Frage der Einhaltung von Kodex-Empfehlungen, so dass bei einer Nichtbeantwortung die Auskunftspflicht des Vorstands nicht verletzt wäre. Ein Anspruch der Aktionäre auf Auskunft über die Einhaltung der Anregungen des Kodex besteht daher nicht.

2. Nach Änderungen des Kodex

Nach Prämbel Abs. 12 DCGK soll der Kodex jährlich überprüft und bei Bedarf an die nationalen und internationalen Entwicklungen angepasst werden. Im Fall der Anpassung kann es dabei auch zu Änderungen bei den Empfehlungen kommen, auf die sich die Entsprechenserklärung nach § 161 AktG allein zu beziehen hat. Mittlerweile ist dies erstmals durch die Änderungen des Kodex durch die Kodex-Kommission vom 21. Mai 2003, veröffentlicht am 4. Juli 2003, geschehen[489]. Dies hat zur Folge, dass die zuvor abgegebene Entsprechenserklärung sich nicht mehr auf den aktuellen Kodex bezieht. Für diesen Fall ist weder im Gesetz noch im Kodex selbst eine Übergangsregelung vorgesehen. Die auch von Mitgliedern des Sekretariats der Kodex-Kommission geäußerte Hoffnung, dass Kodexänderungen mit dem Datum ihres – in fernerer Zukunft liegenden – Inkrafttretens versehen werden, um den Gesellschaften die Gelegenheit zu geben, sich hieran anzupassen, damit sie keine Einschränkungen bei ihrer Entsprechenserklärung vornehmen müssen[490], hat sich in der Praxis nicht erfüllt. Die vorgenommenen Änderungen wurden erst zum Zeitpunkt ihres Inkrafttretens im Wortlaut veröffentlicht. Mit einer Änderung des Kodex ist allerdings keine sofortige Anpassung der Entsprechenserklärung an den aktualisierten Kodex nötig, dies fordert weder das Gesetz noch der Kodex selbst. Die Änderung muss daher erst bei der nächsten abzugebenden Erklärung beachtet werden[491]. Zusätzlich sollte daher immer die Version des Kodex, auf die sich die Entsprechenserklärung bezieht, in der Erklärung mit angegeben werden[492], um beim Kapitalmarkt keine Fehlvorstellung hervorzurufen.

---

487 OLG Düsseldorf WM 1991, 2148, 2153 m.w.N.; GroßKommAktG/*Decher* § 131 Rn. 133 m.w.N.

488 Hierzu *Hüffer* AktG, § 131 Rn. 9 f.

489 Dazu oben Kapitel 2 E.III. (Seite 56 ff.).

490 *Ringleb* in: DCGK-Komm, Rn. 117, 966 und 969; ebenso *Austmann* Gesellschaftsrechtliche Kautelarpraxis, RWS, S. 15.

491 So auch *BMJ* Hinweis Nr. 49/03 vom 10.6.2003; zustimmend *Gelhausen/Hönsch* AG 2003, 367, 369; *Seibt* AG 2003, 465, 477.

492 So jetzt auch *BMJ* Hinweis Nr. 49/03 vom 10.6.2003; *Seibt* AG 2003, 465, 477; dazu noch unten VIII.2. (Seite 109 ff.).

Teilweise wird vertreten, dass bei der auf eine Änderung des Kodex folgenden Erklärung zwischen dem vergangenheits- und dem zukunftsbezogenen Teil zu unterscheiden ist. Danach soll auch nach einer Kodex-Änderung für den vergangenheitsbezogenen Teil der Entsprechenserklärung an den alten Kodex anzuknüpfen sein[493]. Dies widerspricht allerdings dem Wortlaut des § 161 AktG. Dieser unterscheidet im Hinblick auf den Gegenstand der Entsprechenserklärung gerade nicht zwischen einem früher geltenden Kodex und dem aktuellen Kodex. Insofern muss die aktuell abzugebende Entsprechenserklärung auch in ihrem vergangenheitsbezogenen Teil sich auf den aktuellen Kodex beziehen und Informationen enthalten, inwiefern die (neuen) Empfehlungen des Kodex in der Vergangenheit eingehalten wurden[494]. Hat ein Unternehmen diese Empfehlungen nicht eingehalten, so hat es dies offenzulegen. Ein Verweis darauf, dass diese Nichteinhaltung aus der Änderung des Kodex herrührt ist dabei den Unternehmen selbstverständlich gestattet und dürfte dem Kapitalmarkt grundsätzlich als Erklärung für eine Abweichung in der Vergangenheit genügen.

Die Behauptung, hierin läge ein Widerspruch zu der Konzeption des § 161 AktG, da Vorstand und Aufsichtsrat sich dann mehr als einmal jährlich mit dem Kodex befassen müssten[495], geht dabei fehl. Denn für die jährliche Abgabe der Entsprechenserklärung reicht die Beschäftigung mit dem Kodex zum Zeitpunkt dieser Abgabe aus. Lediglich wenn die Unternehmen sämtliche Empfehlungen einhalten wollen, müssen sie sich bei einer Änderung des Kodex fragen, ob sie weiterhin sämtliche jederzeit Empfehlungen einhalten. Die Einhaltung sämtlicher Empfehlungen wird von § 161 AktG aber gar nicht verlangt, sondern ist eine freiwillige Leistung der Unternehmen, um einen guten Stand der Corporate Governance zu erreichen. Dies setzt im Übrigen ohnehin eine häufigere, regelmäßige Beschäftigung mit dem Kodex voraus.

III. Inhalt der Erklärung

1. Der Mechanismus des § 161 Satz 1 AktG

Nach § 161 Satz 1 AktG ist die Entsprechenserklärung dahingehend abzugeben,

> „(..) dass den (...) Empfehlungen (...) entsprochen wurde und wird oder welche Empfehlungen nicht angewendet wurden oder werden."

Auch in diesem Teil hatte der Rechtsausschuss den Regierungsentwurf noch ergänzt um die Worte „(angewendet) wurden oder (werden)". Damit sollte

---

493 *Ihrig/Wagner* BB 2003, 1625, 1629, die § 15 Satz 2 EGAktG analog anwenden wollen; ebenso *Seibt* AG 2003, 465, 477; *Gelhausen/Hönsch* AG 2003, 367, 369, die allerdings auch meinen, eine missverständliche Erklärung gehe zu Lasten der erklärenden Organe.

494 In diese Richtung *Ringleb* in: DCGK-Komm, Rn. 117 a.E.

495 *Seibt* FAZ vom 18.6.2003, S. 19.

klarstellen werden, dass die Angabe von Abweichungen sich auch auf den zurückliegenden Berichtszeitraum zu erstrecken hat[496].

a) Abweichung von Empfehlungen

§ 161 AktG macht deutlich, dass Abweichungen von den Empfehlungen möglich sind. Auch die völlige Ablehnung jeglicher Empfehlung ist erlaubt[497]. Der Gesetzgeber ist damit den Empfehlungen der Regierungskommission Corporate Governance gefolgt[498] und hat den Unternehmen eine Befolgung des Kodex freigestellt. Angeordnet wird nur, dass die Unternehmen Abweichungen offenlegen müssen. Auch eine Pflicht zur Begründung von Abweichungen stellt § 161 AktG – trotz anderslautender Erklärung der Bundesjustizministerin[499] und einer missverständlichen Formulierung in der Gesetzesbegründung[500] – nicht auf. Allerdings empfiehlt Ziff. 3.10 Satz 2 DCGK, Abweichungen zu begründen. Der Gesetzgeber hat eine solche Pflicht nicht aufgestellt, weil er meinte, dass die Unternehmen schon aus eigenem Interesse Abweichungen begründen würden[501]. Dagegen hatte die Regierungskommission Corporate Governance noch empfohlen, eine solche Erläuterungspflicht für Abweichungen gesetzlich vorzusehen[502]. Es hat sich aber auch in der Literatur die Meinung durchgesetzt, dass die Verwaltung regelmäßig schon zur Pflege der Kapitalmarktkommunikation negative Abweichungen von den Empfehlungen des Kodex begründen würde[503]. Darüber hinaus ist vertreten worden, dass in Einzelfällen sogar aus den allgemeinen Grundsätzen ordnungsgemäßer Geschäftsleitung, §§ 93 Abs. 1 Satz 1, 116 AktG, eine Verpflichtung zur Erläuterung von Abweichungen ergibt, wenn andernfalls ein Schaden für die Gesellschaft zu befürchten ist[504].

Will die Verwaltung eines Unternehmens von den Empfehlungen des Kodex ohne Begründung abweichen, so muss sie in der Entsprechenserklärung immer auch angeben, dass sie Ziff. 3.10 Satz 2 DCGK nicht einhält, der ausdrücklich eine Begründungpflicht für Abweichungen vom Kodex vorsieht.

---

496 Beschlussempfehlungen Rechtsaussuss BT-Drs. 14/9079, S. 18; vgl. auch die Kritik am Regierungentwurf bei *Ihrig/Wagner* BB 2002, 789, 791.

497 *Berg/Stöcker* WM 2002, 1569, 1573; *Ulmer* ZHR 166 (2002), 150, 172; *Seibt* AG 2002, 249, 251.

498 *Baums* (Hrsg.) Bericht RegKomm, Rn. 17.

499 Laut Pressemitteilung zur Übergabe des Kodex, veröffentlicht unter <http://www.corporate-governance-code.de/ger/news/presse-20020226.html>: „Diese Regelung verpflichtet jedes Unternehmen, das die Regeln des Kodex nicht einhalten will, das ausdrücklich in jedem Jahr erneut zu erklären *und damit gegenüber Öffentlichkeit und Anlegern gesondert zu begründen.*" (Hervorhebung vom *Verf.*).

500 Begr. RegE BT-Drs. 14/8769, S. 21: „Darstellungs- und Erläuterungspflicht".

501 Begr. RegE BT-Drs. 14/8769, S. 21; äußerst missverständlich daher *Hirte* in: Hirte (Hrsg.) TransPuG, Kap. 1 Rn. 19, „Grund der Abweichung ist offenzulegen" – richtig hingegen bei Rn. 21.

502 *Baums* (Hrsg.) Bericht RegKomm, Rn. 10.

503 *Hucke/Ammann* DCGK-Leitfaden, S. 137; *Berg/Stöcker* WM 2002, 1569, 15 71 f.; *Ihrig/Wagner* BB 2002, 789, 790 m.w.N.; *Seibt* AG 2002, 249, 252.

504 *Seibt* AG 2002, 249, 252.

b) Erklärung der Abweichung trotz Einhaltung von Empfehlungen

Fraglich ist, ob Vorstand und Aufsichtsrat erklären dürfen, einer Empfehlung werde nicht entsprochen, obwohl sie tatsächlich eingehalten wird. Hierzu wird einerseits vertreten, § 161 AktG verlange eine inhaltlich korrekte, den Tatsachen entsprechende Erklärung[505]. Teilweise von denselben Autoren wird aber gesagt, ein Unternehmen, das sich nicht mit dem Kodex beschäftigen wolle, könne auch erklären, dem Kodex werde (generell) nicht entsprochen, obwohl einigen der Empfehlungen nachgekommen wird[506]. Der letzteren Ansicht steht der Wortlaut von § 161 AktG entgegen. Denn hiernach müssen Vorstand und Aufsichtsrat in der Entsprechenserklärung angeben, dass den Empfehlungen des Kodex entsprochen wird oder welche Empfehlungen nicht angewendet werden. Diese Formulierung spricht dafür, dass die Erklärung einer Abweichung verboten ist, wenn die Empfehlung tatsächlich eingehalten wird. Fraglich ist aber, ob dieses Ergebnis in der teleologischen Auslegung bestätigt wird. Sinn und Zweck des § 161 AktG ist es, dem Unternehmen eine positive Darstellung seiner Corporate Governance zu ermöglichen und damit auf dem Kaptialmarkt möglichst gute Bewertungen zu erhalten. Ein Unternehmen kann aber nicht zur – ihm in diesem Fall günstigen – Kapitalmarktkommunikation gezwungen werden. Hiernach wäre eine Abweichungserklärung trotz Einhaltung einer oder mehrerer Empfehlungen erlaubt. Für ein solches Ergebnis spricht auch eine weitere Überlegung: Die Einhaltung einer Empfehlung ist nur zu bejahen, wenn diese Empfehlungen bewusst und gewollt entsprochen wird. Ist eine solche Einhaltung hingegen nur zufällig und nicht gewollt, besteht keine Pflicht, eine positive Entsprechenserklärung abzugeben. Halten etwa Vorstand und Aufsichtsrat die Empfehlungen zu Interessenkonflikten ein, liegt dies aber daran, dass aktuell keine Interessenkonflikte gegeben sind, die Mitglieder der Verwaltungsorgane aber in Zukunft entgegen den entsprechenden Kodexempfehlungen handeln wollen, dann müssen sie nicht aktuell die Einhaltung dieser Empfehlungen erklären. Es spricht eher einiges dafür, dass sie in einem solchen Fall geradezu verpflichtet sind, eine Abweichung bekanntzugeben. Ob ein Verhalten im Hinblick auf eine Empfehlung aber bewusst und gewollt ist, ist kaum nachweisbar. Im Ergebnis könnten sich die Organmitglieder jedenfalls immer dahingehend einlassen, dass eine Abweichung von einer Kodex-Empfehlung entgegen der tatsächlichen Praxis deshalb erklärt wurde, weil man sich eine Abweichung in Zukunft offen lassen wollte. Es sollte also nichts gefordert werden, was ohnehin nicht nachprüfbar ist. Daher dürfen die Organe grundsätzlich die Abweichung von einer Empfehlung auch dann erklären, wenn die gegenwärtige Praxis eine Einhaltung der betreffenden Empfehlung beinhaltet.

---

505 *Berg/Stöcker* WM 2002, 1569, 1574; *Buchta* DStR 2003, 740, 741; *Hucke/Ammann* DCGK-Leitfaden, S. 147; *Lutter* ZHR 166 (2002), 523, 531; *Semler/Wagner* NZG 2003, 553, 556; *Ulmer* ZHR 166 (2002), 150, 165.

506 Bejahend *Krieger* FS Ulmer, S. 365, 371; *Ulmer* ZHR 166 (2002), 150, 172.

Eine Grenze besteht allerdings dort, wo ein Unternehmen bewusst und gewollt seine Corporate Governance schlechter darstellt als sie in der Realität ist, etwa um im Vorfeld eines Squeeze-Out-Beschlusses geringere Kurse zu fördern[507]. Unterhalb dieser Missbrauchsgrenze steht es den Verwaltungsorganen hingegen frei, sich mit den Empfehlungen der DCGK nicht näher auseinanderzusetzen und seine Nichtbefolgung zu erklären.

c) „comply or explain", „Entsprechenserklärung"

Obwohl nur die Tatsache der Nichtbefolgung (das Ob der Abweichung) von Empfehlungen des Kodex anzugeben ist, nicht aber der Grund (das Warum der Abweichung) dieser Nichtbefolgung, wird die Regelung des § 161 Satz 1 AktG häufig als „comply or explain" bezeichnet[508]. Die deutsche Übersetzung hieße also „erfülle oder erkläre", was darauf hindeuten würde, dass bei Nichtentsprechen auch eine Erklärung über die Gründe hierfür abzugeben ist. Diese Bezeichnung ist angelehnt an den in Großbritannien zum *Combined Code* existierenden Mechanismus, wobei aber dort Abweichungen tatsächlich begründet werden müssen[509], und sie wurde auch von der Regierungskommission Corporate Governance gewählt. Die Regierungskommission hatte allerdings auch noch eine Begründungspflicht für Abweichungen vorgesehen[510]. Die deutsche Regelung müsste dagegen eher als „comply or declare / comply or disclose", also „erfülle oder berichte / erfülle oder lege offen", bezeichnet werden[511]. Hingegen ist die ähnlich ausgerichtete Kritik am deutschen Begriff der „Entsprechenserklärung"[512] nicht überzeugend. Denn dieser Begriff muss nicht so verstanden werden, dass die Verwaltung sich erklären muss, *warum* sie dem Kodex nicht entspricht. Er kann vielmehr problemlos so verstanden werden, dass die Verwaltung sich darüber erklären muss, *ob* ihre Art und Weise der Unternehmensführung und -kontrolle den Empfehlungen des Kodex entspricht.

Während von der Verwendung des englischsprachigen Ausdrucks „comply or explain" abzuraten ist, da dies Unklarheiten und Irritationen über die

---

507 So *Hirte* in: Hirte (Hrsg.) TransPuG, Kap. 1 Rn. 16.

508 MünchKommAktG/*Semler* § 161 Rn. 30; *Baums* in: Hommelhoff u. a. (Hrsg.) Corporate Governance, 13, 23; *Borges* ZGR 2003, 508, 526 f.; *Claussen/Bröcker* DB 2002, 1199, 1204; *Hucke/Ammann* DCGK-Leitfaden, S. 133; *Ihrig/Wagner* BB 2002, 789; *Ruhnke* AG 2003, 371, 372; *Seibert* BB 2002, 581, 583; *Cromme* aus Anlass der Übergabe des DCGKb , vgl. <http://www.corporate-governance-code.de/ger/news/rede-cromme-20020226.html>; ebenso die Pressemitteilung <http://www.corporate-governance-code.de/ger/news/presse-20020226.html> sowie [die damalige Bundesjustizministerin] *Däubler-Gmelin* in ihrer Ansprache aus Anlass der Übergabe des DCGK, veröffentlicht unter <http://www.bmj.bund.de>; Stand: 31. Mai 2002; *Kiethe* NZG 2003, 559, 561 f. weist darauf hin, dass faktisch immer eine Begründung gegeben wird, und insofern der Begriff „comply or explain" zutreffend sei.

509 *Baums* (Hrsg.) Bericht RegKomm, Rn. 9.

510 *Baums* (Hrsg.) Bericht RegKomm, Rn. 10; dazu bereits oben Kapitel 2 A.I. (Seite 41 f.).

511 So richtig *Berg/Stöcker* WM 2002, 1569, 15 71; auch *Lutter* ZHR 166 (2002), 523, 531.

512 *Bernhardt* DB 2002, 1841, 1841.

Reichweite des § 161 AktG hervorrufen könnte, ist der Begriff der „Entsprechenserklärung" einwandfrei verwendbar.

d) Zusätzliche Angaben in der Entsprechenserklärung

In der Entsprechenserklärung sind nur negative Abweichungen vom Kodex, also ein Unterschreiten der Empfehlungen anzugeben[513]. Werden hingegen Empfehlungen übererfüllt – etwa indem nur maximal ein ehemaliges Vorstandsmitglied dem Aufsichtsrat angehört (5.4.2 DCGK empfiehlt maximal zwei) oder indem der Konzernabschluss innerhalb von 60 Tagen nach Geschäftsjahresende öffentlich zugänglich ist (7.1.2 DCGK sieht dies innerhalb von 90 Tagen vor) – oder werden auch die Anregungen des Kodex beachtet, so besteht keine Pflicht, dies mitzuteilen. Andererseits besteht auch kein Verbot einer solchen Mitteilung in der Entsprechenserklärung. Allerdings ist, um dem berechtigten Informationsbedürfnis des Aktionärs zu entsprechen, die Entsprechenserklärung übersichtlich und eindeutig zu gestalten. Zusätzliche, gesetzlich nicht geforderte Angaben in der Entsprechenserklärung sind daher von der Erklärung über die Einhaltung der Empfehlungen so abzusetzen, dass für den interessierten Anleger erkennbar wird, ob von den Empfehlungen abgewichen wird.

2. sog. unwesentliche Abweichungen

Fraglich ist, ob jede Abweichungen von den Empfehlungen des Kodex in der Entsprechenserklärung anzugeben ist. Unzweifelhaft ist jede generell-abstrakte Abweichung von den Empfehlungen, insbesondere wenn sie in Satzung, Geschäftsordnung oder Verträgen festgelegt ist oder wenn es sich dabei um eine dauernde Übung handelt, anzugeben[514]. Kommt es hingegen zu sogenannten „unwesentlichen Abweichungen", wollen erhebliche Teile der Literatur die Offenlegungspflicht einschränken[515]. Einerseits wird hierzu der Wortlaut des § 161 AktG herangezogen. Die Formulierung

> „...welche Empfehlungen nicht angewendet werden"

soll darauf hindeuten, dass Einzelverletzungen, deren Wiederholung ausgeschlossen erscheinen, nicht angegeben werden müssten. Vielmehr sei hier impliziert, dass nur eine fortdauernde Nichtbeachtung zu einer negativen Entsprechenserklärung führen kann. Als Beleg für diese Auffassung berufen sich die Vertreter dieser Meinung auf die Gesetzesbegründung. Dort heißt es

---

513 Begr. RegE BT-Drs. 14/8769, S. 21; auch *Hirte* in: Hirte (Hrsg.) TransPuG, Kap. 1 Rn. 19.

514 Begr. RegE BT-Drs. 14/8769, S. 21; *Ihrig/Wagner* BB 2002, 789, 790; *Seibt* AG 2002, 249, 252.

515 *Peltzer* NZG 2002, 593, 594; *Pfitzer/Oser/Wader* DB 2002, 1120, 1121, Fußnote 21; *Seibt* AG 2002, 249, 252; zunächst auch *Ihrig/Wagner* BB 2002, 789, 790 – jetzt aber wohl einschränkend *Ihrig/Wagner* BB 2002, 2509, 2510 f.; ebenso *Ettinger/Grützediek* AG 2003, 353, 354.

> „Werden die Verhaltensempfehlungen des Kodex im Unternehmen allgemein eingehalten und gab es im Berichtszeitraum **keine ins Gewicht fallenden Abweichungen**, so kann sich die Erklärung mit der Feststellung begnügen 'Den Verhaltensempfehlungen (...) wurde im Berichtsjahr entsprochen'".[516]

Die Frage, wann eine Abweichung nicht ins Gewicht fällt und damit unwesentlich ist, soll anhand des Telos der einzelnen Empfehlungen aus der Sicht eines objektiven durchschnittlichen Kapitalanlegers beurteilt werden[517].

Gegen diese Auffassung spricht zunächst, dass aus dem Wortlaut des § 161 AktG keine tragfähige Begründung für eine Einschränkung des § 161 AktG hergeleitet werden kann. Gleiches gilt entgegen der herrschenden Meinung auch für die Gesetzesbegründung. Denn diese führt an späterer Stelle aus:

> „Die Darstellungs- und Erläuterungspflicht erstreckt sich auf **Abweichungen** von den Verhaltensempfehlungen **im Einzelfall**, vor allem aber auch auf generelle Abweichungen (...)."[518]

Insofern bietet die Gesetzesbegründung also keine eindeutige Grundlage für eine einschränkende Auslegung des § 161 AktG. Hinzu kommt, dass mit Blick auf die Zielsetzung des Kodex und des § 161 AktG, nämlich die deutsche Unternehmensverfassung verständlich darzustellen und damit insbesondere ausländische Kapitalanleger und Investoren anzusprechen, subtile Unterscheidungen zwischen wesentlichen und unwesentlichen Abweichungen sowie das Abstellen auf den – so nicht existenten – „objektiven durchschnittlichen Kapitalanleger" nicht gerade förderlich sind, das Vertrauen zu vergrößern. Auch die Vertreter der Gegenmeinung geben zu, dass ihre Auslegung gegen die Zielsetzung des Gesetzgebers verstößt, die Transparenz von Unternehmensvorgängen zu erhöhen[519].

Hinzu kommt, dass bei der großen Mehrheit der Empfehlungen nur ein Entweder-Oder existiert (entweder werden Bericht und Unterlagen für die Hauptversammlung im Internet veröffentlicht oder nicht; entweder sind die Informations- und Berichtspflichten des Vorstands konkretisiert oder nicht; entweder setzt sich die Vergütung aus fixen und variablen Bestandteilen zusammen oder nicht; entweder hat eine Aufsichtsratsmitglied mehr als fünf Mandate neben seiner Vorstandmitgliedschaft oder nicht; etc.), weshalb eine Unterscheidung zwischen wesentlicher und unwesentlicher Abweichung kaum möglich ist. Weiterhin enthalten einige Empfehlungen bereits auslegungsbedürftige Merkmale (unverzüglich; wesentlich etc.). Durch die Unterscheidung zwischen wesentlichen und unwesentlichen Abweichungen wären aber (weitere) Auseinandersetzungen und Unklarheiten vorprogrammiert. Auch aus Gründen der Eindeutigkeit des Kodex ist eine solche Unterteilung von

---

516 Begr. RegE BT-Drs. 14/8769, S. 21; Hervorhebungen vom *Verf.*
517 *Seibt* AG 2002, 249, 252.
518 Begr. RegE BT-Drs. 14/8769, S. 21; Hervorhebungen vom *Verf.*
519 *Seibt* AG 2002, 249, 252.

Abweichungen abzulehnen[520]. Schließlich würde der Kodex und die Entsprechenserklärung entwertet, wenn man einmalig auftretende Verstöße als unwesentlich qualifiziert mit der Folge, dass sie in der Entsprechenserklärung nicht angegeben werden müssen.

Daher müssen in der Entsprechenserklärung sämtliche Abweichungen vom Kodex angegeben werden.

3. Unterscheidung zwischen Abweichungen im Einzelfall und generell-abstrakten Abweichungen

Hinsichtlich des Inhalts der Entsprechenserklärung wird auch vertreten, dass die Verwaltung in der Erklärung darzustellen habe, ob es sich bei einer Abweichung um einen Einzelfall handele, oder ob die dem Kodex entgegenstehende Abweichung generell-abstrakt sei[521]. Dies ist für die umfassende Information der Anleger zwar interessant, und insbesondere wird das Unternehmen eine Abweichung im Einzelfall auch als solche darstellen. Denn liegt gerade kein genereller Verstoß gegen den Kodex vor, so kann der Kapitalmarkt einen Verstoß gegen eine Empfehlungen anders gewichten als wenn diese grundsätzlich nicht eingehalten wird. Eine Unterscheidung zwischen unterschiedlichen Formen der Abweichung ist im Gesetz nicht vorgesehen. Daher ist eine Pflicht zu einer solchen Differenzierung nicht gegeben.

IV. Von der Erklärung umfasster Zeitraum

Umstritten ist auch, welcher Zeitraum von der Entsprechenserklärung umfasst wird. Problematisch ist dabei vor allem, ob sie auch eine Aussage bezüglich des zukünftiges Verhaltens des Unternehmens trifft.

1. Vergangenheit

Hinsichtlich der Einhaltung der Empfehlungen in der Vergangenheit ist in der Entsprechenserklärung anzugeben,

> „dass (...) den Empfehlungen (...) entsprochen wurde (...) oder welche Empfehlungen nicht angewendet wurden (...).“

Das Gesetz schweigt sich darüber aus, auf welche Zeitspanne dieser Rückblick zu erfolgen hat. Denkbar wäre es, diese Erklärung für den gesamten Zeitraum seit Bestehen der Erklärungspflicht für das Unternehmen zu verlangen. Nicht nur die Tatsache, dass die Erklärung jährlich zu erfolgen hat, sondern vor allem die systematische Stellung zeigen hier aber, dass die Erklärung nicht weiter als zum Beginn des (vorangegangenen) Berichtsjahres reichen muss.

---

[520] So im Ergebnis auch *Buchta* DStR 2003, 740, 741; *Kiethe* NZG 2003, 559, 561; *Lutter* ZHR 166 (2002), 523, 528 f.; in diese Richtung auch *Hirte* in: Hirte (Hrsg.) TransPuG, Kap. 1 Rn. 19.

[521] *Seibt* AG 2002, 249, 252.

Denn § 161 AktG steht im Teil über „Rechnungslegung und Gewinnverwendung", und Rechnungslegung und Gewinnverwendung erfolgen mit Blick auf das vorangegangene Geschäftsjahr. Unterstützung erhält dies auch in den Gesetzesmaterialien, die bei Befolgung der Empfehlungen eine Entsprechenserklärung mit der Feststellung für ausreichend halten, dass

> „(d)en Verhaltensempfehlungen (...) **im Berichtsjahr** entsprochen (...)"[522]

wurde. Auch teleologische Argumente sprechen für ein solches Verständnis. Denn die Erklärung ist jährlich abzugeben, so dass es zur Information der Anleger nicht nötig ist, weiter in die Vergangenheit zu gehen. Denn für das davor liegende Berichtsjahr gibt es eine weitere Entsprechenserklärung der Verwaltung. Wiederum ist aber nicht verboten, einen weiter zurückreichenden Rückblick zu geben (etwa: „Seit Inkrafttreten des Kodex wurde den Empfehlungen entsprochen"), um so die Langfristigkeit der Verfolgung guter Corporate Governance im Unternehmen zu dokumentieren.

Fraglich ist schließlich, was mit dem Ausdruck „Berichtsjahr" gemeint ist. Hieraus wird teilweise der Schluss gezogen, der Entsprechenserklärung liege eine geschäftsjahresbezogene Betrachtungsweise zu Grunde, nach der die Erklärung sich auf das vergangene Geschäftsjahr erstrecken müsse[523]. Hilfreich für den Anleger ist aber nur, wenn die Erklärung den Zeitraum bis zum Zeitpunkt der Abgabe der vorangegangenen Erklärung umfasst, so dass alle Zeiträume umfasst sind und nicht Lücken – etwa durch unterschiedliche Zeitpunkte der Abgabe der Entsprechenserklärung – entstehen. Damit ist unter „Berichtsjahr" der Zeitraum zu verstehen, der zum Zeitpunkt der Abgabe der letzten Entsprechenserklärung beginnt.

2. *Gegenwart und Zukunft*

Fraglich ist, wieweit die Erklärung in die Gegenwart reichen muss und ob sie darüber hinaus sogar zukunftsgerichtet ist. Ausgangspunkt ist der Gesetzeswortlaut, der die Verwaltungsorgane verpflichtet zu erklären, „dass (...) den Empfehlungen (...) entsprochen (...) wird oder welche Empfehlungen nicht angewendet (...) werden."

a) Gegenwart

Die Entsprechenserklärung muss über die Einhaltung der Kodexempfehlungen bis zum Zeitpunkt ihrer Abgabe Auskunft geben. Während etwa beim Jahresabschluss eine längerdauernde Phase der Erstellung notwendig ist und damit in Kauf zu nehmen ist, dass der Jahresabschluss nur bis zum Zeitpunkt des Endes des Geschäftsjahres Auskunft gibt, bedarf es bei der Entsprechenserklärung nur der Feststellung des Ist-Zustandes. Da diese

---

[522] Begr. RegE, BT-Drs. 14/8769, S. 21; Hervorhebung vom *Verf.*

[523] So aber *Seibt* AG 2002, 249, 251 f.; auch *Pfitzer/Oser/Wader* DB 2002, 1120, 1121.

Feststellung jederzeit ohne größere Probleme getroffen werden kann, ist auch kein Grund ersichtlich, warum die Erklärung nicht den Zustand der Corporate Governance bis zum Zeitpunkt ihrer Abgabe erfassen sollte.

b) Zukunft

Problematischer und umstritten ist die Frage, ob die Entsprechenserklärung auch zukunftsgerichtet ist. Auf den ersten Blick scheint der Gesetzeswortlaut wegen des Gebrauchs der Hilfsverben „wird" und „werden" zwar futurisch gemeint zu sein. Richtigerweise handelt es sich aber um Präsens Passiv, weshalb der Gesetzeswortlaut teilweise für nicht zukunftsgerichtet gehalten wird[524]. Dabei wird übersehen, dass das Präsens im Deutschen mit dem Futur konkurriert und beide Zeitformen sich gleichermaßen auf Zukünftiges beziehen können[525]. Selbst bei Absichtserklärungen, bei denen die Verwendung des Futur I angemessener ist, ist die Verwendung des Präsens nicht ausgeschlossen[526]. Dass der Gesetzgeber sich derartige Gedanken gemacht hat ist zwar eher unwahrscheinlich. Allerdings wird durch diese Ausführungen deutlich, dass mit dem Verweis auf die grammatikalische Auslegung ein Ergebnis weder zwingend noch eindeutig vorgegeben ist. Auch wäre es dem Gesetzgeber schwer gefallen, Futur I zu verwenden. Denn dann hätte die Formulierung lauten müssen

> „Vorstand und Aufsichtsrat (...) erkären jährlich, dass den (...) Empfehlungen (...) entsprochen (...) werden wird oder welche Empfehlungen nicht angewendet (...) werden werden."

Diese Formulierung klingt im Deutschen allerdings höchst befremdlich, so dass die Verwendung des Präsens auch aus Gründen der Lesbarkeit vorzuziehen ist[527]. Die Gesetzesbegründung meint dann auch, dass die Entsprechenserklärung der Verwaltung lauten soll „Den Verhaltensempfehlungen (...) soll auch künftig entsprochen werden". Damit geht auch sie davon aus, dass § 161 Satz 1 AktG die Pflicht zu einer zukunftsbezogenen Formulierung enthält. Bestätigt wird dies an anderer Stelle, an der explizit gesagt wird, die Entsprechenserklärung sei

---

524 *Seibt* AG 2002, 249, 251; bestätigt *Seibt* AG 2003, 465, 467 mit rechtsvergleichenden Nachweisen; *Kollmann* WM-Sonderbeilage 1/2003, S. 7; ebenso *Hucke/Ammann* DCGK-Leitfaden, S. 136; wohl auch *Ihrig/Wagner* BB 2002, 789, 791; unklar *Seibert* BB 2002, 581, 583; *Schüppen* ZIP 2002, 1269, 1273.

525 Duden Bd. 4, Rn. 224; 228; wie selbstverständlich gehen hiervon auch *Gelhausen/Hönsch* AG 2002, 529, 530 aus; im Ergebnis ebenso *Happ* in: Happ (Hrsg.) AktR, 8.14 Rn. 6; MünchKommAktG/*Semler* § 161 Rn. 111, 120 und 127; *Ringleb* in: DCGK-Komm, Rn. 981; *Ettinger/Grützediek* AG 2003, 353, 354; *Kiethe* NZG 2003, 559, 561; *Krieger* FS Ulmer, S. 365, 366; *Vetter* DNotZ 2003, 748, 755.

526 Duden Bd. 4, Rn. 233.

527 Ähnlich *Lutter* ZHR 166 (2002), 523, 529: Verwendung des Präsens „wohl aus sprachlichen Gründen"; ähnlich auch *Krieger* FS Ulmer, S. 365, 366.

vergangenheits- und zukunftsbezogen[528]. Ähnliches kann man den Äußerungen bei der Übergabe des Kodex entnehmen[529].

Die systematische Betrachtung bietet keine Auslegungshilfe. Einerseits kann man anführen, der in der Überschrift des Ersten Abschnitts genannte Jahresabschluss sei nur vergangenheitsbezogen, andererseits enthält der ebenfalls genannte Lagebericht auch zukunftsbezogene Angaben.

Das Hauptargument für eine Zukunftsgerichtetheit der Erklärung ergibt sich daher aus Sinn und Zweck des § 161 Satz 1 AktG. Die Entsprechenserklärung soll den Anleger über die Einhaltung guter Corporate Governance im Unternehmen informieren und damit sein Anlageverhalten beeinflussen[530]. Eine Beeinflussung findet aber kaum oder jedenfalls nur in deutlich geringerem Maße statt, wenn die Unternehmensverwaltung erklärt, dass sie sich in der Vergangenheit an den Kodex gehalten habe. Dagegen gibt es eine solche Beeinflussung, wenn sie erklärt, sich auch zukünftig an den Kodex zu halten[531]. Denn hierdurch wird das zukünftige Verhalten der Verwaltung transparenter. Dagegen wird vorgebracht, dass durch eine Zukunftsgerichtetheit der Entsprechenserklärung als notwendig erachtete Änderungen der Unternehmenspraxis behindert würden[532]. Das wäre aber nur der Fall, wenn die Entsprechenserklärung verbindlich oder unwiderruflich wäre. Nach insoweit einhelliger Meinung sind Vorstand und Aufsichtsrat aber berechtigt, die Entsprechenserklärung jederzeit zu ändern[533]. Eine Begründung hierfür ist nicht nötig. Dies entspricht auch dem Gesetzeswortlaut und dem eindeutigen Willen des Gesetzgebers, nach dem die Erklärung jederzeit korrigiert oder zurückgenommen werden kann[534]. Es ist lediglich terminologisch ungenau, die Erklärung als unverbindlich zu bezeichnen[535]. Denn aus dem Sinn und Zweck des § 161 AktG ergibt sich, dass der Kapitalmarkt aus der Entsprechenserklärung erkennen können soll, wie sich das Unternehmen im Hinblick auf die Empfehlungen des Kodex verhält. Gute Corporate Governance soll nach außen deutlich werden, und damit soll das Vertrauen der Anleger gewonnen werden. Eine unverbindliche Erklärung wäre für den Anleger aber wertlos. Insofern ist eine Bindung der Verwaltung an die Entsprechenserklärung

528 Begr. RegE BT-Drs. 14/8769, S. 22.

529 [Die damalige Bundesjustizministerin] *Däubler-Gmelin* Ansprache aus Anlass der Übergabe des DCGK; veröffentlicht unter <http://www.bmj.bund.de>; Stand: 31. Mai 2002.

530 Ähnlich *Krieger* FS Ulmer S. 365, 366; *Ulmer* ZHR 166 (2002), 150, 170 f.

531 Ähnlich *Berg/Stöcker* WM 2002, 1569, 1573; *Buchta* DStR 2003, 740, 741; a.A. *Seibt* AG 2002, 249, 251, aber ohne Begründung.

532 *Hucke/Ammann* DCGK-Leitfaden, S. 136; *Kollmann* WM-Sonderbeilage 1/2003, S. 7; *Seibt* AG 2002, 249, 251.

533 Etwa *Ringleb* in: DCGK-Komm, Rn. 1018; *Ihrig/Wagner* BB 2002, 789, 791; *Ihrig/Wagner* BB 2002, 2509, 2510; *Lutter* ZHR 166 (2002), 523, 533; *Pfitzer/Oser/Wader* DB 2002, 1120, 1121; *Seibert* BB 2002, 581, 583; *Sieg* FS Metzeler, S. 191, 199.

534 Begr. RegE, BT-Drs. 14/8769, S. 22.

535 So aber Begr. RegE, BT-Drs. 14/8769, S. 22; *Berg/Stöcker* WM 2002, 1569, 1573; *Gelhausen/Hönsch* AG 2002, 529, 534; *Knigge* WM 2002, 1729, 1734.

bis zu deren Widerruf gegeben[536]. Die Entsprechenserklärung ist damit zwar verbindlich, aber jederzeit ohne Angabe von Gründen von Vorstand und Aufsichtsrat änderbar.

Zur Begründung der Zukunftsgerichtetheit der Entsprechenserklärung bedarf es daher auch nicht der Konstruktion einer „sich stets repetierenden Dauererklärung" durch das Einstellen der Erklärung ins Internet[537]. Diese Konstruktion übersieht zum einen, dass ein Einstellen ins Internet nach dem Gesetz nicht nötig ist. Zwar ordnet § 161 Satz 2 AktG an, dass die Erklärung den Aktionären dauerhaft zugänglich zu machen ist, aber dies muss nicht notwendigerweise auf einer Webseite geschehen[538]. Würde aber alleine aus der Veröffentlichung im Internet eine Wirkung für die Zukunft resultieren, könnte ein Unternehmen diese Wirkung allein dadurch ausschließen, dass es eine andere Form des Zugänglichmachens wählt. Anders gewendet hinge die Zukunftswirkung davon ab, wie die Entsprechenserklärung den Aktionären zugänglich gemacht wird, also im Ergebnis vom Zufall der Art und Weise der Veröffentlichung. Zum anderen, und das ist ein noch größerer Nachteil, ergäben sich große Probleme, wenn der Kodex selbst geändert wird[539]. Denn würde die Entsprechenserklärung dann lauten „Der Kodex wird (mit Einschränkungen) eingehalten", würde sich dies auch auf die jeweiligen Kodexänderungen beziehen. Dies hätte zur Folge, dass hierin eine dynamische Verweisung läge, die gerade nicht beabsichtigt ist[540]. Außerdem würden die Unternehmen so gezwungen, sich permanent mit dem Kodex zu beschäftigen, wohingegen der Gesetzgeber nur eine einmal jährliche Auseinandersetzung mit dem Kodex vorgesehen hat[541]. Die Entsprechenserklärung ist damit keine sich stets repetierende Dauererklärung.

Wie gezeigt ist die Zukunftsgerichtetheit bereits im Gesetz enthalten[542] und bedarf daher keiner zusätzlichen Handlung der Verwaltung.

V. Zeitpunkt der Erklärung

Nachdem soeben geklärt wurde, auf welchen Zeitraum sich die Entsprechenserklärung erstreckt, ist nunmehr die Frage, zu welchem Zeitpunkt die Erklärung abzugeben ist. Nach § 161 AktG besteht die Pflicht zur Abgabe der Entsprechenserklärung jährlich. Aus dem Bundesministerium der Justiz war mit Bekanntmachung des Referentenentwurfs erklärt worden, „jährlich" bedeute

---

536 So auch *Ringleb* in: DCGK-Komm, Rn. 1064.

537 So aber *Seibert* BB 2002, 581, 583; ihm folgend auch *Berg/Stöcker* WM 2002, 1569, 1573.

538 Ausführlich dazu s. unten VI. (Seite 100 ff).

539 Vgl. *Seibt* FAZ vom 18.6.2003, S. 19.

540 *BMJ* Hinweis Nr. 49/03 vom 10. Juni 2003; *Gelhausen/Hönsch* AG 2003, 367, 368 f.

541 Insoweit auch *Seibt* FAZ vom 18.6.2003, S. 19.

542 So im Ergebnis auch *Berg/Stöcker* WM 2002, 1569, 1573; *Seibert* BB 2002, 581, 583; *Sieg* FS Metzeler, S. 191, 199; *Ulmer* ZHR 166 (2002), 150, 171; *Peltzer* NZG 2002, 593, 594 („Gegenwart ist beabsichtigte Beibehaltung in der Zukunft"); *Vetter* DNotZ 2003, 748, 755; wohl auch *Claussen/Bröcker* DB 2002, 1199, 1200.

in der Gesetzessprache kalenderjährlich[543]. Damit müsste die Entsprechenserklärung einmal im Kalenderjahr abgegeben werden. Dieser Auffassung hat sich ein Großteil der Literatur angeschlossen[544]. Mittlerweile ist aber vor allem von Wirtschaftsprüfern erklärt worden, die Entsprechenserklärung sei in einem Rhythmus von ca. zwölf Monaten abzugeben[545]. Begründet wird dies damit, dass im Gesetz ansonsten der Begriff „einmal im Kalenderjahr" hätte verwendet werden müssen[546]. Lediglich unwesentliche Abweichungen von etwa einer Woche sollten geduldet werden; dagegen sei ein Unterschreiten der Frist unschädlich[547]. Allerdings kann man auch argumentieren, dass dann, wenn das Gesetz einen Zwölf-Monats-Rhythmus bei der Abgabe der Entsprechenserklärung gewollt hätte, es dieses auch ausdrücklich hätte schreiben können. Auch die Gesetzesbegründung hilft nicht weiter, da sie nur den hier gerade umstrittenen Begriff „jährlich" mehrfach wiederholt[548]. Durch die Äußerungen aus dem Justizministerium spricht einiges dafür, dass den Unternehmen ein größerer Spielraum gelassen werden sollte als von den Wirtschaftsprüfern angenommen. Dennoch werden die Unternehmen im Ergebnis wohl die Entsprechenserklärung etwa alle zwölf Monate abgeben, um nicht Gefahr zu laufen, dass der Prüfungsvermerk der Abschlussprüfer eingeschränkt wird.

Weiterhin ist nicht geregelt, wann innerhalb des Kalenderjahres das Unternehmen die Erklärung abzugeben hat. So wird vertreten, dass die Erklärung auf den jeweiligen Bilanzstichtag und innerhalb der gesetzlichen Frist für die Aufstellung des Jahresabschlusses nebst Anhang erfolgen müsse; begründet wird dies mit Verweis auf die gleichzeitig erfolgten Änderungen von §§ 285 Nr. 16, 314 I Nr. 8, 325 I 1 HGB[549]. Ähnlich meinen andere, zwingend[550] oder jedenfalls zweckmäßig[551] sei der Gleichlauf von Entsprechenserklärung und Rechnungslegung. Auch nach Ziff. 3.10 DCGK soll die Erklärung in den

543 *Seibert* BB 2002, 581, 584.

544 *Happ* in: Happ (Hrsg.) AktR, 8.14 Rn. 13; *Hirte* in: Hirte (Hrsg.) TransPuG, Kap. 1 Rn. 40; *Ettinger/Grützediek* AG 2003, 353, 354; *Kiethe* NZG 2003, 559, 560; *Lutter* ZHR 166 (2002), 523, 528; *Schüppen* ZIP 2002, 1269, 1272.

545 *IDW*-EPS 345, Tz. 19, abgedruckt in Wpg 2002, 1379, 1381; ebenso *Gelhausen/Hönsch* AG 2002, 529, 534; *W. Müller* NZG 2002, 752, 753.

546 *Gelhausen/Hönsch* AG 2002, 529, 534.

547 *IDW*-EPS 345, Tz. 19, abgedruckt in Wpg 2002, 1379, 1381; *Gelhausen/Hönsch* AG 2002, 529, 534.

548 Begr. RegE, BT-Drs. 14/8769, S. 21.

549 *Seibt* AG 2002, 249, 257; dagegen *Lutter* ZHR 166 (2002), 523, 527 f.

550 *Ihrig/Wagner* BB 2002, 789, 791.

551 MünchKommAktG/*Semler* § 161 Rn. 110; *Happ* in: Happ (Hrsg.) AktR, 8.14 Rn. 13; *Pfitzer/Oser/Wader* DB 2002, 1120, 1121.

Geschäftsbericht[552] des Unternehmens aufgenommen werden. Der Gesetzgeber ist hier in der Begründung zurückhaltender, er hält ein solches Vorgehen aber zumindest für wünschenswert[553]. Dennoch ist im Gesetz gerade keine Pflicht zum Gleichlauf von Entsprechenserklärung und Rechnungslegung enthalten[554]. Die Relevanz dieser Frage ist ohnehin gering. Da die Erklärung auch zukunftsgerichtet ist[555], müsste die Erklärung ohnehin geändert werden, bevor es zu einer Abweichung kommen dürfe. Daher würde es sogar genügen, die Entsprechenserklärung nur einmalig abzugeben und sie nur zu ändern, wenn Abweichungen von ihr geplant sind. Durch die Pflicht zur *jährlichen* Abgabe wollte der Gesetzgeber aber sicherstellen, dass Vorstand und Aufsichtsrat sich jährlich wiederkehrend inhaltlich mit den Fragen guter Corporate Governance auseinandersetzen[556]. Außerdem ist mit der Verpflichtung zur jährlichen Abgabe der Erklärung eine Möglichkeit für die Unternehmen geschaffen, eine andere Haltung zu den Empfehlungen des Kodex´ einzunehmen, ohne dass er die Erklärung „zwischendurch", also unterjährig, ändern muss. Damit steht es den Verwaltungsorganen des Unternehmens grundsätzlich frei, wann im Laufe eines Kalenderjahres die Entsprechenserklärung abgegeben wird.

VI. Form der Erklärung

1. Die vom Gesetzgeber vorgeschlagene Form

Nach § 161 Satz 2 AktG ist die Entsprechenserklärung den Aktionären dauerhaft zugänglich zu machen. Nach dem Willen des Gesetzgebers[557], der sich hier den Empfehlungen der Regierungskommission Corporate Governance angeschlossen hat[558], soll die Entsprechenserklärung in einem gesonderten Bericht abgegeben werden. Aus dem Gesetz ergibt sich das nicht zwingend, wird aber – vor allem angesichts der zu erwartenden längeren Ausführungen,

---

552 Der Begriff „Geschäftsbericht" war in § 160 AktG enthalten und wurde 1985 durch das BiRiLiG aus dem Aktienrecht gestrichen. An seine Stelle ist (unter anderem) der Lagebericht nach § 289 HGB getreten, vgl. *Henn* HdbAktR, Rn. 1075. Dieser ist hier aber nicht gemeint. Vielmehr werden heute als Geschäftsbericht die – nicht nur zu Zwecken der Information der Aktionäre, sondern auch der Werbung neuer Investoren genutzten – Publikationen der Gesellschaften bezeichnet, in denen unter anderem der (Konzern-)Lagebericht, der Jahresabschluss mit GuV, der Bestätigungsvermerk des Abschlussprüfers, der Bericht des Aufsichtsrats, der Finanzkalender und andere Information über das Unternehmen veröffentlicht werden können. Anderer Auffassung aber wohl *Claussen/Bröcker* DB 2002, 1199, 1204, wonach der Geschäftsbericht das gleiche meine wie § 314 Nr. 8 HGB, also den Konzernanhang.

553 Begr. RegE, BT-Drs. 14/8769, S. 22.

554 MünchKommAktG/*Semler* § 161 Rn. 111; ebenso *IDW*-EPS 345, Tz. 19, abgedruckt in Wpg 2002, 1379, 1381.

555 Dazu oben IV.2.b) (Seite 96 ff.).

556 Begr. RegE, BT-Drs. 14/8769, S. 21.

557 Begr. RegE, BT-Drs. 14/8769, S. 21.

558 *Baums* (Hrsg.) Bericht RegKomm, Rn. 10.

insbesondere bei der Begründung von Abweichungen – für ratsam gehalten[559]. Da nach der hier vertretenen Auffassung[560] die Entsprechenserklärung von Vorstand und Aufsichtsrat grundsätzlich inhaltsgleich zu sein hat und so nach außen als gemeinsame Erklärung veröffentlicht wird, reicht eine Aufnahme in den Lagebericht (§§ 264 Abs. 1 Satz 1, 289 HGB) oder den Bericht des Aufsichtsrats (§ 171 Abs. 2 HGB) nicht aus, um die Pflicht aus § 161 AktG zu erfüllen[561]. Denn beide Bericht werden jeweils nur von einem Organ abgegeben. Ebenfalls nicht ausreichend ist die Aufnahme der Erklärung in den Anhang zum Jahresabschluss[562]. Dies liegt schon daran, dass die aktuelle Erklärung bei Beendigung der Abschlussprüfung bereits abgegeben und zugänglich gemacht worden sein muss[563]. Dagegen ist im Bericht nach § 285 Nr. 16 HGB anzugeben, *dass* die Erklärung abgegeben und den Aktionären zur Verfügung gestellt wurde. Die Entsprechenserklärung ist damit also auch nicht Teil des Jahres- oder Konzernabschlusses, muss aber wie diese offengelegt werden[564]. Allerdings kann die Entsprechenserklärung in den genannten Berichten zusätzlich, und damit informatorisch, aufgenommen werden. Sie ist aber immer auch als eigenständige Erklärung abzugeben. Weiterhin ist festzustellen, dass in § 161 Satz 2 AktG – im Gegensatz zu § 161 Satz 1 AktG – ein Adressat der Entsprechenserklärung genannt wird. E contrario § 161 Satz 2 AktG und in Anbetracht der Gesetzesbegründung ist davon auszugehen, dass die Entsprechenserklärung sich gerade nicht nur an die Aktionäre richtet, sondern vielmehr auch an potentielle Anleger und Investoren, also an den Kapitalmarkt insgesamt. Dagegen ist die Erklärung nur den Aktionären dauerhaft zugänglich zu machen. Das verlangt aber nicht, dass der dauerhafte Zugang Nicht-Aktionären nicht auch gewährt werden darf. Das wird bereits daran deutlich, dass von den an der Gesetzgebung Beteiligten eine Veröffentlichung auf der Seite des Unternehmens im Internet als beste Form der Veröffentlichung vorgschlagen wird[565]. Auch aus Kostengründen wird dies die beste Möglichkeit darstellen, da mittlerweile alle börsennotierten Unternehmen über eine eigene Internetpräsenz verfügen dürften, so dass keine nennenswerten Ausgaben nötig sind um die Entsprechenserklärung zu veröffentlichen. Richtigerweise ist bereits darauf hingewiesen worden, dass noch kein Verstoß gegen § 161 Satz 2 AktG vorliegt, wenn durch technische Störungen ein Zugriff auf die

559 *Seibt* AG 2002, 249, 251; vgl. auch den Hinweis bei *Claussen/Bröcker* DB 2002, 1199, 1204 auf den Corporate-Governance-Bericht der *Deutschen Bank AG*, der eine volle Seite einnimmt.

560 Vgl. oben I.2. (Seite 78 ff.).

561 Ebenso *Schüppen* ZIP 2002, 1269, 1271; wohl auch MünchKommAktG/*Semler* § 161 Rn. 164; anders *Seibt* AG 2002, 249, 251; mit Einschränkungen auch *Kollmann* WM-Sonderbeilage 1/2003, S. 6 f.

562 So aber *Ihrig/Wagner* BB 2002, 789, 791; zum Referentenentwurf auch der Handelsrechtsausschuss des *DAV* NZG 2002, 115, 118.

563 *Gelhausen/Hönsch* AG 2002, 529, 534.

564 Richtig *Pfitzer/Oser/Wader* DB 2002, 1120.

565 Begr. RegE BT-Drs. 14/8769, S. 22; *Seibert* DB 2002, 581, 583.

Entsprechenserklärung zeitweise nicht möglich ist[566]. Da das Gesetz keine Vorschriften macht, wo die Erklärung auf der Seite zu platzieren ist, steht dies im Ermessen der Gesellschaft. Anders als etwa die Angaben nach § 6 TDG[567] muss sie also nicht leicht erkennbar und unmittelbar erreichbar sein, so dass ein Verweis auf die Entsprechenserklärung bereits auf der Startseite der Internet-Präsens nicht erforderlich ist. Allerdings entspricht es dem Gebot der Transparenz, dass die Erklärung nicht irgendwo versteckt ist, sondern auch von einem durchschnittlichen Aktionär ohne größere Suche zu finden ist.

2. *Mögliche andere Formen*

Fraglich ist, welche anderen Möglichkeiten es gibt, um ein Zugänglichmachen gemäß § 161 Satz 2 AktG zu erfüllen, ohne die Entsprechenserklärung ins Internet einzustellen. Grundsätzlich sind auch andere Formen des Zugänglichmachens denkbar und nicht verboten. Erwartet wird, dass mit dem Begriff "zugänglich machen" umfassendere Kommunikationsmöglichkeiten der Gesellschaft mit ihren Aktionären eröffnet werden[568].

In § 361a BGB a.F. war die Verpflichtung enthalten, Informationen über das dort geregelte Widerrufsrecht auf einem dauerhaften Datenträger zur Verfügung zu stellen. In § 161 AktG wird dauerhaftes Zugänglichmachen verlangt. Hier ist im Gegensatz zu § 361a BGB a.F. nach dem Wortlaut ausreichend, wenn die Information in der Sphäre des Unternehmens bleibt, die Aktionäre aber Zugriff hierauf haben. Verlangt wird in § 161 AktG, dass der Informationsadressat sich um die Informationen bemüht[569], also selbst zur Informationsbeschaffung tätig wird. Dabei soll bereits ein „Bereithalten zur Abholung" in den Geschäftsräumen der Gesellschaft genügen[570]. Dagegen spricht aber, dass der Gesetzgeber dem Aktionär die Informationsbeschaffung so einfach wie möglich machen. Daher wird es nicht ausreichen, wenn dieser persönlich in den Geschäftsräumen der Gesellschaft erscheinen muss, um sich die Entsprechenserklärung zu besorgen. Gerade im Hinblick auf die angestrebte Verbesserung der Informationsversorgung ausländischer Aktionäre liefe ein solches Verständnis von § 161 Satz 2 AktG den Intentionen des Gesetzgebers und dem Sinn und Zweck der Regelung völlig zuwider.

Voraussetzung ist vielmehr, dass die Aktionäre relativ ungehindert Zugriff auf die Entsprechenserklärung haben. Da aber § 161 Satz 2 AktG weniger verlangt als § 361a BGB a.F., ist in jedem Fall ausreichend, dass dem Aktionär

---

566 *Lutter* ZHR 166 (2002), 523, 528; ebenso *Hirte* in: Hirte (Hrsg.) TransPuG, Kap 1 Rn. 35.

567 Teledienstegesetz vom 22. Juli 1997 (BGBl. I, S. 1870), zuletzt geändert durch das Gesetz über rechtliche Rahmenbedingungen für den elektronischen Geschäftsverkehr (Elektronischer Geschäftsverkehr-Gesetz – EEG) vom 14.12.2001 (BGBl. I, S. 3721).

568 *Ringleb* in: DCGK-Komm, Rn. 1022.

569 *Ringleb* in: DCGK-Komm, Rn. 1022.

570 *Hirte* in: Hirte (Hrsg.) TransPuG, Kap. 1 Rn. 38.

die Entsprechenserklärung übermittelt wird, etwa in Form einer E-Mail[571]. Auch Urkunden oder andere verkörperte Erklärungen sind dabei deutlich ein Mehr gegenüber dem Einstellen auf der Internetseite und wohl auch aktionärsfreundlich, denn man kann nicht davon ausgehen, dass alle Aktionäre Zugang zum Internet oder überhaupt zu einem Computer haben. So ist explizit vom Gesetzgeber der Geschäftsbericht als geeigneter Ort für die Entsprechenserklärung genannt worden[572]. Ausreichend ist daher, wenn die Erklärung nicht auf der Internetseite veröffentlicht wird, sondern den Aktionären zugeschickt wird. Fraglich ist allerdings, ob es genügt, wenn die Entsprechenserklärung dem Aktionär nur auf Aufforderung zugänglich gemacht wird. Denn „Dauerhaftes Zugänglichmachen" ist so zu verstehen, dass die Aktionäre jederzeit Zugang zu den Informationen, hier also zur Entsprechenserklärung haben müssen. Andererseits ist auch das Aufrufen einer Internetseite im Ergebnis eine Aufforderung des Aktionärs, ihm die gewünschten Informationen zu liefern. Ein Unterschied zur Informationsbeschaffung über das Internet ist hingegen, dass es in den Fällen des Zuschickens nach Aufforderung einer zusätzliche Handlung des Unternehmens bedarf. Anders ist das nur bei automatisch generierten E-Mails, die auf Anfrage übersendet werden. Dieses dürfte in jedem Fall noch die Anforderungen des § 161 AktG erfüllen. Im Gegensatz zu einer Veröffentlichung auf der Internetseite oder dem Versenden automatisch generierter E-Mails können beim Zuschicken auf Anforderung nicht zu vernachlässigende Verzögerungen auftreten – zu denken ist dabei an Feiertage, Wochenenden oder den Postweg; bei Anfragen aus dem Ausland sind außerdem Sprachprobleme nicht zu unterschätzen. Hier ist zumindest zweifelhaft, ob dann noch ein (problemloses) Zugänglichmachen vorliegt, wie es dem Gesetzgeber vorgeschwebt hat. Andererseits verlangt § 161 Satz 2 AktG nur, dass die Entsprechenserklärung den Aktionären, sonst aber niemandem, dauerhaft zugänglich gemacht wird. So könnte man auch argumentieren, dass dem Unternehmen noch das Recht der Prüfung verbleiben muss, ob die Informationsanfrage tatsächlich von einem aktuellen Aktionär stammt. Diese Argumentation führt im Ergebnis wohl dazu, dass auch ein dauerhaftes Zugänglichmachen vorliegt, wenn der Aktionär das Unternehmen erst auffordern muss, ihm die Entsprechenserklärung zuzusenden.

Es bleibt daher nur die Feststellung, dass alle anderen Wege kostenintensiver und auch fehleranfälliger sind als das Einstellen der Entsprechenserklärung im Internet[573].

Zu klären ist schließlich, ob die alleinige Veröffentlichung in Bundesanzeiger und Handelsregister ausreicht, um das Erfordernis des § 161

571 Palandt/*Heinrichs* (61. Auflage) § 361a BGB Rn. 25 f.
572 Begr. RegE BT-Drs. 14/8769, S. 22; ebenso *Lutter* ZHR 166 (2002), 523, 528.
573 Zur Problematik der parallelen Veröffentlichung auf verschiedene Art und Weise s. unten D.IV. (Seite 114 f.).

Satz 2 AktG zu erfüllen[574]. Hier wäre zumindest keine weitere Handlung des Unternehmens mehr nötig, damit der Aktionär die gewünschten Informationen erhält. Ratsam wäre ein solches Vorgehen nicht, denn zum einen ist dieses Vorgehen nicht aktionärsfreundlich, zum anderen würde auf diesem Weg die Möglichkeit des Unternehmens nicht gegeben sein, die Erklärung zu ändern. Darauf kann das Unternehmen allerdings verzichten, und die Frage der Ratsamkeit ist von der Frage des juristisch Erlaubten zu trennen. Gegen die Erlaubnis eines solchen Vorgehens spricht aber, dass dann nicht das Unternehmen die Erklärung dem Aktionär dauerhaft zugänglich macht, sondern das Register bzw. der Bundesanzeiger. Entscheidend ist jedoch, dass der Gesetzgeber in § 161 Satz 2 AktG zum Ausdruck gebracht hat, dass die übliche Publizität über Bundesanzeiger und Handelsregister nach § 325 Abs. 1 und 2 HGB bei der Entsprechenserklärung gerade nicht ausreichend ist. Denn auch ohne die Regelung des § 161 Satz 2 AktG muss die Erklärung nach § 325 Abs. 1 Satz 1 HGB publiziert werden. Mit der Regelung des § 161 Satz 2 AktG zeigt der Gesetzgeber, dass er einen zusätzlichen Weg für die Information der Aktionäre einrichten will; insbesondere einen Weg, auf dem diese einfacher an Informationen kommen als die – wohl nur theoretisch genutzte – Möglichkeit, vom Inhalt der Entsprechenserklärung durch Einsichtnahme in die Registerakten oder Auffinden der Erklärung im Bundesanzeiger Kenntnis zu erlangen. Dieses Ergebnis ist auch und gerade mit Blick auf die Auslandsorientierung des Kodex und der Entsprechenserklärung die einzige Lösung, die dem Gesetzgeber vorgeschwebt hat und mit der seiner Intention nachgekommen werden kann. Die alleinige Veröffentlichung im Bundesanzeiger oder Handelsregister ist also nicht ausreichend.

3. *Anspruch der Aktionäre auf eine bestimmte Art des Zugänglichmachens*

Schließlich ist zu fragen, ob die Aktionäre ein Recht haben, dass die Entsprechenserklärung ihnen auf einem bestimmten Weg zugänglich gemacht wird. Der Gesetzgeber hatte die Veröffentlichung auf der Internetseite der Gesellschaft im Blick, als er § 161 AktG formulierte. Dennoch ist die Veröffentlichung auf anderen Wege – wie soeben gesehen – ebenfalls möglich. Daher muss man davon ausgehen, dass das Unternehmen die Wahl hat, auf welchem Wege die Entsprechenserklärung den Aktionären zugänglich gemacht wird. Solange das Unternehmen gewährleistet, dass die Entsprechenserklärung den Aktionären immer in ihrer aktuellen Version zur Verfügung steht, obliegt es seinem Organisationsermessen, auf welchem Weg diese Entsprechenserklärung den Aktionären am sichersten zur Verfügung gestellt wird. Dass dabei dem

---

574 So *Seibt* AG 2002, 249, 257 in diese Richtung scheint auch *Schüppen* in: Hirte (Hrsg.) TransPuG, Kap. 2 Rn. 8 zu argumentieren; anders aber bei Rn. 13 und deutlich dagegen auch *Schüppen* ZIP 2002, 1269, 1272; ebenso dagegen *Hirte* in: Hirte (Hrsg.) TransPuG, Kap. 1 Rn. 37.

Unternehmen nicht verboten ist, die Entsprechenserklärung einem Aktionär auf dessen Anforderung auch in anderer Form zu übermitteln, ist selbstverständlich.

4. Publizität der Entsprechenserklärung nach HGB

Eine weitere Form der Publizität der Entsprechenserklärung wird dadurch gewährleistet, dass die Erklärung nach § 325 Abs. 1 HGB zum Handelsregister einzureichen ist. Dies soll nach dem Willen des Gesetzgebers zur Folge haben, dass sich die Bekanntmachung im Bundesanzeiger nach § 325 Abs. 1 Satz 2 HGB hierauf bezieht[575]. Richtigerweise entfällt allerdings eine Bekanntmachung nach § 325 Abs. 2 HGB bei großen Kapitalgesellschaften, da hier sämtliche Unterlagen im Bundesanzeiger bekannt zu machen sind, also nicht nur der Hinweis auf die Tatsache und Ort der Einreichung, wie in § 325 Abs. 1 Satz 2 HGB bestimmt. Dies gilt für alle von § 161 AktG betroffenen Gesellschaften, da diese als börsennotierte Gesellschaften gemäß § 267 Abs. 3 Satz 2 HGB auch ohne Erfüllung der Größenmerkmale nach § 267 Abs. 2 HGB als große Kapitalgesellschaften gelten. Richtigerweise ist die Entsprechenserklärung also gemäß § 325 Abs. 2 HGB zunächst im Bundesanzeiger zu veröffentlichen, bevor diese Bekanntmachung unter Beifügung der entsprechenden Unterlagen (also auch der Entsprechenserklärung) zum Handelsregister einzureichen ist. Da sich aus dem Gesetzeswortlaut nichts anderes ergibt, ist dabei die aktuelle Erklärung zu publizieren. Ist die Erklärung also im Jahr der Veröffentlichung bzw. Einreichung bereits abgegeben worden, so werden zwar Jahresabschluss, Lagebericht, Bericht des Aufsichtsrats usw. für das vorangegangene Jahr publiziert; im Gegensatz dazu wird die aktuelle Entsprechenserklärung veröffentlicht und eingereicht. Das ist auch nicht systemwidrig, da § 325 Abs. 1 HGB die Unternehmen verpflichtet, das jeweils letzte vorhandene, also aktuellste Dokument (Jahresabschluss, Lagebericht, Bericht des Aufsichtsrats usw.) zu publizieren. Dass diese sich auf das vorangegangene Jahr beziehen ist ihnen immanent. Insofern würde das Erfordernis der Veröffentlichung und Einreichung der Entsprechenserklärung für das vorangegangene Jahr und damit einer veralteten Erklärung sogar einen Systembruch darstellen. Dadurch wird außerdem weitmöglichst verhindert, dass die handelsrechtlich publizierte Erklärung und die tatsächlich geltende Erklärung nicht übereinstimmen.

Dagegen gehört die Entsprechenserklärung weder zu den im Anhang noch zu den im Konzernanhang anzugebenden Dokumenten. §§ 285 Nr. 16, 314 Abs. 1 Nr. 8 HGB verpflichten nur zu der Angabe, *dass* die Entsprechenserklärung abgegeben und den Aktionären zugänglich gemacht wurde, der Wortlaut der Erklärung ist nicht anzugeben. Ebensowenig ist die Entsprechenserklärung Teil der Dokumente, die nach § 175 Abs. 2 AktG nach der Einberufung der Hauptversammlung mindestens einen Monat lang (§ 123 AktG) auszulegen sind. Sie ist nur dann auszulegen, wenn sie im Lagebericht oder im Bericht des

575 Begr. RegE BT-Drs. 14/8769, S. 22.

Aufsichtsrats abgedruckt ist, da diese nach § 175 Abs. 2 AktG auszulegen sind. Ansonsten besteht die Pflicht nicht. Das rechtfertigt sich aber damit, dass die Entsprechenserklärung nach § 161 Satz 2 AktG den Aktionären ohnehin immer dauerhaft zugänglich zu machen ist.

VII. Erstmalige Erklärung – die Übergangsvorschrift des § 15 EGAktG

Sowohl im Referenten- als auch im Regierungsentwurf war noch keine Vorschrift enthalten, wann die Erklärung erstmalig abzugeben war. Daher gab es einige Unsicherheiten, wann dies zu geschehen habe. So wurde vertreten, dass eine Erklärungspflicht zum 31.12.2002 nur bei den Gesellschaften bestehe, deren Geschäftsjahr mit dem Kalenderjahr gleichlaufe[576]. Andere meinten, es werde ausreichen, wenn sie im Geschäftsbericht für 2002, also erst im Jahr 2003 abgegeben werde[577]. Außerdem war unklar, ob sich auch die erste Erklärung bereits auf die Vergangenheit zu beziehen habe. Diese Unsicherheiten wurden durch die Einführung einer Übergangsvorschrift in § 15 EGAktG durch Art. 3 Abs. 2 Nr. 3 TransPuG beseitigt[578]. Hiernach ist die Erklärung zwar bereits im Jahr 2002 abzugeben, diese muss aber nicht vergangenheitsbezogen sein. Begründet wurde das damit, dass der Kodex erst seit Februar 2002 existierte und erst nach Inkrafttreten des Gesetzes amtlich bekannt gemacht wurde[579]. Dies hat zur Folge, dass eine Nichtbeachtung von Empfehlungen des Kodex in der Vergangenheit nicht offengelegt werden muss. Dies ist sachgerecht, denn vor der Veröffentlichung des Kodex war den Gesellschaften seine Beachtung nicht möglich. Darüber hinaus wird ihnen ermöglicht, noch während des Jahres 2002 bis zur Abgabe der Erklärung, also spätestens bis zum 31.12.2002, ihre Corporate Governance den Empfehlungen des Kodex anzupassen. Damit konnten sie trotz Nichtbeachtung von Empfehlungen noch während des Jahres 2002 eine positive Entsprechenserklärung abgeben, soweit eine Einhaltung dieser Empfehlungen zur Zeit der Abgabe der Entsprechenserklärung gegeben war. Trotz Fehlens einer dahingehenden Vorschrift ist die Erklärung auch bis zum 31.12.2002 zu veröffentlichen gewesen, da nur die Abgabe der Entsprechenserklärung ohne ihre Veröffentlichung für potentielle und aktuelle Anleger keinen Sinn gemacht hätte.

Eine komplette Entsprechenserklärung, also eine sowohl vergangenheits- als auch zukunftsbezogene Erklärung ist – das ergibt sich aus § 15 EGAktG e contrario – erstmalig bis zum 31.12.2003 abzugeben.

---

[576] *Seibt* AG 2002, 249, 258.

[577] *Claussen/Bröcker* DB 2002, 1199, 1200 mit allerdings unzutreffenden Nachweisen in Fußnote 10.

[578] Vgl. oben B (Seite 70 ff.); angekündigt bei *Seibert* BB 2002, 581, 584.

[579] BT-Drs. 14/9079, S. 19.

VIII. Folgerungen

Kommt die Verwaltung ihrer Pflicht aus § 161 Satz 1 AktG nach und gibt eine (einheitliche) Entsprechenserklärung ab, sind drei verschiedene Möglichkeiten der Erklärung denkbar: Die Akzeptanz und Befolgung aller Empfehlungen (2.), die Akzeptanz und Befolgung nur eines Teils der Empfehlungen oder die komplette Ablehnung der Empfehlungen (1.). Die dem Kodex innewohnende Informationsfunktion über das System der Corporate Governance in Deutschland wird insofern durch das Zusammenspiel von Kodex und Entsprechenserklärung erweitert. Denn hierdurch erhält der Anleger auch Informationen über die Corporate Governance in dem konkreten Unternehmen. Das gilt immer, soweit sich das Unternehmen zur Einhaltung der Empfehlungen und Anregungen erklärt hat, aber auch bei Abweichungen hiervon.

1. Abweichungen vom Kodex und völlige Ablehnung

Aus dem Wortlaut des § 161 Satz 2 AktG, aber auch aus der Gesetzesbegründung[580] ergibt sich, dass Abweichungen vom Kodex erlaubt sind. Diese können so weit gehen, dass eine Nichtbeachtung sämtlicher Empfehlungen des Kodex erklärt wird, was nicht grundsätzlich verboten wäre[581]. Allerdings wird eine Anwendung dieser teilweise als „Ablehnungsmodell"[582] bezeichneten Vorgehensweise für unwahrscheinlich gehalten, da die Kodex-Empfehlungen jedenfalls überwiegend praktischer Vernunft und anerkannten betriebswirtschaftlichen Regeln guter Unternehmensführung entsprechen[583], so dass von einer überwiegenden Befolgung in wesentlichen Teilen ausgegangen wird[584]. Gegen eine komplette Negierung wird auch angeführt, dies sei ein Zeichen für das Scheitern des mit dem Kodex verbundenen Gedankens der Deregulierung[585].

Häufig wird ein Unternehmen dem Kodex in einigen – regelmäßig den meisten – Empfehlungen folgen, in anderen hingegen nicht. Dann kann es die Abweichungen einfach nur nennen, es kann die Abweichungen aber auch begründen. Literatur und Gesetzgeber gehen von letzterem aus, fordern hierzu sogar auf[586]. Schließlich kann das Unternehmen Empfehlungen des Kodex auch mit Verweis auf unternehmenseigene Corporate-Governance-Standards nicht einhalten. Letzteres wird von einigen Autoren als „Alternativmodell" bezeichnet, eine Abweichung mit oder ohne Begründung als

---

580 Begr. RegE BT-Drs. 14/8769, S. 21.

581 *Berg/Stöcker* WM 2002, 1569, 1573; *Pfitzer/Oser/Wader* DB 2002, 1120; *Seibt* AG 2002, 249, 251;*Ulmer* ZHR 166 (2002), 150, 172.

582 *Hirte* in: Hirte (Hrsg.) TransPuG, Kap 1 Rn. 16; *Kiethe* NZG 2003, 559, 561 f.; *Pfitzer/Oser/Wader* DB 2002, 1120; *von Werder* DB 2002, 801, 810.

583 *Seibert* BB 2002, 581, 583; ähnlich *Pfitzer/Oser/Wader* DB 2002, 1120, Fußnote 10.

584 *Seibt* AG 2002, 249, 250.

585 *Baums* (Hrsg.) Bericht Regkomm, Rn. 7; *von Werder* DB 2002, 801, 810 in Fußnote 75.

586 Begr. RegE BT-Drs. 14/8769, S. 21 a.E.; aus der Literatur vgl. etwa *Ihrig/Wagner* BB 2002, 789, 791; *Seibt* AG 2002, 249, 252; *Ulmer* ZHR 166 (2002), 150, 172.

„Selektionsmodell“[587]. Diese unterschiedliche Bezeichnung kann aber nicht darüber hinwegtäuschen, dass aus Sicht des § 161 AktG beide Modelle – also sowohl Abweichung als auch Abweichung mit Verweis auf den unternehmenseigenen Kodex – gleich zu bewerten sind. Daher bietet es sich eher an, von einer „Abweichungserklärung“ und einer „qualifizierten Abweichungserklärung“ zu sprechen[588]. Nach dem Gesetzestext ist anzugeben „welche Empfehlungen nicht angewendet wurden oder werden“. Damit müssen also die nicht beachteten Empfehlungen genannt werden, unabhängig davon, ob sie durch andere Regelungen eines unternehmenseigenen Kodex ersetzt werden oder nicht. Die Entwicklung eines eigenen Kodex entbindet also nicht von der Abgabe der Entsprechenserklärung nach § 161 AktG zum Kodex der Regierungskommission.

Hat das Unternehmen eigene Corporate-Governance-Standards oder möchte es Abweichungen begründen, so sind Ausführungen in der Entsprechenserklärung erlaubt, solange die zusätzlichen, gesetzlich nicht geforderten Angaben und Erklärungen nicht dazu führen, dass ein objektiver, durchschnittlicher Anleger den Umstand der Abweichung von den Empfehlungen nicht mehr erkennen kann[589]. Denn nur so wird dem berechtigten Informationsbedürfnis des Aktionärs entsprochen. Da hieraus folgt, dass (auch) bei der Entsprechenserklärung die Gebote der Wahrheit, Vollständigkeit, Klarheit und Übersichtlichkeit einzuhalten sind[590], reicht eine Erklärung nicht aus, die angibt, dass die Empfehlungen des Kodex der Regierungskommission eingehalten werden, „soweit sie der Struktur der Aktiengesellschaft und der Vertragslage entsprechen“[591] oder dass sie eingehalten werden, „soweit sie mit dem unternehmenseigenen Kodex übereinstimmen“. Vielmehr verlangt § 161 AktG, dass entweder die konkrete(n) Ziffer(n) der Empfehlung des Kodex genannt wird (werden), die nicht befolgt wird (werden), oder es ist der Inhalt der Empfehlung(en) zu paraphrasieren, die nicht eingehalten wird (werden). Ist dies einem Unternehmen zu aufwendig, bleibt ihm nur die Möglichkeit, den Kodex der Regierungskommission vollständig abzulehnen und dann gegebenenfalls auf den eigenen Kodex zu verweisen. Dagegen bedarf es keiner Angabe darüber, ob die Abweichung nur im Einzelfall vorliegt oder generell-abstrakter Art ist[592].

Abschließend stellt sich die Frage, ob ein unternehmenseigener Kodex empfehlenswert ist. Teilweise wird hiervon mit dem Argument abgeraten, dies sei der Transparenz und auch der (internationalen) Kommunikation

---

587 *Hirte* in: Hirte (Hrsg.) TransPuG, Kap 1 Rn. 18 f.; *Kiethe* NZG 2003, 559, 561; *Pfitzer/Oser/Wader* DB 2002, 1120; *von Werder* DB 2002, 801, 810.

588 So MünchKommAktG/*Semler* § 161 Rn. 135 und 138.

589 *Seibt* AG 2002, 249, 252; vgl. auch bereits oben III.1.d) (Seite 92).

590 *Seibt* AG 2002, 249, 254, will diese aus der Pflicht zur gewissenhaften und getreuen Rechenschaft ableiten, die in §§ 90 Abs. 4, 131 Abs. 2 und 312 Abs. 2 – allerdings in anderen Zusammenhängen – genannt wird.

591 So das Beispiel bei *Claussen/Bröcker* DB 2002, 1199, 1200.

592 Dazu bereits oben III.3. (Seite 94).

abträglich[593]. Andere vertreten den entgegengesetzten Standpunkt und fordern unter dem Motto „Maßanzug statt Einheitsware" zu einem Wettstreit unternehmenseigener Kodizes auf. Hierdurch könne auf Besonderheiten einer Branche oder sogar eines einzelnen Unternehmens besser eingegangen werden[594]. Für die Entwicklung eines eigenen Kodex wird angeführt, dass dies Flexibilität und Individualität des Unternehmens belege und zudem zeige, dass sich das Unternehmen intensiv mit Fragen der Corporate Governance auseinandersetze[595]. Schließlich wird nach dem Grad der Abweichung vom Kodex differenziert. Danach soll ein eigener Kodex bei vollständiger Übereinstimmung mit dem Kodex und bei weitgehenden Abweichungen hiervon nicht sinnvoll sein[596]. Ersteres wird damit abgelehnt, dass in diesem Fall die Öffentlichkeit nur schwer von der Ernsthaftigkeit und dem Engagement des eigenen Vorgehens zu überzeugen sei[597]. In diesem Fall gibt es aber vor allem überhaupt keinen Bedarf für einen eigenen Kodex. Gegen die Erstellung eines unternehmenseigenen Kodex bei weitgehenden Abweichungen wird vorgebracht, dass dieser dann eher Fragen provoziert als beantwortet und daher unternehmensintern und -extern Verwirrung stiften werde[598]. Andere meinen aber, dass auch in diesem Fall ein substantiierter Katalog eigener Governancestandards entwickelt werden könne, der sich dann aber am Kodex der Regierungskommission als Benchmark messen lassen müsse[599]. Als Vorteile eines unternehmenseigenen Kodex werden genannt: Die Möglichkeit, die Übererfüllung von Empfehlungen, die Einhaltung von Anregungen und von nicht im Kodex enthaltenen Normen deutlich zu machen; die Identifikation mit dem Kodex und das Unternehmensimage zu verbessern sowie die Formulierungen des Kodex klarzustellen[600]. Insbesondere die erstgenannten Möglichkeiten gibt es aber auch im Rahmen der Entsprechenserklärung. Daher wird ein Unternehmen genau zu prüfen haben, ob der mit der Verabschiedung eines unternehmenseigenen Kodex verbundene zusätzliche Aufwand lohnend ist. Erlaubt ist ein eigener Kodex jedenfalls allemal[601].

2. Formulierungsvorschläge für eine positive Entsprechenserklärung

Bei vollständiger Akzeptanz und Befolgung sämtlicher Empfehlungen kommt es zu einer sog. positiven Entsprechenserklärung[602]; teilweise wird dies

---

593 *Schüppen* ZIP 2002, 1269, 1278; weniger deutlich *Schüppen* in: Hirte (Hrsg.) TransPuG, Kap. 2 Rn. 29 ff.; dazu auch MünchKommAktG/*Semler* § 161 Rn. 140.
594 *Bernhardt* DB 2002, 1841, 1846; dazu auch MünchKommAktG/*Semler* § 161 Rn. 140.
595 *von Werder* DB 2002, 801, 810.
596 *Hütten* BB 2002, 1740.
597 *Hütten* BB 2002, 1740.
598 *Hütten* BB 2002, 1740.
599 *von Werder* DB 2002, 801, 810; auch MünchKommAktG/*Semler* § 161 Rn. 142 meint, dass der DCGK aus Gründen der Anlegerfreundlichkeit Referenzgröße sein sollte.
600 Ausführlich *Hütten* BB 2002, 1740, 1741 ff.
601 Ebenso *Borges* ZGR 2003, 508, 522.
602 *Seibt* AG 2002, 249, 252.

auch als „Übernahmemodell“[603] bezeichnet. In diesem Fall schlägt der Regierungsentwurf folgende Formulierung vor:

> „Den Verhaltensempfehlungen der von der Bundesregierung eingesetzten Kodex-Kommission zur Unternehmensleitung und -überwachung wurde im Berichtsjahr entsprochen und soll auch künftig entsprochen werden.“[604]

Diese Formulierung ist von einigen Autoren übernommen worden[605], allerdings basiert sie noch auf dem – später abgeänderten – § 161 AktG in der Form des Regierungsentwurfs und ist daher stark an jenen Gesetzestext angelehnt.

Ein anderer Formulierungsvorschlag unter Berücksichtigung der Tatsache, dass ein Unternehmen verschiedenen, gegebenenfalls auch ausländischen Corporate-Governance-Kodizes folgt, lautet[606]

> „Die AG befolgte und wird in Zukunft befolgen a) die Verhaltensempfehlungen der von der deutschen Bundesregierung eingesetzten Kodex-Kommission i. d. F. vom Februar 2002; b) die CG-Grundsätze der Niederländischen Wertpapierbörse. Zwischen diesen beiden CG-Grundsätzen bestehen keine Widersprüche.“

Tatsächlich ist es empfehlenswert, die Erklärung in Anlehnung an den Gesetzestext zu formulieren. Allerdings sollte dann auch die tatsächlich in Kraft getretene Version zugrunde gelegt werden. Da die jährliche Überprüfung und gegebenenfalls auch Anpassung des Kodex geplant ist, sollte außerdem die Version des Kodex angegeben werden, auf die sich die Erklärung bezieht[607]. Weiterhin sollte – in Anbetracht der Veröffentlichung im Bundesanzeiger und im Handelsregister sowie der Möglichkeit nachträglicher Änderungen der Erklärung – auch das Datum der Erklärungsabgabe enthalten sein. Schließlich kann auch noch das Datum der letzten Entsprechenserklärung angegeben werden. Nach der heutigen Gesetzesfassung sollte die Erklärung daher lauten:

> „Den vom Bundesministerium der Justiz im amtlichen Teil des elektronischen Bundesanzeigers in der Fassung vom (...) bekannt gemachten Empfehlungen der „Regierungskommission Deutscher Corporate Governance Kodex“ wurde seit Abgabe der letzten Entsprechenserklärung am (...) entsprochen und soll auch künftig entsprochen werden. ....(Ort, Datum)“

---

[603] MünchKommAktG/*Semler* § 161 Rn. 132; *Pfitzer/Oser/Wader* DB 2002, 1120; *von Werder* DB 2002, 801, 810.

[604] Begr. RegE, BT-Drs. 14/8769, S. 21.

[605] *Knigge* WM 2002, 1729, 1735; *Pfitzer/Oser/Wader* DB 2002, 1120, 1121; wegen der nach seiner Ansicht nicht gegebenen Zukunftsgerichtetheit formuliert hingegen *Seibt* AG 2002, 249, 252: „Den Verhaltensempfehlungen der von der Bundesregierung eingesetzten Kodex-Kommission zur Unternehmensleitung und –überwachung wurde im Berichtsjahr und bis zur Abgabe dieser Erklärung entsprochen.“.

[606] *Claussen/Bröcker* DB 2002, 1199, 1204.

[607] So jetzt auch *BMJ* Hinweis 49/03 vom 10.6.2003; *Gelhausen/Hönsch* AG 2003, 367, 369; *Seibt* FAZ vom 18.6.2003, S. 19.

Der Zusatz, dass dem Kodex außerdem „bis zur Abgabe der Erklärung entsprochen" wurde[608], muss dagegen nicht besonders aufgeführt werden, da die vorgeschlagene Formulierung bereits besagt, dass den Empfehlungen „seit Abgabe der letzten Entsprechenserklärung" und damit bis zur Abgabe der aktuellen Erklärung entsprochen worden ist. Mit der Formulierung „und soll auch künftig entsprochen werden" macht die Formulierung deutlich, dass die Erklärung zukunftsgerichtet ist, aber hiermit keine unabänderbare Verbindlichkeit gewollt ist.

D. Die (unterjährige) Änderung der Entsprechenserklärung

I. Recht und Pflicht zur Änderung der Entsprechenserklärung

Wie gesehen ist die Entsprechenserklärung jährlich abzugeben[609]; diese jährliche Erklärung ist zukunftsgerichtet[610], so dass hierin auch das Verhalten des Unternehmens im Zeitpunkt nach ihrer Abgabe abzulesen ist. Wie bereits oben dargelegt, sind Vorstand und Aufsichtsrat berechtigt, die Entsprechenserklärung jederzeit ohne Angaben von Gründen zu ändern[611]. Auch entspricht es dem eindeutigen Willen des Gesetzgebers, dass die Erklärung jederzeit korrigiert oder zurückgenommen werden kann[612]. Dies ergibt sich auch aus dem Sinn und Zweck des § 161 AktG, nach dem der Kapitalmarkt aus der Entsprechenserklärung erkennen können soll, wie sich das Unternehmen im Hinblick auf die Empfehlungen des Kodex verhält. Außerdem soll gute Corporate Governance nach außen deutlich werden, um damit das Vertrauen der Anleger zu gewinnen. Hieraus ergibt sich auch eine Pflicht von Vorstand und Aufsichtsrat, die Entsprechenserklärung zu ändern, wenn sich ihre Einstellung zu einer oder mehreren Empfehlungen des Kodex ändert[613]. Die Änderungspflicht wird bestätigt durch § 161 Satz 2 AktG, denn der Gesetzgeber würde nicht verlangen, dass eine inhaltlich überholte Erklärung dauerhaft zugänglich zu machen ist[614].

Im Fall der zusätzlichen Einhaltung einer Empfehlung besteht diese Pflicht allerdings im Prinzip nur, wenn der Empfehlung bewusst und gewollt gefolgt wird. Da ein Unternehmen aber nicht zu einer möglichst positiven Selbstdarstellung gezwungen werden kann und auch sonst erhebliche

608 So *Seibt* AG 2002, 249, 252.
609 Vgl. oben C.V. (Seite 98 ff.).
610 Vgl. oben C.IV.2.b) (Seite 96 ff.).
611 Oben C.IV.2.b) (insbesondere Seite 96 f.).
612 Begr. RegE, BT-Drs. 14/8769, S. 22.
613 So auch MünchKommAktG/*Semler* § 161 Rn. 117; *Ettinger/Grützediek* AG 2003, 353, 354; *Ihrig/Wagner* BB 2002, 789, 791; *Pfitzer/Oser/Wader* DB 2002, 1120, 1121; anders *Schüppen* ZIP 2002, 1269, 1273; sowie *Hucke/Ammann* DCGK-Leitfaden, S. 135 und *Seibt* AG 2002, 249, 254, die aber die Erklärung auch für nicht zukunftsgerichtet halten.
614 MünchKommAktG/*Semler* § 161 Rn. 117; *Ihrig/Wagner* BB 2002, 2509; ähnlich *Ettinger/Grützediek* AG 2003, 353, 354.

Beweisprobleme bestehen würden, inwieweit einer Empfehlung bewusst und gewollt oder doch nur zufällig gefolgt wird[615], besteht im Ergebnis sogar überhaupt keine Änderungspflicht, wenn abweichend von der Entsprechenserklärung zusätzliche Empfehlungen eingehalten werden.

II. Zeitpunkt der Änderungserklärung

Eine Änderung der Entsprechenserklärung kann grundsätzlich bei Abgabe der jährlichen Erklärung erfolgen, sie kann aber auch unterjährig, also im Laufe des Jahres, vorgenommen werden. Nur so bleibt sichergestellt, dass die Unternehmenspraxis jederzeit geändert werden kann. Fraglich ist aber, wann eine unterjährige Änderung nötig ist und wann mit der Änderung bis zur turnusgemäßen Erklärung gewartet werden kann. Auch dies ergibt sich aus dem Sinn und Zweck des § 161 AktG: Der Kapitalmarkt soll jederzeit über die – aktuelle – Praxis des Unternehmens im Hinblick auf die Empfehlungen des Kodex informiert sein. Das heißt, dass die Erklärung spätestens dann zu ändern ist, wenn eine Änderung der Corporate-Governance-Praxis des Unternehmens eintritt. Danach muss also spätestens in der juristischen Sekunde vor Änderung der Praxis die Entsprechenserklärung geändert werden[616]. Fraglich ist, wann die Entsprechenserklärung zu ändern ist, wenn Vorstand oder Aufsichtsrat einen Beschluss fassen, dessen Umsetzung eine Abweichung von der Entsprechenserklärung bedeuten wird. In diesem Moment ist bereits klar, dass in Zukunft die Empfehlung nicht mehr eingehalten wird. Im Interesse des Kapitalmarktes wäre dann eine frühzeitige Änderung der Entsprechenserklärung wünschenswert. Bis zum Beschluss war aber die Änderung der Corporate-Governance-Praxis des Unternehmens noch nicht absehbar. Insofern kann hier die Entsprechenserklärung auch nach dem betreffenden Beschluss geändert werden, in jedem Fall aber muss dies vor Änderung der Unternehmenspraxis geschehen.

Problematisch ist darüber hinaus der Fall, dass einer Empfehlung des Kodex tatsächlich nicht (mehr) entsprochen wird, ohne dass dies den (Gesamt-)Organen bekannt wird – etwa weil ein Mitglied des Vorstands oder des Aufsichtsrats einen Interessenkonflikt nicht offengelegt hat und damit einen Verstoß gegen Ziff. 4.3.4 bzw. Ziff. 5.1 DCGK begeht. In diesem Fall ist der Kodex unverzüglich nach Bekanntwerden zu ändern; dennoch liegt dann bereits ein Verstoß gegen den Kodex und die Erklärungspflicht nach § 161 AktG vor.

Eine Änderung der Entsprechenserklärung ist schließlich nicht erforderlich, wenn einer Empfehlung, der bisher nicht nachgekommen worden ist, nunmehr

---

615 Vgl. dazu ausführlich oben C.III.1.b) (Seite 90 f.).

616 So auch *Ulmer* ZHR 166 (2002), 150, 171; unklar *Lutter/Krieger* Rechte und Pflichten, Rn. 492 unverzüglich bzw. vorherige Offenlegung; strenger *Semler/Wagner* NZG 2003, 553, 556 („unverzüglich"); noch strenger *Lutter* FS Druey, S. 463, 467, unverzügliche Bekanntgabe gemäß § 15 WpHG; weniger streng (nur im Einzelfall Ex-ante-Erklärung) *Ihrig/Wagner* BB 2002, 2509, 2510; nach *Happ* in: Happ (Hrsg.) AktR, 8.14 Rn. 6 Änderung der Entsprechenserklärung wohl sogar erst nach einer Abweichung.

zufällig nachgekommen wird. Dies ist beispielsweise der Fall, wenn ein Aufsichtsratsmitglied zugleich Vorstandsmitglied einer börsennotierten Gesellschaft ist und mehr als die in Ziff. 5.4.3 Satz 2 DCGK erlaubten Aufsichtsratsmandate wahrnimmt. Scheidet es aus einem der Aufsichtsräte aus und unterschreitet nun die im Kodex genannte Schwelle, ist die Entsprechenserklärung nur zu ändern, wenn auch in Zukunft kein Aufsichtsratsmitglied die Schwelle überschreiten will und wird. Denn Corporate Governance zeichnet sich nicht durch Zufallsergebnisse, sondern durch bewusstes und gewolltes Handeln aus.

III. Berechtigter bzw. Verpflichteter der Änderungserklärung

Da die Entsprechenserklärung von Vorstand und Aufsichtsrat im Hinblick auf sämtliche Empfehlungen abgegeben wurde, sind beide Organe auch verpflichtet, eine Änderung der Entsprechenserklärung vorzunehmen[617]. Dies gilt auch, wenn die Änderung nur im Bereich eines der beiden Organe auftritt und vom anderen Organ nicht zu beeinflussen ist[618]. Im Fall der unterjährigen Änderung der Entsprechenserklärung könnte dies im Hinblick auf den Aufsichtsrat problematisch sein, da dieser nur gelegentlich zusammentritt[619]. Insofern ist hier eine Delegation der Änderungserklärung an einen Aufsichtsratsausschuss oder an den Aufsichtsratsvorsitzenden angedacht worden[620]. Da aber die Entsprechenserklärung selbst vom Gesamtgremium abzugeben ist, kann die Kompetenz zur unterjährigen Änderung der Erklärung nicht bei einem Ausschuss oder gar dem Vorsitzenden des Aufsichtsrats liegen. Dies gilt umso mehr, als eine unterjährige Änderung der Entsprechenserklärung eine Ausnahme darstellt und damit vom Kapitalmarkt besonders gewürdigt werden wird. Denn hierdurch wird deutlich, dass im Unternehmen keine längerfristige Planung der Corporate Governance erfolgt. Will man nicht bis zur nächsten turnusmäßigen Sitzung des Aufsichtsrats warten, was ggf. aber eine Abweichung der Erklärungen von Vorstand und Aufsichtsrat nach sich ziehen kann, könnte der Aufsichtsrat in den Grenzen des § 108 Abs. 4 AktG in Telefon- oder Videokonferenzen tagen[621] oder auch einen Umlaufbeschluss[622] fassen.

Da Vorstand und Aufsichtsrat ihre Entsprechenserklärung jederzeit ändern können, sind sie wie bei der erstmaligen oder turnusgemäßen Abgabe der Entsprechenserklärung nicht an das Votum des jeweils anderen Organs

---

617 Anders nur *Ringleb* in: DCGK-Komm, Rn. 1017, wonach kleinere Fehler vom Vorstand in einem Zusatz zur Erklärung berichtigt werden können, ohne dass beide Organe einen förmlichen Beschluss fassen müssen.

618 *Ringleb* in: DCGK-Komm, Rn. 1019; *Ihrig/Wagner* BB 2002, 2509, 2512.

619 *Hirte* in: Hirte (Hrsg.) TransPuG, Kap. 1 Rn. 41; *Ihrig/Wagner* BB 2002, 2509, 2512.

620 *Hirte* in: Hirte (Hrsg.) TransPuG, Kap. 1 Rn. 41 für den gegenwartsbeschreibenden Teil; *Ihrig/Wagner* BB 2002, 2509, 2513 f., die im Ergebnis eine Übertragung auf einen Aufsichtsratsausschuss befürworten.

621 So auch *Hirte* in: Hirte (Hrsg.) TransPuG, Kap. 1 Rn. 41.

622 Vgl. allgemein zum Umlaufbeschluss *Hoffmann-Becking* in: Münch. Hdb. GesR IV, § 31 Rn. 82 ff.; *Henn* HdbAktR, Rn. 661; *Hüffer* AktG, § 108 Rn. 16.

gebunden. Insofern können im Ergebnis auch hier voneinander abweichende Entsprechenserklärungen entstehen, wenn ein Organ seine Entsprechenserklärung unterjährig ändert, das andere Organ aber nicht. Umgekehrt können durch eine unterjährige Änderung der Entsprechenserklärung aber auch bisher voneinander abweichende Erklärungen den gleichen Inhalt annehmen, wenn ein Organ seine Entsprechenserklärung derjenigen des anderen Organs (unterjährig) anpasst.

IV. Form und Ort der Änderungserklärung

Bei der jährlichen Änderung der Entsprechenserklärung ist jeweils zu allen Empfehlungen von Vorstand und Aufsichtsrat Stellung zu nehmen. Dies geschieht üblicherweise im Internet, aber auch andere Wege sind erlaubt[623].

Im Fall einer unterjährigen Änderung der Entsprechenserklärung kann die Verwaltung sich nur zu denjenigen Empfehlungen äußern, zu denen sich die Unternehmenspraxis geändert hat. Dies ist dann lediglich eine Ergänzung der ursprünglichen Entsprechenserklärung. Fraglich ist, ob in diesem Fall die Entsprechenserklärung auch komplett neu abgegeben werden darf, obwohl im betreffenden Jahr bereits eine Erklärung abgegeben wurde. Teilweise wird dies sogar für geboten gehalten, wenn die Erklärung sich in Bezug auf einzelne Empfehlungen ändert[624], ohne dass auf die Möglichkeit eingegangen wird, die Änderungserklärung auf die Empfehlungen zu beschränken, bezüglich derer die Unternehmenspraxis geändert wird. Problematisch ist dabei, dass die von der Gesellschaft – regelmäßig im Internet – dauerhaft zugänglich gemachte Erklärung und die nach § 325 Abs. 1 Satz 1, Abs. 2 HGB eingereichte Erklärung auseinanderfallen. Denn eine erneute handelsrechtliche Publizität ist für die neue Entsprechenserklärung nicht vorgesehen, wie sich im Gegenschluss zu § 325 Abs. 1 Satz 3 2. Hs. HGB ergibt, wonach ein geänderter Jahresabschluss erneut zum Handelsregister einzureichen ist. Dies spricht zumindest dafür, die neue Entsprechenserklärung mit einem Datum zu versehen, so dass diese als solche erkennbar wird. Daneben ist auch eine freiwillige Veröffentlichung im Bundesanzeiger möglich. Ein Verbot der Veröffentlichung einer komplett neuen Entsprechenserklärung ist aber weder hieraus noch an anderer Stelle im Gesetz festzumachen.

Weiterhin ist fraglich, ob die geänderte Entsprechenserklärung auf allen Wegen geändert werden muss, auf denen sie zuvor bekanntgemacht wurde. Von Gesetzes wegen ist, wie soeben gesehen, eine erneute Veröffentlichung im Bundesanzeiger und Einreichung ins Handelsregister nicht nötig. Klar ist auch, dass dann, wenn der Weg der Bekanntmachung im Internet nicht gewählt wurde, die geänderte Entsprechenserklärung auf demselben Weg bekanntzugeben ist, auf dem zuvor die Entsprechenserklärung veröffentlicht wurde. Zum Teil wird die Veröffentlichung ausschließlich im Internet auch dann für ausreichend

623 Ausführlich dazu oben C.VI.2. (Seite 102 ff.).
624 *IDW*-EPS 345, Wpg 2002, 1379, 1381, Tz. 19 a.E.

gehalten, wenn die ursprüngliche Entsprechenserklärung auch auf anderen Wegen, etwa als Druckstück, publiziert wurde[625]. Fraglich ist, was passiert, wenn ein Unternehmen die Entsprechenserklärung auf verschiedene Weise bekanntgegeben hat. Hier besteht für den Anleger die Gefahr, dass er sich auf eine dieser Bekanntmachungen verlässt und so nicht erfährt, dass sich die Erklärung auf einem anderen Weg geändert hat. In diesem Fall muss das Unternehmen auf allen Wegen, auf denen die Entsprechenserklärung einmal bekanntgemacht wurde, auch die Änderungen mitteilen. Das gilt allerdings nicht, wenn das Unternehmen einen Weg wählt, um die Entsprechenserklärung offiziell dauerhaft zur Verfügung zu stellen, darüber hinaus aber informatorisch die Entsprechenserklärung auch auf anderen Wegen, etwa zusammen mit der Einladung zur Hauptversammlung an die Aktionäre verschickt. Dies ist dann lediglich ein zusätzliches Service- oder Informationsangebot, das aber nicht die rechtliche Qualität der Veröffentlichung auf der Internetseite hat. Über diese Wege muss die Änderung der Entsprechenserklärung daher nicht zusätzlich mitgeteilt werden.

V. Gegenstand der Änderungserklärung – insbesondere bei zwischenzeitlicher Änderung des Kodex

Gegenstand der Entsprechenserklärung bei ihrer jährlichen Abgabe ist der jeweils aktuelle Kodex[626]. Gegenstand einer unterjährigen Änderungserklärung ist ebenfalls der dann aktuelle Kodex, was relevant wird, wenn sich der Kodex seit Abgabe der turnusmäßigen Erklärung geändert hat. Wird die Entsprechenserklärung komplett neu abgegeben, so ist der aktuelle, also geänderte Kodex zugrunde zu legen. Gleiches gilt, wenn die Änderungerklärung sich darauf beschränkt, nur diejenigen Empfehlungen aufzuzählen, hinsichtlich derer sich die Unternehmenspraxis geändert hat: Ist gerade diesbezüglich eine Empfehlung inhaltlich geändert worden, so ist zum geänderten Inhalt Stellung zu nehmen. Ist der Inhalt der Empfehlung gleichgeblieben, so spielt es keine Rolle, ob für die Erklärung der alte oder neue Kodex zugrunde gelegt wird, denn hier hat es dann ja gerade keine Änderung gegeben. Auch eine Änderungserklärung nach Überarbeitung des Kodex verpflichtet also nicht dazu, sich komplett zum neuen Kodex zu erklären, es sei denn, die Entsprechenserklärung selbst wird komplett neu abgegeben.

VI. Zwischenergebnis

Somit ist festzuhalten, dass die Entsprechenserklärung eine zukunftsgerichtete, aber jederzeit änderbare Selbstbindung der Verwaltung darstellt[627]. Solange eine Änderung der Erklärung nicht erfolgt ist, ist die

---

625 *Gelhausen/Hönsch* AG 2002, 529, 534.

626 Vgl. oben C.II.2. (Seite 87 f.).

627 So auch *Ihrig/Wagner* BB 2002, 789, 791; *Pfitzer/Oser/Wader* DB 2002, 1120, 1121.

Verwaltung an die Erklärung gebunden. Vor einer Änderung der Beachtung der Empfehlungen des Kodex ist die Verwaltung verpflichtet, auch die Entsprechenserklärung zu ändern. Dabei muss dies auf allen Wegen erfolgen, auf denen die Erklärung offiziell und nicht nur informatorisch veröffentlicht wurde.

VII. Veröffentlichungspflicht nach § 15 Abs. 1 Satz 1 WpHG

Die Änderung der Entsprechenserklärung könnte – unabhängig davon, ob diese Änderung unterjährig oder bei der turnusmäßigen Abgabe der Erklärung erfolgt – auch in Form einer Ad-hoc-Meldung nach § 15 Abs. 1 Satz 1 WpHG mitzuteilen sein. Dieser bestimmt

> „§ 15. Veröffentlichung und Mitteilung kursbeeinflussender Tatsachen. Der Emittent von Wertpapieren, die zum Handel an einer inländischen Börse zugelassen sind, muss unverzüglich eine neue Tatsache gemäß § 15 Abs. 3 Satz 1 veröffentlichen, die in seinem Tätigkeitsbereich eingetreten und nicht öffentlich bekannt ist, wenn sie wegen der Auswirkungen auf die Vermögens- oder Finanzlage oder auf den allgemeinen Geschäftsverlauf des Emittenten geeignet ist, den Börsenpreis der zugelassenen Wertpapiere erheblich zu beeinflusssen (...)".

Der Gesetzgeber hat eine solche Pflicht in der Begründung zu § 161 AktG sehr deutlich ausgesprochen[628]. In der Literatur ist dies im Ergebnis heftig umstritten. Ohne auf die einzelnen Tatbestandsmerkmale des § 15 Abs. 1 Satz 1 WpHG näher einzugehen wird vertreten, dass eine Ad-hoc-Meldung immer[629] bzw. regelmäßig[630], gegebenenfalls[631] oder nur in seltenen Fällen[632] zu erfolgen hat. Um zu einer tragfähige Aussage über die Notwendigkeit einer Ad-hoc-Meldung zu kommen, evtl. auch zur Bestimmung, was denn „gegebenenfalls" bedeutet oder welches die „seltenen Fälle" einer Ad-hoc-Publizitätspflicht sind, bedarf es daher einer näheren Untersuchung der Voraussetzung des § 15 Abs. 1 Satz 1 WpHG.

Unstrittig fallen Aktien eines börsennotierten Unternehmen unter den Wertpapier-Begriff nach § 2 Abs. 1 Nr. 1 WpHG, ebenso unstrittig ist, dass das börsennotierte Unternehmen hinsichtlich seiner eigenen Aktien auch deren Emittent ist. Damit § 15 Abs. 1 Satz 1 WpHG aber tatsächlich einschlägig ist, müsste die Änderung der Entsprechenserklärung eine neue Tatsache darstellen (1.), die im Tätigkeitsbereich des betreffenden Unternehmens eingetreten (2.)

---

628 Begr. RegE, BT-Drs. 14/8769, S. 22.

629 *Claussen/Bröcker DB* 2002, 1199, 1204; *Lutter* FS Druey, S. 463, 467.

630 *Lutter* ZHR 166 (2002), 523, 535; wohl auch *Ulmer* ZHR 166 (2002), 150, 171.

631 MünchKommAktG/*Semler* § 161 Rn. 118; *Happ* in: Happ (Hrsg.) AktR, 8.14 Rn. 6 a.E.; *Hirte* in: Hirte (Hrsg.) TransPuG, Kap. 1 Rn. 41 a.E.; *Buchta* DStR 2003, 740, 742; *Ihrig/Wagner* BB 2002, 789, 791; *Kiethe* NZG 2003, 559, 564; *Knigge* WM 2002, 1729, 1735; *Peltzer* DCG, Rn. 123; *Pfitzer/Oser/Wader* DB 2002, 1120, 1121; *Pielorz* FS Metzeler, S. 167, 179; *Seibt* AG 2002, 249, 254; *Semler/Wagner* NZG 2003, 553, 556; *Sieg* FS Metzeler, S. 191, 199.

632 *Ihrig/Wagner* BB 2002, 2509, 2514; *Schüppen* ZIP 2002, 1269, 1273; *Seibert* BB 2002, 581, 583; *Vetter* DNotZ 2003, 748, 761.

und nicht öffentlich bekannt ist (3.), die Auswirkungen auf die Vermögens- oder Finanzlage oder auf den allgemeinen Geschäftsverlauf hat (4.) und deswegen geeignet ist, den Börsenpreis erheblich zu beeinflussen (5.).

1. neue Tatsache

Allgemein wird unter einer Tatsache ein Vorgang der Vergangenheit oder der Gegenwart verstanden, der einer objektiven Klärung, also dem Beweis zugänglich ist[633]. Darunter fallen auch innere Sachverhalte, sobald sie zu äußeren Erscheinungen in Beziehung treten, sie sind aber abzugrenzen von Meinungen, Ansichten, Vorhaben[634]. Wird die Entsprechenserklärung – durch einen entsprechenden Beschluss – geändert, dann liegt hierin ein Vorgang, der dem Beweis zugänglich ist. Die Abgrenzung zum Begriff des „Vorhabens" darf daher nicht dahingehend missverstanden werden, dass, solange das Unternehmen eine Änderung seiner Praxis noch nicht umgesetzt hat, nur ein Vorhaben und damit noch keine Tatsache vorliegt. Die Änderung der Entsprechenserklärung kennzeichnet ein Vorhaben, nämlich die Änderung der Unternehmenspraxis, ist aber selbst bereits eine neue Tatsache. Wie bereits erläutert wurde[635], ist die Entsprechenserklärung zu ändern, sobald absehbar ist, dass eine Empfehlung entgegen den Angaben in der Entsprechenserklärung nicht mehr beachtet werden soll, also regelmäßig bevor die Unternehmenspraxis bezüglich einer Empfehlung selbst geändert wird. Beabsichtigen die Organe also, die Praxis zu ändern, ist bereits zu diesem Zeitpunkt die Entsprechenserklärung anzupassen. Dann liegt eine Tatsache vor. Dem Merkmal „neu" kommt darüber hinaus keine eigene Bedeutung zu[636]. Daher liegt in der Änderung der Entsprechenserklärung eine neue Tatsache.

2. die im Tätigkeitsbereich des Emittenten eingetreten ist

Diese neue Tatsache muss im Tätigkeitsbereich des Unternehmens eingetreten sein. Hierin liegt vor allem eine Abgrenzung zu Tatsachen, die keinen Bezug zum Emittenten haben, wie etwa allgemeine Marktdaten (Marktenwicklung), Gesetzesvorhaben für die Branche des Unternehmens oder auch Veränderungen der Aktionärsstruktur[637]. Der Beschluss der Änderung der

---

633 So, wenn auch unterschiedlich im Detail, für die Tatsache nach § 15 WpHG *BaWe/Deutsche Börse* Insiderhandelsverbote und Ad-hoc-Publizität, S. 31; *Kümpel* Bank- und Kapitalmarktrecht Rn. 16.236; *Kümpel* in: Assmann/Schneider (Hrsg.) WpHG, § 15 Rn. 44; *Schäfer/Geibel WpHG* u. a., § 15 WpHG Rn. 27 m.w.N. auch aus dem Zivil- und Strafrecht.

634 *Kümpel* in: Assmann/Schneider (Hrsg.) WpHG, § 15 Rn. 44; *Schäfer/Geibel WpHG* u. a., § 15 WpHG Rn. 27m.w.N.

635 Oben II. (Seite 112 f.).

636 *Geibel* in: Schäfer WpHG u. a., § 15 WpHG Rn. 36; ausführlicher *Waldhausen* Die ad-hoc-publizitätspflichtige Tatsache, S. 182 f.

637 *BaWe/Deutsche Börse* Insiderhandelsverbote und Ad-hoc-Publizität, S. 34 f.; *Kümpel* Bank- und Kapitalmarktrecht, Rn. 16.239 ff.; *Geibel* in: Schäfer WpHG u. a., § 15 WpHG Rn. 37.

Entsprechenserklärung ist aber als Beschluss der Unternehmensorgane in der Sphäre des Unternehmens und damit im Tätigkeitsbereich des Emittenten eingetreten.

3. *die nicht öffentlich bekannt ist*

Weiterhin darf die Änderung der Entsprechenserklärung nicht öffentlich bekannt sein. Bekannte Tatsachen sind dabei solche, von denen die Öffentlichkeit Kenntnis nehmen kann; daher ist nach ganz herrschender Meinung positive Kenntnis nicht erforderlich[638]. Auch unter dem Begriff der „Öffentlichkeit“ wird nur von einer Mindermeinung die „breite Öffentlichkeit“ verstanden, während nach herrschender Auffassung hierunter nur die sog. „Bereichsöffentlichkeit“ fällt[639]. Damit müssen nur bestimmte, nämlich professionelle Marktteilnehmer von der Tatsache Kenntnis erlangen (können), wobei dies der Fall ist, wenn in Anlehnung an § 15 Abs. 3 WpHG die Veröffentlichung über ein Börsenpflichtblatt oder ein elektronisches Informationsverbreitungssystem erfolgt ist[640]. Zwar kommt es hierdurch zu einer Privilegierung der professionellen Marktteilnehmer. Diese wird aber durch die Informationsverbreitung mittels neuer Medien, insbesondere des Internet, in zunehmendem Maße entschärft und ist daher hinzunehmen[641].

Hinsichtlich der Änderung der Entsprechenserklärung stellt sich die Frage, ob für die Herstellung der Bereichsöffentlichkeit die Veröffentlichung auf der Internetseite der Gesellschaft in unmittelbarer Nähe zu der geänderten Entsprechenserklärung ausreichend ist. Damit wäre die Änderung der Entsprechenserklärung öffentlich bekannt, eine Ad-hoc-Publizitätspflicht bestünde nicht. Jedenfalls hätte die Bereichsöffentlichkeit und sogar die breite Öffentlichkeit bei dieser Art der Veröffentlichung die Möglichkeit der Kenntnisnahme. Das gilt allerdings auch für die Veröffentlichung anderer neuer Tatsachen in Zeitungen von nur örtlich begrenzter Verbreitung, für die Verkündung von Gerichtsurteilen, sowie für Mitteilungen auf Pressekonferenzen, Analystentreffen und Hauptversammlungen, bei denen dennoch davon ausgegangen wird, dass eine solche Form der Veröffentlichung nicht ausreicht[642]. Auch die Veröffentlichung sonstiger Ad-hoc-publizitätspflichtiger Tatsachen die Veröffentlichung im Internet – etwa auf der unternehmenseigenen „Unternehmensnachrichten“ oder „News“-Seite reicht gerade nicht aus. Dies könnte zwar bei der Entsprechenserklärung anders sein, da ihr typischer Veröffentlichungsweg gerade die Internetseite des

---

638 *Waldhausen* Die ad-hoc-publizitätspflichtige Tatsache, S. 184 f. m.w.N. auch zur Gegenmeinung.

639 Mit überzeugender Argumentation *Geibel* in: Schäfer WpHG u. a., § 15 WpHG Rn. 46; *Waldhausen* Die ad-hoc-publizitätspflichtige Tatsache, S. 185 ff.

640 *Geibel* in: Schäfer WpHG u. a., § 15 WpHG Rn. 122.

641 *Von Klitzing* Die Ad-hoc-Publizität S. 100 f.; *Wölk* AG 1997, 73, 76; dazu auch sogleich.

642 *Geibel* in: Schäfer WpHG u. a.; § 15 WpHG Rn. 48; *Waldhausen* Die ad-hoc-publizitätspflichtige Tatsache, S. 187 f., jew. m.w.N.

Unternehmens ist. Gegen ein Ausreichen der Veröffentlichung einer Änderung der Entsprechenserklärung auf der unternehmenseigenen Internetseite im Sinne des § 15 Abs. 1 Satz 1 WpHG spricht aber insbesondere, dass zu einer schnellen Information auch der Bereichsöffentlichkeit eine dauerhafte und lückenlose Überwachung der Entsprechenserklärungen aller ca. 1.000 börsennotierten Unternehmen nötig wäre. Dagegen sind die in § 15 Abs. 3 WpHG genannten Publikationsformen für Ad-hoc-Mitteilungen auf einige wenige Anbieter begrenzt[643]. Die Änderung der Entsprechenserklärung ist danach nicht nach § 15 Abs. 1 Satz 1 WpHG öffentlich bekannt, wenn die Veröffentlichung nur auf der Internetseite der Gesellschaft erfolgt. Dies gilt sowohl für den Fall, dass die Entsprechenserklärung im Zuge ihrer jährlichen Abgabe geändert wird, als auch für den Fall einer unterjährigen Änderung der Erklärung. Denn wenn die Unternehmensorgane selbst bestimmen können, wann im Laufe des Jahres sie die alte Entsprechenserklärung durch eine neue Erklärung ersetzen[644], ist auch bei der jährlichen Neufassung der Entsprechenserklärung durch die Abgabe der Erklärung und eine eventuelle Veröffentlichung auf der unternehmenseigenen Internetseite die Bereichsöffentlichkeit noch nicht hergestellt.

4. die Auswirkungen auf die Vermögens- oder Finanzlage oder auf den allgemeinen Geschäftsverlauf hat

Voraussetzung für eine Ad-hoc-Publizitätspflicht von Änderungen der Entsprechenserklärung ist weiterhin, dass diese Änderung Auswirkungen auf die Vermögens- oder Finanzlage oder auf den allgemeinen Geschäftsverlauf der Gesellschaft nach § 15 Abs. 1 Satz 1 WpHG hat. Wann dies der Fall ist, ist bisher nicht gelöst, vielmehr sind die einzelnen Voraussetzungen hoch umstritten. Hingegen spielt der Streit um die Bewertung sog. „zusammengesetzter Tatsachen" keine Rolle. Hiermit ist gemeint, dass es Tatsachen gibt, die als sog. Einzeltatsachen für sich genommen keine Auswirkungen im Sinne des § 15 Abs. 1 Satz 1 WpHG haben, die aber zusammen mit anderen Ereignissen in ihrer Summierung doch Auswirkungen in diesem Sinne und damit auch die darauf beruhende Kursrelevanz haben[645]. Die Änderung der Entsprechenserklärung ist, auch wenn sich die Änderung auf die (Nicht-)Einhaltung auf mehrere Empfehlungen bezieht, immer nur *eine* Tatsache. Dass diese (intern) aus mehreren Teilakten bestehen kann, ändert nichts daran, dass sie außerhalb des Unternehmens als ein einheitlicher Vorgang

---

643 Nach der Aufzählung der *BAFin* unter <http://www.bafin.de/links/adhoc.html> sind dies zum einen die überregionalen Börsenpflichtblätter *Börsenzeitung, Die Welt, Financial Times Deutschland, Frankfurter Allgemeine Zeitung, Frankfurter Rundschau* (mit Ausnahme der Bayerischen Börse, vgl. *Wölk* AG 1997, 73, 75f.), *Handelsblatt* und *Süddeutsche Zeitung*. Außerdem im Internet <http://www.dpag>, <http://www.huginonline.de> und <http://www.euroadhoc.com>. Die bei *von Klitzing* Die Ad-hoc-Publizität, Fußnote 481 genannten Videotext-Seiten bei *n-tv* (S. 360), *ARD* und *ZDF* (S. 448) sind dagegen nicht mehr aktuell.

644 Vgl. dazu oben C. V. (Seite 98 ff.).

645 *Waldhausen* Die ad-hoc-publizitätspflichtige Tatsache, S. 213.

wahrgenommen wird. Im Folgenden ist daher zu fragen, ob diese Einzeltatsache der Änderung der Entsprechenserklärung Auswirkungen auf die Vermögens- oder Finanzlage oder auf den allgemeinen Geschäftsverlauf des Unternehmens hat.

a) Auswirkung auf die Vermögens- oder Finanzlage

Was unter der Vermögens- und Finanzlage nach § 15 Abs. 1 Satz 1 WpHG zu verstehen ist, ist umstritten. Nach einer Ansicht, die sich auf die Formulierung in der Gesetzesbegründung[646] beruft, ist dieser Begriff in Anlehnung an die bilanzrechtlichen Vorschriften, hier also an § 264 Abs. 2 Satz 1 HGB, auszulegen. Die Ad-hoc-Publizität wird als Ergänzung der Regelpublizität ohne darüber hinaus gehenden Inhalt verstanden[647]. Danach ist die Vermögenslage das Verhältnis des Vermögens des Kaufmanns zu seinen Schulden; die Finanzlage betrifft die Finanzierung und vor allem die Liquidität des Unternehmens[648]. Dagegen will eine andere Ansicht den Begriff der Vermögens- oder Finanzlage weit auslegen. Hiernach reicht es aus, wenn sich die Breite, die zeitliche Struktur und die Sicherheit zukünftiger Ausschüttungen oder das Ausmaß der Fähigkeit zum künftigen Ausgleich der betrieblichen Ein- und Auszahlungen verändert[649]. Durch eine Änderung der Entsprechenserklärung, aber auch durch eine Änderung des der Erklärung zugrundeliegenden Verhaltens kommt es weder zu einer Änderung des Saldos von Vermögen und Schulden, noch zu einer Veränderung der Liquiditätslage. Zwar soll gute oder schlechte Corporate Governance *langfristig* Auswirkungen auf die Finanzlage eines Unternehmens haben[650], und die von § 15 Abs. 1 Satz 1 WpHG geforderte Auswirkung auf die Vermögens- oder Finanzlage muss auch nicht sofort eintreten[651]. Dennoch wäre eine Ad-hoc-Meldung erst nötig, wenn eine Auswirkung sich zumindest konkret abzeichnet. Eine Ad-hoc-Meldung nur infolge der Änderung der Entsprechenserklärung unter Berufung auf mögliche, bisher aber auch nicht empirisch nachgewiesene Auswirkungen auf die Vermögens- oder Finanzlage wäre eher eine Mitteilung „ins Blaue hinein". Beide Meinungen kämen insofern zu dem Ergebnis, dass Auswirkungen auf die Vermögens- und Finanzlage nicht vorliegen[652]. Allerdings nehmen einige Autoren eine Erweiterung dieses Merkmals vor. So sollen Auswirkungen auf die

---

646 BT-Drs. 12/7918, S. 96.

647 *Kümpel* in: Assmann/Schneider (Hrsg.) WpHG, § 15 Rn. 58 ff.; *Schlittgen* Ad hoc-Publizität, S. 139; weitere Nachweise bei *Waldhausen* Die ad-hoc-publizitätspflichtige Tatsache, Fußnote 1211.

648 *Baumbach/Hopt* HGB, § 264 Rn. 10 f.

649 *Cahn* ZHR 162 (1998), 1, 27 ff.; *Fürhoff/Wölk* WM 1997, 449, 453; *Wölk* AG 1997, 73, 78.

650 Vgl. *Seibert* DB 2002, 581, 583 zu den Empfehlungen: „Ein Unternehmen, das all das nicht anwendet, wäre (...) binnen kurzer Frist insolvent.".

651 *Kümpel* in: Assmann/Schneider (Hrsg.) WpHG, § 15 Rn. 57 b; *Geibel* in: Schäfer WpHG u. a., § 15 WpHG Rn. 64.

652 So – in anderem Zusammenhang – auch *Berg/Stöcker* WM 2002, 1569, 1574.

Vermögens- oder Finanzlage auch dann vorliegen, wenn die Tatsache im Rahmen der Registerpublizität des § 325 HGB offenzulegen ist[653]. Unter die nach § 325 Abs. 1 Satz 1 HGB zu veröffentlichenden Angaben gehört auch die Entsprechenserklärung. Folgt man dieser Meinung, hat die (Änderung der) Entsprechenserklärung bereits wegen ihrer Erwähnung in § 325 Abs. 1 Satz 1 HGB Auswirkungen auf die Vermögens- oder Finanzlage.

b) Auswirkung auf den allgemeinen Geschäftsverlauf

Noch umstrittener ist die Frage, was unter Auswirkungen auf den allgemeinen Geschäftsverlauf zu verstehen ist. Wiederum beruft sich eine Ansicht darauf, dass die Ad-hoc-Publizität nur die Regelpublizität ergänzt und folgert, dass bei der Auslegung des „allgemeinen Geschäftsverlaufs" auf § 289 HGB zurückgegriffen werden kann[654]. Dabei wird betont, dass zwar die Änderung verpflichtender Angaben im Lagebericht[655] oder Anhang[656] die Publizitätspflicht nach § 15 Abs. 1 Satz 1 WpHG begründen. Dagegen reiche eine freiwillige Angabe im Lagebericht nicht aus, um eine Pflicht zur Ad-hoc-Publizität zu begründen[657]. Zum Beleg dieser Ansicht wird auf die Gesetzesbegründung verwiesen und darauf, dass hierdurch ein hoher Grad an Rechtssicherheit zu erreichen sei. Da die Entsprechenserklärung nicht zwingend sondern nur fakultativ im Lagebericht zu erwähnen ist, würde diese Meinung in einer Änderung der Erklärung keinen Fall des § 15 Abs. 1 Satz 1 WpHG erkennen.

Dagegen meinen andere, dass dieses Merkmal in seiner inhaltlichen Bedeutung über die des § 289 HGB hinausgehe und die „Auswirkung auf den allgemeinen Geschäftsverlauf" als Auffangtatbestand zu verstehen sei[658]. Hierzu werden Wortlaut und Systematik herangezogen und aufgezeigt, dass § 289 HGB nicht vom „allgemeinen Geschäftsverlauf", sondern nur vom „Geschäftsverlauf" spreche[659]. Auch der Gesetzgeber habe § 289 HGB nur als Orientierungshilfe verstehen wollen, aber kein starres Festhalten hieran gefordert[660]. Eine solche Auslegung sei auch im Informationsinteresse der Anleger, das über das der Regelpublizität hinausgehe, geboten[661]. Anknüpfungspunkt sei daher, ob durch eine neue Tatsache Auswirkungen auf die gesamte Geschäftstätigkeit des

653 *Burgard* ZHR 162 (1998), 51, 65; *Fürhoff* Kapitalmarktrechtliche Ad hoc-Publizität, S. 171; dagegen *Waldhausen* Die ad-hoc-publizitätspflichtige Tatsache, S. 211 f.; *von Klitzing* Die Ad-hoc-Publizität S. 119.

654 *Kümpel* in: Assmann/Schneider (Hrsg.) WpHG, § 15 Rn. 59; weitere Nachweise bei *Waldhausen* Die ad-hoc-publizitätspflichtige Tatsache, Fußnoten 1218 und 1219.

655 *Kümpel* in: Assmann/Schneider (Hrsg.) WpHG, § 15 Rn. 60; *Geibel* in: Schäfer WpHG u. a., § 15 WpHG Rn. 66.

656 *Kümpel* in: Assmann/Schneider (Hrsg.) WpHG, § 15 Rn. 61.

657 *Kümpel* in: Assmann/Schneider (Hrsg.) WpHG, § 15 Rn. 68.

658 *Fürhoff* Kapitalmarktrechtliche Ad hoc-Publizität, S. 171 m.w.N.; *Gehrt* Ad-hoc-Publizität, S. 150; *von Klitzing* Die Ad-hoc-Publizität S. 119.

659 *Gehrt* Ad-hoc-Publizität, S. 149 f.; *von Klitzing* Die Ad-hoc-Publizität S. 118 f.

660 *von Klitzing* Die Ad-hoc-Publizität S. 118.

661 *von Klitzing* Die Ad-hoc-Publizität S. 118 f.; *Wölk* AG 1997, 73, 78.

Unternehmens zu erwarten seien, unabhängig davon, ob diese im Jahresabschluss oder Lagebericht erwähnt werden muss oder darf und ob sie tatsächlich hierin erwähnt wurde[662]. Um die Relevanz dieses Merkmals zu erhalten, wird behauptet, hierdurch sei nur eine zeitliche, aber keine sachliche Auslese gemeint[663]. Folgt man der weiten Auffassung zur Auslegung des Merkmals „Auswirkung auf den allgemeinen Geschäftsbetrieb", so fällt die Änderung der Entsprechenserklärung hierunter. Denn eine Verhaltensänderung der Verwaltungsorgane hinsichtlich der Corporate-Governance-Praxis des Unternehmens hat zumindest potentiell Auswirkungen auf die (gesamte) Geschäftstätigkeit des Unternehmens.

Eine besondere, von Vertretern auch innerhalb beider Ansichten uneinheitlich beantwortete Frage ist darüber hinaus diejenige, wie Personalveränderungen auf Vorstandsebene und in Schlüsselpositionen und organisatorische Veränderungen zu handhaben seien. Mittlerweile wird von der herrschenden Meinung eine Publizitätspflicht bejaht[664]. Dies ist erstaunlich, denn anders als in den 1990er Jahren, als Wechsel an der Konzernspitze teilweise einen dramatischen kulturellen Wandel auslösten, stehen Vorstandswechsel immer seltener für einen Strategiewechsel[665]; andererseits sind die Konsequenzen eines Vorstandswechsels besonders weitreichend, da ein Vorstandsvorsitzender im Schnitt zehn Jahre lang auf dieser Position bleibt, in den USA dagegen nur ca. 6,5 Jahre[666]. Daneben wird teilweise eine Änderung der Geschäftspolitik für publizitätpflichtig gehalten[667]. Hinsichtlich der Entsprechenserklärung kann man zwar anführen, dass diese weder eine Personalveränderung noch eine Änderung der Geschäftspolitik im Sinne der üblicherweise genannten Beispiele darstellt. Allerdings liegt bei einer Änderung der Corporate-Governance-Praxis des Unternehmens auch eine Änderung der Unternehmenspolitik nach innen vor. Diese ist vergleichbar mit der – nach außen wirkenden – Geschäftspolitik. Außerdem ist die planmäßige Änderung des Verhaltens des Führungspersonals nicht so weit entfernt von Personalveränderungen. Auch hiernach ist es also denkbar, dass die Änderung der Entsprechenserklärung unter § 15 Abs. 1 Satz 1 WpHG fällt.

c) Stellungnahme

Zweifelsohne verursacht die Entsprechenserklärung keinen Buchungsvorgang für den Jahresabschluss oder eine Angabepflicht im

---

662 *von Klitzing* Die Ad-hoc-Publizität S. 118 und 127.

663 *Cahn* ZHR 162 (1998), 1, 28 f.

664 *BaWe/Deutsche Börse* Insiderhandelsverbote und Ad-hoc-Publizität, S. 51; *Gehrt* Ad-hoc-Publizität, S. 151 f.; *Waldhausen* Die ad-hoc-publizitätspflichtige Tatsache, S. 262 f.; *Geibel* in: Schäfer WpHG u. a., § 15 WpHG Rn. 69 m.w.N.

665 *nr.* FAZ vom 10.3.2003 (Nr. 58), S. 21 (oben).

666 *nr.* FAZ vom 10.3.2003 (Nr. 58) S. 21 (oben).

667 *Gehrt* Ad-hoc-Publizität, S. 150; *Geibel* in: Schäfer WpHG u. a., § 15 WpHG Rn. 70; wohl auch *Cahn* ZHR 162 (1998), 1, 29 f.

Lagebericht, wie es die Gesetzesbegründung[668] für eine Publizitätspflicht nach § 15 WpHG im Auge hatte. Dennoch konnte gezeigt werden, dass die Änderung der Entsprechenserklärung Auswirkungen der in § 15 WpHG geforderten Art nach sich zieht und deswegen potentiell publizitätspflichtig wäre. Denkbar ist dies über § 325 HGB oder über das Verständnis der „Auswirkung auf den allgemeinen Geschäftsverlauf" als Auffangtatbestand für alle Tatsachen, die Auswirkugen auf die Geschäftstätigkeit des Unternehmens haben. Einerseits ist das Erfordernis der „Auswirkungen die Vermögens- oder Finanzlage oder auf den allgemeinen Geschäftsverlauf" in § 15 Abs. 1 Satz 1 WpHG gerade das Merkmal der Abgrenzung zu den ansonsten gleichlautenden Voraussetzungen für die Bejahung der Insider-Eigenschaft nach § 13 Abs. 1 WpHG. Andererseits wird teilweise vertreten, das Merkmal „Auswirkung auf die Vermögens- oder Finanzlage oder auf den allgemeinen Geschäftsverlauf" solle gestrichen werden, da ihm keine Funktion zukomme[669]. Die Auslegung des § 15 Abs. 1 Satz 1 WpHG ausschließlich nach dem handelsrechtlichen Verständnis der §§ 264 Abs. 2, 289 HGB erscheint sehr formalistisch. Außerdem werden hierdurch die Unsicherheiten, welche Angaben Pflichtangaben im Lagebericht und im Anhang sind[670], auf das eine ganz andere Zielsetzung verfolgende Wertpapierhandelsrecht übertragen. Schließlich wird dieses Abgrenzungskriterium auch von den Befürwortern einer restriktiven Auslegung des Merkmals der „Auswirkung" dadurch entwertet, dass sie für den Fall eines Auseinanderfallens von Insidereigenschaft und Ad-hoc-Mitteilungspflicht eine analoge Anwendung von § 15 WpHG vorschlagen[671]. Daher ist eine eigenständige Auslegung der Merkmale des § 15 Abs. 1 Satz 1 WpHG vorzuziehen, die den spezifischen Anforderungen des Wertpapierhandelsrechts gerecht wird. Dieses Verständnis geht dann über das rein handelsrechtliche hinaus. Ausschlaggebend für die Bejahung des Merkmals „Auswirkungen auf die Vermögens- oder Finanzlage oder auf den allgemeinen Geschäftsverlauf" ist, dass sowohl § 15 Abs. 1 Satz 1 WpHG als auch § 161 AktG zumindest teilweise kapitalmarktrechtliche Normen sind. Vor allem § 15 Abs. 1 Satz 1 WpHG dient zwar auch der Aufrechterhaltung der Funktionsfähigkeit des Kapitalmarkts und dem Schutz vor Insidergeschäften[672]. Daneben hat er aber wie auch § 161 AktG eine Informationsfunktion für die Anleger[673]. Das Informationsinteresse des Anlegers rechtfertigt aber eine weite Auslegung des § 15 WpHG. Diese umfasst damit auch die Änderung der Entsprechenserklärung. So wird eine möglichst weitgehende Information des Anlegers erreicht. Damit fällt auch die

---

668 Empfehlung Finanzausschuss BT-Drs. 12/7918, S. 96.

669 *Burgard* ZHR 162 (1998), 51, 66; *von Klitzing* Die Ad-hoc-Publizität S. 123.

670 Dazu *von Klitzing* Die Ad-hoc-Publizität S. 116; *Waldhausen* Die ad-hoc-publizitätspflichtige Tatsache, S. 206 (Fußnote 1249).

671 So etwa *Kümpel* in: Assmann/Schneider (Hrsg.) WpHG, § 15 Rn. 54 ff.; *Geibel* in: Schäfer WpHG u. a., § 15 WpHG Rn. 113, jeweils m.w.N.

672 *Geibel* in: Schäfer WpHG u. a., § 15 WpHG Rn. 1 m.w.N.

673 *Kümpel* in: Assmann/Schneider (Hrsg.) WpHG, § 15 Rn. 2 m.w.N.

Entsprechenserklärung unter § 15 Abs. 1 Satz 1 WpHG, eine Änderung der Entsprechenserklärung ist zumindest potentiell Ad-hoc-publizitätspflichtig.

Folgt man hingegen der hier abgelehnten restriktiven Auffassung, kommt eine Verpflichtung, die Änderung der Entsprechenserklärung nach § 15 Abs. 3 WpHG zu publizieren, nicht mehr in Betracht. Auch die freiwillige Angabe der Entsprechenserklärung im Lagebericht oder Anhang führt dann zu keinem anderen Ergebnis. Denn dann würde das Ergebnis, ob die Änderung der Entsprechenserklärung potentiell publizitätspflichtig ist, vom Ort ihrer Veröffentlichung, also letztlich vom Zufall, abhängen. Dies ist auch im Hinblick auf die Rechtssicherheit abzulehnen. Das nach der restriktiven Auffassung erzielte Ergebnis, nach dem die Änderung der Entsprechenserklärung schon keine potentiell publizitätspflichtige Tatsache ist, lässt allerdings die Verpflichtung, die Änderung der Entsprechenserklärung auf der Internetseite des Unternehmens zu publizieren, unberührt.

5. und deswegen geeignet ist, den Börsenpreis erheblich zu beeinflussen

Mit der Bejahung des Merkmals „Auswirkungen auf die Vermögens- oder Finanzlage oder auf den allgemeinen Geschäftsverlauf" ist noch nicht entschieden, ob die Änderung der Entsprechenserklärung tatsächlich publizitätspflichtig ist. Vielmehr verlangt § 15 Abs. 1 Satz 1 WpHG darüber hinaus, dass die Änderung wegen ihrer Auswirkung geeignet ist, den Börsenpreis erheblich zu beeinflussen. In Bezug auf die Entsprechenserklärung ist gesagt worden, dass mit dieser Erklärung Kursvorteile für die Aktien einer Gesellschaft erreicht werden könnten und damit die Eignung zur Kursrelevanz auf der Hand liege[674]. Dies bedarf allerdings schon deshalb der genaueren Untersuchung, weil gerade nicht jede Eignung zur Kursrelevanz ausreicht, sondern diese auch erheblich sein muss.

a) Standpunkt der Beurteilung

Über die Kursrelevanz ist nach ganz überwiegender Meinung aus einer ex-ante-Position zu entscheiden[675]. Dabei kommt es auf die Prognose aus Sicht eines objektiven und vernünftigen, mit den Verhältnissen des Kapitalmarktes bestens vertrauten, also professionellen Anlegers an[676]. Ein insofern unkundiger Emittent hat daher den sachverständigen Rat eines emissionsbegleitenden Kreditinstituts oder einer anderen mit den Verhältnissen am Kapitalmarkt vertrauten Person einzuholen[677]. Schon aus dem Gesetzestext ergibt sich außerdem, dass eine tatsächliche Beeinflussung des Börsenpreises nicht nötig

674 *Lutter* FS Druey, S. 463, 467.

675 *BaWe/Deutsche Börse* Insiderhandelsverbote und Ad-hoc-Publizität, S. 37; *von Klitzing* Die Ad-hoc-Publizität S. 130; *Geibel* in: Schäfer WpHG u. a., § 15 WpHG Rn. 93; weitere Nachweise bei *Waldhausen* Die ad-hoc-publizitätspflichtige Tatsache, Fußnote 1547.

676 *Waldhausen* Die ad-hoc-publizitätspflichtige Tatsache, S. 266 ff., 269 mit vielen w.N.

677 BT-Drs. 12/6679 S. 48.

ist, sondern schon diese Möglichkeit, also das Kursbeeinflussungs*potential* einer Tatsache ausreicht, um die Publizitätspflicht herbeizuführen. Wie hoch hier der Grad der Wahrscheinlichkeit einer erheblichen Kursänderung ist, wird dabei unterschiedlich beurteilt, jedoch wird dieses Merkmal häufig bejaht, wenn eine fünfzigprozentige Wahrscheinlichkeit vorliegt[678]. Darüber hinaus hat die Prognose einzelfallbezogen zu erfolgen[679].

b) *Kursbeeinflussungspotential einer Tatsache*

Üblicherweise bereitet es erhebliche Schwierigkeiten, Beurteilungskriterien für die Frage zu finden, welche Tatsachen Kursbeeinflussungspotential besitzen, was insbesondere auf das Fehlen wirtschaftswissenschaftlicher Theorien zurückgeführt wird[680]. Im hier interessierenden Fall der Untersuchung der Kursrelevanz einer Änderung der Entsprechenserklärung ist dieses Problem etwas geringer. Denn wie ausgeführt[681], haben verschiedene Studien ergeben, dass eine große Mehrheit institutioneller Investoren bereit ist, einen Aufschlag für gute Corporate Governance eines Unternehmens zu zahlen[682]. Diese professionellen Anleger gehen also – ex ante betrachtet – auch ohne wesentliche Berücksichtigung des Einzelfalls davon aus, dass eine Verbesserung oder Verschlechterung der Corporate Governance eines Unternehmens Kursrelevanz besitzt.

c) *Erheblichkeit des Kursbeeinflussungspotentials*

Die Feststellung, dass eine Änderung der Entsprechenserklärung Kursbeeinflussungspotential hat, lässt eine Ad-hoc-Mitteilungspflicht noch nicht entstehen. Nach § 15 Abs. 1 Satz 1 WpHG müsste die Änderung der Entsprechenserklärung darüber hinaus die Eignung zur *erheblichen* Beeinflussung des Börsenkurses aufweisen.

aa) *Das Meinungsbild in der Literatur*

In der Frage, wann die Erheblichkeitsschwelle erreicht ist, wird eine Vielzahl unterschiedlicher Ansätze vertreten[683], die sich allerdings grob in zwei grundsätzlich verschiedene und eine vermittelnde Ansicht einteilen lassen[684].

---

678 *Waldhausen* Die ad-hoc-publizitätspflichtige Tatsache, S. 267 f. m.w.N.

679 Begr. RegE BT-Drs. 12/6679 S. 48; *BaWe/Deutsche Börse* Insiderhandelsverbote und Ad-hoc-Publizität, S. 37; *Kümpel* in: Assmann/Schneider (Hrsg.) WpHG, § 15 Rn. 69a; *Geibel* in: Schäfer WpHG u. a., § 15 WpHG Rn. 92.

680 Ausführlich *Waldhausen* Die ad-hoc-publizitätspflichtige Tatsache, S. 269 ff.; vgl. aber auch die Ereignisstudie von *Nowak* ZBB 2001, 449 mit Hinweisen auf weitere Studien.

681 Vgl. dazu oben Kapitel 1 B.II. (Seite 18 ff.).

682 Damit wird gleichzeitig verdeutlicht, dass auch andere als die bei der Beurteilung der Frage nach der Kursrelevanz genannten Merkmale Einfluss auf den Börsenpreis haben. Insofern ist eine generelle Beantwortung der Frage, was Kursrelevanz im Sinne des § 15 Abs. 1 Satz 1 WpHG hat, noch schwieriger geworden.

683 Übersicht bei *von Klitzing* Die Ad-hoc-Publizität S. 134 ff., der zwischen neun verschiedenen Ansätzen unterscheidet, die ihrerseits teilweise noch unterteilt sind.

Die herrschende Ansicht misst die Erheblichkeit ausschließlich daran, ob eine Tatsache geeignet ist, eine Kursveränderung herbeizuführen, die bestimmte (feste) Schwellenwerte überschreitet. Diese Schwellenwerte, bei deren Überschreitung eine Tatsache erheblich ist, werden häufig bei einer Kursabweichung ab ungefähr fünf Prozent gesehen. Deutlich darüber oder darunter liegende Werte werden hingegen nur vereinzelt angenommen[685]. Dieser Prozentsatz für die Abweichung geht zurück auf die Begründung des Gesetzgebers[686], Marktteilnehmer gingen von einer erheblichen Kursbewegung aus, wenn gemäß § 8 Abs. 1 b) Geschäftsbedingung der deutschen Börsen eine einfache Plus-/Minus-Ankündigung zu erfolgen hat, was für Aktien im Präsenzhandel eben bei fünf Prozent voraussichtlicher Kursabweichung vorlag.

Dagegen betonen Vertreter der entgegengesetzten Ansicht, die Bestimmung der Erheblichkeitsschwelle habe durch allgemeine Auslegungsregeln zu erfolgen. Danach soll diese Schwelle erreicht sein, wenn – unter Berücksichtigung des sog. *materiality*-Grundsatzes – (professionelle) Anleger die infragestehende Tatsache bei ihren Bewertungen oder Entscheidungen berücksichtigen müssten[687], oder wenn sich aus Sicht eines Anlegers die Verwertung der Tatsache lohne, hieraus also ein Kauf- oder Verkaufsanreiz für ihn resultiere[688].

Die vermittelnde Ansicht will einen variablen Schwellenwert bestimmen, hält aber den von der zweiten Ansicht genannten Kauf- oder Verkaufsanreiz für das entscheidende Kriterium[689]. Teilweise soll dabei der variable Schwellenwert bereits bei (mindestens) zwei Prozent liegen, wobei dieses Kriterium von der Volatilität des einzelnen Papiers abhängen soll[690]. Dieser Schwellenwert von ca. zwei Prozent scheint aber gerade in Boomphasen oder in unruhigen Börsenzeiten viel zu niedrig angesetzt, wenn man im Rückblick auf die vergangenen Jahre bedenkt, dass selbst Aktien großer Unternehmen mit eigentlich geringer Volatilität ohne Vorliegen besonderer Umstände mit dem Markt pro Tag um deutlich mehr als drei Prozent schwanken können; hierin können also noch übliche Schwankungen liegen. Darüber hinaus ist die Zwei-Prozent-Grenze willkürlich gewählt und findet im Gesetz keine Stütze. Letzteres gilt zwar auch für die Fünf-Prozent-Grenze für das Kriterium der Erheblichkeit, aber dieses hatte der Gesetzgeber bei Verabschiedung des § 15 WpHG im Auge.

---

684 Nach *Waldhausen* Die ad-hoc-publizitätspflichtige Tatsache, S. 281 ff.

685 Vgl. die Darstellung bei *Waldhausen* Die ad-hoc-publizitätspflichtige Tatsache, S. 281.

686 Begr. RegE, BT-Drs. 12/6679, S. 47.

687 Hierzu ausführlich *Gehrt* Ad-hoc-Publizität, S. 169; *Nowak* ZBB 2001, 449, 450 f.; kritisch *Schlittgen* Ad hoc-Publizität, S. 163 f.

688 *Fürhoff* Kapitalmarktrechtliche Ad hoc-Publizität, S. 189 ff., 192; *Gehrt* Ad-hoc-Publizität, S. 160, 162; *Schlittgen* Ad hoc-Publizität, S. 165 f.; *Burgard* ZHR 162 (1998), 51, 69; *Cahn* ZHR 162 (1998), 1, 17 f.; *Fürhoff/Wölk* WM 1997, 449, 455 m.w.N.; *Wölk* AG 1997, 73, 79.

689 *BaWe/Deutsche Börse* Insiderhandelsverbote und Ad-hoc-Publizität, S. 38; *Cahn* ZHR 162 (1998), 1, 18; *von Klitzing* Die Ad-hoc-Publizität S. 149; *Geibel* in: Schäfer WpHG u. a., § 15 WpHG Rn. 101 f.

690 *Waldhausen* Die ad-hoc-publizitätspflichtige Tatsache, S. 286.

Würde dieses Kriterium mehr als halbiert werden, würde eine Ad-hoc-Publizitätspflicht weit früher als vom Gesetzgeber gewollt beginnen. Außerdem ist im Hinblick auf die teilweise irrationalen Reaktionen der Anleger und die in den letzten fünf Jahren erheblich an Volatilität gewinnenden Märkten auch ohne Vorliegen besonderer Nachrichten eine Kursbeeinflussung von zwei Prozent kaum noch vorhersehbar. Daher ist es grundsätzlich vorzugswürdig, erst ab einem Kursbeeinflussungspotential von etwa fünf Prozent vom Vorliegen eines Ad-hoc-mitteilungspflichtigen Ereignisses auszugehen. Hierfür spricht die Rechts- und Planungssicherheit, die die Unternehmen haben. Dadurch wird auch das weitere, nur in Grenzen objektivierbare Tatbestandsmerkmal „geeignet", nach dem bereits eine Tatsache ausreicht, die nur das Potential der Kursbeeinflussung hat, abgemildert, so dass die Regelung nicht zu unbestimmt ist. Bei einem Kursbeeinflussungspotential von fünf Prozent werden außerdem auch die Vertreter der anderen Ansicht zum Ergebnis gelangen, dass eine solche Nachricht von (professionellen) Anlegern berücksichtigt werden wird und hieraus Kauf- oder Verkaufsanreize resultieren. Insofern wäre das Kursbeeinflussungspotential nach allen Meinungen erheblich.

bb) Anwendung auf die Änderung der Entsprechenserklärung

Fraglich ist, wie sich dieses Ergebnis auf die Änderung der Entsprechenserklärung auswirkt, ob hierdurch also eine Änderung von ca. 5% erwartet werden kann. Ausgangspunkt sind die bereits häufiger erwähnten Studien, die ergeben haben, dass (zumindest institutionelle) Investoren bereit sind, bei der Beachtung guter Corporate Governance einen Aufschlag von bis zu 13% auf den Börsenpreis zu zahlen. Damit ist die Frage, ob eine Änderung der Entsprechenserklärung erhebliches Kursbeeinflussungspotential hat, aber noch lange nicht entschieden. Denn der Aufschlag von bis zu 13% auf den Börsenpreis ist der Unterschied zwischen schlechter Corporate Governance bzw. der Nichtbeachtung jeglicher Corporate-Governance-Maßnahmen einerseits und guter Corporate Governance andererseits. Die Änderung der Entsprechenserklärung kann aber darauf beruhen, dass nur die Einstellung zu einer einzigen Empfehlung geändert wird. Insofern ist nicht auf das formale Kriterium der Änderung der Entsprechenserklärung abzustellen, sondern zu fragen, inwieweit eine inhaltliche Änderung der Entsprechenserklärung vorliegt.

(1) Kursbeeinflussungpotential bei kompletter Änderung der Entsprechenserklärung

Daher liegt das Kursbeeinflussungspotential bei maximal 13%, und wird nur erreicht, wenn ein Unternehmen von der Nichtbeachtung sämtlicher Inhalte guter Corporate Governance zu deren vollständiger Beachtung übergeht, oder andersherum, von vollständiger Beachtung zur kompletten Missachtung von Maßnahmen guter Corporate Governance wechselt. Hier ist weiter zu beachten, dass bestimmte Aspekte guter Corporate Governance auch im zwingenden

Gesetzesrecht berücksichtigt sind, von denen ohnehin nicht abgewichen werden kann. Allerdings ist das Sinken des für gute Corporate Governance gewährten Aufschlags in den letzten Jahren von den Erstellern der Studie vor allem darauf zurückgeführt worden, dass einige Elemente guter Corporate Governance durch gesetzgeberische Initiativen mittlerweile zu zwingenden Vorschriften geworden sind[691]. Daher kann man also zumindest vereinfachend annehmen, dass ein Aufschlag von höchstens 13% gewährt wird, wenn Corporate-Governance-Grundsätze eingehalten werden, die über die gesetzlichen Regelungen hinausgehen. Der Deutschen Corporate Governance Kodex nennt solche Maßnahmen in seinen Empfehlungen und Anregungen. Nun kann man – wiederum vereinfachend[692] – annehmen, dass in den Empfehlungen und Anregungen sämtliche existenten Maßnahmen guter Corporate Governance enthalten sind, die den Kursaufschlag von 13% bewirken. Es gäbe daher nur dann einen Kursaufschlag von 13% bei einem Wechsel der Unternehmenspraxis von vollständiger Ablehnung des Kodex hin zu einer positiven Entsprechenserklärung sowie zusätzlich der Einhaltung aller Anregungen oder umgekehrt, von einer positiven Entsprechenserklärung einschließlich der Einhaltung aller Anregungen hin zu einer völligen Ablehnung der Kodex-Empfehlungen und -Anregungen. Wenn überhaupt, dann fällt unter § 15 Abs. 1 Satz 1 WpHG aber nur eine Änderung der Entsprechenserklärung, also eine Änderung bei den Empfehlungen, nicht aber bei den Anregungen. Daher liegt selbst bei einer kompletten Änderung der Entsprechenserklärung (von vollständiger Akzeptanz zu vollständiger Ablehnung nur der Empfehlungen oder andersherum) das Kursbeeinflussungspotential unter der maximalen Größe von 13% für gute Corporate Governance. Allerdings wird der hierauf entfallende Aufschlag deutlich über den für die Erheblichkeit des Kursbeeinflussungspotentials angedachten ca. fünf Prozent liegen. Daher wäre in diesem Fall, also bei einer kompletten Änderung der Entsprechenserklärung, ein erhebliches Kursbeeinflussungspotential im Sinne des § 15 Abs. 1 Satz 1 WpHG gegeben. In diesem Fall müsste die Änderung der Entsprechenserklärung auch nach § 15 Abs. 1 Satz 1 WpHG ad hoc publiziert werden.

(2) Kursbeeinflussungspotential bei geringer Änderung der Entsprechenserklärung

Eine solche Komplettänderung der Entsprechenserklärung ist aber wohl eher theoretischer Natur. Immerhin ist anerkannt, dass zumindest ein Teil der Empfehlungen die ohnehin gelebte Praxis in deutschen Unternehmen beschreibt. Fraglich ist also, was bei weniger gravierenden Änderungen der

[691] Dazu oben Kapitel 1 B.II. (insbesondere Seite 18 ff.).

[692] Realistischerweise muss davon ausgegangen werden, dass es noch weitere Maßnahmen guter Corporate-Governance gibt, die weder in den Empfehlungen noch in den Anregungen enthalten sind. Dies belegt schon die Diskussion darüber, welche zusätzlichen Maßnahmen in den Kodex aufgenommen werden sollten.

Entsprechenserklärung passiert. Da sich die Entsprechenserklärung – wie soeben gesehen – nur auf die Empfehlungen des Kodex bezieht, ist der maximal mögliche Auschlag von 13% aufzuteilen auf Anregungen und Empfehlungen. Dieser Aufschlag verteilt sich dabei auf die ca. 60 Empfehlungen des Kodex. Also wird selbst bei der Einhaltung sämtlicher Empfehlungen und der damit möglichen positiven Entsprechenserklärung weniger als 13% Kursaufschlag gezahlt werden. Rein rechnerisch und in der Annahme, dass alle Empfehlungen gleich gewichtet wären, läge daher das Kursbeeinflussungspotential der (Nicht-) Einhaltung einer einzelnen Empfehlung bei deutlich unter 1/3 Prozent[693]. Hält ein Unternehmen nur eine oder einige wenige Empfehlungen nicht ein, so entfällt der maximal mögliche Kursaufschlag von 13% nicht komplett. Vielmehr wird dann entsprechend der Gewichtung der Empfehlung der Kursaufschlag etwas geringer ausfallen. Ändert sich die Einstellung eines Unternehmens zu einer oder einigen wenigen der insgesamt über 50 Empfehlungen, so dass die Entsprechenserklärung geändert werden muss, liegt das Kursbeeinflussungspotential dann aber immer noch bei deutlich unter 5%, eher bei ein bis zwei Prozent. Damit ist aber nach keiner Ansicht die prozentuale Größe erreicht, mit der ein erhebliches Kursbeeinflussungspotential im Sinne des § 15 Abs. 1 Satz 1 WpHG gegeben wäre. Eine Pflicht zur Veröffentlichung nach § 15 Abs. 1 Satz 1 WpHG besteht daher bei einer Änderung der Entsprechenserklärung infolge der geänderten Einstellung des Unternehmens zu einer oder zu einigen wenigen Empfehlungen nicht.

(3) Schwelle der Erheblichkeit des Kursbeeinflussungspotentials bei Änderung der Entsprechenserklärung

Damit stehen die Extreme fest: bei einer Komplettänderung der Entsprechenserklärung liegt ein erhebliches Kursbeeinflussungspotential im Sinne des § 15 Abs. 1 Satz 1 WpHG vor. Dagegen liegt ein solcher Fall bei einer Abweichung von der ursprünglichen Entsprechenserklärung nur in einer oder in einigen wenigen Empfehlungen nicht vor, so dass keine Pflicht zur Ad-hoc-Mitteilung dieser Abweichung besteht.

Zu klären ist aber noch, wann es zu einem Umschlagen von unerheblichem zu erheblichem Kursbeeinflussungspotential kommt. Da es keine Untersuchung darüber gibt, wie hoch der Anteil einer jeden Empfehlung auf den maximalen Kursaufschlag ist, ja nicht einmal in welchem Verhältnis die Empfehlungen einerseits und die Anregungen andererseits hierauf einwirken, ist es nicht möglich, hierfür konkrete Zahlen zu nennen. Ohnehin lägen die Werte der Kursbeeinflussung, die einer Empfehlung zuzuweisen wären, wohl weit unter 1%[694], so dass sie kaum zuverlässig zu erheben wären. Es ist auch zu bedenken, dass Corporate Governance ein Bündel an Maßnahmen darstellt, so dass ein Weniger in einem Bereich gegebenenfalls durch ein Mehr in einem anderen

[693] S. dazu sogleich.
[694] Vgl. die vorangegangenen Ausführungen.

Bereich ausgeglichen werden kann. Daher ist zu fragen, welches der Unterschied zwischen der Komplettänderung der Entsprechenserklärung und der Änderung der Entsprechenserklärung nur in einigen wenigen Punkten ist, insbesondere, ob es neben der rein quantitativen Sichtweise auch Änderungen qualitativer Art gibt. Der Hauptunterschied liegt darin, dass im ersten Fall die Corporate Governance eines Unternehmens gänzlich neu ausgerichtet wird, während im zweiten Fall nur Einzelaspekte der Corporate Governance des Unternehmens geändert werden. Die Neuausrichtung der Corporate Governance eines Unternehmens zieht das Bedürfnis einer Neubewertung dieses Unternehmens durch die Anleger, also den Kapitalmarkt, nach sich. Eine solche Neubewertung kann nun aber zu erheblichen Änderungen des Börsenpreises führen und hat daher das Potential, den Kurs der Aktie erheblich zu beeinflussen. Werden hingegen nur Einzelaspekte verändert, ist eine komplette Neubewertung des Unternehmens nicht nötig. Daher kann es auch nur marginale Schwankungen des Börsenkurses geben. Mithin hat eine solche Änderung kein erhebliches Kursbeeinflussungspotential[695].

(4) Kriterium der Neuausrichtung der Corporate Governance

Mit Hilfe des Unterscheidungskriteriums der Neuausrichtung der Corporate Governance eines Unternehmens ist nun zu untersuchen, wann eine solche Neuausrichtung bei der Änderung der Entsprechenserklärung – neben der Komplettänderung der Entsprechenserklärung – vorliegt.

Eine solche Neuausrichtung[696] liegt dann vor, wenn sich die Unternehmenspraxis hinsichtlich einer Vielzahl von Empfehlungen ändert. Unter Änderung ist dabei sowohl die zusätzliche Einhaltung als auch die Nichteinhaltung von Empfehlungen gegenüber der Aussage in der Entsprechenserklärung zu verstehen. Dies gilt selbst dann, wenn Empfehlungen teilweise zusätzlich eingehalten werden, während die Einhaltung anderer Empfehlungen nunmehr abgelehnt wird. Denn alle diese Änderungen zeigen, dass sich die Verhaltensweise des Unternehmens hinsichtlich seiner Corporate Governance so weitgehend geändert hat, dass hierin eine Neuausrichtung der Corporate Governance des Unternehmens liegt. Damit wird aber der Kapitalmarkt eine Neubewertung des Unternehmens diesbezüglich vornehmen wollen. Da ein Teil der Empfehlungen ohnehin weitestgehend verbreitete Praxis ist, dürfte eine solche Vielzahl von Änderungen schon dann vorliegen, wenn die Unternehmenspraxis hinsichtlich einem Drittel der Empfehlungen[697] geändert

---

[695] Das Kriterium der Neubewertung kommt auch den Ansichten nahe, die die Frage der Erheblichkeit nicht an der Fünf-Prozent-Grenze festmachen wollen, sondern das Kriterium an anderen, allgemeinen Voraussetzungen messen wollen.

[696] *Ettinger/Grützediek* AG 2003, 353, 361 sprechen von einer grundlegenden Änderung der Corporate Governance, konkretisieren dies aber nicht näher.

[697] Ohne nähere Begründung sieht *Buchta* DStR 2003, 740, 742 erst bei einer Änderung der Hälfte der Empfehlungen diese Grenze überschritten.

wird. Wahrscheinlich wird dann zusätzlich auch einer der weiteren, im Folgenden genannten Fälle, vorliegen.

Eine Neuausrichtung der Corporate Governance eines Unternehmens ist auch gegeben, wenn die Praxis zu sämtlichen oder nahezu sämtlichen Empfehlungen in einem der sechs Kapitel des Kodex geändert wird. Denn durch die Einteilung des Kodex in Kapitel wird deutlich, dass Corporate-Governance-Maßnahmen in verschiedene Bereiche eingeteilt werden, die eine gewisse Einheit darstellen. Ändert sich die Einstellung eines Unternehmens zu einem einheitlichen Teilaspekt von Corporate Governance, wird auch der Kapitalmarkt daran interessiert sein, eine generelle Neubewertung der Corporate-Governance-Maßnahme des Unternehmens und damit auch des Unternehmens im Ganzen vorzunehmen. Dieser formale Aspekt folgt dem äußeren Aufbau des Kodex. Beispielhaft gilt dies für die Kodex-Kapitel über die Organe oder die Handhabung der Abschlussprüfung. Hat sich etwa der Aufsichtsrat bisher an alle Empfehlungen gehalten, will aber nun nicht mehr eine einzige Empfehlung befolgen, so liegt hierin ein erhebliches Kursbeeinflussungspotential. Ebenso wird dies gelten, wenn sämtliche Empfehlungen hinsichtlich der Abschlussprüfung bisher nicht eingehalten wurden, sie nun aber beachtet werden.

Schließlich erfolgt eine Neuausrichtung auch, wenn die Einstellung zu Empfehlungen, in einem für die Corporate Governance von Unternehmen besonders herausgehobenen, wichtigen Themenbereich geändert wird. Im Gegensatz zum vorherigen Punkte handelt es sich hier um einen inhaltlichen Aspekt der Einteilung von Corporate-Governance-Maßnahmen. Hierzu zählen vor allem die Regelungen zur Behandlung von Interessenkonflikte in den Organen (4.3 und 5.5 DCGK) oder Transparenz hinsichtlich der Vergütung oder Zusammensetzung der Verwaltungsorgane (4.2 und 5.4 DCGK), aber auch die Ermöglichung der effektiven Rechte der Aktionäre (Ziff. 2.3.1 bis 2.3.3 DCGK). Werden in diesen Bereichen durch eine Änderung der Unternehmenspraxis alle Empfehlungen beachtet, während vorher keine einzige beachtet wurde, oder andersherum, werden statt aller Empfehlungen nunmehr keine Empfehlungen in einem solchermaßen inhaltlich zusammengehörigen Bereich beachtet, liegt auch hierin ein erhebliches Kursbeeinflussungspotential.

Denkbar ist auch, dass ein erhebliches Kursbeeinflussungspotential dann vorliegt, wenn ein Unternehmen bisher eine Reihe von Empfehlungen anerkannt hat und nun sämtliche Empfehlungen anerkennt oder nur wenige Empfehlungen anerkannt hat und nun keine Empfehlung mehr anerkennen will. Hier könnte man argumentieren, dass durch den Fall in ein Extrem (komplette (Nicht-)Anerkennung) wiederum eine Neubewertung des Unternehmens nötig erscheint. Gegebenenfalls ließe sich argumentieren, dass hier ein Bonus oder Malus beim Börsenpreis gezahlt wird. Solange hierzu aber keine Nachweise geführt werden und auch keiner der zuvor genannten drei Fälle vorliegt, kommt es nur zu einer Anerkennung bzw. Nichtanerkennung weiterer Empfehlungen, die eine Änderung in der Bewertung der Corporate Governance nicht nötig erscheinen lassen, da zum vorherigen Zustand nur marginale Änderungen vorliegen. Hierin liegt dann kein erhebliches Kursbeeinflussungspotential. Dasselbe Ergebnis gilt für den umgekehrten Fall, dass bisher sämtliche Empfehlungen eingehalten wurden, in Zukunft aber von einigen wenigen Empfehlungen abgewichen werden soll, oder wenn bisher der Kodex komplett abgelehnt wurde, nun aber einige wenige Empfehlungen (bewusst) eingehalten werden.

d) Kausalität

In § 15 Abs. 1 Satz 1 WpHG wird formuliert, dass eine Tatsache publizitätspflichtig ist,

> „wenn sie *wegen* der Auswirkungen auf die Vermögens- oder Finanzlage oder auf den allgemeinen Geschäftsverlauf des Emittenten geeigent ist, den Börsenpreis (...) erheblich zu beeinflussen (...).“[698]

Während einige Autoren der Verwendung des Wortes „wegen“ keine eigenständige Bedeutung zumessen[699], wird hierin überwiegend das Erfordernis der Kausalität zwischen den Auswirkungen und dem Kursbeeinflussungspotential gesehen[700]. Die Kursrelevanz einer Änderung der Entsprechenserklärung resultiert aber gerade aus den Auswirkungen auf den allgemeinen Geschäftsverlauf. Damit ist auch eine Kausalität gegeben, wie sie die restriktive Auffassung verlangt.

6. Konkurrenz zur Ad-hoc-Veröffentlichungspflicht aus anderen Gründen

Vom Ergebnis der Prüfung, ob aus der Änderung der Entsprechenserklärung eine erhebliche Kursbeeinflussung folgt und daher eine Pflicht zur Ad-hoc-Mitteilung besteht, bleibt die Pflicht, aus anderen Gründen eine Ad-hoc-Meldung zu machen, unberührt. So ist denkbar, dass ein neues Vorstandsmitglied berufen wird, das eine nach Ziff. 5.1.2 letzter Satz DCGK festgesetzte Altersgrenze überschreitet oder mehr als die in Ziff. 5.4.3 Satz 2 DCGK festgelegten fünf Aufsichtsratsmandate wahrnimmt. Wegen der Überschreitung der Altersgrenze bzw. der Höchstzahl der Aufsichtsratsmandate ist die Entsprechenserklärung zu ändern, eine Ad-hoc-Mitteilung erfolgt aus diesem Grund aber nicht. Dennoch ist wegen der Personalveränderung nach herrschender Meinung[701] eine Ad-hoc-Mitteilung herauszugeben. Nach der Einfügung von § 15 Abs. 1 Satz 3 WpHG durch das Vierte Finanzmarktförderungsgesetz[702] ist es hierbei nicht mehr möglich, auch auf die

---

698 Hervorhebung und Auslassungen vom *Verf.*

699 *Burgard* ZHR 162 (1998), 51, 59 f.; *Waldhausen* Die ad-hoc-publizitätspflichtige Tatsache, S. 288 f.

700 *Fürhoff* Kapitalmarktrechtliche Ad-hoc-Publizität, S. 192 ff.; *von Klitzing* Die Ad-hoc-Publizität S. 150 f.; *Cahn* ZHR 162 (1998), 1, 23; *Fürhoff/Wölk* WM 1997, 449, 452.

701 Vgl. dazu oben 4.b) (insbesondere Seite 122 f.).

702 Gesetz vom 21. Juni 2002, BGBl. I, S. 2010.

Änderung der Entsprechenserklärung hinzuweisen. Dies wäre zwar sogar wünschenswert, da das Unternehmen deutlich machen könnte, dass die Auswirkung der Neuberufung eines Vorstandsmitglieds in ihrem gesamten Ausmaß und in ihren Auswirkungen auf die Corporate Governance des Unternehmens erkannt wurde. Allerdings besagt § 15 Abs. 1 Satz 3 WpHG, dass sonstige Angaben, die die Voraussetzungen der Ad-hoc-Publizität offensichtlich nicht erfüllen, auch in Verbindung mit veröffentlichungspflichtigen Tatsachen nicht veröffentlicht werden dürfen.

7. Zusammenfassung – Veröffentlichungspflicht nach § 15 Abs. 1 Satz 1 WpHG

Die Änderung der Entsprechenserklärung ist eine neue Tatsache, die im Tätigkeitsbereich des Emittenten eingetreten ist und – auch bei einer Veröffentlichung auf der Internetseite des Emittenten – nicht öffentlich bekannt im Sinne des § 15 Abs. 1 Satz 1 WpHG ist. Dies gilt sowohl für die unterjährige Änderung als auch für Änderungen im Rahmen der jährlichen Überprüfung der Entsprechenserklärung. Solche Änderungen haben auch Auswirkungen auf den allgemeinen Geschäftsverlaufs, da dieser als Auffangtatbestand zu verstehen ist, nach teilweise vertretener Ansicht aber auch auf die Vermögens- und Finanzlage über die Erwähnung der Entsprechenserklärung in § 325 Abs. 1 Satz 1 HGB. Daher ist eine Pflicht zur Ad-hoc-Mitteilung der Änderung der Entsprechenserklärung denkbar, wenn diese Änderung geeignet ist, den Börsenkurs des Unternehmens erheblich zu beeinflussen.

Ein erhebliches Kursbeeinflussungspotential ist allerdings nicht schon dann gegeben, wenn sich die Haltung nur zu einer oder zu einigen wenigen Empfehlungen ändert. Auch wenn bisher die meisten Empfehlungen eingehalten wurden und nunmehr sämtliche Empfehlungen eingehalten werden oder umgekehrt, sämtliche Empfehlungen eingehalten wurden, in Zukunft aber von einigen Wenigen abgewichen werden soll, liegt hierin kein erhebliches Kursbeeinflussungspotential. Das gleiche gilt für den entgegengesetzten – wenig wahrscheinlichen – Fall, dass bisher nur wenige Empfehlungen eingehalten wurden und nunmehr keine Empfehlung mehr eingehalten wird, oder statt der völligen Ablehnung des Kodex einige wenige Empfehlungen eingehalten werden.

Dagegen ist ein erhebliches Kursbeeinflussungspotential zu bejahen, wenn die Corporate Governance eines Unternehmens neu ausgerichtet wird. Denn in diesem Fall gibt es ein Bedürfnis der Neubewertung des Unternehmens durch den Kapitalmarkt. Dies ist der Fall, wenn statt völliger Nichtbeachtung des Kodex in Zukunft sämtliche Empfehlungen beachtet werden und umgekehrt. Darüber hinaus liegt ein Bedürfnis für eine Neubewertung des Unternehmens und damit ein erhebliches Kursbeeinflussungspotential bei der Änderung der Praxis hinsichtlich einer Vielzahl von Empfehlungen vor. Weiterhin ist ein solches Bedürfnis gegeben, wenn sich die Einstellung zu (nahezu) sämtlichen Empfehlungen eines Kodex-Kapitels ändert (formale Betrachtung) oder wenn sich zu einem für die Corporate Governance besonders wichtigen Themenbereich, insbesondere Vergütung und Zusammensetzung der Organe, Behandlung von Interessenkonflikten oder effektiver Wahrnehmung der Aktionärsrechte, die Unternehmenspraxis komplett ändert (materielle Betrachtung).

Unberührt von diesem Ergebnis bleibt die aus § 161 Satz 2 AktG herrührende Verpflichtung, die Änderung der Entsprechenserklärung auf der Internetseite des Unternehmens zu publizieren. Ebenso unberührt bleibt die Pflicht, eine Ad-hoc-Meldung aus anderen Gründen zu veröffentlichen. Allerdings wäre der zusätzliche Hinweis in einer solchen Ad-hoc-Mitteilung, dass auch die Entsprechenserklärung geändert wurde, ein Verstoß gegen § 15 Abs. 1 Satz 3 WpHG.

E. Erste Umsetzung der Erklärung

Nach der Übergangsvorschrift mussten Vorstände und Aufsichtsräte börsennotierter Aktiengesellschaften bis zum 31.12.2002 eine zukunftsbezogene Entsprechenserklärung abgeben. In verschiedenen Untersuchungen ist der Grad der Befolgung der Kodex-Empfehlungen gemessen worden[703]. Von den beiden ausführlichsten Studien betrachtet eine Studie die Unternehmen des DAX-30, des MDAX und außerdem die 42 Unternehmen mit den geringsten Börsenumsätzen[704], die andere Studie wertet sogar über 400 Unternehmen aus und untersucht zusätzlich noch weitere Unternehmen[705]. Vor allem die beiden letztgenannten Studien kommen dabei zu vergleichbaren Ergebnissen. So nimmt die Befolgung der Empfehlungen mit der Größe des Unternehmens ab. Keine[706] indexnotierte Gesellschaft verweigert die Erklärung, während bei den sonstigen Unternehmen drei ihrer Erklärungspflicht explizit nicht nachkommen und 6% der Unternehmen den Kodex komplett ablehnen und ihn auch in Zukunft ablehnen wollen[707]. Derzeit befolgen etwa 5% (20 Unternehmen) sämtliche

---

703 *Oser/Orth/Wader* DB 2003, 1337; *von Werder/Talaulicar/Kolat* DB 2003, 1857; außerdem *Towers-Perrin* nach Handelsblatt vom 18.2.2003 (Nr. 34), S. 16; *Ernst & Young* nach SZ vom 3.3.2003 (Nr. 51), S. 20; *ergo* Unternehmenskommunikation nach *Bozicevic* AG-R 2003, 432.

704 *Oser/Orth/Wader* DB 2003, 1337.

705 *von Werder/Talaulicar/Kolat* DB 2003, 1857; eine Kurzfassung ist in NZG 2003, 622 veröffentlicht; die Studie ist auch abrufbar im Internet unter <http://www.bccg.tu-berlin.de/main/publikationen/Executive_Summary_DCGK.PDF>; zusätzliche Tabellen sind zu finden unter <http://www.bccg.tu-berlin.de/main/publikationen/Tabellen_Kodex_Report.pdf>.

706 So *von Werder/Talaulicar/Kolat* DB 2003, 1857, 1859; nach *Oser/Orth/Wader* DB 2003, 1337 fehlt die Erklärung einer Gesellschaft.

707 *von Werder/Talaulicar/Kolat* DB 2003, 185, 1858 f. sowie Tabelle 1.

Empfehlungen des Kodex, in Zukunft werden dies insbesondere im DAX-30 deutlich mehr sein[708].

Im Durchschnitt werden derzeit etwa 6 Empfehlungen nicht eingehalten. Diese Zahl wird sich in Zukunft auf durschnittlich unter 5 Abweichungen verringern, wobei von den DAX-30-Unternehmen dann nur 1,3 Empfehlungen nicht eingehalten werden. Dabei werden 16 Empfehlungen auch in Zukunft von mehr als einem Zehntel aller Unternehmen nicht befolgt werden[709]. Die am wenigsten eingehaltene Empfehlung ist dabei Ziff. 3.8 DCGK, der die Einführung eines Selbstbehalts bei der D&O-Versicherung fordert. Dieser Empfehlung kommen unter 50% aller Unternehmen nach, auch im DAX sind zukünftig nur knapp ¾ der Unternehmen bereit, einen solchen Selbstbehalt einzuführen[710]. Darüber hinaus gibt es vor allem bei den Empfehlungen für den Aufsichtsrat erhebliche Abweichungen von den Empfehlungen. So haben insbesondere die kleineren Unternehmen keine Aufsichtsratsausschüsse, insbesondere keine Prüfungsausschüsse nach Ziff. 5.3.1 und 2 DCGK; nur die Hälfte der Unternehmen zahlt den Aufsichtsratsmitgliedern eine erfolgsabhängige Vergütung nach Ziff. 5.4.5. Abs. 2 DCGK[711]. Vor allem in den DAX-30-Unternehmen wurden bislang bei weniger als der Hälfte der Unternehmen Vorsitz und Mitgliedschaft in den Ausschüssen des Aufsichtsrats gesondert vergütet, dies soll aber in Zukunft deutlich anders werden[712].

Insgesamt weisen die Befunde darauf hin, dass relativ viele Empfehlungen bereits jetzt eingehalten werden. Darüber hinaus beeinflusst der Kodex die Corporate Governance der Unternehmen tatsächlich, denn die Unternehmen erklären, zukünftig mehr Empfehlungen einhalten zu wollen, als sie dies bisher getan haben[713]. Berechtigt scheint aber auch die Kritik, dass der Kodex sehr stark auf die großen börsennotierten Unternehmen ausgerichtet ist, denn je kleiner die Unternehmen sind, desto mehr weichen sie von den Empfehlungen des Kodex ab.

F. Zusammenfassung

Der seit Juli 2002 existierende § 161 AktG verpflichtet zur Abgabe einer sog. Entsprechenserklärung. Diese Verpflichtung trifft Vorstände und

---

708 Nach *Oser/Orth/Wader* DB 2003, 1337 im DAX-30 12 von 30 Unternehmen, nach *von Werder/Talaulicar/Kolat* DB 2003, 185, 1859 sowie Tabelle 1 sogar 46,7% der Unternehmen des DAX-30 und fast 13% sämtlicher untersuchter Unternehmen.

709 *von Werder/Talaulicar/Kolat* DB 2003, 185, 1863.

710 *von Werder/Talaulicar/Kolat* DB 2003, 185, 1860 sowie Tabelle 4; bestätigt auch bei *Oser/Orth/Wader* DB 2003, 1337, 1338 und Abbildung 4.

711 *von Werder/Talaulicar/Kolat* DB 2003, 185, 1861 sowie Tabelle 6; *Oser/Orth/Wader* DB 2003, 1337, 1339 sowie Abbildungen 6 und 7.

712 *von Werder/Talaulicar/Kolat* DB 2003, 185, 1861 sowie Tabelle 6.

713 So auch das Fazit bei *von Werder/Talaulicar/Kolat* DB 2003, 1857, 1863 und *Oser/Orth/Wader* DB 2003, 1337, 1341.

Aufsichtsräte sämtlicher börsennotierter Unternehmen ohne Ausnahme, soweit sie ihren Sitz in Deutschland haben. Unternehmen mit Sitz im Ausland werden hingegen nicht erfasst. Um § 161 AktG gerecht zu werden, müssen Vorstand und Aufsichtsrat einer Gesellschaft eine übereinstimmende Erklärung zum Kodex abgeben. Divergierende Beschlüsse sind als solche trotzdem zu veröffentlichen. Die Mehrheitsverhältnisse in den jeweiligen Organen und sonstige Anforderungen richten sich dabei nach den allgemeinen Regeln des Aktienrechts. Eine Entscheidungsprärogative kommt keinem der beiden Organe zu.

Gegenstand der Erklärung sind die Empfehlungen des Deutsche Corporate Governance Kodex in seiner jeweils aktuellen Fassung. Das gilt auch für den Teil der Erklärung, der vergangenheitsbezogen ist.

Die Entsprechenserklärung ist vergangenheits- und zukunftsgerichtet. In ihrem zukunftsgerichteten Teil ist die Erklärung verbindlich, sie kann allerdings jederzeit ohne Angaben von Gründen geändert werden. Die Erklärung von Abweichungen vom Kodex ist auch dann grundsätzlich zulässig, wenn Empfehlungen entgegen der Erklärung tatsächlich eingehalten werden. Dagegen sind sämtliche Abweichungen von Empfehlungen des Kodex anzugeben, unabhängig davon ob sie wesentlich oder unwesentlich sind oder ob die Abweichung generell oder nur im Einzelfall erfolgt ist.

Die Entsprechenserklärung ist einmal im Kalenderjahr abzugeben. Sie ist eigenständig, also unabhängig von anderen Pflichtberichten der Gesellschaft zu publizieren. Den Aktionären ist sie dauerhaft zugänglich zu machen, was regelmäßig durch eine Publikation im Internet geschieht. Andere Formen sind nicht ausgeschlossen, allerdings reicht die Veröffentlichung in Bundesanzeiger und Handelsregister nicht aus.

Wird allen Empfehlungen des Kodex gefolgt, bietet es sich an, zu formulieren:

> „Den vom Bundesministerium der Justiz im amtlichen Teil des elektronischen Bundesanzeigers in der Fassung vom (...) bekannt gemachten Empfehlungen der „Regierungskommission Deutscher Corporate Governance Kodex" wurde seit Abgabe der letzten Entsprechenserklärung am (...) entsprochen und soll auch künftig entsprochen werden. ....(Ort, Datum)"

Zusätzliche Angaben zur Corporate Governance eines Unternehmens in der Entsprechenserklärung sind erlaubt, soweit erkennbar bleibt, von welchen Empfehlungen abgewichen wird. Insbesondere können auch Begründungen für die Abweichungen in die Entsprechenserklärung aufgenommen werden. Ebenso kann die Entsprechenserklärung Angaben zum Verhalten im Hinblick auf die

Anregungen des Kodex enthalten. Inwieweit zusätzlich auf einen eigenen Kodex verwiesen wird, bleibt den Unternehmen freigestellt.

Vorstand und Aufsichtsrat sind zur Änderung der Entsprechenserklärung auch unterjährig verpflichtet. Diese Änderung hat zu erfolgen, bevor sich die Unternehmenspraxis ändert und ist vom Vorstand und Aufsichtsrat jeweils als Gesamtorgan vorzunehmen. Die Änderung muss auf allen Wegen bekanntgemacht werden, auf denen die Entsprechenserklärung offiziell veröffentlicht wurde. Gegenstand der Entsprechenserklärung und einer etwaigen Änderungserklärung sind die Empfehlungen, die im Kodex stehen, der zum Zeitpunkt der Erklärung aktuell ist. Das gilt auch für den vergangenheitsbezogenen Teil der Erklärung.

Geht mit der Änderung der Entsprechenserklärung eine Neuausrichtung der Corporate Governance eines Unternehmens einher, dann ist diese Änderung nach § 15 Abs. 1 Satz 1 WpHG ad-hoc-publizitätspflichtig. Eine solche Neuausrichtung der Corporate Governance eines Unternehmens liegt vor,

- wenn statt völliger Nichtbeachtung des Kodex in Zukunft sämtliche Empfehlungen beachtet werden und umgekehrt;
- wenn eine Vielzahl von Empfehlungen geändert wird;
- wenn sich die Einstellung zu (nahezu) sämtlichen Empfehlungen eines Kodex-Kapitels ändert (formale Betrachtung);
- oder wenn sich zu einem für die Corporate Governance besonders wichtigen Themenbereich die Einstellung eines Unternehmens komplett ändert (materielle Betrachtung).

Bereits heute wird der Großteil der Empfehlungen des Kodex von den Unternehmen eingehalten. In Zukunft wird die Zahl der Unternehmen, die sämtliche Empfehlungen einhalten deutlich steigen, die Zahl der Empfehlungen von denen abgewichen wird, wird sich verringern. Dadurch zeigt sich, dass der Kodex auf die Corporate Governance der Unternehmen Einfluss hat, wobei große Unternehmen eine überdurchschnittlich hohe Befolgungsquote der Kodexempfehlungen aufweisen.

Kapitel 4: Umsetzung im Unternehmen

Im vorangegangenen Kapitel wurde erläutert, wer die Entsprechenserklärung abgibt und wie das Verfahren innerhalb von Vorstand und Aufsichtsrat zur Abgabe der Erklärung abläuft. Damit ist § 161 AktG genüge getan, der lediglich die Abgabe der Erklärung fordert. Häufig wird ein Unternehmen aber daran interessiert sein, dass die Beachtung zumindest der Empfehlungen des Kodex auch durch gesellschaftsinterne Regelungen sichergestellt wird. Bei einigen Empfehlungen ist eine solche Umsetzung sogar zwingend. Dabei stellt sich die Frage, wo eine Umsetzung des Kodex erfolgen kann (A.). Darüber hinaus ist zu klären, welche Organe der Gesellschaft über diese Umsetzung entscheiden (B.). Schließlich wird kurz auf die Überwachung der Einhaltung des Kodex im Unternehmen eingegangen (C.)

A. Ort der Umsetzung

Als Orte für die Umsetzung des Kodex durch gesellschaftsinterne Regelungen bieten sich vor allem die Satzung (I.), die Geschäftsordnungen von Vorstand und Aufsichtsrat (II.) oder die Anstellungsverträge der Vorstandsmitglieder (III.) an. Dabei muss bei jeder Empfehlung geprüft werden, ob eine interne Umsetzung erforderlich ist, im Übrigen steht der Gesellschaft die Übernahme von Verpflichtungen aus Empfehlungen des Kodex in ihr Regelwerk frei[714]. Eine formalisierte Verpflichtung der Einhaltung der Empfehlungen ist nicht nötig[715].

I. Umsetzung in der Satzung

Allgemein anerkannt ist, dass Vorstand und Aufsichtsrat nicht generell auf die Befolgung des Kodex durch die Aufnahme einer entsprechenden Pflicht in der Satzung festgelegt werden können[716]. Dies wird in der Regel mit dem in § 23 Abs. 5 AktG enthaltenen Grundsatz der Satzungsstrenge begründet, nach dem das Satzungsrecht keine Möglichkeit bietet, auf die Art und Weise der Ausübung der Funktionen von Vorstand und Aufsichtsrat Einfluss zu nehmen[717]. Ebenso anerkannt ist aber, dass zumindest einige der Empfehlungen in die Satzung übernommen werden können. Diese Übernahme kann entweder durch die Regelung einer Einzelfrage in einer Satzungsbestimmung erfolgen[718], sie

---

714 MünchKommAktG/*Semler* § 161 Rn. 99 f.; *Semler/Wagner* NZG 2003, 553, 557.

715 So auch *Ringleb* in: DCGK, Rn. 1002 zur Verpflichtung des Vorstands durch den Aufsichtsrat.

716 MünchKommAktG/*Semler* § 161 Rn. 101; *Ihrig/Wagner* BB 2002, 789, 790; *Pfitzer/Oser/Wader* DB 2002, 1120, 1121; *Ulmer* ZHR 166 (2002), 150, 174 f.

717 MünchKommAktG/*Semler* § 161 Rn. 98; *Krieger* FS Ulmer, S. 365, 378; *Ulmer* ZHR 166 (2002), 150, 174 f.

718 *Pfitzer/Oser/Wader* DB 02, 1120, 1121.

kann aber auch in der Vorgabe der Satzung für die Ausgestaltung der Geschäftsordnungen von Vorstand und Aufsichtsrat bestehen[719]. Hinsichtlich der Einzelregelungen soll vor allem dann ein Regelungsspielraum in der Satzung anzuerkennen sein, wenn eine Empfehlung primär die Rechte der Aktionäre und deren Ausübung in der Hauptversammlung betrifft, da das Aktiengesetz insoweit keine bindenden Vorgaben enthält[720]. Für die Regelung von Fragen der Geschäftsordnung des Vorstands in der Satzung ergibt sich dies auch aus § 77 Abs. 2 Satz 2 AktG. Hierbei ist allerdings umstritten, wie weit in der Satzung die Geschäftsordnung des Vorstands vorweggenommen werden darf. So wird teilweise vertreten, die Satzung könne die Geschäftsordnung komplett enthalten oder zumindest weitgehend vorwegnehmen. Andere billigen Vorstand und Aufsichtsrat hingegen aus Gründen der organisatorischen Flexibilität eine satzungsfeste Kompetenz zu[721]. Die Möglichkeit zur Regelung von Fragen der Geschäftsordnung des Aufsichtsrats in der Satzung ist anerkannt, auch ohne dass es eine dem § 77 Abs. 2 Satz 2 AktG entsprechende Norm gibt. Hier ist allerdings unbestritten, dass die Autonomie des Aufsichtsrats, etwa im Hinblick auf die Bildung von Ausschüssen nach § 107 Abs. 3 Satz 1 AktG, gewahrt werden muss, die Satzung also für den Aufsichtsrat keinesfalls eine vollständige Geschäftsordnung enthalten darf[722].

Von einer Umsetzung der Empfehlungen des Kodex in der Satzung wird teilweise gänzlich abgeraten, da sich hierdurch ihr Rechtscharakter ändere, neue Haftungsfolgen ausgelöst würden, die Flexibilität des Kodex aufgehoben und damit das rechtspolitische Konzept des Kodex durcheinandergebracht werde[723]. Zu Recht ist allerdings auch darauf hingewiesen worden, dass bestimmte Empfehlungen des Kodex nur durch eine Satzungsänderung umgesetzt werden können, falls die bisherigen Satzungsbestimmungen nicht den Kodexempfehlungen entsprechen. Dies betrifft vor allem die Vergütung des Aufsichtsrats. Diese soll nach Ziff. 5.4.5 Abs. 1 Satz 3 DCGK auch Vorsitz und Mitgliedschaft in Ausschüssen berücksichtigen und außerdem nach Ziff. 5.4.5 Abs. 2 Satz 1 DCGK auch einen erfolgsorientierten Anteil enthalten[724]. Letzteres ist nach § 113 Abs. 3 AktG möglich. Üblicherweise ist die Vergütung gemäß § 113 Abs. 1 Satz 2 AktG in der Satzung festgelegt, von der in § 113 Abs. 1 Satz 2 AktG genannten Alternative (Festlegung der Bezüge durch Beschluss der Hauptversammlung) wird in der Regel kein Gebrauch gemacht[725]. Enthält die Satzung die in Ziff. 5.4.5 Abs. 2 und 3 DCGK genannten Regelungen nicht, was vor Einführung des Kodex regelmäßig der Fall war[726], so ist eine

---

719 *Ihrig/Wagner* BB 2002, 789, 790.
720 *Ulmer* ZHR 166 (2002), 150, 174 f.
721 *Hoffmann-Becking* ZGR 1998, 497, 505 m.w.N. auch zur Gegenmeinung.
722 *Ihrig/Wagner* BB 2002, 789, 790; zum Selbstorganisationsrecht des Aufsichtsrats *Hüffer* AktG, § 107, Rn. 23; *Hoffmann-Becking* in: Münch. Hdb. GesR IV, § 31 Rn. 2.
723 *Claussen/Bröcker* DB 2002, 1199.
724 *Lutter* ZHR 166 (2002), 523, 538; *Seibt* AG 2002, 249, 253 und 258.
725 *Austmann* Gesellschaftsrechtliche Kautelarpraxis, RWS, S. 4.
726 *Austmann* Gesellschaftsrechtliche Kautelarpraxis, RWS, S. 4.

Satzungsänderung unvermeidlich, wenn der Empfehlung gefolgt werden soll. Das gilt auch für die Versicherungssumme und die Höhe des Selbstbehalts einer D&O-Versicherung, wenn man diese als Bestandteil der Vergütung der Aufsichtsratsmitglieder sieht[727]. Eine Satzungsänderung ist ebenfalls erforderlich für die Umsetzung der Empfehlung Ziff. 2.3.3 DCGK, nach der zur Erleichterung der Rechte der Aktionäre ein weisungsgebundener Stimmrechtsvertreter von der Gesellschaft bestellt werden soll und dieser auch ohne Vorliegen einer schriftlichen Vollmacht das Stimmrecht ausüben darf. Denn eine solche Klausel ist nach § 134 Abs. 3 Satz 2 AktG in die Satzung aufzunehmen[728]. Weiterhin bedarf es einer Satzungsänderung, wenn die Satzung nach § 23 Abs. 3 Nr. 6 AktG festlegt, dass der Vorstand nur aus einer Person bestehen darf. Will das Unternehmen die Kodex-Empfehlung Ziff. 4.2.1 DCGK einhalten, wonach der Vorstand aus mehreren Personen bestehen muss, ist auch hier die Satzung zu ändern[729].

Bei der Umsetzung weiterer Empfehlungen ist eine Satzungsänderung nicht zwingend nötig, da ihnen auch ohne Satzungsänderung nachgekommen werden kann; ihre Aufnahme in die Satzung ist aber möglich. So ist die Umsetzung der Empfehlungen Ziff. 6.4 und 6.8 DCGK[730], die die Information der Aktionäre (auch) über das Internet vorsehen, durch Satzungsbestimmungen nach § 23 Abs. 4 AktG und § 25 Abs. 2 AktG möglich. Für Pflichtbekanntmachungen trifft § 25 Satz 2 AktG eine abschließende Regelung, während für freiwillige Bekanntmachungen § 23 Abs. 4 AktG gilt[731]; da von den beiden genannten Kodex-Empfehlungen alle Arten von Bekanntmachungen erfasst werden, müssen alle Bestimmungen der Satzung, die eine der beiden gesetzlichen Normen umsetzen, geändert werden[732]. Allerdings wäre die zusätzliche, rein informatorische Veröffentlichung der Bekanntmachungen der Gesellschaft im Internet auch ohne Satzungsänderung möglich. Weiterhin kann ein nach § 111 Abs. 4 Satz 2 AktG in der Satzung enthaltener Katalog zustimmungsbedürftiger Geschäfte eine Regelung aufnehmen oder sogar ein neuer Katalog zustimmungsbedürftiger Geschäfte geschaffen werden, um Ziff. 4.3.4 Satz 3 DCGK umzusetzen. Hiernach bedürfen wesentliche Geschäfte eines Vorstandsmitglieds der Zustimmung des Aufsichtsrats, wenn ein

727 Vgl. dazu *Austmann* Gesellschaftsrechtliche Kautelarpraxis, RWS, S. 7 ff. mit vielen Nachweisen, der aber auch darauf hinweist, dass diese Sichtweise sich in der Praxis bisher nicht durchgesetzt hat. Ebenso aber *Seibt* AG 2002, 249, 258.

728 *Berg/ Stöcker* WM 2002, 1569, 1578; *Seibt* AG 2002, 249, 258.

729 *Lutter* ZHR 166 (2002), 523, 538; *Seibt* AG 2002, 249, 258.

730 Dazu *Semler/Wagner* NZG 2003, 553, 558.

731 MünchKommAktG/*Pentz* § 23 Rn. 143; *Hüffer* AktG, § 23 Rn. 32.

732 Daher unvollständig *Lutter* ZHR 166 (2002), 523, 538, der eine Transformation dieser Kodex-Empfehlungen über Satzungsbestimmungen nach § 23 Abs. 4 AktG für ausreichend zu halten scheint.

Interessenkonflikt vorliegt[733]. Neben einer Aufnahme dieser Regelung in die Satzung kann diese Empfehlung aber auch, wie § 111 Abs. 4 Satz 2 AktG zeigt, außerhalb der Satzung durch den Aufsichtsrat erfolgen – etwa in der Geschäftsordnung des Aufsichtsrats, in einer vom Aufsichtsrat beschlossenen Geschäftsordnung des Vorstands oder durch einen besonderen Beschluss des Aufsichtsratsplenums[734]. Da der Katalog zustimmungsbedürftiger Geschäfte in der Satzung einerseits und der Katalog, der vom Aufsichtsrat aufgestellt wird, andererseits nebeneinander bestehen[735], muss die Satzung selbst nicht geändert werden, wenn der Aufsichtsrat einen in der Satzung aufgestellten Katalog zustimmungsbedürftiger Geschäfte um diesen Punkt erweitern will.

Darüber hinaus können als ergänzende Satzungsbestimmungen nach § 23 Abs. 5 Satz 2 AktG weitere Bestimmungen eingeführt werden. Der Satzungsfreiheit werden allerdings Grenzen gesetzt durch abschließende aktienrechtliche Bestimmungen, ungeschriebene Prinzipien des Aktienrechts und allgemeine Gesetze[736]. Welche Satzungsbestimmungen noch innerhalb des dadurch gezogenen Rahmens liegen, lässt sich mit der zu § 23 Abs. 5 Satz 2 AktG ergangenen Rechtsprechung und der Kommentarliteratur beantworten. Durch den Kodex ist diesbezüglich weder eine Eingrenzung noch eine Erweiterung des § 23 Abs. 5 Satz 2 AktG vorgenommen worden. So ist es etwa möglich, in der Satzung das Amt des Vorstandssprechers zu begründen[737], und damit Ziff. 4.2.1 Satz 1 DCGK zu erfüllen. Auch persönliche Voraussetzungen für Vorstandsmitglieder können in der Satzung aufgestellt werden[738], so etwa die in Ziff. 5.1.2 Abs. 2 Satz 3 geforderte Altersgrenze.

Problematisch ist die Umsetzung der Empfehlungen, die persönliche Voraussetzungen für Aufsichtsratsmitglieder aufstellen. Diese werden in den Empfehlungen Ziff. 5.4.2 und 5.4.3 DCGK[739], aber auch Ziff. 5.4.1 DCCK geregelt. Eine solche Regelung kann nach § 100 Abs. 4 AktG in der Satzung für die Aktionärsvertreter im Aufsichtsrat aufgenommen werden. Hieraus ergibt sich aber auch, dass solche Einschränkungen für Arbeitnehmervertreter eine unzulässige Beeinträchtigung der Wahlfreiheit wären[740]. Diese Einschränkungen

---

733 Nach der systematischen Stellung im Kapitel 4.3 Interessenkonflikte bezieht sich die Empfehlung daher anders als § 111 Abs. 4 AktG nicht auf alle Arten von Geschäften, sondern nur auf die Geschäfte, bei denen ein Interessenkonflikt vorliegt; vgl. die Andeutung bei *Ulmer* ZHR 166 (2002), 150, 174. Diese Differenzierung wird weder bei *Lutter* ZHR 166 (2002), 523, 538, noch bei *Seibt* AG 2002, 249, 259, die dieses Beispiel nennen, deutlich.

734 Vgl. allgemein zur Umsetzung des Zustimmungsvorbehalts nach § 111 Abs. 4 Satz 2 AktG *Hoffmann-Becking* in: Münch. Hdb. GesR IV, § 29 Rn. 38; nach § 82 Abs. 2 AktG muss der Vorstand auch die Geschäftsordnung des Aufsichtsrats einhalten.

735 Hüffer AktG, § 111 Rn. 17.

736 MünchKommAktG/*Pentz* § 23 Rn. 159; ähnlich GroßKommAktG/*Röhricht* § 23 Rn. 191 ff.

737 GroßKommAktG/*Röhricht* § 23 Rn. 190; MünchKommAktG/*Pentz* § 23 Rn. 161 m.w.N.

738 *Hüffer* AktG, § 23 Rn. 38; MünchKommAktG/*Pentz* § 23 Rn. 161.

739 *Lutter* ZHR 166 (2002), 523, 538; *Seibt* AG 2002, 249, 258; für eine Aufnahme in die Satzung *Semler/Wagner* NZG 2003, 553, 558.

740 BGHZ 39, 116, 122; *Hüffer* AktG, § 100 Rn. 10.

aus dem Mitbestimmungsgesetz (bzw. aus dem Betriebsverfassungsgesetz 1952) lassen sogar fraglich erscheinen, inwieweit die Empfehlungen Ziff. 5.4.1 bis 5.4.3 DCGK überhaupt vom Unternehmen eingehalten werden könne, denn auf die von der Arbeitnehmerseite entsandten Mitglieder hat es keinen Einfluss[741].

Dagegen können bestimmte Empfehlungen keinesfalls in der Satzung festgeschrieben werden. Hierunter fallen vor allem die in Ziff. 5.3 DCGK geforderte Bildung von Aufsichtsratsausschüssen. Diese auch in § 107 Abs. 3 AktG vorgesehene Möglichkeit fällt in die autonome Entscheidungskompetenz des Aufsichtsrats[742]. Ebenfalls hierunter fällt die in Ziff. 5.2 Abs. 2 DCGK im Hinblick auf den Aufsichtsratvorsitzenden empfohlene Besetzung von Aufsichtsratsausschüssen. Auch insoweit darf die Satzung die Organisationsfreiheit des Aufsichtsrats nicht beschränken[743].

II. Umsetzung in den Geschäftsordnungen

Sowohl der Aufsichtsrat als auch der Vorstand haben regelmäßig eigene Geschäftsordnungen; auch der Kodex empfiehlt die Einführung einer Geschäftsordnung für den Vorstand (Ziff. 4.2.1 Satz 2 DCGK) und den Aufsichtsrat (Ziff. 5.1.3 DCGK). Im Gegensatz zur Satzung gilt die Geschäftsordnung nur für das betreffende Organ, allerdings sind die Vorstandsmitglieder im Verhältnis zur Gesellschaft nach § 82 Abs. 2 AktG verpflichtet, auch die Beschränkungen ihrer Geschäftsführungsbefugnis einzuhalten, die die Geschäftsordnung des Aufsichtsrats vorgibt.

1. Geschäftsordnung des Vorstands

Die Geschäftsordnung des Vorstands ist in § 77 Abs. 2 AktG geregelt. In der Praxis ist hierin insbesondere die Zusammenarbeit im Vorstand sowie die Zusammenarbeit mit dem Aufsichtsrat geregelt[744]. Daher werden gerade die hierauf bezogenen Empfehlungen des Kodex in der Geschäftsordnung des Vorstands umgesetzt werden können, nämlich eine Regelung der Geschäftsverteilung und Zusammenarbeit im Vorstand (4.2.1 DCGK)[745] sowie die Festlegung und Ausgestaltung der Berichtspflichten an den Aufsichtsrat durch den Vorstand (3.4 DCGK)[746]. Als weitere Empfehlung, die in der

---

741 Vgl. dazu auch bereits oben Kapitel 2 G. (insbesondere Seite 67) zum Problem bei der *Lufthansa AG* in Bezug auf die Unabhängigkeit des stellvertretenen, also von der Arbeitnehmerseite gestellten Aufsichtsratsvorsitzenden.

742 BGHZ 83, 106, 115; BGHZ 122, 342, 355; *Hoffmann-Becking* in: Münch. Hdb. GesR IV, § 31 Rn. 2; *Hüffer* AktG, § 107 Rn. 16; *Borges* ZGR 2003, 508, 523.

743 *Hoffmann-Becking* in: Münch. Hdb. GesR IV, § 32 Rn. 15.

744 *Hüffer* AktG, § 77 Rn. 21; *Wiesner* in: Münch. Hdb. GesR IV, § 22 Rn. 17.

745 So auch *Austmann* Gesellschaftsrechtliche Kautelarpraxis, RWS, S. 14 f.; *Lutter* ZHR 166 (2002), 523, 538; *Seibt* AG 2002, 249, 258; *Semler/Wagner* NZG 2003, 553, 558.

746 So auch *Austmann* Gesellschaftsrechtliche Kautelarpraxis, RWS, S. 11 f.; *Claussen/Bröcker* DB 2002, 1199, 1202; *Lutter* ZHR 166 (2002), 523, 538; *Seibt* AG 2002, 249, 258; *Semler/Wagner* NZG 2003, 553, 558.

Geschäftsordnung des Vorstands niedergelegt werden könne, wird der Katalog zustimmungsbedürftiger Geschäfte nach Ziff. 3.3 DCGK genannt[747].

2. *Geschäftsordnung des Aufsichtsrats*

Die Geschäftsordnung des Aufsichtsrats ist im Gesetz nicht explizit geregelt. Sie ist aber in § 82 Abs. 2 AktG erwähnt, so dass ihre Zulässigkeit vom Gesetz vorausgesetzt wird[748]. In der Geschäftsordnung des Aufsichtsrats finden sich häufig Regelungen zur Einberufung der Sitzungen, zur Teilnahmeberechtigung, zu Abstimmungsmodalitäten sowie zu Einsetzung, Besetzung und Arbeitsweise von Ausschüssen[749]. Daher werden auch die Kodex-Empfehlungen über die Ausschüsse (Ziff. 5.3.1 und 5.3.2 DCGK)[750] in die Geschäftsordnung des Aufsichtsrats übernommen werden können. Darüber hinaus werden für eine Aufnahme in die Geschäftsordnung des Aufsichtsrats vorgeschlagen die Regelungen für Vermerke wegen gehäufter Abwesenheit eines Aufsichtsratsmitglieds im Bericht des Aufsichtsrats (Ziff. 5.4.6 DCGK) und über die nach Ziff. 5.6 DCGK vorgesehene Prüfung der Effizienz der Aufsichtsratstätigkeit sowie Regelungen über Aufgaben und Befugnisse des Aufsichtsratsvorsitzenden (Ziff. 5.2 DCGK)[751]. Letzterer hat den Willen des Plenums zu beachten, wenn er in Vertretung des Aufsichtsrats bestimmte Funktionen für diesen wahrnimmt[752].

Problematisch ist, ob in die Geschäftsordnung auch die Empfehlungen des Kodex zum Verhalten bei Interessenkonflikten (Ziff. 5.5.2 DCGK) der Aufsichtsratsmitglieder geregelt werden können. So wird teilweise vorgeschlagen, zur Information insbesondere der Arbeitnehmervertreter im Aufsichtsrat sollten nicht nur die Regelungen über die persönlichen Voraussetzungen für die Mitgliedschaft im Aufsichtsrat (Ziff. 5.4.1 Abs. 3 DCGK) in die Geschäftsordnung des Aufsichtsrats übernommen werden; es sollten auch die individuellen Rechte und Pflichten der Aufsichtsratsmitglieder, insbesondere die Regelungen für Interessenkonflikte (Ziff. 5.5.2 DCGK), in der Geschäftsordnung festgeschrieben werden[753]. Damit solle auch das Problem gemindert werden, dass in der Satzung nach § 100 Abs. 4 AktG die persönlichen Voraussetzungen nur für die Aufsichtsratsmitglieder der Anteilseignerseite aufgenommen werden können[754]. Dies wird bislang aber weitgehend abgelehnt. Teilweise wird argumentiert, die Geschäftsordnung des Aufsichtsrats könne nur

---

[747] *Austmann* Gesellschaftsrechtliche Kautelarpraxis, RWS, S. 13.

[748] *Hoffmann-Becking* in: Münch. Hdb. GesR IV, § 31 Rn. 1; *Hüffer* AktG, § 107 Rn. 23.

[749] *Henn* HdbAktR, Rn. 670; *Hüffer* AktG, § 107, Rn. 25.

[750] So auch *Lutter* ZHR 166 (2002), 523, 537; *Seibt* AG 2002, 249, 258; *Semler/Wagner* NZG 2003, 553, 558; insbesondere für den Prüfungsausschuss *Austmann* Gesellschaftsrechtliche Kautelarpraxis, RWS, S. 13 f.

[751] *Lutter* ZHR 166 (2002), 523, 537; *Seibt* AG 2002, 249, 258 f.; *Semler/Wagner* NZG 2003, 553, 558.

[752] *Krieger* FS Ulmer, S. 365, 375.

[753] *Austmann* Gesellschaftsrechtliche Kautelarpraxis, RWS, S. 24 f.

[754] So jedenfalls *Austmann* Gesellschaftsrechtliche Kautelarpraxis, RWS, S. 19 ff.

Regelungen über die Form der Zusammenarbeit zwischen Vorstand und Aufsichtsrat enthalten; die Mitglieder des Aufsichtsrats seien nur verpflichtet klarzustellen, dass sie den Verhaltensempfehlungen nicht folgen werden[755]. Einige meinen, eine Umsetzung bedürfe der Zustimmung jedes einzelnen Mitglieds des Aufsichtsrat, fehlende Mitglieder müssten nächträglich zustimmen, ein neu hinzukommendes Mitglied müsse dem Beschluss beitreten oder es sei ein neuer Beschluss über die Empfehlung herbeizuführen[756]. Die Gegenmeinung argumentiert, eine Bindung über die Geschäftsordnung sei möglich, denn die Individualpflichten bezögen sich ausschließlich auf die Ausübung des Amtes als Aufsichtsrat. Ein Aufsichtsratsmitglied müsse dem Gremium erst gar nicht beitreten oder könne wieder ausscheiden, wenn ihm die Geschäftsordnung nicht gefalle. Diese Meinung vertritt, dass man zwischen reinen Organisationsnormen, deren Geltung aufgrund Mehrheitsbeschluss nicht zweifelhaft sei, und Individualpflichten der Mitglieder nicht scharf genug trennen könne, außerdem bestünde die Gefahr, dass sonst Aufsichtsratsmitglieder unterschiedliche Pflichtenkreis hätten oder ein einziges Mitglied des Aufsichtsrats die Begründung einer Pflicht für alle anderen verhindern könne[757]. Bei der Frage der Umsetzung von Ziff. 5.5.2 DCGK geht es allerdings nicht darum, ob eine Begründung von Pflichten für andere Mitglieder des Aufsichtsrats nicht möglich ist, es geht nur darum, ob sich ein Aufsichtsratsmitglied dagegen wehren kann, dass ihm gegen seinen Willen Pflichten auferlegt werden. Denn die anderen Mitglieder können selbstverständlich den Empfehlungen folgen, auch ohne dass eine formalisierte Pflicht diesbezüglich durch die Aufnahme in die Geschäftsordnung besteht. Und dass es sich bei den Regeln über Interessenkonflikte nicht um reine Organisationsnormen handelt, sondern hier jedes Aufsichtsratsmitglied persönlich – nämlich in der Lebensgestaltung außerhalb der Arbeit im Aufsichtsrat – betroffen ist, ist offenkundig[758]. Da die Geschäftsordnung des Aufsichtsrats in der Regel die Organisation des Aufsichtsrats zum Gegenstand hat, ist die einfache Mehrheit der abgegebenen Stimmen ausreichend[759]. Soll mehr als die reine Organisation geregelt werden, kann dies nicht mehr gelten; insofern ist die zweite Meinung mit der herrschenden Meinung abzulehnen. Regeln über Interessenkonflikte können nicht mit einfacher Mehrheit in der Satzung festgeschrieben werden, sondern nur, wenn alle Betroffenen zustimmen.

---

755 *Krieger* FS Ulmer, S. 365, 375.

756 *Lutter* in: DCGK-Komm, Rn. 992; *Lutter* ZHR 166 (2002), 523, 537; ihm folgend *Vetter* DNotZ 2003, 748, 759 f.; in diese Richtung auch *Seibt* AG 2002, 249, 259.

757 *Austmann* Gesellschaftsrechtliche Kautelarpraxis, RWS, S. 24 f.

758 *Lutter* ZHR 166 (2002), 523, 537; *Seibt* AG 2002, 249, 259.

759 *Lutter/Krieger* Rechte und Pflichten, Rn. 533; *Hoffmann-Becking* in: Münch. Hdb. GesR IV, § 31 Rn. 4 und 55.

III. Umsetzung in den Anstellungsverträgen

Eine Umsetzung der Empfehlungen des Kodex kann auch in den Anstellungsverträgen der Vorstandsmitglieder erfolgen. Mangels Anstellungsvertrag besteht diese Möglichkeit bei Aufsichtsratsmitgliedern hingegen nicht.

In den Anstellungsverträgen des Vorstands erfolgt grundsätzlich die nach § 87 Abs. 1 Satz 1 AktG zu regelnde Festsetzung der Vergütung des Vorstands[760]. Hierin können daher auch die entsprechenden Empfehlungen des Kodex (Ziff. 4.2.3 DCGK) umgesetzt werden. In diesem Zusammenhang kann auch die Bekanntmachung der Vergütung nach Bestandteilen (Ziff. 4.2.4 DCGK) erfolgen, um einen Eingriff in die Persönlichkeitsrechte der Vorstandsmitglieder zu vermeiden[761]. Außerdem kann hier die Ergänzung der D&O-Versicherung um einen Selbstbehalt (Ziff. 3.8 Abs. 2 DCGK) geregelt werden[762]. Weiterhin eignen sich die Anstellungsverträge der Vorstandsmitglieder für die Umsetzung derjenigen Empfehlungen, die die persönlichen Verpflichtungen eines Vorstandsmitglieds gegenüber der Gesellschaft betreffen, insbesondere die unverzügliche Offenlegung von Interessenkonflikten (Ziff. 4.3.4 DCGK) und das Zustimmungserfordernis des Aufsichtsrats im Fall der Aufnahme von Nebentätigkeiten (Ziff. 4.3.5 DCGK)[763]. Auch eine Altersgrenze (Ziff. 5.1.2 Abs. 2 Satz 3 DCGK) kann hierin festgelegt werden[764], wenn dies nicht bereits in der Satzung geschehen ist. In den Anstellungsverträgen kann außerdem das Zustimmungserfordernis des Aufsichtsrats zu wesentlichen Geschäften des Vorstands bei Vorliegen eines Interessenkonflikts (Ziff. 4.3.4 Satz 3 DCGK) aufgenommen werden[765], soweit dieses nicht bereits in der Geschäftsordnung enthalten ist.

In der ersten Fassung enthielt der Kodex auch eine Empfehlung zu Meldepflichten beim Aktienerwerb von Vorstands- und Aufsichtsratsmitgliedern (Ziff. 6.6 DCGK a.F.). Auch hier sollte eine Umsetzung im Anstellungsvertrag erfolgen können[766]. Mittlerweile ergibt sich diese Pflicht unmittelbar aus dem Gesetz, nämlich aus § 15a WpHG[767] und gehört damit zum gesetzlichen Pflichtenkanon der Organmitglieder, so dass eine gesonderte Umsetzung in den Anstellungsverträgen des Vorstands nicht mehr nötig ist.

---

760 Ausführlich *Wiesner* in: Münch. Hdb. GesR IV, § 21 Rn. 28 ff.

761 *Grobys* FAZ vom 4.12.2002, S. 23; ähnlich *Seibt* AG 2002, 249, 259.

762 *Seibt* AG 2002, 249, 258; *Semler/Wagner* NZG 2003, 553, 558; *Grobys* FAZ vom 4.12.2002, S. 23.

763 *Lutter* ZHR 166 (2002), 523, 536; *Seibt* AG 2002, 249, 259; *Semler/Wagner* NZG 2003, 553, 558 *Ulmer* ZHR 166 (2002), 150, 173.

764 *Grobys* FAZ vom 4.12.2002, S. 23.

765 *Ulmer* ZHR 166 (2002), 150, 173.

766 *Seibt* AG 2002, 249, 259; noch nach der Änderung des Kodex auch *Grobys* FAZ vom 4.12.2002, S. 23, der aber wahrscheinlich die Änderung des Kodex noch nicht berücksichtigen konnte.

767 Dazu oben Kapitel 2 E.II. (Seite 56).

IV. Sonstige Möglichkeiten der Umsetzung

Neben der Satzung, den Geschäftsordnungen und den Anstellungsverträgen der Vorstandsmitglieder kann der Kodex auch auf andere Weise umgesetzt werden. Zu denken ist vor allem an Organbeschlüsse. Allerdings gilt hier wie schon im Hinblick auf die Satzung[768], dass ein Beschluss der Hauptversammlung, nach dem der Vorstand sämtliche Empfehlungen des Kodex einzuhalten hat, nicht möglich ist, da ein solcher weder in § 119 Abs. 1 AktG noch in sonstigen Vorschriften des Aktiengesetzes vorgesehen ist[769]. Neben der Umsetzung durch Beschlüsse ist aber auch eine Umsetzung der Empfehlungen durch einfache Weisungen, insbesondere des Vorstands an untergeordnete Ebenen, möglich. Hiervon sind vor allem die Empfehlungen betroffen, die sich nicht direkt an ein Organ oder seine Mitglieder wenden, sondern allgemein das Unternehmen verpflichten oder überhaupt keinen Adressaten nennen[770]. Schließlich können Empfehlungen auch durch sonstige Verträge und Verhaltensweisen eingehalten werden, etwa hinsichtlich der Empfehlungen zur Abschlussprüfung (Ziff. 7.2 DCGK). So kann der Aufsichtsrat auf der nach Ziff. 7.2.1 Abs. 1 DCGK vom Abschlussprüfer einzuholenden Erklärung bestehen, vor allem aber kann er in der Prüfungsvereinbarung – soweit dies nicht ohnehin in den Standardverträgen der Abschlussprüfer enthalten ist – auf eine Umsetzung der Empfehlungen Ziff. 7.2.1 Abs. 2, 7.2.3 und 7.2.4 DCGK bestehen.

B. Kompetenz für die Umsetzung

Von der Frage, wo die Umsetzung der Empfehlungen erfolgt ist die Frage zu trennen, wer innerhalb des Unternehmens über die Umsetzung entscheidet. Diese interne Kompetenzverteilung richtet sich mangels entgegenstehender Angaben in § 161 AktG oder im Kodex nach allgemeinem Aktienrecht[771]. In der Aktiengesellschaft kann die Umsetzungskompetenz daher bei den drei Gesellschaftsorganen Hauptversammlung, Aufsichtsrat oder Vorstand liegen.

I. Hauptversammlung

Die Hauptversammlung ist zum einen zuständig für Satzungsänderungen (1.). Daneben ist sie aber auch für Wahlen und Beschlüsse zuständig, die Regelungen des Kodex betreffen (2.).

---

768 Vgl. oben A. I. (Seite 139 ff.).
769 *Ulmer* ZHR 166 (2002), 150, 174 zu aktionärsbegünstigenden Kodex-Empfehlungen.
770 *Lutter* ZHR 166 (2002), 523, 539.
771 *Semler/Wagner* NZG 2003, 553, 557; *Ulmer* ZHR 166 (2002), 150, 173.

1. Satzungsänderungen

Die Hauptversammlung ist nach § 119 Abs. 5 AktG für Satzungsänderungen zuständig. Damit kann eine Umsetzung der Kodex-Empfehlungen in der Satzung[772] nur durch die Hauptversammlung erfolgen. Vorstand und Aufsichtsrat können allerdings versuchen, durch entsprechende Beschlussvorschläge nach § 124 Abs. 3 AktG hierauf Einfluss zu nehmen. Grundsätzlich bedarf eine Satzungsänderung nach § 179 Abs. 2 Satz 1 AktG der Dreiviertelmehrheit des bei der Beschlussfassung vertretenen Grundkapitals (Kapitalmehrheit) sowie zusätzlich der einfachen Stimmenmehrheit nach § 133 Abs. 1 AktG[773]. Die in § 113 Abs. 1 Satz 4 AktG enthaltene Ausnahme, nach der bei einer Änderung der Satzung zur Herabsetzung der Aufsichtsratsvergütung die einfache Mehrheit ausreicht, ist hier nicht einschlägig, da selbst bei Kürzung der festen Vergütungsbestandteile zusätzlich variable Bestandteile eingeführt werden, so dass eine Erhöhung der Aufsichtsratsvergütung zumindest nicht ausgeschlossen ist. Problematisch ist hingegen, dass einige Satzungsbestimmungen, so etwa diejenigen, die die Geschäftsordnung von Organen der Gesellschaft betrifft, als unechte Satzungsbestandteile[774] bezeichnet werden. Dies betrifft die Regelung von Einzelfragen in der Geschäftsordnung des Aufsichtsrat sowie nach § 77 Abs. 2 Satz 2 AktG die Regelung von Einzelfragen der Geschäftsordnung des Vorstands. Hier wäre § 179 AktG nicht einschlägig. Andere hingegen sehen solche Bestimmungen als freigestellte materielle Satzungsklauseln[775] mit der Folge, dass es hierfür doch wieder einer Dreiviertelmehrheit nach § 179 Abs. 2 Satz 1 AktG bedarf. Schon um Auseinandersetzungen über die Rechtsnatur der betreffenden Kodexbestimmungen zu vermeiden, sollte daher möglichst die Mehrheit des § 179 AktG erreicht werden. Auch Regelungen wie die Vergütung der Aufsichtsratsmitglieder sind nicht eindeutig den echten oder unechten Satzungsbestandteilen zuzuordnen, sondern indifferent[776]. Die Aufnahme dieser Regelung in die Satzung spricht aber für das Vorliegen eines materiellen Satzungsbestandteils, so dass § 179 AktG einschlägig[777] und damit im Ergebnis eine Dreiviertelmehrheit nötig ist.

---

772 Dazu oben A. I. (Seite 139 ff.).

773 Allg. Meinung, vgl. die Nachweise bei *Hüffer* AktG, § 179 Rn. 14.

774 *Semler* in: Münch. Hdb. GesR IV, § 39 Rn. 55, allerdings mit Verweis auf GroßKommAktG/*Wiedemann* § 179 Anmerkung 2 (gemeint ist wohl die 3. Auflage Berlin u. a. 1973), der diese aber nur nicht zu den echten Satzungsbestandteilen zählen will, sie damit aber nicht zwingend zu den unechten Satzungsbestandteilen zählt, da er auch die Kategorie der indifferenten Satzungsbestandteile kennt, vgl. GroßKommAktG/*Wiedemann* § 179 Rn. 40.

775 GroßKommAktG/*Wiedemann* § 179 Rn. 35.

776 *Hüffer* AktG, § 179 Rn. 5; GroßKommAktG/*Wiedemann* § 179 Rn. 40.

777 GroßKommAktG/*Wiedemann* § 179 Rn. 41.

2. Sonstige Vorschriften des Kodex, für deren Umsetzung die Hauptversammlung zuständig ist

Darüber hinaus sind auch einige Beschlüsse zwingend von der Hauptversammlung zu treffen. So entscheidet die Hauptversammlung nach § 113 Abs. 1 Satz 2 Alt. 2 AktG über die Vergütung der Aufsichtsratsmitglieder durch Beschluss, wenn hierüber keine Regelung in der Satzung getroffen wurde. Dabei genügt dann nach § 133 Abs. 1 AktG die einfache Mehrheit.

Weiterhin wählt die Hauptversammlung in den Grenzen des § 101 Abs. 1 AktG die Mitglieder des Aufsichtsrats. Damit ist sie auch zuständig für die Umsetzung der Empfehlung Ziff. 5.4.2 DCGK, wonach nicht mehr als zwei ehemalige Vorstandsmitglieder dem Aufsichtsrat angehören sollen[778]. Durch das Vorschlagsrecht des Aufsichtsrats nach § 124 Abs. 3 Satz 1 AktG existiert faktisch eine große Beeinflussungsmöglichkeit durch den Aufsichtsrat.

II. Aufsichtsrat

Dem Aufsichtsrat kommt die Umsetzungskompetenz von Kodex-Empfehlungen in verschiedenen Bereichen zu. Dabei kann der Aufsichtsrat autonom darüber entscheiden, welche der an ihn gerichteten Empfehlungen des Kodex er befolgen will; vor allem ist er nicht an Wünsche und Empfehlungen des Vorstands gebunden[779].

1. Umsetzung in den Geschäftsordnungen

Zunächst ist eine Umsetzung der Empfehlungen über die Geschäftsordnungen denkbar. Hierbei ist zwischen der Geschäftsordnung des Aufsichtsrats selbst und der Geschäftsordnung des Vorstands zu unterscheiden.

a) Die Geschäftsordnung des Aufsichtsrats

Der Aufsichtsrat gibt sich seine Geschäftsordnung selbst, wobei er sie nach § 108 Abs. 1 AktG mit einfacher Stimmenmehrheit beschließen und ändern kann[780]. Wie gesehen kann die Satzung der Gesellschaft Einzelfragen der Geschäftsordnung des Aufsichtsrats regeln. Hieran ist der Aufsichtsrat gebunden, wenn er sich selbst eine Geschäftsordnung gibt. Mangels Regelungsbefugnis in der Satzung hat der Aufsichtsrat aber die autonome Kompetenz vor allem hinsichtlich Verfahrensfragen, insbesondere im Hinblick auf Einrichtung und Besetzung der Ausschüsse[781].

---

[778] So auch *Krieger* FS Ulmer, S. 365, 368.

[779] *Ihrig/Wagner* BB 2002, 789, 790; *Pfitzer/Oser/Wader* DB 2002, 1120, 1121.

[780] *Hüffer* AktG, § 107 Rn. 23; *Hoffmann-Becking* in: Münch. Hdb. GesR IV, § 31 Rn. 1 und 4.

[781] Dazu oben A.I. (insbesondere Seite 143).

b) Die Geschäftsordnung des Vorstands

Nach § 77 Abs. 2 Satz 1 AktG kann der Aufsichtsrat auch eine Geschäftsordnung für den Vorstand erlassen und damit die hierin regelbaren Empfehlungen[782] umsetzen. Dadurch wird eine vom Vorstand sich selbst gegebene Geschäftsordnung hinfällig[783]. Wird in der Satzung dem Aufsichtsrat die Kompetenz zum Erlass der Geschäftsordnung zugewiesen, darf der Vorstand sich selbst dann keine Geschäftsordnung geben, wenn der Aufsichtsrat von seiner Kompetenz keinen Gebrauch macht[784]. Der Aufsichtsrat kann daher frei entscheiden, ob und mit welchem Inhalt er eine Geschäftsordnung erlässt. Ebenso wie beim Erlass der Geschäftsordnung für sich selbst hat der Aufsichtsrat nur die in der Satzung nach § 77 Abs. 2 Satz 2 AktG enthaltenen Regelungen zu beachten[785]. Darüber hinaus kann er also frei über die Aufnahme von Kodex-Empfehlungen in die Geschäftsordnung entscheiden und damit den Vorstand zur Einhaltung der Empfehlungen verpflichten[786].

2. Umsetzung in den Anstellungsverträgen

Weiterhin kann der Aufsichtsrat die Befolgung von Empfehlungen des Kodex im Anstellungsvertrag der Vorstandsmitglieder regeln. Bei dessen Abschluss vertritt er die Gesellschaft nach § 112 AktG. Daher obliegt die Entscheidungskompetenz, eine Empfehlung in den Anstellungsverträgen umzusetzen, ebenfalls dem Aufsichtsrat[787]. Die daraus resultierende Bindung trifft dagegen das einzelne Vorstandsmitglied, so wie beim Erlass der Geschäftsordnung des Vorstands durch den Aufsichtsrat der Vorstand hierdurch verpflichtet wird. Dabei sollen die Vorstandsmitglieder nach einer Meinung verpflichtet sein, Ergänzungen und Änderungen ihrer bereits geschlossenen Anstellungsverträge zuzustimmen, um der Gesellschaft eine angemessene Kontrolle der Einhaltung der Empfehlungen zu ermöglichen[788]. Der Grund für diese Verpflichtung ist allerdings nicht ersichtlich. Vielmehr muss der Aufsichtsrat entweder versuchen, die Verpflichtung in die Geschäftsordnung zu übernehmen oder die Verträge abzuändern. Kommt es hierbei aber nicht zu einem Konsens, kann der Aufsichtsrat richtigerweise erst bei künftigen Vertragsabschlüssen die Verankerung der Kodex-Empfehlungen in den Anstellungsverträgen durchsetzen[789].

---

782 Dazu oben A.II.1 (Seite 143 f.).
783 *Wiesner* in: Münch. Hdb. GesR IV, § 22 Rn. 18.
784 *Wiesner* in: Münch. Hdb. GesR IV, § 22 Rn. 18.
785 *Hüffer* AktG, § 77 Rn. 20.
786 *Ihrig/Wagner* BB 2002, 789, 790; *Pfitzer/Oser/Wader* DB 2002, 1120, 1121.
787 *Pfitzer/Oser/Wader* DB 2002, 1120, 1121; *Vetter* DNotZ 2003, 748, 758.
788 *Grobys* FAZ vom 4.12.2002, S. 23.
789 *Lutter* ZHR 166 (2002), 523, 537; *Seibt* AG 2002, 249, 259.

3. *Umsetzung durch sonstige Rechtsakte*

Schließlich kann der Aufsichtsrat auch durch entsprechende Beschlüsse die Einhaltung des Kodex vorschreiben, oder aber die Empfehlung bei Vertragsabschlüssen (etwa bei Vereinbarungen mit dem Abschlussprüfer) und in seiner sonstigen Verhaltensweise beachten. Auch hierfür hat er die autonome Entscheidungskompetenz. Da der Aufsichtsrat seine eigenen Beschlüsse jederzeit abändern kann, kommt einem Beschluss, die Empfehlungen zu befolgen, nur geringe Bedeutung zu. Lediglich eine Abweichung durch konkludente Beschlussfassung ist nicht möglich, da eine konkludente Beschlussfassung nicht erlaubt ist[790].

III. Vorstand

Im Vergleich zum Aufsichtsrat ist die Kompetenz des Vorstands zur Umsetzung der Empfehlungen des Kodex geringer. So kann der Vorstand Empfehlungen in seiner Geschäftsordnung nur autonom umsetzen, wenn die Kompetenz zum Erlass der Geschäftsordnung weder dem Aufsichtsrat in der Satzung nach § 77 Abs. 2 Satz 1 AktG zugewiesen wurde, noch der Aufsichtsrat diese Geschäftsordnung in autonomer Entscheidung erlassen hat. Außerdem kann der Aufsichtsrat – wie bereits gesehen – eine vom Vorstand erlassene Geschäftsordnung jederzeit wieder hinfällig werden lassen, wenn er eine Geschäftsordnung für diesen erlässt. Selbst wenn der Vorstand sich eine Geschäftsordnung gibt, wenn also weder dem Aufsichtsrat von der Satzung die Erlasskompetenz zugewiesen wurde, noch dieser die Geschäftsordnung erlassen hat, muss der Vorstand die nach § 77 Abs. 2 Satz 2 AktG in der Satzung enthaltene Regelung von Einzelfragen beachten. Nach § 77 Abs. 2 Satz 3 AktG muss der Beschluss der Geschäftsordnung außerdem einstimmig gefasst werden. Auch ein Vorstandsbeschluss über die Empfehlung zur Offenlegung von Interessenkonflikten (Ziff. 4.3.4 DCGK), Übernahme von Nebentätigkeiten (Ziff. 4.3.5 DCGK) und Ausweis der Vorstandsvergütung nach Bestandteilen (Ziff. 4.2.4 DCGK) bedarf eines einstimmigen Beschlusses[791], wenn die Empfehlungen nicht bereits in Satzung, Geschäftsordnung oder Anstellungsvertrag niedergelegt sind. Dann dürften die entsprechenden Vorstandsmitglieder zur Zustimmung verpflichtet sein. Das Prinzip der Einstimmigkeit gilt selbst dann, wenn für Beschlüsse des Vorstands abweichend von § 77 Abs. 1 Satz 1 AktG das Mehrheitsprinzip vorgesehen ist. Dagegen sind durch einfachen Beschluss diejenigen Regelungen umzusetzen, die keine persönlichen Verpflichtungen des Vorstands enthalten; dies betrifft vor allem die Umsetzung der Empfehlungen zur Veröffentlichungspraxis des Unternehmens (z. B. Ziff. 6.5, 6.7, 6.8 und 7.1 DCGK) und zur

[790] *Hoffmann-Becking* in: Münch. Hdb. GesR IV, § 31 Rn. 54; *Hüffer* AktG, § 108 Rn. 4.
[791] Ohne die folgende Differenzierung *Seibt* AG 2002, 249, 259.

Informationserteilung an die Aktionäre (z. B. Ziff. 6.3 und 6.4 DCGK), wenn diese nicht bereits in der Satzung festgeschrieben sind[792].

Nur gemeinsam mit dem Aufsichtsrat kann der Vorstand beschließen, jährlich im Geschäftsbericht über die Corporate Governance des Unternehmens zu berichten, eventuelle Abweichungen von den Empfehlungen des Kodex zu erläutern und zu Anregungen des Kodex Stellung zu nehmen (Ziff. 3.10 DCGK).

Einen einfachen Beschluss, dem Kodex zu folgen, kommt noch weniger Bedeutung als beim Aufsichtsrat zu, da der Vorstand seine Beschlüsse auch konkludent ändern kann[793], mithin also schon ein diesem Beschluss entgegenstehender Beschluss den ursprünglichen Beschluss aufhebt.

IV. Zusammenfassung

Neben der großen Zahl der Empfehlungen des Kapitel 5 DCGK, die sich direkt an den Aufsichtsrat wenden und für die er zum großen Teil die Umsetzungskompetenz hat, hat der Aufsichtsrat außerdem auch bei einer Reihe von Empfehlungen, die in Kapitel 3 (Zusammenarbeit von Vorstand und Aufsichtsrat), Kapitel 4 (Vorstand) und unter Ziff. 7.2 DCGK (Abschlussprüfung) die Aufgabe, diese Empfehlungen umzusetzen. Hierunter fallen zudem die für eine gute Corporate Governance besonders wichtigen Aspekte der Regelung von Interessenkonflikten, der Zusammensetzung des Vorstands und der Transparenz hinsichtlich den Vergütungsregelungen des Vorstands. Auch der Hauptversammlung kommen einige entscheidende Kompetenzen zu, insbesondere durch die Möglichkeit, Regelungen für die Geschäftsordnung der Verwaltungsorgane in der Satzung festzuschreiben und im Hinblick auf die Wahlen zum Aufsichtsrat. Dem Vorstand kommen hingegen deutlich weniger Möglichkeiten zu, da er sich den Vorgaben der von der Hauptversammlung erlassenen Satzung und des Aufsichtsrats unterordnen muss. Allerdings kann er über die Umsetzung der Empfehlungen zur Information der Aktionäre und Dritter und damit der Transparenz (Kapitel 6 sowie Ziff. 7.1 DCGK) entscheiden. Im Hinblick auf die Stellung des Vorstands ist die Aussage nicht zutreffend, dass die Entscheidung über die Befolgung des Kodex eine geschäftspolitische ist, die als Maßnahme der Geschäftsführung nach § 76 Abs. 1 AktG der Kompetenz des Vorstands unterfällt[794]. Vielmehr haben, wie gezeigt werden konnte, alle Organe ihren Kompetenzbereich, in dem sie weitgehend autonom über die Umsetzung der Kodexempfehlungen entscheiden können.

---

[792] Ähnlich *Seibt* AG 2002, 249, 259.
[793] *Wiesner* in: Münch. Hdb. GesR IV, § 22 Rn. 6; *Hüffer* AktG, § 77 Rn. 6.
[794] So aber *Seibt* AG 2002, 249, 253.

C. Internes Controlling durch einen Kodexbeauftragten

Mit Verweis auf die Dokumentations- und Organisationspflicht beim Abhängigkeitsbericht nach § 312 AktG wird vertreten, dass Vorstand und Aufsichtsrat auch hinsichtliche der Einhaltung des Kodex eine solche Pflicht haben. Demnach haben sie die organisatorischen Vorkehrungen zu treffen, um die Einhaltung des Kodex sicherzustellen und die hierzu getroffenen Maßnahmen zu dokumentieren[795]. Daher wird teilweise empfohlen, zur Überwachung der Umsetzung des Kodex und der Einhaltung seiner Regelungen einen Kodex- oder Corporate-Governance-Beauftragten zu bestimmen[796]. Dieser solle den Compliance-[797] oder Umweltschutzbeauftragten[798] vergleichbar sein. Er soll nicht nur die für die Organe notwendigen Informationen sammeln, sondern auch die Entwicklung des Kodex verfolgen[799]. Zum einen soll ein solcher Kodex-Beauftragter – im Nebenamt[800] – ernannt werden, der dem Vorstand unmittelbar berichtet[801]. Zum anderen wird vorgeschlagen, dass diese Überwachung diejenige Stelle vornimmt, die auch sonst zur Compliance und zur Compliance-Prüfung im Unternehmen eingesetzt wird[802]. Daneben könne im Vorstand hierfür ein Compliance-Officer, im Aufsichtsrat ein Kontrollausschuss eingerichtet oder ein einzelnes Mitglied benannt werden, die die Einhaltung der Empfehlungen überprüfen[803]. Auch wird die Erstellung von Checklisten zur Überprüfung der Einhaltung des Kodex angeregt und angeboten[804]. Teilweise wird die Benennung eines solchen Beauftragten aber auch als weder erforderlich noch zweckmäßig abgelehnt[805]. Denn die Organmitglieder könnten regelmäßig aus eigener Kenntnis feststellen, ob die Empfehlungen eingehalten würden, da diese in ihrer Mehrzahl die unmittelbare Sphären von Vorstand und Aufsichtsrat beträfen[806].

Bereits der Ausgangspunkt, nämlich der Vergleich mit der Dokumentations- und Organisationspflicht beim Abhängigkeitsbericht, erscheint gewagt. Denn § 312 Abs. 2 AktG ordnet ausdrücklich die Pflicht zur gewissenhaften und getreuen Rechenschaftslegung an, erst hieraus hat die Literatur Dokumentations- und Organisationspflichten entwickelt[807]. Die Bedeutung und Reichweite des

---

795 *Seibt* AG 2002, 249, 254.
796 *Peltzer* DCG, Rn. 313 ff.; *Seibt* AG 2002, 249, 254 m.w.N.; *Semler/Wagner* NZG 2003, 553, 558; Ausführungen zum Anforderungsprofil eines solchen Beauftragten darüber hinaus bei *Peltzer* DB 2002, 2580 f.
797 *Peltzer* DB 2002, 2580; zur Compliance insgesamt *Schneider* ZIP 2003, 645.
798 *Peltzer* DB 2002, 2580, 2581.
799 *Peltzer* DB 2002, 2580.
800 *Peltzer* DCG, Rn. 321.
801 *Seibt* AG 2002, 249, 254.
802 *Austmann* Gesellschaftsrechtliche Kautelarpraxis, RWS, S. 25 f.
803 *Seibt* AG 2002, 249, 254 m.w.N.
804 *Peltzer* DCG, Rn. 320; Liste S. 125 ff.
805 *Ringleb* in: DCGK-Komm, Rn. 1043.
806 *Ringleb* in: DCGK-Komm, Rn. 1042.
807 Vgl. dazu *Hüffer* AktG, § 312 Rn. 32 ff.

Abhängigkeitsberichts für den einzelnen Aktionär dürfte aber deutlich größer sein als die der Entsprechenserklärung. Doch selbst wenn man eine solche Pflicht auch im Zusammenhang mit dem Kodex annimmt, reicht die Einsetzung eines Beauftragten nicht aus, damit Vorstand und Aufsichtsrat sich im Falle einer fehlerhaften Entsprechenserklärung exkulpieren können. Dies gilt erst recht, wenn dieser Beauftragte dem Vorstand untersteht und damit weisungsgebunden ist. Soweit in der Kritik an den Vorschlägen zum Corporate-Governance-Beauftragten darauf hingewiesen wird, dass Vorstand und Aufsichtsrat die Einhaltung selbst prüfen könnten, da die Mehrzahl der Regelungen ihre eigene Sphäre beträfe, kommt dennoch die Möglichkeit für den Einsatz eines solchen Beauftragten für diejenigen Regelungen in Betracht, die eben gerade nicht die Sphäre von Vorstand und Aufsichtsrat betreffen. Im Ergebnis ist die Einrichtung der Stelle eines Kodexbeauftragten eine Frage der Unternehmensorganisation. Eine Verpflichtung hierzu ist jedenfalls weder dem Gesetz noch dem Kodex selbst – auch nicht als Anregung – zu entnehmen. Im Ergebnis können daher Vorstand und Aufsichtsrat über die Einsetzung eines solchen Beauftragten nach eigenem Ermessen entscheiden.

D. Ergebnis

Die Empfehlungen des Kodex lassen sich im Unternehmen auf verschiedene Weise umsetzen, wobei insbesondere an die Satzung, an die Geschäftsordnungen der Verwaltungsorgane und an die Anstellungsverträge der Vorstandsmitglieder zu denken ist. Dabei können nicht alle Empfehlungen auf beliebigen Wegen umgesetzt werden, insbesondere bei einer Umsetzung in der Satzung des Unternehmens sind die allgemeinen Grenzen der Gestaltungsmöglichkeit zu beachten. Außerdem ist bei allen Ergänzungen der Satzung infolge der Übernahme des Kodex in einem Unternehmen zu beachten, dass bei der Aufnahme möglichst vieler Empfehlungen des Kodex die Flexibilität des Unternehmens erheblich eingeschränkt wird[808]. Während sonst bei einer Abweichung von den Empfehlungen des Kodex lediglich die Entsprechenserklärung des Unternehmens geändert werden muss, ist im Fall der Aufnahme der entsprechenden Empfehlung in der Satzung vor einer Abweichung die Satzung selbst zu ändern. Dies erfordert regelmäßig einen Hauptversammlungsbeschluss nach § 119 Abs. 1 Nr. 5 AktG. Dabei ist vor allem infolge der Einberufungsfrist von einem Monat nach § 123 Abs. 1 AktG eine spontane oder schnelle Änderung der Unternehmenspraxis nicht möglich. Es bedarf hierzu dann vielmehr einer erneuten Satzungsänderung, die neben den Fragen der Mehrheit nach §§ 179 Abs. 2 Satz 1, 133 Abs. 1 AktG auch mit entsprechenden Kosten verbunden ist[809]. Setzt sich das Unternehmen zum Ziel, jede Kodex-Empfehlung in die Satzung zu übernehmen, bei der dies möglich ist,

---

808 So auch *Claussen/Bröcker* DB 2002, 1199.

809 Hierzu *Semler* in: Münch. Hdb. GesR IV, § 40 Rn. 30 f. und § 39 Rn. 77 ff.

so würde außerdem jede Kodexänderung zu einer Überprüfung und ggf. Änderung der Satzung führen. Das gilt insbesondere, wenn eine Empfehlung des Kodex, die das Unternehmen in seine Satzung übernommen hat, geändert wird. Will es dieser geänderten Empfehlung nachkommen, ist eine Satzungsänderung gegebenenfalls sogar unumgänglich. Bei der Umsetzung der Empfehlungen des Kodex in einer vom Aufsichtsrat vorgegebenen Geschäftsordnung des Vorstands ergibt sich das Problem der eingeschränkten Flexibilität ebenfalls, wenn auch in deutlich abgeschwächter Form. Denn will der Vorstand nicht gegen die Geschäftsordnung verstoßen, hat er zunächst die Änderung der Geschäftsordnung durch einen entsprechenden Beschluss des Aufsichtsrats abzuwarten. Hingegen können Beschlüsse eines Organs sowie die Geschäftsordnung des Aufsichtsrats vom jeweiligen Organ jederzeit geändert werden, hinsichtlich der Geschäftsordnung jedenfalls dann, wenn die betreffende Regelung nicht durch die Satzung vorgegeben ist. Dies führt zu großer Flexibilität, allerdings auch zu einer abnehmenden Wahrscheinlichkeit, dass die Empfehlungen auch tatsächlich eingehalten werden. Durch eine Aufnahme der Empfehlungen in die gesellschaftsinternen Normen vergrößert sich außerdem der Pflichtenkreis der betreffenden Organe, andererseits wird durch die zusätzliche Implementierung die Einhaltung des Kodex und damit der abgegebenen Entsprechenserklärung wahrscheinlicher als ohne eine solche.

Über die Einrichtung eines internen Controllings zur Einhaltung der Empfehlungen des Kodex gemäß der Entsprechenserklärung entscheiden Vorstand und Aufsichtsrat nach eigenem Ermessen.

Kapitel 5: Verstöße und ihre Folgen (ohne Haftung)

Sanktionen für Verstöße gegen die Pflicht zur Abgabe der Entsprechenserklärung und die damit zusammenhängenden handelsrechtlichen Pflichten nach §§ 285 Nr. 16, 314 Abs. 1 Nr. 8, 325 Abs. 1 und 2 HGB sind in § 161 AktG nicht enthalten. Denkbar ist allerdings der Rückgriff auf schon vorhandene Sanktionsmöglichkeiten, deren Anwendbarkeit auf die genannten Verstöße im Einzelnen geprüft werden muss (B.). Zuvor bedarf es der Untersuchung, welche Verstöße gegen die Pflicht zur Abgabe der Entsprechenserklärung und der damit zusammenhängenden Pflichten im Rahmen der Publizität nach dem Handelsgesetzbuch möglich sind, und wie diese Verstöße rechtlich zu werten und einzuordnen sind (A.). Ausgenommen bleibt zunächst die Frage der zivilrechtlichen Haftung, die in Kapitel 6 ausführlich untersucht wird.

A. Mögliche Verstöße

Verstöße gegen § 161 AktG sowie §§ 285 Nr. 16, 314 Abs. 1 Nr. 8, 325 Abs. 1 und 2 HGB können in der Nichtabgabe der Entsprechenserklärung (I.) oder im Unterlassen des dauerhaften Zugänglichmachens, wie es in § 161 Satz 2 AktG angeordnet ist (II.), bestehen. In der Praxis wird am ehesten der Fall vorkommen, dass die Entsprechenserklärung zwar abgegeben wurde, sie aber fehlerhaft (III.) oder unvollständig (IV.) ist. Schließlich kommen als Verstöße gegen die handelsrechtlichen Pflichten, die auch unabhängig von Verstößen gegen § 161 AktG vorliegen können, zum einen die Nichteinreichung der Erklärung zum Handelsregister entgegen § 325 Abs. 1 und 2 HGB (V.), zum anderen ein Unterlassen der Angaben über die Abgabe der Entsprechenserklärung im Anhang zum Jahresabschluss entgegen § 285 Nr. 16 HGB bzw. im Konzernanhang entgegen § 314 Abs. 1 Nr. 8 HGB (VI.) in Betracht[810].

I. Nichtabgabe

Wird die Entsprechenserklärung überhaupt nicht abgegeben, liegt der Fall einer Nichtabgabe vor. Da § 161 AktG die jährliche Abgabe der Erklärung verlangt, ist ein solcher Verstoß auch immer dann zu bejahen, wenn die Entsprechenserklärung nicht innerhalb eines Kalenderjahres abgegeben wurde. Hingegen ist schon kein Verstoß gegeben, wenn ein 12-Monats-Rhythmus bei Abgabe der Entsprechenserklärung nicht eingehalten wird, da dies von § 161 AktG gerade nicht verlangt wird[811]. Zwar mag der Kapitalmarkt die

---

810 Eine abweichende Einteilung findet sich bei MünchKommAktG/*Semler* § 161 Rn. 184.

811 Ausführlich bereits oben Kapitel 3 C.V. (Seite 98 ff.) auch mit Nachweisen zur Gegenmeinung.

Nichtabgabe der Entsprechenserklärung wie die Nichtbefolgung aller Empfehlungen werten[812] und mit entsprechenden Kursabschlägen sanktionieren. Die Abgabe einer Entsprechenserklärung mit dem Inhalt, sämtliche Erklärungen würden nicht befolgt, ist aber gerade kein Verstoß gegen die Pflicht aus § 161 AktG[813]. Dagegen liegt bei der Nichtabgabe der Entsprechenserklärung ein Verstoß gegen die Pflicht des § 161 AktG vor, was neben Sanktionen des Kapitalmarkts auch andere, zusätzliche Sanktionen nach sich ziehen kann.

II. Kein dauerhaftes Zugänglichmachen

Die bloße Abgabe der Entsprechenserklärung reicht allerdings nicht aus. So verlangt § 161 Satz 2 AktG, dass die Entsprechenserklärung den Aktionären dauerhaft zugänglich zu machen ist[814]. Geschieht dies nicht, liegt hierin ebenfalls ein Verstoß gegen § 161 AktG.

III. Fehlerhafte Entsprechenserklärung

Hinsichtlich der fehlerhaften Entsprechenserklärung kann man unterscheiden zwischen der formellen Fehlerhaftigkeit (1.) und der materiellen Fehlerhaftigkeit (2.) der Entsprechenserklärung.

1. Formell fehlerhafte Entsprechenserklärung

Möglicherweise liegt ein als Entsprechenserklärung bezeichnetes Dokument vor, dass aber den formellen Anforderungen des § 161 AktG nicht entspricht. Ein solcher Fall ist gegeben, wenn die Erklärung von der unzuständigen Stelle abgegeben wurde, also wenn etwa nur die Pressestelle eines Unternehmens über die Einhaltung des Kodex informiert, ohne dass ein entsprechender Beschluss von Vorstand und Aufsichtsrat vorliegt. Denn nach § 161 Satz 1 AktG hat die Erklärung von Vorstand und Aufsichtsrat abgegeben zu werden.

Weiterhin fällt hierunter die Erklärung zu einem der Kodizes aus privater Initiative oder einem unternehmenseigenen Kodex, denn bereits durch den Wortlaut des § 161 AktG wird klargestellt, dass die Erklärung zu den

> „vom Bundesministerium der Justiz im amtlichen Teil des elektronischen Bundesanzeigers bekannt gemachten Empfehlungen der Regierungskommission 'Deutscher Corporate Governance Kodex'"

zu erfolgen hat.

Schließlich ist die Entsprechenserklärung formell fehlerhaft, wenn sie zu einer veralteten Version des Kodex der Regierungskommission Deutscher Corporate Governance Kodex erfolgt. Zwar wird in § 161 AktG eine Erklärung zum aktuellen Kodex nicht ausdrücklich festgelegt, und auch die

---

812 So *Claussen/Bröcker* DB 2002, 1199, 1204.
813 Bereits oben Kapitel 3 C.III.1.a) (Seite 89).
814 Ausführlich oben Kapitel 3 C.VI. (Seite 100 ff.).

Bekanntmachung des Kodex oder der Kodex selbst ordnen dies nicht ausdrücklich an. Außerdem könnten sich Zweifel an diesem Ergebnis dadurch ergeben, dass auch veraltete Kodizes im elektronischen Bundesanzeiger veröffentlicht sind. Allerdings kann insoweit auf den allgemeinen Grundsatz „lex posterior derogat legi priori" zurückgegriffen werden, wonach eine neue gesetzliche Regelung eine alte auch dann ersetzt, wenn letztere nicht ausdrücklich aufgehoben wird. Zwar handelt es sich bei den Empfehlungen des Kodex gerade nicht um gesetzliche Regelungen, aber durch ihre Bekanntmachung im amtlichen Teil des elektronischen Bundesanzeigers wird er doch in quasi-offizielles Recht erhoben, so dass Grundsätze zur Auslegung von Gesetzen ergänzend herangezogen werden können[815]. Außerdem wollte weder der Gesetzgeber noch die Kodexkommission durch die Möglichkeit der Überarbeitung des Kodex und der Veröffentlichung einer neuen Version ein Nebeneinander verschiedener Kodizes zulassen mit der Folge, dass die Unternehmen sich den Kodex aussuchen, der ihnen am besten gefällt. Im Gegenteil, durch den Kodex sollten gerade die verschiedenen privaten Initiativen gebündelt werden, um einen einheitlichen Kodex zu schaffen. Auch die Vergleichbarkeit der Entsprechenserklärung verschiedener Gesellschaften ist nur möglich, wenn diese sich auf denselben Kodex beziehen. Daher spricht auch das Informationsbedürfnis des Kapitalmarktes, also im Ergebnis Sinn und Zweck des § 161 AktG gegen ein Nebeneinander verschiedener Kodex-Versionen. Schließlich soll der Kodex nach Präambel Abs. 1 Satz 1 DCGK anerkannte Standards guter und verantwortungsvoller Unternehmensführung enthalten. Hierfür wird er gemäß Präambel Abs. 12 DCGK jährlich überprüft und hieran angepasst. Dass nach einer solchen Anpassung weiterhin eine Erklärung zu den dann veralteten Standards zulässig sein sollte ist kaum vertretbar. Festzuhalten ist daher, dass auch eine Erklärung zu einer veralteten Version des Kodex eine formell fehlerhafte Erklärung ist.

In allen Entsprechenserklärungen, die in diesem Sinn formell fehlerhaft sind, liegt ein Verstoß gegen § 161 AktG. Denn sie sind nicht von der richtigen Stelle, nicht in der vorgeschriebenen Weise oder nicht zum richtigen Kodex abgegeben worden. Diese Fehler sind so schwerwiegend, dass nicht mehr von Entsprechenserklärungen im Sinne des § 161 AktG ausgegangen werden kann. Vielmehr ist eine Entsprechenserklärung nach § 161 AktG nicht abgegeben worden. Formell fehlerhafte Erklärungen sind daher wie die Nichtabgabe der Entsprechenserklärung zu behandeln.

Problematisch ist dagegen, wenn Vorstand und Aufsichtsrat sich nicht auf die Abgabe einer einheitlichen, übereinstimmenden Entsprechenserklärung einigen können[816]. Auch in diesem Fall entspricht die Entsprechenserklärung nicht den Anforderungen des § 161 AktG, der eine solche einheitliche Erklärung erwartet. Wie bereits dargestellt[817] erfüllt die Abgabe divergierender

---

815 Mit Einschränkungen so auch *Seibt* AG 2003, 465, 471.
816 Vgl. dazu ausführlich oben Kapitel 3 C.I.2. (Seite 78 ff.).
817 Vgl oben Kapitel 3 C.I.2.c) (Seite 84 f.).

Entsprechenserklärungen von Vorstand und Aufsichtsrat aber die durch § 161 AktG bezweckte Informationsfunktion in besonderer Weise; sie ist für den Kapitalmarkt besonders aussagekräftig. Insofern würde hier eine Behandlung als Nichtabgabe dazu führen, dass divergierende Entsprechenserklärungen gar nicht erst publiziert würden, denn dies hätte für das Unternehmen keine Vorteile. Daher sind divergierende Entsprechenserklärungen nicht als formell fehlerhaft im Sinne der hier vorgenommenen Kategorisierung zu betrachten. Allerdings wird jedenfalls ein Organ eine inhaltlich, also materiell fehlerhafte Erklärung abgeben, so dass sich hieraus Sanktionsmöglichkeiten ergeben. Dagegen würde ein Teil der Sanktionen, die bei der Nichtabgabe der Entsprechenserklärung eingreifen, nicht auf für diesen Fall passen.

2. Materiell fehlerhafte Entsprechenserklärung

Materiell fehlerhaft ist die Entsprechenserklärung, wenn sie inhaltlich falsch ist. Inhaltlich falsch wäre eine Erklärung nach dem Wortlaut des § 161 AktG dann, wenn nach dem Inhalt der Erklärung mehr oder weniger Empfehlungen eingehalten werden, als dies tatsächlich der Fall ist. Allerdings ist bereits erörtert worden, dass nach Sinn und Zweck des § 161 AktG nur gefordert wird, dass nur nicht die Einhaltung von mehr Empfehlungen erklärt wird, als tatsächlich bewusst und gewollt eingehalten werden; die zufällige Einhaltung von Empfehlungen muss dagegen nicht in der Entsprechenserklärung als Einhaltung angegeben werden[818]. Die Erklärung der Abweichung von Empfehlungen, obwohl sie tatsächlich eingehalten werden, ist nicht zuletzt aus Gründen mangelnder Beweisbarkeit möglich. Hierdurch wird eine Entsprechenserklärung nicht inhaltlich falsch, es liegt kein Verstoß gegen § 161 AktG vor.

Wird eine Entsprechenserklärung abgegeben, die nach diesen Kriterien fehlerhaft ist, weil sie die Einhaltung von mehr Empfehlungen vorgibt als dies tatsächlich der Fall ist, ist eine Erklärung abgegeben worden, die zwar nach ihrer äußeren Form, nicht aber nach ihrem Inhalt den Anforderungen des § 161 AktG entspricht. Die materielle Fehlerhaftigkeit dieser Erklärung kann dennoch nicht wie eine Nichtabgabe der Entsprechenserklärung behandelt werden, denn zumindest liegt eine Entsprechenserklärung vor, die in ihrer äußeren Form § 161 AktG entspricht. Da § 161 AktG aber nicht nur eine irgendwie geartete Erklärung, sondern eine inhaltlich korrekte, den Tatsachen entsprechende Erklärung verlangt[819], wird mit der Abgabe einer materiell fehlerhaften Erklärung gegen ihn verstoßen. Daher können auch hier Sanktionen auf verschiedenen Ebenen erfolgen. Gleiches gilt für den Fall, dass Vorstand und Aufsichtsrat inhaltlich divergierende Erklärungen abgegeben haben, für eine der beiden Erklärungen.

---

818 Vgl. dazu oben Kapitel 3 C.III.1.b) (Seite 90 f.).

819 Vgl. etwa *Berg/Stöcker* WM 2002, 1569, 1574; *Buchta* DStR 2003, 740, 741; *Hucke/Ammann* DCGK-Leitfaden, S. 147; *Lutter* ZHR 166 (2002), 523, 531; *Semler/Wagner* NZG 2003, 553, 556; *Ulmer* ZHR 166 (2002), 150, 165.

IV. Unvollständige Entsprechenserklärung

Möglich ist, dass ein Unternehmen sein Verhalten nur hinsichtlich einzelner Empfehlungen in der Entsprechenserklärung offenlegt, etwa indem es erklärt, dass von einigen Empfehlungen abgewichen wurde und wird, ohne anzugeben, was mit den übrigen Empfehlungen passiert. Denkbar ist auch, dass nur das Verhalten in der Vergangenheit angegeben wird, die Entsprechenserklärung aber keine Informationen über gegenwärtiges und zukünftiges Verhalten enthält. Zwar sind diese Fälle aufgrund der bisher in vielen Publikationen gegebenen Formulierungsvorschläge[820] unwahrscheinlich, dennoch sind sie denkbar. So kann der Fall fehlender Angaben über zukünftiges Verhalten deshalb vorkommen, weil ein Unternehmen die zukunftsgerichtete Wirkung der Entsprechenserklärung ausschalten will. In allen diesen Varianten verstößt die abgegebene Entsprechenserklärung gegen die Pflicht aus § 161 AktG. Denn dieser verlangt eine Erklärung dahingehend, „dass den Empfehlungen (...) entsprochen wurde und wird oder welche Empfehlungen nicht angewendet wurden oder werden." Die Erklärung darf also nicht nur Abweichungen vom Kodex enthalten, sie muss auch Auskunft über die Erfüllung der Empfehlungen geben. Sie hat zwingend auch Angaben über das zukünftige Verhalten zu machen[821]. Der unvollständig abgegebenen Erklärung fehlt aber die Aussage über einen Teil der Empfehlungen oder über die zeitliche Dimension.

Fraglich ist, ob ein solcher Verstoß eher einer formell unrichtigen Erklärung entspricht und damit wie dieser als Nichtabgabe anzusehen ist, oder ob er eher vergleichbar mit einer materiell fehlerhaften Entsprechenserklärung ist. Typisch für die materielle Fehlerhaftigkeit der Entsprechenserklärung ist, dass – zu jeder Empfehlung – eine Erklärung abgegeben wurde. Es existiert also eine Stellungnahme, die aber inhaltlich unrichtig ist, da sie mit dem tatsächlichen Verhalten des Unternehmens nicht übereinstimmt. Dagegen ist für eine formell fehlerhafte Entsprechenserklärung kennzeichnend, dass überhaupt keine wirksame Erklärung zu den Kodex-Empfehlungen abgegeben wurde. Bei der unvollständigen Erklärung fehlt eine Stellungnahme des Unternehmens zu einem Teil der Empfehlungen oder ihrer Reichweite völlig. Ähnlichkeiten bestehen insofern zu dem Fall, dass die Erklärung zu einem veralteten Kodex und damit zu veralteten Empfehlungen abgegeben wurde. Denn dort wird die Entsprechenserklärung nur zu einem Teil des aktuellen Kodex abgegeben, und auch dieser Fall fällt unter die formell fehlerhafte Erklärung. Das ist dort auch dann schon der Fall, wenn nur eine Empfehlung geändert wird; gleiches gilt daher, wenn bei einer unvollständigen Erklärung nur zu einer Empfehlung keine Stellung bezogen wurde. Ein weiterer Punkt spricht für die Gleichsetzung der unvollständigen mit der formell fehlerhaften Erklärung: In allen Fällen ist bereits durch die äußere Form der Erklärung erkennbar, dass sie nicht korrekt

---

820 Vgl. oben Kapitel 3 C.VIII. (Seite 107 ff.).

821 Ausführlich zur Frage der Zukunftsgerichtetheit der Erklärung oben Kapitel 3 C.IV.2.b) (Seite 96 ff.).

abgegeben wurde. Insofern ist auch eine rein formale Kontrolle möglich. Dagegen entspricht die äußere Form bei der materiell fehlerhaften Erklärung den Anforderungen des § 161 AktG. Die Feststellung der materiellen Fehlerhaftigkeit bedarf einer zusätzlichen Überprüfung der Corporate Governance des betreffenden Unternehmens im Unternehmen selbst, während bei der formellen Fehlerhaftigkeit und bei der Unvollständigkeit der Erklärung sich der Fehler bereits aus der Erklärung selbst ergibt. Daher ist in einem ersten Schritt die unvollständige Entsprechenserklärung mit der formell fehlerhaften Erklärung gleichzusetzen. Wie letztere ist die unvollständige Entsprechenserklärung in einem zweiten Schritt dann mit der Nichtabgabe der Erklärung gleichzusetzen.

V. Keine handelsrechtliche Publizität

Denkbar ist auch, dass die Entsprechenserklärung nicht nach § 325 Abs. 2 HGB im Bundesanzeiger bekannt gemacht und anschließend zum Handelsregister eingereicht wurde. Dies wird immer dann der Fall sein, wenn eine Entsprechenserklärung überhaupt nicht abgegeben wurde. Dann wäre zugleich gegen § 161 AktG und gegen § 325 HGB verstoßen worden. Darüber hinaus ist denkbar, dass die Entsprechenserklärung zwar abgegeben wurde, die Publizierung aber dennoch unterblieben ist. Dann liegt ein isolierter Verstoß gegen § 325 HGB vor.

VI. Keine Angaben im (Konzern-)Anhang

Im Anhang zum Jahresabschluss ist gemäß § 285 Nr. 16 HGB anzugeben, dass die Entsprechenserklärung abgegeben und den Aktionären zugänglich gemacht wurde. Gleiches gilt für den Konzernanhang nach § 314 Abs. 1 Nr. 8 HGB für jedes in den Konzernabschluss einbezogene börsennotierte Unternehmen. Eine solche informatorische Angabe über Abgabe und Veröffentlichung der Entsprechenserklärung im (Konzern-)Anhang ist zwar unabhängig von der tatsächlichen Abgabe der Entsprechenserklärung, allerdings wird sie regelmäßig nur dann erfolgen, wenn die Entsprechenserklärung auch abgegeben wurde. Wird die Angabe nicht gemacht, liegt hierin ein Verstoß gegen § 285 Nr. 16 HGB bzw. § 314 Abs. 1 Nr. 8 HGB.

B. Folgen der Verstöße

Verstöße gegen gesetzliche Erklärungs- und Publizitätspflichten der Aktiengesellschaft können zu Reaktionen auf unterschiedlichen Ebenen führen. Zunächst ist bereits eine Reaktion der Wirtschaftsprüfer im Rahmen der Abschlussprüfung denkbar (I.). Vor allem ist fraglich, welche Möglichkeiten die Aktionäre haben, auf Verstöße gegen § 161 AktG zu reagieren (II.). Weiterhin können staatliche Sanktionen ergriffen werden (III.).

I. Abschlussprüfung

Jahresabschluss und Lagebericht börsennotierter Aktiengesellschaften sind nach § 316 Abs. 1 Satz 1 HGB durch einen Abschlussprüfer zu kontrollieren. Für den Konzernabschluss ergibt sich parallel dazu die Prüfungspflicht aus § 316 Abs. 2 HGB. Stellt der Abschlussprüfer hierbei Unrichtigkeiten fest, so hat er abgestufte Reaktionsmöglichkeiten. Diese reichen von – auch informeller – Information des Aufsichtsrats über entsprechende Hinweise in seinem Prüfbericht bis hin zur Einschränkung oder Versagung des Bestätigungsvermerks.

1. Bestätigungsvermerk

Nach § 322 Abs. 1 Satz 1 HGB hat der Abschlussprüfer das Ergebnis der Prüfung in einem Bestätigungsvermerk zusammenzufassen. Für den Fall, dass Einwendungen zu erheben sind, ordnet § 322 Abs. 4 Satz 1 HGB an, dass der Bestätigungsvermerk einzuschränken oder zu versagen ist. Nach § 317 HGB, der Gegenstand und Umfang dieser Prüfung bestimmt, erstreckt sich die Prüfung der Rechnungslegung eines Unternehmens auch auf den Anhang[822]. Dieser hat nach § 285 Nr. 16 HGB – für den Konzernanhang nach § 314 Abs. 1 Nr. 8 HGB – als Pflichtangabe zu enthalten,

> „dass die nach § 161 AktG vorgeschriebene Erklärung abgegeben und den Aktionären zugänglich gemacht worden ist".

Der Abschlussprüfer wird bei der Prüfung des Anhangs daher auch kontrollieren, ob die Entsprechenserklärung abgegeben wurde und ob sie den Aktionären (dauerhaft) zugänglich gemacht wurde. Insofern ist hier die Publizität der Entsprechenserklärung zu prüfen.

a) Versagung

Eine Versagung des Bestätigungsvermerks kommt nur dann in Betracht, wenn ein Positivbefund zu wesentlichen Teilen der Rechnungslegung nicht mehr möglich ist, etwa bei nichtbehebbaren Mängeln in der Nachprüfbarkeit des Jahresabschlusses oder bei Verletzung wesentlicher Vorlage- und Auskunftspflichten[823] oder wenn Fehler so erheblich sind, dass der (Konzern-) Jahresabschlusses insgesamt nicht mehr als ordnungsgemäß gelten kann[824]. Bei einem unvollständigen Anhang ist ein Versagungsvermerk zu fertigen, wenn die mangelhaften Angaben kein Gesamturteil mehr über die Rechnungslegung ermöglichen[825]. Selbst im Fall der Nichtabgabe der Entsprechenserklärung liegt kein so schwerwiegender Fehler der Rechnungslegung vor, dass ein solches

---

822 MünchKommHGB/*Ebke* § 317 Rn. 8.
823 *Baumbach/Hopt* HGB § 322 Rn. 9; BeckBilKomm/*Förschle/Küster* § 322 Rn. 55 und 67.
824 Heymann/*Herrmann* HGB § 322 Rn. 8.
825 BeckBilKomm/ *Förschle/Küster* § 322 Rn. 67.

Gesamturteil über die Rechnungslegung unmöglich wird. Trotz des Fehlens einer Entsprechenserklärung bleibt die Rechnungslegung weiterhin grundsätzlich verständlich und nachprüfbar[826], der Jahresabschluss vermittelt trotzdem ein den tatsächlichen Verhältnissen entsprechendes Bild der Vermögens-, Finanz- und Ertragslage im Sinne von § 322 Abs. 1 Satz 3 a.E. Eine Versagung des Bestätigungsvermerks kommt daher nicht in Betracht.

b) Einschränkung

Voraussetzung für die Einschränkung des Bestätigungsvermerks sind nach herrschender Meinung wesentliche Beanstandungen[827], worunter etwa die Unterlassung wichtiger Einzelangaben im Anhang fällt[828]. Die Gewichtung eines Mangels als wesentlich hat der Abschlussprüfer nach pflichtgemäßem Ermessen vorzunehmen[829]. Dass hierunter auch Versäumnisse im Zusammenhang mit der Entsprechenserklärung fallen scheint zweifelhaft, da sie zur Vermittlung eines den tatsächlichen Verhältnissen entsprechendes Bild der Vermögens-, Finanz- und Ertragslage nur äußerst gering geeignet ist[830]. Allerdings gehen der Gesetzgeber[831] und ihm folgend auch die Literatur[832] und die Wirtschaftsprüfer selbst[833] bisher unbestritten davon aus, dass der Abschlussprüfer bei Nichtabgabe der Entsprechenserklärung den Prüfungsvermerk wegen Verstoßes gegen § 285 Nr. 16 HGB einzuschränken hat. Danach dürfte das Ermessen des Abschlussprüfers sogar auf Null reduziert sein, so dass er den Bestätigungsvermerk nach § 322 Abs. 4 Satz 1 HGB einschränken muss. Da ein gleichwertiger Verstoß auch dann vorliegt, wenn die Entsprechenserklärung zwar abgegeben, aber den Aktionären nicht zugänglich gemacht wurde, muss auch in diesem Fall der Bestätigungsvermerk entsprechend eingeschränkt werden. Gleiches gilt für die formelle Fehlerhaftigkeit der Entsprechenserklärung und die Abgabe einer unvollständigen Entsprechenserklärung, die – wie gesehen – wie eine Nichtabgabe der Entsprechenserklärung zu behandeln sind. Hingegen bezieht sich die Prüfung des Abschlussprüfers nicht auf die Offenlegung nach § 325 HGB[834], so dass ein Verstoß hiergegen keine Einschränkung des Bestätigungsvermerks nach sich ziehen wird. Gleiches gilt für materiell fehlerhafte Entsprechenserklärungen, da

---

826 Ähnlich *Seibt* AG 2002, 249, 257: Wirksamkeit des Jahresabschlusses ist aber auch bei Fehlen der Erklärung nicht beeinträchtigt.

827 BeckBilKomm/ *Förschle/Küster* § 322 Rn. 39.

828 BeckBilKomm/ *Förschle/Küster* § 322 Rn. 41.

829 BeckBilKomm/ *Förschle/Küster* § 322 Rn. 43.

830 Vgl auch zu Auswirkungen auf die Vermögens- oder Finanzlage oder auf den allgemeinen Geschäftsverlauf im Sinne von § 15 Abs. 1 Satz 1 WpHG oben Kapitel 3 D.VII.4 (Seite 119 ff.)

831 Begr. RegE, BT-Drs. 14/8769, S. 25.

832 MünchKommAktG/*Semler* § 161 Rn. 170; *Seibert* BB 2002, 581, 584; *Seibt* AG 2002, 249, 257; *Ihrig/Wagner* BB 2002, 789, 791; *von Werder* DB 2002, 801, 810.

833 *IDW*-EPS 345, Wpg 2002, 1379, 1382, Tz. 24.

834 BeckBilKomm/*Ellrott/Spremann* § 325 Rn. 77; MünchKommHGB/*Fehrenbacher* § 325 Rn. 107.

der Abschlussprüfer diese nicht auch die inhaltliche Richtigkeit zu überprüfen hat. Er muss nur feststellen, ob die Erklärung abgegeben wurde; es handelt sich also um eine rein formelle Vollständigkeitsprüfung[835]. Auch wenn er bei Gelegenheit der Prüfung eine materielle Unrichtigkeit entdeckt, ist der Bestätigungsvermerk nicht einzuschränken. Denn die Anhangsangabe bezieht sich allein auf die Tatsache der Abgabe der Entsprechenserklärung, ihre inhaltliche Unrichtigkeit wirkt sich nicht auf die Richtigkeit des Bildes der Vermögens-, Finanz- und Ertragslage nach § 322 Abs. 1 Satz 3 a.E. HGB aus[836].

Wird die Entsprechenserklärung selbst als freiwillige Angabe in den Anhang aufgenommen, soll das nach teilweise vertretener Meinung dazu führen, dass dann die Entsprechenserklärung dann auch der inhaltlichen Prüfungspflicht durch den Abschlussprüfer unterliegt[837]. Teilweise wird dies aber auch abgelehnt[838] und darüber hinaus gefordert, dass die Erklärung zwingend aus dem Anhang herauszunehmen, alternativ der Bestätigungsvermerk allein wegen der Aufnahme der Entsprechenserklärung in den Anhang einzuschränken ist[839].

2. *Prüfungsbericht*

Fraglich ist, ob ein Verstoß gegen handelsrechtliche Publizitätsvorschriften und die Abgabe einer materiell fehlerhaften Entsprechenserklärung den Abschlussprüfer zur Berichterstattung im Prüfungsbericht verpflichtet. Nach § 321 Abs. 1 Satz 1 HGB hat der Abschlussprüfer über das Ergebnis der Prüfung zu berichten. Gemäß § 321 Abs. 1 Satz 3 HGB, der ebenfalls durch das TransPuG geändert wurde, hat der Abschlussprüfer

> „(...) über bei Durchführung der Prüfung festgestellte Unrichtigkeiten oder Verstöße gegen gesetzliche Vorschriften sowie Tatsachen zu berichten, die den Bestand des geprüften Unternehmens oder des Konzerns gefährden oder seine Entwicklung wesentlich beeinträchtigen können oder die schwerwiegende Verstöße der gesetzlichen Vertreter oder von Arbeitnehmern gegen Gesetz, Gesellschaftsvertrag oder die Satzung erkennen lassen."

Nach § 321 Abs. 1 Satz 3 HGB a.F. hatte der Abschlussprüfer zu berichten, *ob* bei Durchführung der Prüfung Unrichtigkeiten oder Verstöße festgestellt worden sind. Damit war in einer sog. Negativerklärung also auch festzuhalten, wenn er keine berichtspflichtigen Tatsachen festgestellt hatte[840]. Nunmehr besteht die Berichtspflicht nur noch, wenn der Abschlussprüfer entsprechende Feststellungen getroffen hat, so dass es zu einer Positiverklärung kommt[841].

---

835 Begr. RegE BT-Drs. 14/8769, S. 25; *Berg/Stöcker* WM 2002, 1569, 1574; *Gelhausen/Hönsch* AG 2002, 529, 533; *Ruhnke* AG 2003, 371, 373; *Ulmer* ZHR 166 (2002), 150, 175; auch *IDW*-EPS 345, Wpg 2002, 1379, 1381, Tz. 17.

836 *Berg/Stöcker* WM 2002, 1569, 1574; *IDW*-EPS 345, Wpg 2002, 1379, 1382, Tz. 24.

837 *W. Müller* NZG 2002, 752, 753.

838 *IDW*-EPS 345, Wpg 2002, 1379, 1381, Tz. 17.

839 *Ruhnke* AG 2003, 371, 374 f.

840 Dazu etwa MünchKommHGB/*Ebke* § 321 Rn. 28.

841 Begr. RegE, BT-Drs. 14/8769, S. 28.

Weiterhin soll durch die Formulierung „die schwerwiegende Verstöße (...) erkennen lassen“ statt „die schwerwiegende Verstöße (...) darstellen“ die Redepflicht des Abschlussprüfers erweitert werden, da eine rechtliche Subsumtion nicht mehr in dem bisherigen Maße erforderlich sei[842]. Die Redepflicht nach § 321 Abs. 1 Satz 3 HGB erweitert den Prüfungsgegenstand gemäß § 317 HGB allerdings nicht[843]. Damit führt die Redepflicht auch nicht zur Verpflichtung des Abschlussprüfers, die Entsprechenserklärung inhaltlich zu überprüfen. Allerdings kann den Abschlussprüfer eine interne Redepflicht nach § 321 Abs. 5 Satz 2 HGB gegenüber dem Aufsichtsrat treffen, wenn er bei Gelegenheit der Prüfung Abweichungen der Unternehmenspraxis von den Angaben in der Entsprechenserklärung feststellt. Teilweise wird vertreten, diese Redepflicht bestehe bei jeder anlässlich der Prüfung festgestellten inhaltlichen Unrichtigkeit[844]. Hierunter fiele also explizit die inhaltlich fehlerhafte Entsprechenserklärung. Wie bereits gesehen verlangt § 161 AktG nämlich nicht nur, dass eine Entsprechenserklärung abgegeben wird, sondern auch, dass diese Erklärung den Tatsachen entspricht[845]. Damit ist jede Falscherklärung ein Gesetzesverstoß. Voraussetzung für die interne Redepflicht ist aber nach § 321 Abs. 1 Satz 3 HGB weiterhin, dass die Abgabe einer materiell fehlerhaften Entsprechenserklärung einen schwerwiegenden Verstoß gegen Gesetz, Satzung oder Gesellschaftsvertrag erkennen lässt. Kriterien, wann ein Verstoß schwerwiegend ist, sind das für das Unternehmen damit verbundene Risiko, die Bedeutung der verletzten Rechtsnorm und der Grad des Vertrauensbruchs[846], nach anderer Auffassung, wenn der Verstoß wesentliche Auswirkungen auf Bestand oder Entwicklung des Unternehmens hat[847]. Nach der ersten Meinung fallen materiell fehlerhafte Erklärungen gegebenenfalls, Verstöße gegen die handelsrechtliche Publizität wohl nicht unter das Merkmal „schwerwiegend“, nach der zweiten Meinung führen beide Verstöße nicht zu einer Berichtspflicht. Aber selbst wenn man der ersten Meinung den Vorrang gibt, kann der Aufsichtsrat nicht sicher sein, ob der Abschlussprüfer eine inhaltlich falsche Entsprechenserklärung tatsächlich mitteilt; der Abschlussprüfer könnte immer noch vorbringen, er habe hierin jedenfalls keinen schwerwiegenden Verstoß gesehen. Allerdings wird von Wirtschaftsprüfern teilweise vertreten, dass ein Verstoß gegen die Entsprechenserklärung immer schwerwiegend im Sinne des § 321 Abs. 1 Satz 3 HGB ist und damit eine Berichtspflicht besteht[848]. Dies ist aber selbst dort umstritten[849], so dass die Berichtspflicht nach § 321 Abs. 1 Satz

---

842 Begr. RegE, BT-Drs. 14/8769, S. 28.

843 *Berg/Stöcker* WM 2002, 1569, 1574 mit vielen w.N.

844 *W. Müller* NZG 2002, 752, 753.

845 Oben A.III.2 (Seite 160 f.).

846 BeckBilKomm/*Hense/Poullie* § 321 Rn. 41 m.w.N.

847 MünchKommHGB/*Ebke* § 321 Rn. 31.

848 *W. Müller* NZG 2002, 752, 753; *IDW*-EPS 345, Wpg 2002, 1379, 1382, Tz. 26.

849 Anders etwa *Berg/Stöcker* WM 2002, 1569, 1574; *Gelhausen/Hönsch* AG 2002, 529, 534 f.

3 HGB jedenfalls ein unsicheres Instrument für die umfassende Information des Aufsichtsrats ist.

3. *Informelle Information des Aufsichtsrats*

Die soeben dargestellte Unsicherheit hat auch die Kodex-Kommission gesehen und eine dahingehende Empfehlung in den Kodex aufgenommen, mit der sichergestellt werden soll, dass der Aufsichtsrat zumindest informell über solche Verstöße gegen die abgegebene Entsprechenserklärung unterrichtet wird, die nicht schwerwiegend sind und damit nicht zu einer Berichtspflicht nach § 321 Abs. 1 Satz 3 HGB führen. Der Kodex empfiehlt in Ziff. 7.2.3 DCGK, der Aufsichtsrat solle vereinbaren,

> „dass der Abschlussprüfer über alle für die Aufgaben des Aufsichtsrats wesentlichen Feststellungen und Vorkommnisse unverzüglich berichtet, die sich bei der Durchführung der Abschlussprüfung ergeben. Der Aufsichtsrat soll vereinbaren, dass der Abschlussprüfer ihn informiert bzw. im Prüfungsbericht vermerkt, wenn er bei der Durchführung der Abschlussprüfung Tatsachen feststellt, die eine Unrichtigkeit der von Vorstand und Aufsichtsrat abgegebenen Erklärung zum Kodex ergeben."

Die Empfehlung Ziff. 7.2.3 DCGK entspricht zwar weitgehend der gesetzlichen Redepflicht des § 321 Abs. 1 Satz 3 HGB[850]. Dennoch kommt es hierdurch zu einigen Modifikationen. In zeitlicher Hinsicht muss der Redepflicht bei wesentlichen Feststellungen und Vorkommnissen unverzüglich nachgekommen werden, eine isolierte Aufnahme in den Prüfungsbericht genügt also in der Regel nicht[851]. Damit sind auch alle Verstöße umfasst, die zu einer Einschränkung des Bestätigungsvermerks führen. Sie müssen dem Aufsichtsrat unverzüglich mitgeteilt werden, so dass auch noch die Einleitung von Gegenmaßnahmen möglich ist. Die ausschließliche Erwähnung im Abschlussbericht wäre dagegen eine verspätete Information des Aufsichtsrats. Damit kann eine frühzeitige Information die Einschränkung des Bestätigungsvermerks doch noch verhindert werden. Wesentlicher sind aber die inhaltlichen Modifikationen. Die gesetzliche Redepflicht setzt – wie gesehen – einen schwerwiegenden Verstoß gegen Gesetz oder Satzung voraus. Hierzu enthält die Empfehlung Ziff. 7.2.3 DCGK Verschärfungen sowohl im Hinblick auf die Schwere des Verstoßes als auch im Hinblick auf den Gegenstand, gegen den sich der Verstoß richtet. So bedarf es für das Eingreifen der vertraglich vereinbarten Redepflicht keines schwerwiegenden Verstoßes. Vielmehr reichen auch weniger schwere Verstöße aus. Ob ein Verstoß schwerwiegend ist, kann nämlich nach Dauer und Grad der Abweichung im Einzelfall zweifelhaft sein – der Kodex will daher über Ziff. 7.2.3 DCGK erreichen, dass bei Erteilung des Prüfungsauftrags nach §§ 111 Abs. 2 Satz 3 AktG, 318 Abs. 1 Satz 4 HGB auch bei unterhalb dieser Schwelle liegenden Verstößen der Aufsichtsrat informiert

---

850 *Gelhausen/Hönsch* AG 2002, 529, 532.
851 *Gelhausen/Hönsch* AG 2002, 529, 532.

wird[852]. Danach hat der Abschlussprüfer dem Aufsichtsrat immer zu berichten, wenn er Verstöße gegen die in § 325 Abs. 1 und 2 HGB festgelegte handelsrechtliche Publizität erkennt. Weiterhin muss der Verstoß nicht gegen Gesetz, Gesellschaftsvertrag oder Satzung gerichtet sein. Durch die Formulierung

> „alle für die Aufgaben des Aufsichtsrats wesentlichen Feststellungen und Vorkommnisse"

in Ziff. 7.2.3 Abs. 1 DCGK werden auch Verstöße des Vorstands gegen die Geschäftsordnung oder Anstellungsverträge erfasst. Denn eine Überwachungstätigkeit des Aufsichtsrats kann nur dann effektiv und umfassend sein, wenn der Aufsichtsrat sämtliche Verstöße des Vorstands gegen diesen bindende Vorgaben und Regelungen kennt. Daneben soll der Abschlussprüfer nach der Empfehlung Ziff. 7.2.3 Abs. 2 DCGK den Aufsichtsrat auch über alle Tatsachen informieren, die Unrichtigkeiten der abgegebenen Erklärung zum Kodex ergeben. Dies gilt auch, soweit die Entsprechenserklärung des Aufsichtsrats selbst betroffen ist[853]. Diese in Ziff. 7.2.3 DCGK enthaltenen Verschärfungen der Pflichten des Abschlussprüfers gegenüber dem Aufsichtsrat im Verhältnis zu der gesetzlichen Regelung werden dadurch abgemildert, dass die Kodex-Empfehlung im Gegensatz zur gesetzlichen Regelung offenlässt, auf welchem Weg der Abschlussprüfer den Aufsichtsrat informieren muss. Die Information über etwaige Verstöße des Vorstands gegen Geschäftsordnung oder Anstellungsvertrag oder eventuelle Unrichtigkeiten der Entsprechenserklärung muss also nicht zwingend im Prüfungsbericht erfolgen.

Schließlich ist festzuhalten, dass auch die Beachtung der Kodex-Empfehlung Ziff. 7.2.3 DCGK nicht zu einer Verpflichtung des Abschlussprüfers führt, eine inhaltliche Prüfung der Entsprechenserklärung vorzunehmen. Auch insofern hat der Abschlussprüfer lediglich den Aufsichtsrat darüber zu informieren, wenn ihm Abweichungen bei Gelegenheit der Prüfung auffallen[854]. Dies ergibt sich aus dem Wortlaut der Kodex-Formulierung „bei Durchführung der Prüfung", mit der die – übliche und inhaltlich nicht erweiterte – Jahresabschlussprüfung gemeint ist.

---

852 *Berg/Stöcker* WM 2002, 1569, 1574; *Gelhausen/Hönsch* AG 2002, 529, 534 f.; zur anderen Auffassung, wonach bereits jede inhaltliche Unrichtigkeit der Entsprechenserklärung bereits zu einer Redepflicht nach § 321 Abs. 1 Satz 3 HGB führt soeben 2 (Seite 165 ff.).

853 *Gelhausen/Hönsch* AG 2002, 529, 535.

854 Beispiele, welche Verstöße der Abschlussprüfer zwingend feststellen muss, welche Verstöße er bei Gelegenheit oder auch nur zufällig erkennen kann bei *Gelhausen/Hönsch* AG 2002, 529, 535; eine Aufstellung hierüber enthält auch Anhang 1 zu *IDW*-EPS 345, Wpg 2002, 1379, 1385 ff.

II. Aktionäre

Die Aktionäre sind als Anteilseigner Eigentümer der Aktiengesellschaft. Sie üben ihre Rechte gemäß § 118 Abs. 1 AktG insbesondere in der Hauptversammlung aus. Auch den Aktionären stehen verschiedene Reaktionsmöglichkeiten bei Verstößen der Verwaltung gegen § 161 AktG zur Verfügung. Hier ist zum einen an die Verweigerung der Entlastung zu denken (1.), zum anderen an die Erhebung von Klagen (2.).

1. Verweigerung der Entlastung

Nach § 120 Abs. 1 Satz 1 AktG beschließt die Hauptversammlung – mit einfacher Stimmenmehrheit gemäß § 133 AktG – über die Entlastung der Mitglieder des Vorstands und des Aufsichtsrats. Hierdurch billigt sie die Verwaltung der Gesellschaft, § 120 Abs. 2 Satz 1 AktG. Vor allem im Recht der GmbH wird vertreten, dass die Entlastung nur erteilt werden darf, wenn die Verwaltung sich gesetz- und satzungsgemäß verhalten hat[855]. Diese strikte Auffassung rührt aber daher, dass dort die Entlastung gleichzeitig eine Freistellung des Entlasteten von allen bei der Beschlussfassung erkennbaren Ersatzansprüchen bedeutet[856], während dies im Aktienrecht nach § 120 Abs. 2 Satz 2 AktG explizit nicht der Fall ist und auch nicht konstruiert werden kann[857]. Die praktischen Auswirkungen einer Verweigerung der Entlastung liegen vor allem in der starken Beachtung der Öffentlichkeit und einer damit verbundenen negativen Publizität für die betroffenen Organe bzw. Organmitglieder[858].

In der Literatur zum Aktienrecht wird daher vertreten, dass die Entlastung die Erklärung der Hauptversammlung enthält, sie billige die Verwaltung als im Großen und Ganzen gesetzes- und satzungsgemäß[859]. Dagegen darf nach der bisher herrschenden Meinung in Rechtsprechung und Literatur mit Verweis eben auf § 120 Abs. 2 Satz 2 AktG die Hauptversammlung auch einer „pflichtvergessenen Verwaltung" Entlastung erteilen[860]. Die Entlastung steht

---

855 OLG Hamm ZIP 1993, 119, 121; vgl. auch die Nachweise bei *Hüffer* AktG, § 120 Rn. 11.

856 *Hüffer* AktG, § 120 Rn. 13; ausführlich zu dieser Präklusionswirkung und ihren Grenzen Michalski/*Römermann* GmbHG § 46 Rn. 277 ff.

857 BGHZ 94, 324, 327; BGH WM 1967, 503, 507; GroßKommAktG/*Mülbert* § 120 Rn. 31 ff., 38 ff.; vgl. aus der Praxis zur verweigerten Entlastung des stellvertretenden Aufsichtsratsvorsitzenden der *Deutschen Lufthansa AG* FAZ vom 20.6.2003 (Nr. 140), S. 17 und 20.

858 GroßKommAktG/*Mülbert* § 120 Rn. 11; *Semler* in: Münch. Hdb. GesR IV, § 34 Rn. 30.

859 *Hüffer* AktG, § 120 Rn. 12; KölnKommAktG/*Zöllner* (1. Aufl.) § 120 Rn. 47; unentschlossen OLG München AG 2001, 197, 198; jetzt auch MünchKommAktG/*Semler* § 161 Rn. 185.

860 Angedeutet in BGH WM 1967, 503, 507; BGHZ 94, 324, 327; OLG Düsseldorf AG 1996, 273, 274; ebenso *Semler* in: Münch. Hdb. GesR IV, § 34 Rn. 27; GroßKommAktG/*Mülbert* § 120 Rn. 76 m.w.N.

dann im pflichtgemäßen[861] Ermessen der Hauptversammlung. In einem kürzlich ergangenen Urteil nimmt auch der *BGH* zu dieser Frage ausdrücklich Stellung. Er vertritt nunmehr die Auffassung, dass die Hauptversammlung keine Entlastung erteilen dürfe, wenn das Verhalten der Verwaltung eindeutig einen schwerwiegenden Gesetzes- oder Satzungsverstoß darstelle[862]. Ansonsten könne eine zur Billigung rechtsbrechenden Verhaltens entschlossene Mehrheit eine Entlastung der Verwaltung jederzeit durchsetzen, was auch unter dem Gesichtspunkt der Treupflicht der Mehrheit gegenüber der Minderheit nicht vereinbar wäre[863]. Damit stellt sich der *BGH* recht eindeutig auf die Seite der zuerst genannten Meinung. Nach der ersten Ansicht bedarf es für die Entlastung eines im Großen und Ganzen gesetzes- und satzungsgemäßen Verhaltens der Verwaltung. Genaugenommen führen also geringe oder nur punktuelle Verstöße gegen Gesetz oder Satzung nicht zu der Verpflichtung der Hauptversammlung, die Entlastung zu verweigern. Nach der Meinung des *BGH* darf die Entlastung bei Vorliegen eines Gesetzes- oder Satzungsverstoßes nur noch erteilt werden, wenn dieser Verstoß entweder nicht eindeutig oder nicht schwerwiegend ist[864]. Nach der ersten Ansicht und nach Meinung des *BGH* muss daher im Vorfeld der Entlastung die Frage beantwortet werden, ob das Handeln der Verwaltung noch als im Großen und Ganzen gesetzesgemäß bezeichnet werden kann bzw. ob ein Verstoß vorliegt, der nicht eindeutig oder nicht schwerwiegend ist. Zumindest diesbezüglich hat die Hauptversammlung dann einen Entscheidungsspielraum, so dass hier im Ergebnis ebenfalls eine Wertung vorzunehmen ist. Eine solche Entscheidung der Hauptversammlung ist auch deshalb nicht pflichtwidrig, weil die Entlastung gleichzeitig zumindest auch eine (fortbestehende) Vertrauensbekundung darstellt und damit auch zukunftsgerichtet ist[865]. Ein Automatismus der Art, dass jeder noch so geringe Verstoß eine Verweigerung der Entlastung nach sich ziehen würde, wäre dagegen mit dem Gesetz kaum vereinbar. Denn dann hätte es von vornherein selbst anordnen können, dass die Folge eines jeden Gesetzes- oder Satzungsverstoßes die Nichtentlastung ist. Hier soll aber der Hauptversammlung noch ein Entscheidungsspielraum belassen werden.

Fraglich ist daher, ob die Entlastung der Verwaltung einer Aktiengesellschaft verweigert werden muss, wenn Vorstand oder Aufsichtsrat gegen § 161 AktG oder die damit zusammenhängenden Pflichten aus dem HGB verstoßen haben. Insbesondere stellt sich die Frage, ob ein Verstoß, dessen Eindeutigkeit

---

861 GroßKommAktG/*Mülbert* § 120 Rn. 75, auch mit Nachweisen zur weitergehenden Meinung (freies Ermessen), der aber gleichzeitig feststellt, dass das pflichtgemäße dem freien Ermessen praktisch nahezu entspricht; ebenso OLG Düsseldorf AG 1996, 273, 274.

862 BGH NJW 2003, 1032, 1033.

863 BGH NJW 2003, 1032, 1033 m.w.N.; auch MünchKommAktG/*Semler* § 161 Rn. 185; zustimmend *Volhard/Webering* NZG 2003, 351, 352.

864 Dagegen *Lutter* JZ 2003, 684, 685.

865 RGZ 167, 151, 166; BGHZ 94, 324, 326; OLG München AG 2001, 197, 198; GroßKommAktG/*Mülbert* § 120 Rn. 23 ff.; *Hüffer* AktG, § 120 Rn. 2 jeweils m.w.N.

regelmäßig feststehen dürfte, immer als schwerwiegend einzustufen ist. Im Ergebnis entspricht das der Meinung, ob ein Verstoß vorliegt, aufgrund dessen das Verhalten der Verwaltung nicht mehr als im Großen und Ganzen gesetzes- und satzungsgemäß angesehen werden kann[866]. Das dürfte mit Blick auf die Funktion der Kapitalmarktkommunikation jedenfalls dann gelten, wenn ein Fall der Nichtabgabe der Entsprechenserklärung oder ein diesem gleichgestellter Fall vorliegen. Aus Informationsgesichtspunkten wird dies darüber hinaus der Fall sein, wenn die Erklärung den Aktionären nicht dauerhaft zugänglich gemacht wurde. Hingegen kommt es bei einer materiell fehlerhaften Entsprechenserklärung auf die Reichweite des Fehlers an. Betrifft dieser nur eine Empfehlung des Kodex, die auch noch wenig Beachtung in der allgemeinen Diskussion findet, wird man kaum von einem schwerwiegenden Verstoß sprechen können. Gleiches gilt umso mehr für die vor allem formalen Anforderungen der Publizität nach §§ 285 Nr. 16, 314 Abs. 1 Nr. 8, 325 Abs. 1 und 2 HGB. Denn hierfür gibt es eigene Sanktionsmechanismen. Bei diesen Verstößen gibt es keine Pflicht der Hauptversammlung zur Nichtentlastung, wohl aber ein Recht dazu.

Hiervon abzugrenzen ist der Fall, dass sich erst nach einer einmal erteilten Entlastung herausstellt, dass die Verwaltung gegen § 161 AktG verstoßen hat. Dann hat wiederum die Hauptversammlung darüber zu entscheiden, ob sie die Entlastung widerruft. Ein solcher Widerruf ist möglich, wenn nachträglich neue Fakten bekanntwerden, in deren Kenntnis die Hauptversammlung möglicherweise die Entlastung verweigert hätte[867].

2. *Klageerhebung*

Neben der Erhebung von Schadensersatzklagen, die hier noch nicht besprochen werden soll[868], ist als Reaktion der Aktionäre bei möglichen Verstößen im Zusammenhang mit der Entsprechenserklärung vor allem an die Erhebung von Klagen gegen Beschlüsse der Hauptversammlung zu denken. Als Beschlussmängelklagen kommen die Nichtigkeitsklage nach § 249 AktG und die Anfechtungsklage nach § 243 Abs. 1 AktG in Betracht.

a) Nichtigkeitsklage, § 249 AktG

Gründe für die Nichtigkeit von Hauptversammlungsbeschlüssen – die neben den Aktionären auch der Vorstand oder ein Mitglied von Vorstand oder Aufsichtsrat erheben können – sind zwar nicht in § 241 AktG, aber im Aktiengesetz abschließend aufgezählt[869]. Eine Nichtigkeit kommt nur bei

---

866 Anders MünchKommAktG/*Semler* § 161 Rn. 185, der jeden Verstoß gegen die Pflicht zur Abgabe der Entsprechenserklärung und die damit zusammenhängenden Pflichten für so schwerwiegend hält, dass die Entlastung verweigert werden muss.

867 GroßKommAktG/*Mülbert* § 120 Rn. 93; KölnKomm/*Zöllner* (1. Aufl.) § 120 Rn. 39; zu den Voraussetzungen *Volhard/Webering* NZG 2003, 351, 352 .

868 Dazu aber ausführlich unten Kapitel 6 (Seite 197 ff.).

869 MünchKommAktG/*Hüffer* § 241 Rn. 7; *Semler* in: Münch. Hdb. GesR IV, § 41 Rn. 1.

schwersten Mängeln von Beschlüssen in Betracht, wie sie in § 241 Nr. 1 bis 6 AktG sowie im Einleitungssatz zu § 241 AktG und in §§ 250 ff. AktG aufgeführt sind. Durch die Einführung des § 161 AktG hat sich hieran nichts geändert. Eine Nichtigkeitsklage nach § 249 AktG kommt bei Verstößen gegen § 161 AktG oder die §§ 285 Nr. 16, 314 Abs. 1 Nr. 8, 325 Abs. 1 und 2 HGB, soweit die Entsprechenserklärung betroffen ist, nicht in Betracht.

b) Anfechtungsklage, § 243 Abs. 1 AktG

Weiterhin ist denkbar, dass die Aktionäre einen Hauptversammlungsbeschluss nach § 243 Abs. 1 AktG wegen Verstoßes gegen § 161 AktG oder die damit zusammenhängenden handelsrechtlichen Vorschriften anfechten[870]. Hier ist vor allem an die Anfechtung der nach § 120 Abs. 1 Satz 1 AktG von der Hauptversammlung erteilten Entlastung von Vorstand und Aufsichtsrat zu denken. Dafür kommen nur diejenigen Entlastungsbeschlüsse in Betracht, die in Kenntnis des Verstoßes gefasst wurden. Denn ansonsten kann die Hauptversammlung selbst über den Widerruf der Entlastung entscheiden, der ursprüngliche Entlastungsbeschluss ist also nicht mit Verweis auf eine geänderte Tatsachengrundlage anfechtbar. Voraussetzung für eine Anfechtung ist nach § 243 Abs. 1 AktG eine Verletzung des Gesetzes oder der Satzung, wobei bei den Anfechtungsgründen nach § 243 Abs. 1 AktG zu unterscheiden ist zwischen Verfahrens- und Inhaltsfehlern.

aa) Inhaltsfehler

Ein Inhaltsfehler ist ein Verstoß gegen Gesetz oder Satzung, bei dem das Ergebnis der Beschlussfassung, also die von der Hauptversammlung getroffene Regelung, dem jeweiligen normativen Standard nicht entspricht[871]. Häufiger Anwendungsfall sind Verstöße gegen Generalklauseln wie das Gleichbehandlungsgebot nach § 53a AktG oder die Treuepflicht, aber auch Fälle des Bezugsrechtsausschlusses nach §§ 186, 203 Abs. 2 AktG[872]. Die Entlastung von Vorstand und Aufsichtsrat als Ergebnis eines Beschlusses nach § 120 Abs. 1 Satz 1 AktG ist dagegen der vom Gesetz vorgesehene Normalfall, sein Ergebnis also in keinem Fall gesetzes- oder satzungswidrig. Nach teilweise vertretener Meinung soll das explizit auch der Fall sein, wenn die Entlastung erteilt wird, obwohl der Verwaltung nicht unerhebliche Satzungs- oder Gesetzesverstöße zur Last fallen[873]. Dadurch soll verhindert werden, dass ein Aktionär über die Anfechtungsklage den anderen Aktionären seine Meinung zur Entlastung

---

870 Im Ergebnis bejahend *Pielorz* FS Metzeler, S. 167, 179; ebenso *Ulmer* ZHR 166 (2002), 150, 165 f., der hierin aber wohl einen Verfahrensfehler in Form von Informationsmängeln sieht (dazu sogleich). Sonst würde er verkennen, dass der Entlastungsbeschluss selbst gesetzes- oder satzungswidrig sein muss, nicht (nur) das Verhalten der Verwaltung im Entlastungszeitraum.

871 MünchKommAktG/*Hüffer* § 243 Rn. 25.

872 GroßKommAktG/*K. Schmidt* § 243 Rn. 42 f.

873 GroßKommAktG/*Mülbert* § 120 Rn. 121.

aufzwingt[874]. Hier hätte die Hauptversammlung also lediglich von dem ihr nach § 120 AktG zustehenden Ermessen Gebrauch gemacht. Dagegen ist ein Entlastungsbeschluss nach anderer Auffassung aus inhaltlichen Gründen anfechtbar, wenn die Entlastung trotz bekannten oder erkennbaren erheblichen Pflichtverletzungen der Verwaltung erfolgt[875]. Der *BGH* bedient sich neuerdings der Formel, ein Entlastungsbeschluss sei anfechtbar, wenn Gegenstand der Entlastung ein Verhalten ist, das eindeutig einen schwerwiegenden Gesetzes- oder Satzungsverstoß darstellt[876]. Nach den hier aufgestellten Kriterien ist das der Fall, wenn die Entlastung erteilt wird, obwohl die Entsprechenserklärung gar nicht, formell fehlerhaft oder unvollständig abgegeben wurde oder aber den Aktionären nicht dauerhaft zugänglich gemacht wurde[877].

bb) Verfahrensfehler

Neben einem Inhaltsfehler kommt als Anfechtungsgrund auch ein Verfahrensfehler in Betracht. Ein solcher liegt vor, wenn das Zustandekommen des Beschlusses einen Verstoß gegen Gesetz oder Satzung darstellt[878], wobei unter Zustandekommen auch die Erstattung vorbereitender Berichte und die Erteilung von Auskünften zählt[879].

Verfahrensfehler kann auch die Mehrheit der Hauptversammlung nicht legitimieren[880]. Anfechtungsgrund ist dann die Verletzung des Auskunftsrechts des Aktionärs nach § 131 AktG sowie sonstiger Informationsrechte[881]. Wie gesehen[882] fällt das Verhalten des Unternehmens zu den *Anregungen* des Kodex nicht unter das Informationsrecht des Aktionärs nach § 131 AktG. Das Verhalten hinsichtlich der *Empfehlungen* ist hiervon ebenfalls nicht umfasst, sondern gesondert in § 161 AktG geregelt. Zwar könnte man vertreten, § 161 AktG sei nur eine gesetzliche Ausprägung des Auskunftsrechts nach § 131 AktG. Hiergegen spricht aber die systematische Stellung, nach der § 131 AktG im Abschnitt über die Hauptversammlung steht, während § 161 AktG im Abschnitt über die Rechnungslegung und Gewinnverwendung geregelt ist. Hinzu kommt, dass zumindest § 161 Satz 1 AktG nicht nur die Aktionäre im Blick hat, sondern auch den Kapitalmarkt als Ganzes, der aber die Informationsrechte auf der Hauptversammlung gerade nicht geltend machen kann. Ein anderes Ergebnis bringt aber der Blick auf § 161 Satz 2 AktG. Denn während § 131 AktG ein Informationsrecht nur auf der Hauptversammlung

874 OLG Düsseldorf AG 1996, 273, 274.
875 KölnKomm/*Zöllner* (1. Aufl.) § 120 Rn. 47.
876 BGH NJW 2003, 1032, 1033; dagegen *Lutter* JZ 2003, 684, 685.
877 Vgl. oben 1. (Seite 169 ff.); anders MünchKommAktG/*Semler* § 161 Rn. 185, der bei jedem Verstoß einen Entlastungsbeschluss für anfechtbar hält.
878 MünchKommAktG/*Hüffer* § 243 Rn. 25.
879 MünchKommAktG/*Hüffer* § 243 Rn. 26.
880 MünchKommAktG/*Hüffer* § 243 Rn. 30.
881 GroßKommAktG/*K. Schmidt* § 243 Rn. 34 f.; GroßKommAktG/*Mülbert* § 120 Rn. 119; MünchKommAktG/*Hüffer* § 243 Rn. 30.
882 Oben Kapitel 3 C.II.1. (Seite 86 f.).

begründet, fordert § 161 Satz 2 AktG, dass die Entsprechenserklärung den Aktionären dauerhaft zugänglich gemacht wird. Das Informationsrecht des § 131 AktG steht damit – wie § 161 Satz 2 AktG – ausschließlich den Aktionären zu, in zeitlicher Hinsicht ist § 161 Satz 2 AktG aber sogar weiter gefasst. Daher kann man § 161 Satz 2 AktG als lex specialis zu § 131 AktG im Hinblick auf die Informationserteilung in Zusammenhang mit der Hauptversammlung sehen, mangels gesonderter Regelung der Mangelfolgen dann aber auf § 131 AktG zurückgreifen.

Sieht man § 161 Satz 2 AktG nicht als lex specialis zu § 131 AktG, so können Verstöße gegen § 161 AktG und die damit zusammenhängenden Pflichten nach dem HGB auch unter die sonstigen Informationspflichten fallen. Bisher wurden von Rechtsprechung und Literatur hierunter vor allem Berichte des Vorstands gefasst, die zentrale Bedeutung für die Mitgliedschaft der Aktionäre haben, so etwa der Bericht nach § 186 Abs. 4 Satz 2 AktG im Fall des Bezugsrechtsausschlusses, der Verschmelzungsbericht nach § 8 UmwG oder der Bericht über eine zu beschließende Vermögensübertragung nach § 179a Abs. 2 AktG[883]. Einen derart tiefen Eingriff in die Mitgliedschaft der Aktionäre stellt selbst eine unterlassene Abgabe der Entsprechenserklärung nicht dar. Außerdem steht die beispielhaft genannte Berichterstattung in direktem Zusammenhang mit Beschlüssen über weitreichende und irreversible Eingriffe in die Mitgliedschaft. Für den Entlastungsbeschluss nach § 120 Abs. 1 Satz 1 AktG besteht eine Sonderregelung in § 120 Abs. 3 Satz 2 und 3 AktG. Hierin werden die Unterlagen der Rechnungslegung genannt, die vor der Entlastung der Verwaltung der Hauptversammlung vorzulegen sind und damit der Entlastung vorgeschaltet sind[884]. Fehlen diese Berichte oder auch Teile der Rechnungslegung, etwa die Aufnahme der Schlusserklärung des Abhängigkeitsberichts in den Lagebericht nach § 312 Abs. 3 AktG, ist ein Entlastungsbeschluss der Hauptversammlung selbst gesetzeswidrig[885] und damit anfechtbar. Dennoch ist der Umkehrschluss nicht zulässig, wonach die Entsprechenserklärung nicht zu den Unterlagen gehört, die der Hauptversammlung nach § 120 Abs. 3 Satz 2 AktG vor einer Entlastung vorzulegen sind und deren Nichtvorlage somit kein Verstoß gegen sonstige Informtionspflichten sei. Denn die Entsprechenserklärung ist auch hier gemäß § 161 Satz 2 AktG den Aktionären dauerhaft zugänglich zu machen. Sie liegt ihnen also neben den Informationen aus § 120 Abs. 3 Satz 2 AktG immer und damit auch zum Zeitpunkt der Hauptversammlung vor. Die Nichtabgabe der Entsprechenserklärung, die gleichgestellten Fälle oder das Fehlen eines dauerhaften Zugänglichmachens der Entsprechenserklärung führt dazu, dass die Aktionäre bei der Hauptversammlung zum Zeitpunkt des Entlastungsbeschlusses eine Entsprechenserklärung nicht vorliegen haben, die ihnen nach § 161 AktG aber immer vorliegen soll. Ebenso wie das Fehlen von

883 GroßKommAktG/*K. Schmidt* § 243 Rn. 35; MünchKommAktG/*Hüffer* § 243 Rn. 40.
884 KG AG 2001, 355, 356.
885 BGHZ 62, 193, 195; KG AG 2001, 355, 356; *Hüffer* AktG, § 120 Rn. 1 und 15.

Informationen nach § 120 Abs. 3 Satz 2 AktG bei der Hauptversammlung führt das Fehlen einer Entsprechenserklärung damit zu den gleichen Folgen.

Die Entlastung trotz fehlender Abgabe der Entsprechenserklärung ist wegen eines Verfahrensfehlers nach § 243 Abs. 1 AktG anfechtbar. Dies gilt hingegen auch hier nicht, wenn die Entsprechenserklärung nur materiell fehlerhaft ist oder wenn gegen die Pflichten aus §§ 285 Nr. 16, 314 Abs. 1 Nr. 8, 325 Abs. 1 und 2 HGB verstoßen wurde.

III. Staatliche Sanktionen

Auch staatliche Stellen, insbesondere Gerichte, haben die Möglichkeit der Sanktionierung von Verstößen gegen §§ 161 AktG, 285 Nr. 16, 314 Abs. 1 Nr. 8, 325 Abs. 1 und 2 HGB. In Betracht kommt die strafrechtlichen Ahndung nach handels-, aktien- und wertpapierhandelsrechtlichen Vorschriften und nach § 4 UWG, aber auch nach § 263 ff. StGB. Außerdem ist im Bereich der staatlichen Sanktionen auch an die Verhängung von Buß-, Ordnungs- und Zwangsgeldern nach §§ 334 ff. HGB und nach § 39 WpHG zu denken.

1. Straftaten

Bei allen strafrechtlichen Konsequenzen, die aus einem Verstoß gegen § 161 AktG erwachsen können, ist zunächst klarzustellen, dass gemäß § 15 StGB nur vorsätzliches Handeln bestraft wird. Praktisch wird es damit fast immer zu Beweisproblemen kommen.

a) Handelsrechtliche Strafvorschriften - § 331 HGB

Nach § 331 Nr. 1 HGB wird bestraft wer

> „(...) als Mitglied des vertretungsberechtigten Organs oder des Aufsichtsrats einer Kapitalgesellschaft die Verhältnisse der Kapitalgesellschaft in der Eröffnungsbilanz, im Jahresabschluss, im Lagebericht oder im Zwischenabschluss nach § 340a Abs. 3 unrichtig wiedergibt oder verschleiert, (...)“.

§ 331 Nr. 2 HGB enthält eine vergleichbare Regelung für den Konzern. Die Entsprechenserklärung wird in § 331 HGB nicht genannt. Wie bereits gesehen[886] wird die Entsprechenserklärung auch nicht Teil des Lageberichts oder des Anhangs, sondern ist gesondert hiervon zu publizieren. Daher ist eine Strafbarkeit weder bei Nichtabgabe der Entsprechenserklärung und den dieser gleichgestellten Verstößen, noch bei ihrer inhaltlichen Unrichtigkeit nach § 331 HGB denkbar.

Allerdings ist der Anhang bei Kapitalgesellschaften nach § 264 Abs. 1 Satz 1 HGB Teil des Jahresabschlusses[887]. Wird im Anhang wahrheitswidrig gemäß

---

[886] Kapitel 3 C.VI. (Seite 100 ff.).

[887] BeckBilKomm/*Ellrott* § 284 Rn. 6; MünchKommHGB/*Lange* § 284 Rn. 1; differenzierend Heymann/*Otto* HGB, § 331 Rn. 20 m.w.N.

§ 285 Nr. 16 HGB erklärt, dass die Entsprechenserklärung abgegeben und den Aktionären zugänglich gemacht wurde, kommt eine Strafbarkeit nach § 331 Nr. 1 HGB in Betracht. Gleiches gilt nach § 331 Nr. 2 HGB für eine wahrheitswidrige Angabe nach § 314 Abs. 1 Nr. 8 HGB im Konzernanhang, der nach § 297 Abs. 1 Satz 1 HGB Teil des Konzernabschlusses ist. Dann müsste hierin allerdings zusätzlich eine unrichtige Wiedergabe der Verhältnisse der Kapitalgesellschaft bzw. des Konzerns liegen. Fraglich ist, was unter „Verhältnisse[n]" im Sinne des § 331 Nr. 1 HGB zu verstehen ist. Hierunter fallen sämtliche Tatsachen, Umstände, Vorgänge, Daten und Schlussfolgerungen, die für die Beurteilung der gegenwärtigen und zukünftigen Situation der Kapitalgesellschaft von Bedeutung sein können[888]. Allerdings ist mit Blick auf das Bestimmtheitsgebot des Art. 103 Abs. 2 GG der Begriff der Verhältnisse restriktiv auszulegen. Einige wollen daher nur solche Verhältnisse erfassen, die einen wirtschaftlichen Bezug haben und so für die Beurteilung der Vermögens-, Finanz- und Ertragslage relevant sind[889]. Andere wollen eine Einschränkung dadurch erreichen, dass nur eine erhebliche Verletzung von Rechnungslegungsvorschriften zur Strafbarkeit nach § 331 HGB führt[890]. Wieder andere schränken zumindest bei den Anhangsangaben den Begriff der Verhältnisse dahingehend ein, dass diese die Richtigkeit, Vollständigkeit und Klarheit der Bilanz sowie die Gewinn- und Verlustrechnung betreffen müssen[891]. Nach allen Meinungen führt daher eine wahrheitswidrige Anhangsangabe nach § 285 Nr. 16 HGB nicht zur Strafbarkeit nach § 331 HGB, da diese keinen wirtschaftlichen Bezug haben, keine erhebliche Verletzung der Rechnungslegungsvorschriften darstellen und weil diese Angabe nicht die Bilanz oder die Gewinn- und Verlustrechnung erfasst[892].

b) Aktienrechtliche Strafvorschriften - § 400 AktG

In Betracht könnte allerdings die spezielle aktienrechtliche Sanktionierung unrichtiger Darstellung in § 400 Abs. 1 Nr. 1 AktG kommen. Hiernach wird bestraft,

> „wer als Mitglied des Vorstands oder des Aufsichtsrats (...) die Verhältnisse der Gesellschaft (...) in Darstellungen oder Übersichten über den Vermögensstand, in Vorträgen oder Auskünften in der Hauptversammlung unrichtig wiedergibt oder verschleiert (...)".

Für die Frage der Anwendbarkeit dieser Rechtsnorm auf die Entsprechenserklärung ist zunächst klarzustellen, dass hierbei wieder die

888 RGSt 66, 426; ebenso Heymann/*Otto* HGB, § 331 Rn. 21; MünchKommHGB/*Quedenfeld* § 331 Rn. 40; jew. m.w.N.

889 *Ihrig/Wagner* BB 2002, 789, 792; MünchKommHGB/*Quedenfeld* § 331 Rn. 40.

890 BeckBilKomm/*Hense* § 331 Rn. 20; MünchKommHGB/*Quedenfeld* § 331 Rn. 42.

891 Heymann/*Otto* HGB, § 331 Rn. 20.

892 Zu § 331 HGB im Ergebnis ebenso *Hirte* in: Hirte (Hrsg.) TransPuG, Kap. 1 Rn. 43 a.E.; *Abram* ZBB 2003, 41, 46; *Ettinger/Grützediek* AG 2003, 353, 359 f.; *Kiethe* NZG 2003, 559, 566; *Schüppen* ZIP 2002, 1269, 1272.

Entsprechenserklärung selbst Objekt der Tat sein kann, also nicht (nur) die Anhangsangaben wie bei § 331 HGB. Die Entsprechenserklärung selbst ist keine Darstellung oder Übersicht über den Vermögensstand[893]. Die Auffassung, „Darstellungen" beziehe sich nicht auf den Begriff des Vermögensstands[894], so dass jede Darstellung ausreichend wäre, wird von der herrschenden Meinung abgelehnt[895].

Problematisch ist nur der Fall, wenn die Entsprechenserklärung in größeren Zusammenhängen, etwa im Geschäftsbericht, abgedruckt wird. Hierin liegt eine Darstellung im Sinne des § 400 Abs. 1 Nr. 1 AktG. Ebenso sind Äußerungen umfasst, in denen Mitglieder der Verwaltung in Vorträgen oder Auskünften der Hauptversammlung den Inhalt einer inhaltlich falschen Entsprechenserklärung wiedergeben. Für eine Strafbarkeit nach § 400 Abs. 1 Nr. 1 AktG müsste die Entsprechenserklärung nach § 161 AktG „Verhältnisse der Gesellschaft" beschreiben. Im Gegensatz zu § 331 HGB wird der Begriff hier regelmäßig weiter ausgelegt, so dass alle wirtschaftlichen, sozialen und politischen Umstände umfasst sind, die als Beurteilungsfaktor für die Einschätzung der Lage, der Funktion, des Erscheinungsbildes oder der Entwicklung der Gesellschaft relevant sind[896]. Eine Strafbarkeit nach § 400 Abs. 1 AktG kommt daher in Betracht, wenn in Veröffentlichungen, die unter den Begriff der Darstellungen nach § 400 Abs. 1 Satz 1 AktG fallen, oder in Vorträgen oder Auskünften in einer Hauptversammlung falsche Erklärungen im Hinblick auf den Kodex gegeben werden; die Veröffentlichung der Entsprechenserklärung nach § 161 AktG allein reicht hingegen nicht aus[897]. Zusätzliche Voraussetzung der Strafbarkeit ist, wie bereits einleitend erwähnt, Vorsatz bezüglich der unrichtigen Wiedergabe.

c) *Wertpapierhandelsrechtliche Strafvorschriften - § 20a WpHG i.V.m. § 38 Abs. 1 Nr. 4 WpHG*

Weiterhin könnten Verstöße gegen §§ 161 AktG, 285 Nr. 16, 314 Abs. 1 Nr. 8, 325 Abs. 1 und 2 HGB den Tatbestand von Strafvorschriften des Wertpapierhandelsgesetzes erfüllen. Durch das Vierte Finanzmarktförderungsgesetz[898] wurde in § 20a WpHG das Verbot der Kurs- und Marktpreismanipulation eingefügt. Er löst § 88 BörsG a.F. ab, dessen praktische Bedeutung

---

893 So auch *Ettinger/Grützediek* AG 2003, 353, 360.

894 *Baums* (Hrsg.) Bericht RegKomm, Rn. 184.

895 Vgl dazu nur *Thümmel* DB 2001, 2331, 2332 f.

896 GroßKommAktG/*Otto* § 400 Rn. 28.

897 Wie hier wohl auch *Ellenberger/Grützediek* AG 2003, 353, 360; zu Vorträgen und Auskünften in der Hauptversammlung ebenso MünchKommAktG/*Semler* § 161 Rn. 218; *Abram* ZBB 2003, 41, 47; *Kiethe* NZG 2003, 559, 566; eine Haftung im Ergebnis ablehnend aber *Austmann* Gesellschaftsrechtliche Kautelarpraxis, RWS, S. 33; *Claussen/Bröcker* DB 2002, 1199, 1205; *Schüppen* ZIP 2002, 1269, 1272.

898 Gesetz vom 21.6.2002, BGBl. I, S. 2010.

allgemein als – nahezu – wirkungslos bezeichnet wird[899]. § 20a Abs. 1 Satz 1 Nr. 1 WpHG lautet

> „§ 20a. *Verbot der Kurs- und Marktpreismanipulation.* (1) Es ist verboten,
> 1. unrichtige Angaben über Umstände zu machen, die für die Bewertung eines Vermögenswertes erheblich sind, oder solche Umstände entgegen bestehenden Rechtsvorschriften zu verschweigen, wenn die Angabe oder das Verschweigen geeignet sind, auf den inländischen Börsen- oder Marktpreis eines Vermögenswertes an einem organisierten Markt (...) einzuwirken. (...)."

Dabei sind nach § 20a Abs. 1 Satz 2 WpHG Vermögenswerte im Sinne des Satzes 1 unter anderem Wertpapiere, so dass nach § 2 Abs. 1 Nr. 1 WpHG auch Aktien eines Unternehmens erfasst sind.

Zuständig für die Überwachung sind nicht mehr die Staatsanwaltschaften, sondern ist nunmehr die Bundesanstalt für Finanzdienstleistungsaufsicht (*BAFin*) nach § 20b Abs. 1 WpHG. Der Verstoß gegen das Verbot der Kurs- und Marktpreismanipulation des § 20a WpHG ist grundsätzlich nur eine Ordnungswidrigkeit nach § 39 Abs. 1 Nr. 1 und 2 WpHG. Es liegt aber dann eine Straftat nach § 38 Abs. 1 Nr. 4 WpHG vor, wenn durch die in § 39 Abs. 1 Nr. 1 und 2 WpHG beschriebenen Handlungen tatsächlich auf den Börsen- oder Marktpreis eingewirkt wird.

aa) Tathandlung

Als Tathandlung kommen damit zwei Verhaltensweisen in Betracht: Einerseits unrichtige Angaben über Umstände zu machen, die für die Bewertung eines Unternehmens erheblich sind, andererseits das Verschweigen solcher Umstände.

(1) Bewertungserhebliche Umstände

Gegenstand der Angaben oder eines Unterlassens von Angaben können nur Umstände sein, die für die Bewertung eines Vermögenswertes erheblich sind.

(a) Konkretisierung durch Rechtsverordnung

Nach § 20a Abs. 2 Satz 1 Nr. 1 WpHG kann das Bundesministerium der Finanzen durch eine Rechtsverordnung nähere Bestimmungen über Umstände erlassen, die für die Bewertung von Vermögenswerten erheblich sind[900]. Es besteht sogar die Möglichkeit der Weitergabe der Ermächtigung

---

899 *Altenhain* BB 2002, 1874; *Fleischer* NJW 2002, 2977, 2978; *Lenzen* FinanzBetrieb 2001, 603; *Möller* WM 2002, 309; *Moosmayer* wistra 2002, 161, 163; *Rudolph* BB 2002, 1036, 1040; *Sorgenfrei* wistra 2002, 321 m.w.N.; *Tripmaker* wistra 2002, 288; zu den praktischen Problemen strafrechtlicher Verfolgung auch *Benner* ZRP 2001, 450.

900 Zu der hiermit zusammenhängenden verfassungsrechtlichen Problematik, die allerdings vor allem bei § 20a Abs. 1 Satz 1 Nr. 2 WpHG relevant ist *Lenzen* FinanzBetrieb 2001, 603, 606 ff.; *Möller* WM 2002, 309, 314; die Verfassungsmäßigkeit der Regelung verneint *Moosmayer* wistra 2002, 161, 167 ff.; zweifelnd auch *Altenhain* BB 2002, 1874, 1876 und *Tripmaker* wistra 2002, 288, 292.

(Subdelegation[901]) an die *BAFin* gemäß § 20a Abs. 2 Satz 2 WpHG. Eine solche Rechtsverordnung, durch die vermieden werden soll, dass der gesetzliche Tatbestand enger formuliert werden muss und damit lückenhaft wäre, und mit deren Hilfe schnell auf veränderte Marktbedingungen reagiert werden kann[902], ist bisher nicht erlassen worden[903]. Die Idee, strafrechtliche Normen durch Rechtsverordnungen zu konkretisieren, geht auf den Vorschlag der Europäischen Kommission für eine „Richtlinie über Insidergeschäfte und Marktmanipulation (Marktmissbrauch)"[904] zurück, die sich ihrerseits an die US-amerikanische Bundesgesetzgebung zur Wertpapierregulierung anlehnt[905]. Die Regelung des § 20a Abs. 1 WpHG ist aber auch ohne die Existenz einer solchen Rechtsverordnung anwendbar. Denn die Rechtsverordnung soll nur der Konkretisierung dienen, ihre Existenz ist weder nach dem Wortlaut noch nach Sinn und Zweck der Regelung Voraussetzung für die Bejahung eines Verstoßes gegen § 20a WpHG und damit auch nicht für das Vorliegen einer Strafbarkeit nach § 38 Abs. 1 Nr. 4 WpHG. Weiterhin muss eine solche Rechtverordnung auch keinen abschließenden Charakter haben, so dass neben den in einer solchen Rechtsverordnung genannten Umständen weitere Verhaltensweisen denkbar sind, die bewertungserheblich im Sinne des § 20a Abs. 1 Satz 1 Nr. 1 WpHG sind. Einer Rechtsverordnung kommt also keine Sperrwirkung in dem Sinne zu, dass die dort genannten Verhaltensweisen abschließend die Umstände aufzählen, die für die Bewertung von Vermögenswerten erheblich sind. Dies folgt auch daraus, dass in § 20a Abs. 2 Satz 1 Nr. 3 WpHG eine Verordnungsermächtigung dahingehend erteilt wird, dass hierin Bestimmungen erlassen werden können, die solche Handlungen und Unterlassungen beschreiben, die in keinem Fall ein Verstoß gegen das Verbot der Kurs- und Marktpreismanipulation darstellen[906]. Denn wäre eine Rechtsverordnung nach § 20a Abs. 1 Satz 1 Nr. 1 WpHG abschließend, wäre jede andere Verhaltensweise von vornherein erlaubt, so dass es einer Regelung nach § 20a Abs. 1 Satz 1 Nr. 3 WpHG nicht bedurft hätte.

(b) Sonstige bewertungserhebliche Umstände

Fraglich ist nunmehr, ob Verstöße gegen die Pflichten im Zusammenhang mit der Entsprechenserklärung unter die Tathandlung des § 20a Abs. 1 Satz 1 Nr. 1 WpHG fallen, auch wenn dies nicht in einer noch zu erlassenden

---

901 Begr. RegE, BT-Drs. 14/8017, S. 90.

902 *Möller* WM 2002, 309, 310 und 314.

903 Der Erlass einer Rechtsverordnung zur Konkretisierung des § 20a WpHG ist allerdings vorgesehen im konkretisierten Maßnahmenkatalog der Bundesregierung vom 25.2.2003, abgedruckt etwa in NJW 2003, Heft 17, S. XXVIII; Kurzfassung in *Strunk* u.a. TransPuG und Corporate Governance Kodex, S. 197 ff.; AG-Report, R 139; der Entwurf einer Verordnung ist abgedruckt in AG-Report, R 394 f.

904 Vom 30. Mai 2001, KOM (2001) 281 endg., ABl. C 240 E/32 vom 28. August 2001, S. 265.

905 Dazu ausführlich *Moosmayer* wistra 2002, 161, 163.

906 Dazu ausführlich sogleich unter ee) (Seite 185).

Rechtsverordnung bestimmt ist. Dann müsste es sich hierbei um bewertungserhebliche Umstände handeln. Die Bewertung eines Vermögenswertes hängt von multikausalen Faktoren und Motivationen der Marktteilnehmer ab und setzt sich zusammen aus abstrakt-generellen und subjektiv-individuellen Elementen, sie beruht nicht nur auf betriebswirtschaftlicher, sondern auch auf journalistischer und sonstiger Einschätzung[907]. Fraglich ist vor allem, wann ein Umstand für diese Einschätzung erheblich ist. Zunächst scheint naheliegend zu sein, dass die Frage der Erheblichkeit für die Bewertung ähnlich wie die Frage der Erheblichkeit des Kursbeeinflussungspotentials in §§ 13 Abs. 1, 15 Abs. 1 Satz 1 WpHG verstanden wird[908]. Dort heißt es genau

> „(...) Tatsache (...), die (...) geeignet ist (...) den Kurs der Insiderpapiere erheblich zu beeinflussen"

bzw.

> „(...) Tatsache (...), die (...) geeignet ist, den Börsenpreis (...) erheblich zu beeinflussen (...)".

Danach entscheidet das Kriterium der Erheblichkeit, ob eine bestimmte Schwelle überschritten ist, so dass bestimmte Handlungen durchzuführen sind. Bei § 20a Abs. 1 Satz 1 Nr. 1 WpHG geht es allerdings nicht um die Frage erheblicher oder unerheblicher Auswirkungen auf die Bewertung, sondern darum, ob eine Tatsache überhaupt für die Bewertung erheblich ist. Dies kann übersetzt werden mit der Frage, ob eine Tatsache relevant für die Bewertung ist. Hier kommt es also gerade nicht auf das Überschreiten einer – nur mit großen Schwierigkeiten[909] – zu definierenden Schwelle an. Entscheidend ist vielmehr, ob eine Tatsache für die Unternehmensbewertung erheblich, also relevant, wichtig oder von Einfluss hierauf ist oder nicht. Hingegen geht es nicht darum, wie groß dieser Einfluss ist, wie wichtig oder relevant die Tatsache für die Unternehmensbewertung ist. Damit ist die Bewertungserheblichkeit nach § 20a Abs. 1 Satz 1 WpHG der Erheblichkeit des Kursbeeinflussungspotentials nach §§ 13, 15 WpHG vorgelagert[910]. Es handelt sich um die Frage des Ob des

---

907 *Sorgenfrei* wistra 2002, 321, 323 f. mit verschiedenen Beispielen.

908 Nach der bereits in Kapitel 3 D.VII. (Seite 116 ff.) vertretenen Auffassung hieße das, dass unrichtige Angaben über die (Nicht-)Einhaltung einzelner Empfehlungen des Kodex nicht erheblich ist. Für die Bewertung eines Unternehmens wären aber Umstände erheblich, die eine Neuausrichtung der Corporate Governance eines Unternehmens darstellen. Dies ist der Fall wenn sämtliche oder eine Vielzahl von Angaben in der Entsprechenserklärung falsch sind. Weiterhin ist das der Fall, wenn die Angaben zu (nahezu) sämtlichen Empfehlungen eines Kodex-Kapitels unrichtig sind (formale Betrachtung) oder wenn die Angaben zu einem für die Corporate Governance besonders wichtigen Themenbereich, insbesondere Vergütung und Zusammensetzung der Organe, Behandlung von Interessenkonflikten oder effektiver Wahrnehmung der Aktionärsrechte komplett unrichtig angegeben werden (materielle Betrachtung).

909 Dazu bereits oben Kapitel 3 D.VII.5. (Seite 124 ff.).

910 *Sorgenfrei* wistra 2002, 321, 324.

Einflusses auf die Bewertung, während in §§ 13, 15 WpHG es um die Frage geht, wie groß der Einfluss ist. Erst wenn ein Umstand bewertungserheblich nach § 20a WpHG ist, hat er Kursbeeinflussungspotential. Erst im Anschluss daran kann sich nach §§ 13, 15 WpHG die Frage stellen, ob dieses Kursbeeinflussungspotential seinerseits erheblich ist. Der Begriff „erheblich" wird also im Wertpapierhandelsgesetz in zwei verschiedenen Zusammenhängen mit unterschiedlichem Inhalt genutzt. Der Zusammenhang, in dem der Begriff der Erheblichkeit in § 20a WpHG verwendet wird, ist hingegen vergleichbar mit der in § 264a Abs. 1 StGB. Dort heisst es

> „§ 264a. Kapitalanlagebetrug. Wer im Zusammenhang mit
> 1. dem Vertrieb von Wertpapieren (...)
> in Prospekten oder in Darstellungen oder Übersichten über den Vermögensstand hinsichtlich der für die Entscheidung über den Erwerb (...) erheblichen Umstände gegenüber einem größeren Kreis von Personen unrichtige vorteilhafte Angaben macht oder nachteilige Tatsachen verschweigt, wird (...) bestraft."

Allerdings gibt es auch diesbezüglich keine Klarheit, wann Umstände erheblich sind. Nach dem Willen des Gesetzgebers ist die Erheblichkeit wie bei § 265b Abs. 1 StGB nach der Betrachtungsweise eines verständigen, durchschnittlich vorsichtigen Anlegers zu ermitteln[911]. Hiergegen wird vorgebracht, dass unter § 264a StGB auch Anlagen fallen, die „selbst bei überdurchschnittlich Risikofreudigen eine Gänsehaut erzeugen"[912]. Maßgeblich sollen daher die Umstände sein, die nach der Art der angebotenen Anlageform nach den Erwartungen des Kapitalmarktes entscheidungsrelevant sind[913]. So wurde auch zu der Vorgängerreglung des § 88 Nr. 1 BörsG a.F. vertreten, zur Beurteilung der Erheblichkeit sei die Verkehrsauffassung entscheidend[914]. Bei der Beurteilung ist – auch aus verfassungsrechtlichen Gründen – eine auf die ex-ante-Situation abstellende Gesamtwürdigung aller konkreten Zusammenhänge vorzunehmen, auch wenn ex post feststellbaren Kursbewegungen faktisch eine Indizwirkung zukommt[915]. Außerdem sollen durch das Merkmal der Erheblichkeit Falschangaben über Bagatellen und Formalien ausgeschieden werden[916]. Die zivilrechtliche Rechtsprechung nähert sich dadurch an, dass erheblich nur die Umstände sind, die für die Anlageentscheidung von wesentlicher Bedeutung sind oder sein können[917]. Überträgt man die

911 Begr. RegE, BT-Drs. 10/318, S. 24; ebenso für § 264a StGB Lackner/*Kühl* StGB, § 264a Rn. 13; *Otto* WM 1988, 729, 738.

912 Schönke/Schröder/*Cramer* StGB, § 264a Rn. 32; weniger plastisch, aber inhaltlich gleichgerichtet Tröndle/*Fischer* StGB, § 264a Rn. 16; *Sorgenfrei* wistra 2002, 321, 324 f.

913 Schönke/Schröder/*Cramer* StGB, § 264a Rn. 32; Tröndle/*Fischer* StGB, § 264a Rn. 16 jew. m.w.N.; kritisch hierzu *Sorgenfrei* wistra 2002, 321, 325 f., der aber außer der Mahnung, die Norm äußerst restriktiv auszulegen, keinen eigenen Lösungsweg bietet.

914 *Groß* Kapitalmarktrecht, § 88 BörsG Rn. 3; unentschlossen *Ledermann* in: Schäfer WpHG u. a., § 88 BörsG Rn. 8 a.E.

915 *Sorgenfrei* wistra 2002, 321, 326.

916 Lackner/*Kühl* StGB, § 264a Rn. 13; LK/*Tiedemann* StGB § 264a Rn. 48; weitere Nachw bei *Sorgenfrei* wistra 2002, 321, 322, Fußnote 42.

917 BGH NJW 2000, 3346.

verschiedenen Lösungsansätze auf die Auslegung des Merkmals der Erheblichkeit in § 20a Abs. 1 Satz 1 WpHG, fällt die Entsprechenserklärung hierunter. So kann für einen durchschnittlich vorsichtigen Anleger die Entsprechenserklärung Entscheidungskriterium für eine Anlageentscheidung sein, ebenso ist sie ein Umstand, der auch nach den Erwartungen des Kapitalmarkts in Form der institutionellen Anleger entscheidungsrelevant und sogar von wesentlicher Bedeutung sein kann. Denn gute Corporate Governance ist, wie verschiedene Studien belegt haben, für die Unternehmensbewertung wichtig, da sie zur Zahlung von Prämien auf den Börsenkurs führt[918]. Damit ist auch die Entsprechenserklärung, die eine Aussage zu einer großen Zahl von Corporate-Governance-Maßnahmen enthält, für die Unternehmensbewertung wichtig; sie ist damit ein bewertungserheblicher Umstand im Sinne des § 20a Abs. 1 Satz 1 Nr. 1 WpHG. Allerdings taucht hier – wie bereits bei den Ausführungen zur Ad-hoc-Publizität[919] – wiederum die Frage auf, ob bereits eine einzelne falsche Aussage zu einer Empfehlung ein bewertungserheblicher Umstand ist. Danach müsste jede der fast 60 Einzelangaben auf die Bewertungserheblichkeit kontrolliert werden. Die Entsprechenserklärung wird nach außen als Einheit wahrgenommen, während eine Änderung der Entsprechenserklärung von vornherein nur einzelne Empfehlungen betrifft. Die Wahrnehmung als Einheit nach außen führt daher hier dazu, dass die Erklärung in ihrer Gesamtheit bewertungserheblich ist. Dieser sehr weite Anwendungsbereich ist nur einzuschränken durch das Merkmal der tatsächlichen Einwirkung auf den Börsenpreis und auf der Ebene des Vorsatzes[920].

Hingegen sind Verstöße gegen §§ 285 Nr. 16, 314 Abs. 1 Nr. 8, 325 HGB nicht bewertungserheblich nach § 20a Abs. 1 Satz 1 Nr. 1 WpHG. Denn diese Pflichten dienen der handelsrechtlichen Publizität; ob die hierin zu machenden Angaben im Jahres- bzw. im Konzernabschluss enthalten sind und ob dies im Bundesanzeiger und beim Handelsregister veröffentlicht wurde, spielt für die Bewertung keine Rolle. Bewertungserheblich ist der Inhalt der Unterlagen, nicht die Tatsache ihrer handelsrechtskonformen Offenlegung.

(2) Unrichtige Angaben machen

§ 20a Abs. 1 Satz 1 Nr. 1 Alt. 1 WpHG verbietet, unrichtige Angaben über beweiserhebliche Tatsachen zu machen. Hier wird also ein aktives Tun erfasst. Angaben sind vor allem bestehende und künftige Tatsachen, aber auch Werturteile und Prognosen, sofern sie einen tatsächlichen Kern enthalten[921]. Sie sind unrichtig, wenn sie nicht der Wahrheit entsprechen, wenn sie also nicht vorhandene Umstände als vorhanden bzw. vorhandene Umstände als nicht

[918] Ausführlich s. oben Kapitel 1 B.II (Seite 18 ff.).
[919] Vgl. oben Kapitel 3 D.VII.5.c)bb) (Seite 127 ff.).
[920] Dazu ausführlich sogleich unten bb) und dd) (Seite 184 ff.).
[921] *Möller* WM 2002, 309, 312; *Sorgenfrei* wistra 2002, 321, 323.

vorhanden darstellen[922]. Die Entsprechenserklärung ist eine Erklärung über Tatsachen, nämlich inwieweit die Empfehlungen des Kodex im Unternehmen eingehalten werden. Ist sie materiell fehlerhaft, wird also mehr Empfehlungen entsprochen (bzw. von ihnen abgewichen) als in ihr angegeben, liegt eine unrichtige Angabe im Sinne des § 20a Abs. 1 Satz 1 Nr. 1 Alt. 1 WpHG vor. Wird die Entsprechenserklärung abgegeben, liegt in der Abgabe immer ein aktives Tun vor. Denn § 161 AktG verpflichtet dazu, sowohl zu erklären, dass den Kodex-Empfehlungen entsprochen wurde und wird, als auch zu erklären, welche Empfehlungen nicht angewendet wurden oder werden. Die unterlassene Aussage zu einer der Empfehlungen führt dagegen nach der hier vertretenen Auffassung[923] bereits dazu, dass die Entsprechenserklärung nicht nur inhaltlich falsch ist, sondern als nicht abgegeben zu werten ist. Damit ist das Verhalten des Unternehmens im Hinblick auf alle Kodex-Empfehlungen in der Entsprechenserklärung anzugeben.

(3) Verschweigen bewertungserheblicher Umstände

Nach der zweiten Alternative des § 20a Abs. 1 Satz 1 Nr. 1 WpHG ist auch strafbar, wer bewertungserhebliche Umstände entgegen bestehenden Rechtsvorschriften verschweigt. Hierfür bleiben zwei Anwendungsbereiche. Zum einen ist der Verstoß in Form der Nichtabgabe der Erklärung sowie die diesem Verhalten gleichgestellten Sachverhalte der formell fehlerhaften und der unvollständigen Entsprechenserklärung umfasst. § 161 AktG ist eine Rechtsvorschrift, die zur Abgabe der Erklärung verpflichtet. Erfolgt keine Erklärung, werden bewertungserhebliche Umstände verschwiegen.

Zum anderen ist aber auch eine unterlassene Änderung der Entsprechenserklärung bei sich ändernder Unternehmenspraxis hiervon umfasst. Diese Pflicht zur Veröffentlichung der Änderung der Unternehmenspraxis ergibt sich daraus, dass die Entsprechenserklärung nach § 161 AktG zukunftsgerichtet ist. Für den Fall, dass die Änderung der Entsprechenserklärung außerdem Ad-hoc-publizitätpflichtig ist, ergibt sich die Pflicht zur Veröffentlichung auch aus § 15 Abs. 1 Satz 1 WpHG, der eine Rechtsvorschrift im Sinne des § 20a Abs. 1 Satz 1 Nr. 1 WpHG ist[924].

Nicht hierunter fallen ein unterlassenes dauerhaftes Zugänglichmachen entgegen § 161 Satz 2 AktG, wenn die Entsprechenserklärung zumindest abgegeben wurde. Denn sobald die Entsprechenserklärung einmal abgegeben wurde, kann von einem Verschweigen nicht mehr die Rede sein, es liegt daher nur ein Verstoß gegen die Pflicht des dauerhaften Zugänglichmachens vor.

---

922 *Sorgenfrei* wistra 2002, 321, 323.

923 Vgl. oben A.IV (Seite 161 f.).

924 *Kümpel* in: Assmann/Schneider WpHG, § 15 Rn. 185; *Geibel* in: Schäfer WpHG u. a., § 15 Rn. 161 jeweils zur Vorgängervorschrift § 88 Abs. 1 BörsG a.F.

bb) Eignung zur Einwirkung auf den Börsenpreis

Weiterhin müssen die Angabe oder das Verschweigen geeignet sein, auf den Börsenpreis der Unternehmensaktien einzuwirken. Nach der Vorgängerregelung des § 88 Nr. 1 BörsG a.F. war dieses Merkmal rein subjektiv ausgestaltet. Die Feststellung des Willens zur Einwirkung auf den Börsenpreis war in der Praxis stets schwierig; dafür wurden aber auch solche Verhaltensweisen erfasst, die objektiv gesehen für den Kapitalmarkt völlig unschädlich waren[925]. Mit der Neuregelung in § 20a Abs. 1 Satz 1 WpHG kommt es nun also auf eine objektive Betrachtungsweise an. Richtigerweise wird allerdings vertreten, dass diesem Tatbestandsmerkmal keine eigenständige Bedeutung zukommt. Denn wenn ein Umstand für die Bewertung eines Wertpapiers erheblich ist, ist seine Mitteilung auch immer geeignet, auf den Börsen- oder Marktpreis einzuwirken[926]. Auch im vorliegenden Fall kann man die Entsprechenserklärung unter dieses Merkmal subsumieren. Sinn und Zweck der Einführung des § 161 AktG war gerade die Bestrafung schlechter bzw. Belohnung guter Corporate Governance durch den Börsenkurs. Daher ist die Abgabe einer unrichtigen Erklärung bzw. das Unterlassen der Abgabe der Entsprechenserklärung und eine Korrektur der Entsprechenserklärung im Fall einer sich ändernden Unternehmenspraxis immer auch geeignet, auf den Börsenpreis einzuwirken.

cc) Taterfolg

Schließlich verlangt § 38 Abs. 1 Nr. 4 WpHG, dass eine tatsächliche Einwirkung auf den Börsenpreis durch die Tathandlung erfolgt ist. Dieses ebenfalls objektive Kriterium des Taterfolgs unterscheidet das strafrechtlich relevante vom bloß ordnungswidrigen Verhalten nach § 39 Abs. 1 Nr. 1 und 2 WpHG[927]. § 38 Abs. 1 Nr. 4 WpHG ist damit anders als die Vorgängerregelung des § 88 BörsG ein Erfolgsdelikt[928]. Damit wird dem Umstand Rechnung getragen, dass nicht jede Handlung, die geeignet ist, auf den Preis einzuwirken, diese Wirkung auch tatsächlich entfalten muss[929]. Hierdurch werden allerdings erhebliche Beweisprobleme auf die Strafverfolgungsbehörden zukommen[930].

---

925 *Lenzen* FinanzBetrieb 2001, 603, 605.

926 *Altenhain* BB 2002 1874, 1877.

927 Kritisch zu diesem Sanktionssprung aufgrund eines Ereignisses, das der Täter nicht beeinflussen könne und dessen Eintritt vom Zufall abhänge *Altenhain* BB 2002 1874, 1876.

928 *Tripmaker* wistra 2002, 288, 291; zu § 88 BörsG a.F. („Gefährdungsdelikt") *Groß* Kapitalmarktrecht § 88 Rn. 10.

929 *Möller* WM 2002, 309, 316.

930 *Tripmaker* wistra 2002, 288, 292.

dd) Vorsatz

Der Vorsatz muss sich auf die Tathandlung, auf ihre Eignung zur Kursbeeinflussung und auf den Erfolg, nämlich die Einwirkung auf den Börsenpreis beziehen. Bei der Eignung zur Kursbeeinflussung handelt es sich daher nicht um ein objektive Strafbarkeitsbedingung[931], sie ist vielmehr das qualifizierende Merkmal gegenüber dem Ordnungswidrigkeitstatbestand[932]. Im Gegensatz zur früheren Rechtslage nach § 88 BörsG a.F.[933] und auch zur Regelung des § 20a Abs. 1 Satz 1 Nr. 2 WpHG reicht aber – wie bei allen anderen Merkmalen und entgegen vereinzelter Kritik an dem Regierungsentwurf[934]– auch diesbezüglich dolus eventualis aus[935], eine besondere Absicht zur Kursbeeinflussung ist nicht erforderlich.

ee) Keine entgegenstehende Rechtsverordnung nach § 20a Abs. 2 Satz 1 Nr. 3 WpHG

Trotz Vorliegens aller objektiven und subjektiven Merkmale des § 20a Abs. 1 Satz 1 Nr. 1 WpHG kann eine Bestrafung wegen eines Verstoßes gegen § 161 AktG ausscheiden. Denn § 20a Abs. 2 Satz 1 Nr. 3 WpHG ermächtigt das Bundesministerium der Finanzen zum Erlass einer Rechtsverordnung, die bestimmen kann, welche Handlungen und Unterlassungen in keinem Fall einen Verstoß gegen das Verbot der Kurs- und Marktpreismanipulation darstellen. Eine solche „*safe harbour*"-Vorschrift soll dazu dienen, Marktteilnehmern die Sicherheit zu geben, erwünschte Handelsaktivitäten – etwa die Kursstabilisierung zur Glättung von Kursschwankungen oder den Rückkauf eigener Aktien – zu entfalten, ohne befürchten zu müssen, dadurch gegen das Manipulationsverbot zu verstoßen[936]. Eine Sonderregelung rechtfertigt sich nach Auffassung des Gesetzgebers daher (nur) im Hinblick auf die Funktion der Börse, um einen ordnungsgemäßen Handel aufrechtzuerhalten und die Preiskontinuität sicherzustellen[937]. Daher ist nicht zu erwarten, dass in einer solchen „*safe harbour*"-Verordnung nach § 20a Abs. 2 Satz 1 Nr. 3 WpHG die Entsprechenserklärung genannt wird[938]. Sollte dies aber der Fall sein, entfiele die Möglichkeit straf- oder ordnungswidrigkeitsrechtlicher Sanktionierung.

---

931 *Lenzen* FinanzBetrieb 2001, 603, 606.

932 Begr. RegE, BT-Drs. 14/8017, S. 98.

933 Dazu *Groß* Kapitalmarktrecht, § 88 Rn. 10; *Ledermann* in: Schäfer WpHG u. a., § 88 BörsG Rn. 13 „Absicht im Sinne von dolus directus ersten Grades, auf den Börsen- oder Marktpreis einzuwirken".

934 *Lenzen* FinanzBetrieb 2001, 603, 608 f.

935 Begr. RegE BT-Drs. 14/8017, S. 98; *Möller* WM 2002, 309, 316; *Tripmaker* wistra 2002, 288, 291.

936 *Lenzen* FinanzBetrieb 2001, 603, 607; *Möller* WM 2002, 309, 314 f.

937 Begr. RegE BT-Drs. 14/8017, S. 90.

938 Hierdurch würde es allerdings zu ganz erheblichen Zweifeln kommen, ob Zweck und Ausmaß der Verordnungsermächtigung im Sinne des Art. 80 Abs. 1 Satz 2 GG noch eingehalten wurden. Insofern folgerichtig der Entwurf einer Verordnung, zusammengefasst in AG-Report, R 394 f.

ff) Verstoß gegen § 20a Abs. 1 Satz 2 Nr. 2 WpHG

Nach § 20a Abs. 1 Satz 1 Nr. 2 WpHG wird auch bestraft, wer sonstige Täuschungshandlungen vornimmt, um auf den Preis eines Vermögenswertes einzuwirken. Diese Verbotsnorm stellt gegenüber § 20a Abs. 1 Satz 1 Nr. 1 WpHG eine Auffangregelung dar und ist spezieller als jener. Da sämtliche Verstöße im Zusammenhang mit der Abgabe der Entsprechenserklärung unter die speziellere Regelung fallen, kommt ein unabhängig hiervon zu ahndender Verstoß gegen § 20a Abs. 1 Satz 1 Nr. 2 WpHG nicht in Betracht.

gg) Ergebnis zu § 20a WpHG i.V.m. § 38 Abs. 1 Nr. 4 WpHG

Die Entsprechenserklärung ist ein bewertungserheblicher Umstand und auch geeignet, auf den Börsenpreis einzuwirken. Ist nachzuweisen, dass in der Entsprechenserklärung vorsätzlich unrichtige Angaben gemacht oder Umstände verschwiegen wurden und kann zusätzlich eine tatsächliche Einwirkung auf den Börsenpreis nachgewiesen werden, sind die Mitglieder von Vorstand und Aufsichtsrat strafbar nach § 20a WpHG i.V.m. § 38 Abs. 1 Nr. 4 WpHG, da diese die Angaben gemacht oder einen Umstand verschwiegen haben.

d) Strafgesetzbuch

Möglicherweise kommt bei den hier interessierenden Verstößen auch eine Strafbarkeit nach Normen des Strafgesetzbuches in Betracht. Denkbar ist dies jedenfalls bei einer inhaltlich falschen, also materiell fehlerhaften Entsprechenserklärung. Das Fehlen des dauerhaften Zugänglichmachens und Verstöße gegen handelsrechtliche Publizitätsvorschriften unterfallen hingegen nicht den Normen des Strafgesetzbuches sondern den zuvor besprochenen spezialgesetzlichen Strafvorschriften.

Insbesondere kommt auch keine Urkundenfälschung nach § 267 Abs. 1 StGB durch eine etwaige Falschangabe nach §§ 285 Nr. 16, 314 Abs. 1 Nr. 8 HGB in Betracht, da durch § 267 Abs. 1 StGB nur die Übereinstimmung des wirklichen Ausstellers mit dem, der aus der Urkunde als Aussteller hervorgeht, sichergestellt werden soll. Inhaltlich unwahre Erklärungen, sog. schriftliche Lügen, werden hingegen nicht von § 267 Abs. 1 StGB erfasst[939]. Bei der Abgabe einer materiell fehlerhafter Entsprechenserklärung ist aber eine Strafbarkeit nach §§ 263 ff. StGB denkbar.

aa) Kapitalanlagebetrug, § 264a StGB

Am ehesten könnte hierbei der Kapitalanlagebetrug nach § 264a Abs. 1 Nr. 1 StBG einschlägig sein[940]. Im Gegensatz zu Betrug und Untreue, §§ 263 Abs. 1,

---

939 Lackner/*Kühl* StGB, § 267 Rn. 1; Tröndle/*Fischer* StGB, § 267 Rn. 18a.

940 Vgl. den Gesetzestext oben c)aa)(1)(b) (auf Seite 181); ablehnend MünchKomm-AktG/*Semler* § 161 Rn. 215.

266 Abs. 1 StGB, ist er ein abstraktes Gefährdungsdelikt, so dass es auf den Eintritt eines Vermögensschadens nicht ankommt[941].

Der Prospektbegriff ist bei § 264a StGB weiter als im Börsengesetz und umfasst jede Werbe- und Informationsschrift[942]. Die Entsprechenserklärung kann unter den Begriff der Informationsschrift subsumiert werden. Allerdings muss diese den Eindruck erwecken, für die Beurteilung einer Anlageentscheidung erhebliche Angaben zu enthalten, und zugleich Grundlage der Entscheidung zu sein[943]. Insbesondere fallen erkennbar lückenhafte Informationen nicht hierunter [944]. Zwar enthält nach der hier vertretenen Ansicht die Entsprechenserklärung erhebliche Angaben für die Beurteilung einer Anlageentscheidung. Allerdings soll sie nur eine von mehreren Entscheidungshilfen sein, da sie nur einen Teil von Angaben für eine mögliche Anlageentscheidung enthält. Selbst wenn man der Meinung folgen würde, ein Prospekt sei auch gegeben, wenn er erkennbar unvollständig ist[945], fällt die Entsprechenserklärung nicht hierunter. Denn selbst nach dieser Auffassung muss für das Vorliegen eines Prospektes die betreffende Schrift zumindest ein Minimum wesentlicher Informationen enthalten[946]. Auch liegt ein Prospekt dann nicht vor, wenn nur ein Grundinteresse des Anlegers geweckt werden soll[947]. Mit Hilfe der Entsprechenserklärung soll vielleicht ein Grundinteresse geweckt werden. Sie enthält aber weder Angaben zum Geschäftsgegenstand des Unternehmens noch zu Mitarbeiter-, Umsatz- oder Bilanzgrößen. Alle diese Angaben sind aber wohl als Minimum anzusehen, die Grundlage einer Investitionsentscheidung und damit auch nach der weiten Meinung für die Bejahung der Prospekteigenschaft unumgänglich sind. Die Entsprechenserklärung selbst ist daher weder Prospekt im Sinne des § 264a StGB, noch Darstellung oder Übersicht über den Vermögensstand. Allerdings hat der Gesetzgeber vorgeschlagen, die Entsprechenserklärung in den Geschäftsbericht des Unternehmens aufzunehmen[948]. Dieser ist regelmäßig relativ vollständig und enthält insbesondere viele für die Investitionsentscheidung relevanten Informationen. Der Geschäftsbericht unterfällt daher dem Begriff des Prospekts nach § 264a StGB.

Darüber hinaus müsste der Geschäftsbericht im Zusammenhang mit dem Vertrieb von Wertpapieren abgegeben worden sein. Vertrieb ist jede auf Veräußerung der Anlageobjekte gerichtete Tätigkeit im eigenen oder fremden

---

941 *Otto* WM 1988, 729, 730.

942 LK/*Tiedemann* StGB, § 264a Rn. 36 m.w.N.; Tröndle/*Fischer* StGB, § 264a Rn. 12; *Seibt* AG 2002, 249, 256.

943 Lackner/*Kühl* StGB, § 264a Rn. 10.

944 Lackner/*Kühl* StGB, § 264a StBG Rn. 10 n.w.N.; Schönke/Schröder/*Cramer* StGB, § 264a Rn. 19; *Otto* WM 1988, 729, 738 m.w.N.

945 LK/*Tiedemann* StGB, § 264a Rn. 35; Tröndle/*Fischer* StGB, § 264a, Rn. 12.

946 LK/*Tiedemann* StGB, § 264a Rn. 35.

947 LK/*Tiedemann* StGB, § 264a Rn. 35.

948 Begr. RegE, BT-Drs. 14/8769, S. 22.

Namen, auch Werbung[949]. Er muss allerdings sachlich und zeitlich auf bestimmte Betriebsmaßnahmen bezogen sein, allgemeine Mitteilungen reichen nicht aus[950]. Die Veröffentlichung der Entsprechenserklärung im Geschäftsbericht und auch die Veröffentlichung des Geschäftsberichts selbst erfolgen allerdings unabhängig vom Vertrieb von Wertpapieren oder von Vertriebsmaßnahmen. Vielmehr handelt es sich bei der Entsprechenserklärung um eine aktienrechtlich vorgeschriebene Pflichtmitteilung für börsennotierte Gesellschaften, beim Geschäftsbericht um eine jährliche Veröffentlichung, mit der das Unternehmen seinen Publizitätspflichten gegenüber der Öffentlichkeit – ggf. sogar in werbender Weise – nachkommt. Die Veröffentlichung steht also regelmäßig nicht in Zusammenhang mit bestimmten, konkreten Vertriebsmaßnahmen. Anders ist dies nur, wenn die Entsprechenserklärung in einen Bericht aufgenommen wird, der einen Börsengang oder die Emission neuer Aktien begleitet. In einem solchen Fall liegt ein Prospekt vor, der im Zusammenhang mit konkreten Vertriebsmaßnahmen steht. Ist dann die Entsprechenserklärung tatsächlich gar nicht abgegeben worden oder inhaltlich falsch in der Weise, dass die Einhaltung von mehr Empfehlungen erklärt wird als tatsächlich eingehalten werden, so liegt hierin eine unrichtige vorteilhafte Angabe. In diesem Ausnahmefall ist dann auch eine Strafbarkeit wegen Kapitalanlagebetrugs nach § 264a Abs. 1 Nr. 1 StGB aufgrund der Abgabe einer falschen Entsprechenserklärung gegeben[951].

bb) Betrug, § 263 StGB

Bei Abgabe einer falschen Entsprechenserklärung kommt auch eine Strafbarkeit wegen Betrugs nach § 263 Abs. 1 StGB in Betracht[952]. Weichen die Angaben in der Entsprechenserklärung vom tatsächlichen Verhalten des Unternehmens ab, so liegt hierin eine Täuschung über Tatsachen. Dadurch wird bei den Anlegern auch ein Irrtum erzeugt. Kaufen bzw. verkaufen sie aufgrunddessen Wertpapiere, so wird durch den Irrtum auch eine Vermögensverfügung veranlasst. Weiterhin müsste ein Vermögensschaden vorliegen, Leistung und Gegenleistung zum Zeitpunkt des Vertragsschlusses voneinander abweichen[953].

Einen Vermögensschaden könnte man bejahen, wenn man davon ausgeht, dass der an der Börse festgestellte Preis nicht den tatsächliche Wert der Aktien wiedergibt. Ausgangspunkt hierfür wären wiederum die verschiedenen Studien, nach denen für gute Corporate Governance ein Aufpreis gezahlt wird. Denn gibt

---

949 Tröndle/*Fischer* StGB, § 264a Rn. 5.

950 Begr. RegE, BT-Drs. 10/318, S. 24.

951 Im Ergebnis so auch *Seibt* AG 2002, 249, 256, aber ohne Differenzierung oder Begründung; auch *Abram* ZBB 2003, 41, 47; *Ettinger/Grützediek* AG 2003, 353, 360; *Kiethe* NZG 2003, 559, 566.

952 Speziell im Hinblick auf Betrug durch Anlageberatung *Otto* WM 1988, 729, 730 ff.; *Worms* Anlegerschutz, S. 176 ff.

953 *Otto* WM 1988, 729, 732; *Worms* Anlegerschutz, S. 191 ff.

es eine negative Abweichung von der Entsprechenserklärung, so wird ein überhöhter Preis festgestellt, so dass der Käufer eine Prämie zahlt, die er sonst nicht zahlen würde. Der Anleger zahlt beim Kauf unbegründet eine marktübliche Prämie aufgrund der vermeintlichen guten Corporate Governance des Unternehmens. Hier kommt die strafrechtliche Konstruktion der schadensgleichen Vermögensgefährdung in Betracht. Gegen eine solche Begründung des Vermögensschadens bestehen aber erhebliche Bedenken. Wertpapiere werden üblicherweise zu dem Preis erworben, der zum Zeitpunkt des Geschäfts an der Börse festgestellt ist[954]. Der Anleger könnte die Papiere im nächsten Moment zum gleichen Preis – abgesehen von geringen Gebühren, die aber bei jedem Geschäft anfallen – wieder verkaufen. Vermögensschaden ist aber der Unterschied zwischen dem Wert des Vermögens vor und direkt nach der Vermögensverfügung des Getäuschten. Ausschließlich der Vergleich der Vermögenslage vor und nach dem Vertragsschluss ist entscheidend, während eine spätere Entwicklung für die strafrechtliche Wertung gleichgültig ist[955]. Daher liegt bereits kein Schaden vor, denn die Wertpapiere sind zum aktuell festgestellten und damit tatsächlichen Wert erworben worden, das Geschäft könnte ohne Verluste rückgängig gemacht werden.

Darüber hinaus würden weitere Probleme im subjektiven Tatbestand bestehen. Zwar mögen die Verwaltungsmitglieder Vorsatz in Form von dolus eventualis hinsichtlich aller objektiven Merkmale des § 263 Abs. 1 StGB bei Abgabe der falschen Entsprechenserklärung haben. Weiterhin bedarf es aber der Absicht, sich oder einem Dritten einen rechtswidrigen Vermögensvorteil zu verschaffen. Da das Geschäft aber zwischen Käufer und Verkäufer stattfindet, sind die Mitglieder der Unternehmensverwaltung hieran grundsätzlich nicht beteiligt. Zielgerichtetes Wirken, einem am Börsengeschäft Beteiligten einen besonders günstigen bzw. ungünstigen Preis mit der Abgabe einer falschen Entsprechenserklärung zu ermöglichen, wird regelmäßig nicht vorliegen[956]. Daher kommt eine Strafbarkeit nach § 263 Abs. 1 StGB nicht in Betracht.

Ein anderes Ergebnis[957] ist nur denkbar, wenn ein Mitglied der Verwaltung an der Transaktion direkt beteiligt ist oder mit einem Dritten kollusiv zusammenwirkt und die Wertpapiere in einem derart engen Marktumfeld gehandelt werden, dass ein sofortiger Wiederkauf oder -verkauf nur zu erheblich unterschiedlichen Preisen möglich wäre. Hierzu müßte die Entsprechenserklärung bereits mit der Absicht falsch abgegeben werden, dass das Opfer seine Aktien zu billig verkauft oder Aktien des Unternehmens zu teuer kauft. Nur in diesem Fall ist eine Strafbarkeit nach § 263 Abs. 1 StGB denkbar.

---

954 So auch *Abram* ZBB 2003, 41, 47; *Kiethe* NZG 2003, 559, 566.

955 So BGHSt 30, 388, 390 zum Optionsgeschäft.

956 So auch MünchKommAktG/*Semler* § 161, Rn. 214. Dieses Problem scheint LG Augsburg WM 2002, 592 beim Merkmal der Stoffgleichheit anzusiedeln; im Ergebnis wird jedenfalls dort wie auch hier der subjektive Tatbestand verneint.

957 Nach *Seibt* AG 2002, 249, 256 kommt dies „in Sonderfällen" in Betracht, er führt dies aber nicht näher aus.

cc) Kreditbetrug, § 265b Abs. 1 StGB

Auch ein Kreditbetrug liegt bei unrichtiger Entsprechenserklärung nicht vor, selbst wenn ein Kreditinstitut die Erfüllung der Kodex-Empfehlungen zur Bedingung für die Entscheidung der Kreditvergabe machen sollte[958]. Denn § 265b Abs. 1 StGB setzt Falschangaben über wirtschaftliche Verhältnisse voraus, worunter nach richtiger Auffassung nur diejenigen Verhältnisse zu verstehen sind, die unmittelbare wirtschaftliche Umstände oder Verhältnisse darstellen[959]. Die Entsprechenserklärung gibt aber nicht wirtschaftliche Verhältnisse wieder, sie enthält Angaben zur Corporate Governance des Unternehmens, also vor allem zu seiner Leitungs- und Überwachungsstruktur.

dd) Untreue, § 266 Abs. 1 StGB

Bei der Anlageberatung ist auch die Strafbarkeit wegen Untreue nach § 266 Abs. 1 StGB denkbar[960]. Hingegen liegt im Verhältnis von Aktionären und Unternehmensleitung im Hinblick auf den Kauf oder Verkauf von Anteilen des Unternehmens weder eine Vermögensbetreuungspflicht noch eine Treuepflicht als Hauptpflicht vor[961], so dass § 266 Abs. 1 StGB weder in Form des Mißbrauchstatbestands noch in Form des Treubruchstatbestands einschlägig sein kann.

e) § 4 UWG

Schließlich könnte bei Abgabe einer inhaltlich falschen Entsprechenserklärung – nicht bei den sonstigen Verstößen – auch eine Strafbarkeit nach § 4 Abs. 1 UWG vorliegen. Nach seiner Gesetzesbegründung soll § 4 UWG vor allem in Betracht kommen, wenn unwahre Mitteilungen nicht in Form eines Prospekts gemacht werden und damit nicht unter § 264a StGB fallen[962]. Ist hingegen § 264a StGB einschlägig, geht er § 4 UWG als lex specialis vor[963]. Nach § 4 Abs. 1 UWG ist strafbar,

> „[w]er in der Absicht, den Anschein eines besonders günstigen Angebotes hervorzurufen, in öffentlichen Bekanntmachungen oder Mitteilungen, die für einen größeren Kreis von Personen bestimmt sind, über geschäftliche Verhältnisse, insbesondere über die Beschaffenheit, den Ursprung, die Herstellungsart oder die Preisbemessung von Waren oder gewerblichen Leistungen, über die Art des Bezugs oder die Bezugsquelle von Waren, über den Besitz von Auszeichnungen, über den Anlass oder den Zweck des Verkaufs oder über die Menge der Vorräte wissentlich unwahre und zur Irreführung geeignete Angaben macht (...)".

---

958 Anders wohl MünchKommAktG/*Semler* § 161 Rn. 216.
959 LK/*Tiedemann* StGB, § 265b Rn. 80.
960 Vgl. *Otto* WM 1988, 729, 733 f.; ausführlich *Worms* Anlegerschutz, S. 196 ff.
961 Tröndle/*Fischer* StGB, § 266 Rn. 29.
962 Begr. RegE, BT-Drs. 10/318, S. 22.
963 GroßKommUWG/*Otto* § 4 Rn. 136.

Zweifelsohne fällt die Entsprechenserklärung jedenfalls unter das Merkmal der Mitteilungen, die für einen größeren Kreis von Personen bestimmt sind, da an einen unbestimmten Kreis von Personen[964] gerichtet ist. Eine falsche Entsprechenserklärung enthält auch unwahre Angaben, denn darunter fallen alle objektiv unwahren Angaben, während irreführende Angaben auch objektiv richtig sein können[965]. Diese Angaben müssten über geschäftliche Verhältnisse gemacht werden. Unter dieses weit auszulegende Merkmal fallen alle Umstände, die eine gewerbliche Tätigkeit im Wettbewerb zu fördern vermögen und mit dem Geschäftsbetrieb unmittelbar oder mittelbar in Beziehung stehen[966]. Hierzu gehören – im Gegensatz zum ähnlich lautenden zivilrechtlichen § 3 UWG – auch Angaben, die nicht zu Zwecken der Werbung gemacht werden[967]. Die Erklärung über die Einhaltung des Kodex steht mit dem Geschäftsbetrieb zumindest in mittelbarer Beziehung, da sie Auskunft über die innere Organisation eines Unternehmens gibt. Fraglich ist aber, ob sie die gewerbliche Tätigkeit im Wettbewerb zu fördern vermögen. Gerade wenn man sich die – nicht abschließende – beispielhaft Aufzählung näher ansieht, werden diese Zweifel erheblich verstärkt. Denn hierin werden ausschließlich Beispiele genannt, die die Ware oder die Dienstleistung des Unternehmens betreffen, aber gerade nicht solche Angaben, die die innere Struktur und Organisation des Unternehmens oder seine Verhaltensweisen im Hinblick auf Aktionäre kennzeichnen. Die Entsprechenserklärung unter den Begriff der geschäftlichen Verhältnisse zu subsumieren kommt daher nicht in Betracht.

Anders wäre dies nur, wenn das Unternehmen seine eigenen Aktien als Ware veräußert bzw. selbst mit den Aktien Handel treiben würde. Denn entgegen einer im Zusammenhang mit § 161 AktG zu § 4 UWG vertretenen Meinung[968] gehören auch Aktien und andere Wertpapiere zu den Waren nach § 4 UWG[969]. Möglich wäre eine Haftung auch, wenn ein Unternehmen, das mit Aktien eines anderen Unternehmens handelt, die falsche Entsprechenserklärung dieses Unternehmens weitergeben würde. Dann bedürfte es aber noch des Vorliegens der subjektiven Merkmale des § 4 Abs. 1 UWG. Hier wird nach dem Wortlaut zum einen die Absicht verlangt, den Anschein eines besonders günstigen Angebots hervorzurufen. Zum anderen sind nur solche Aussagen strafbar, die wissentlich unwahr (oder irreführend) sind. Während unter Absicht direkter Vorsatz zu verstehen ist[970], reicht für das Vorliegen des Merkmals der

964 *Baumbach/Hefermehl* Wettbewerbsrecht, § 4 UWG Rn. 4.
965 Köhler/*Piper* UWG, § 4 Rn. 4.
966 *Baumbach/Hefermehl* Wettbewerbsrecht, § 4 UWG Rn. 7.
967 *Baumbach/Hefermehl* Wettbewerbsrecht, § 4 UWG Rn. 7.
968 *Barnert* WM 2002, 1473, 1474.
969 So eindeutig GroßKommUWG/*Otto* § 4 Rn. 52; ebenso GroßKommUWG/*Jacobs* § 2 Rn. 11; *Köhler*/Pieper § 2 Rn. 28; anderes ergibt sich auch nicht aus dem von *Barnert* WM 2002, 1473, 1474 zitierten *Baumbach/Hefermehl* Wettbewerbsrecht (21. Auflage), § 2 UWG Rn. 1.
970 Köhler/*Piper* UWG § 4 Rn. 9.

Wissentlichkeit sogar bedingter Vorsatz aus[971]. Dies ergibt sich aus der Zeit der Gesetzgebung, zu der der Gesetzgeber den Ausdruck wissentlich noch nicht ausschließlich für die Kennzeichnung des direkten Vorsatzes nutzte[972]. Das die Entsprechenserklärung weitergebende Unternehmen muss daher zumindest bedingt vorsätzlich wissen, dass diese unwahr ist und muss zudem direkten Vorsatz dahingehend haben, dass damit der Anschein eines besonders günstigen Angebots hervorgerufen wird. In einem solchen Fall ist auch eine Strafbarkeit nach § 4 Abs. 1 UWG gegeben.

2. *Ordnungswidrigkeiten*

a) § 334 Abs. 1 HGB

§ 334 HGB sieht die Verhängung von Bußgeldern bei Ordnungswidrigkeiten vor. Wird die Entsprechenserklärung nicht abgegeben oder liegt ein diesem Fall gleichgestellter Verstoß vor, so ist dies eine Ordnungswidrigkeit nach § 334 Abs. 1 Nr. 1 d) HGB[973] oder § 334 Abs. 1 Nr. 2 f) HGB. Ersterer erfasst Zuwiderhandlungen gegen § 285 HGB. Dieser verlangt in § 285 Nr. 16 HGB als sonstigen Pflichtangabe, im Anhang anzugeben, dass die Erklärung abgegeben und den Aktionären zugänglich gemacht wurde. Letzterer bezieht sich auf die entsprechende Angabe im Konzernabschluss nach § 314 Abs. 1 Nr. 8 HGB. Nicht einschlägig ist § 334 Abs. 1 HGB hingegen im Fall der Abgabe einer inhaltlich falschen Entsprechenserklärung, denn hierüber enthält die Angabe nach §§ 285 Nr. 16, 314 Abs. 1 Nr. 8 HGB gerade keine Aussage.

Eine Ordnungswidrigkeit im Sinne des § 334 HGB kann gemäß § 334 Abs. 3 HGB mit einer Geldbuße bis zu 25.000 Euro geahndet werden. Von § 334 HGB werden sowohl Vorstandsmitglieder als Mitglieder des nach §§ 76 Abs. 1, 78 Abs. 1 AktG vertretungsberechtigten Organs der Aktiengesellschaft als auch Aufsichtsratsmitglieder der Aktiengesellschaft erfasst. Ebenso wie bei den strafrechtlichen Sanktionen ist auch hier Vorsatz erforderlich, § 10 OWiG[974].

b) § 20a i.V.m. § 39 Abs. 1 Nr. 1 und 2 WpHG

Wie bereits beschrieben[975], ist auch ein Verstoß gegen das Verbot der Kurs- und Marktpreismanipulation des § 20a WpHG in § 39 Abs. 1 Nr. 1 und 2 WpHG als Ordnungswidrigkeit bußgeldbewehrt. Im Gegensatz zur Strafnorm des § 38 Abs. 1 Nr. 4 WpHG bedarf es hier keiner tatsächlichen Einwirkung auf den Börsen- oder Marktpreis. § 39 Abs. 1 ist daher ein abstraktes

---

971 *Baumbach/Hefermehl* Wettbewerbsrecht, § 4 UWG Rn. 10; Köhler/*Piper* UWG, § 4 Rn. 8.

972 *Baumbach/Hefermehl* Wettbewerbsrecht, § 4 UWG Rn. 10.

973 So auch *Hirte* in Hirte (Hrsg.) TransPuG, Kap. 1 Rn. 43; *Buchta* DStR 2003, 740, 742.

974 BeckBilKomm/*Budde/Hense* § 334 Rn. 27.

975 Ausführlich oben 1.c) (Seite 177 ff.); dort auch zu den einzelnen Tatbestandsmerkmalen.

Gefährdungsdelikt[976]. Damit ergeben sich hier weniger Nachweisprobleme als beim Straftatbestand.

Notwendig bleibt allerdings auch beim Ordnungswidrigkeitsrecht der Nachweis des subjektiven Tatbestands, also des Vorsatzes.

Die Überwachung und Sanktionierung von Verstößen obliegt der *BAFin* als Nachfolgerin der Bundesanstalt für den Wertpapierhandel nach § 40 WpHG i.V.m. § 36 Abs. 1 Nr. 1 OWiG.

Ist allerdings tatsächlich eine Preisbeeinflussung herbeigeführt worden, ist also auch § 38 Abs. 1 Nr. 4 WpHG erfüllt, geht die strafrechtliche Regelung als Erfolgsdelikt nach dem Grundsatz der Spezialität vor.

3. Verhängung von Zwangsgeldern, § 335 HGB

Mangels Nennung des § 161 AktG oder einer Norm aus dem Bereich der Rechnungslegung, die auf § 161 AktG verweist, kommt eine Verhängung von Zwangsgeld nach § 335 HGB wegen eines Verstoßes gegen die Pflichten aus § 161 AktG nicht in Betracht. Wie bereits zuvor mehrfach gesehen reicht insbesondere der Verweis auf (die Aufstellung von) Jahresabschluss und Lagebericht, wie hier in § 335 Satz 1 Nr. 1 HGB, nicht aus[977].

4. Verhängung von Ordnungsgeldern, § 335a HGB

Weiterhin könnte die Verhängung eines Ordnungsgeldes nach § 335a HGB gegen die Mitglieder des Vorstands der Aktiengesellschaft in Betracht kommen[978]. Dieser legt fest, dass ein Ordnungsgeld gegen die Mitglieder des vertretungsberechtigten Organs einer Kapitalgesellschaft festzusetzen ist, die § 325 HGB über die Pflicht zur Offenlegung des Jahresabschlusses, des Lageberichts, des Konzernabschlusses und anderer Unterlagen der Rechnungslegung nicht befolgen. Hierzu wird vertreten, § 335a Satz 1 Nr. 1 HGB erfasse den gesamten Pflichtenkatalog des § 325 HGB, bei großen Kapitalgesellschaften nach § 325 Abs. 2 HGB die Bekanntmachung der offenlegungspflichtigen Unterlagen im Bundesanzeiger und anschließende Einreichung der Unterlagen und der Bekanntmachung im Handelsregister[979]. Bedenken könnte man gegen die Anwendung des § 335a HGB auf Verstöße gegen § 161 AktG haben, weil man die Entsprechenserklärung dann unter den Begriff der „andere(n) Unterlagen der Rechnungslegung" subsumieren müsste. Systematisch ist dies aber richtig, da § 161 AktG im Fünften Teil des Aktiengesetzes steht, der überschrieben ist mit „Rechnungslegung. Gewinnverwendung". Im Gegensatz zu den straf- und ordnungswidrigkeitsrechtlichen Regelungen kommt es hier nur auf den

---

976 *Möller* WM 2002, 309, 314.

977 So aber wohl MünchKommAktG/*Semler* § 161, Rn. 171 f.

978 Dafür *Hirte* in: Hirte (Hrsg.) TransPuG, Kap. 1 Rn. 43; *Buchta* DStR 2003, 740, 742; *Ihrig/Wagner* BB 2002, 789, 792.

979 MünchKommHGB/*Quedenfeld* § 335a Rn. 5.

objektiven Verstoß gegen § 325 HGB an. Denn hierdurch sollen die Mitglieder des vertretungsberechtigten Organs zur Erfüllung ihrer Pflicht aus § 325 HGB angehalten werden, so dass ein Verschulden nicht nötig ist[980]. Allerdings kann das Registergericht nicht von Amts wegen tätig werden. Vielmehr bedarf es eines Antrags, wobei das Antragsrecht allerdings nach § 335a Satz 3 HGB jedermann zusteht. Nach § 140a Abs. 2 Satz 1 FGG i.V.m. § 140a Abs. 1 Satz 2 FGG kann dieser nicht zurückgenommen werden. Auch das weitere Verfahren richtet sich nach § 140a Abs. 2 FGG. Danach wird den Mitgliedern des vertretungsberechtigten Organs unter Androhung eines Ordnungsgeldes innerhalb einer Frist von sechs Wochen aufgegeben, ihrer gesetzlichen Pflicht nachzukommen, wobei es einer Beschreibung der zu erfüllenden Verpflichtung bedarf[981]. Alternativ dazu muss die Unterlassung der Pflichterfüllung mittels Einspruch gegen die Verfügung gerechtfertigt werden. Das Ordnungsgeld, das nach § 335a Satz 4 HGB zwischen 2.500 und 25.000 Euro liegt, muss betragsmäßig bestimmt sein und wird bei einem Verstoß ausschließlich gegen die Publizitätserfordernisse hinsichtlich der Entsprechenserklärung aus Gründen der Verhältnismäßigkeit eher am unteren Rand liegen. Nach Fristablauf bzw. erfolgreicher Rechtfertigung ist das Ordnungsgeld unverzüglich festzusetzen und zugleich die frühere Verfügung unter Androhung eines erneuten Ordnungsgeldes zu wiederholen.

C. Zusammenfassung

Der Nichtabgabe der Entsprechenserklärung sind die Fälle gleichgestellt, in denen eine formell fehlerhafte Entsprechenserklärung und in denen nur eine unvollständige Entsprechenserklärung abgegeben wurde. Abzugrenzen hiervon sind Fälle einer materiell fehlerhaften Erklärung sowie Verstöße gegen handelsrechtliche Publizitätsvorschriften. Die Abgabe divergierender Entsprechenserklärungen von Vorstand und Aufsichtsrat entspricht zwar nicht den Anforderungen des § 161 AktG, wird aber nicht der Nichtabgabe der Entsprechenserklärung gleichgestellt, da das Informationsbedürfnis des Kapitalmarkts in besonderer Weise erfüllt wird.

Die Nichtabgabe der Entsprechenserklärung und die ihr gleichgestellten Fälle sowie ein Fehlen des dauerhaften Zugänglichmachens führen zu einer Einschränkung des Bestätigungsvermerks des Abschlussprüfers. Die unterlassene handelsrechtliche Publizität nach §§ 285 Nr. 16, 314 Abs. 1 Nr. 8, 325 Abs. 1 und 2 HGB und eine materiell fehlerhafte Entsprechenserklärung muss der Abschlussprüfer dem Aufsichtsrat nur mitteilen, wenn in der Prüfungsvereinbarung mit dem (Aufsichtsrat des) Unternehmen(s) Ziff. 7.2.3

980 MünchKommHGB/*Quedenfeld* § 335a Rn. 11.

981 So zur Festsetzung von Zwangsgeld nach § 335 HGB BeckBilKomm/*Budde*/*Hense* § 335 Rn. 34.

DCGK umgesetzt ist, oder wenn er diese Verstöße als schwerwiegenden Gesetzesverstoß nach § 321 Abs. 1 Satz 3 HGB bewertet. Eine solche Bewertung ist nicht zwingend.

Die Aktionäre können die Entlastung verweigern und einen erteilten Entlastungsbeschluss anfechten, wenn ein Fall der Nichtabgabe der Entsprechenserklärung oder ein diesem gleichgestellter Fall vorliegt. Gleiches gilt aus Informationsgesichtspunkten, wenn die Erklärung den Aktionären nicht dauerhaft zugänglich gemacht wurde. Im Fall einer materiell fehlerhaften Entsprechenserklärung kommt es auf die Reichweite des Fehlers an. Eine Verweigerung der Entlastung ist nicht zwingend bzw. die Anfechtung des Entlastungsbeschlusses nicht erfolgversprechend bei nur geringen Abweichungen und bei Verstößen gegen die Publizitätsanforderungen nach §§ 285 Nr. 16, 314 Abs. 1 Nr. 8, 325 Abs. 1 und 2 HGB. Hier verbleibt ein Entscheidungsspielraum der Hauptversammlung.

Strafrechtliche Sanktionen nach §§ 331 Nr. 1 und 2 HGB kommen nicht in Betracht. Gleiches gilt für §§ 265b Abs. 1, 266 Abs. 1, 267 Abs. 1 StGB. Eine Strafbarkeit nach § 263 Abs. 1 StGB und § 4 UWG ist nur in eng begrenzten Ausnahmefällen möglich. Eine Strafbarkeit nach § 400 Abs. 1 AktG ist denkbar, wenn in Darstellungen nach § 400 Abs. 1 Satz 1 AktG oder in Vorträgen oder Auskünften in einer Hauptversammlung falsche Erklärungen im Hinblick auf den Kodex gegeben werden; die Veröffentlichung der Entsprechenserklärung nach § 161 AktG allein reicht hingegen nicht aus. Eine Strafbarkeit nach § 264a Abs. 1 Nr. 1 StGB liegt dann vor, wenn die Entsprechenserklärung oder ihr Inhalt im Rahmen eines Börsengangs oder der Ausgabe neuer Aktien in dem jeweiligen speziellen Prospekt angegeben wurde, die Entsprechenserklärung aber gar nicht abgegeben wurde oder sie inhaltlich in der Weise falsch ist, dass tatsächlich weniger Empfehlungen des Kodex befolgt werden als dies in der Entsprechenserklärung angegeben wurde.

Eine Strafbarkeit nach § 20a WpHG i.V.m. § 38 Abs. 1 Nr. 4 WpHG ist denkbar bei Abgabe einer materiell fehlerhaften Erklärung, bei Nichtabgabe der Entsprechenserklärung, in den diesem Fall gleichgestellten Verstößen sowie bei Unterlassen der Änderung der Entsprechenserklärung bei sich ändernder Unternehmenspraxis. Fehlt es an einer tatsächlichen Einwirkung auf den Börsenpreis, liegt eine Ordnungswidrigkeit nach § 20a WpHG i.V.m. § 39 Abs. 1 Nr. 1 und 2 WpHG vor.

Bei Nichtabgabe der Entsprechenserklärung sowie in den ihr gleichgestellten Fällen liegt eine Ordnungswidrigkeit nach § 334 Abs. 1 Nr. 1 d) HGB, im Falle eines Konzerns nach § 334 Abs. 1 Nr. 2 f) HGB vor. Das Bußgeld kann gegen Vorstands- und Aufsichtsratsmitglieder verhängt werden.

Wird die Entsprechenserklärung nicht gemäß § 325 Abs. 1 und 2 HGB offengelegt, kann auf Antrag ein Ordnungsgeld gegen Mitglieder des Vorstands nach § 335a HGB verhängt werden.

Zur Frage der zivilrechtlichen Haftung bei Verstößen ausführlich sogleich in Kapitel 6.

Kapitel 6: Haftung für Verstöße

Die sowohl praktisch wichtigste als auch umstrittenste Folge von Verstößen gegen §§ 161 AktG, 285 Nr. 16, 314 Abs. 1 Nr. 8, 325 Abs. 1 HGB ist die zivilrechtliche Haftung. Die Regierungskommission Corporate Governance, die dem Gesetzgeber die Einführung eines einheitlichen Corporate Governance Kodex für Deutschland vorgeschlagen hat, hat die Klärung haftungsrechtlicher Fragen bewusst der wissenschaftlichen Diskussion überlassen[982].

Eine Haftung kann in mehreren Richtungen erfolgen: Anspruchsgegner können die Mitglieder der Verwaltung der Gesellschaft sein, wobei hier sowohl Vorstand- und Aufsichtsratsmitglieder gemeinsam als auch allein in Betracht kommen. Möglicher Anspruchsteller kann dabei die Aktiengesellschaft selbst sein. Dann geht es um die Frage der Innenhaftung von Vorstands- und Aufsichtsratsmitgliedern (A.I.). Anspruchsteller können aber auch die Aktionäre und Anleger sein. In diesem Fall handelt es sich um die Außenhaftung der Mitglieder von Vorstand und Aufsichtsrat (A.II.). Auch ein Vorgehen der Aktionäre und Anleger gegen die Gesellschaft als solche ist denkbar (B.). Eine Haftung kommt außerdem durch die (richterrechtliche) Entwicklung einer neuen Haftungskategorie in Betracht (C.), sie könnte aber auch durch die aktuell diskutierte Schaffung eine neuen gesetzlichen Basis für kapitalmarktrechtliche Informationspflichtverletzungen in Frage kommen (D.).

Die Einschätzung der bisher veröffentlichten Meinungsäußerungen zur Frage, ob die Einführung des Kodex und des § 161 AktG zu erhöhten Haftungsrisiken führt, ist äußerst unterschiedlich. Während teilweise angenommen wird, der Kodex habe keine Auswirkungen auf die Haftung[983], meinen andere, hierdurch werde die Haftung verschärft[984], die Haftung wird als weiterer Durchsetzungsmechanismus des Kodex angesehen[985]. Teilweise wird sogar vertreten, es kämen unglaubliche Gefahren und Haftungsrisiken auf die Mitglieder der Verwaltung zu[986]. Der Gesetzgeber hat zwar nicht direkt hierauf reagiert. Auffällig ist aber, dass es in der Gesetzesbegründung der Bundesregierung heißt, Haftungsgefahren seien nicht ausgeschlossen[987]. Dieser Abschnitt hatte im Referentenentwurf noch gefehlt[988], und auch die Justizministerin hatte zunächst keine Haftungsfolgen bei Verstößen gegen

---

982 *Baums* in: Hommelhoff (Hrsg.) Corporate Governance, S. 13, 19, Fußnote 25.

983 *Baums* zit. nach *jja* FAZ vom 23.2.2002 (Nr. 46), S.17; *Däubler-Gmelien* Ansprache aus Anlass der Übergabe des DCGK; veröffentlicht unter <http://www.bmj.bund.de>; Stand: 31. Mai 2002; auch zit. in Handelsblatt vom 27.2 2002, S. 3.

984 *Buchta* DStR 2003, 694; *Semler/Wagner* NZG 2003, 553, 554; *Wilsing* FAZ vom 9.3.2002, S. 21.

985 *Claussen/Bröcker* DB 2002, 1199, 1205; wohl auch *Roth/Büchele* GesRZ 2002, 63, 69.

986 *Lutter* zit. nach FAZ vom 22.2.2002 (Nr. 45), S. 20.

987 Begr. RegE, BT-Drs. 14/8769, S. 22.

988 Dazu auch *Kiethe* NZG 2003, 559, 562.

§ 161 AktG in Betracht gezogen[989]. Die Begründung des zuständigen Referenten aus dem Justizministerium, eine Haftung scheide deshalb aus, weil die Entsprechenserklärung nur eine Wohlverhaltenserklärung sei, in der Vorstand und Aufsichtsrat keine neuen Tatsachen an den Markt brächten, sondern nur erklärten, was der Kapitalmarkt ohnehin als Normalfall erwarte[990], kann nicht überzeugen. Denn gerade wenn Vorstand und Aufsichtsrat vom hier als Normalfall titulierten Verhalten – nämlich der Einhaltung des Kodex – abweichen, sich also – jedenfalls nach dieser Meinung – unüblich verhalten, ist es für den Kapitalmarkt gerade interessant, dies zu erfahren, und ein Unterlassen einer solchen Mitteilung könnte dann durchaus zu einer Haftung führen.

A. Persönliche Haftung von Vorstands- und Aufsichtsratsmitgliedern

I. Innenhaftung

Die Innen- oder Binnenhaftung betrifft die Schadensersatzpflicht der Mitglieder der Verwaltungsorgane gegenüber der Aktiengesellschaft. Als Schadensersatznorm von Ansprüchen der Gesellschaft gegen die Mitglieder ihres Vorstands kommt § 93 Abs. 2 Satz 1 AktG in Betracht. Für Aufsichtsratsmitglieder findet § 93 Abs. 2 Satz 1 AktG über § 116 Satz 1 AktG sinngemäß Anwendung (1.). Darüber hinaus ist eine Innenhaftung nach den besonderen Voraussetzungen des § 117 AktG denkbar (2.).

1. § 93 Abs. 2 AktG

Grundnorm der Innenhaftung ist § 93 Abs. 2 Satz 1 AktG. Er bestimmt, dass Vorstandsmitglieder, die ihre Pflicht verletzen, der Gesellschaft zum Ersatz des daraus entstehenden Schadens als Gesamtschuldner verpflichtet sind. Nach § 116 AktG gilt § 93 AktG für die Verantwortlichkeit der Aufsichtsratsmitglieder sinngemäß. § 93 AktG bzw. §§ 93, 116 AktG sind eigenständige Anspruchsgrundlagen; Ansprüche der Aktiengesellschaft werden also nicht erst über den Umweg über § 823 Abs. 2 BGB begründet[991]. Umstritten ist, ob daneben für die Vorstandsmitglieder noch eine Haftung aus positiver Vertragsverletzung des Anstellungsvertrages besteht[992]. Dieser Streit ist aber praktisch folgenlos, da die allgemeinen Sorgfaltspflichten des Organmitglieds auch dahin gehen, besondere anstellungsvertragliche Regelungen zu beachten, so dass eine Verletzung zusätzlicher Pflichten aus dem Anstellungsvertrag

---

[989] *Däubler-Gmelien* Ansprache aus Anlass der Übergabe des DCGK; veröffentlicht unter <http://www.bmj.bund.de>; Stand: 31. Mai 2002; auch zit. in Handelsblatt vom 27.2 2002, S. 3.

[990] *Seibert* BB 2002, 581, 584.

[991] *Hüffer* AktG, § 93 Rn. 11.

[992] GroßKommAktG/*Hopt* § 93 Rn. 21; *Hüffer* AktG, § 93 Rn. 11 m.w.N.; vgl. auch KölnKommAktG/*Mertens* § 93 Rn. 3.

wieder in den Anwendungsbereich des § 93 AktG fällt[993]. Hinsichtlich der Mitglieder des Aufsichtsrats erübrigt sich dieser Streit, da sie ohnehin nicht aufgrund eines schuldrechtlichen Vertrages, sondern ausschließlich aufgrund organschaftlicher Bestellung tätig werden[994].

a) Anspruchsgegner

Gemäß § 93 Abs. 2 Satz 1 AktG haften die Vorstandsmitglieder, und über § 116 AktG auch die Aufsichtsratsmitglieder, die ihre Pflichten verletzen, hierfür als Gesamtschuldner. Allerdings normiert § 93 Abs. 2 Satz 1 AktG nur ein Eigenverschulden, so dass eine Zurechnung des Fehlverhaltens von Angestellten der Gesellschaft oder von anderen Organmitgliedern nicht in Betracht kommt[995]. Die Entsprechenserklärung nach § 161 AktG ist vom Vorstand und Aufsichtsrat, also von allen Mitgliedern des jeweiligen Organs abzugeben. Eine Haftung des einzelnen Organmitglieds kann also nur dann ausscheiden, wenn es gegen die Abgabe der Erklärung gestimmt hat, die die Haftung begründet. Es muss aber zusätzlich diejenigen Regeln eingehalten haben, die allgemein zu einem Haftungsausschluss für überstimmte Organmitglieder bei rechtswidrigen Beschlüssen führen[996]: Überstimmte Vorstandsmitglieder haben eine entsprechende Gegenvorstellung gegenüber ihren Vorstandskollegen und dem Aufsichtsrat zu erheben, und sie dürfen sich nicht an der Beschlussausführung beteiligen. Dagegen sind sie nicht verpflichtet, Dritte, Behörden oder die Öffentlichkeit zu informieren, es sei denn, es handelt sich um evident kriminelles Verhalten der anderen Vorstandsmitglieder, was im konkreten Fall aber in der Regel nicht vorliegen wird. Ebensowenig müssen überstimmte Vorstandsmitglieder ihr Amt niederlegen. Für überstimmte Aufsichtsratsmitglieder gelten die Ausführungen entsprechend[997], wobei sie die Ablehnung eines Beschlusses ausdrücklich zu Protokoll zu geben haben[998].

Wegen der in § 93 Abs. 2 Satz 1 AktG angeordneten gesamtschuldnerischen Haftung finden dagegen graduelle Unterschiede in der Verantwortlichkeit der Vorstandsmitglieder bei der Haftung gegenüber der Gesellschaft keine Berücksichtigung; diese sind nur beim Ausgleich im Innenverhältnis zwischen den Vorstandsmitgliedern nach § 426 BGB unter Heranziehung des Rechtsgedankens des § 254 BGB zu beachten[999].

---

993 GroßKommAktG/*Hopt* § 93 Rn. 21; *Wellkamp* Vorstand, Aufsichtsrat und Aktionär, Rn. 671.

994 *Wellkamp* Vorstand, Aufsichtsrat und Aktionär, Rn. 846.

995 GroßKommAktG/*Hopt* § 93 Rn. 55 insbesondere zur Zurechnung des Fehlverhaltens von Vorstandsmitgliedern.

996 Dazu GroßKommAktG/*Hopt* § 93 Rn. 52 ff.; KölnKommAktG/*Mertens* § 93 Rn. 17; KölnKommAktG/*Mertens* § 77 Rn. 38.

997 KölnKommAktG/*Mertens* § 93 Rn. 17.

998 Hierzu *Lutter/Krieger* Rechte und Pflichten, Rn. 836.

999 KölnKommAktG/*Mertens* § 93 Rn. 21; *Wellkamp* Vorstand, Aufsichtsrat und Aktionär, Rn. 705.

b) Pflichtverletzung

Voraussetzung für die Haftung der Verwaltungsorganmitglieder nach § 93 Abs. 2 Satz 1 AktG (ggf. in Verbindung mit § 116 AktG) ist eine Pflichtverletzung.

aa) Gesetzliche Pflichten

Zweifellos ergeben sich Pflichten von Vorstands- und Aufsichtsratsmitgliedern aus dem Gesetz[1000]. Das Aktiengesetz verlangt in § 161 AktG die Abgabe einer richtigen[1001] Entsprechenserklärung von Vorstand und Aufsichtsrat und ihr dauerhaftes Zugänglichmachen. Wegen der Zukunftsgerichtetheit der Erklärung enthält § 161 AktG auch die Pflicht, bei unterjähriger Änderung der Unternehmenspraxis die Entsprechenserklärung anzupassen.

Weiterhin ist eine diesbezügliche Angabe im Anhang der Gesellschaft bzw. des Konzerns, § 285 Nr. 16 HGB bzw. § 314 Abs. 1 Nr. 8 HGB, zu machen, außerdem verlangt § 325 Abs. 1 und 2 HGB die Publizität der Entsprechenserklärung im Bundesanzeiger und im Handelsregister. Wird eine dieser Pflichten nicht erfüllt, so liegt eine Pflichtverletzung vor. Dabei können gegen die Verpflichtung der Abgabe einer richtigen Entsprechenserklärung sowohl Vorstand als auch Aufsichtsrat verstoßen. Das dauerhafte Zugänglichmachen ist üblicherweise eine Aufgabe, die der Vorstand zu veranlassen hat[1002], diesbezüglich hat der Aufsichtsrat aber eine Überwachungspflicht aus § 111 Abs. 1 AktG. Da die Jahresabschlüsse der Gesellschaft bzw. des Konzerns inklusive der jeweiligen Anhänge von beiden Organen beschlossen werden, wobei § 171 Abs. 1 AktG die Prüfung durch den Aufsichtsrat sogar ausdrücklich vorschreibt, ist bei einer Nichtbeachtung von §§ 285 Nr. 16, 314 Abs. 1 Nr. 8 HGB wieder beiden Organen eine Pflichtverletzung vorzuwerfen. Für die Publizität nach § 325 Abs. 1 und 2 HGB hat schließlich wiederum der Vorstand gemäß § 325 Abs. 1 Satz 1 HGB als gesetzlicher Vertreter der Aktiengesellschaft nach §§ 76 Abs. 1, 78 Abs. 1 AktG zu sorgen, so dass den Aufsichtsrat hier erneut nur Überwachungspflichten nach § 111 Abs. 1 AktG treffen.

bb) Gesellschaftsintern konkretisierte Pflichten

Als weitere Pflichtenquellen für die Mitglieder von Vorstand und Aufsichtsrat kommen gesellschaftsintern konkretisierte Pflichten in Frage. Dies sind zunächst die Satzung der Gesellschaft, die Geschäftsordnungen und die bindenden Beschlüsse der anderen Gesellschaftsorgane, insbesondere der

---

[1000] *Berg/Stöcker* WM 2002, 1569, 1575; *Lutter* ZHR 166 (2002), 523, 527; ausführlich *Kiethe* NZG 2003, 559, 562 f.

[1001] Ausführlich oben Kapitel 3 C.III.1.b) (Seite 90 f.) und Kapitel 5 A.III.2 (Seite 160).

[1002] *Semler/Wagner* NZG 2003, 553, 554.

Hauptversammlung[1003]. Für die Vorstandsmitglieder bildet zusätzlich auch der Anstellungsvertrag eine solche Pflichtenquelle[1004]. Ist in einer dieser Quellen die Einhaltung des Kodex oder einzelner Kodex-Empfehlungen vorgeschrieben[1005], dann ist bei einem Verstoß hiergegen ebenfalls eine Pflichtverletzung nach § 93 Abs. 2 Satz 1 AktG gegeben. Diese kann nur dadurch verhindert werden, dass vor dem Verstoß die entsprechende Pflichtenquelle vom zuständigen Organ geändert wird.

Die Entsprechenserklärung nach § 161 AktG hat insofern keine Auswirkungen auf die Frage der Haftung. Denn selbst wenn eine Abweichung vom Kodex offengelegt wird, bleibt immer noch ein Verstoß gegen die gesellschaftsintern konkretisierten Pflichten bestehen. Dies ist dann (alleinige) Grundlage der Haftung[1006].

cc) Allgemeine Sorgfaltspflicht, § 93 Abs. 1 Satz 1 AktG

Die gesetzlichen und die gesellschaftsintern konkretisierten Pflichten bilden nicht allein den Pflichtenkanon von Vorstands- und Aufsichtsratsmitgliedern. Zusätzlich bestimmt § 93 Abs. 1 Satz 1 AktG, dass Vorstandsmitglieder bei ihrer Geschäftsführung die Sorgfalt eines ordentlichen und gewissenhaften Geschäftsleiters anzuwenden haben. Für Aufsichtsratsmitglieder gilt dies über § 116 AktG sinngemäß. Nach ganz herrschender Meinung enthält § 93 Abs. 1 Satz 1 AktG nicht nur einen Verschuldensmaßstab, sondern normiert auch objektive Verhaltenspflichten in Form einer Generalklausel, aus der sich durch Konkretisierung Einzelpflichten ergeben können[1007]. Maßstab ist, wie ein pflichtbewusster selbständig tätiger Leiter eines Unternehmens der konkreten Art zu handeln hat, der ähnlich wie ein Treuhänder fremden Vermögensinteressen verpflichtet ist[1008]. Es ist daher die Frage aufgeworfen worden, ob zu der allgemeinen Sorgfaltspflicht nach § 93 Abs. 1 Satz 1 AktG auch die Pflicht zählt, den Inhalt des Kodex zu beachten[1009]. Dabei ist zu unterscheiden zwischen Abweichungen vom informatorischen Teil des Kodex ((1)), Abweichungen von Empfehlungen entgegen der abgegebenen Entsprechenserklärung ((2)), offengelegten Abweichungen von Epfehlungen ((3)) sowie Abweichungen von denjenigen Regelungen, bei denen keine Offenlegung gefordert wird, nämlich bei Abweichungen von Anregungen und

1003 KölnKomm/*Mertens* § 93 Rn. 29.

1004 GroßKommAktG/*Hopt* § 93 Rn. 225 ff.; *Hüffer* AktG, § 93 Rn. 13; KölnKomm/*Mertens* § 93 Rn. 3.

1005 Zu dieser Möglichkeit oben Kapitel 4 (Seite 139 ff.).

1006 MünchKommAktG/*Semler* § 161 Rn. 195; *Austmann* Gesellschaftsrechtliche Kautelarpraxis, RWS, S. 29; *Lutter* ZHR 166 (2002), 523, 536.

1007 *Hüffer* AktG, § 93 Rn. 3; KölnKomm/*Mertens* § 93 Rn. 6 jew. m.w.N.; *Thümmel* Haftung, Rn. 136.

1008 BGHZ 129, 30, 34; *Hüffer* AktG, § 93 Rn. 4.

1009 *Berg/Stöcker* WM 2002, 1569, 1575 ff.; *Lutter* ZHR 166 (2002), 523, 540 ff.; *Ulmer* ZHR 166 (2002), 150, 166 f.

von gesetzesinterpretierenden Vorschriften des informatorischen Teils des Kodex ((4)).

(1) Abweichungen vom informatorischen Teil

Der informatorische Teil gibt nur Vorschriften des Gesetzes wieder[1010]. Die Entsprechenserklärung bezieht sich erst gar nicht hierauf. Dennoch besteht eine Pflicht, die Verhaltensweisen, die der informatorische Teil des Kodex beschreibt, einzuhalten. Eine solche Pflicht ergibt sich allerdings nicht aus dem Kodex selbst, sondern bereits aus der Norm, die der Bestimmung des Kodex zu Grunde liegt[1011]. Die Pflicht zur Einhaltung der Verhaltensweise besteht also unabhängig von ihrer Aufnahme in den Kodex.

(2) Abweichungen von den Empfehlungen entgegen der abgegebenen Entsprechenserklärung

Im Gegensatz zu den im informatorischen Teil des Kodex beschriebenen Verhaltensweisen sind die Empfehlungen des Kodex nicht an anderer Stelle im Gesetz normiert. Allerdings ergeben sich Pflichten von Vorstands- und Aufsichtsratsmitgliedern auch aus der allgemeinen Sorgfaltspflicht nach § 93 Abs. 1 Satz 1 AktG. Danach haben Vorstandsmitglieder bei ihrer Geschäftsführung die Sorgfalt eines ordentlichen und gewissenhaften Geschäftsleiters anzuwenden. Nach §§ 116, 93 Abs. 1 Satz 1 AktG gilt dies sinngemäß für Aufsichtsratsmitglieder, so dass diese die Sorgfalt anzuwenden haben, die für eine ordentliche und gewissenhafte Erfüllung der Pflichten eines Aufsichtsratsmitglieds, insbesondere der Überwachungspflicht, erforderlich ist[1012]. Hierbei sind die Verwaltungsorgane verpflichtet, im Rahmen ihrer anderweitig konkretisierten Pflichten den Unternehmenserfolg zu fördern, Schaden von der Gesellschaft abzuwenden und sie nicht durch eigenes Tun zu schädigen[1013]. Im Rahmen des § 93 Abs. 1 Satz 1 AktG können vor allem solche Empfehlungen des Kodex relevant sein, die sich unmittelbar auf die Verbesserung der Unternehmensleitung oder -überwachung beziehen – genannt werden insbesondere die Vorschriften über die Offenlegung von Interessenkonflikten, Nebentätigkeiten und Vergütung sowie gegebenenfalls über die Abschlussprüfung[1014]. Dagegen sind andere Empfehlungen wegen ihres Gegenstandes oder Adressatenkreises aus Sicht der §§ 93, 116 AktG ohne Interesse, etwa diejenigen, die sich auf die Durchführung der Hauptversammlung oder die Information der Aktionäre über Unternehmensdaten beziehen[1015]. Allerdings folgt bereits aus § 161 AktG die

---

1010 Zu den informatorischen, aber gesetzesinterpretierenden Regeln des Kodex vgl. unten (4) (Seite 207).

1011 So auch MünchKommAktG/*Semler* § 161 Rn. 191.

1012 *Hoffmann-Becking* in: Münch. Hdb. GesR IV, § 33 Rn. 45.

1013 GroßKommAktG/*Hopt* § 93 Rn. 72; KölnKommAktG/*Mertens* § 93 Rn. 29.

1014 *Ettinger/Grützediek* AG 2003, 353, 364 f.

1015 *Ulmer* ZHR 166 (2002), 150, 166.

gesetzliche Pflicht, eine wahrheitsgemäße Entsprechenserklärung abzugeben und bei sich ändernder Unternehmenspraxis die Entsprechenserklärung hieran anzupassen[1016]. Teilweise wird daher vertreten, dass aus der allgemeinen Sorgfaltspflicht nach § 93 Abs. 1 Satz 1 AktG dann zusätzlich die Pflicht folgt, die selbst abgegebene Entsprechenserklärung auch einzuhalten und innerhalb des Unternehmens für die Einhaltung der Entsprechenserklärung zu sorgen und sie zu überwachen[1017]. Denn ein Verhalten, das der abgegebenen Entsprechenserklärung zuwiderläuft, sei geeignet, der Gesellschaft einen Ansehensverlust zuzufügen[1018]. Teilweise wird aber auch aus § 161 AktG direkt die Pflicht entnommen, sich an die selbst abgegebene Entsprechenserklärung zu halten[1019]. Diese Pflicht ist nach der zweiten Meinung also als in § 161 AktG bereits enthalten anzusehen. Im Ergebnis unterscheiden sich beide Meinungen aber nicht. Zwar ist der von ihnen gewählte Ausgangspunkt – die Pflichtenquelle für die eigene Einhaltung der Entsprechenserklärung und die Überwachung der Einhaltung der Entsprechenserklärung durch andere Organmitglieder – einmal die allgemeine Sorgfaltspflicht nach § 93 Abs. 1 Satz 1 AktG, einmal § 161 AktG direkt. Ein Verstoß hiergegen ist aber nach beiden Meinungen ohne weitere Voraussetzungen eine Pflichtverletzung nach § 93 Abs. 2 Satz 1 AktG.

(3) Offengelegte Abweichungen von Empfehlungen des Kodex

Daneben ist fraglich, ob eine Pflichtverletzung nach § 93 Abs. 2 Satz 1 AktG vorliegen kann, obwohl Vorstand und Aufsichtsrat in der Entsprechenserklärung die Abweichung von einer oder mehreren Empfehlungen des Kodex offengelegt haben. Dabei ist zu beachten, dass nicht bereits die Ablehnung einer Kodex-Empfehlung sorgfaltswidrig ist, auch nicht, wenn die Befolgung der Empfehlung branchen- oder marktüblich ist und keine unternehmensspezifischen Gründe für die Ablehnung vorgetragen werden können[1020]. Denn die bloß erklärte Ablehnung der Kodex-Empfehlungen ist kein pflichtwidriges Verhalten[1021], solange nicht tatsächlich eine Abweichung

---

[1016] Zur Anpassungspflicht vgl. bereits oben Kapitel 3 D.I. (Seite 111 f.).

[1017] *Lutter* ZHR 166 (2002), 523, 541; in diese Richtung auch *Austmann* Gesellschaftsrechtliche Kautelarpraxis, RWS, S. 30.

[1018] *Lutter* ZHR 166 (2002), 523, 541.

[1019] So *Seibt* AG 2002, 249, 254, der diese Pflicht bereits als Folgeverpflichtung aus § 161 AktG versteht. Daher vertritt er die Auffassung, die Haftung im Fall der Abgabe einer falschen Entsprechenserklärung unterscheide sich nicht von der Haftung bei der Abgabe anderer Berichte, etwa dem Lage-, Abhängigkeits- oder Aufsichtsratsbericht (AG 2002, 249, 255). Allerdings wird die Haftung zumindest beim Abhängigkeitsbericht nach § 312 AktG in § 318 AktG ausdrücklich angeordnet; insofern werden §§ 93, 116 AktG modifiziert, vgl. *Hüffer* AktG, § 318 Rn. 9 f.

[1020] So aber *Lutter* ZHR 166 (2002), 523, 542 mit Verweis auf *Seibt* AG 2002, 249, 254, der dies aber nur als Beispiel für den Fall anführt, dass der Ermessensspielraum der Verwaltung über die Einhaltung des Kodex auf Null reduziert ist, ohne hieraus Haftungsfolgen zu ziehen.

[1021] Zur Möglichkeit, trotz Einhaltung einer Empfehlung eine Abweichung zu erklären oben Kapitel 3 C.III.1.b) (Seite 90 f.).

vorliegt. Erst dann kann grundsätzlich ein pflichtwidriges Verhalten in Betracht kommen.

Voraussetzung für das Vorliegen eines pflichtwidrigen Verhaltens ist dann zusätzlich, dass die tatsächliche Nichtbefolgung von Empfehlungen des Kodex trotz ihrer Offenlegung ein Verstoß gegen die allgemeine Sorgfaltspflicht des § 93 Abs. 1 Satz 1 AktG ist[1022]. Dazu müsste der Kodex als Ganzes oder zumindest die nicht befolgte Empfehlung die Sorgfalt eines ordentlichen und gewissenhaften Geschäftsleiters wiedergeben. Es hätte zur Folge, dass eine Abweichung zwar nach § 161 AktG erlaubt wäre, diese Abweichung aber dennoch eine Pflichtverletzung wäre. Zunächst scheint ein solches Ergebnis der Regelung des § 161 AktG zuwiderzulaufen, denn durch den dort geregelten Mechanismus soll eine Abweichung ja gerade möglich sein, und nur der Kapitalmarkt soll über mögliche Sanktionen entscheiden. Vorstand und Aufsichtsrat sind nach § 161 AktG frei, die Empfehlungen des Kodex teilweise oder sogar vollständig zu ignorieren[1023]. Nicht zu folgen ist daher der Begründung, das erklärte Ziel des TransPuG sei die lückenlose und einheitliche Befolgung des Kodex gewesen, und daher sei es auch äußerst wahrscheinlich, dass Gerichte bei Haftungsprozessen gegen die Verwaltung hierauf zurückgreifen würden[1024]. Denn gerade die Gesetzesbegründung zum TransPuG zeigt, dass die Einhaltung des Kodex zwar vom Gesetzgeber gewünscht war, aber die Nichtbefolgung in erster Linie durch den Kapitalmarkt bewertet und sanktioniert werden sollte[1025]. Gerade die Möglichkeit flexibler Handhabung des Kodex durch die Möglichkeit der Abweichung waren also sowohl von den Regierungskommissionen als auch von der Gesetzesbegründung hervorgehoben worden.

Dennoch wird hierin ein beachtenswerter Aspekt angesprochen: Die Frage, inwieweit Gerichte bei der Auslegung des Merkmals der allgemeinen Sorgfaltspflichten auf den Kodex, insbesondere auf seine Empfehlungen, zurückgreifen können. So wird betont, dass Corporate-Governance-Regeln zwar einen Rechtsnormcharakter ebensowenig für sich in Anspruch nehmen könnten wie etwa Verhaltenspflichten im BGB; sie seien aber nicht rechtlich irrelevant, sondern würden haftungsrelevante Verhaltenspflichten der Organe konkretisieren[1026]. Dagegen kann nicht vorgebracht werden, dass die Heranziehung des Kodex als Auslegungshilfe unbestimmter Rechtsbegriffe fehlerhaft sei, weil die unbestimmten Rechtsbegriffe nicht zwischen

---

1022 So auch *Buchta* DStR 2003, 740, 742; ähnlich *Vetter* DNotZ 2003, 748, 760 f.

1023 *Lutter* ZHR 166 (2002), 523, 542; *Seibert* BB 2002, 581, 583; *Ulmer* ZHR 166 (2002), 150, 172; Kapitel 3 C.III.1.a) (Seite 89). Zu voreilig aber die Schlussfolgerung bei *Claussen/Bröcker* DB 2002, 1199, 1204: „Dann ist eine Haftung ausgeschlossen (...). Die Bestrafung (...) soll der Kapitalmarkt übernehmen".

1024 So aber *Wilsing* FAZ vom 9. März 2002, S. 21; ähnlich *Pielorz* FS Metzeler, S. 167, 174.

1025 Vgl. Begr. RegE, BT-Drs. 14/8769, S. 21: „Den Unternehmen wird in Fällen, in denen sie es für sinnvoll oder geboten halten, die Möglichkeit gelassen, von den Kodex-Regeln abzuweichen.".

1026 *K. Schmidt* GesR, § 26 II 3 b); *Lutter* ZHR 166 (2002), 523, 542; in diese Richtung auch *Buchta* DStR 2003, 694, 695.

börsennotierten Unternehmen und nicht-notierten Unternehmen unterscheidet, das Merkmal der Börsennotierung aber gerade das Unterscheidungskriterium nach § 161 AktG darstelle[1027]. Denn die zu beachtende Sorgfalt ist nicht bei allen Unternehmen gleich, Inhalt und Umfang der Sorgfaltspflicht hängen vielmehr von der Art des Geschäftes, der Größe des betroffenen Unternehmens und seiner jeweiligen konkreten Situation ab[1028]. Daher kann die Tatsache der Börennotierung durchaus dazu führen, dass an die zu beachtenden Sorgfaltspflichten andere und gerade auch strengere Maßstäbe anzulegen sind als bei anderen, nicht-notierten Aktiengesellschaften. Entsprechend wird vertreten, eine Abweichung vom Kodex sei ein Indiz für eine Sorgfaltswidrigkeit nach § 93 Abs. 1 Satz 1 AktG[1029]. An anderer Stelle wird allerdings gesagt, dass den Organen ein breites Entscheidungsermessen zukomme, dessen Ausübung nur bei schlichter Unvertretbarkeit pflichtwidrig und damit haftungsbegründend sei[1030]. Wegen dieses breiten unternehmerischen Ermessens wird daher auch vertreten, in der Offenlegung der Nichtbefolgung von Empfehlungen des Kodex könne man sogar ein Indiz dafür sehen, dass den Organmitgliedern bei schadensträchtigem Verhalten kein Vorwurf daraus gemacht werden könne, auch wenn mit der Offenlegung kein Freibrief verbunden sei[1031]. Weitgehen einig ist man sich jedenfalls, dass hinsichtlich jeder Empfehlung eine Einzelfallprüfung vorzunehmen ist[1032]. Insofern ergibt sich eine gewisse Ähnlichkeit mit DIN-Normen, FIS-Regeln des Skiverbandes oder mit den Richtlinien der Spitzenverbände des Bankgewerbes. Auf diese greift die Rechtsprechung häufig zur Konkretisierung von Verkehrssicherungspflichten oder Sorgfaltspflichten zurück[1033]. Zwar ist im Gegensatz zu den DIN-Normen oder FIS-Regeln der Kodex aber kein Mindeststandard, sondern auf Abweichungen angelegt[1034]. Nach dem Willen seiner Verfasser soll der Kodex einen hohen, fortschrittlichen Stand von Corporate-Governance-Regeln beinhalten, und dies ist wohl auch gelungen. Was

---

1027 So aber *Claussen/Bröcker* DB 2002, 1199, 1201, Fußnote 18.

1028 GroßKommAktG/*Hopt* § 93 Rn. 78; *Berg/Stöcker* WM 2002, 1569, 1575.

1029 *Lutter/Krieger* Rechte und Pflichten, Rn. 832; *Ettinger/Grützediek* AG 2003, 353, 355; *Lutter* ZHR 166 (2002), 523, 542; kritischer aber *Austmann* Gesellschaftsrechtliche Kautelarpraxis, RWS S. 28.

1030 *Lutter* ZHR 166 (2002), 523, 542 f.

1031 *Ulmer* ZHR 166 (2002), 150, 167.

1032 *Berg/Stöcker* WM 2002, 1569, 1576; *Lutter* ZHR 166 (2002) 523, 542; *Ulmer* ZHR 166 (2002), 150, 167.

1033 *Berg/Stöcker* WM 2002, 1569, 1576; *Ulmer* ZHR 166 (2002), 150, 166 f.; vgl. auch die Befürchtungen in der Stellungnahme des Handelsrechtsausschusses des *DAV*, abgedruckt in NZG 2002, 115 ff.; ähnlich *Wilsing* FAZ vom 9.3.2002, S. 21: „Die zu [§§ 93, 116 AktG] vorhandene reiche Kasuistik belegt, dass die Gerichte in Haftunsprozessen gezwungen sind, auf alle möglichen Wertungen zurückzugreifen, um die Generalklauseln auszufüllen und auf den konkreten Fall anzuwenden."; allgemein dazu MünchKommBGB/*Hanau* (3. Auflage) § 276 Rn. 93; Palandt/*Heinrichs* § 276 BGB Rn. 18 m.w.N.: Der Richter ist weder an die Normierung gebunden, noch von eigener Prüfung und Bewertung befreit.

1034 *Berg/Stöcker* WM 2002, 1569, 1576 f.

fortschrittlich ist, muss aber nicht immer auch die Sorgfalt eines ordentlichen und gewissenhaften Geschäftsleiters sein. Ordentlichkeit und Gewissenhaftigkeit der Geschäftsleitung können auch ohne Beachtung fortschrittlicher Regeln gegeben sein. Daher ist eine Einzelfallprüfung jeder einzelnen Kodex-Empfehlung zwingend, eine ungeprüfte Annahme, die in Empfehlungen beschriebene Verhaltensweisen entsprächen immer der Sorgfaltspflicht im Sinne von § 93 Abs. 1 und Abs. 2 AktG, wäre rechtlich fehlerhaft[1035]. Enthält eine Empfehlung des Kodex Verhaltensweisen, die die allgemeine Sorgfaltspflichten beschreiben, dann ist ihre Verletzung unabhängig von der Offenlegung nach § 161 AktG eine Pflichtverletzung nach § 93 Abs. 1 Satz 1 AktG. Das liegt dann aber im Prinzip nicht am Kodex und an einer erfolgten oder nicht erfolgten Offenlegung, sondern daran, dass diese Verhaltensweisen unabhängig von ihrer Aufnahme in den Kodex allgemeine Sorgfaltspflichten darstellen[1036]. Nicht ihre Erwähnung im Kodex macht bestimmte Verhaltensregeln zum Teil der allgemeinen Sorgfaltspflicht. Ob ein Verhalten als Teil der allgemeinen Sorgfaltspflicht zu bewerten ist, bestimmt sich grundsätzlich unabhängig vom Kodex, auch wenn dem Kodex eine gewisse Indizwirkung zukommt. Darüber hinaus kann der Kodex beschleunigend wirken. Denn eine weitgehend anerkannte Empfehlung kann eher Teil der allgemeinen Sorgfaltspflicht werden als eine weitgehend abgelehnte Empfehlung. Über die Umsetzung in der Unternehmenspraxis kann der Kodex dann aber mittelbare Auswirkungen auf die Bestimmung des Inhalts des § 93 Abs. 1 Satz 1 AktG haben[1037]. Denn eine allgemein anerkannte Empfehlung dürfte auch immer die Sorgfalt eines ordentlichen und gewissenhaften Geschäftsleiters nach § 93 Abs. 1 und 2 AktG sein. Ob eine Empfehlung allgemein anerkannt ist, zeigt unmittelbar ausschließlich die Unternehmenspraxis, nicht der Kodex. Hierbei kann § 161 AktG insofern hilfreich sein, als dass die Entsprechenserklärung anderer Unternehmen Aufschluss darüber geben, ob die in der betreffenden Empfehlung angegebene Verhaltensweise tatsächlich allgemein üblich ist. Erklären nahezu alle Unternehmen in ihrer Entsprechenserklärung, eine Kodex-Empfehlung zu befolgen, so entfällt die Notwendigkeit der Anfertigung umfangreicher Gutachten über die Frage, ob eine Verhaltensweise allgemein anerkannt ist – ausreichend ist ein Blick in die abgegebenen Entsprechenserklärungen.

Im Ergebnis ist festzuhalten, dass bei einer offengelegten Abweichung vom Kodex grundsätzlich keine Pflichtverletzung des Vorstands nach § 93 Abs. 2 AktG bzw. des Aufsichtsrats nach §§ 93 Abs. 2, § 116 AktG vorliegt und damit eine Haftung ausscheidet. Anders ist dies dann, wenn eine Empfehlung, von der abgewichen wird, gleichzeitig die Beschreibung einer allgemeinen

---

1035 So aber *Pielorz* Metzeler, S. 167, 174 „DER DCGK definiert die Sorgfaltspflichten"; wie hier *Austmann* Gesellschaftsrechtliche Kautelarpraxis, RWS, S. 27.

1036 So auch MünchKommAktG/*Semler* § 161 Rn. 192

1037 In diese Richtung auch *Hopt* in: Hommelhoff u. a. (Hrsg.) Corporate Governance, S. 27, 52.

Sorgfaltspflicht nach § 93 Abs. 1 Satz 1 AktG ist. Eine Pflichtverletzung ist dann aber deshalb gegeben, weil gegen die allgemeine Sorgfaltspflicht verstoßen wurde, und nicht nur deshalb, weil gegen eine Empfehlung des Kodex verstoßen wurde; dem Kodex kommt insofern nur eine Indizwirkung zu

(4) Abweichung von den Anregungen des Kodex und vom informatorischen Teil des Kodex, soweit dieser gesetzesinterpretierend ist

Bezüglich der Anregungen des Kodex ist nach § 161 AktG keine Entsprechenserklärung abzugeben. Gleiches gilt für diejenigen Regelungen, die zwar als informatorische Wiedergabe geltenden Gesetzesrechts gekennzeichnet sind, aber tatsächlich die Rechtslage interpretieren[1038]. Inwieweit diese Regelungen Teil der allgemeinen Sorgfaltspflicht nach § 93 Abs. 1 Satz 1 AktG sind und ein Verstoß hiergegen zu einer zivilrechtlichen Haftung von Vorstands- und Aufsichtsratsmitgliedern führt, bestimmt sich wie bei offengelegten Abweichungen von den Empfehlungen des Kodex nach den allgemeinen Regeln[1039]. Der Kodex selbst hat nur eine Indizfunktion. Diese ist bei gesetzesinterpretierenden Regeln des informatorischen Teils dabei größer als bei den Anregungen. Denn gerade die Aufnahme eines Verhaltens nur als Anregung und nicht als Empfehlung spricht dafür, dass dieses Verhalten zumindest nach Ansicht der Mitglieder der Kodex-Kommission noch weniger als eine Empfehlung Teil der allgemeinen Sorgfaltspflicht ist[1040]. Dagegen spricht die Aufnahme einer Regelung in den informatorischen Teil des Kodex dafür, dass eine Abweichung hiervon von der Kodex-Kommission als Verstoß gegen geltendes Gesetzesrecht und damit auch der einzuhaltenden Sorgfalt angesehen wird.

c) Verschulden

Weitere Voraussetzung einer Haftung nach § 93 Abs. 2 AktG ist das Verschulden des betreffenden Organmitglieds. Es folgt aus § 93 Abs. 1 Satz 1 AktG, der nach allgemeiner Meinung mit der Sorgfaltspflicht (auch) den Verschuldensmaßstab umschreibt[1041]. In der Person des Anspruchsgegners muss zumindest eine leicht fahrlässige Verletzung der Sorgfaltspflicht vorliegen[1042]. Eine Zurechnung von Fremdverschulden über § 278 BGB oder § 831 BGB findet nicht statt, denn Geschäftsherr ist die Aktiengesellschaft, nicht das einzelne Vorstands- oder Aufsichtsratsmitglied[1043]. Allerdings kommt dem

1038 Dazu oben Kapitel 2 F.III.1. (Seite 61 f.).
1039 Anders aber *Pielorz* FS Metzeler, S. 167, 179, der bei einer Abweichungen von Anregungen keine Möglichkeit rechtlicher Konsequenzen sieht.
1040 Allerdings kann der Kodex auch hier beschleunigend für die Begründung einer allgemeinen Sorgfaltspflicht wirken. Denn eine weitgehend anerkannte Anregung kann eher Teil der allgemeinen Sorgfaltspflicht werden als eine Anregung, die von den Unternehmen weitgehend abgelehnt wird.
1041 GroßKommAktG/*Hopt* § 93 Rn. 252; *Hüffer* AktG, § 93 Rn. 3.
1042 GroßKommAktG/*Hopt* § 93 Rn. 253.
1043 *Hüffer* AktG, § 93 Rn. 14; *Wellkamp* Vorstand, Aufsichtsrat und Aktionär, Rn. 699.

Verschuldenskriterium neben der Pflichtverletzung regelmäßig keine große praktische Bedeutung zu, die Frage der Haftung entscheidet sich danach, ob in dem betreffenden Verhalten eine Pflichtverletzung zu sehen ist[1044].

Für das Verschulden eines Vorstandsmitglieds reicht jede Abweichung von derjenigen Sorgfalt, die von einem ordentlichen und gewissenhaften Geschäftsleiter in der konkreten Situation erwartet werden muss. Der Verschuldensmaßstab ist normativer Natur. Er orientiert sich nicht an den Kenntnissen und Fähigkeiten des konkret betroffenen Unternehmensleiters, sondern an den individuellen Anforderungen der Aufgabe, die das Vorstandsmitglied wahrnimmt[1045], nämlich die Aufgabe als treuhänderischer Verwalter der Vermögensinteressen der Gesellschaft[1046]. Das heißt auch, dass das Vorstandsmitglied bei Rechtsunsicherheit und Änderungen der Rechtslage immer sachkundigen Rat einzuholen hat[1047]. Auf diesen darf es sich dann allerdings verlassen[1048], wobei teilweise vertreten wird, bei Erteilung (und Befolgung) eines unrichtigen Rates fehle es in der Regel schon an einer Pflichtwidrigkeit[1049]. Die Ausnahme, dass die Einholung fachkundigen Rats nicht möglich ist, weil eine plötzlich auftretende Situation sofortiges Handeln verlangt[1050], wird im konkreten Fall der Abgabe der Entsprechenserklärung und der damit zusammenhängenden Pflichten kaum vorkommen, da zumindest seit Inkrafttreten des TransPuG bekannt ist, welche Pflichten auf den Vorstand zukommen, so dass es ihm seither möglich war, Vorbereitung und Planung zur Abgabe der Erklärung zu treffen. Dies wird auch gelten, wenn ein überarbeiteter Kodex erscheint, denn auch dann liegt keine plötzlich auftretende Situation vor, die sofortiges Handeln verlangt. Vielmehr kann mit der Berücksichtigung des Kodex regelmäßig bis zur nächsten turnusgemäßen Abgabe der Entsprechenserklärung gewartet werden[1051].

Hinsichtlich der Aufsichtsratsmitglieder gilt, dass die Leitfigur des in § 93 Abs. 1 Satz 1 AktG beschriebenen ordentlichen Geschäftsleiters gegen die des ordentlichen Aufsichtsratsmitglieds auszutauschen ist, so dass die Überwachungsfunktion in den Vordergrund tritt[1052]. Der Verschuldensmaßstab gilt für alle Mitglieder des Aufsichtsrats in gleichem Maße, auch für diejenigen der Arbeitnehmerseite[1053]. Soweit bei den Mitgliedern des Aufsichtsrats Einschränkungen gemacht werden[1054], greifen sie im hier interessierenden Bereich nicht durch, da es bei der Abgabe der Entsprechenserklärung nicht auf

1044 GroßKommAktG/*Hopt* § 93 Rn. 255.
1045 KölnKommAktG/*Mertens* § 93 Rn. 98.
1046 KölnKommAktG/*Mertens* § 93 Rn. 6; *Thümmel* Haftung, Rn. 161 jew. m.w.N.
1047 GroßKommAktG/*Hopt* § 93 Rn. 255; KölnKommAktG/*Mertens* § 93 Rn. 99.
1048 OLG Stuttgart NZG 1998, 232.
1049 GroßKommAktG/*Hopt* § 93 Fußnote 873.
1050 Dazu GroßKommAktG/*Hopt* § 93 Rn. 255; KölnKommAktG/*Mertens* § 93 Rn. 99.
1051 Dazu oben Kapitel 3 C.II.2. (Seite 87 f.).
1052 *Wellkamp* Vorstand, Aufsichtsrat und Aktionär, Rn. 829.
1053 *Hoffmann-Becking* in: Münch. Hdb. GesR IV, § 33 Rn. 46.
1054 *Thümmel* Haftung, Rn. 237 f.; *Wellkamp* Vorstand, Aufsichtsrat und Aktionär, Rn. 830.

besondere Fachkenntnisse ankommt, die eine Ausnahme rechtfertigen würden, sondern nur auf diejenigen Mindestanforderungen, die jedes Aufsichtsratsmitglied mitzubringen hat[1055].

Ist also eine Pflichtverletzung im Zusammenhang mit der Abgabe der Entsprechenserklärung bejaht worden, wird regelmäßig auch ein Verschulden gegeben sein.

d) Schaden

Weiterhin muss ein Schaden der Gesellschaft vorliegen, der kausal auf der schuldhaften Pflichtverletzung beruht. Während einige Autoren bei ihren Ausführungen zur Frage der Innenhaftung nach § 93 Abs. 2 AktG überhaupt nicht auf das Problem der Bestimmung des kausal durch die Pflichtverletzung verursachten Schadens eingehen[1056], konstatieren andere zumindest, dass Probleme bei der Nachweisbarkeit und Bezifferbarkeit von Schäden[1057] auftreten. Der substantiierte Nachweis der Kausalität ist schwierig, da jede zu prüfende Maßnahme der Verwaltung in einem komplexen wirtschaftlichen Gesamtzusammenhang steht[1058].

Für die Bestimmung eines Schadens gelten die §§ 249 ff. BGB, so dass ein Schaden vorliegt, wenn eine Minderung des Gesellschaftsvermögens eingetreten ist, ohne dass dieses durch einen damit im Zusammenhang stehenden Vermögenszuwachs zumindest ausgeglichen wurde[1059]. Teilweise wird ein eingeschränkter Schadensbegriff vertreten, nach dem nur eine dem Unternehmenszweck widersprechende Vermögensbeeinträchtigung einen Schaden darstellt[1060]. Damit sollen unter anderem Aufwendungen für soziale, politische und kulturelle Zwecke keinen Vermögensschaden darstellen, soweit sie sich im Rahmen pflichtgemäßen Leitungsermessens bewegen[1061]. Diese Probleme stellen sich allerdings bei der Frage nach dem Schaden bei pflichtwidrigem Verhalten im Zusammenhang mit der Abgabe der Entsprechenserklärung nicht, so dass ein Ergebnis unabhängig von dem dargestellten Meinungsstreit gefunden werden kann.

Zur Feststellung eines Schadens ist die reale Vermögenslage der Gesellschaft mit der hypothetischen Vermögenslage der Gesellschaft, wenn die

---

1055 Vgl. dazu *Thümmel* Haftung, Rn. 238; *Hoffmann-Becking* in: Münch. Hdb. GesR IV, § 33 Rn. 46.

1056 *Lutter* ZHR 166 (2002), 523 ff.; *Ulmer* ZHR 166 (2002), 150 ff.; *Berg/Stöcker* WM 2002, 1569, 1577 nur in Fußnote 133.

1057 *Ettinger/Grützediek* AG 2003, 353, 362; *Kollmann* WM-Sonderbeilage 1/2003, S. 15; *Pielorz* FS Metzeler, S. 167, 179; *Schüppen* ZIP 2002, 1269, 1272 f.

1058 *Wellkamp* Vorstand Aufsichtsrat und Aktionär, Rn. 701.

1059 GroßKommAktG/*Hopt* § 93 Rn. 261; *Hüffer* AktG, § 93 Rn. 15; *Thümmel* Haftung, Rn. 163.

1060 KölnKommAktG/*Mertens* § 93 Rn. 23; *Wiesner* in: Münch. Hdb. GesR IV, § 26 Rn. 6; *Wellkamp* Vorstand, Aufsichtsrat und Aktionär, Rn. 704.

1061 KölnKommAktG/*Mertens* § 93 Rn. 23; dazu auch GroßKommAktG/*Hopt* § 93 Rn. 262; unter primär strafrechtlichen Aspekten BGH NJW 2002, 1585.

pflichtwidrige Handlung nicht vorgenommen worden wäre, zu vergleichen[1062]. Die Vermögenslage der Aktionäre ist hingegen unerheblich[1063]. Daher ist auch ein Kurseinbruch der Aktie allein nicht ausreichend, da sich hierdurch das Gesellschaftsvermögen als solches nicht mindert[1064], sondern nur dann, wenn im unmittelbaren Zusammenhang mit dem Kurseinbruch eine Vermögensbeeinträchtigung zu Lasten der Gesellschaft vorliegt. Machen allerdings die Aktionäre gegenüber der Gesellschaft einen Schadensersatz wegen der Abgabe einer falschen Entsprechenserklärung oder anderer Verstößen gegen die Pflichten aus §§ 161 AktG, 285 Nr. 16, 314 Abs. 1 Nr. 8, 325 Abs. 1 und 2 HGB geltend[1065], kann die Gesellschaft ihrerseits die Organmitglieder in Regress nehmen, denn in diesem Fall ist der den Aktionären zu zahlende Schadensersatz gleichzeitig ein Schaden der Gesellschaft. Daher kann ein Kurseinbruch zumindest mittelbar auch einen Schaden der Gesellschaft darstellen.

Schäden der Gesellschaft sind darüber hinaus vor allem im Zusammenhang mit Kapitalbeschaffungsmaßnahmen denkbar[1066], wobei als Schaden auch entgangene Vorteile geltend gemacht werden können, die der Gesellschaft bei pflichtgemäßem Handeln zugeflossen wären[1067]. Bei der Beschaffung neuen Eigenkapitals spielt die Kapitalerhöhung eine entscheidende Rolle, da hier von außen neues Kapital zugeführt wird. Schäden sind dann möglich, wenn die nach § 182 Abs. 1 Satz 4 AktG zwingend auszugebenden neuen Aktien zu einem niedrigeren Preis ausgegeben werden müssen, der Mittelzufluss an die Gesellschaft also geringer ausfällt als ohne Vorliegen einer vorangegangenen Pflichtverletzung. In diesem Fall ist allerdings die Bestimmung der Höhe des eingetretenen Schadens, also des kausal aus der Pflichtverletzung folgenden Schadens, das eigentliche Problem[1068]. Schäden können auch vorliegen, wenn eine Kapitalerhöhung verschoben werden muss, weil der Ruf der Gesellschaft durch die infragestehene Pflichtverletzung zu sehr beeinträchtigt ist. Dann müssen die Vorstandsmitglieder den durch die Verschiebung entstehenden Schaden ersetzen, der auch in einem niedrigeren Ausgabekurs für die Aktien

---

1062 GroßKommAktG/*Hopt* § 93 Rn. 264; KölnKommAktG/*Mertens* § 93 Rn. 24; *Thümmel* Haftung, Rn. 163.

1063 GroßKomm/*Hopt* § 93 Rn. 265; KölnKommAktG/*Mertens* § 93 Rn. 24.

1064 *Berg/Stöcker* WM 2002, 1569, 1577 Fußnote 133; *Kollmann* WM-Sonderbeilage 1/2003, S. 15; *Seibt* AG 2002, 249, 255; anders aber wohl *Steinkühler* Bedeutung von Unternehmensgrundsätzen, S. 168; vgl. zur Kritik hieran auch *Hirte* in: Hirte (Hrsg.) TransPuG, Kap. 1 Rn. 43.

1065 Ausführlich zu dieser Möglichkeit unten B. (Seite 268 ff.).

1066 MünchKommAktG/*Semler* § 161 Rn. 190; *Hirte* in: Hirte (Hrsg.) TransPuG, Kap. 1 Rn. 43; *Austmann* Gesellschaftsrechtliche Kautelarpraxis, RWS, S. 31 f.; *Ettinger/Grützediek* AG 2003, 353, 362; *Kiethe* NZG 2003, 559, 564; *Seibt* AG 2002, 249, 255; ebenso *Rümker* BB 1972, 1208, 1211 zu Verstößen gegen die Insiderhandels-Richtlinien über „Refinanzierungsmaßnahmen".

1067 *Wiesner* in: Münch. Hdb. GesR IV, § 26 Rn. 6.

1068 Vgl. dazu im Zusammenhang mit der Haftung gegenüber den Aktionären unten II.2. (Seite 259 ff.).

wegen Verschlechterung der allgemeinen Börsensituation liegen kann[1069]. Neben diesen Schäden in Form von entgangenen Vorteilen sind auch Schäden zu ersetzen, die nur als Nachteil der Gesellschaft aufzufassen sind, etwa vergeblich aufgewendete Vorbereitungskosten bei Verschiebung des Börsengangs auf unbestimmte Zeit, oder Verluste infolge ausgebliebener Investition mangels anderweitiger Finanzierungsmöglichkeiten[1070], wenn diese Verschiebung kausal von der Pflichtverletzung hervorgerufen wurde.

Auch bei Beschaffung von Fremdkapital ist ein Schaden denkbar, etwa wenn von den Banken für den Fall, dass die Empfehlungen des Kodex nicht eingehalten werden, ein höherer Kreditzins gefordert wird. Außerdem fallen unter den adäquat verursachten Schaden auch die bei der Klage der Gesellschaft entstehenden Gerichts- und Anwaltskosten etwa für den Fall, dass ein erteilter Entlastungsbeschluss erfolgreich angefochten wird.

Schließlich ist zu unterscheiden zwischen der Nichteinhaltung einer Empfehlungen, die gesellschaftsintern konkretisiert worden ist und der Nichteinhaltung einer Empfehlung, deren Einhaltung ausschließlich in der Entsprechenserklärung angekündigt wurde. In beiden Fällen liegt eine Pflichtverletzung vor. Im ersten Fall liegt die Pflichtverletzung allerdings bereits in der Verletzung der gesellschaftsinternen Umsetzungsvorschrift. Ist aber der Inhalt einer Empfehlung nicht gesellschaftsintern konkretisiert worden, hätte die Entsprechenserklärung auch anders abgegeben werden können. Zwar ist mit der Abgabe der Entsprechenserklärung die Pflicht verbunden, sich an die selbst abgegebene Erklärung zu halten. Aber Vorstand und Aufsichtsrat können die Entsprechenserklärung jederzeit ändern, ohne dass hierin eine Pflichtverletzung läge[1071]. Hier könnte dann die Rechtsfigur des rechtmäßigen Alternativverhalten zum Zuge kommen. Dabei muss das pflichtwidrige Verhalten – Änderung der Unternehmenspraxis ohne vorherige Änderung der Entsprechenserklärung – durch ein pflichtgemäßes Verhalten – Änderung der Erklärung vor der Umsetzung einer abweichenden Unternehmenspraxis – ersetzt werden. Wäre der Schaden auch dann eingetreten, liegt ein Fall des rechtmäßigen Alternativverhaltens vor[1072]. Möglicherweise wäre bei dem pflichtgemäßen Verhalten der Schaden allerdings geringer ausgefallen. Denn die Entsprechenserklärung soll vor allem das Vertrauen des Kapitalmarktes in das Unternehmen stärken, und auch ein Vertrauensverlust kann zu den skizzierten Schäden führen. In der Höhe, in der bei pflichtgemäßem Verhalten der Unternehmensverwaltung ein Schaden ebenfalls eingetreten wäre, ist daher das betreffende Organ nicht ersatzpflichtig. Ein darüber hinausgehender Schaden ist hingegen zu ersetzen. Da nach den allgemeinen Grundsätzen des Rechtsinstituts des rechtmäßigen Alternativverhaltens der sichere Nachweis erbracht werden

---

[1069] *Rümker* BB 1972, 1208, 1211 zu Verstößen gegen die Insiderhandels-Richtlinien.
[1070] So *Rümker* BB 1972, 1208, 1211 zu Verstößen gegen die Insiderhandels-Richtlinien.
[1071] Vgl. dazu oben Kapitel 3 C.IV.2b) (Seite 96 ff.).
[1072] Vgl. dazu GroßKommAktG/*Hopt* § 93 Rn. 268.

muss, dass der Schaden auf jeden Fall eingetreten wäre[1073], gehen Ungewissheiten hierüber zu Lasten des betreffenden Organmitglieds.

e) Darlegungs- und Beweislast, § 93 Abs. 2 Satz 2 AktG

Nach § 93 Abs. 2 Satz 2 AktG trifft die Vorstandsmitglieder die Beweislast, ob sie die Sorgfalt eines ordentlichen und gewissenhaften Geschäftsleiters angewandt haben, wenn dies streitig ist[1074]. Gleiches gilt über § 116 AktG für die Mitglieder des Aufsichtsrats. Damit wird den Mitgliedern der Verwaltung nach ganz herrschender Meinung die Beweislast sowohl für fehlende Pflichtwidrigkeit als auch für fehlendes Verschulden auferlegt, denn dieses wird vermutet[1075]. Die Gesellschaft muss daher nur den Eintritt und die Höhe des Schadens beweisen, außerdem die Handlung des Organmitglieds[1076] sowie die Kausalität zwischen Handlung und Schaden[1077]. Da aber wegen der oben genannten Probleme vor allem die Kausalität bei der Frage des Eingreifens von § 93 Abs. 2 Satz 1 AktG von Bedeutung ist, hilft die Beweiserleichterung nach § 93 Abs. 2 Satz 2 AktG der Gesellschaft nicht weiter.

f) Geltendmachung

Für die gerichtliche Geltendmachung eines Schadensersatzanspruchs nach § 93 Abs. 2 Satz 1 AktG sind die allgemeinen Regeln einschlägig: Für Ansprüche der Gesellschaft gegenüber dem Vorstand ist der Aufsichtsrat vertretungsbefugt nach § 112 AktG. Er muss diese Ansprüche sogar geltend machen, wenn sie bestehen und voraussichtlich durchsetzbar sind, ein Ermessen kommt ihm dann also regelmäßig nicht mehr zu[1078]. Die Geltendmachung von Schadensersatzansprüchen der Gesellschaft gegen den Aufsichtsrat obliegt nach § 78 Abs. 1 AktG dem Vorstand.

Weiterhin bietet § 147 Abs. 1 AktG auch einer Minderheit von zumindest zehn Prozent des Grundkapitals die Möglichkeit, eine Geltendmachung durch die dafür jeweils vertretungsbefugten Organe zu erzwingen. § 147 Abs. 2 AktG

1073 GroßKommAktG/*Hopt* § 93 Rn. 268; KölnKommAktG/*Mertens* § 93 Rn. 23.

1074 *Seibt* AG 2002, 249, 251 und ihm folgend *Schüppen* ZIP 2002, 1269, 1271, vertreten die Meinung, dass die *Beachtung* des Kodex eine Art *safe harbour* sei und es damit zu einer Umkehrung der Beweislastregel des § 93 Abs. 2 Satz 2 AktG zu Gunsten der Verwaltungsmitglieder komme. Dagegen aber MünchKommAktG/*Semler* § 161 Rn. 37; *Ettinger/Grützediek* AG 2003, 353, 355. Diese Frage kann in der vorliegenden Untersuchung aber dahinstehen, da es hier nur um die Frage geht, was bei *Nicht*beachtung des Kodex geschieht.

1075 *Hüffer* AktG, § 93 Rn. 16; *Thümmel* Haftung, Rn. 167 f.; *Wellkamp* Vorstand Aufsichtsrat und Aktionär, Rn. 700; GroßKommAktG/*Hopt* § 93 Rn. 285 f., dort auch zur Gegenmeinung, nach der nur das Verschulden durch § 93 Abs. 2 Satz 2 AktG erfasst wird.

1076 Kritisch, aber im vorliegenden Fall nicht einschlägig, zur Beweislast hinsichtlich des Verhaltens GroßKommAktG/*Hopt* § 93 Rn. 283 f.

1077 *Hüffer* AktG, § 93 Rn. 16; *Thümmel* Haftung, Rn. 168; *Wellkamp* Vorstand Aufsichtsrat und Aktionär, Rn. 701; explizit zur Kausalität GroßKommAktG/*Hopt* § 93 Rn. 289.

1078 BGH NJW 1997, 1926 („ARAG/Garmenbeck"); ebenso *Lutter/Krieger* Rechte und Pflichten, Rn. 423; *Thümmel* Haftung, Rn. 174; kritisch *Hüffer* AktG, § 111 Rn. 4b.

ermöglicht darüber hinaus die Bestellung besonderer Vertreter durch die Hauptversammlung (Satz 1) oder das Gericht (Satz 2) zur Geltendmachung der Ersatzansprüche. Diese verdrängen im Rahmen ihres Aufgabenkreises Vorstand oder Aufsichtsrat[1079]. § 147 AktG sperrt damit allerdings zugleich die Möglichkeit der actio pro socio[1080], was auch der Umkehrschluss zu § 93 Abs. 5 AktG zeigt und nochmals dadurch bestätigt wird, dass dieses Problem vor der Novellierung des § 147 AktG diskutiert wurde, den Gesetzgeber aber trotz dieser Kenntnis nicht zu einer größeren Änderung des § 147 AktG geführt hat[1081].

Unter den Voraussetzungen des § 93 Abs. 5 AktG können schließlich auch die Gläubiger der Gesellschaft deren Ersatzansprüche geltend machen[1082].

2. § 117 Abs. 1 Satz 1 AktG

Einen weiteren Schadensersatzanspruch der Gesellschaft beeinhaltet § 117 Abs. 1 Satz 1 AktG. Dieser richtet sich gegen denjenigen, der

> „(...) vorsätzlich unter Benutzung seines Einflusses auf die Gesellschaft ein Mitglied des Vorstands oder des Aufsichtsrats, einen Prokuristen oder einen Handlungsbevollmächtigten dazu bestimmt, zum Schaden der Gesellschaft oder ihrer Aktionäre zu handeln."

Dabei kann der Einflussnehmer auch ein Verwaltungsmitglied der geschädigten Gesellschaft selbst sein[1083]. Allerdings sind hier die Haftungsvoraussetzungen wegen des von § 117 Abs. 1 Satz 1 AktG geforderten Vorsatzes deutlich höher als bei § 93 Abs. 2 AktG. Darüber hinaus ist eine Haftung der Verwaltungsmitglieder auch nach § 117 Abs. 2 Satz 1 AktG möglich, wenn sie nicht Einflussnehmer sind, aber aufgrund der vorsätzlichen Einflussnahme pflichtwidrig gehandelt haben. In diesem Fall haften sie – gesamtschuldnerisch mit dem Einflussnehmer – sogar wieder für jedes Verschulden, nicht nur für Vorsatz[1084]. Wie der Verweis auf die Pflichtverletzung in § 117 AktG zeigt, müssen zusätzlich die Voraussetzungen der §§ 93, 116 AktG erfüllt sein[1085]. Daher kommt im Zusammenhang mit der Haftung der Verwaltungsmitglieder dem § 117 AktG neben § 93, 116 AktG vor allem Bedeutung für die Haftung unmittelbar gegenüber den Aktionären zu[1086].

Bei der Abgabe der Entsprechenserklärung und den damit zusammenhängenden Pflichten aus dem HGB ist eine Haftung der Mitglieder

---

1079 *Hüffer* AktG, § 147 Rn. 6; *Lutter/Krieger* Rechte und Pflichten, Rn. 421, Fußnote 5.
1080 *Hüffer* AktG, § 147 Rn. 5; *Reichert/Weller* ZRP 2002, 49, 52; *Semler* in: Münch. Hdb. GesR IV, § 42 Rn. 20.
1081 *Bayer* NJW 2000, 2609, 2613 m.w.N. in Fußnote 64 zur vorangegangenen Diskussion; zur geplanten Reform des § 147 AktG vgl. *Kiethe* ZIP 2003, 707.
1082 Vgl. dazu GroßKommAktG/*Hopt* § 93 Rn. 392 ff.
1083 KölnKommAktG/*Mertens* § 117 Rn. 13.
1084 KölnKommAktG/*Mertens* § 117 Rn. 24.
1085 *Hüffer* AktG, § 117 Rn. 10.
1086 KölnKommAktG/*Mertens* § 117 Rn. 13 m.w.N.; dazu noch sogleich unten II.

von Vorstand und Aufsichtsrat nach § 117 AktG zwar grundsätzlich denkbar. Wegen der enorm hohen Anforderungen des § 117 AktG – vorsätzliche Ausnutzung des Einflusses zum Schaden der Aktionäre oder der Gesellschaft – wird eine solche Haftung aber nur in extremen Ausnahmefällen tatsächlich vorliegen.

II. Außenhaftung

Bei Verstößen gegen § 161 AktG und die Pflichten nach §§ 285 Nr. 16, 314 Abs. 1 Nr. 8, 325 Abs. 1 und 2 HGB ist auch eine Außenhaftung von Vorstand und Aufsichtsrat gegenüber den Aktionären bzw. Anlegern der Gesellschaft denkbar. Anders als bei der Frage der Innenhaftung ist allerdings bereits äußerst problematisch, welche Anspruchsgrundlage hierfür zu wählen ist (1.). Ist eine Anspruchsgrundlage gefunden, stellt sich als weiteres großes Problem regelmäßig die Frage, welcher Schaden ersatzfähig ist und vor allem, wie die Schadenshöhe festzustellen ist (2.).

1. Mögliche Anspruchsgrundlagen

Für eine Außenhaftung der Mitglieder von Vorstand und Aufsichtsrat kommen aktienrechtliche Regelungen nur in Ausnahmefällen in Betracht (a)). Mangels direkter vertraglicher Beziehungen zwischen den Aktionären und den Verwaltungsorganen sind allgemeine deliktische Anspruchsgrundlagen regelmäßig die einzige Möglichkeit, eine Außenhaftung zu erreichen (b)). Hier spielt vor allem § 823 Abs. 2 BGB eine große Rolle, wobei in erster Linie fraglich ist, welche Normen als Schutzgesetz für die Aktionäre oder Anleger in diesem Sinne anzusehen sind. Als wichtigster Aspekt stellt sich die Frage, ob über die Anspruchsgrundlagen, die unter dem Begriff der Prospekthaftung zusammengefasst werden, eine Haftung der Verwaltungsorgane gegenüber den Aktionären und Anlegern begründet werden kann (c)).

Von vornherein scheidet dagegen eine Haftung von Mitgliedern von Vorstand und Aufsichtsrat unmittelbar nach dem Wertpapierhandelsgesetz aus. Zwar kann die Änderung der Entsprechenserklärung in Ausnahmefällen zu einer Ad-hoc-Mitteilungspflicht führen[1087]. Die Haftung hierfür aus dem Wertpapierhandelsrecht richtet sich dann aber nach §§ 37b und 37c WpHG. Beide Normen ordnen nur die Haftung des Emittenten an[1088]. Eine persönliche Haftung der Verwaltungsorgane ist – entgegen den Vorschlägen der Regierungskommission Corporate Governance[1089] – gesetzlich nicht vorgesehen.

1087 S. oben Kapitel 3 D.VII. (Seite 116 ff.).
1088 Dazu unten B. (Seite 268 ff.).
1089 *Baums* (Hrsg.) Bericht RegKomm, Rn. 186 f.

a) *Aktienrechtliche Anspruchsgrundlagen*

Bei Anspruchsgrundlagen aus dem Aktienrecht ist an §§ 93 Abs. 2 AktG, ggf. in Verbindung mit § 116 AktG sowie an eine Haftung nach § 117 AktG zu denken.

aa) *§ 93 Abs. 2 AktG*

Nach allgemeiner Meinung haften die Vorstandsmitglieder aus § 93 AktG nur gegenüber der Gesellschaft, nicht auch gegenüber den Aktionären[1090]. Gleiches gilt für Aufsichtsratmitglieder aus §§ 93 Abs. 2, 116 AktG. Die gegenteilige Auffassung wäre weder über den Wortlaut noch über die systematische Stellung zu begründen; außerdem wäre § 147 AktG überflüssig, wenn jeder Aktionär selbst gegen die Vorstands- oder Aufsichtsratsmitglieder vorgehen könnte[1091]. Eine Außenhaftung lässt sich über § 93 Abs. 2 AktG, für Mitglieder des Aufsichtsrats in Verbindung mit § 116 AktG, also nicht begründen.

bb) *§ 117 Abs. 1 Satz 2 AktG*

Einen unstreitigen Anspruch der Aktionäre gegen Mitglieder der Verwaltung beeinhaltet § 117 Abs. 1 Satz 2 AktG, wenn diese Einflussnehmer nach § 117 Abs. 1 Satz 1 AktG sind. Selbst wenn sie nur Beeinflusste nach § 117 Abs. 2 Satz 1 AktG sind, haften sie – wie soeben gesehen gesamtschuldnerisch mit dem Einflussnehmer – auch wenn ihnen nur einfaches Verschulden vorzuwerfen ist. Die Haftung nach § 117 Abs. 2 AktG besteht – ebenso wie die Haftung nach § 117 Abs. 1 AktG – nicht nur gegenüber der Gesellschaft, sondern auch gegenüber den Aktionären, wie aus § 117 Abs. 2 Satz 3 AktG hervorgeht. Dabei begründen allerdings solche Schädigungen der Aktiengesellschaft, die dem Aktionär nur durch die Wertminderung seiner Aktien als eigener Schaden vermittelt werden, in seiner Person keinen Ersatzanspruch[1092] In diesem Falle hat er auch kein Klagerecht[1093]. Vielmehr bedarf es auch hier wieder eines aufgrund der Pflichtverletzung unmittelbar beim Aktionär eintretenden Schadens, der über den Schaden der Gesellschaft hinausgeht[1094]. Die Mitglieder der Verwaltung haften daher gegenüber den Aktionären, wenn einer von ihnen mit Vorsatz gehandelt hat und damit (auch) die anderen Vorstands- und Aufsichtsratsmitglieder zu ihrem pflichtwidrigem Verhalten bestimmt hat[1095]. Gleiches gilt, wenn der Einflussnehmer außerhalb der Verwaltungsgremien steht, deren Mitgliedern aber ihrerseits pflichtwidriges Verhalten vorzuwerfen

---

1090 GroßKommAktG/*Hopt* § 93 Rn. 469; *Hüffer* AktG § 93 Rn. 19; *Thümmel* Haftung, Rn. 297.
1091 GroßKommAktG/*Hopt* § 93 Rn. 469.
1092 *Hüffer* AktG, § 117 Rn. 9 m.w.N.
1093 *Bayer* NJW 2000, 2609, 2610.
1094 KölnKommAktG/*Mertens* § 117 Rn. 26.
1095 KölnKommAktG/*Mertens* § 117 Rn. 13 und 26.

ist. Wegen der hohen subjektiven Voraussetzungen greift – wie schon bei der Haftung der Organe gegenüber der Gesellschaft[1096] – eine Haftung gegenüber den Aktionären aus § 117 Abs. 1 Satz 2 oder Abs. 2 Satz 1 nur selten ein.

b) Allgemeine deliktsrechtliche Anspruchsgrundlagen

Bei den deliktsrechtlichen Anspruchsgrundlagen ist an eine Haftung nach §§ 823 Abs. 1 und Abs. 2 BGB sowie nach § 826 BGB zu denken.

aa) § 823 Abs. 1 BGB

In Rechtsprechung[1097] und Literatur[1098] ist anerkannt, dass § 823 Abs. 1 BGB nicht das Vermögen als solches schützt, sondern nur bei Verletzung absoluter geschützter Rechte oder Rechtsgüter einschlägig ist. Eine Haftung des Vorstands gegenüber den Aktionären ist daher nur bei einem Eingriff in die Mitgliedschaft denkbar, da die Stellung des Gesellschafters einer Aktiengesellschaft als absolutes Recht im Sinne des § 823 Abs. 1 BGB anerkannt ist[1099]. Nach der herrschenden Meinung fallen hierunter nur Eingriffe in den rechtlichen Bestand der Mitgliedschaft. Damit werden Aktionäre nur gegen Maßnahmen geschützt, die sich gegen den rechtlichen Bestand der Mitgliedschaft richten, nicht aber gegen die bloße Entwertung ihrer Anteile[1100]. Der Kursrückgang von Aktien als solcher ist kein Eingriff in die Mitgliedschaftsrechte[1101]. Auch ein gesonderter Schutz des Aktionärs als Investor aus kapitalmarktrechtlicher Perspektive kommt nicht in Betracht, denn auch hier wären nur Vermögensinteressen betroffen, die von § 823 Abs. 1 AktG nicht geschützt werden.

Eine Mindermeinung will demgegenüber den deliktsrechtlichen Schutz der Aktionäre erweitern. Hiernach liegt eine Verletzung der Mitgliedschaft im Sinne des § 823 Abs. 1 BGB bereits dann vor, wenn ein Eingriff in das Substrat der den Aktionären durch Gesetz und Satzung ausgeformten Mitgliedsstellung bejaht werden kann und ein Schaden vorliegt, der nicht zugleich auch ein Schaden der Gesellschaft ist[1102]. Darunter fällt etwa auch die Minderung des Einflusses der Mitgliedschaftsposition durch gesetzes- oder satzungswidrige Nichtachtung mit der Folge, dass als Schaden alle aus der Beeinträchtigung der Mitgliedschaft folgenden Nachteile zu ersetzen sind[1103]. Reiche bereits der

---

1096 Vgl. dazu oben I.2. (Seite 213 f.).

1097 RGZ 95, 173, 174; BGHZ 41, 123, BGH NJW 1997, 1725, 1727.

1098 MünchKommBGB/*Mertens* § 823 Rn. 124; Palandt/*Thomas* § 823 BGB Rn. 31; Staudinger/*Hager* § 823 BGB Rn. B 192.

1099 RGZ 100, 274, 278; RGZ 158, 248, 255; BGHZ 110, 323, 327 f.; GroßKommAktG/*Hopt* § 93 Rn. 470; KölnKommAktG/*Mertens* § 93 Rn. 173; *Bayer*, NJW 2000, 2609, 2611.

1100 GroßKommAktG/*Hopt* § 93 Rn. 471; MünchKommBGB/*Mertens* § 823 Rn. 152; *Hucke/Ammann* DCGK-Leitfaden, S. 149; *Berg/Stöcker* WM 2002, 1569, 1578; *Kiethe* NZG 2003, 559, 565; dies sieht auch die Mindermeinung so, vgl. KölnKommAktG/*Mertens* § 823 Rn. 175.

1101 *Seibt* AG 2002, 249, 255 f.; *Vetter* DNotZ 2003, 748, 762.

1102 Vor allem KölnKomm/*Mertens* § 93 Rn. 172 und 174.

1103 KölnKommAktG/*Mertens* § 93 Rn. 172.

Eingriff in einzelne Positionen der Mitgliedschaft für das Eingreifen einer Haftung nach § 823 Abs. 1 BGB aus, so werde das Regresskarussell vermieden, wonach zunächst die Gesellschaft Schadensersatz an den Aktionär leisten müsse und dann von den schädigenden Verwaltungsmitgliedern nach §§ 93, 116 AktG ihrerseits Ersatz fordern könne; außerdem sei die unmittelbare persönliche Haftung in besonderem Maße dazu geeignet, die Verwaltung dazu anzuhalten, schädigende Eingriffe in die Rechte der Aktionäre zu unterlassen[1104]. Auch diese Meinung sieht aber nicht jede Verletzung von Gesetz oder Satzung als vom Anspruch nach § 823 Abs. 2 BGB erfasst an. Nötig sei eine Beeinträchtigung oder Verkürzung der Aktionärsrechte[1105]. Hier stellt sich also die Vorfrage, ob § 161 AktG Teil der Mitgliedschaftsrechte des Aktionärs ist. Dies ist jedenfalls bei § 161 Satz 2 AktG der Fall, wonach den Aktionären die Entsprechenserklärung dauerhaft zugänglich zu machen ist. Man könnte auch daran denken, aus § 161 Satz 1 AktG einen mitgliedschaftsrechtlichen Anspruch des Aktionärs auf Abgabe einer inhaltlich richtigen Entsprechenserklärung abzuleiten, so dass bereits die Abgabe einer inhaltlich fehlerhaften Entsprechenserklärung ein Verstoß hiergegen sein würde und zu einer Haftung nach § 823 Abs. 1 BGB führen würde. Schließlich wird vertreten, dass die Mitgliedschaftsrechte der Aktionäre dadurch ausgeweitet werden können, dass einzelne Empfehlungen und Anregungen des Kodex in die Satzung aufgenommen werden[1106]. Hierin zeigt sich die Schwäche der Mindermeinung, die dazu führt, dass ein Verstoß gegen jede Norm, die mittelbar oder unmittelbar den Mitgliedern Rechte einräumt, gleichzeitig zu einer Schadensersatzpflicht führen würde. Dann würden aber über diesen Umweg auch Vermögensschäden in großem Umfang ersetzt, was nach der Grundkonzeption des Haftungssystems des BGB nur durch § 823 Abs. 2 BGB mit dem zusätzlichen Erfordernis der Schutzgesetzverletzung erfolgen soll[1107]. Nach der herrschenden Meinung kommt daher ein Schadensersatzanspruch nach § 823 Abs. 1 BGB bei keinem denkbaren Verstoß gegen § 161 AktG und die damit zusammenhängenden Pflichten in Frage[1108]. Denn die Mitgliedschaft bleibt trotz eines solchen Verstoßes in ihrem grundsätzlichen Bestand unangetastet. Mit der zu § 823 Abs. 1 BGB herrschenden Meinung ist daher davon auszugehen, dass die Aktionäre hieraus gegen die Verwaltungsmitglieder bei Verstößen gegen § 161 AktG und die damit zusammenhängenden Pflichten keine Ansprüche herleiten können[1109].

1104 *Bayer*, NJW 2000, 2609, 2612 m.w.N. in Fußnote 45.

1105 KölnKommAktG/*Mertens* § 93 Rn. 172; *Ettinger/Grützediek* AG 2003, 353, 358.

1106 So *Berg/Stöcker* WM 2002, 1569, 1578; *Hirte* in: Hirte (Hrsg.) TransPuG, Kap. 1 Rn. 45; dagegen *Abram* ZBB 2003, 41, 44; zweifelnd auch *Ettinger/Grützediek* AG 2003, 353, 358.

1107 Ähnlich auch GroßKommAktG/*Hopt* § 93 Rn. 471 und 473.

1108 MünchKommAktG/*Semler* § 161 Rn. 205; *Abram* ZBB 2003, 41, 44 f.; *Austmann* Gesellschaftsrechtliche Kautelarpraxis, RWS, S. 33; *Ettinger/Grützediek* AG 2003, 353, 358; *Sieg* FS Metzeler, S. 191, 204; nicht ganz eindeutig hingegen *Berg/Stöcker* WM 2002, 1569, 1578.

1109 Im Ergebnis, aber mit völlig anderer Herleitung der Begründung auch *Ulmer* ZHR 166 (2002), 150, 168.

bb) § 823 Abs. 2 BGB

Möglicherweise könnte den Aktionären ein Anspruch gegen die Mitglieder von Vorstand und Aufsichtsrat aus § 823 Abs. 2 BGB zustehen. Im Gegensatz zu § 823 Abs. 1 BGB schützt § 823 Abs. 2 BGB auch vor Vermögensschäden[1110]; im Unterschied zu § 826 BGB[1111] muss sich hier der Vorsatz nicht auch auf den Schadenseintritt beziehen[1112]. Voraussetzung des § 823 Abs. 2 BGB ist das Vorliegen eines Verstoßes gegen ein Schutzgesetz. Problematisch ist hier vor allem, welche Normen als Schutzgesetz in Frage kommen. Schutzgesetze sind Rechtsnormen, die den Schutz eines anderen bezwecken, also neben der Allgemeinheit auch den Einzelnen schützen sollen[1113]. Dieser Schutz kann aber auch dann gegeben sein, wenn der Schutz der Allgemeinheit ganz im Vordergrund der Regelung steht[1114]. Dagegen ist nicht ausreichend, wenn der mittelbare Schutz nur eine Reflexwirkung des Gesetzes ist; diese Reflexwirkung kann eine zivilrechtliche Haftung nicht begründen[1115]. Entscheidend ist dabei nicht die Wirkung, sondern der Inhalt und Zweck der Regelung nach der Intention des Gesetzgebers bei deren Erlass[1116].

Nach Ansicht des *BGH*, die weithin Zustimmung gefunden hat, muss die Schaffung eines individuellen Schadensersatzanspruchs im Lichte des haftungsrechtlichen Gesamtsystems tragbar erscheinen[1117]. Denn nur mit dem Kriterium der Systemgerechtigkeit lasse sich vermeiden, dass Haftungsansprüche vermehrt auf § 823 Abs. 2 BGB gestützt werden und damit die grundsätzliche Entscheidung des Gesetzgebers gegen eine allgemeine Haftung für Vermögensschäden unterlaufen werde[1118]. Rechtsprechung und herrschende Lehre erreichen eine zusätzliche Einschränkung dadurch, dass sie § 823 Abs. 2 BGB nur als subsidiäre Regelung ansehen. Danach ist ein deliktischer Schutz über § 823 Abs. 2 BGB grundsätzlich dann entbehrlich, wenn die schützenswerten Interessen des Geschädigten bereits durch andere Haftungsregeln ausreichend berücksichtigt werden[1119]. Allerdings wird hiervon bei strafbewehrten Normen wegen ihres großen Unrechtsgehalts eine Ausnahme gemacht[1120], diese können also trotz der ihnen eigenen Sanktionswirkung

---

1110 Staudinger/*Hager* § 823 BGB Rn. G 4.

1111 Dazu unten cc) (Seite 230 ff.).

1112 *Larenz/Canaris* Schuldrecht II/2, § 77 I 1 c).

1113 MünchKommBGB/*Mertens* § 823 Rn. 162; Palandt/*Thomas* § 823 BGB Rn. 141; Staudinger/*Hager* § 823 BGB Rn. G 19 mit vielen Nachweisen aus der Rechtsprechung.

1114 BGHZ 100, 13, 15 m.w.N.; MünchKommBGB/*Mertens* § 823 Rn. 162.

1115 BGHZ 89, 383, 400 f.; BGHZ 100, 11, 14 f.; Staudinger/*Hager* § 823 BGB Rn. G 19.

1116 Palandt/*Thomas* § 823 BGB Rn. 141.

1117 BGHZ 66, 388, 390; BGH NJW 1976, 2129; Palandt/*Thomas* § 823 BGB Rn. 141; Staudinger/*Hager* § 823 BGB Rn. G 4; *Larenz/Canaris* Schuldrecht II/2, § 77 II 4 a).

1118 BGHZ 66, 388, 390 f.; MünchKommBGB/*Mertens* § 823 Rn. 160; Staudinger/*Hager* § 823 BGB Rn. G 4; *Larenz/Canaris* Schuldrecht II/2, § 77 II 4a).

1119 BGH NJW 1980, 1792 f.; BGHZ 84, 312, 314; BGHZ 110, 342, 360; BGHZ 125, 366, 374; weitere Nachweise bei Staudinger/*Hager* § 823 BGB Rn. G 6.

1120 BGHZ 116, 7, 14; Staudinger/*Hager* § 823 BGB Rn. G 6; *Larenz/Canaris* Schuldrecht II/2, § 77 I c).

zusätzlich auch Schutzgesetz sein. Der Grundsatz der Subsidiarität gilt daher vor allem für solche Normen, deren Übertretung lediglich als Ordnungswidrigkeit sanktioniert ist oder die völlig ohne straf- oder ordnungswidrigkeitenrechtliche Konsequenzen bleiben, solange die Interessen des Geschädigten auf andere Weise geschützt werden[1121].

Eine Gegenmeinung hierzu lehnt die Subsidiarität des § 823 Abs. 2 BGB ab. Denn bei einer vollen anderweitigen Absicherung fehle es entweder schon am Schaden, oder dem schädigenden Dritten würde dadurch Regress gegen den Zweitschädiger verwehrt[1122]. Damit Schäden aus fahrlässigem Verhalten dennoch grundsätzlich nicht ersatzfähig werden, was dem Haftungssystem des BGB zuwiderlaufe, wonach Vermögensschäden als solche grundsätzlich nicht geschützt seien[1123], wird eine rechtsgutsspezifische Differenzierung vorgenommen. Die Ersatzfähigkeit von Vermögensschäden nach § 823 Abs. 2 BGB bedürfe daher einer besonderen teleologischen Legitimation[1124]. Bei anderen Normen als Strafgesetzen müsse eine Haftung nicht nur systemverträglich sein, nach der Mindermeinung müsse das Vermögen primäres und unmittelbares Schutzgut der betreffenden Norm sein, es dürfe nicht nur zufällig mitgeschützt sein[1125].

Schließlich muss der volle objektive und subjektive Tatbestand des Schutzgesetzes erfüllt sein, es sind also auch Schuld und Irrtum zu berücksichtigen. Dabei richtet sich der subjektive Tatbestand ausschließlich nach den Anforderungen des Schutzgesetzes[1126].

Zur Beantwortung der Frage, ob eine deliktische Haftung der Verwaltungsmitglieder nach § 823 Abs. 2 BGB gegeben ist, ist zu klären, welche Regelungen im Zusammenhang mit der Abgabe der Entsprechenserklärung als Schutzgesetze im Sinne des § 823 Abs. 2 BGB zu qualifizieren sind, welche Regelungen also nicht nur den Schutz der Gesellschaft, sondern zumindest auch den Schutz der Aktionäre bezwecken.

(1) Kodex

Möglicherweise kann bereits der Kodex selbst ein Schutzgesetz darstellen[1127]. Problematisch ist hierbei schon, ob der Kodex überhaupt ein Gesetz im Sinne des § 823 Abs. 2 BGB ist. Gesetz im Sinne des BGB ist nach Art. 2 EGBGB jede Rechtsnorm. Hierunter fallen nicht nur *formelle* Gesetze[1128], so dass mit dieser Begründung die Schutzgesetzqualität des Kodex gerade nicht

---

1121 BGH NJW 1989, 1792, 1793; BGHZ 84, 312, 317; BGHZ 110, 342, 360.
1122 *Larenz/Canaris* Schuldrecht II/2, § 77 II 3b).
1123 *Larenz/Canaris* Schuldrecht II/2, § 77 II 4 c).
1124 *Larenz/Canaris* Schuldrecht II/2, § 77 II 4 a).
1125 *Larenz/Canaris* Schuldrecht II/2, § 77 III 2b).
1126 *Larenz/Canaris* Schuldrecht II/2, § 77 IV 2a).
1127 angedeutet bei *Hopt* in: Hommelhoff u. a. (Hrsg.) Corporate Governance, S. 27, 52.
1128 Staudinger/*Merten* Art. 2 EGBGB Rn. 3; *Larenz/Canaris* Schuldrecht II/2, § 77 II 1 a).

abgelehnt werden kann[1129]. Zu fragen ist vielmehr, ob der Kodex eine Rechtsnorm darstellt. Die Einordnung des Kodex in bisher bekannte Formen von Vorschriften fällt schwer, da er zwar einerseits von § 161 AktG vorausgesetzt wird und die Kodex-Kommission als Regierungskommission vom Bundesministerium der Justiz berufen wurde, andererseits aber der Gesetzgeber den Kodex und die Kommission als Akt der Selbstorganisation der Wirtschaft, als Regeln von der Wirtschaft für die Wirtschaft versteht[1130]. Auch der Vergleich des Kodex mit Regeln privater Verbände, etwa mit Normen des DIN[1131], hilft nicht weiter. Denn teilweise werden Technische Normen und Berufsregeln zwar unter den Begriff der private Normsetzung gefasst, die im Rahmen des § 823 Abs. 2 BGB beachtlich sind, wenn sie auf einer spezifischen staatlichen Autonomieermächtigung beruhten wie etwa bei Tarifverträge[1132]. So könnte man § 161 AktG als mittelbare staatliche Ermächtigung für die Erstellung eines auch mit Schutzgesetzcharakter ausgestatteten Kodex verstehen. Teilweise wird aber bezüglich dieser Regeln vertreten, dass sie aus sich heraus keine normative Geltung haben und damit auch keine Rechtsnormqualität im Sinne des Art. 2 EGBGB haben[1133].

Zur Erfassung des Kodex muss daher auf die Kriterien zurückgegriffen werden, die eine Rechtsnorm ausmachen[1134]. Dies sind ihre tatsächliche und normative Geltung, ihre Außenwirkung, ihre Drittbindung und ihre Generalität. Letzteres bedeutet, dass eine Regelung generellen Charakter haben muss, sich also an eine unbestimmte Vielzahl von Adressaten richtet. Drittbindung heißt, dass Rechtnormen nur solche Regelungen sind, die auch rechtlich an ihrem Zustandekommen unbeteiligte Dritte bindet, also keine Konsensualregelung sind. Diese beiden Kriterien erfüllt der Kodex, da er sich gemäß Präambel Abs. 11 DCGK an börsennotierte Unternehmen richtet und seine Anwendung nicht-notierten Unternehmen empfohlen wird. Damit ist weder die Zahl der Adressaten von vornherein festgelegt, noch werden nur die an der Erstellung des Kodex Beteiligten an ihn gebunden. Das Kriterium der Außenwirkung soll eine Rechtsnorm nur von reinen Innenrechtsbeziehungen der Verwaltung unterscheiden und liegt daher ebenfalls beim Kodex vor. Problematisch ist daher vor allem das erste Kriterium, die tatsächliche und normative Geltung. Die Verbindlichkeit einer Regelung muss hiernach von souveräner staatlicher Autorität gewollt sein, Indiz hierfür ist die staatliche Erzwingung oder Sanktion. Der Kodex beansprucht aber keine zwingende Geltung, vielmehr kann jedes

1129 So aber *Kollmann* WM-Sonderbeilage 1/2003, 15; *Hucke/Ammann* DCGK-Leitfaden, S. 149; richtig hingegen bei *Berg/Stöcker* WM 2002, 1569, 1578.
1130 Vgl. dazu oben Kapitel 2 A.II. (Seite 42 ff.).
1131 Vgl. oben A.I.1.b) cc) (3) (Seite 203 ff.), dort auch zu den Unterschieden.
1132 MünchKommBGB/*Mertens* § 823 Rn. 182.
1133 Staudinger/*Merten* Art. 2 EGBGB Rn. 90.
1134 Vgl. zum Folgenden Staudinger/*Merten* Art. 2 EGBGB Rn. 5 ff.

Unternehmen selbst entscheiden, ob es ihn erfüllen will[1135]. Daher kann man sagen, dass es den Regelungen des Kodex bereits an der Gesetzesqualität fehle[1136], und dass der Kodex kein Gesetz (im materiellen Sinne) ist und auch kein Gesetz sein will[1137].

Aber selbst wenn man den Kodex als Schutzgesetz ansähe, dann ist ein Abweichen vom Kodex kein Verstoß gegen diesen, sondern sogar ausdrücklich in Präambel Abs. 9 DCGK zugelassen[1138]. Außerdem kann man ihm auch deswegen die Qualität als Schutzgesetz absprechen, weil mit ihm ein Schutz der Anleger vor Schädigung gerade nicht beabsichtigt ist[1139].

Dieses Ergebnis erfährt auch keine Änderung durch die (positive) Entsprechenserklärung eines Unternehmens zum Kodex. Denn auch dann ergibt sich keine kraft staatlicher Souveränität angeordnete Verbindlichkeit. Der Entsprechenserklärung des Unternehmens allein fehlt dann außerdem auch die Drittbindung und die Generalität.

(2) § 161 AktG

Fraglich ist, ob in der Pflicht des § 161 AktG ein Schutzgesetz nach § 823 Abs. 2 BGB gesehen werden kann[1140]. Im Gegensatz zum Kodex liegt mit § 161 AktG jedenfalls eine Rechtsnorm im Sinne des Art. 2 EGBGB vor, da es sich hierbei um ein Gesetz im formellen wie materiellen Sinne handelt. Kriterien, anhand derer zu prüfen ist, ob § 161 AktG ein Schutzgesetz ist, sind daher, ob hierdurch der Einzelne zumindest neben der Allgemeinheit geschützt werden soll, wobei dem Inhalt und Zweck der Regelung nach der Intention des Gesetzgebers zum Zeitpunkt des Erlasses der Regelung besondere Bedeutung bei der Beantwortung der Frage zukommt. Daneben kommt es darauf an, ob die Schaffung eines individuellen Schadensersatzanspruchs im Lichte des haftungsrechtlichen Gesamtsystems tragbar erscheint.

Nach dem Willen des Gesetzgebers hat § 161 AktG mehrere Ziele. So sollen hierdurch vor allem ausländische Investoren für den deutschen Kapitalmarkt interessiert werden, was zu einer Stärkung des deutschen Kapitalmarktes führen

---

1135 So richtig *Ulmer* ZHR 166 (2002), 150, 168; ebenso *Abram* ZBB 2003, 41, 45; *Ettinger/Grützdiek* AG 2003, 353, 358 f.; *Schüppen* ZIP 2002, 1269, 1272, Fußnote 40; verkürzt auch *Berg/Stöcker* WM 2002, 1569, 1578 und *Vetter* DNotZ 2003, 748, 762, nach denen der Kodex mangels Verbindlichkeit kein Schutzgesetz ist (mangels Verbindlichkeit ist er aber überhaupt kein Gesetz, nicht nur kein Schutzgesetz); ebenso *Kiethe* NZG 2003, 559, 565 („erforderliche Verbindlichkeit fehlt").

1136 MünchKommAktG/*Semler* § 161 Rn. 208; *Hirte* in: Hirte (Hrsg.) TransPuG, Kap. 1 Rn. 45; *Abram* NZG 2003, 307, 308; *Seibt* AG 2002, 249, 256; *Sieg* FS Metzeler, S. 191, 204.

1137 *Lutter* FS Druey, S. 463, 468.

1138 *Berg/Stöcker* WM 2002, 1569, 1578.

1139 *Bachmann* WM 2002, 2137, 2142.

1140 Dafür *Holzborn/Foelsch* NJW 2003, 932, 935 für den vergangenheitsbezogenen Teil der Erklärung; ebenso die Andeutung bei *Hopt* in: Hommelhoff u. a. (Hrsg.) Corporate Governance, S. 27, 57, der aber nicht trennt zwischen Kodex und § 161 AktG; ähnlich *Hirte* in: Hirte (Hrsg.) TransPuG, Kap. 1 Rn. 45.

soll. Daneben soll der Kodex auch zwingende und damit weniger auf das einzelne Unternehmen zugeschnittene Regelungen vermeiden, so dass auch Flexibilisierung und Deregulierung des Aktienrechts ein Anliegen des Gesetzgebers bei Einführung des § 161 AktG war. Schließlich soll er den Kapitalmarktteilnehmern Informationen zur Verfügung stellen, ob sich das Unternehmen, das den Kapitalmarkt in Anspruch nimmt, an die Standards des Kodex hält und wie etwaige Abweichungen hiervon aussehen[1141]. Hieraus wird gefolgert, ein Schutz vor Schädigung von Anlegern sei von § 161 gerade nicht bezweckt[1142], jedenfalls solle nicht das Vermögen der Anleger geschützt werden[1143]. Denn die Pflicht zur Abgabe der Entsprechenserklärung sei materiell eine kapitalmarktorientierte Vorschrift zur Stärkung des deutschen Kapitalmarktes und daher kein Schutzgesetz[1144]. Der Anlegerschutz sei hingegen nur ein Reflex[1145]. Bei den ersten beiden Zielen, Gewinnung ausländischer Investoren sowie Flexibilisierung und Deregulierung, ist ein Vermögensschutz der Anleger tatsächlich – wenn überhaupt – nur als Reflex gegeben. Fraglich ist nur, ob dies auch für das Ziel der Versorgung der Aktionäre mit Informationen gilt. So könnte man sich auf den Standpunkt stellen, eine umfassende Information der Aktionäre über die Beachtung wichtiger und als zukunftsträchtig erachteter Verhaltensstandards könne durchaus dazu führen, dass sie eine Investition ihres Vermögens überdenken, etwa gehaltene Aktien verkaufen oder ihren Aktienbestand an einem Unternehmen vergrößern. Auch nach der Gesetzesbegründung ist ein Ausschluss von Haftungsgefahren nur dann gegeben, wenn die einmal abgegebene Entsprechenserklärung im Falle der Änderung der Verhältnisse unterjährig angepasst wird. Und die Tatsache, dass keine positive Aussage des Gesetzgebers hinsichtlich des Schutzgesetzcharakters des § 161 AktG vorliegt kann noch nicht zu der Annahme führen, der Gesetzgeber habe bei § 161 AktG nicht auf einen Schutz des Vermögens abgezielt[1146]. In diesem Fall kommt es dann auf die weiteren Kriterien an, die vorliegen müssen, um einer Norm Schutzgesetzcharakter zuzusprechen. Unstreitig dürfte sein, dass der Schutz des Vermögens jedenfalls nicht primäres und unmittelbares Schutzgut des § 161 AktG ist. Verlangt man dies[1147], so ist § 161 AktG kein Schutzgesetz. Geht man mit der herrschenden Lehre und dem *BGH* davon aus, dass § 823 Abs. 2 BGB nur subsidiär ist, so stellt man fest, dass § 161 AktG keine Sanktionen bei Verstößen gegen die

1141 Begr. RegE, BT-Drs. 14/8769, S. 21.

1142 MünchKommAktG/*Semler* § 161 Rn. 210; *Schüppen* in: Hirte (Hrsg.), TransPuG, Kap. 2 Rn. 20; *Bachmann* WM 2002, 2137, 2142; *Buchta* DStR 2003, 740, 742; *Ettinger/Grützediek* AG 2003, 353, 359; *Vetter* DNotZ 2003, 748, 762.

1143 *Bachmann* WM 2002, 2137, 2142; *Berg/Stöcker* WM 2002, 1569, 1579; *Kollmann* WM-Sonderbeilage S. 15; *Seibt* AG 2002, 249, 256.

1144 *Seibt* AG 2002, 249, 256; im Ergebnis auch *Austmann* Gesellschaftsrechtliche Kautelarpraxis, RWS, S. 33.

1145 MünchKommAktG/*Semler* § 161 AktG Rn. 210 ff.; *Seibt* AG 2002, 249, 256.

1146 So aber *Berg/Stöcker* WM 2002, 1569, 1579; *Seibt* AG 2002, 249, 256.

1147 So etwa *Larenz/Canaris* Schuldrecht II/2, § 77 III 3 b).

Pflicht zur Abgabe der Entsprechenserklärung enthält. Daraus wird teilweise gefolgert, dass die fehlende Strafbewehrung gegen das Verständnis des § 161 AktG als Schutzgesetz spricht[1148]. Allerdings setzt die Subsidiarität gerade voraus, dass anderweitig der Schutz ausreichend gewährleistet ist[1149]. Entscheidend gegen die Schutzgesetzeigenschaft des § 161 AktG spricht jedenfalls, dass eine Haftung für fahrlässig falsche Angaben dem Gesamtsystem der Haftung im Kapitalmarktrecht widerspräche[1150]. Zu einer Haftung kommt es grundsätzlich nur bei vorsätzlichen Verstößen gegen ein Schutzgesetz, etwa gegen §§ 264a StGB, 331 HGB, 400 AktG. Die in §§ 37b und 37c WpHG vorgesehene Haftung trifft zum einen nur das Unternehmen, nicht aber die Mitglieder von Vorstand und Aufsichtsrat persönlich. Zum anderen tritt sie nur bei grob fahrlässigen Verstößen gegen die Pflicht zur Ad-hoc-Publizität ein. Hingegen würde eine Haftung wegen Verstoßes gegen § 161 AktG gemäß § 823 Abs. 2 Satz 2 auch schon bei leicht fahrlässigen Verstößen gegeben sein und Vorstand und Aufsichtsrat persönlich treffen. Mangels einer bisher nicht bestehenden Haftung im Kapitalmarktrecht für leicht fahrlässige Verstöße[1151] ist daher der ganz herrschenden Meinung jedenfalls im Ergebnis zuzustimmen, dass § 161 AktG kein Schutzgesetz ist.

(3) Sonstige aktienrechtliche Normen

Die Pflichtverletzung eines Mitglieds des Vorstands nach § 93 Abs. 2 AktG und eines Mitglieds des Aufsichtsrats über die Verweisung in § 116 AktG führt zu einem Schadensersatzanspruch[1152]. § 93 Abs. 2 AktG bezweckt allerdings allein den Schutz der Gesellschaft gegen Pflichtverletzungen ihrer Verwaltungsmitglieder und kommt daher als Anspruchsgrundlage zugunsten der Aktionäre nicht in Betracht[1153]. Er ist nach allgemeiner Meinung kein Schutzgesetz für Aktionäre, so dass aus § 93 Abs. 2 AktG (und § 116 AktG) auch in Verbindung mit § 823 Abs. 2 BGB für Aktionäre keine Ansprüche gegen die Vorstandsmitglieder bestehen[1154]. Dies ist auch in der Rechtsprechung anerkannt[1155].

1148 *Schüppen* ZIP 2002, 1269, 1272.

1149 BGHZ 110, 342, 360.

1150 Dies übersehen *Holzborn/Foelsch* NJW 2003, 932, 935. Wie hier *Berg/Stöcker* WM 2002, 1569, 15; ihnen folgend auch *Kollmann* WM-Sonderbeilage, S. 15; zum haftungsrechtlichen Gesamtsystem des Kapitalmarktrechts vgl. auch die Untersuchung von *Barnert* WM 2002, 1473, 1480 ff.; dagegen allerdings *Abram* ZBB 2003, 41, 45 f.

1151 Anders *Abram* ZBB 2003, 41, 45 f., aber ohne Beleg einer solchen einfach-fahrlässigen Haftung.

1152 Vgl. dazu bereits oben A.I.1. (Seite 198 ff.).

1153 KölnKommAktG/*Mertens* § 93, Rn. 169.

1154 GroßKommAktG/*Hopt* § 93 Rn. 469 mit vielen Nachweisen; *Hüffer* AktG, § 93 Rn. 19; *Wiesner* in: Münch. Hdb. GesR IV, § 26 Rn. 28; *Seibt* AG 2002, 249, 256.

1155 So bereits das *Reichsgericht* in ständiger Rechtsprechung zu § 241 HGB a.F.: RGZ 63, 324, 328; RGZ 115, 289, 296; umfangreiche Nachweise aus der Rechtsprechung auch bei Staudinger/*Hager* § 823 BGB Rn. G 42.

Nach allgemeiner Meinung ist auch § 117 AktG kein Schutzgesetz[1156]. Allerdings können Anleger hieraus direkt Ansprüche herleiten, so dass der Umweg über § 823 Abs. 2 BGB auch unnötig wäre.

Dagegen ist § 400 Abs. 1 Satz 1 AktG nach allgemeiner Meinung ein Schutzgesetz[1157]. Liegt eine Strafbarkeit hiernach vor[1158], ist auch eine Haftung nach § 823 Abs. 2 gegeben, wenn den Aktionären ein Schaden entstanden ist[1159].

(4) § 15 WpHG

In Kapitel 3 ist gezeigt worden, dass unter bestimmten Umständen auch bei einer Änderung der Entsprechenserklärung eine Ad-hoc-Meldung nach § 15 Abs. 1 Satz 1 WpHG abzugeben ist[1160]. Fraglich ist, ob diese Pflicht zur Abgabe einer Ad-hoc-Meldung ein Schutzgesetz im Sinne des § 823 Abs. 2 BGB ist. Allerdings betrifft die Pflicht zur Abgabe der Ad-hoc-Meldung schon nur den Emittenten, also das Unternehmen als solches. Mangels persönlicher Verpflichtung der Organe durch § 15 Abs. 1 Satz 1 WpHG scheidet daher ihre persönliche Haftung von vornherein aus[1161]. Die §§ 37 b, 37c WpHG, auf die in § 15 Abs. 6 Satz 1 WpHG verwiesen wird, regeln ebenfalls nur die Haftung des Emittenten[1162], so dass auch hieraus eine persönliche Haftung von Mitgliedern des Vorstands und Aufsichtsrats nicht in Betracht kommt. Der Forderung einer persönlichen Haftung der handelnden Organe bei falscher Ad-hoc-Meldung ist der Gesetzgeber daher trotz einer entsprechenden Aufforderung durch die Regierungskommission Corporate Governance[1163] bisher nicht nachgekommen.

(5) § 20a WpHG

Die Entsprechenserklärung nach § 161 AktG kann für die Bewertung der Wertpapiere eines Unternehmens erheblich im Sinne des § 20a WpHG sein[1164]. Unrichtige Angaben zur Entsprechenserklärung führen daher zu Sanktionen nach § 39 Abs. 1 Nr. 1 und 2 WpHG oder sogar nach § 38 Abs. 1 Nr. 4 WpHG. Fraglich ist daher, ob § 20a WpHG ein Schutzgesetz im Sinne des § 823 Abs. 2 BGB ist.

Wie bereits beschrieben, ist § 20a WpHG die Nachfolgeregelung des § 88 BörsG a.F. Hierzu ist in der Rechtsprechung fast durchgängig entschieden

---

1156 *Hüffer* AktG, § 117, Rn. 14; KölnKommAktG/*Mertens* § 117, Rn. 48.

1157 GroßKommAktG/*Otto* § 400 Rn. 4; MünchKommBGB/*Mertens* § 823 Rn. 195; Staudinger/*Hager* § 823 BGB Rn. G 43.

1158 Zu den Voraussetzungen siehe oben Kapitel 5 B.III.1.b) (Seite 176 f.).

1159 Dazu unten 2. (Seite 259 ff.).

1160 Dazu oben Kapitel 3 D.VII. (Seite 116 ff.).

1161 Ebenso *Abrams* ZBB 2003, 41, 46.

1162 Dazu unten B.II. (Seite 270 f.).

1163 *Baums* (Hrsg.) Bericht RegKomm, Rn. 187.

1164 Dazu oben Kapitel 5 B.III.1.c) (Seite 177 ff.)

worden, dass er kein Schutzgesetz im Sinne des § 823 Abs. 2 BGB darstellt[1165]. Damit folgt sie der Auffassung des Gesetzgebers, dass § 88 BörsG a.F. vor allem dem Schutz des Kapitalmarktes dienen soll, indem er unmittelbar die Zuverlässigkeit und Wahrheit der Preisbildung an Börsen und Märkten bezweckt, während der Schutz der Kapitalanleger nur mittelbar erfolgt[1166]. In Abgrenzung dazu bezwecke § 264a StGB auch den Individualschutz der Anleger[1167]. Danach ist § 88 BörsG a.F. kein Schutzgesetz im Sinne des § 823 Abs. 2 BGB zu Gunsten der Anleger gewesen. Hieran angelehnt war auch in der Literatur weitgehend anerkannt, dass der Aktionärsschutz nur ein Rechtsreflex des § 88 BörsG a.F. sei[1168]. Allerdings hat sich hier vor allem in letzter Zeit – in der Folge eines entsprechenden Urteils[1169] – eine stärker werdende Meinung herausgebildet, die § 88 a.F. BörsG durchaus Schutzgesetzqualität zusprechen wollte[1170]. Denn die Gesetzesmaterialien sprächen von einem Anlegerschutz nicht nur durch § 264a StGB, sondern auch durch § 88 a.F. BörsG, und ein Individualschutz bei kapitalmarkt- und börsenrechtlichen Informationsvorgaben sei kein Systembruch (mehr)[1171]. Hier wird jedoch übersehen, dass in der Gesetzesbegründung an späterer Stelle ausdrücklich ausgeführt wird, dass es § 88 BörsG a.F. „erst mittelbar auch um den Schutz des Kapitalanlegers“[1172] gehe. Bedenkenswerter sind allerdings Ausführungen, die darauf hinweisen, dass vor der Einführung des § 264a StGB und der damit zusammenhängenden Änderung des § 88 a.F. BörsG dessen Schutzgesetzeigenschaft sogar vom *BGH* anerkannt wurde, und zwar auch hinsichtlich des Merkmals des Kursbetrugs, der nach wie vor dort geregelt ist[1173]. Daher lasse sich die Frage nicht mit begriffsjuristischer Abrenzung zwischen unmittelbarem und mittelbarem Schutzzweck lösen, zumal dieses Kriterium keineswegs weitgehend anerkannt

---

1165 BVerfG ZIP 2002, 1986, 1988 f.; OLG München ZIP 2002, 1989 = AG 2003, 106 (nicht rechtskräftig); LG Augsburg (6. Kammer) WM 2002, 592; LG Kassel DB 2002, 2151 (nicht rechtskräftig); LG München ZIP 2001, 1814 („Infomatec I“); AG München WM 2002, 594 („EM-TV“); dagegen nur LG Augsburg (3. Kammer) ZIP 2001, 1881 = WM 2001, 1944 („Infomatec II“), aufgehoben durch OLG München ZIP 2002, 1989.

1166 Begr. RegE, BT-Drs. 10/318, S. 45 f.; kritisch zu einer solchen Bestimmung des Schutzgutes *Altenhain* BB 2002, 1874, 1875.

1167 Begr. RegE, BT-Drs. 10/318, S. 45.

1168 *Groß* Kapitalmarktrecht § 88 BörsG Rn. 1; *Kümpel* in: Assmann/Schneider § 15 WpHG, Rn. 186; *Ledermann* in: Schäfer WpHG u. a. § 88 BörsG, Rn. 1; *Schwark* BörsG, § 88 Rn. 1; *Steinkühler* Bedeutung von Unternehmensgrundsätzen, 182; *Seibt* AG 2002, 249, 256; *Schmitz* wistra 2002, 208, 211; *Wach/Lange* WuB I G 7. – 4.02; mit ausführlicher Herleitung auch *Barnert* WM 2002, 1473.

1169 LG Augsburg ZIP 2001, 1881, aufgehoben durch OLG München ZIP 2002, 1989.

1170 *Fuchs/Dühn* BKR 2002, 1063, 1064 ff.; *Möllers/Leisch* ZIP 2002, 1995, 1996 f.; *Rodewald/Siems* BB 2001, 2437, 2439; zuvor bereits *Bröker* wistra 1995, 130, 133; in diese Richtung auch *Assmann* Prospekthaftung, S. 313.

1171 *Rodewald/Siems* BB 2001, 2437, 2439 m.w.N.

1172 Begr. RegE, BT-Drs. 10/318, S. 46.

1173 *Möllers/Leisch* ZIP 2002, 1995, 1996 mit Verweis auf BGH ZIP 1986, 14, 19 = NJW 1986, 837, 840.

sei[1174]. Vielmehr sei § 88 BörsG a.F. ein Schutzgesetz, da der Schutz vor Verletzung individueller Vermögensinteressen zumindest mitgewollt sei[1175].

Fraglich ist, ob sich diese Einschätzungen auch nach der Ersetzung des § 88 BörsG a.F. durch § 20a WpHG aufrechterhalten lassen, insofern also von einem *„droit constant"*[1176] auszugehen ist. Nach einer Meinung werden beide Vorschriften gleichgesetzt. Dies geschieht teils ohne Begründung[1177], teils wird angeführt, dass in §§ 37b und 37c WpHG eigenständige Anspruchsgrundlagen für Aktionäre gegenüber dem Emittenten eingefügt wurden. Darin werde § 20a WpHG aber nicht genannt, der Gesetzgeber habe bei einem Verstoß gegen § 20a WpHG also gerade keinen Schadensersatzanspruch entstehen lassen wollen[1178]. Nach einer sehr breit vertretenen Meinung hingegen weist § 20a WpHG anders als noch § 88 BörsG durchaus Schutzgesetzcharakter auf[1179]; teilweise wird dies jedenfalls im Hinblick auf die strafrechtliche Sanktionsnorm des § 38 Abs. 1 Nr. 4 WpHG vertreten[1180]. Dieser neue Streit um die Schutzgesetzeigenschaft des Verbots der Kurs- und Marktpreismanipulation hat seinen Ursprung darin, dass die zu § 88 BörsG a.F. vertretene Ablehnung einer solchen Eigenschaft sich nahezu ausschließlich auf die Gesetzesbegründung und damit auf den Willen des Gesetzgebers gestützt hat[1181]. Zwar ist auch der Gesetzesbegründung zu § 20a WpHG kein Hinweis darauf zu entnehmen, dass sich die Schutzgesetzqualität geändert hat[1182]. Allerdings ist die Verbesserung des Anlegerschutzes ein maßgebliches Ziel des Vierten Finanzmarktförderungsgesetzes, durch das § 88 BörsG a.F. von § 20a WpHG abgelöst wurde. In den Vorbemerkungen des Allgemeinen Teils der Begründung wird dazu ausgeführt[1183], es sei

> „(...) Ziel des Gesetzentwurfes (...) den Anlegerschutz zu stärken, indem die Transparenz auf den Wertpapiermärkten erhöht und die rechtlichen Voraussetzungen dafür geschaffen werden, das Verbot der Kurs- und Marktpreismanipulation und des Missbrauchs von Ad-hoc-Meldungen wirksam durchzusetzen; (...)"

1174 *Möllers/Leisch* ZIP 2002, 1995, 1996.

1175 *Möllers/Leisch* ZIP 2002, 1995, 1997.

1176 *Fleischer* NJW 2002, 2977, 2979.

1177 *Austmann* Gesellschaftsrechtliche Kautelarpraxis, RWS, S. 33; *Claussen/Bröcker* DB 2002, 1199, 1205; *Rützel* AG 2003, 69, 79; auch *Barnert* WM 2002, 1473 und *Ettinger/Grützediek* AG 2003, 353, 359 und *Kiethe* NZG 2003, 559, 565 differenzieren nicht zwischen § 88 BörsG a.F. und § 20a WpHG.

1178 *Wach/Lange* WuB I G 7. – 4.02.

1179 *Altenhain* BB 2002, 1874, 1875; *Fuchs/Dühn* BKR 2002, 1063, 1066; *Lenzen* FinanzBetrieb 2001, 603, 608; ebenfalls mit einer Tendenz zur Bejahung der Schutzgesetzeigenschaft *Fleischer* NJW 2977, 2979; *Sorgenfrei* wistra 2002, 321, 322; außerdem werden auch diejenigen hierzu zu zählen sein, die diese Meinung bereits zu § 88 BörsG a.F. vertreten haben, s. oben Fußnote 1168.

1180 *Bachmann* WM 2002, 2137, 2141; *Tripmaker* wistra 2002, 288, 291.

1181 Anders allerdings *Barnert* WM 2002, 1473.

1182 So auch *Abram* ZBB 2003, 41, 46; *Lenzen* FinanzBetrieb 2001, 603, 606; *Wach/Lange* WuB I G 7. – 4.02; *Fleischer* NJW 2002, 2977, 2979, der dies als „Unterlassungssünde des Reformgesetzgebers" bezeichnet.

1183 Begr. RegE, BT-Drs. 14/8017, S. 62 f.

Aus dieser Begründung wird daher von einigen geschlossen, der Schutz des Anlegervermögens sei ein dem Schutz der wahrheitsgemäßen Preisbildung an den Börsen gleichwertiges Element, so dass beide nunmehr Schutzgut des § 20a WpHG seien[1184]. Andere meinen sogar, der Schutz des Vermögens der Marktteilnehmer sei nunmehr alleiniges Schutzgut des Verbots der Marktpreismanipulation[1185]. Die Vertreter der Gegenmeinung können sich hingegen sowohl auf das Fehlen eines entsprechenden Hinweises in der Begründung zu § 20a WpHG berufen als auch darauf, dass in der Begründung der Strafvorschrift zum Verbot der Kurs- und Marktpreismanipulation, nämlich § 38 Abs. 1 Nr. 4 WpHG, als Rechtsgut weiter unverändert wie schon zur Zeit der Rechtslage nach § 88 BörsG a.F. die Zuverlässigkeit der Preisbildung an den Börsen genannt wird[1186].

Dennoch ist fraglich, wie die Begründung im Allgemeinen Teil zum Vierten Finanzmarktförderungsgesetz zu verstehen ist. Zwar kann man vertreten, dass hierdurch nur gesagt wird, dass die Verbesserung des Anlegerschutzes im Bereich der Kurs- und Marktpreismanipulation ausschließlich durch institutionelle Maßnahmen vorangetrieben werden soll. Dazu würde auch passen, dass es an anderer Stelle in der Begründung des Gesetzentwurfes heißt, die bisherige Regelung des Verbots der Kurs- und Marktpreismanipulation sollte stärker den veränderten Erfordernissen der Praxis angepasst und das notwendige Aufsichtsinstrumentarium verbessert werden, indem die Zuständigkeit für die Überwachung auf die *BAFin* übertragen wird[1187]. Dies kann man so verstehen, dass außer einer verbesserten institutionellen Überwachung kein zusätzlich verbesserter individueller Schutz angestrebt ist. Dennoch ist nicht zu übersehen, dass hier eben nicht mehr gesagt wird, die institutionellen Verbesserungen dienten der Verbesserung der Zuverlässigkeit und Wahrheit der Preisbildung an Börsen und Märkten. Vielmehr wird explizit und ausschließlich gesagt, dass die Verbesserungen in diesem Bereich dem Anlegerschutz dienen, so wie dies auch insgesamt das Ziel des Vierten Finanzmarktförderungsgesetzes ist. Damit sagt der Gesetzgeber, dass er mit dem Verbot der Manipulation als Ziel eben nicht mehr (nur) die korrekte Marktpreisbildung im Auge hat; vielmehr hat er auch oder sogar in erster Linie den Anlegerschutz im Auge. Daher kann man nur noch in Frage stellen, ob Anlegerschutz auch im Sinne von Schutz des Vermögens des einzelnen Anlegers verstanden werden kann. Andernfalls könnte jede Gesetzesänderung, die mit Anlegerschutz begründet wird, zu einem Vermögensschutz der Anleger führen. Allerdings kann mit Anlegerschutz kaum etwas anderes gemeint sein als Vermögensschutz des Anlegers, vor allem wenn dies in Verbindung mit dem Verbot der Kurs- und Marktpreismanipulation genannt wird. Denn dann besteht der Anlegerschutz ganz konkret darin, den Anleger vor einem überhöhtem Kauf von Anlageobjekten oder – spiegelbildlich

1184 *Tripmaker* wistra 2002, 288, 291.
1185 *Altenhain* BB 2002, 1874, 1875.
1186 Begr. RegE, BT-Drs. 14/8017, S. 98.
1187 Begr. RegE, BT-Drs. 14/8017, S. 64.

dazu – vor einem zu niedrigen Verkauf bereits gehaltener Anlageobjekts zu schützen. Daher bedeutet Anlegerschutz zumindest im konkreten Fall des Verbots der Kurs- und Marktpreismanipulation Vermögensschutz.

Weitere Voraussetzungen zur Bejahung der Schutzgesetzeigenschaft des § 20a WpHG ist, dass eine solche Haftung sich in das haftungsrechtliche Gesamtsystem einfügt, und dass die Anleger nicht anderweitig ausreichend geschützt sind. Auch hier könnte wieder problematisch sein, dass ein Verstoß gegen § 20a WpHG auch leicht fahrlässig – vgl. § 823 Abs. 2 Satz 2 BGB – geschehen kann. Daher kann man § 20a WpHG nicht isoliert sehen, sondern muss ihn im Zusammenhang mit den Normen der §§ 38, 39 WpHG betrachten. Nur dann ergibt sich die Möglichkeit, zu einem Ergebnis zu gelangen, das in das haftungsrechtliche Gesamtsystem passt. Denn ein Verstoß gegen § 20a WpHG führt nur dann zu einer Strafbarkeit nach § 38 Abs. 1 Nr. 4 WpHG, wenn die Handlung vorsätzlich erfolgte und auch tatsächlich eine Einwirkung auf den Börsen- oder Marktpreis stattgefunden hat. Dagegen hat bei einer bloßen Ordnungswidrigkeit nach § 39 Abs. 1 Nr. 1 und 2 WpHG eine solche Einwirkung nicht stattgefunden. In letzterem Fall liegt aber gerade mangels Einwirkung auch kein Schaden vor, so dass dann in keinem Fall ein Anspruch bestünde. Es bleibt also nur eine Haftung nach §§ 20a, 38 Abs. 1 Nr. 4 WpHG im Fall einer vorsätzlichen, erfolgreichen Kurs- und Marktpreismanipulation. Eine solche Haftung bewegt sich aber durchaus im haftungsrechtlichen Gesamtsystem.

Fraglich ist daher nur noch, ob ein anderweitiger Schutz des Anlegers in Betracht kommt. Als anderweitiger Schutz des Anlegers ist an die Haftung von Vorstand und Aufsichtsrat gegenüber der Gesellschaft nach § 93 Abs. 2 AktG zu denken. Bei Abgabe einer falschen Entsprechenserklärung und einem damit einhergehenden Schaden hat auch diese einen Schadensersatzanspruch. Insofern liegt also ein ausreichender anderweitiger Schutz vor. Allerdings liegt kein solcher anderweitiger Schutz vor, wenn der Anleger einen über den Schaden der Gesellschaft hinausgehenden Schaden hat. Das ist immer dann der Fall, wenn er die Anteile der Gesellschaft zu einem zu hohen Preis gekauft hat, oder wenn er sie zu einem zu niedrigen Preis verkauft hat. Denn immer dann lässt sich ein Verlust des Aktionärs durch eine Zahlung an die Gesellschaft nicht ausgleichen, während ein Verlust sich dann ausgleicht, wenn der Anleger die Aktien zwischen der Manipulation und ihrer Aufdeckung gehalten hat. Insofern ist § 93 Abs. 2 AktG kein anderweitiger Schutz für ausgeschiedene oder im Zuge der unaufgedeckten Manipulation hinzugekommene Anleger.

Damit ist § 20a WpHG in Verbindung mit § 38 Abs. 1 Nr. 4 WpHG Schutzgesetz nach § 823 Abs. 2 BGB.

(6) sonstige strafrechtliche Normen

Verstöße gegen Normen des Strafgesetzbuches im Zusammenhang mit der Abgabe der Entsprechenserklärung sind – wie oben[1188] bereits gesehen – nur in begrenztem Ausmaß denkbar. Hierfür kommt vor allem § 264a StGB in Betracht, unter sehr engen Voraussetzungen auch § 263 StGB. Beide Normen sind als Schutzgesetze nach § 823 Abs. 2 BGB anerkannt. § 264a StGB ist Schutzgesetz im Sinne des § 823 Abs. 2 BGB, da er zumindest auch das individuelle Vermögen der Kapitalanleger schützt; dieser Schutz ist intendiert und nicht bloße Reflexwirkung, wie auch § 264a Abs. 3 StGB zeigt[1189]. Die Schutzgesetzeigenschaft des § 263 Abs. 1 StGB ist allgemein anerkannt[1190]. Gleiches gilt für § 4 UWG[1191].

(7) sonstige staatliche Sanktionsnormen

(a) § 334 Abs. 1 Nr. 1 d), Nr. 2 f) HGB

Weiterhin können Verstöße im Zusammenhang mit der Abgabe der Entsprechenserklärung als Ordnungswidrigkeit nach § 334 Abs. 1 Nr. 1 d) HGB und im Fall eines Konzerns nach § 334 Abs. 1 Nr. 2 f) HGB geahndet werden. § 334 Abs. 1 HGB ist nach ganz herrschender Meinung Schutzgesetz im Sinne des § 823 Abs. 2 BGB[1192]. Hier wird – allerdings ohne Auseinandersetzung damit – offensichtlich die Mindermeinung, nach der Ordnungswidrigkeiten nur dann Schutzgesetze darstellen, wenn das individuelle Vermögen ihr primäres und unmittelbares Schutzgut ist[1193], abgelehnt. Denn § 334 Abs. 1 HGB schützt primär das Vertrauen in die Richtigkeit und Vollständigkeit bestimmter Informationen über die Verhältnisse der Kapitalgesellschaft[1194]. Daher dürfte nach der Mindermeinung § 334 Abs. 1 HGB keine Schutzgesetzqualität zukommen. Aber auch mit der herrschenden Meinung, nach der § 823 Abs. 2 BGB nur subsidiär gegenüber anderen Haftungsnormen ist[1195], wird sich hier nicht auseinandergesetzt. Folgt man der herrschenden Meinung zu § 823 Abs. 2 BGB, greift § 334 Abs. 1 HGB als Ordnungswidrigkeit nur ein, wenn die Interessen des Anlegers nicht anderweitig geschützt sind. Das trifft nur diejenigen Anleger, die Aktien während des Verstoßes ge- oder verkauft haben. Außerdem sind nach § 823 Abs. 2 BGB nur solche Schäden geschützt, die über

---

1188 Oben Kapitel 5 B.III.1.d) (Seite 186 ff.).

1189 BGHZ 116, 7, 13 f.; LK/*Tiedemann* § 264a Rn. 14 m.w.N.; Staudinger/*Hager* § 823 BGB Rn. G 6; Tröndle/*Fischer* § 264a Rn. 2; *Larenz/Canaris* Schuldrecht II/2, § 77 I 1 d).

1190 Vgl. die ausführlichen Nachweise bei MünchKommBGB/*Mertens* § 823 Rn. 194; Staudinger/*Hager* § 823 BGB Rn. G 42.

1191 GroßKommUWG/*Otto* § 4 Rn. 13; Köhler/*Pieper* § 4 Rn. 2.

1192 Heymann/*Otto* HGB § 334, Rn. 9; MünchKommHGB/*Quedenfeld* § 334 Rn. 11, jew. m.w.N.

1193 *Larenz/Canaris* Schuldrecht II/2, § 77 III 2 b).

1194 Heymann/*Otto* HGB § 334, Rn. 9 mit Verweis auf § 331 Rn. 1; MünchKommHGB/*Quedenfeld* § 334 Rn. 10.

1195 BGH NJW 1980, 1792 f.; weitere Nachweise s. oben Fußnote 1117.

Schäden der Gesellschaft hinausgehen. Denn ansonsten sind die Anleger, die ihre Aktien weiterhin halten, dadurch ausreichend geschützt, dass etwaige Schäden der Gesellschaft dieser über § 93 Abs. 2 AktG ersetzt werden. Daher ist § 334 Abs. 1 HGB nicht immer, sondern nur in den skizzierten Fällen ein Schutzgesetz.

(b) § 335a HGB

Wie gesehen kann bei Verstößen gegen § 325 HGB ein Ordnungsgeld nach § 335a HGB gegen den Vorstand verhängt werden. § 335a HGB dürfte als bloße Ordnungsvorschrift einzuordnen sein, die lediglich der Durchsetzung der Publizitätspflicht nach § 325 HGB dient. Ihr kommt daher kein individualschützender Charakter zu, so dass sie nicht als Schutzgesetz im Sinne des § 823 Abs. 2 BGB angesehen werden kann.

(8) Satzung und Geschäftsordnung

Ein Teil der Empfehlungen und Anregungen kann in Satzung und Geschäftsordnung des Unternehmens umgesetzt werden[1196]. Es wurde bereits gesagt, dass nach ganz überwiegender Meinung die private Normsetzung im Rahmen des § 823 Abs. 2 BGB nur dann beachtlich ist, wenn sie auf einer spezifischen staatlichen Autonomieermächtigung beruht[1197]. Daher sind Satzungen von Vereinen keine Schutzgesetze[1198]. Dies gilt unabhängig von dem Streit, ob eine Satzung Vertrags- oder Normcharakter hat[1199]. Eine Satzung ist bereits keine Rechtsnorm im Sinne des Art. 2 EGBGB[1200]. In verstärktem Maße gilt die Ablehung der Schutzgesetzeigenschaft auch für die Geschäftsordnungen[1201].

cc) § 826 BGB

Eine weitere Möglichkeit deliktischer Haftung ist in § 826 BGB verankert. Er wird nicht von § 117 AktG verdrängt, sondern von diesem ergänzt[1202]. Wie bei § 823 Abs. 2 BGB werden auch durch § 826 BGB allgemeine oder primäre Vermögensschäden ersetzt[1203], allerdings ist hier eine Schutzgesetzverletzung nicht nötig. Grundsätzlich ist allerdings ein Eingreifen des § 826 BGB wegen

---

1196 Dazu oben Kapitel 4 A. (Seite 139 ff.).

1197 MünchKommBGB/*Mertens* § 823 Rn. 182.

1198 RGZ 135, 242, 245 für den nichtrechtsfähigen Verein; MünchKommBGB/*Mertens* § 823 Rn. 182, Fußnote 393; Staudinger/*Merten* Art. 2 EGBGB Rn. 91.

1199 *Steinkühler* Bedeutung von Unternehmensgrundsätzen, S. 180; zur Vertragstheorie, Normentheorie und modifizierter Normentheorie vgl. MünchKommBGB/*Reuter* § 25 Rn. 9 ff.

1200 Ausführlicher dazu auch Staudinger/*Merten* Art. 2 EGBGB Rn. 91; ebenso *Austmann* Gesellschaftsrechtliche Kautelarpraxis, RWS, S. 32.

1201 Ebenso *Austmann* Gesellschaftsrechtliche Kautelarpraxis, RWS, S. 32.

1202 GroßKommAktG/*Hopt* § 93 Rn. 480; *Hüffer AktG* § 117 Rn. 14; KölnKommAktG/*Mertens* § 117 Rn. 47; *Baums* Gutachten 63. DJT, F 231.

1203 *Larenz/Canaris* Schuldrecht II/2, § 78 I 1 a).

der hohen Anforderungen nur in ganz seltenen Einzelfällen gegeben[1204]. Denn Voraussetzung des § 826 BGB ist nicht nur ein objektiv sittenwidriges Verhalten, zusätzlich bedarf es auch des bedingten Schädigungsvorsatzes. Äußerst schwer zu fassen und in eine Definition zu bringen ist die Frage, wann ein Verhalten objektiv sittenwidrig ist[1205]. Eine häufiger gebrauchte Definition lautet, dass ein Verhalten sittenwidrig ist, wenn das Gesamtbild eines Vorgangs signifikant den Grundanschauungen über den loyalen Umgang unter Rechtsgenossen widerspricht[1206]. Dabei sind gravierendere Umstände nötig als das bloße Mitteilen einer Unwahrheit[1207]. Auch nicht jede Täuschung[1208] oder jedes rechtswidrige Verhalten[1209] sind sittenwidrig. Nicht ausreichend ist weiterhin die fehlerhafte Angabe in einer veröffentlichten Erklärung, vielmehr ist eine Gesamtwürdigung der Umstände erforderlich[1210]. Danach bedarf es zumindest eines grob leichtfertigen, gewissenlosen Verhaltens[1211], was neben der Leichtfertigkeit auch die Verfolgung eigensüchtiger Interessen ohne Berücksichtigung der Interessen Dritter voraussetzt[1212]. Weiterhin ist der Nachweis des bedingten Vorsatzes der Anlegerschädigung zu erbringen[1213]. Es genügt nicht, hierauf aus dem leichtfertigen Verhalten zu schließen[1214], insbesondere nicht bei fallenden Aktienkursen, da Unternehmensleiter regelmäßig an steigenden Kursen interessiert sind[1215]. Allerings ist in diesem Fall ein bedingter Schädigungsvorsatz bezüglich derjenigen Kapitalmarktteilnehmer möglich, die aufgrund hoher Kurse die Aktie zu teuer kaufen würden. Der Vorsatz muss sich nicht gegen eine bestimmte Person richten, es reicht aus, wenn dem Täter die Gefährdung bestimmter Personenkreise bewusst war[1216].

1204 *Steinkühler* Bedeutung von Unternehmensgrundsätzen, S. 153; *Wellkamp* Vorstand, Aufsichtsrat und Aktionär, Rn. 739; *Reichert/Weller* ZRP 2002, 49, 53.

1205 Vgl. nur die Ausführungen bei MünchKommBGB/*Mertens* § 826 Rn. 7 bis 50; aber auch *Möllers/Leisch* WM 2001, 1648, 1650.

1206 BGH NJW 1981, 2184, 2185; *Möllers/Leisch* WM 2001, 1648, 1650; *Reichert/Weller* ZRP 2002, 49, 53.

1207 *Rodewald/Siems* BB 2001, 2437, 2440.

1208 LG München ZIP 2001, 1814, 1818; problematisch daher *Möllers/Leisch* WM 2001, 1648, 1652 f., nach denen eine bewusst unrichtige Erteilung einer Auskunft sittenwidrig sein soll.

1209 *Möllers/Leisch* WM 2001, 1648, 1650.

1210 LG Kassel DB 2002, 2151.

1211 MünchKommBGB/*Mertens* § 826 Rn. 42; Palandt/*Thomas* § 826 BGB Rn. 8; *Thümmel* DB 2001, 2331, 2333.

1212 BGH NJW 1991, 3282, 3283; OLG München ZIP 2002, 1989, 1993; *Möllers/Leisch* WM 2001, 1648, 1654.

1213 LG Augsburg WM 2002, 592, 594; MünchKommBGB/*Mertens* § 826 Rn. 61; Palandt/*Thomas* § 826 BGB Rn. 10; *Larenz/Canaris* Schuldrecht II/2, § 78 III 1 a); *Berg/Stöcker* WM 2002, 1569, 1580; *Möllers/Leisch* WM 2001, 1648, 1650; *Thümmel* DB 2001, 2331, 2333.

1214 OLG München ZIP 2002, 1989, 1993.

1215 *Ettinger/Grützediek* AG 2003, 353, 360; *Thümmel* DB 2001, 2331, 2333; anders aber LG Augsburg ZIP 2001, 1881, 1883.

1216 MünchKommBGB/*Mertens* § 826 Rn. 63; Palandt/*Thomas* § 826 BGB Rn. 10.

Nötig ist daher für eine Haftung aus § 826 wegen Verstoßes gegen § 161 AktG und die damit zusammenhängenden sonstigen Pflichten, dass der Verstoß zumindest grob leichtfertig und gewissenlos begangen wird; außerdem ist nachzuweisen, dass bei Abgabe der Erklärung der Anspruchsgegner, also das konkrete Vorstands- oder Aufsichtsratsmitglied mit bedingtem Vorsatz hinsichtlich der Schädigung aktueller oder zukünftiger Aktionäre gehandelt hat. In der Tat wird dies nur in extremen Ausnahmefällen vorliegen und nachzuweisen sein[1217].

c) Prospekthaftung

Weitere Anspruchsgrundlagen gegen Mitglieder von Vorstand und Aufsichtsrat der Gesellschaft können sich aus der sogenannten Prospekthaftung ergeben. Dabei ist zu unterscheiden zwischen der spezialgesetzlichen Prospekthaftung (aa)) und der bürgerlich-rechtlichen Prospekthaftung (bb)).

aa) spezialgesetzliche Prospekthaftung

Die Einstandspflicht für mangelhafte obligatorische Prospekte in Bezug auf den Absatz spezifischer Kapitalanlageformen ist in verschiedenen Gesetzen ausdrücklich geregelt; hierfür wird der Begriff der spezialgesetzlichen Prospekthaftung gesprochen[1218]. Hierunter fallen insbesondere die §§ 44 Abs. 1, 55 BörsG[1219], aber auch § 13 VerkProspG, § 20 KAGG und § 12 AuslInvestmG.

(1) Börsengesetz

Zentraler Haftungstatbestand der börsengesetzlichen Prospekthaftung war bisher § 45 BörsG 1998[1220] in der Fassung des Dritten Finanzmarktförderungsgesetzes von 1998[1221]. Durch das Vierte Finanzmarktförderungsgesetz[1222] ist das

---

[1217] So auch MünchKommAktG/*Semler* § 161 Rn. 220; *Kollmann* WM-Sonderbeilage 1/2003, S. 15; *Seibt* AG 2002, 249, 256; *Sieg* FS Metzeler, S. 191, 204; wohl auch *Abram* ZBB 2003, 41, 48; *Austmann* Gesellschaftsrechtliche Kautelarpraxis RWS, S. 33; *Ettinger/Grützediek* AG 2003, 353, 360.

[1218] *Assmann* in: Assmann/Schütze, Hdb. Kapitalanlagerecht, § 7 Rn. 2; *Förster* Prospekthaftung, S. 7.

[1219] Die Paragraphen des Börsengesetzes werden in der seit dem Inkrafttreten des Vierten Finanzmarktförderungsgesetzes am 27.6.2002 geltenden Fassung zitiert; kommt es auf den Unterschied zur vorangegangenen Fassung an, werden sie mit „BörsG 2002" gekennzeichnet; vgl dazu auch noch unten Fußnote 1221.

[1220] *Kümpel* Bank- und Kapitalmarktrecht, Rn. 9.292; *Hopt* FS 50 Jahre BGH, 497, 525; Überblick über die hierzu bisher von der Rechtsprechung entschiedenen Fälle bei *Förster* Prospekthaftung, S. 31 ff.

[1221] Gesetz zur weiteren Fortentwicklung des Finanzplatzes Deutschland vom 24. März 1998, BGBl. I, S. 529 ff.; hier und im Folgenden als BörsG 1998 gekennzeichnet, um Verwechslungen mit der vorangegangenen – seit 1897 nahezu unveränderten – Rechtslage auszuschließen, die bereits als BörsG a.F. bezeichnet wird, während unter BörsG n.F. die ab dem 1. April 1998 geltende Rechtslage verstanden wird; vgl. etwa *Ellenberger* Prospekthaftung; *Förster* Prospekthaftung; *Gerber* Prospekthaftung; *Hamann* in: Schäfer WpHG u. a. §§ 45, 46 BörsG a.F. bzw. §§ 45, 46 BörsG n.F.

[1222] Gesetz vom 21. Juni 2002, BGBl. I, S. 2010.

Börsengesetz komplett neu gefasst und bekanntgemacht worden. Im Bereich der vorher in § 45 ff. BörsG 1998 geregelten Prospekthaftung hat sich hierdurch inhaltlich allerdings nur die Verjährungsvorschrift, § 47 BörsG 1998 geändert, so dass nach § 46 BörsG 2002 die Verjährung nunmehr ein Jahr (statt sechs Monaten) seit Kenntniserlangung des Erwerbers von der Unrichtigkeit oder Unvollständigkeit des Prospekts beträgt. Die Haftungsvoraussetzungen sind dagegen gleichgeblieben, sie sind jedoch in § 44 BörsG 2002 statt in § 45 BörsG 1998 geregelt, so dass dieser nunmehr als zentraler Haftungstatbestand der börsengesetzlichen Prospekthaftung anzusehen ist. Danach kann der

> „ (..) Erwerber von Wertpapieren, die auf Grund eines Prospekts zum Börsenhandel zugelassen sind, in dem für die Beurteilung der Wertpapiere wesentliche Angaben unrichtig oder unvollständig sind (...)
> 1. von denjenigen, die für den Prospekt die Verantwortung übernommen haben und
> 2. von denjenigen, von denen der Erlass des Prospekts ausgeht
> als Gesamtschuldner die Übernahme der Wertpapieren gegen Erstattung des Erwerbspreises (...) und der mit dem Erwerb verbundenen üblichen Kosten verlangen (...)“

Nach § 44 Abs. 4 BörsG gilt das auch für schriftliche Darstellungen, auf Grund deren Veröffentlichung der Emittent von der Pflicht zur Prospektveröffentlichung freigestellt ist. Gleiches gilt weiterhin für den Unternehmensbericht, der abzugeben ist, wenn Wertpapiere nur zum geregelten Markt zugelassen oder in diesen einbezogen werden sollen, vgl. § 49 Abs. 1 Satz 1 BörsG. Hierfür verweist § 55 BörsG (§ 77 BörsG 1998) auf die Regelung des § 44 BörsG. Vorteil dieser Haftungsgrundlagen gegenüber den anderen Anspruchsgrundlage der Prospekthaftung ist, dass ein kausaler Schaden nicht nachgewiesen werden muss[1223], denn es wird kein Schadensersatz gezahlt, sondern die Aktien werden gegen Erstattung von Erwerbspreis und -kosten zurückgenommen, wie sich aus dem Wortlaut des § 44 Abs. 1 Satz 1 BörsG ergibt.

(a) Börsenprospekt

Voraussetzung für die Haftung nach § 44 Abs. 1 BörsG ist zunächst das Vorliegen eines Börsenprospekts. Ein Prospekt ist nur diejenige Darstellung, aufgrund derer Wertpapiere zum Börsenhandel zugelassen wurden[1224], also nur der Börsenzulassungsprospekt im Sinne von §§ 30 Abs. 3 Nr. 2, 32 Abs. 1 Nr. 2 BörsG i.V.m. §§ 13 ff. BörsZulVO. Mit einem Börsenzulassungsprospekt gleichgestellt ist nach § 44 Abs. 4 BörsG auch eine schriftliche Darstellung, auf Grund deren Veröffentlichung der Emittent von der Pflicht zur Veröffentlichung des Prospekts befreit wurde. Schließlich kann nach § 55 BörsG Haftungsgrundlage auch der Unternehmensbericht sein, dessen Veröffentlichung

[1223] *Bachmann* WM 2002, 2137, 2140.
[1224] *Groß* Kapitalmarktrecht, §§ 45, 46 BörsG Rn. 10; *Assmann* in: Assmann/Schütze, Hdb. Kapitalanlagerecht, § 7 Rn. 200 m.w.N.

Voraussetzung für die Zulassung oder Einbeziehung eines Wertpapieres zum geregelten Markt nach §§ 49 Abs. 1 Satz 1, 51 Abs. 1 Nr. 2 BörsG ist.

Damit ist der Anwendungsbereich der spezialgesetzlichen Prospekthaftung nach dem Börsengesetz, § 44 Abs. 1 BörsG, auf den Fall beschränkt, dass im Börsenzulassungsprospekt oder einer diesem gleichgestellten Darstellung falsche Angaben gemacht wurden. Die Entsprechenserklärung nach § 161 AktG als solche ist weder ein Börsenzulassungsprospekt noch eine sonstige Darstellung im Sinne der börsengesetzlichen Haftungsnormen[1225].

Daher kommt eine Haftung aus § 44 Abs. 1 BörsG sowie den anderen Prospekthaftungsnormen im Zusammenhang mit der Abgabe der Entsprechenserklärung ausschließlich für den Sonderfall in Betracht, dass ein Börsenzulassungsprospekt nach §§ 30 Abs. 3 Nr. 2, 32 Abs. 1 Nr. 2 BörsG i.V.m. §§ 13 ff. BörsZulVO erstellt wurde. Fraglich ist dann zum einen, ob eine Pflicht zur Angabe der Entsprechenserklärung im Börsenzulassungsprojekt besteht. Zum anderen ist zu fragen, ob die Angabe einer fehlerhaften Entsprechenserklärung in einem solchen Prospekt dazu führen kann, dass es zu einer Haftung nach § 44 Abs. 1 BörsG[1226] kommt. Das ist der Fall, wenn im Prospekt wesentliche Angaben unrichtig oder unvollständig sind.

(b) Haftungstatbestand

Voraussetzung für die Prospekthaftung nach dem Börsengesetz ist, dass im Börsenprospekt solche Angaben unrichtig oder unvollständig sind, die für die Beurteilung des entsprechenden Wertpapiers wesentlich sind. Dabei fallen unter den Begriff der Angaben nicht nur Tatsachen, sondern auch Werturteile und Prognosen[1227]. Diese Angaben müssten unrichtig ((aa)) oder unvollständig ((bb)) sein; außerdem führt nur die Unrichtigkeit oder Unvollständigkeit wesentlicher Angaben zu einer Prospekthaftung ((cc)).

(aa) unrichtige Angaben

Angaben in einem Börsenzulassungsprospekt sind unrichtig, wenn sie nicht der Wahrheit entsprechen[1228], also mit der objektiven Sachlage nicht übereinstimmen[1229]. Wird die Entsprechenserklärung in den Börsenprospekt aufgenommen, dann müssen die in ihr enthaltenen Angaben mit der tatsächlichen Unternehmenspraxis übereinstimmen. Ist dies nicht der Fall, dann sind diese Angaben unrichtig. Ändert sich die Unternehmenspraxis und damit

---

1225 Allgemeine Meinung, vgl. *Austmann* Gesellschaftsrechtliche Kautelarpraxis, RWS, S. 34; *Berg/Stöcker* WM 2002, 1569, 1582; *Ettinger/Grützediek* AG 2003, 353, 361.

1226 Aus Gründen der Lesbarkeit werden die weiteren Voraussetzungen nur noch an § 44 Abs. 1 BörsG geprüft; für die Aufnahme der Entsprechenserklärung in die schriftliche Darstellung nach § 44 Abs. 4 BörsG sowie den Unternehmensbericht nach §§ 49 Abs. 1 Satz 1, 51 Abs. 1 Nr. 2 BörsG gelten sie entsprechend.

1227 Begr. RegE, BT-Drs. 13/8933, S. 76; *Gerber* Prospekthaftung, S. 119; *Groß* Kapitalmarktrecht §§ 45, 46 BörsG, Rn. 24.

1228 *Groß* Kapitalmarktrecht, §§ 45, 46 BörsG Rn. 27.

1229 *Gerber* Prospekthaftung, S. 119.

auch die Entsprechenserklärung bis zur Einführung der Wertpapiere[1230], so hat der Prospekt berichtigt zu werden. Dies ist durch § 45 Abs. 2 Nr. 4 BörsG ausdrücklich ermöglicht und kann durch eine Berichtigung geschehen, etwa indem dem Prospekt ein Einlageblatt beigefügt wird.

(bb) unvollständige Angaben

Unklarer ist, wann ein Prospekt unvollständig ist. Dies liegt daran, dass in §§ 13 ff. BörsZulVO eine Vielzahl von Angaben genannt wird, die der Prospekt zulassungsrechtlich enthalten muss. Zwar bestimmt § 13 BörsZulVO

> „(1) Der Prospekt muss über die tatsächlichen und rechtlichen Verhältnisse, die für die Beurteilung der zuzulassenden Wertpapiere erheblich sind, Auskunft geben und richtig und vollständig sein. (...)
> (2) Der Prospekt muss (...) insbesondere Angaben enthalten über (...).“

Allerdings können die haftungsrechtlichen Informationspflichten einerseits über die zulassungsrechtlichen hinausgehen[1231]. Außerdem sind die Aufzählungen in § 13 Abs. 2 BörsZulVO nicht abschließend, wie zum einen das „insbesondere“ in § 13 Abs. 2 BörsZulVO zeigt, zum anderen § 13 Abs. 1 BörsZulVO, der eine Generalklausel enthält. Andererseits muss das Fehlen zulassungsrechtlicher Angaben nicht zwingend zu einer Haftung führen[1232]. Soweit vertreten wird, ein Prospekt sei unvollständig, wenn im Prospekt Angaben fehlen, die für die Anlageentscheidung eines durchschnittlichen Investors erheblich sind[1233], so führt dies nicht weiter, da das Kriterium der Erheblichkeit dem des in § 13 Abs. 1 BörsZulVO genannten der Wesentlichkeit gleichsteht[1234].

In Anlehnung an die Rechtsprechung wird daher häufig vertreten, ein Prospekt sei unvollständig, wenn er – teilweise: neben den nach §§ 13 ff. BörsZulVO nötigen Angaben[1235] – nicht alle zur Beurteilung des Emittenten und der Wertpapiere und damit zu einer sachlich fundierten Anlageentscheidung erforderlichen Informationen enthalte[1236]. Andere meinen, dies sei nur der Fall, wenn Angaben fehlten, die für den Anlageentschluss eines durchschnittlichen

---

1230 Nur bis zu diesem Zeitpunkt besteht nach ganz h.M. eine Aktualisierungspflicht, vgl. BGH WM 1998, 1772, 1774 f.; *Gerber* Prospekthaftung, S. 120 f.; *Groß* Kapitalmarktrecht, §§ 45, 46 BörsG Rn. 34 b; *Hamann* in: Schäfer WpHG u.a., §§ 45, 46 BörsG a.F., Rn. 89 f.

1231 LG Frankfurt WM 1992, 1768, 1770 f.; *Kümpel* Bank- und Kapitalmarktrecht, Rn. 9.301; *Gerber*, Prospekthaftung, S. 122 m.w.N.

1232 *Groß* Kapitalmarktrecht, §§ 45, 46 BörsG Rn. 28.

1233 *Förster* Prospekthaftung, S. 107.

1234 Vgl. vor allem zur Gesetzeslage vor Inkrafttreten des Dritten Finanzmarktförderungsgesetzes, als nach dem Gesetzestext zwischen der Erheblichkeit unrichtiger Angaben und der Wesentlichkeit unvollständiger Tatsachen unterschieden wurde, ohne dass dies einen sachlichen Unterschied bedeutet hätte *Hamann* in: Schäfer WpHG u.a., §§ 45, 46 BörsG a.F., Rn. 116 m.w.N.; *Gerber* Prospekthaftung, S. 122 f. m.w.N.

1235 BGHZ 139, 225; *Gerber*, Prospekthaftung, S. 122.

1236 *Gebauer* Börsenprospekthaftung, S. 49 m.w.N.

Investors ausschlaggebend seien[1237]. Schließlich wird ein Prospekt im Regelfall dann als vollständig angesehen, wenn er die Angaben nach §§ 13 ff. BörsZulVO enthalte[1238]. Allerdings könnten besondere Umstände des Einzelfalls dazu führen, dass sowohl weniger als auch mehr Informationen als in diesem Katalog nötig seien[1239]. Der letztgenannten Auffassung ist zumindest insofern zuzustimmen, als dass durch die Angabe der in §§ 13 ff. BörsZulVO geforderten Informationen der Prospekt vollständig ist. Denn diese Angaben hat der Gesetz- bzw. Verordnungsgeber als typischerweise von jedem Unternehmen zu machen angesehen und sie deshalb in die Börsenzulassungsverordnung übernommen. Die sich darüber hinaus aus der Bewertung des konkreten Einzelfalls ergebende Informationspflicht bezieht sich auf Angaben, die nicht typischerweise für jedes Unternehmen zutreffen.

Hinsichtlich der Pflicht zur Angabe der Entsprechenserklärung im Börsenzulassungsprospekt ergibt sich daraus zweierlei: Einerseits ist klar, dass Unternehmen, die noch gar nicht an der Börse notiert sind, keine Pflicht zur Abgabe der Entsprechenserklärung nach § 161 AktG haben. Insofern fällt diese nicht unter die Angaben, die von allen Unternehmen zu befolgen sind. Andererseits haben alle Unternehmen, die bereits börsennotiert sind, nach § 161 AktG eine Entsprechenserklärung abzugeben; wählt man diese Unternehmen als Referenzgröße, dann spräche die Nichterwähnung der Entsprechenserklärung in den §§ 13 ff. BörsZulVO dafür, dass der Gesetzgeber die Entsprechenserklärung nicht als eine Angabe ansieht, die zu machen ist, um eine Vollständigkeit des Börsenzulassungsprospekts zu erreichen. Als Referenzgröße ist aber jedes Unternehmen zu sehen, das die Börsenzulassung beantragt. Daher verdient erstgenannte Begründung den Vorzug, nach der § 161 AktG deswegen nicht in §§ 13 ff. BörsZulVO erwähnt wird, weil die bisher nicht börsennotierten Unternehmen noch gar keiner Pflicht zur Abgabe einer Entsprechenserklärung unterliegen. Eine bereits vorhandene Erklärung ist daher im Prospekt anzugeben. Dagegen kann man nicht einwenden, dass diejenigen Anleger, für die der Inhalt der Entsprechenserklärung wichtig ist, um eine sachlich fundierte Anlageentschiedung treffen zu können, diese in der Regel im Internet abrufen können. Denn zum einen ist die Entsprechenserklärung nur den Aktionären zugänglich zu machen, so dass eine Veröffentlichung im Internet nicht zwingend ist[1240]. Zum anderen enthalten die §§ 13 ff. BörsZulVO die Pflicht zur Angabe vieler Informationen, auf die man auch auf anderen Wegen gelangen kann, und dennoch sind sie zusätzlich im Zulassungsprospekt anzugeben. Ebensowenig kann angeführt werden, dass nicht für alle Investoren die Einhaltung guter Corporate Governance für seine Anlageentscheidung von Bedeutung ist. Denn die Beurteilung der Vollständigkeit des

1237 *Ellenberger* Prospekthaftung, S. 35.

1238 *Groß* Kapitalmarktrecht, § 45, 46 BörsG, Rn. 28; in diese Richtung auch OLG Frankfurt WM 1994, 291, 297.

1239 *Groß* Kapitalmarktrecht, § 45, 46 BörsG, Rn. 29.

1240 Vgl dazu oben Kapitel 3 C.VI. (Seite 100 ff.).

Zulassungsprospekts richtet sich nach dem durchschnittlichen Investor, und für diesen stellt gute Corporate Governance ein Gesichtspunkt für seine Anlageentscheidung dar. Damit müssen diejenigen Unternehmen, die nach § 161 AktG verpflichtet sind, eine Entsprechenserklärung abzugeben, diese bei einem neuerlichen Börsengang auch im Prospekt angeben[1241], da ansonsten ihr Börsenprospekt unvollständig ist.

Hinzu kommt, dass selbst bei Ablehnung der Pflicht zur Aufnahme der Entsprechenserklärung in den Prospekt eine solche dann freiwillig erfolgen sollte. Denn nimmt ein Unternehmen mit Hinweis auf etwaige Haftungsgefahren die Entsprechenserklärung nicht in den Prospekt auf, würde dies deutlich zeigen, wie wenig Vertrauen das Unternehmen in die von seinem eigenen Vorstand und Aufsichtsrat abgegebene Entsprechenserklärung hat. Dies hätte zumindest börsenpsychologisch eine verheerende Wirkung.

(cc) wesentliche Angaben

Für die Haftung nach § 44 Abs. 1 BörsG reicht allerdings die Unrichtigkeit oder Unvollständigkeit des Prospekts nicht aus. Vielmehr müssen die unrichtigen oder unvollständigen Angaben wesentlich für die Beurteilung des Wertpapiers sein. Wesentlich sind dabei diejenigen Angaben, die zu den wertbildenden Faktoren der Wertpapiere gehören[1242], worunter nicht einmal alle Angaben fallen, die gemäß §§ 13 ff. BörsZulVO zwingend im Börsenzulassungsprospekt zu machen sind[1243]. Welche Angaben wesentlich sind, richtet sich nach ihrer abstrakten Bedeutung für die Anlageentscheidung und nach den jeweiligen Umständen der Emission im Einzelfall[1244]. Wesentlich sind alle Angaben, die oder deren Folgen den von den Anlegern verfolgten Zweck gefährden oder geeignet sind, potentielle Anleger vom Erwerb der angebotenen Wertpapiere abzuhalten[1245], nach anderer Auffassung ist im konkreten Fall zu entscheiden, ob sich bei einer ordnungsgemäßen Angabe die für die Beurteilung der Wertpapiere relevanten maßgeblichen tatsächlichen oder rechtlichen Verhältnisse verändern würden[1246]. Wieder andere meinen, wesentlich seien alle Informationen, die für eine sachliche und fundierte Anlageentscheidung notwendig sind[1247]. Nach all diesen Meinungen ist die Entsprechenserklärung eine für die Bewertung eines Wertpapieres wesentliche Information. Denn eine in ihr offengelegte Abweichung vom Kodex kann potentielle Erwerber abhalten, in das angebotene Wertpapier zu investieren –

1241 A.A *Ettinger/Grützediek* AG 2003, 353, 361; wohl auch *Berg/Stöcker* WM 2002, 1569, 1582.
1242 *Groß* Kapitalmarktrecht, §§ 45, 46 BörsG Rn. 37; *Assmann* in: Assmann/Schütze, Hdb. Kapitalanlagerecht, § 7 Rn. 66.
1243 *Groß* Kapitalmarktrecht, §§ 45, 46 BörsG Rn. 37; *Hauptmann* in: Vortmann (Hrsg.), Prospekthaftung, § 3 Rn. 64 m.w.N. auch zur Gegenmeinung.
1244 *Gerber* Prospekthaftung S. 112.
1245 BGHZ 139, 225, 231.
1246 Begr. RegE, BT-Drs. 13/8933, S. 76; ebenso *Förster* Prospekthaftung, S. 99.
1247 Schäfer/*Hamann* WpHG, §§ 45, 46 n.F. Rn. 31 a.E.

etwa solche, die nur in Unternehmen investieren, die den Kodex ohne Abweichungen einhalten. Für diese Anleger ändern sich dann auch die für die Beurteilung des Wertpapiers relevanten Verhältnisse. Für sie ist die Entsprechenserklärung notwendig, um eine sachliche und fundierte Anlageentscheidung zu treffen[1248]. Daher ist die Aufnahme der Entsprechenserklärung oder zumindest ihr inhaltlicher Aussagegehalt notwendig, da ansonsten der Prospekt unvollständig ist[1249]. Fraglich ist, ob sich die Frage der Wesentlichkeit ändert, wenn die Entsprechenserklärung nicht aufgrund der Pflicht nach § 161 AktG abgegeben wurde, sondern – wie in Prämbel Abs. 11 DCGK empfohlen – von einem (noch) nicht-börsennotierten Unternehmen freiwillig abgegeben wurde und im Zulassungsprospekt für den erstmaligen Börsengang publiziert wurde[1250]. Allerdings ist damit auch schon der einzige Unterschied genannt, nämlich dass für ein solches Unternehmen vor dem Börsengang noch keine gesetzliche Pflicht zur Abgabe der Entsprechenserklärung aus § 161 AktG besteht und damit auch keine Pflicht zur Angabe der Entsprechenserklärung im Prospekt. Da aber die Haftung nach § 44 Abs. 1 BörsG für unrichtige Angaben auch bei freiwilligen Angaben gilt[1251], ändert sich hier nichts an der Beurteilung der Frage der Wesentlichkeit. Auch im Fall der Aufnahme einer freiwillig abgegebenen Entsprechenserklärung in den Prospekt bei einem erstmaligen Börsengang ist diese Angabe wesentlich, und die Prospekthaftung kann hiernach eingreifen.

Wird die Entsprechenserklärung in den Börsenprospekt aufgenommen – was bei Gesellschaften, die bereits börsennotiert sind, zwingend ist – so kommt es bei Vorliegen der sonstigen Voraussetzungen zu einer Haftung nach § 44 Abs. 1 Satz 1 BörsG[1252].

(c) Haftungsverpflichtete

Für eine Haftung von Mitgliedern von Vorstand und Aufsichtsrat[1253] ist erforderlich, dass diese dem in § 44 Abs. 1 Satz 1 BörsG genannten Personenkreis angehören. Sie müssen also zu denen gehören, die für den Prospekt die Verantwortung übernommen haben, § 44 Abs. 1 Satz 1 Nr. 1

1248 Zur Frage der Wesentlichkeit auch bereits oben Kapitel 5 B.III.1.c)aa)(1) (Seite 178 ff.).

1249 Im Ergebnis – allerdings ohne nähere Begründung – auch *Bachmann* WM 2002, 2137, 2140, Fußnote 59, der außerdem darauf hinweist, dass eine gesonderte Angabe des Inhalts der Entsprechenserklärung nur nach § 13 Abs. 5 BörsZulVO entfällt, wenn die Entsprechenserklärung in den Anhang aufgenommen wurde.

1250 Dieser Fall wird auch von *Bachmann* WM 2002, 2137, 2140, nicht besprochen.

1251 *Gebauer* Börsenprospekthaftung, S. 49

1252 So auch *Abram* ZBB 2003, 41, 43; *Berg/Stöcker* WM 2002, 1569, 1582; enger hingegen *Kollmann* WM-Sonderbeilage 1/2003, S. 15 f., die aber nicht hinreichend zwischen spezialgesetzlicher und zivilrechtlicher Prospekthaftung unterscheidet: Haftung nur, wenn die Erklärung werbend ausgeschmückt wird und als Instrument der Öffentlichkeitsarbeit eingesetz wird.

1253 Zur Haftung des Emittenten, also der Gesellschaft, nach § 44 BörsG s. unten B.I. (Seite 269 f.).

BörsG, oder von ihnen muss der Erlass des Prospekts ausgehen, § 44 Abs. 1 Satz 1 Nr. 2 BörsG.

Fraglich ist, ob Mitglieder des Vorstands zu den Prospektverantwortlichen[1254] nach § 44 Abs. 1 Satz 1 Nr. 1 BörsG zählen. Dann müßten sie nach außen hin, also für die Anleger unmittelbar erkennbar, die Verantwortung für den Prospekt übernommen haben[1255]. Dazu gehören zumindest diejenigen, die in Erfüllung der Anforderungen aus § 14 BörsZulVO im Prospekt als Verantwortliche aufgeführt sind, da die Übernahme der Prospektverantwortlichkeit als Verantwortlichkeit für den gesamten Prospektinhalt zu verstehen ist[1256]. Allerdings handelt der Vorstand des Emittenten, wenn er den Prospekt unterschreibt, grundsätzlich als gesetzlicher Vertreter des Emittenten nach § 78 AktG[1257] und kann daher aus diesem Grund nicht persönlich in Anspruch genommen werden. Anders ist dies nur, wenn er zusätzlich nach außen hin erkennbar auch persönlich die Verantwortung übernommen hat. Die Mitglieder des Aufsichtsrats vertreten dagegen die Gesellschaft nicht nach § 78 AktG. Unterschreiben sie den Prospekt und treten damit nach außen hin in Erscheinung, so werden sie regelmäßig Prospektverantwortliche nach § 44 Abs. 1 Satz 1 Nr. 1 BörsG sein.

Nach § 44 Abs. 1 Satz 1 Nr. 2 BörsG haften auch die tatsächlichen Urheber des Prospekts, die teilweise als Prospektveranlasser bezeichnet werden[1258]. Diese stehen hinter den eigentlichen Erlassern des Prospekts, ihre Haftung tritt ein, ohne dass sie nach außen in Erscheinung treten[1259]. Entscheidend ist vielmehr, dass sie an der Gestaltung des Prospekts mitgewirkt haben und ein eigenes wirtschaftliches Interesse an der Emission haben[1260]. Ob hierunter auch die Vorstandsmitglieder einer Gesellschaft fallen, ist umstritten. Teilweise wird dies

---

1254 Diese Gruppe wird teilweise als „Prospekterlasser" bezeichnet, während die unter § 44 Abs. 1 Satz 1 Nr. 2 BörsG fallende Gruppe als „Prospektveranlasser" bezeichnet wird, vgl. etwa Baumbach/*Hopt HGB*, § 45 BörsG Rn. 3 und 4; *Hamann* in: Schäfer WpHG u. a., §§ 45, 46 BörsG n.F, Rn. 11. Allerdings benennt schon § 45 BörsG 1998 diese Gruppe als diejenigen „die für den Prospekt die Verantwortung übernommen haben", während nur in der bis zum 1. April 1998 geltenden Version von denjenigen „die den Prospekt erlassen haben" gesprochen wurde. Seit 1998 wird der „Erlass des Prospekts" nur noch in § 45 Abs. 1 Satz 1 Nr. 2 BörsG genannt, so dass beim Begriff der „Prospekterlasser" auch diese Alternative gemeint werden kann, so etwa bei *Förster* Prospekthaftung, S. 129.

1255 *Gerber* Prospekthaftung, S. 124.

1256 Begr. RegE, BT-Drs. 13/8933, S. 78; *Assmann* in: Assmann/Schütze, Hdb. Kapitalanlagerecht, § 7 Rn. 203; Baumbach/*Hopt* HGB, § 45 BörsG Rn. 3; *Kümpel* Bank- und Kapitalmarktrecht, Rn. 9.311; im Ergebnis auch *Gerber* Prospekthaftung, S. 125 f.; *Förster* Prospekthaftung, S. 117.

1257 So auch *Gerber* Prospekthaftung, S. 126 f.

1258 Vgl. dazu aber die Anmerkung in Fußnote 1254.

1259 *Gerber* Prospekthaftung, S. 128; *Ellenberger* Prospekthaftung, S. 30; Baumbach/*Hopt HGB*, § 45 BörsG Rn. 4.

1260 Begr. RegE, BT-Drs. 13/8933, S. 78; Baumbach/*Hopt* HGB, § 45 BörsG Rn. 4; *Groß* Kapitalmarktrecht, Rn. 20; *Schwark* BörsG, §§ 45, 46 Rn. 7; *Assmann* in: Assmann/Schütze, Hdb. Kapitalanlagerecht, § 7 Rn. 204; *Kümpel* Bank- und Kapitalmarktrecht Rn. 9.311.

kategorisch abgelehnt mit der Begründung, die Einflussmöglichkeit des Vorstands ergebe sich aus seiner Organstellung, daher könne er nicht Hintermann sein[1261]. Von der herrschenden Meinung wird diese Möglichkeit aber bejaht. Mitglieder des Vorstands seien dann gleichzeitig Hintermänner, wenn sie aus eigenem Interesse den Erlass eines Prospekts mit unrichtigen oder unvollständigen Angaben bewirkt hätten[1262]. Unter diesen Voraussetzungen sei auch die Haftung von Mitgliedern des Aufsichtsrats denkbar[1263], vor allem wenn sie die Prospekterstellung maßgeblich steuerten[1264].

Richtigerweise folgt die Haftung nicht aus der Organstellung alleine. Vielmehr kommt es zu einer Haftung, wenn die zusätzlichen Voraussetzungen vorliegen, die – unabhängig von der Organstellung – zu einer Urheberschaft für den Prospekt nach § 44 Abs. 1 Satz 1 Nr. 2 BörsG führen würden. Dies ist beim Aufsichtsrat bereits gegeben, wenn er die Prospekterstellung maßgeblich steuert. Für den Vorstand ist dies nicht ausreichend. Hier muss ein gesteigertes eigenes wirtschaftliches Interesse vorliegen, ein bloßes persönliches Interesse reicht nicht aus. Denkbar ist dies etwa, wenn der Vorstand selbst erhebliche Anteile an der Gesellschaft hält und daher vom falschen Prospekt auch wirtschaftlich profitiert. Durch eine solche Einschränkung wird vermieden, dass es zu einem generellen Durchgriff auf Organe kommt[1265].

(d) Sonstige Voraussetzungen

Die sonstigen Voraussetzungen der Haftung nach § 44 Abs. 1 BörsG weisen keine Besonderheiten auf[1266]. So müssen die Wertpapiere gemäß § 44 Abs. 1 Satz 1 BörsG a.E. nach Veröffentlichung des Prospekts und innerhalb von sechs Monaten nach erstmaliger Einführung der Wertpapiere erworben worden sein. Die Haftung ist nach § 45 Abs. 1 BörsG auf grobe Fahrlässigkeit hinsichtlich der Unrichtigkeit oder Unvollständigkeit beschränkt. Außerdem sind die Ausschlussgründe des § 45 Abs. 2 BörsG zu beachten. Wie schon erwähnt kann der Geschädigte nur Erstattung des Erwerbspreises – sowie Erstattung der üblichen Erwerbskosten – verlangen, so dass nachfolgende Veränderungen des Preises nicht zu Lasten des Prospektverantwortlichen gehen[1267]. Wie § 44 Abs. 2 Satz 1 BörsG klarstellt, muss der Anspruchsteller nicht mehr Inhaber der Wertpapiere sein. Außerdem verjähren die Ansprüche gemäß § 46 BörsG ein Jahr nach Kenntnis von der Unrichtigkeit oder Unvollständigkeit der

1261 *Gerber* Prospekthaftung, S. 129 f.

1262 *Hamann* in: Schäfer WpHG u. a., §§ 45, 46 a.F., Rn. 43; ähnlich *Förster* Prospekthaftung, S. 129; *Thümmel* Haftung, Rn. 274.

1263 *Thümmel* Haftung, Rn. 274.

1264 *Ellenberger* Prospekthaftung, S. 31 m.w.N.

1265 Baumbach/*Hopt* HGB § 45 BörsG Rn. 4; in diese Richtung auch *Fleischer* Gutachten 64. DJT, F 63.

1266 Vgl. im Detail die Darstellungen bei *Ellenberger* Prospekthaftung, S. 38 ff.; *Gerber* Prospekthaftung, S. 135 ff.; *Förster* Prospekthaftung, S. 143 ff.; sowie in der einschlägigen Kommentarliteratur.

1267 *Ellenberger* Prospekthaftung, S. 60 mit Verweis auf Begr. RegE, BT-Drs. 12/8933, S. 78.

Prospektangaben, spätestens aber nach drei Jahren seit Veröffentlichung des Prospekts.

(2) Sonstige spezialgesetzliche Prospekthaftung

Weitere Prospekthaftungsansprüche sind in § 13 Abs. 1 VerkProspG geregelt, der ebenso wie § 55 BörsG auf § 44 BörsG verweist, sowie in § 20 KAGG und § 12 AuslInvestmG für die investmentrechtliche Prospekthaftung. Bei allen diesen Regelungen handelt es sich um Erfordernisse der Veröffentlichung von Prospekten anlässlich einer Markteinführung, so dass sie regelmäßig nicht einschlägig sind zur Begründung einer Haftung wegen der Abgabe einer fehlerhaften Entsprechenserklärung. Liegt hingegen der Sonderfall der Abgabe einer Entsprechenserklärung in Zusammenhang mit einer Markteinführung vor, können diese Normen einschlägig sein.

§ 13 Abs. 1 VerkProspG regelt die Prospekthaftung, wenn ein Verkaufsprospekt nach § 1 VerkProspG zu erstellen ist, also wenn Wertpapiere im Inland öffentlich angeboten werden, sie aber nicht zum Handel an einer inländischen Börse zugelassen sind, noch kein Prospekt veröffentlicht wurde und keine der Ausnahmen nach §§ 2 bis 4 VerkProspG einschlägig ist. Die dem Verkaufsprospektgesetz unterfallenden Gesellschaften sind daher gerade keine börsennotierten Aktiengesellschaften nach § 3 Abs. 2 AktG, so dass für diese Gesellschaften keine Pflicht zur Abgabe der Entsprechenserklärung nach § 161 AktG besteht. Wird im Sonderfall der Markteinführung hingegen eine Entsprechenserklärung freiwillig – wie in Präambel Abs. 11 DCGK vorgeschlagen – abgegeben, so ergibt sich keine andere Behandlung als bei § 44 BörsG für den Fall, dass die Erklärung freiwillig in den Börsenzulassungsprospekt übernommen wurde. In diesem Fall – und unter Erfüllung der sonstigen Voraussetzungen – ist eine Haftung nach § 13 Abs. 1 VerkProspG gegeben.

Eine Haftung nach den investmentrechtlichen Anspruchsgrundlagen ist ebenso zu bewerten. Das mag überraschen, da die Entsprechenserklärung nach § 161 AktG nicht für Kapitalanlagegesellschaften im Sinne des § 1 KAGG abzugeben ist. Wie bei § 44 BörsG entschiedet aber § 19 KAGG, welche Angaben in den Verkaufsprospekt aufgenommen werden müssen. Wird in einer der Beschreibungen des Verkaufsprospekts – freiwillig – erklärt, dass den Regeln des DCGK entsprochen wird, so ist dies eine freiwillige Angabe, die aber wesentliche Bedeutung im Sinne des §§ 19 Abs. 2 Satz 2, 20 Abs. 1 Satz 1 KAGG haben kann. In diesem Fall ist eine Haftung denkbar; gleiches gilt für Angaben nach §§ 3 Abs. 2 Satz 1, 12 Abs. 1 Satz 1, Abs. 2 AuslInvestmG.

bb) bürgerlich-rechtliche Prospekthaftung

Die bürgerlich-rechtliche Prospekthaftung, die auch als richterrechtliche oder allgemein-zivilrechtliche Haftung bezeichnet wird[1268], ist aus den Grundsätzen der c.i.c. entwickelt worden. Sofern dabei den Regeln der c.i.c. gefolgt wird, wird sie als Prospekthaftung im weiteren Sinne bezeichnet[1269] ((1)). Davon zu unterscheiden ist die Prospekthaftung im engeren Sinne, die ein eigenständiges Rechtsinstitut mit eigenen Regeln darstellt ((2)). Es handelt sich hierbei um Formen der Erklärungs- oder Vertrauenshaftung[1270]. Dies ist deshalb von Bedeutung, da Vorstand und Aufsichtsrat an vertraglichen Vereinbarungen beim Aktienerwerb eines Investors üblicherweise nicht beteiligt sind[1271], so dass ein vertraglicher Anspruch gegen sie regelmäßig ausscheidet. Dagegen lässt sich ein solcher Anspruch gegebenenfalls auf Vertrauen gründen, denn nach Aussage Präambel Abs. 1 Satz 3 DCGK ist eines der Ziele des Kodex, das Vertrauen der Anleger – und anderer Gruppen – in die Leitung und Überwachung deutscher börsennotierter Aktiengesellschaften zu fördern[1272].

(1) Eigenhaftung Dritter (c.i.c.), § 311 Abs. 3, 241 Abs. 2 i.V.m. § 280 Abs. 1 Satz 1 BGB

Grundlage der bürgerlich-rechtlichen Prospekthaftung im weiteren Sinne ist die aus der c.i.c. abgeleitete, von der Rechtsprechung entwickelte[1273] Eigenhaftung Dritter[1274]. Diese ist nunmehr durch das Schuldrechtsreformgesetz[1275] ausdrücklich im Gesetz angesprochen. Denn nach § 311 Abs. 3 Satz 1 BGB kann ein Schuldverhältnis auch zu Personen entstehen, die nicht selbst Vertragspartei werden. Voraussetzung für die Eigenhaftung Dritter ist ein unmittelbares eigenes wirtschaftliches Interesse oder die Inanspruchnahme eines besonderen persönlichen Vertrauens, durch das die

---

1268 Vgl. die Nachweise bei *Förster* Prospekthaftung, S. 7 sowie die Ausführungen von *Assmann* in: Assmann/Schütze, Hdb. Kapitalanlagerecht, § 7 Rn. 3.

1269 *Förster* Prospekthaftung, S. 81 ff.; *Assmann* in: Assmann/Schütze, Hdb. Kapitalanlagerecht, § 7 Rn. 14 f.; *Hamann* in: Schäfer WpHG u.a., §§ 45, 46 a.F., Rn. 23; gegen diese Begrifflichkeit aber *Ellenberger* Prospekthaftung, S. 101 f.

1270 Dagegen ist dies bei der spezialgesetzlichen Prospekthaftung umstritten, sie wird teilweise auch als deliktische Haftung verstanden, vgl. *Gebauer* Börsenprospekthaftung, S. 72 ff.; *Groß* Kapitalmarktrecht, §§ 45, 46 BörsG Rn. 4; *Hamann* in: Schäfer WpHG u.a., §§ 45, 46 BörsG a.F. Rn. 15 ff.

1271 Vgl. etwa *Lutter* FS Druey 463, 470.

1272 So auch *Bachmann* WM 2137, 2140; nach *Lutter* FS Druey, S. 463, 469 f. ist die Werbung um Vertrauen von Investoren, also zukünftigen Gesellschaftern, sogar hauptsächlicher Sinn und Zweck des Kodex.

1273 Überblick bei *von Bar* ZGR 1983, 476.

1274 *Ulmer*, AcP 202 (2002), 172 unter dem Begriff „Sachwalter", die teilweise auch nur als eine spezielle Form der Eigenhaftung Dritter gesehen wird, vgl. MünchKommBGB/*Emmerich* § 311 Rn. 204 und 221 ff.; generell zur Prospekthaftung im weiteren Sinne etwa *Förster* Prospekthaftung, S. 81 ff., *Ellenberger* Prospekthaftung, S. 100 ff.

1275 Gesetz zur Modernisierung des Schuldrechts vom 29.11.2001, BGBl. I, S. 3138.

Vertragsverhandlungen oder der Vertragsschluss erheblich beeinflusst wurden[1276].

Beispielhaft für das Entstehen eines Schuldverhältnisses zu Dritten nennt § 311 Abs. 3 Satz 2 BGB die Inanspruchnahme eines besonderen Maßes an Vertrauen. Das ist der Fall, wenn der Vertreter unter Hinweis auf seine besondere Sachkunde oder Zuverlässigkeit dem anderen Teil eine zusätzliche persönliche Gewähr für das Gelingen des Geschäfts gibt[1277]. Der Geschäftsleiter einer Gesellschaft nimmt aber, wenn er in dieser Eigenschaft handelt, regelmäßig nur ein normales Vertrauen in Anspruch[1278]. Vor allem aber ist ein persönlicher Verhandlungs- und Vertrauenskontakt zwischen den Beteiligten nötig[1279], was zwischen den Mitgliedern von Vorstand und Aufsichtsrat einerseits und einem einfachen Anleger andererseits regelmäßig gerade nicht der Fall ist[1280]. Hier handelt es sich nicht um ein persönliches, sondern um ein typisiertes Vertrauen des Anlegers in die Verwaltungsorgane[1281]. Dies gilt auch, wenn Vorstand und Aufsichtsrat die Entsprechenserklärung abgeben, also ihrer Pflicht aus § 161 AktG nachkommen. Denn sonst stünden sie bei allen Handlungen persönlich in der Haftung, was mit dem Aktienrecht nicht zu vereinbaren wäre[1282].

Ebenfalls abzulehnen ist die Eigenhaftung Dritter aus der Fallgruppe des besonderen wirtschaftlichen Eigeninteresses. Das liegt allerdings nicht daran, dass diese Alternative in § 311 Abs. 3 BGB nicht mehr ausdrücklich geregelt ist. Denn § 311 Abs. 3 Satz 2 BGB enthält nur eine beispielhafte Aufzählung, die Fallgruppe des unmittelbaren, besonderen wirtschaftlichen Eigeninteresses fällt nach wie vor hierunter[1283]. Allerdings ist ihr Anwendungsbereich – nach einer zwischenzeitlichen weiten Ausdehnung dieser Rechtsprechung etwa auf den GmbH-Gesellschaftergeschäftsführer[1284] – nur sehr gering. So wird ein – für die Haftung nicht ausreichendes – nur mittelbares Interesse auch dann noch angenommen, wenn eine Aussicht auf Provision oder Gewinn der vertretenen Gesellschaft besteht[1285]. Ein unmittelbares wirtschaftliches Eigeninteresse liegt nur vor, wenn der Dritte bei den Verhandlungen im Grunde in eigener Sache tätig wird, insbesondere die Gegenleistung des anderen Teils nicht

---

1276 Palandt/*Heinrichs* § 311 BGB Rn. 60 ff. m.w.N.

1277 MünchKommBGB/*Emmerich* § 311 Rn. 216 m.w.N.

1278 Generell hierzu BGHZ 126, 181, 189.

1279 *Lutter* FS Druey, S. 463, 472.

1280 So überzeugend *Berg/Stöcker* WM 2002, 1569, 1580; *Kiethe* NZG 2003, 559, 565; ebenso *Austmann* Gesellschaftsrechtliche Kautelarpraxis, RWS, S. 34; *Ettinger/Grützediek* AG 2003, 353, 357.

1281 *Abrams* ZBB 2003, 41, 43; *Lutter* FS Druey, S. 463, 471 ff.

1282 *Bachmann* WM 2002, 2137, 2140; *Berg/Stöcker* WM 2002, 1569, 1580.

1283 Begr. BT-Drs. 14/6040, S. 163 („insbesondere“); MünchKommBGB/*Emmerich*, § 311 Rn. 206; Palandt/*Heinrichs* § 311 BGB Rn. 52; *Abrams* ZBB 2003, 41, 43.

1284 Überblick über die Entwicklung der Rechtsprechung und Nachweise bei MünchKommBGB/*Emmerich* § 311 Rn. 215 f. und 219.

1285 BGH NJW 1990, 506; BGH NJW-RR 1989, 110, 111 f.; weitere Nachweise bei MünchKommBGB/*Emmerich* § 311 Rn. 217.

ordnungsgemäß an den Vertretenen weiterleitet, sondern für eigene Zwecke verwenden will[1286]. Daher verfolgen Vorstand und Aufsichtsrat bei Abgabe der Entsprechenserklärung regelmäßig auch kein besonderes wirtschaftliches Eigeninteresse im Sinne dieser Rechtsprechung[1287], so dass eine Haftung aus dieser Fallgruppe der Eigenhaftung Dritter ausscheidet.

Eine Haftung von Vorstand und Aufsichtsrat aus den Grundsätzen der Eigenhaftung Dritter, § 311 Abs. 3, 241 Abs. 2 i.V.m. § 280 Abs. 1 Satz 1 BGB, kommt bei Abgabe der Entsprechenserklärung nicht in Betracht.

(2) bürgerlich-rechtliche Prospekthaftung im engeren Sinne

In der bisher veröffentlichten Literatur zu § 161 AktG ist die Frage, ob die Abgabe einer fehlerhaften Entsprechenserklärung zu einer Haftung nach den Regeln der bürgerlich-rechtlichen Prospekthaftung im engeren Sinne führen kann, äußerst umstritten. Während die mittlerweile wohl herrschende Meinung das Eingreifen dieser Grundsätze im Ergebnis ablehnt[1288], meinen andere, es gäbe eine Vertrauenshaftung für die Abgabe einer falschen Entsprechenserklärung[1289]. Sie bezeichnen diese Haftung als "neuen Stein in der stolzen Burg aus Vertrauen und Verantwortung"[1290]. Eine vermittelnde Auffassung will nur in besonderen Situationen eine Haftung aufgrund der Regeln der bürgerlich-rechtlichen Prospekthaftung zulassen[1291].

Bereits vor der Diskussion um die Einführung des § 161 AktG war allgemein zur Haftung wegen sich ändernder Unternehmensgrundsätze geäußert worden, dass von der Prospekthaftung nur erfasst wird, ob die Grundsätze zum Zeitpunkt der Abgabe der Erklärung zutreffen, sonst aber die Prospekthaftung nicht einschlägig sei, da es kein Vertrauen in das zukünftige Verhalten einer Person geben könne[1292]. Diese Meinung ist aber mittlerweile für börsennotierte Unternehmen überholt, denn nach der nunmehr geltenden Rechtslage sind die Unternehmen durch § 161 AktG verpflichtet, bei einer sich ändernden Unternehmenspraxis die Entsprechenserklärung durch eine unterjährige Änderung anzupassen[1293]. Insofern gibt es also durchaus ein Vertrauen in das zukünftige Verhalten eines Unternehmens in Bezug auf die Einhaltung jedenfalls derjenigen Unternehmensgrundsätze, deren Befolgung in der

1286 Nachweise aus der Rechtsprechung bei MünchKommBGB/*Emmerich* § 311 Rn. 217.

1287 So auch *Berg/Stöcker* WM 2002, 1569, 1580; *Kiethe* NZG 2003, 559, 565.

1288 *Hucke/Ammann* DCGK-Leitfaden, S. 149 f.; *Abram* ZBB 2003, 41, 44; *Austmann* Gesellschaftsrechtliche Kautelarpraxis, RWS, S. 34 ff.; *Bachmann* WM 2002, 2137, 2140; *Berg/Stöcker* WM 2002, 1569, 1580 ff.; *Ettinger/Grützediek* AG 2003, 353, 357 f.; *Kiethe* NZG 2003, 559, 565; *Seibert* BB 2002, 581, 584.

1289 *Lutter* FS Druey, S. 463, 478; in diese Richtung auch *Ulmer* ZHR 166 (2002), 150, 169. Auch *Buchta* DStR 2003, 740, 742 hält eine Ausdehnung der Rechtsprechung nicht für ausgeschlossen; offengelassen auch bei *Vetter* DNotZ 2003, 748, 762.

1290 *Lutter* FS Druey, S. 463, 478.

1291 *Kollmann* WM-Sonderbeilage 1/2003, S. 15; *Schüppen* ZIP 2002, 1269, 1273; zweifelnd auch *Seibt* AG 2002, 249, 256 f.

1292 *Steinkühler* Bedeutung von Unternehmensgrundsätzen, S. 205.

1293 Ausführlich dazu oben Kapitel 3 D.I. (Seite 111 f.).

Entsprechenserklärung zugesagt wurde. Dieses Vertrauen besteht so lange, wie die Entsprechenserklärung nicht geändert wird.

(a) Entwicklung

In Anlehnung an die spezialgesetzliche Prospekthaftung – §§ 44 ff. BörsG, 20 Abs. 5 KAGG, 12 Abs. 5 AuslInvestmG – und die Grundsätze der c.i.c. hat der *BGH* in den 1970er Jahren eine allgemeine zivilrechtliche Prospekthaftung entwickelt. Dies geschah zunächst für Fälle des prospektvermittelten Vertriebs von Kommanditanteilen an Publikumsgesellschaften[1294]. Danach haften die das Management bildenden Initiatoren und Gründer einer Publikums-KG den beitretenden Kommanditisten für die Vollständigkeit und Richtigkeit der mit ihrem Wissen und Willen in Verkehr gebrachten Werbeprospekte[1295]. Anknüpfungspunkt der Haftung ist ein typisiertes Vertrauen der Anleger in die hinter der Gesellschaft stehenden Personen, die als wirtschaftliche Vertragspartner und Verantwortliche erscheinen[1296]. Das Vertrauen bezieht sich auf die Richtigkeit und Vollständigkeit der Prospektverlautbarung und darauf, dass die Verantwortlichen diese sorgfältig geprüft haben[1297]; dieses Vertrauen wird von den Anlegern typischerweise gewährt und muss nicht im Einzelfall nachgewiesen werden[1298]. Grund dieses weiten Anwendungsbereichs ist, dass dieser Personenkreis mit dem Prospekt Vertrauen der Anleger genossen hat und auf deren Willensentschluss Einfluss genommen hat[1299].

Die grundsätzliche Haftung für typisiertes Vertrauen wurde dann auch auf andere Personengruppen, die besonderen Einfluss in der Gesellschaft haben[1300], und schließlich auch auf andere sachliche Konstellationen übertragen. Hierzu gehören insbesondere die sog. Bauherrenmodelle[1301], der Erwerb von Aktien außerhalb der geregelten Märkte[1302] sowie jetzt auch die Beteiligung an Bauträgermodellen[1303]. Die allgemeine zivilrechtliche Prospekthaftung wird daher mittlerweile bei jedem öffentlichen Vertrieb von Gesellschaftsanteilen und Kapitalanlagen bejaht, soweit es keine Sonderregelungen gibt[1304]. Sie gehört

1294 BGHZ 71, 284; *Kümpel* Bank- und Kapitalmarktrecht, Rn. 9.340 und 9.342; Baumbach/*Hopt HGB*, Anh. § 177a Rn. 60; zur Entwicklung der Rechtsprechung in den ersten Jahren *Krieger* FS Stimpel, 307, 312 ff.; breite Darstellung der Kritik und alternativen Ansätzen in der Literatur bei *Förster* Prospekthaftung, S. 35 ff.

1295 BGHZ 71, 284, 287 f.; BGHZ 77 172, 175 f.; aus jüngerer Zeit etwa BGHZ 123, 106, 109; BGH NJW 2001, 436; KG NZG 2001, 1098, 1099; *Hamann* in: Schäfer WpHG u. a., §§ 45, 46 BörsG a.F., Rn. 23; Entwicklung bei *Krieger* FS Stimpel 1985, 307, 312.

1296 *Kümpel* Bank- und Kapitalmarktrecht, Rn. 9.343.

1297 BGHZ 71, 284, 287.

1298 *Kümpel* Bank- und Kapitalmarktrecht, Rn. 9.343.

1299 BGHZ 71, 284, 287 f.; BGHZ 74, 103, 108 f.

1300 BGHZ 72, 382 (Beirat einer KG); BGHZ 77, 172 (Berufsmäßige Sachkenner wie Rechtsanwälte und Wirtschaftsprüfer); BGHZ 84, 141 (Treuhandkommanditist einer KG).

1301 BGHZ 111, 314; BGHZ 115, 214.

1302 BGHZ 123, 106, 109; *Kümpel* Bank- und Kapitalmarktrecht, Rn. 9.343.

1303 BGH WM 2001, 25.

1304 Baumbach/*Hopt HGB*, Anh. § 177a Rn. 60.

systematisch nicht mehr zum Recht der Publikumsgesellschaft, sondern zum Bereich der Haftung für unterlassene Aufklärung[1305]. Auch mit der Rechtsfigur der c.i.c. hängt sie nur noch locker zusammen[1306], da sie eigene Anspruchsvoraussetzungen hat. In Abgrenzung zur c.i.c. ist es vor allem nicht nötig, dass ein persönlicher Kontakt zum Anleger bestanden hat[1307].

(b) Anwendbarkeit

Fraglich ist bereits, ob die Regeln der bürgerlich-rechtlichen Prospekthaftung überhaupt im Bereich der geregelten Märkte, auf denen sich börsennotierte Unternehmen im Sinne der §§ 3 Abs. 2, 161 AktG befinden, Anwendung finden können. Denn die bürgerlich-rechtliche Prospekthaftung bezweckt gerade Anlegerschutz bei solchen Anlageformen, deren Vertrieb aufsichtsrechtlich nicht geregelt ist[1308]. Bei börsennotierten Gesellschaften handelt es sich aber um einen Bereich, der aufsichtsrechtlich geregelt ist. Einer Anwendbarkeit der Regeln könnten also insbesondere §§ 44 ff.. BörsG entgegenstehen, denn die bürgerlich-rechtliche Prospekthaftung wurde für die Fälle entwickelt, in denen die spezialgesetzliche Prospekthaftung nicht einschlägig ist[1309]. Es ist allgemein anerkannt, dass die Grundsätze der bürgerlich-rechtlichen Prospekthaftung nicht neben den §§ 44 ff. BörsG anwendbar sind[1310]. Begründet wird dies damit, dass die Regelungen der spezialgesetzlichen Prospekthaftung abschließend sind, und durch ein Nebeneinander beider Regelungen die im Börsengesetz beabsichtigte Begrenzung des Haftungsrisikos – insbesondere durch das Erfordernis der groben Fahrlässigkeit in § 45 Abs. 1 BörsG – unterlaufen würde[1311]. Fraglich ist allerdings, wie weit diese Ausschlusswirkung reicht. Denkbar ist, dass damit jegliche Haftung ausgeschlossen wird, die den Vertrieb von Wertpapieren auf organisierten Kapitalmärkten betrifft[1312]. Naheliegender scheint aber zu sein, dass der Ausschluss sich nur auf die Haftung für fehlerhafte Börsenzulassungsprospekte bezieht. Handelt es sich hingegen um andere Darstellungen – beispielhaft werden in diesem Zusammenhang Publikationen wie Bezugsangebote, Zeichnungsaufforderungen, Verkaufsangebote Werbemaßnahmen, Zwischenberichte oder Ad-hoc-Meldungen genannt – wäre die spezialgesetzliche Haftung der §§ 44 ff. BörsG nicht einschlägig und die bürgerlich-rechtliche Prospekthaftung könnte eingreifen[1313]. Die

1305 Baumbach/*Hopt HGB*, Anh. § 177a Rn. 60.
1306 *Ellenberger* Prospekthaftung, S. 95.
1307 *Hopt* FS 50 Jahre BGH, 497, 529; *Lutter* FS Druey, S. 463, 474.
1308 *Eyles* in: Vortmann (Hrsg.) Prospekthaftung, § 2 Rn. 56.
1309 BGH WM 2001, 464; *Bachmann* WM 2002, 2137, 2140.
1310 *Assmann* in: Assmann/Schütze, Hdb. Kapitalanlagerecht, § 7 Rn. 94; *Kümpel* Bank- und Kapitalmarktrecht, Rn. 9.349.
1311 Begr. RegE zum Dritten Finanzmarktförderungsgesetz, BT-Drs. 13/8933, S. 81; *Kümpel* Bank- und Kapitalmarktrecht, Rn. 9.349.
1312 *Kümpel* Bank- und Kapitalmarktrecht, Rn. 9.340; wohl auch *Berg/Stöcker* WM 2002, 1569, 1581; *Schwark* BörsG, §§ 45, 46 Rn. 43 a.E.; in diese Richtung auch *Ettinger/Grützediek* AG 2003, 353, 358.
1313 *Groß* Kapitalmarktrecht, § 48 BörsG Rn. 4; ebenso *Lutter* FS Druey, S. 463, 474.

Ausschlusswirkung wäre dann nur im Bereich der Börseneinführung gegeben, sonst nicht[1314]. Für ein solches Verständnis spricht, dass Unternehmen ansonsten Darstellungen veröffentlichen könnten, die große Ähnlichkeit mit einem Börsenzulassungsprospekt hätten und auch die darin typischerweise aufgeführten Angaben enthielten. Eine Haftung könnte dann mit dem lapidaren Hinweis darauf ausgeschlossen bzw. abgewendet werden, dass es sich tatsächlich gar nicht um einen Börsenzulassungsprospekt handele, §§ 44 ff. BörsG also nicht einschlägig seien und alle anderen Haftungsgrundlagen von diesen verdrängt würden. Dies würde aber zu Manipulationen geradezu einladen. Diese beschränkte Ausschlusswirkung der §§ 44 ff. BörsG wird auch durch die Gesetzesbegründung zu § 47 Abs. 2 BörsG bestätigt. Dieser besagt, dass weitergehende Ansprüche, die auf Grund von Verträgen oder vorsätzlich unerlaubten Handlungen erhoben werden, unberührt bleiben. In der Begründung dazu heisst es dann, dass sonstige Ansprüche, insbesondere solche aus allgemeiner zivilrechtlicher Prospekthaftung im Anwendungsbereich der Haftung für fehlerhafte Börsenzulassungsprospekte ausgeschlossen seien[1315]. Auch nach dem Gesetzgeber beschränkt sich der Ausschluss also auf konkurrierende Ansprüche aus der Haftung für Börsenzulassungsprospekte, nicht aber für sonstige Darstellungen. Daher beinhalten §§ 44 ff. BörsG also keinen Haftungsausschluss für solche Publikationen, die kein Börsenzulassungsprospekt sind. Es geht damit also hier nicht um die Frage, ob die Entsprechenserklärung vergleichbar ist mit der Situation des Prospektes einer Aktienplatzierung[1316], denn dies ist gerade der Bereich, in dem die bürgerlich-rechtliche Prospekthaftung ausgeschlossen ist. Fraglich ist vielmehr, welche Veröffentlichungen von der bürgerlich-rechtlichen Prospekthaftung erfasst werden. Dazu ist zu klären, was unter den Begriff des Prospekts fällt[1317].

Festzuhalten ist jedoch bereits jetzt, dass dann, wenn eine fehlerhafte Entsprechenserklärung im Rahmen eines Börsenzulassungsprospekts abgegeben wird, §§ 44 ff. BörsG eingreifen[1318] und damit die Regeln der bürgerlich-rechtlichen Prospekthaftung ausgeschlossen sind. Hingegen ist eine solche Haftung möglich, wenn – was der Normalfall ist – die Entsprechenserklärung nur als solche, also außerhalb des Börsenzulassungsprospekts, wie in § 161 AktG vorgesehen, abgegeben wird.

Bedenken gegen eine Anwendbarkeit der Regeln der bürgerlich-rechtlichen Prospekthaftung werden aber auch deshalb geäußert, weil es sich um Erwerbsgeschäfte auf dem Sekundärmarkt handelt[1319]. Bisher wurden diese Grundsätze nur auf den Vertrieb im Primärmarkt, also auf die Erstplatzierung von Wertpapieren, dem Geschäft zwischen Emittenten und Anlegern[1320],

1314 Baumbach/*Hopt HGB*, § 48 BörsG Rn. 2.
1315 Begr. RegE, BT-Drs. 13/8933, S. 81.
1316 So aber zur Begründung seiner ablehnenden Meinung *Seibert* BB 2002, 581, 584.
1317 Dazu sogleich unten (c) (Seite 248 ff.).
1318 Vgl. dazu oben aa) (Seite 232 ff.).
1319 *Bachmann* WM 2002, 2137, 2140; *Berg/Stöcker* WM 2002, 1569, 1580 f.
1320 *Kümpel* Kapitalmarktrecht, S. 18 ff.

angewendet. Dennoch ist eine Übertragung dieser Grundsätze auf den Sekundärmarkt, also auf den Zweiterwerb von Wertpapieren, dem Geschäft zwischen Anlegern an der Börse[1321], nicht ausgeschlossen[1322]. Tatsächlich hängt dieser Fall eng mit der Frage der Anwendung der Grundsätze der bürgerlich-rechtlichen Prospekthaftung neben §§ 44 ff. BörsG zusammen. Denn bei einer Platzierung der Aktien auf dem Primärmarkt, also einer Emission, sind die Unternehmen regelmäßig verpflichtet, einen Börsenzulassungsprospekt zu veröffentlichen. In diesem Fall ist, wie eben gesehen, die Haftung nach den Grundsätzen der bürgerlich-rechtlichen Prospekthaftung ausgeschlossen. Eine Haftung neben §§ 44 ff. BörsG kommt daher nur auf dem Sekundärmarkt oder bei einer Befreiung von der Pflicht zur Prospekterstellung, § 32 Abs. 2 BörsG, §§ 45 ff. BörsZulVO, in Frage. Will man den Anwendungsbereich also nicht von vornherein auf das Geschehen außerhalb geregelter Märkte beschränken, sollte man die Grundsätze der bürgerlich-rechtlichen Prospekthaftung auch auf den Bereich des Sekundärmarktes übertragen.

Gegen die Anwendbarkeit der Grundsätze der bürgerlich-rechtlichen Prospekthaftung im konkreten Fall der Abgabe einer fehlerhaften Entsprechenserklärung nach § 161 AktG wird schließlich angeführt, dass dies dem gesetzgeberischen Willen zuwiderlaufe. Denn dieser habe sich mit der Frage beschäftigt, eine Haftungsausweitung aber abgelehnt, so dass ein richterlicher Beurteilungsspielraum ausgeschlossen sei[1323]. Angeführt werden in diesem Zusammenhang allerdings nur Aussagen des Justizministeriums und der Kodex-Kommission, nicht des Gesetzgebers. In der Gesetzesbegründung heißt es vielmehr, Haftungsgefahren seien ausgeschlossen, wenn die Entsprechenserklärung bei sich ändernder Unternehmenspraxis auch unterjährig angepasst würde[1324]. Dies bedeutet aber im Umkehrschluss, dass auch nach Ansicht des Gesetzgebers bei Abgabe oder Beibehaltung fehlerhafter Entsprechenserklärungen eine Haftung durchaus gegeben sein kann.

(c) Prospekt

Damit stellt sich die Frage, ob die Entsprechenserklärung ein Prospekt im Sinne der bürgerlich-rechtlichen Prospekthaftung ist[1325]. Welche Publikationen hierunter fallen ist von der höchstrichterlichen Rechtsprechung noch nicht

---

1321 *Kümpel* Kapitalmarktrecht, S. 20 f.

1322 Insbesondere *Eyles* in: Vortmann (Hrsg.) Prospekthaftung, § 2 Rn. 55; vgl. auch *Assmann* Prospekthaftung, S. 359.

1323 *Seibt* AG 2002, 249, 256 mit Verweis auf Äußerungen von *Däubler-Gmelien*, *Seibert* und *Baums*; ähnlich auch *Austmann* Gesellschaftsrechtliche Kautelarpraxis, RWS, S. 37.

1324 Begr. RegE, BT-Drs. 14/8769.

1325 Eindeutig dagegen etwa *Austmann* Gesellschaftsrechtliche Kautelarpraxis, RWS, S. 35; *Borges* ZGR 2003, 508, 531; *Ettinger/Grützediek* AG 2003, 353, 357; *Seibert* BB 2002, 581, 584; *Sieg* FS Metzeler, S. 191, 205; im Ergebnis wohl auch *Berg/Stöcker* WM 2002, 1569, 1580; dafür *Lutter* FS Druey, S. 463, 474; wohl auch *Hopt* in: Hommelhoff (Hrsg.) Corporate Governance, S. 27, 55; *Ulmer* ZHR 166 (2002), 150, 169. *Buchta* DStR 2003, 740, 742 untersucht und verneint dagegen die Prospektqualität des Kodex (!).

abschließend geklärt. Allgemein anerkannt ist, dass dieser Begriff nicht dem des § 44 BörsG entspricht[1326]. Es handelt sich um den Prospektbegriff im Sinne der zivilrechtlichen Prospekthaftung. Nach der extensivsten Meinung ist ein Prospekt jede marktbezogene, d. h. an eine unbestimmte Zahl von Personen gerichtete schriftliche Erklärung, die für die Beurteilung des Anlageobjekts erhebliche Angaben enthält[1327]. In Anlehnung an den Prospektbegriff des § 264a StGB ist zur Gewährleistung der Einheit der Rechtsordnung auch ausreichend, dass sie nur den Eindruck eines solchen Inhalts erweckt[1328]. Mittlerweile wird darüber hinaus vertreten, dass das Merkmal der Schriftlichkeit ersetzt werden kann, so dass auch Veröffentlichungen im Internet oder per E-Mail erfasst sind[1329]. Damit würde die Prospekteigenschaft der Entsprechenserklärung nicht dadurch verhindert, dass sie – wie vom Gesetzgeber vorgeschlagen – nur auf der Internet-Seite der Gesellschaft publiziert wird. Die Entsprechenserklärung ist auch an eine unbestimmte Zahl von Personen gerichtet und kann damit als marktorientiert bezeichnet werden. Fraglich ist aber, ob sie für die Beurteilung des Anlageobjekts erhebliche Angaben enthält.

Es wurde ausgeführt, dass die Entsprechenserklärung erhebliche Angaben für die Beurteilung einer Anlageentscheidung enthält[1330]. Andererseits ist sie nur eine von vielen Entscheidungshilfen, da sie nur einen Teil derjenigen Angaben enthält, die für eine Anlageentscheidung wichtig sind. Die Definition des Prospekts nach der extensivsten Auslegung geht aber zu weit, denn sonst würde etwa jede Aussage und Information unter den Prospektbegriff fallen – und entsprechend gäbe es im Falle der Falschinformation eine Prospekthaftung –, die auf der Internetseite eines Unternehmens veröffentlicht wird. Es stellt sich somit die Frage, welchen Informationsgehalt ein Prospekt im Sinne der Grundsätze zur bürgerlich-rechtlichen Prospekthaftung haben muss. Ursprünglich waren sich Rechtsprechung und Literatur darüber einig, dass die Prospekthaftung dadurch zu rechtfertigen sei, dass es sich beim Prospekt zwar nicht unbedingt um die einzige, aber doch um die wichtigste Informationsquelle handelt, die den Anleger in die Lage versetzt, die Anlage objektiv zu beurteilen

---

1326 *Hopt* FS 50 Jahre BGH, 497, 528.

1327 *Hamann* in: Schäfer (Hrsg.) WpHG u.a., § 45, 46 BörsG a.F. Rn. 25 mit Verweis auf eine in Einzelheiten abweichende Mindermeinung; *Förster* Prospekthaftung, S. 53; *Lutter* FS Druey, S. 463, 474; enger etwa *Schwark* BörsG, § 44 Rn. 12; Baumbach/Hopt HGB, Anh. § 177a Rn. 59 „*Vertriebs*angaben gleich welcher Form" (Hervorhebung des *Verf.*).

1328 Jeweils mit Verweis auf die Begründung zu § 264a StGB, Begr. RegE, BT-Drs. 10/318, S. 23; *Assmann* in: Assmann/Schütze, Hdb. Kapitalanlagerecht, § 7 Rn. 57; *Groß* Kapitalmarktrecht, § 48 BörsG Rn. 5; ohne diesen Verweis auch *Steinkühler* Bedeutung von Unternehmensgrundsätzen, S. 199.

1329 *Steinkühler* Bedeutung von Unternehmensgrundsätzen, S. 200; *Groß* Kapitalmarktrecht, § 48 BörsG Rn. 5; *Eyles* in: Vortmann (Hrsg.) Prospekthaftung, § 2 Rn. 59; *Hopt* FS 50 Jahre BGH, 497, 528; *Berg/Stöcker* WM 2002, 1569, 1580.

1330 Oben aa) (1)(b)(cc) (Seite 237) und zuvor bereits und zuvor bereits Kapitel 5 B.III.1.c)aa)(1) (Seite 178 ff.).

und ihr Risiko richtig einzuschätzen[1331]. Das von der Rechtsprechung angenommene typisierte Vertrauen in Vollständigkeit und Richtigkeit der Prospektangaben soll es dem Anleger ermöglichen, seine Anlageentscheidung frei von Fehlvorstellungen, die auf mangelhafte Information zurückzuführen sind, zu treffen[1332]. Denn durch den Prospekt wird auf den Willensentschluss des Kapitalanlegers Einfluss genommen[1333]. Das Kriterium des Prospekts als wichtigster Informationsquelle wird allerdings mittlerweile von der Literatur beim Versuch, die Prospekthaftung auszuweiten, angezweifelt. So sollen auch Einzelangaben und Kurzhinweise unter den Prospektbegriff fallen. Dann wird ausgeführt, Prospekte müssten immer ein Minimum an Informationen über den Emittenten, das Anlageobjekt und die Vertriebsumstände enthalten[1334]. Andererseits wird aber gesagt, nicht jeder Kurzhinweis könne als unvollständig angesehen werden, weil er bestimmte Angaben nicht enthalte, vielmehr sei dann der Maßstab der Vollständigkeit anzupassen – danach sind Einzelangaben und Kurzhinweise dann vollständig, wenn sie der gesetzlichen Publizitätspflicht, aufgrund welcher sie erfolgen, genügen[1335]. Auf Probleme stößt diese Meinung jedenfalls immer dann, wenn es um Veröffentlichungen geht, die keine gesetzliche Grundlage haben. Im vorliegenden Fall der Entsprechenserklärung ist das allerdings anders, da § 161 AktG im Zusammenhang mit dem Kodex klare Vorgaben liefert, was der Inhalt dieser Erklärung zu sein hat Dennoch besteht bei dieser Meinung die Gefahr, dass sie sich selbst den Anwendungsbereich nimmt und damit überflüssig macht. Denn zum einen soll die Voraussetzung für das Vorliegen eines Prospektes im Sinne der Prospekthaftung sein, dass die Darstellung ein Minimum wesentlicher Informationen enthält, andererseits reicht aber gerade bei Kurzhinweisen das Vorhandensein gerade dieses Minimums an Informationen bereits aus, damit der Prospekt vollständig ist. Damit ist jeder Prospekt im Sinne dieser Definition gleichzeitig auch vollständig. Vielmehr sollte man sich hier der im Strafrecht vorherrschenden Meinung anschließen, dass eine Darstellung, um überhaupt als Prospekt zu gelten, zumindest ein Minimum wesentlicher Informationen enthalten muss, erkennbar unvollständige Veröffentlichungen aber in keinem Fall ein Prospekt sind[1336]. Wird nämlich deutlich erkennbar, dass die Veröffentlichung gar nicht den Anspruch auf Vollständigkeit erhebt, dann fehlt es am Schutzbedürfnis der Anleger, da sie erkennen können, dass sie vor einer Investitionsentscheidung noch andere Informationsquellen heranziehen müssen.

[1331] BGHZ 111, 314, 317; *Assmann* in: Assmann/Schütze, Hdb. Kapitalanlagerecht, § 7 Rn. 97; *Berg/Stöcker* WM 2002, 1569, 1580; *Ettinger/Grützediek* AG 2003, 353, 358; *Abram* ZBB 2003, 41, 44, der hier aber auf den spezialgesetzliche Prospekthaftungstatbestand verweist.

[1332] *Ellenberger* Prospekthaftung, S. 95.

[1333] BGHZ 74, 103, 109; *Seibt* AG 2002, 249, 257.

[1334] *Assmann* in: Assmann/Schütze, Hdb. Kapitalanlagerecht, § 7 Rn. 59.

[1335] *Hamann* in: Schäfer (Hrsg.) WpHG u.a., §§ 45, 46 BörsG a.F., Rn. 25; *Lutter* FS Druey, S. 463, 475, der daher konsequent die Anwendung der Regeln der bürgerlich-rechtlichen Prospekthaftung auf die Abgabe einer falschen Entsprechenserklärung bejaht.

[1336] LK/*Tiedemann* § 264a Rn. 35.

Zustimmung verdient die Meinung, dass ein Prospekt im zivilrechtlichen wie im strafrechtlichen Sinne nicht vorliegt, wenn mit einer Veröffentlichung nur ein Grundinteresse des Anlegers geweckt werden soll[1337].

Damit nähert man sich der umstrittenen Frage, ob Werbung oder Publikationen in werbenden Zusammenhängen unter den Prospektbegriff fallen können. Zwar wird im konkreten Fall der Entsprechenserklärung vorsorglich vorgebracht, sie werde üblicherweise ohnehin nicht in Verkaufs- oder Werbesituationen abgegeben[1338]. Hiergegen kann man allerdings anführen, dass die Entsprechenserklärung per se zumindest mittelbar immer eine werbende Wirkung haben soll, denn mit ihrer Hilfe sollen jedenfalls auch künftige Anleger für ein Investment geworben werden[1339]. Um einer solchen Argumentation von vornherein keinen Raum zu lassen, ist daher doch zunächst der Versuch zu unternehmen, grundsätzlich zu klären, ob es schadet, wenn die Entsprechenserklärung in einer Werbesituation abgegeben wird. Teilweise wird gesagt, eine Prospekthaftung komme in Betracht, wenn die Erklärung über die gesetzlich geforderten Inhalte hinaus werbend ausgeschmückt und über eine breite Veröffentlichung, die über das bloße Zugänglichmachen hinausgeht, als Instrument der Öffentlichkeitsarbeit eingesetzt wird[1340]. Hiermit wird auf Meinungen Bezug genommen, die vertreten, dass Werbeprospekte und sogar über echte Werbeprospekte hinausgehende Darstellungen wie Anzeigen in Tageszeitungen oder Magazinen unter den Prospektbegriff fallen[1341]. Dagegen meinen andere, Werbemaßnahmen schieden aus dem Prospektbegriff aus, da in ihnen nicht der Eindruck vermittelt werde, die für die Beurteilung der Anlage erheblichen Angaben zu enthalten[1342]. Dies gelte vor allem, wenn auch ein nicht fachkundiger Anleger unschwer erkennen könne, dass die Werbung offenkundig unvollständig ist und ihm kein vollständiges Bild über die wesentlichen Umstände und Risiken einer Kapitalanlage verschaffen können[1343]. Hiernach reichen also nicht irgendwelche Werbemaßnahmen aus, vielmehr fallen nur solche Angaben unter den Prospektbegriff, die den Eindruck erwecken, alle für eine Anlageentscheidung wesentlichen Angaben seien hierin bereits enthalten. Dieser Meinung ist zuzustimmen, da man sich ansonsten zu weit vom Grundgedanken der bürgerlich-rechtlichen Prospekthaftung entfernt. Denn bei einer einfachen Werbung wird erst gar nicht der Eindruck der Vollständigkeit erweckt, und daher gibt es auch kein schützenswertes Interesse des Anlegers.

1337 So LK/*Tiedemann* § 264a Rn. 35.

1338 *Austmann* Gesellschaftsrechtliche Kautelarpraxis, RWS, S. 35 ff.; *Ettinger/Grützediek* AG 2003, 353, 358; *Kollmann* WM-Sonderbeilage 1/2003, S. 15.

1339 Anders *Berg/Stöcker* WM 2002, 1569, 1581, die der Entsprechenserklärung nur eine mittelbare, entfernte Werbewirkung zusprechen und deshalb bereits hier das Vorliegen einer Werbesituation ablehnen.

1340 *Kollmann* WM-Sonderbeilage 1/2003, S. 15 f.; wohl auch *Berg/Stöcker* WM 2002, 1569, 1581.

1341 *Assmann* in: Assmann/Schütze, Hdb. Kapitalanlagerecht, § 7 Rn. 57; *Hopt* FS 50 Jahre BGH, 497, 528; *Lutter* FS Druey, S. 463, 474.

1342 *Groß* Kapitalmarktrecht, § 48 BörsG Rn. 6.

1343 *Eyles* in: Vortmann (Hrsg.) Prospekthaftung, § 2 Rn. 58.

Darüber hinaus kann auch allgemeine Werbung – etwa für ein neu entwickeltes Produkt – mittelbar auf Anlegerverhalten einwirken. Denn dass Anleger sich auch hiervon beeinflussen lassen können, dürfte kaum in Frage stehen. Dennoch würde wohl niemand auf die Idee kommen, dass diese allgemeine Werbung einen Prospekt im Sinne der Prospekthaftung darstellt und damit Prospekthaftungsansprüche auslösen könnte. Auch die Rechtsprechung hat bisher mit dem Begriff des Werbeprospekts, soweit ersichtlich, nur solche Veröffentlichungen gemeint, die unmittelbar auf Anlegerwerbung für ein konkretes Anlageprodukt gerichtet sind und den Anschein erwecken, weitgehend vollständig über die Anlage zu informieren. Dieses Verständnis liegt auch § 264a StGB zu Grunde, der nur einschlägig ist, wenn der Prospekt im Zusammenhang mit einer bestimmten Vertriebsmaßnahme herausgegeben wird[1344]. Schließlich besteht auch die Gefahr eines Zirkelschlusses: So wird einerseits verlangt, dass ein Prospekt vollständig sein muss, da sich sonst Haftungsfolgen ergeben, andererseits soll sich aus dem Gebot der Prospektvollständigkeit herleiten, dass erkennbar unvollständige Angaben nur dann keine Prospekte – und nicht etwa unvollstänig – sind, wenn sie den Hinweis enthalten, wo umfassende Unterrichtungsmöglichkeiten für den Anleger bestehen[1345]. Die bisher von der Rechtsprechung behandelten Prospekte waren daher auch keine Kurzmitteilungen in Form prägnanter Werbesätze, sondern Werbeprospekte[1346], Emissionsprospekte[1347] oder sog. Kurzexposés[1348], die konkret und unmittelbar zur Anlegerwerbung genutzt werden sollten. Die gerichtliche Praxis befasste sich zumindest ganz überwiegend mit den in der Kapitalanlagebranche üblichen, umfassend ausgestalteten Werbebroschüren für Kapitalanlagen[1349], also gerade nicht mit allgemeiner Werbung. Das Problem der werbenden Maßnahmen ist dann durch den Rückgriff auf die allgemeinen Regeln zu lösen: Wird der Eindruck erweckt, die Publikation enthalte für die Beurteilung der Anlage erhebliche Informationen, also den Eindruck der Vollständigkeit, so kann es zu einer Haftung kommen. Ist dies nicht der Fall, kommt es mangels möglicher Irreführung des – potentiellen – Anlegers zu keiner Haftung. Damit dürfte auch eine Kurzwerbung mit einer Aussage wie „Unser Unternehmen erfüllt alle Empfehlungen des Deutschen Corporate Governance Kodex" nicht prospekthaftungspflichtig sein. Denn für eine Anlageentscheidung ist diese Information bei weitem nicht ausreichend, in keinem Fall kann die Entsprechenserklärung die einzige, und wohl auch nicht einmal die wichtigste Informationsquelle hierfür sein, und sie erweckt auch nicht einen dahingehenden Eindruck. Dies deckt sich im Übrigen auch mit der früheren Rechtsprechung des *BGH*, nach der schlagwortartige Mitteilungen, die

---

1344 Vgl. oben Kapitel 5 B.III.d)aa) (Seite 186 ff.).

1345 *Assmann* in: Assmann/Schütze, Hdb. Kapitalanlagerecht, § 7 Rn. 59; zustimmend *Eyles* in: Vortmann (Hrsg.) Prospekthaftung, § 2 Rn. 58.

1346 BGHZ 71, 284, 285; BGHZ 115, 213, 214.

1347 BGHZ 77, 172.

1348 BGHZ 74, 103, 104.

1349 *Eyles* in: Vortmann (Hrsg.) Prospekthaftung, § 2 Rn. 57.

zu unbestimmt gefasst sind, so dass sie ein Interesssent für Kapitalanlagen nicht hätte ernst nehmen dürfen, kein Prospekt sind[1350].

Allerdings könnte die Entsprechenserklärung mit anderen gesetzlich angeordneten Darstellungen zu vergleichen sein, die außerhalb eines Börsenprospektes zu veröffentlichen sind. Während bei Werbemaßnahmen, Verkaufsangeboten oder Serienbriefen die Einordnung als Prospekt strittig ist[1351] und die Einordnung von Ad-hoc-Mitteilungen zweifelhaft[1352], kann in Bezug auf Zwischenberichte, § 40 BörsG, und sonstige in Erfüllung börsenrechtlicher Publizitätserfordernisse abgegebene Erklärungen, z. B. die Pflichten des Emittenten nach § 39 BörsG, konstatiert werden, dass eine relativ breite Unterstützung in der Literatur besteht, diese Darstellungen unter den Prospektbegriff zu subsumieren[1353]. Dennoch gehen zumindest die Bundesregierung und vor allem das Bundesministerium der Justiz davon aus, dass auch Zwischenberichte nicht von der bürgerlich-rechtlichen Prospekthaftung umfasst sind. Denn derzeit ist ein Gesetzesvorhaben in Planung, das eine Außenhaftung für Organmitglieder für fehlerhafte Information des Kapitalmarktes vorsieht und hierin werden ausdrücklich die Zwischenberichte als mögliche Anspruchsgrundlage genannt[1354]. Die geplante Haftung soll aber nur eingreifen, wenn die Organmitglieder bei Abgabe der Falschinformation grob fahrlässig gehandelt haben. Das schließt dann auch die Gefahr aus, dass jeder Unternehmensführer bei jeder Information des Kapitalmarktes eine schon bei leichter Fahrlässigkeit eingreifende Prospekthaftung fürchten muss[1355]. Zwar könnte man noch argumentieren, dass es damit nur zu einer Einschränkung der Haftung für Vorstands- und Aufsichtsratsmitglieder kommen würde. Dies stünde aber dem Ziel dieses Gesetzesvorhabens diametral entgegen, denn die Bundesregierung will hiermit ausdrücklich eine Erweiterung der Haftung dieses Personenkreises erreichen. Wären die Zwischenberichte aber von der bürgerlich-rechtlichen

[1350] BGHZ 74, 103, 110 unten.

[1351] Vgl. nur einerseits *Groß* Kapitalmarktrecht, § 48 BörsG Rn. 6, andererseits *Eyles* in: Vortmann (Hrsg.) Prospekthaftung, § 2 Rn. 58; *Assmann* in: Assmann/Schütze, Hdb. Kapitalanlagerecht, § 7 Rn. 57 f.

[1352] Dagegen *Groß* Kapitalmarktrecht, § 48 BörsG Rn. 6; *Austmann* Gesellschaftsrechtliche Kautelarpraxis, RWS, S. 36; dafür *Hamann* in: Schäfer WpHG u. a., §§ 45, 46 a.F. Rn. 30; *Lutter* FS Druey, S. 463, 475; jew. m.w.N.; differenzierend *Förster* Prospekthaftung, S. 53 f.: nur dann, wenn die Ad-hoc-Meldung oder Zwischenberichte nicht der Berichtigung eines unrichtigen Börsenzulassungsprospekts dienen.

[1353] *Steinkühler* Bedeutung von Unternehmensgrundsätzen, S. 200; *Groß* Kapitalmarktrecht, § 48 BörsG Rn. 6; *Schwark* BörsG, § 44 Rn. 11; *Brondics/Mark* AG 1989, 339, 346; gegen eine solche Einbeziehung aber *Assmann* Referat 64. DJT, P 24; *Groß* WM 2002, 477, 482.

[1354] Konkretisierter Maßnahmenkatalog der Bundesregierung vom 25. Februar 2003, abgedruckt etwa in NJW 2003, Heft 17, S. XXVIII; Kurzfassung in *Strunk* u.a. TransPuG und Corporate Governance Kodex, S. 197 ff.; AG-Report, R 139; näher dazu unten D. (Seite 277 ff.).

[1355] Diese Gefahr zeigen auch *Berg/Stöcker* WM 2002, 1569, 1581 auf, falls eine fehlerhafte Entsprechenserklärung haftungsbegründend im Sinne der bürgerlich-rechtlichen Prospekthaftung sein sollte.

Prospekthaftung erfasst, käme es gerade zum Gegenteil, nämlich einer Einschränkung der Haftung. Neben der vorgesehenen Außenhaftung der Organmitglieder wäre ihre Haftung nach den Grundsätzen der bürgerlich-rechtlichen Prospekthaftung nicht mehr zulässig. Einer Analogie stünde spätestens dann[1356] das Fehlen einer Lücke im Gesetz entgegen. Daher ist entgegen der herrschenden Meinung in der Literatur davon auszugehen, dass auch Zwischenberichte nicht von den Grundsätzen der bürgerlich-rechtlichen Prospekthaftung erfasst sind. Dies ist durchaus auch auf der Linie der Rechtsprechung, die noch immer darauf abgestellt, dass der Prospekt oftmals die einzige, jedenfalls die wichtigste Informationsquelle sein müsse[1357]. Denn Zwischenberichte stellen niemals die einzige, aber wohl auch nicht die wichtigste Information für eine Anlageentscheidung dar. Dennoch haben sie große Bedeutung für aktuelle oder potentielle Investoren[1358]. Wenn aber selbst hier nicht eindeutig ist, ob Zwischenberichte unter die Haftung fallen, dann ist dies bei der Entsprechenserklärung in jedem Fall abzulehnen, da sie für eine Anlageentscheidung deutlich weniger wichtig ist als ein Zwischenbericht.

Im Ergebnis lässt sich damit festhalten, dass die Entsprechenserklärung – auch wenn ein Anleger auf sie vertraut hat – kein Prospekt im Sinne der bürgerlich-rechtlichen Prospekthaftung ist. Eine Haftung nach diesen Grundsätzen für die Abgabe einer fehlerhaften Entsprechenserklärung scheidet daher aus.

(d) Sonstige Voraussetzungen bei Bejahung der Prospekteigenschaft der Entsprechenserklärung

Bejaht man entgegen der hier vertretenen Ansicht die Prospekteigenschaft einer Entsprechenserklärung, müssen für das Eintreten der Haftungsfolgen noch weitere Voraussetzungen gegeben sein, die im folgenden kurz aufgezeigt werden[1359].

(aa) Prospektmängel

Der Prospekt muss nach der Rechtsprechung des *BGH* über alle Umstände sachlich richtig und vollständig informieren, die für die Entscheidung von wesentlicher Bedeutung sind oder sein können[1360], Änderungen der Sach- oder Rechtslage müssen unverzüglich mitgeteilt werden[1361]. Wie bei § 44 BörsG gesehen, kann die Entsprechenserklärung durchaus wesentliche Bedeutung

1356 *Seibt* AG 2002, 249, 257 sieht dies bereits schon heute so.
1357 Zuletzt etwa BGH WM 2001, 25, 26; so jetzt auch *Ettinger/Grützediek* AG 2003, 353, 358.
1358 *Assmann* Referat 64. DJT, P 24; *Fleischer* Gutachten 64. DJT, F 109.
1359 Zu den besonderen Problemen des Kausalitätserfordernisses und der Schadensermittlung vgl. allerdings erst unten 2.c) (Seite 266 ff.).
1360 BGH WM 2001, 25, 28.
1361 BGHZ 71, 284, 291; BGH WM 1982, 862, 864; *Ellenberger* Prospekthaftung, S. 97.

haben[1362]. Neben den Prospektmängeln der Unrichtigkeit und der Unvollständigkeit führen außerdem Prospektgestaltungsmängel zur Mangelhaftigkeit des Prospekts. Hält man die Entsprechenserklärung für einen Prospekt, so sind alle drei Arten der Prospektfehler denkbar. Hinsichtlich der Prospektgestaltungsmängel wird allerdings angemerkt, dass es keine formalen Vorgaben in Bezug auf die Gestaltung eines Prospekts gilt. Das gilt ebenso für die Gestaltung der Entsprechenserklärung nach § 161 AktG. Auch hierfür enthalten weder § 161 AktG noch der Kodex Gestaltungsvorgaben. Im Rückgriff auf die Rechtsprechung liegen Gestaltungsmängel dann vor, wenn sich aus dem Mangel für einen durchschnittlichen Anleger ein unzutreffender Gesamteindruck ergibt[1363].

(bb) Anspruchsberechtigte

Anspruchberechtigt ist derjenige, der eine Kapitalanlage gekauft hat und dazu durch den unrichtigen oder unvollständigen Prospekt veranlasst wurde, hier also jeder, der durch die falsche Entsprechenserklärung zum Erwerb der Aktien veranlasst wurde[1364]. Dabei werden nicht nur unerfahrene oder nicht sachkundige Privatpersonen geschützt, sondern auch Kaufleute und professionelle Anleger, denn Anknüpfungspunkt der Haftung ist nicht die Ausnutzung einer fachlichen Unwissenheit; vielmehr wird daran angeknüpft, dass durch den unrichtigen oder unvollständigen Prospekt solche Umstände unzutreffend mitgeteilt oder verschwiegen werden, die für eine Anlageentscheidung auf informierter Basis von wesentlicher Bedeutung sind[1365]. Während die herrschende Meinung nur den Ersterwerb schützt, ist nach einer Mindermeinung auch der Zweiterwerber anspruchsberechtigt[1366]. Bejaht man also die Prospekteigenschaft der Entsprechenserklärung, so könnte man hier fast sämtliche Anspruchsteller ausschließen, da es sich bei dem Erwerb von Aktien außerhalb eines Börsengang – bei dem die spezialgesetzliche Prospekthaftung vorgeht – fast immer um einen Zweiterwerb handelt. Nur wenn man den Anwendungsbereich mit der Mindermeinung auf Zweiterwerber ausdehnt, wird diese Hürde genommen.

(cc) Haftungsverpflichtete

Weiterhin ist zu klären, ob Vorstands- und Aufsichtsratsmitglieder Haftungsverpflichtete sein können. Prospekthaftungspflichtig im Sinne der bürgerlich-rechtlichen Prospekthaftung sind nach der Rechtsprechung der unmittelbar Irreführende, aber auch alle das Management bildenden Initiatoren,

---

[1362] Oben aa)(1)(b)(cc) (Seite 237 f.).
[1363] Ausführlich *Förster* Prospekthaftung, S. 59 und 54 ff.
[1364] *Lutter* FS Druey, S. 463, 477.
[1365] BGH WM 1984, 960; *Assmann* Prospekthaftung, S. 359 f.; *Eyles* in: Vortmann (Hrsg.) Prospekthaftung, § 2 Rn. 53; *Förster* Prospekthaftung, S. 68.
[1366] Ausführlich oben (b) (insbesondere Seite 246 ff.).

Gestalter und Gründer[1367]. In Anlehnung an den Personenkreis in §§ 44 BörsG ff.[1368] haften also Angehörige der Leitungsgruppe und maßgebliche Hintermänner[1369]. Andere Gruppen haften nur in engen Grenzen, nämlich wenn sie in den Prospektinhalt einbezogen sind, nach außen in Erscheinung treten und dadurch einen besonderen, zusätzlichen Vertrauenstatbestand begründen[1370]. Diese eingeschränkt Verantwortlichen, sog. Garanten kraft Berufsstellung, sind etwa Rechtsanwälte, Wirtschaftsprüfer, Steuerberater oder Sachverständige[1371]. Vorliegend ist allerdings nur relevant, inwiefern auch Mitglieder von Vorstand und Aufsichtsrat haften. Richtigerweise wurde darauf hingewiesen, dass die bürgerlich-rechtliche Prospekthaftung entwickelt wurde, um Hintermänner haften zu lassen, nicht aber Organmitglieder[1372]. Hierfür sei vielmehr die Abgabe der Prospektinformation als eigene Erklärung nötig[1373]; bloßes Organhandeln ohne besondere, zusätzliche persönliche Vertrauensumstände und -werbung könne eine Eigenhaftung nicht rechtfertigen[1374]; eine eigene Haftung komme nur in Betracht, wenn Organe zugleich als Gründer, Initiatoren oder Hintermänner zu werten seien[1375]. Andere meinen hingegen, Haftungsgegner sei bei Abgabe einer falschen Entsprechenserklärung die Verwaltung[1376]. In der Rechtsprechung wird jedenfalls dann, wenn der Vorstandsvorsitzende zugleich für die Herausgabe des Prospekts und dessen Inhalt verantwortlich ist, eine Haftung problemlos bejaht[1377]. Bei der Ausgabe junger Aktien außerhalb des geregelten Marktes trifft die Prospekthaftung die Mitglieder von Vorstand und Aufsichtsrat der Aktiengesellschaft[1378]. Wenn darauf verwiesen wird, dass (nur diejenigen) Mitglieder von Management und Aufsichtsrat haften, die besonderen Einfluss in der Gesellschaft ausüben und Verantwortung tragen[1379], so bleibt die Frage, welcher Organvertreter nicht zumindest potentiell besonderen Einfluss ausüben kann und Verantwortung trägt. Eine Beweispflicht dahingehend, die internen Regelungen und Einflussmöglichkeiten innerhalb der Gesellschaft aufzuklären, wird man dem Anspruchsteller, also dem Anleger oder Investor, kaum auferlegen können. Richtigerweise sind die Mitglieder von Vorstand und Aufsichtsrat – die Prospekteigenschaft der Entsprechenserklärung vorausgesetzt

[1367] BGHZ 71, 284; BGHZ 79, 337, 342; BGHZ 111, 314; BGHZ 115, 213.
[1368] *Kümpel* Bank- und Kapitalmarktrecht, Rn. 9.344.
[1369] *Ellenberger* Prospekthaftung, S. 96.
[1370] *Kümpel* Bank- und Kapitalmarktrecht, Rn. 9.344.
[1371] *Ellenberger* Prospekthaftung, S. 97; *Eyles* in: Vortmann (Hrsg.) Prospekthaftung, § 2 Rn. 44.
[1372] *Bachmann* WM 2002, 2137, 2140 f.
[1373] *Assmann* Prospekthaftung, S. 345.
[1374] *Assmann* Prospekthaftung, S. 336 m.w.N.; ähnlich Baumbach/*Hopt* HGB § 45 BörsG (14), Rn. 4 zum heutigen § 44 BörsG; *Förster* Prospekthaftung, S. 63.
[1375] *Assmann* Prospekthaftung, S. 336.
[1376] *Seibt* AG 2002, 249, 256 f.
[1377] BGHZ 123, 106, 110; anders jetzt aber KG 2003, 324, 325; kritisch dazu *Fleischer* BKR 2003, 608, 609.
[1378] BGHZ 123, 106, 110.
[1379] *Lutter* FS Druey, S. 463, 473 f.

– immer haftungsverpflichtet, denn sie trifft die Pflicht zur Erklärung nach § 161, nicht die Gesellschaft[1380]. Dies markiert auch gerade den Gegensatz zu § 44 BörsG. Denn dort geben die Organe die Erklärungen nur als Vertreter der Gesellschaft ab. Bei Abgabe der Entsprechenserklärung handeln die Mitglieder von Vorstand und Aufsichtsrat aber gerade nicht als Vertreter der Gesellschaft, sondern kommen einer Pflicht nach, die sie als Organmitglied als solches trifft, wie aus dem Wortlaut des § 161 AktG und auch nach der Intention des Gesetzgebers hervorgeht.

Mehrere Haftungsverpflichtete haften als Gesamtschuldner nach §§ 421 ff. BGB[1381].

(dd) Verschulden

Das Verschulden der Organmitglieder richtet sich nach § 276 BGB[1382]; im Gegensatz zu den spezialgesetzlichen Vorschriften wie etwa bei § 45 Abs. 1 BörsG gibt es also keine Beschränkung auf grobe Fahrlässigkeit. Außerdem wird das Verschulden vermutet, es greift die Beweislastumkehr der §§ 249, 276, 282, 285 BGB a.F.[1383], also entsprechend § 280 Abs. 1 BGB n.F.

(ee) Verjährung

Für die Verjährung wurde bisher die spezialgesetzliche Regelung der §§ 20 Abs. 5 KAGG, 12 Abs. 5 AuslInvestmG herangezogen, so dass bereits nach der kurzen Frist von sechs Monaten nach Kenntnis des Prospektmangels, spätestens jedoch drei Jahre nach dem Beitritt zur Gesellschaft, also dem Kauf der Anteile, die Verjährung eintrat[1384]. Diese Frist ist in der Literatur auf breite Zustimmung gestoßen[1385]. Als Argumente für eine Heranziehung dieser kurzen Fristen werden mit der Zeit zunehmende Beweisschwierigkeiten und Gründe allgemeiner Rechtssicherheit angeführt[1386], um Spekulationen der Anspruchsberechtigten über die Ausübung ihrer Rechte zu verhindern. Schließlich sei dies auch ein Korrektiv dafür, dass kein persönlicher Kontakt gegeben war, also kein tatsächliches, sondern nur typisiertes Vertrauen für die bürgerlich-rechtliche Prospekthaftung vonnöten ist[1387]. Eine vergleichbare Frist ist seit dem Inkrafttreten des Dritten Finanzmarktförderungsgesetzes 1998 auch in § 47 BörsG vorgesehen, allerdings beginnt die dreijährige Frist bereits mit der Herausgabe des Prospekts. Zuvor betrug die Frist fünf Jahre; eine Analogie

---

[1380] *Lutter* FS Druey, S. 463, 476 f.
[1381] BGHZ 79, 337, 346.
[1382] BGHZ 71, 284, 291.
[1383] *Eyles* in: Vortmann (Hrsg.) Prospekthaftung, § 2 Rn. 87 m.w.N.; *Emmerich* JuS 2001, 295, 296.
[1384] BGHZ 83, 222, 225 f.; BGHZ 123, 106, 117 f.; BGH WM 2001, 464; bei Bauherren- und Bauträgermodellen liegt die Verjährung hingegen bei mindestens fünf Jahren, vgl. BGH WM 2001, 25, 29 m.w.N.
[1385] Vgl. die Nachweise bei BGH WM 2001, 464.
[1386] BGHZ 83, 222, 224.
[1387] BGHZ 83, 222, 224 f.

hierzu wurde aber abgelehnt, da dieser Zeitpunkt der Börsenzulassung keine Entsprechung bei Beteiligungen an Kapitalanlage-Personalgesellschaften habe und als Anknüpfungspunkt ungeeignet sei[1388]. Daher beginnt die Dreijahresfrist weiterhin zum Zeitpunkt des Erwerbs der Anlage[1389].

Seit Inkrafttreten des Vierten Finanzmarktförderungsgesetzes beträgt die Verjährungsfrist in allen drei Regelungen nunmehr allerdings ein Jahr seit Kenntnis des Prospektmangels. Begründet wird dies damit, dass eine Frist von sechs Monaten angesichts der Komplexität zahlreicher Sachverhalte vielfach nicht ausreichend sei, um die zur Vorbereitung und Geltendmachung von Haftungsansprüchen erforderlichen Recherchen durchzuführen; es sollte aber der Zwang vermieden werden, vor einer umfassenden Klärung des Sachverhalts Klage zu erheben, um eine Unterbrechung der Verjährung zu erreichen[1390]. Diese Argumentation ist auf die bürgerlich-rechtliche Prospekthaftung übertragbar, so dass die Verjährung nunmehr erst ein Jahr nach Kenntnis des Prospektmangels eintreten wird. Die Höchstfrist von drei Jahren bleibt hingegen unverändert.

Auch die Kodifizierung der bürgerlich-rechtlichen Prospekthaftung im weiteren Sinn in § 311 Abs. 3 BGB ändert hieran nichts[1391]. Im Gegensatz dazu bedarf es nämlich bei der bürgerlich-rechtlichen Prospekthaftung im engeren Sinne nämlich gerade keines persönlichen Kontaktes. Die kurze Verjährung ist daher auch weiterhin ein Korrektiv für das Fehlen dieser persönlichen Beziehung. Außerdem ähnelt die Voraussetzung eines „Prospekts" denen der spezialgesetzlichen Prospekthaftung mehr als den Voraussetzungen der c.i.c. Wie bereits gesehen ist weitgehend anerkannt, dass die Prospekthaftung im engeren Sinne weitgehen losgelöst von den Regeln der c.i.c. ist, sie hat als Vorbild die spezialgesetzliche Prospekthaftung[1392]. Auch der BGH macht in seiner Rechtsprechung deutlich, dass er nur deshalb Bauherren- und Bauträgermodelle einer längeren Verjährungsfrist unterstellt, weile hier die Situatin des Anlegers mit der Situation des Bestellers eines Bauwerks vergleichbar ist, für den werkvertragliche Regeln gelten[1393]. Schließlich hat sich auch der Gesetzgeber bei der Neufassung der Verjährung des spezialgesetzlichen Prospekthaftung nicht an die Verjährung des BGB angepasst, da er hier strukturelle Besonderheiten im Vordergrund sieht[1394].

1388 BGHZ 83, 222, 225 f.

1389 BGH WM 2001, 464.

1390 Begr. RegE, BT-Drs. 14/8017, S. 81 (zu § 45 BörsG), S. 103 f. (zu § 20 KAGG), S. 109 (zu § 12 AuslInvestmG).

1391 Anders aber *Lux* NJW 2003, 2966, der eine Verjährungsfrist von drei Jahren analog zu §§ 311 Abs. 3, 195 BGB auch für die bürgerlich-rechtliche Prospekthaftung im engeren Sinne vorschlägt; in diese Richtung auch MüKo/*Emmerich* § 311 Rn. 172. Entgegen *Lux* wie hier auch Jauernig/*Vollkommer* BGB § 311 Rn. 65; Hk-BGB/*Schulze* § 311 Rn. 27; ebenso *Siol* DRiZ 2003, 204, 209.

1392 BGH WM 2001, 25; BGH WM 2001, 464; *Ellenberger* Prospekthaftung, S. 95; *Emmerich* JuS 2001, 295.

1393 BGHZ 126, 166, 171 (Bauherren), BGH VII ZR 26/03 (Bauträger).

1394 Begr. RegE, BT-Drs. 14/8017, S. 81, 103 f., 109.

(ff) *Haftungsausschluss*

Um eine Haftung nach den Regeln der allgemeinen bürgerlich-rechtlichen Prospekthaftung auszuschließen soll selbst bei Vorliegen der sonstigen Voraussetzungen ein Hinweis auf die fehlende Prospekttauglichkeit oder ein Hinweis an herausgehobener Stelle, dass es sich nicht um eine Aufforderung zum Kauf von Wertpapieren handelt, möglich sein[1395]. Daher wird teilweise empfohlen, in jedem Fall bei Veröffentlichung der Entsprechenserklärung einen entsprechenden Hinweis aufzunehmen[1396]. Bei diesem sog. *Disclaimer* kann es sich neben dem Verweis auf einen anderswo existierenden Prospekt um die ausdrückliche Klarstellung handeln, dass die gegebenen Informationen nicht ein Angebot von Wertpapieren darstellen, und dass sie keinen Anspruch auf eine umfassende Darstellung wertbildender Faktoren erheben[1397]. Dieser Meinung ist zuzustimmen, denn hier wird dem Anleger deutlich, dass er sich nähere Informationen beschaffen muss, um vollständig informiert zu sein.

2. *Rechtsfolge: Schadensersatz*

Rechtsfolge der aufgefundenen Anspruchsgrundlagen – §§ 117 AktG und §§ 823 Abs. 2, 826 BGB – ist regelmäßig Schadensersatz, der sich mangels anderweitiger Bestimmungen nach §§ 249 ff. BGB richtet. Eine Ausnahme stellt insoweit allerdings § 44 Abs. 1 Satz 1 BörsG dar. Die Veröffentlichung eines unrichtigen Börsenprospekts verpflichtet die Prospektverantwortlichen dazu, als Gesamtschuldner die Wertpapiere gegen Erstattung des Erwerbspreises zu übernehmen.

Bei den übrigen auf Schadensersatz gerichteten Anspruchsgrundlagen ist hingegen problematisch, wie der Schaden festgestellt wird und wie er zu ersetzen ist.

a) *Keine Einforderung eines Doppel- oder Reflexschadens*

Grundsätzlich ist die Leistung von Schadensersatz zu Gunsten des Aktionärs oder Anlegers nicht möglich, wenn es sich um einen Fall des Doppel- oder Reflexschadens handelt. Häufig konkurrieren Schadensersatzansprüche des Aktionärs mit denen der Gesellschaft, also Ansprüchen aus §§ 93, 116 AktG oder § 117 AktG im Innenverhältnis. In diesem Fall haben also Gesellschaft und Aktionär wegen desselben Schadens einen Anspruch gegen den Schädiger, im vorliegenden Fall also gegen Mitglieder von Vorstand und Aufsichtsrat. Da allgemein anerkannt ist, dass eine Doppelhaftung ausgeschlossen ist[1398], ist fraglich, wie das Konkurrenzverhältnis aufzulösen ist. Mittlerweile stimmen

---

[1395] *Groß* Kapitalmarktrecht, § 48 Rn. 7; *Hauptmann* in: Vortmann (Hrsg.) Prospekthaftung, § 3 Rn. 141.

[1396] *Seibert* BB 2002, 581, 584.

[1397] *Groß* Kapitalmarktrecht, § 48 BörsG Rn. 7.

[1398] GroßKommAktG/*Hopt* § 93 Rn. 484; *Hüffer* AktG, § 93 Rn. 19; KölnKommAktG/*Mertens* § 93 Rn. 170 und 175.

Rechtsprechung[1399] und Literatur[1400] darin überein, dass dem Aktionär auch bei einem nur mittelbaren Schaden zwar ein Klagerecht eingeräumt wird, er aber nur Leistung an die Gesellschaft fordern kann. Dies wird damit begründet, dass ein etwaiger Schaden des Aktionärs entfällt, wenn an die Gesellschaft geleistet wurde[1401]. In diesem Fall scheidet also trotz des Vorliegens der übrigen Anspruchsvoraussetzungen eine Haftung der Verwaltungsmitglieder gegenüber dem Aktionär aus.

Die Leistung an sich selbst kann der Aktionär daher nur verlangen, wenn ihm ein originärer, unmittelbarer Schaden entstanden ist[1402]. Dies ist der Fall, wenn die Verschlechterung des Aktienwertes durch Leistung an die Gesellschaft nicht vollständig ausgeglichen werden kann[1403], der Schaden des Aktionärs über den der Gesellschaft hinausgeht[1404] oder wenn der Gesellschaft selbst kein messbarer Schaden entstanden ist[1405].

Teilweise ist betont worden, die Entwertung der Aktie sei regelmäßig Folge einer Gesellschaftsschädigung und daher kein ersatzpflichtiger Direktschaden, sondern nur ein Reflexschaden[1406]. Andererseits ist gesagt worden, der Aktienkurs spiegele nicht notwendig den inneren Wert der Aktie wider; Preis der Aktie und Wert des Unternehmens könnten auseinanderfallen[1407]. Ersteres dürfte heute nicht mehr gelten, denn bei einem Kursrutsch, der durch das Eingeständnis der Unternehmensverwaltung, die eigene Entsprechenserklärung nicht eingehalten zu haben, ausgelöst wird, kommt es nicht zwingend gleichzeitig zu einem Schaden der Gesellschaft. Insofern ist ein Schaden des Anlegers unabhängig von einer Gesellschaftsschädigung durchaus möglich.

b) Schadensermittlung

Ist also durch die Abgabe einer fehlerhaften Entsprechenserklärung ein über den Schaden der Gesellschaft hinausgehender Schaden beim Aktionär festzustellen, dann ist dieser auch zu ersetzen. Das Problem des Schadensersatzes bei falscher Kapitalmarktinformation ist in letzter Zeit insbesondere durch die Einführung der §§ 37b und 37c WpHG – Haftung des

---

[1399] BGH NJW 1987, 1077, 1079 f.

[1400] GroßKommAktG/*Hopt* § 93 Rn. 484; *Hüffer* AktG, § 93 Rn. 19; KölnKommAktG/*Mertens* § 93 Rn. 170; *Thümmel* Haftung, Rn. 300.

[1401] BGH NJW 1987, 1077, 1079 f.; BGH NJW 1988, 413, 414 f.; BGHZ 105, 121, 130 f.; *Bayer* NJW 2000, 2609, 2610.

[1402] GroßKommAktG/*Hopt* § 93 Rn. 488; *Bayer* NJW 2000, 2609, 2610; *Wiesner* in: Münch. Hdb. GesR IV, § 26 Rn. 31.

[1403] GroßKommAktG/*Hopt* § 93 Rn. 489; KölnKommAktG/*Mertens* § 93 Rn. 175; *Seibt* AG 2002, 249, 255; auch *Steinkühler* Bedeutung von Unternehmensgrundsätzen, S. 174.

[1404] *Seibt* AG 2002, 249, 255.

[1405] *Seibt* AG 2002, 249, 255; unter dem Begriff „Spekualtionsschaden" dazu auch *Steinkühler* Bedeutung von Unternehmensgrundsätzen, S. 172 ff.

[1406] BGH WM 1985, 717; LG Düsseldorf AG 1991, 70, 71.

[1407] BGH WM 1967, 479; BGH WM 1982, 862, 866; wohl auch *Steinkühler* Bedeutung von Unternehmensgrundsätzen, S. 173, der aber verkennt, dass diese Rechtsprechung gerade zwischen Wert und Preis (also Börsenkurs) der Aktie differenziert.

Emittenten für fehlerhafte Ad-hoc-Publizität – aktuell geworden und ausführlich diskutiert worden[1408]. Teilweise könne die hierzu ergangenen Diskussionsbeiträge auch im hier vorliegenden Fall genutzt werden. Dennoch gibt es auch Unterschiede. Nachdem diese herausgearbeitet sind (aa)), und die Fälle aufgezeigt sind, bei denen schon kein Schaden vorliegt (bb)) geht es um die Frage, wie der Schaden zu ersetzen ist (cc)). Davon abhängig sind die Anorderungen an den Kausalitätsnachweis (dd)).

aa) Unterschiede zu §§ 37b und 37c WpHG

§§ 37b und 37c WpHG enthalten eine Haftung für fehlerhafte Kaptialmarktinformation, nämlich für unterlassene und falsche Ad-hoc-Meldungen. Ebenso ist die Haftung für die Abgabe einer fehlerhaften Entsprechenserklärung eine Haftung für fehlerhafte Kapitalmarktinformation. §§ 37b und 37c WpHG erfassen aus Sicht des handelnden Aktionärs zwei Fälle: Den des „zu teuer kaufen" (§§ 37b Abs. 1 Nr. 1, 37c Abs. 1 Nr. 1 WpHG) und des des „zu günstig verkaufen" (§§ 37b Abs. 1 Nr. 2, 37c Abs.1 Nr. 2 WpHG). Im Fall der Abgabe einer fehlerhaften Entsprechenserklärung kann der zweite Fall, ein zu günstiges Verkaufen, nicht eintreten[1409]. Denn ein Aktionär erleidet bei Verkaufsfällen dann einen Schaden, wenn der Eintritt einer positiven Tatsache nicht bekannt gemacht wird (§ 37b Abs. 1 Nr. 2 WpHG) oder wenn eine negative Tatsache bekannt gemacht wird, die nicht zutreffend ist (§ 37c Abs. 1 Nr. 2 WpHG). Bei der Entsprechenserklärung besteht aber nicht die Pflicht, die Befolgung einer Empfehlung des Kodex in der Entsprechenserklärung bekanntzugeben[1410]. Dies wurde daraus abgeleitet, dass ein Unternehmen grundsätzlich nicht gezwungen ist, sich möglichst positiv darzustellen. Damit sollten auch Beweisprobleme vermieden werden, da die Befolgung einer Empfehlung ohnehin nur anzugeben ist, wenn sie bewusst und gewollt erfolgt und nicht nur zufällig eintritt. Besteht aber keine Pflicht zur Bekanntmachung einer positiven Tatsache – der Befolgung einer Empfehlung des Kodex – und ist die Bekanntgabe der Nichtbefolgung einer Kodex-Empfehlung erlaubt, auch wenn in der Unternehmenspraxis die Empfehlung tatsächlich befolgt wird, so ist ein solches Informationsverhalten auch keine Pflichtverletzung von Vorstand und Aufsichtsrat. Mangels Pflichtverletzung kann es dann auch zu keiner Haftung kommen, wenn ein Aktionär seine Aktien verkauft, obwohl die Entsprechenserklärung eine zu negative Darstellung der Einhaltung des Kodex beinhaltet und damit potentiell kursbelastend ist.

Weder Pflichtverletzung noch Schaden liegen darüber hinaus vor, wenn in der Entsprechenserklärung die Corporate Governance eines Unternehmens zu negativ dargestellt wird und ein Aktionär zu diesem Zeitpunkt Aktien kauft.

[1408] Vgl. *Fleischer/Kalss* AG 2002, 329; *Fuchs/Dühn* BKR 2002, 1063; *Maier-Reimer/Webering* WM 2002, 1857; *Möllers/Leisch* BKR 2002, 1071; *Rössner/Bolkart* ZIP 2002, 1471.

[1409] A.A. *Abram* ZBB 2003, 41, 51.

[1410] Ausführlich oben Kapitel 3 C.III.1.b) (Seite 90 f.).

Denn in diesem Fall sind die Aktien unterbewertet, er kauft also zu einem zu günstigen Preis.

bb) Kein Schaden

Hieran anknüpfend gibt es bestimmte Fälle, in denen zwar eine Pflichtverletzung, aber kein Schaden vorliegt. Das ist der Fall, wenn ein Aktionär Aktien verkauft, während die Entsprechenserklärung eine zu positive Darstellung der im Unternehmen befolgten Corporate Governance enthält, wenn also weniger Empfehlungen eingehalten werden als in der Erklärung angegeben. Der Verkäufer verkauft zu teuer, wodurch ihm kein Schaden entsteht; mangels Schaden hat er also keinen Anspruch auf Schadensersatz.

Gleiches gilt für Aktionäre, die Aktien zu teuer kaufen, sie aber auch wieder in gleichem Maße zu teuer verkaufen. Hier hat sich die zu positive Darstellung der Corporate Governance des Unternehmens in der Entsprechenserklärung zwar auf den Kaufpreis ausgewirkt. Wirkt sie sich in gleicher Weise aber auf den Verkaufspreis aus, so ist dem Aktionär kein Schaden entstanden.

cc) Art des Schadensersatzes

Ein Schaden kann daher nur vorliegen, wenn ein Aktionär Aktien kauft und sie bei Bekanntwerden der Fehlerhaftigkeit der Entsprechenserklärung noch besitzt. Wie später zu sehen sein wird[1411], ist hierbei nochmals zu unterscheiden zwischen demjenigen Aktionär, der die Aktien zu einem Zeitpunkt gekauft hat, zu dem die Entsprechenserklärung noch wahrheitsgemäß war und demjenigen, der die Aktien kauft zu einem Zeitpunkt, als die Entsprechenserklärung bereits fehlerhaft war.

Grundsätzlich gibt es zwei Möglichkeiten, Schadensersatz zu leisten, nämlich durch Rückabwicklung des Geschäfts ((1)) oder durch Ersatz der Differenz zwischen gezahltem Preis und tatsächlichem Wert der Aktien ((2)) . Nach der Art des Schadensersatzes richten sich dann die Anforderungen an den Kausalitätsnachweis[1412].

(1) Rückabwicklung des Vertrags

Zum einen ist die Leistung von Schadensersatz in Form des negativen Interesses, auch als Ersatz des Vertragsabschlussschadens bezeichnet[1413], möglich. Dies erfolgt durch Rückübertragung der Aktien Zug um Zug gegen Zahlung des Erwerbspreises. Ein solches Prinzip liegt der Regelung des § 44 BörsG zugrunde. Diese ist aber eine Spezialregelung und daher nicht analogiefähig[1414]. Es wird aber auch aus der Pflicht zur Naturalrestitution nach § 249 Satz 1 BGB abgeleitet und dann teilweise als kapitalmarktrechtliche

---

[1411] Dazu unten (2)(b) (Seite 265).
[1412] Dazu sogleich unten dd) (Seite 265 f.).
[1413] *Möllers/Leisch* BKR 2002, 1071, 1076.
[1414] So auch *Abram* ZBB 41, 49.

Naturalrestitution bezeichnet[1415]. Dabei wird angeblich ein Nichtvermögensschaden ersetzt, denn ohne die fehlerhafte Information hätte der Anleger gar nicht erst investiert[1416]. Problematisch sind hier vor allem zwei Dinge: Einerseits kommt eine Rückabwicklung gar nicht in Betracht, denn Vertragspartner des Aktionärs sind ganz regelmäßig nicht die Unternehmensorgane, sondern ein Dritter[1417]. Andererseits müssten in diesem Fall die Anspruchsgegner, also die Unternehmensorgane auch das allgemeine Marktrisiko tragen. Dies wird nur von einer kleinen Mindermeinung als adäquat angesehen. Dabei wird auf die allgemeinen Rücktrittsvorschriften, §§ 346 ff. BGB zurückgegriffen und argumentiert, der Rücktrittsberechtigte habe nur für verschuldeten Wertverlust nach §§ 347 Satz 1, 989, 993 Abs. 1 BGB Schadensersatz zu leisten[1418]. Dem ist entgegenzuhalten, dass im Gegensatz zu den üblichen Rücktrittsfällen mit dem allgemeinen Marktrisko ein enormes Risiko auf die Mitglieder der Organe zukäme, das sie kaum abschätzen und vor allem nicht beeinflussen können. Denn an den Geschäften an den Börsen haben sie, ist ein Wertpapier einmal im Umlauf, keinen Einfluss mehr. So ist das Risiko nur noch durch die Zahl der ausgegebenen Aktien begrenzt und darüber hinaus durch das Handelsvolumen dieser Aktien grob abzuschätzen. Ein Übergang aller dieser Risiken auf die Unternehmensorgane bei fehlerhafter Kapitalmarktinformation würde aber zu einer Lähmung der Informationstätigkeit führen und kann daher auch nicht im Interesse der eigenen Aktionäre sein. Nicht zuletzt rechtsökonomische Gründe sprechen dafür, den Verwaltungsmitgliedern nicht alle Risiken aufzubürden, die einer Informationspflichtverletzung zeitlich nachfolgen, mit dieser aber in keinem inneren Zusammenhang stehen[1419]. Das den Aktien inhärente Kursrisiko muss beim Anleger verbleiben[1420]. Eine Rückabwicklung über §§ 249 ff. BGB kommt daher bei Verletzung kapitalmarktrechtlicher Informationspflichten nicht in Betracht[1421]. Damit ist dieser Weg auch im konkreten Fall der Abgabe einer fehlerhaften Entsprechenserklärung versperrt[1422].

(2) Ersatz der Wertdifferenz

Alternativ dazu kann der Schaden auch dadurch beglichen werden, dass nicht der gesamte Vertrag rückabgewickelt werden muss, sondern dass die Differenz zwischen den Vertragskonditionen zu ersetzen ist, zu denen die Aktien

---

1415 *Fuchs/Dühn* BKR 2002, 1063, 1068.

1416 So etwa *Möllers/Leisch* BKR 2002, 1071, 1072; ebenso *Rössner/Bolkart* ZIP 2003, 1471, 1475 f.

1417 *Fuchs/Dühn* BKR 2002, 1063, 1068 f; *Reichert/Weller* ZRP 2002, 49, 55.

1418 *Abram* ZBB 41, 51.

1419 Vgl. dazu insbesondere *Fleischer/Kalss* AG 2002, 329, 331 f.

1420 So auch *Möllers/Leisch* BKR 2002, 1071, 1077.

1421 Ebenso *Fuchs/Dühn* BKR 2002, 1063, 1069; *Maier-Reimer/Webering* WM 2002, 1857, 1860; alle zu §§ 37b und 37c WpHG.

1422 Ausdrücklich anders *Abram* ZBB 41, 49; unklar *Ettinger/Grützediek* AG 2003, 353, 364 f.

tatsächlich gekauft wurden und den Konditionen, zu denen sie ohne die Informationspflichtverletzung gekauft worden wären. Ausgangspunkt ist also, dass ohne diese Verletzung ein anderer Vertrag abgeschlossen worden wäre, weshalb der Schaden teilweise als Alternativinteresse bezeichnet wird[1423]. Es wird hier ein Vermögensschaden ersetzt[1424]. Ausgangspunkt ist die Annahme, dass der Käufer ohne die Informationspflichtverletzung der Verwaltungsorgane für die Anteile nur einen niedrigeren Preis bezahlt hätte[1425]. Die häufig erwähnten verschiedenen Untersuchungen legen nahe, dass die Corporate Governance eines Unternehmens auf den Börsenpreis einen gewissen Einfluss hat. Problematisch ist hier vor allem die Berechnung des Schadens. Dabei wird man nicht die Kursdifferenz zwischen dem Tag der falschen Veröffentlichung und dem Tag der Richtigstellung heranziehen können[1426]. Hierdurch würden wieder sämtliche Kapitalmarktrisiken aber auch -chancen bei den Unternehmensorganen liegen. Ausgehend von der oben genannten Prämisse, es wäre am selben Tag ein anderer Vertrag abgeschlossen worden, muss man daher fragen, zu welchem Preis dieser Vertragsschluss erfolgt wäre. Allgemeine Marktschwankungen und Schwankungen beim konkreten Unternehmen, die auf anderen Gründen beruhen, müssen dabei eliminiert werden. So wird man den absoluten Kursverlust bei Bekanntwerden der Unrichtigkeit der Entsprechenserklärung feststellen müssen. Dieser absolute Verlust ist in einen relativen Wert umzurechnen und dann auf die konkrete Kaufsumme anzuwenden[1427]. Größere Probleme bereitet diese Methode allerdings, wenn die Informationen über einen Verstoß nur nach und nach bekannt werden und daher sich nur allmählich auf den Börsenkurs auswirken[1428]. Gegebenenfalls ist dies mit Hilfe eines Sachverständigengutachtens, das sich Berechnungsmodellen der Finanzanalyse bedient, dennoch festzustellen[1429]; prozessrechtlich gilt hierfür § 287 ZPO[1430].

Fraglich ist danach nur noch zweierlei: Gibt es eine Obergrenze für die Haftung, die sich aus den Studien zur Corporate Governance ergibt ((a)), und wem ist welcher Schaden zu ersetzen ((bb))?

1423 *Möllers/Leisch* BKR 2002, 1071, 1072 f.

1424 *Rössner/Bolkart* ZIP 2003, 1471, 1476.

1425 *Fuchs/Dühn* BKR 2002, 1063, 1068; *Maier-Reimer/Webering* WM 2002, 1857, 1860; *Möllers/Leisch* BKR 2002, 1071, 1072 f.; alle zu §§ 37b und 37c WpHG; ohne Begründung meint allerdings *Abrams* ZBB 41, 50, diese Prämisse sei unzutreffen.

1426 So aber *Reichert/Weller* ZRP 2002, 49, 55.

1427 So *Möllers/Leisch* BKR 2002, 1071, 1078.

1428 Vgl. dazu etwa *Maier-Reimer/Webering* WM 2002, 1857, 1862; *Möllers/Leisch* BKR 2002, 1071, 1078.

1429 Vgl. dazu *Fleischer/Kalss* AG 2002, 329, 333.

1430 *Fuchs/Dühn* BKR 2002, 1063, 1069; *Möllers/Leisch* BKR 2002, 1071, 1078; *Rössner/Bolkart* ZIP 2003, 1471, 1476, die hierbei auf die Gefahr von kaum noch prognostizierbarer Zufallsergebnissen hinweisen.

(a) Haftungsobergrenze

Nach den wiederholt erwähnten Studien wird für gute Corporate Governance aktuell maximal ein Aufschlag von 13% gezahlt. Werden also die Verhaltensweisen guter Corporate Governance nicht eingehalten, so kann der Aktienkurs maximal von 113% auf 100% fallen, also um etwa 11,5%. Dies könnte die Obergrenze der Haftung markieren, denn jeder darüber hinausgehende Schaden würde nicht auf der Abgabe einer falschen Entsprechenserklärung beruhen. Jedoch kann die Abgabe einer fehlerhaften Entsprechenserklärung zu einem Vertrauensverlust in Vorstand und Aufsichtsrat führen. Ein solcher Vertrauensverlust kann zu höheren Einbußen führen[1431] als nur die benannten 11,5%, denn auch Vertrauen kann einen Aktienkurs beeinflussen. Daher gibt es keine absolute Haftungsobergrenze.

(b) Schadenshöhe nach Anlegergruppen

Als Anspruchsberechtigte kommen zwei Anlegergruppen in Betracht: Zum einen diejenigen, die die Aktien zu einem Zeitpunkt gekauft haben, zu dem die Entsprechenserklärung und die tatsächliche Unternehmenspraxis nicht mehr übereinstimmten. Für diese Anleger bestimmt sich der Schaden so, wie gerade beschrieben; er liegt in der Differenz zwischen tatsächlich gezahltem Preis und dem Preis, der ohne Vorliegen einer Pflichtverletzung gezahlt worden wäre.

Zum anderen gibt es aber die Anleger, die die Aktien gekauft haben, als die Entsprechenserklärung noch der tatsächlichen Unternehmenspraxis entsprach und die die Aktien noch immer halten. Sie können in keinem Fall die volle Kursdifferenz erstattet bekommen. Insbesondere können sie sich nicht darauf stützen, sie hätten die Aktien verkauft, hätten Vorstand und Aufsichtsrat zum pflichtgemäßen Zeitpunkt offenbart, dass sie von der Entsprechenserklärung abweichen. Denn idealtypisch wäre ab diesem Moment der Akteinkurs entsprechend geringer gewesen, ohne dass noch eine Zwischenzeit zum Verkauf der Aktien verblieben wäre. Diese Anleger können daher höchstens den Kursrückgang ersetzt bekommen, der aufgrund des verlorenen Vertrauens eingetreten ist. Hier wird dann allerdings das Problem, den Schaden konkret beziffern zu können, noch größer.

dd) Kausalitätsnachweis

Wird der Ersatz der Wertdifferenz verlangt, also das Alternativinteresse, so hat der Anleger nachzuweisen, dass ohne die Informationspflichtverletzung der Preis geringer gewesen wäre. Nachzuweisen ist also die Kausalität zwischen der Pflichtverletzung und der Veränderung des Aktienkurses[1432]. Dies muss nach § 286 ZPO zur vollen Überzeugung des Gerichts geschehen[1433], ist aber leichter

---

1431 Vgl. auch *Möllers/Leisch* BKR 2002, 1071, 1078 zu §§ 37b und 37c WpHG.

1432 *Abram* ZBB 2003, 41, 50; *Möllers/Leisch* BKR 2002, 1071, 1079; *Rössner/Bolkart* ZIP 2003, 1471, 1476.

1433 *Rössner/Bolkart* ZIP 2003, 1471, 1476.

als der Kausalitätsnachweis für den Fall, dass Schadensersatz in Form der Rückabwicklung des Geschäfts gefordert wird[1434]. Denn hier müsste nachgewiesen werden, dass das fehlerhafte Publizitätsverhalten ursächlich für die Vermögensdisposition des Anlegers gewesen ist[1435].

ee) Mitverschulden

Bei der hier favorisierten Methode der Schadensberechung in Höhe der Differenz zwischen gezahlten und tatsächlich richtigem Preis kommt ein Mitverschulden nach § 254 Abs. 2 Satz 1 BGB nicht in Betracht. Denn die Differenz besteht gerade im Verhalten mit und ohne Informationspflichtverletzung, und hieran trifft den Aktionär kein Mitverschulden.

Anders stellt sich dies dar, wenn der Schaden durch Rückzahlung und -übertragung der Anteile ersetzt werden soll[1436]; das ist nach der hier vertretenen Meinung aber gerade nicht möglich.

c) Sonderfall von Schadensermittlung und Kausalität bei bürgerlich-rechtlicher Prospekthaftung

Mit der herrschenden Meinung ist bereits abgelehnt worden, dass die Entsprechenserklärung unter den Prospektbegriff der bürgerlich-rechtlichen Prospekthaftung fällt[1437]. Daher scheidet eine Haftung aus. Wird die Prospekteigenschaft der Entsprechenserklärung hingegen bejaht und sind auch die übrigen Voraussetzungen der bürgerlich-rechtlichen Prospekthaftung gegeben[1438], ist hier eine Schadensermittlung nötig, die von den soeben genannten Regeln abweicht. Dies hat auch Auswirkungen auf den Kausalitätsnachweis.

Nach der Rechtsprechung zur bürgerlich-rechtlichen Prospekthaftung ist der Anleger so zu stellen wie er stünde, hätte er sich nicht an dem Investitionsobjekt beteiligt[1439]. Hier ist dem Geschädigten der Vertrauensschaden, also das negative Interesse zu ersetzen[1440]. Ist die Beteiligung noch werthaltig – was bei Aktien einer börsennotierten Gesellschaft üblicherweise der Fall sein dürfte – so wird Schadensersatz regelmäßig Zug um Zug gegen Abtretung der Beteiligung

---

1434 *Möllers/Leisch* BKR 2002, 1071, 1077 und 1079; im letzteren Fall wird versucht, die Probleme mit Beweislastumkehr (*Rössner/Bolkart* ZIP 2003, 1471, 1476) oder -erleichterungen (*Abram* ZBB 2003, 41, 49 f. m.w.N.) zu umgehen.

1435 *Rössner/Bolkart* ZIP 2003, 1471, 1475 f.

1436 Dazu *Abrams*, ZBB 2003, 41, 52.

1437 Oben 1.c)bb)(2)(c) (Seite 248 ff.).

1438 Vgl. oben 1.c)bb)(2)(d) (Seite 254 ff.).

1439 BGHZ 79, 337, 346; BGHZ 115, 213, 220 f.; BGHZ 123, 106, 112.

1440 BGHZ 72, 382, 389; ausführlich zur Schadensberechnung inklusive Nebenkosten, entgangenem Gewinn und Vorteilsausgleichung *Förster* Prospekthaftung, S. 72 ff.; ähnlich *Eyles* in: Vortmann (Hrsg.) Prospekthaftung, § 2 Rn. 91 ff.

geleistet[1441]. Die Rechtsprechung nimmt neuerdings außerdem an, dass die Rückgängigmachung des Vertrages auch einen Vermögensschaden voraussetzt[1442]. Diese in der Literatur teilweise kritisch aufgenommene Sichtweise besagt, dass der Vertragsschluss nicht automatisch einen Vermögensschaden darstellt, sondern nur, wenn er für den Betroffenen wirtschaftlich nachteilig ist[1443]. Aufgrund dieser Art des Schadensausgleiches sind an die Kausalität diejenigen Anforderungen zu stellen, die auch sonst für die Kausalität bei einer Haftung nach den Regeln der bürgerlich-rechtlichen Prospekthaftung gelten. Für die haftungsbegründende Kausalität ist erforderlich, dass der Anleger durch den unrichtigen Prospekt, hier also die fehlerhafte Entsprechenserklärung, zum Erwerb der Aktien veranlasst worden ist. Einen solchen Nachweis soll der Anleger dadurch erbringen können, dass er beweist, nur Aktien von Gesellschaften zu erwerben und zu besitzen, die den Kodex einhalten[1444].

Im Hinblick auf die haftungsausfüllende Kausalität ist außerdem erforderlich, dass der Anleger zeigt, dass er bei Kenntnis der Unrichtigkeit der Entsprechenserklärung auf die Anlage verzichtet hätte[1445]. Nicht nötig ist, dass der Schaden gerade auf den Umständen beruht, die den Prospekt fehlerhaft gemacht haben[1446]. Aufgrund von Beweiserleichterungen für den betroffenen Anleger führt letzteres aber dazu, dass der Nachweis der haftungsbegründenden Kausalität regelmäßig ausreicht[1447], die Kausalität des Prospektfehlers für die Anlageentscheidung wird vermutet[1448]. Nur so kann gewährleistet werden, dass der Anleger seine Anlageentscheidung eigenverantwortlich in voller Kenntnis sämtlicher für die Beurteilung des Geschäfts maßgeblichen Umstände trifft und so sein Recht zur Selbstbestimmung über die Verwendung seines Vermögens sichergestellt wird[1449]. Eine dem § 45 Abs. 2 Nr. 2 BörsG entsprechende Möglichkeit des Prospektverantwortlichen, nachzuweisen, dass der im Prospekt fehlerhaft dargestellte Sachverhalt nicht zur Minderung des Börsenpreises geführt hat, gibt es bei der bürgerlich-rechtlichen Prospekthaftung daher nicht[1450].

1441 *Assmann* in: Assmann/Schütze, Hdb. Kapitalanlagerecht, § 7 Rn. 157; vgl. die Nachweise in Palandt/*Heinrichs* § 276 BGB Rn. 78, auch zur Kritik hieran.

1442 BGH NJW 1998, 302; kritisch aber BGH WM 2001, 25, 28.

1443 BGH NJW 1998, 302; BGH NJW 1998, 898; zur Entwicklung von Rechtsprechung und Literatur vgl. die Nachweise bei *Fleischer* AcP 200 (2000), 91, 92; angesprochen auch bei *Emmerich*, JuS 2001, 295, 296 sowie Palandt/*Heinrichs* § 276 BGB Rn. 78.

1444 Vgl.*Lutter* FS Druey, S. 463, 477.

1445 BGHZ 123, 106, 112 f.; *Ellenberger*, Prospekthaftung, S. 98; zumindest mißverständlich *Förster* Prospekthaftung, S. 68 „Schaden durch die Pflichtverletzung des Haftungsadressaten entstanden." – anders daher auch *Ellenberger*, Prospekthaftung, S. 69 f.

1446 *Eyles* in: Vortmann (Hrsg.) Prospekthaftung, § 2 Rn. 88.

1447 *Eyles* in: Vortmann (Hrsg.) Prospekthaftung, § 2 Rn. 88.

1448 *Emmerich* JuS 2001, 295, 296 m.w.N.

1449 So BGHZ 123, 106, 112 f.

1450 *Ellenberger* Prospekthaftung, S. 97.

Dennoch wird auch bei einer Haftung nach den Regeln der bürgerlich-rechtlichen Prospekthaftung gefragt, ob der Anleger den Ersatz des Alternativinteresses, also des Kursdifferenzschadens anstelle des negativen Interesses wählen kann, ob er also die Aktien auch behalten, aber den Minderwert als Schaden ersetzt verlangen kann. Grundsätzlich wird es vom *BGH* für möglich gehalten, an der Anlage festzuhalten; der Anleger wird dann so gestellt, als hätte er bei Kenntnis der wahren Sachlage seinen Vertragspartner zu einem preisgünstigeren Abschluss bewegen können. Der Schaden besteht dann darin, dass die Anlage einen Minderwert gegenüber der beworbenen aufweist[1451]. Dies dürfte hingegen im vorliegenden Fall – wenn man überhaupt eine Haftung nach den Regeln der bürgerlich-rechtlichen Prospekthaftung anerkennt – nicht möglich sein. Denn wie gesehen wird bei der haftungsausfüllenden Kausalität gerade vermutet, dass der Anleger die Anlage nicht erworben hätte, hätte er den Prospektfehler, hier also die Fehlerhaftigkeit der Entsprechenserklärung, gekannt. Fordert der Anleger nun aber Ersatz nur des Kursdifferenzschadens, weil er den Vertrag zu günstigeren Konditionen abgeschlossen hätten, will die Aktien aber im Übrigen behalten, setzt er sich in Widerspruch zu der Argumentation, eine vorbehaltlose Entsprechenserklärung sei kausal für seinen Aktienerwerb gewesen, denn er halte nur Aktien von Unternehmen mit vorbehaltloser Entsprechenserklärung.

B. Haftung der Gesellschaft

Auch die Gesellschaft, deren Vorstand und Aufsichtsrat eine fehlerhafte Entsprechenserklärung abgeben, kommt als Haftungsgegner der Aktionäre in Betracht. Dabei ist allerdings zu beachten, dass § 161 AktG Vorstand und Aufsichtsrat direkt verpflichtet, die Entsprechenserklärung abzugeben. Die Gesellschaft an sich ist also zunächst nicht von der Pflicht zur Abgabe der Entsprechenserklärung betroffen. Eine direkte Haftung der Gesellschaft aufgrund der Abgabe einer fehlerhaften Entsprechenserklärung kommt daher grundsätzlich nicht in Betracht. Allerdings kann eine mittelbare Haftung der Gesellschaft für die Abgabe einer fehlerhaften Entsprechenserklärung aus solchen Erklärungs- und Verhaltenspflichten resultieren, die die Gesellschaft unmittelbar treffen, und bei deren Erfüllung auch der Inhalt der Entsprechenserklärung angegeben wird. Mögliche Anspruchsgrundlagen wären § 44 BörsG, §§ 37b und 37c WpHG sowie § 823 Abs. 2 BGB.

Sollte die Gesellschaft tatsächlich haften müssen, stellt sich in allen Fällen die Frage, ob in einer Schadensersatzzahlung nicht ein Verstoß gegen das Verbot der Einlagenrückgewähr, § 57 AktG, liegt. Diese Frage wird insbesondere bei § 44 BörsG diskutiert, ist aber übertragbar auf andere Anspruchsgrundlagen, aufgrund derer einem Aktionär – ggf. sogar gegen

1451 *Assmann* in: Assmann/Schütze, Hdb. Kapitalanlagerecht, § 7 Rn. 161.

Übernahme seiner Aktien – Schadensersatz gezahlt wird. Mittlerweile ist weitgehend anerkannt, dass § 57 Abs. 3 AktG, wonach unter den Aktionären nur der Bilanzgewinn verteilt werden darf, Schadensersatzzahlungen der Gesellschaft an Aktionäre nicht grundsätzlich entgegensteht. Vielmehr dürfen solche Ansprüche aus freien Rücklagen erfüllt werden; stehen keine ausreichenden freien Rücklagen zur Verfügung, hat die Gesellschaft ein Leistungsverweigerungsrecht nach § 57 Abs. 1 Satz 1 AktG[1452]. Vor allem im Hinblick auf den mittelbaren Anteilserwerb von Aktien, also einem Aktienerwerb im Umsatzgeschäft, ist dies ganz herrschende Meinung[1453]. Aufgrund einer Entscheidung des Reichsgerichts[1454] ist dies hingegen beim Erwerb von Aktien durch Zeichnung oder in Ausübung eines Bezugsrechts umstritten. Nach vor allem in älterer Literatur vertretener Ansicht soll in diesen Fällen der Gläubigerschutz vorgehen[1455]. Die mittlerweile herrschende Meinung hält eine solche Differenzierung hingegen nicht mehr für nötig, da §§ 45 ff. BörsG leges speciales zu § 57 AktG sind[1456]. Dafür spricht, dass auch der Gesetzgeber dies nach der Gesetzesbegründung ausdrücklich so gewollt hat[1457]. In der Begründung des Vierten Finanzmarktförderungsgesetzes, das in §§ 37 b, 37c WpHG einen ausdrücklichen Schadensersatzanspruch gegen die Gesellschaft enthält, geht der Gesetzgeber hierauf nicht einmal mehr ein[1458].

I. § 44 BörsG

Eine Haftung von Vorstands- und Aufsichtsratsmitgliedern nach § 44 BörsG kommt nur im Falle der Prospekterstellung anlässlich eines Börsengangs in Betracht, und dann auch nur, wenn weitere Voraussetzungen vorliegen[1459]. Das Unternehmen als Emittent der Wertpapiere ist Prospekterlasser[1460] und damit haftungsverpflichtet. Eine über die Haftung der Mitglieder der Organe hinausgehende Haftung des Unternehmens ist nur gegeben, wenn die Haftung der Organmitglieder einmal daran scheitern sollte, dass letztere nicht als Prospektverantwortliche gesehen werden. Ansonsten haftet die Gesellschaft – bei Vorliegen der übrigen Voraussetzungen – aus § 44 BörsG ebenso wie die

1452 *Baums* Gutachten 63. DJT, F 228; *Bayer* NJW 2000, 2609, 2612; jew. m.w.N.

1453 *Fleischer* Gutachten 64. DJT, F 73 ff. mit Darstellung der verschiedenen Begründungen und ausführlichen Nachweisen; ebenso *Assmann* in: Assmann/Schütze, Hdb. Kapitalanlagerecht, § 7 Rn. 102.

1454 RGZ 71, 97.

1455 *Schwark* BörsG, § 45, 46 Rn. 8 m.w.N.; neuerdings allerdings auch wieder *Baums* (Hrsg.) Bericht RegKomm, Rn. 182; *Renzenbrink/Holzner* BKR 2002, 434 ff.

1456 Baumbach/*Hopt* HGB, § 45 BörsG Rn. 5; *Ellenberger* Prospekthaftung, S. 75 f.; *Groß* Kapitalmarktrecht, §§ 45, 46 BörsG Rn. 7; in diese Richtung auch *Fleischer* Gutachten 64. DJT, F 74 f. und F 100; monografische Darstellung bei *Gebauer* Börsenprospekthaftung, passim.

1457 Begr. RegE, BT-Drs. 13/8933, S. 78.

1458 Vgl. Begr. RegE, BT-Drs. 14/8017, S. 93 f.

1459 Vgl. bereits oben A.II.1.c)aa) (Seite 232 ff.).

1460 *Assmann* in: Assmann/Schütze, Hdb. Kapitalanlagerecht, § 7 Rn. 202; Baumbach/*Hopt* HGB § 45 BörsG Rn. 3; *Fleischer* Gutachten 64. DJT, F 62.

Organe. Hierbei ist auch unerheblich, dass Vorstand und Aufsichtsrat die Entsprechenserklärung abgegeben haben. Denn die Aufnahme der Erklärung in den Börsenprospekt ist dem Unternehmen zuzurechnen, und die Erklärungen im Prospekt stammen vom Unternehmen und nicht mehr originär von den Organen.

II. § 15 Abs. 6 WpHG bzw. §§ 37b und 37c WpHG

Wie bereits gesehen, wurde durch das Vierte Finanzmarktförderungsgesetz mit §§ 37b und 37c WpHG eine Haftung des Unternehmens für fehlerhafte Ad-hoc-Mitteilungen eingeführt. Voraussetzung für eine Haftung ist allerdings, dass eine Ad-hoc-Mitteilung nach § 15 Abs. 1 WpHG zu publizieren ist, was bei Änderung der Entsprechenserklärung regelmäßig nicht der Fall ist[1461].

Haftungsvoraussetzung ist nach § 37b WpHG das Unterlassen der unverzüglichen Veröffentlichung einer Ad-hoc-Meldung nach § 15 Abs. 1 WpHG. Nach § 37c WpHG haftet außerdem, wer eine unwahre Tatsache in einer Ad-hoc-Meldung veröffentlicht. Im Fall der Entsprechenserklärung sind dies also diejenigen, die trotz einer Änderung der Entsprechenserklärung wegen einer Neuausrichtung der Corporate Governance des Unternehmens diese Änderung entgegen § 15 Abs. 1 WpHG nicht bekanntgegeben haben und diejenigen, die wahrheitswidrig eine Änderung wegen einer solchen Neuausrichtung behauptet haben. Obwohl Vorstand und Aufsichtsrat für die Entsprechenserklärung zuständig sind, muss dann das Unternehmen eine Ad-hoc-Meldung publizieren, denn dieses trifft als Emittenten die Pflicht aus § 15 Abs. 1 WpHG. Die Schadensersatzpflicht besteht einerseits gegenüber erwerbenden Neuanlegern[1462], die zu teuer gekauft haben. Neuanleger sind diejenigen, die Wertpapiere nach der unterlassenen Veröffentlichung - § 37b Abs. 1 Nr. 1 WpHG - bzw. nach der Veröffentlichung der unwahren Tatsache - § 37c Abs. 1 Nr. 1 WpHG – erworben haben. Ebenso sind die veräußernden Altanleger anspruchsberechtigt, die zu billig verkauft haben. Das sind diejenigen, die ihre Aktien vor Eintritt der Tatsache erworben und nach der Unterlassung veräußert haben (§ 37b Abs. 1 Nr. 2 WpHG) und diejenigen, die im Fall des § 37c WpHG vor dem Bekanntwerden der Unrichtigkeit der Tatsache verkauft haben (§ 37c Abs. 1 Nr. 2 WpHG). Hingegen sind untätig gebliebene Altanleger, also diejenigen, die durch die Ad-hoc-Meldung davon abgehalten wurden, ihre Wertpapiere bei Zeiten zu verkaufen, nicht anspruchsberechtigt[1463].

Alle weiteren Voraussetzungen einer Haftung unterscheiden sich nicht von den grundsätzlichen Fragen, die auch sonst im Zusammenhang mit §§ 37 b, 37c

---

[1461] Ausführlich oben Kapitel 3 D.VII (Seite 116 ff.); nur im Ergebnis so auch *Claussen/Bröcker* DB 2002, 1199, 1204 f., die davon ausgehen, dass eine Korrektur der Entsprechenserklärung immer nach § 15 Abs. 1 WpHG zu publizieren ist.

[1462] Begriffe nach *Fleischer* BB 2002, 1869.

[1463] *Fleischer* BB 2002, 1869 f.; *Reichert/Weller* ZRP 2002, 49, 55.

WpHG auftreten. Sie werden daher im Folgenden nur angerissen und nicht ausführlich erörtert:

Die Haftung des Emittenten, also der Gesellschaft, tritt nur bei Vorsatz und grober Fahrlässigkeit ein, vgl. §§ 37b Abs. 2, § 37c Abs. 2 WpHG. Im Hinblick hierauf sieht das Gesetz eine Beweislastumkehr vor, wodurch die Beweislastverteilung den jeweils beherrschten Verantwortungsbereichen entspricht[1464]. Ein Schadensersatzanspruch besteht nicht, wenn der Anspruchsberechtigte die nicht veröffentlichte Tatsache bei Erwerb bzw. Veräußerung kannte (§ 37b Abs. 3 WpHG), oder wenn er die Unrichtigkeit der veröffentlichten Tatsache zu diesen Zeitpunkten kannte. Die Verjährung beträgt ein Jahr nach Kenntnis des Verstoßes, maximal aber drei Jahre seit dem Verstoß (§§ 37b und 37c, Abs. 4 WpHG). Schließlich sind eine vorher vereinbarte Ermäßigung oder ein Erlass der Haftung unwirksam (§§ 37b Abs. 6 und 37c Abs. 6 WpHG).

Problematisch ist die Schadensermittlung[1465]. Hier wird einerseits vertreten, dass diese in Anlehnung an § 249 Satz 1 BGB in Form der Naturalrestiution zu erfolgen hat – dies hätte zur Folge, dass das Wertpapiergeschäft rückabzuwickeln wäre; soweit der Emittent, wie üblich, nicht selbst Vertragspartner sei, richte sich der Anspruch auf Zahlung Zug um Zug gegen Übertragung der Wertpapiere. Andererseits soll nur der Differenzschaden ersetzt werden, also der Betrag zwischen dem tatsächlichen Transaktionspreis und dem Preis, der sich bei pflichtgemäßem Publizitätsverhalten gebildet hätte.

III. §§ 823 Abs. 2, 826 BGB

Für eine deliktische Haftung der Gesellschaft bedarf es wie bei der Frage der persönlichen Haftung der Verwaltungsorgane der Verletzung eines Schutzgesetzes. Allerdings findet sich im vorliegenden Fall kein Schutzgesetz, das überhaupt die Gesellschaft als solche verpflichtet, auf die Ordnungsgemäßheit der Entsprechenserklärung zu achten und gleichzeitig auch noch Schutzgesetz für den Anleger ist.

Allerdings muss die Gesellschaft sich eine Verletzung durch seine Organe entsprechend § 31 BGB zurechnen lassen; strittig ist allerdings, ob dies auch für eine (deliktische) Verletzung ihrer Mitglieder oder nur im Falle der Verletzung Dritter gilt[1466]. Bejaht man die Haftung auch bei deliktischer Verletzung von Aktionären, ist außerdem fraglich, ob diese sich in einem solchen Fall der gesamtschuldnerischen Haftung von Verwaltungsmitgliedern und Gesellschaft zuerst an die Verwaltungsmitglieder halten müssen[1467]. Insofern ergeben sich

---

1464 Begr. RegE, BT-Drs. 14/8017, S. 93.

1465 Vgl. dazu ausführlich *Fleischer* BB 2002, 1869, 1870 ff.; *Reichert/Weller* ZRP 2002, 49, 55; auch *Ettinger/Grützediek* AG 2003, 353, 364 m.w.N.

1466 BGHZ 110, 323, 327; str., vgl. Nachweise bei *Baums* Gutachten 63. DJT, F 226 sowie *Bayer* NJW 2000, 2609, 2611; dagegen etwa MünchKommBGB/*Mertens* § 823 Rn. 152.

1467 Dazu *Baums* Gutachten 63. DJT, F 226.

hier keine Besonderheiten zu den allgemeinen Problemen im Zusammenhang mit §§ 823 Abs. 2, 826 BGB.

C. (Richterrechtliche) Entwicklung einer neuen Haftungskategorie

Nachdem sowohl eine persönliche Haftung von Vorstands- und Aufsichtsratsmitgliedern gegenüber dem Aktionär als auch eine Haftung der Gesellschaft de lege lata weitgehend abgelehnt wurden, stellt sich die Frage, ob dies die Notwendigkeit der (richterrechtlichen) Entwicklung einer neuen Haftungskategorie mit sich bringt. De lege ferenda gibt es zwar Überlegungen zur Einführung einer Haftung von Mitgliedern der Verwaltungsorgane für grob fahrlässige Falschinformation des Kapitalmarkts und darüber hinaus eine Informationshaftung des Emittenten[1468]. Zum einen ist aber überhaupt nicht abzusehen, inwieweit eine entsprechende Gesetzesänderung tatsächlich vorgenommen wird oder ob die Umsetzung des Maßnahmenkatalogs im parlamentarischen Verfahren scheitern wird. Ein solches Scheitern hätte dann die implizite Bedeutung, dass der Gesetzgeber eine Erweiterung der bereits existenten Haftung nicht gewollt hätte. Zum anderen käme eine richterrechtlich zu entwickelnde Informationshaftung für diejenigen Verstöße in Betracht, die bereits vor Inkrafttreten einer etwaigen neuen gesetzlichen Regelung begangen wurden. Hingegen wird für den Fall, dass eine erweiterte Haftung des Emittenten oder der Verwaltungsmitglieder im Gesetz geregelt wird, hiervon die Abgabe einer fehlerhaften Entsprechenserklärung aber nicht erfasst wäre, eine darüber hinausgehende, ggf. richterrechtlich eingeführte Haftung keinen Bestand haben. Denn in Anbetracht der großen Diskussion in der Literatur hätte der Gesetzgeber sich bewusst gegen eine weitergehende Haftung entschieden. Diese bewusste Entscheidung würde in jedem Fall eine Analogie und auch eine Fortentwicklung der Haftung durch die Gerichte verbieten.

I. Vertrauen als Grundlage der Haftung

Nach Auffassung *Lutters* muss eine Haftung von Unternehmen für die Abgabe einer fehlerhaften Entsprechenserklärung existieren. Denn eine zivile Rechtsordnung könne die Lüge bei einer vom Gesetz verlangten öffentlichen Erklärung nicht sanktionslos hinnehmen, will sie ihren Anspruch auf gerechte Lösungen nicht aufgeben. Daher müsse notfalls eine Anspruchsgrundlage für die Haftung für ein durch öffentliche Aussagen erstrebtes Vertrauen erfunden werden[1469]. Tatsächlich wäre der einzige Anknüpfungspunkt für eine solche Haftung mangels gesetzlicher Bestimmung ein erstrebtes und auch gewährtes Vertrauen. Denn schon nach Präambel Abs. 1 Satz 3 DCGK ist Ziel des Kodex, das

---

[1468] Dazu sogleich unten D. (Seite 277 ff.).
[1469] *Lutter* FS Druey, 463, 476.

> „Vertrauen der internationalen und nationalen Anleger (...) in die Leitung und Überwachung deutscher börsennotierter Aktiengesellschaften zu fördern".

Mangels persönlichem Kontakt käme – wie bei der Prospekthaftung – dabei nur ein typisiertes Vertrauen in die Richtigkeit der Entsprechenserklärung in Betracht. Denn die fehlerhafte Entsprechenserklärung kann wegen ihrer Aufmachung und ihres Inhalts einen Vertrauenstatbestand beim objektiven, durchschnittlichen Kapitalanleger hervorgerufen haben[1470]. Dass der Anleger der Richtigkeit der Erklärung Vertrauen geschenkt hat und darüber hinaus darauf vertraut hat, dass Vorstand und Aufsichtsrat sich an die selbst abgegebene Erklärung auch halten werden, wird sogar regelmäßig der Fall sein.

Bereits die Prämisse dieser Ansicht, Verstöße gegen eine gesetzlich geforderte Erklärung dürften nicht sanktionslos bleiben, wirft aber Fragen auf. Denn wie im Laufe der Arbeit gezeigt wurde, gibt es verschiedene Möglichkeiten, Verstöße gegen § 161 AktG und die damit verbundenen handelsrechtlichen Pflichten zu sanktionieren, etwa durch den Abschlussprüfer oder durch die Verweigerung der Entlastung durch die Aktionäre. Fraglich ist also vielmehr, ob die Sanktion eines Gesetzesverstoßes immer in der persönlichen Haftung der Verwaltungsorgane oder des Unternehmens gegenüber den Aktionären bestehen muss.

Folgt man allerdings insofern der Ansicht *Lutters*, ist zu klären, inwieweit eine Haftung auf Vertrauen basieren kann. Gegen eine solche Art der Vertrauenshaftung spricht, dass der gesamte geschäftliche Verkehr auf Vertrauen beruht[1471]. Dennoch – oder gerade deshalb – ist das Vertrauen nicht grundsätzlich rechtlich relevant oder schützenswert, vielmehr ist die rechtliche Sanktionierung enttäuschten Vertrauens die Ausnahme[1472]. Insbesondere ist der Topos der Inanspruchnahme allgemeinen Marktvertrauens zu vage, um haftungsträchtiges Verhalten von unschädlicher Werbung rechtssicher unterscheiden zu können[1473]. Auch im Kapitalmarktrecht ist ein Vertrauen in Aussagen eines Unternehmens oder seiner Organe bisher nicht grundsätzlich geschützt[1474]. Allgemein ist zum Vertrauensgedanken gesagt worden, dass er zwar einerseits zu den fundamentalsten Prinzipien jeder Rechtsordnung, zu den obersten Rechtsgrundsätzen zählt[1475]. Andererseits ist die Schwäche des Vertrauensgedankens gerade seine Vielgestaltigkeit in Bezug auf seinen Anwendungsbereich und seine Rechtswirkungen, so dass es für seine Konkretisierung insbesondere auf die Wertungen des positiven Rechts ankommt[1476]. Vertrauen, so heißt es an anderer Stelle, sei ein notwendiges

---

1470 *Seibt* AG 2002, 249, 256 f.
1471 MünchKommBGB/*Emmerich* Vor § 275 Rn. 54; *Stein* FS Peltzer, S. 557, 560.
1472 *Stein* FS Peltzer, S. 557, 560.
1473 *Bachmann* WM 2002, 2137, 2141.
1474 *Assmann*, Referat 64. DJT, P 22; *Fleischer* Gutachten 64. DJT, F 95.
1475 *Canaris* Vertrauenshaftung, S. 3.
1476 *Canaris* Vertrauenshaftung, S. 4; er untersucht daher ab S. 7 ff. umfangreich „Einzelne Tatbestände der Vertrauenshaftung".

Element für eine Gesellschaft, doch wäre es falsch, daraus abzuleiten, dass jedes Vertrauen von der Rechtsordnung geschützt werden sollte[1477]. In differenzierten Sozialordnungen sei eine Trennung von Vertrauen und Recht unumgänglich, denn Vertrauen allein sei ein viel zu allgemeines, diffuses soziales Erfordernis, als dass beides sich zur Deckung bringen lasse[1478]. Zwischen Vertrauen, Recht und rechtsförmig einklagbarem Vertrauensschutz sei zu differenzieren[1479]. Daher haben Lehre und Rechtsprechung eine Vertrauenshaftung dann entwickelt und bejaht, wenn das Vertrauen im vertraglichen Umfeld – von Beginn der Vertragsverhandlungen bis zum Erlöschen der letzten Vertragspflichten – gewährt wurde[1480]. Zumindest wird aber immer eine rechtliche Sonderverbindung gefordert[1481]. Diese Meinungen werden durch die bisherigen Erkenntnisse der Arbeit unterstützt: Sowohl die Haftung aus c.i.c. als auch die bürgerlich-rechtliche Prospekthaftung basieren zwar auf Inanspruchnahme und Gewährung von Vertrauen. Dies reicht aber nicht aus. So wird bei der Haftung aus c.i.c. regelmäßig ein persönlicher Kontakt gefordert, bei der Haftung im Fall von Falschinformationen muss immer ein besonderes, über das übliche Maß hinausgehendes Vertrauen erweckt worden sein. Notwendig ist also ein engerer Kontakt zwischen Anspruchsteller und -gegner. Bei der bürgerlich-rechtlichen Prospekthaftung musste der Prospekt die einzige, jedenfalls aber die wichtigste Informationsquelle für den späteren Anleger sein. Vertrauen alleine ist hingegen bisher nicht als Haftungsgrundlage anerkannt worden[1482].

II. Haftung in Anlehnung an §§ 37b und 37c WpHG, 44 ff. BörsG

Auch eine Anlehnung der Haftung an §§ 37b und 37c WpHG oder §§ 44 ff. BörsG, die beide eine Emittentenhaftung für fehlerhafte Kapitalmarktkommunikation enthalten, scheidet aus[1483].

Im Fall der neuerdings gesetzlich geregelten Haftung für fehlerhafte Ad-hoc-Publizität, §§ 37b und 37c WpHG wird das Vertrauen in eine besondere

1477 *Fehlmann* Vertrauenshaftung, S. 162.

1478 *Luhmann* Vertrauen, S. 42; ihm folgend *Fehlmann* Vertrauenshaftung, S. 20.

1479 *Luhmann* Vertrauen, S. 44.

1480 Vgl. die Zusammenfassung bei *Fehlmann* Vertrauenshaftung, S. 55 ff.

1481 *Fehlmann* Vertrauenshaftung, S. 171 ff.

1482 Auch soweit versucht wird, die Haftung im Rahmen der c.i.c. oder der bürgerlich-rechtlichen Prospekthaftung auf andere Weise als durch Rückgriff auf die Inanspruchnahme und Gewährung von Vertrauen herzuleiten, sind diese Versuche erheblicher Kritik ausgesetzt – vgl. zur c.i.c. MünchKommBGB/*Emmerich* Vor § 275 Rn. 52 ff.; zur bürgerlich-rechtlichen Prospekthaftung vgl. *Förster* Prospekthaftung, S. 39 ff. Das gilt namentlich für eine Haftung aus quasi-vertraglicher Verpflichtung aufgrund der Inanspruchnahme allgemeinen Marktvertrauens, die eine Erklärungshaftung aufgrund einseitig gewollter Selbstbindung darstellen soll. Vgl. dazu *Köndgen* Selbstbindung, S. 283 ff.; explizit zur Prospekthaftung *Köndgen* AG 1983, 85 ff. und 120 ff.; dagegen etwa MünchKommBGB/*Emmerich* Vor § 275 Rn. 56; *Canaris* FS Larenz (1983), S. 27, insbes. 93 f.; 106 f.

1483 So im Ergebnis für die Haftung des Emittenten auch *Ulmer* ZHR 166 (2002), 150, 169; dem folgend auch *Seibt* AG 2002, 249, 256 mit dem Hinweis auf den Vorrang des Gläubigerschutzes.

Aussage – die Ad-hoc-Mitteilung – geschützt. Diese Mitteilung hat auf einem in § 15a Abs. 3 WpHG genau geregeltem Weg zu erfolgen, die daraus resultierende Haftung tritt außerdem nur bei grober Fahrlässigkeit ein, §§ 37b Abs. 2, 37c Abs. 2 WpHG. Eine Analogie hierzu scheidet aus, da §§ 37b und 37c WpHG Spezialregelungen sind. Sie markieren aber gleichzeitig eine äußerste Grenze der Haftung für fehlerhafte Kapitalmarktinformation: Diese Haftung greift nur bei grober Fahrlässigkeit ein, nicht bei einfacher Fahrlässigkeit. Daher dürfte eine Haftung für die Abgabe einer fehlerhaften Entsprechenserklärung in jedem Fall nur bei grober Fahrlässigkeit bestehen. Denn durch §§ 37b und 37c WpHG beabsichtigt der Gesetzgeber eine Verschärfung der Haftung, nicht eine Privilegierung.

Gleiches gilt für die Haftung nach §§ 44 ff. BörsG. Hier tritt neben das Erfordernis grober Fahrlässigkeit noch die Tatsache, dass der Börsenzulassungsprospekt ein umfangreiches Dokument ist, auf das sich eine Anlageentscheidung stützen lässt, ohne dass weitere Informationen eingeholt werden müssten. Die Grenzen werden also noch enger gezogen: Wie bei §§ 37b und 37c WpHG bedarf es der groben Fahrlässigkeit bei der Falschinformation des Kapitalmarktes; darüber hinaus sind nur ganz spezielle Veröffentlichungswege vorgeschrieben. Darüber hinaus ist der Börsenzulassungsprospekt, also die Grundlage der Haftung, von äußerst wichtiger Bedeutung für die Anleger.

III. Haftung in Anlehnung an § 434 Abs. 1 BGB

Allerdings existiert neuerdings eine Haftung für öffentliche Aussagen, insbesondere in der Werbung oder bei Kennzeichnung einer Sache in § 434 Abs. 1 Satz 3 BGB. Danach gehören zu der Beschaffenheit einer Sache, deren Fehlen einen Sachmangel darstellt,

> „auch Eigenschaften, die der Käufer nach den öffentlichen Äußerungen des Verkäufers, des Herstellers (§ 4 Abs. 1 und 2 des Produkthaftungsgesetzes) oder seines Gehilfen insbesondere in der Werbung oder bei der Kenzeichnung über bestimmte Eigenschaften erwarten kann, es sei denn, dass der Verkäufer die Äußerung nicht kannte und auch nicht kennen musste (...)".

Die Übertragung des § 434 Abs. 1 BGB auf den Fall der Abgabe einer fehlerhaften Entsprechenserklärung hat einen großen Reiz, denn in § 434 Abs. 1 BGB wird eindeutig eine Haftung für öffentliche Aussagen begründet.

Der Erwerb von Aktien ist ein Rechtskauf, auf den nach § 453 Abs. 1 BGB die Vorschriften über den Kauf von Sachen entsprechende Anwendung finden. Ob dies auch für § 434 Abs. 1 BGB gilt, ist allerdings äußerst streitig. Während dies von einigen problemlos bejaht wird[1484], wird dies von einer weit verbreiteten Meinung abgelehnt. Denn die in § 453 Abs. 1 BGB angeordnete

---

[1484] *Gaul* ZHR 166 (2002), S. 35, 39; *Gruber* MDR 2002, 433, 437; *Wolf/Kaiser* DB 2002, 411, 415 ff.

„entsprechende" Anwendung setze voraus, dass ein Analogieschluss zulässig sei[1485], dass die realtypischen Begleitumstände des jeweiligen Geschäfts dem Sachkauf im Hinblick auf die Wertungsgesichtspunkte entsprechen, die der jeweiligen Norm zugrunde liegen[1486]. Ein Recht, also ein bloßes Gedankengebilde, könne aber keine Sachmängel im Sinne des § 434 BGB aufweisen[1487]. Beziehe sich ein Recht auf eine Sache, könne zwar diese Sache Mängel aufweisen; Kaufgegenstand sei aber das Recht und nicht die Sache[1488]. Danach scheide eine Anwendung von § 434 Abs. 1 BGB im Hinblick auf solche Vertragsstörungen aus, die sich nicht als physisches Merkmal von Sachen beschreiben lassen[1489]. Jedenfalls komme eine Anwendung von § 434 Abs. 1 BGB beim Anteilskauf erst in Betracht, wenn sich ein Mangel des Unternehmens als unmittelbarer Mangel des Anteilsrechts darstelle[1490]. Dies sei aber nur der Fall, wenn Anteile in der Größenordnung einer Sperrminorität[1491] oder einer satzungsändernden Mehrheit[1492] erworben würden. Auch ein Blick auf § 453 Abs. 3 BGB bestätige, dass beim Rechtskauf außerhalb dieser Regelung nicht für Sachmängel nach §§ 434, 437 BGB gehaftet werde[1493]. Zwar nennt auch der Gesetzgeber den Unternehmenskauf als Beispiel eines Rechtskaufs für § 453 Abs. 1 BGB[1494]. Jedenfalls den Kauf eines einzelnen Anteils hat aber auch er nicht vor Augen gehabt.

Weiterhin müsste man die Angaben in der Entsprechenserklärung als Eigenschaften des Unternehmensanteils ansehen. Eigenschaften nach § 434 Abs. 1 Satz 3 BGB sind zwar nach Meinung derer, die eine Anwendung auf den Rechtskauf zulassen, Umsätze und Erträge eines Unternehmens[1495]. Die Angaben über Corporate-Governance-Maßnahmen eines Unternehmens hierunter zu fassen, würde den Begriff der Eigenschaften sehr weit ausdehnen.

Aber selbst wenn man eine Anwendung des § 434 Abs. 1 BGB auf den Aktienkauf zuließe und darüber hinaus die Angaben in der Entsprechenserklärung als Eigenschaften ansehen würde, würde im Normalfall eine Anwendung des § 434 Abs. 1 BGB trotzdem ausscheiden[1496]. Denn der Emittent ist üblicherweise nicht der Verkäufer der Aktien, der Anleger erwirbt

---

1485 *Weitnauer* NJW 2002, 2511, 2514.

1486 *Grigoleit/Herresthal* JZ 2003, 118, 124; ähnlich auch *Grunewald* NZG 2003, 372, 373.

1487 *Huber* AcP 202 (2002), 179, 229.

1488 *Huber* AcP 202 (2002), 179, 229 f.

1489 *Grigoleit/Herresthal* JZ 2003, 118, 125.

1490 *Weitnauer* NJW 2002, 2511, 2514.

1491 Palandt/*Putzo* § 453 BGB Rn. 23.

1492 *Weitnauer* NJW 2002, 2511, 2514 in Anlehnung an die Rechtsprechung zum alten Schuldrecht.

1493 *Grigoleit/Herresthal* JZ 2003, 118, 124; *Grunewald* NZG 2003, 373, 373 m.w.N.; *Huber* AcP 202 (2002), 179, 230.

1494 Begr. RegE, BT-Drs. 14/6040, S. 242.

1495 *Gaul* ZHR 166 (2002), S. 35, 46 f.; *Wolf/Kaiser* DB 2002, 411, 416; dagegen *Kindl* WM 2003, 409, 411.

1496 So auch *Wolf/Kaiser* DB 2002, 411, 417 f., die hier dann doch auf die Größe des Anteils abstellen wollen.

die Aktien in der Regel von einem Dritten. Damit eine öffentliche Äußerung haftungsbegründend wirkt, müsste der Emittent Hersteller im Sinne des § 4 ProdHG sein. Dies ist, wer das Endprodukt, einen Grundstoff oder ein Teilprodukt herstellt oder sich als Hersteller ausgibt. Eine Aktie ist aber schon kein Produkt; vielmehr spricht § 434 Abs. 1 Satz 3 BGB mit seinem Verweis auf § 4 ProdHG ebenfalls dafür, dass diese Regelung nicht auf den Rechtskauf anwendbar ist. Es bliebe lediglich der Sonderfall, dass das Unternehmen selbst Verkäufer seiner Anteile ist. Will man entgegen der hier vertretenen Meinung eine Anwendung des § 434 BGB auf Sachmängel beim Rechtskauf ausdehnen und die Entsprechenserklärung als Eigenschafts- bzw. Beschaffenheitsangabe verstehen, kommt eine Haftung in Betracht.

Grundsätzlich ist das aber abzulehnen. Vielmehr handelt es sich bei § 434 Abs. 1 Satz 3 BGB um eine Spezialregelung für den Sachkauf, die nicht analogiefähig ist. Eine umfassende kapitalmarktrechtliche Haftung lässt sich hierauf nicht zu stützen[1497].

D. Anspruchsgrundlage de lege ferenda nach dem konkretisierten Maßnahmenkatalog der Bundesregierung vom 25. Februar 2003

In Anbetracht der im Ergebnis unbefriedigenden Situation des haftungsrechtlichen Schutzes der Anleger, insbesondere im Hinblick auf eine persönliche Inanspruchnahme der Mitglieder von Vorstand und Aufsichtsrat, sind verschiedene Verbesserungsvorschläge gemacht worden. Hervorzuheben ist dabei vor allem ein Vorschlag der Bundesregierung, der bisher allerdings nur als Arbeitsprogramm in Form eines konkretisierten Maßnahmenkataloges vorliegt[1498]. Dieser Vorschlag – ebenso wie die anderen Überlegungen zur Verbesserung des haftungsrechtlichen Schutzes von Anlegern – bezieht sich allerdings nicht explizit auf die Frage der Haftung von Vorstand und Aufsichtsrat für die Abgabe einer fehlerhaften Entsprechenserklärung, sondern insgesamt auf die Frage einer Haftung für fehlerhafte Kapitalmarktinformation. Zuvor war etwa auf dem 64. Deutschen Juristentag (DJT) vorgebracht worden, aus den zahlreichen Verstößen von Marktteilnehmern gegen kapitalmarktrechtliche Informations- und Verhaltensgebote erwachse rechtspolitischer Handlungsbedarf[1499].

Die Bundesregierung hat den „Maßnahmenkatalog zur Stärkung der Unternehmensintegrität und des Anlegerschutzes“ am 25. Februar 2003 veröffentlicht. Unter Punkt 2. sieht der Katalog die Einführung einer persönlichen Haftung von Vorstands- und Aufsichtsratsmitgliedern gegenüber

[1497] So – allerdings ohne Begründung – im Ergebnis auch *Bachmann* WM 2002, 2137, 2141.

[1498] Abgedruckt etwa in NJW 2003, Heft 17, S. XXVIII; Kurzfassung in *Strunk* u.a. TransPuG und Corporate Governance Kodex, S. 197 ff.; AG-Report, R 139; dazu *Seibert* BB 2003, 693 ff.; kritisch dazu *Kiethe* DStR 2003, 1982.

[1499] *Fleischer* Gutachten 64. DJT, F 95.

den Anlegern vor. Vorläufer dieses Katalogs war ein im Sommer 2002 beschlossenes Zehn-Punkte-Programm[1500]. Die persönliche Haftung von Vorstands- und Aufsichtsratsmitgliedern gegenüber Anlegern soll nach dem Maßnahmenkatalog auf vorsätzliche oder grobfahrlässige Falschinformation des Kapitalmarktes begrenzt sein. Ein Haftung soll vor allem im Fall der Abgabe falscher Ad-hoc-Mitteilungen eingreifen; geprüft werden soll aber auch, inwieweit den Anlegern bei anderen Falschinformationen, z. B. hinsichtlich der Angaben in Abschlüssen, Lageberichten und Zwischenberichten oder bei irreführenden Aussagen in Reden oder Interviews Schadensersatzansprüche eingeräumt werden können. Bei (grob) fahrlässiger Falschinformation erwägt die Regierung die Einführung einer Obergrenze für die persönliche Haftung.

Eine persönliche Informationshaftung von Gesellschaftsorganen, die jedenfalls bei grober Fahrlässigkeit eingreift und mit einer Haftungshöchstgrenze ausgestattet ist, war auch vom 64. DJT als Beschluss angenommen worden[1501]. Darüber hinaus lehnt sich der Vorschlag der Bundesregierung an die von der Regierungskommission Corporate Governance gemachten Vorschläge an. Die Regierungskommission hatte vorgeschlagen, folgende Regelung in das Börsengesetz (als § 79 Abs. 1 BörsG a.F.) aufzunehmen[1502]:

> „Wer als Mitglied des Vorstands oder Aufsichtsrats einer Gesellschaft, deren Aktien zum Handel an einer inländischen Börse zugelassen oder mit Zustimmung der Gesellschaft in den Freiverkehr einbezogen sind, die Verhältnisse der Gesellschaft einschließlich ihrer Beziehungen zu verbundenen Unternehmen in Darstellungen oder Übersichten über den Vermögensstand, in Vorträgen oder Auskünften in der Hauptversammlung vorsätzlich oder grob fahrlässig unrichtig wiedergibt oder verschleiert, haftet, sofern diese Darstellung geeignet ist, den Börsen- oder Marktpreis der Aktien erheblich zu beeinflussen, (...) auf Schadensersatz“

Gleiches soll gelten, wenn ein Anleger durch eine falsche Darstellung davon abgehalten wurde, Aktien zu veräußern, § 79 Abs. 4 BörsG-E. In Anlehnung an § 323 Abs. 2 HGB wird weiterhin eine Beschränkung der Haftung für grobe Fahrlässigkeit befürwortet; diese soll bei fünf Millionen Mark liegen. Allerdings soll die Neuregelung vorsehen, dass ein etwaiger „Verletzergewinn“, etwa aus dem Verkauf von Aktien, in jedem Fall vollständig herauszugeben ist. Die Formulierung des § 79 Abs. 1 BörsG-E lehnt sich dabei deutlich an § 400 Abs. 1 Nr. 1 AktG an. Die weiteren Vorschlägen der Regierungskommission betreffen Regelungen zum Haftungsausschluss, zur Verjährung zu Haftungsbeschränkungen und zur gerichtlichen Zuständigkeit, die angelehnt sind an die Vorschriften der Prospekthaftung nach dem Börsengesetz, §§ 45 ff.

1500 Die für die vorliegende Arbeit relevante Punkte nennt etwa *Sieg* FS Metzeler, S. 191, 202.

1501 64. DJT, Abteilung Wirtschaftsrecht, Beschluss 1.11 und 1.12, veröffentlicht auch in DB 2002, 2037.

1502 *Baums* (Hrsg.) Bericht RegKomm, Rn. 186; vgl. auch den daran angelehnten Vorschlag bei *Abram* NZG 2003, 307, 311 f.; zu den Reformbestrebungen auch *Fleischer* BKR 2003, 608, 611 ff.

BörsG. Aufgrund der Anlehnung an § 400 Abs. 1 AktG im Vorschlag der Regierungskommission kann hier allerdings auf die hierzu gemachten Ausführungen verwiesen werden[1503]. Danach kommt eine Haftung nicht in Betracht, wenn die Entsprechenserklärung als solche veröffentlicht wird[1504]. Anders ist dies allerdings, wenn man wie die Regierungskommission selbst § 400 Abs. 1 AktG dahingehend versteht, dass der Zusatz „über den Vermögensstand" sich nicht auf die „Darstellungen" bezieht[1505], was zur Folge hätte, dass auch solche Darstellungen, die sich nicht auf den Vermögensstand beziehen, eine Haftung begründen können. Hierunter würde dann auch die Entsprechenserklärung fallen.

Inwiefern der Gesetzgeber diese Feinheiten allerdings aufnimmt und umsetzt, oder ob er zu einer gänzlich anderen Regelung kommen wird, bleibt abzuwarten. Sollte er der vorgeschlagenen Formulierung folgen und auch die Begründung der Regierungskommission aufnehmen, könnte eine persönliche Haftung von Mitgliedern von Vorstand und Aufsichtsrat durchaus mit Hilfe der dann geschaffenen Haftungsnorm jedenfalls im Falle einer grob fahrlässig abgegebenen falschen Entsprechenserklärung begründet werden. Weiterhin müsste aber die haftungsbegründende Kausalität bewiesen werden, also dass die Aktie vor allem wegen der (fehlerhaften) Entsprechenserklärung erworben wurde[1506]. Hingegen müsste ein kausal auf den Falschangaben beruhender Schaden nicht belegt werden, denn die Regelung sieht vor, dass die Haftungsverpflichteten den Unterschiedsbetrag zwischen dem Erwerbspreis – jedoch höchstens den durchschnittlichen Preis der Aktie an den ersten drei Handelstagen – und dem Börsen- oder Marktpreis zahlen, unabhängig von weiteren Voraussetzungen[1507]. Ob und inwieweit sich die Bundesregierung an die Vorschläge der Regierungskommission anlehnen wird ist noch völlig offen[1508]. Im Entwurf der Bundesregierung für ein „Gesetz zur Unternehmensintegrität und Modernisierung es Anfechtungsrechts (UMAG)" vom Januar 2004, das ausweislich der Begründung einen Teil des erwähnten Maßnahmenkatalogs umsetzt, ist die Einführung einer solchen Außenhaftung jedenfalls nicht vorgesehen[1509]. Vor allem im Hinblick auf die Probleme bei der Berechnung der Schadenshöhe wäre zu überlegen, die Übernahme der Aktien

---

[1503] Dazu oben Kapitel 5 B.III.1.b) (Seite 176 f.).

[1504] So auch *Abram* NZG 2003, 307, 310.

[1505] *Baums* (Hrsg.) Bericht RegKomm, Rn. 184; dazu bereits oben Kapitel 5 B.III.1.b) (Seite 176 f.).

[1506] Vgl. daher den anderen Gesetzesvorschlag bei *Abram* NZG 2003, 307, 311 f.

[1507] So *Baums* (Hrsg.) Bericht RegKomm, Rn. 186, § 79 Abs. 2 BörsG-E.

[1508] So meint *Jahn* ZRP 2003, 121, 123 im Hinblick auf den Maßnahmenkatalog der Bundesregierung, auch die Kausalität zwischen Kursschaden und Falschangaben müsste bewiesen werden; hierzu finden sich im Maßnahmenkatalog allerdings keine Ausführungen, und die Ideen der Regierungskommission stehen dem, wie gesehen, gerade entgegen.

[1509] Zur Zeit nur erhältlich über <http://www.bmj.de/ger/service/gesetzgebungsvorhaben/10000873>, abgerufen am 16.2.2004.

anzuordnen, wie dies in § 44 BörsG derzeit der Fall ist und wie dies auch von der Regierungskommission in § 79 Abs. 2 BörsG-E empfohlen wird.

Die Begrenzung der Haftung auf grobe Fahrlässigkeit und die Haftungobergrenze zumindest bei Fahrlässigkeit werden von ersten Stellungnahmen in der Literatur überwiegend begrüßt, da hierdurch eine Blockade der unternehmerischen Handlungsinitative vermieden werde – die Haftungsgefahren sind nicht unübersehbar und unverhältnismäßig – und das Risiko zumindest versicherbar sei[1510].

Der bereits erwähnte 64. DJT hatte neben Beschlüssen zur persönlichen Haftung von Gesellschaftsorganen auch empfohlen, die Haftung des Emittenten für fehlerhafte Kapitalmarktinformation auf sämtliche fehlerhaften Pflichtveröffentlichungen auszudehnen[1511]. Ob eine solche Haftung in jedem Fall auch die Veröffentlichung einer fehlerhaften Entsprechenserklärung erfassen würde, ist allerdings ebenfalls fraglich. Denn nach § 161 AktG wird die Erklärung gerade nicht vom Unternehmen als Emittenten, sondern von Vorstand und Aufsichtsrat veröffentlicht. Inwieweit hier eine Zurechnung zum Unternehmen möglich ist, würde sich nach dem konkreten Wortlaut einer solchen Haftungsnorm richten. Ein Referentenentwurf soll bis Anfang 2004, das gesamte Gesetzesvorhaben bis 2005 abgeschlossen sein[1512].

E. Zusammenfassung

Eine Innenhaftung der Mitglieder von Vorstand und Aufsichtsrat nach § 93 Abs. 2 AktG setzt eine Pflichtverletzung voraus. Diese liegt vor, wenn gegen gesetzliche oder gesellschaftsintern vorgegebene Pflichten oder die selbst abgegebene Entsprechenserklärung verstoßen wird. Offengelegte Abweichungen von den Empfehlungen des Kodex und Abweichungen von den Anregungen oder von gesetzesinterpretierenden Vorschriften des darstellenden Kodexteils stellen hingegen keine Pflichtverletzung dar. Der Kodex kann allerdings als Indiz für eine Sorgfaltspflichtverletzung herangezogen werden, wobei eine Prüfung jeder einzelnen Regelung notwendig bleibt. Bei der Schadensberechnung ist zu beachten, dass die Entsprechenserklärung grundsätzlich jederzeit geändert werden kann. Eine Innenhaftung nach § 117 AktG ist bei Vorliegen der – sehr hohen – Voraussetzungen möglich.

1510 Ausführlich *Fleischer* Gutachten 64. DJT, F 104 ff.; auch *Jahn* ZRP 2003, 121, 122; kritisch zu den Haftungshöchstgrenzen hingegen *Assmann*, Referat 64. DJT, P 22 – die Beschränkung der Haftung auf grobe Fahrlässigkeit befürwortet er allerdings; kritisch auch *Fuchs/Dühn* BKR 2002, 1063, 1070 f.

1511 64. DJT, Abteilung Wirtschaftsrecht, Beschluss 1.9, veröffentlicht auch in DB 2002, 2037. Nach Beschluss 1.10 soll diese Haftung sogar auf alle freiwilligen Veröffentlichungen erstreckt werden; dazu *Fleischer* Gutachten 64. DJT, F 111 ff. Für eine Effektivierung der Innenhaftung dagegen *Assmann*, Referat 64. DJT, P 23 – diese würde aber nicht helfen, wenn nur die Anleger geschädigt sind, ohne dass ein vergleichbarer Schaden bei der Gesellschaft vorliegt.

1512 *Seibert* BB 2003, 693, 698.

Eine Außenhaftung der Mitglieder von Vorstand und Aufsichtsrat gegenüber den Anleger ist nur bei folgenden Grundvoraussetzungen gegeben:

- Im Falle vorsätzlichen Handelns
  - nach § 117 Abs. 1 Satz 2 AktG bzw. § 117 Abs. 2 Satz 1 AktG;
  - nach § 823 Abs. 2 BGB in Verbindung mit einem Schutzgesetz. Schutzgesetze sind § 400 AktG, § 20a WpHG; §§ 263, 264a StGB, 4 UWG und für bestimmte Anleger auch § 334 Abs. 1 Nr. 1 d), Nr. 2 f) HGB;
  - nach § 826 BGB.
- Darüber hinaus auch bei grob fahrlässigem Verhalten nach § 44 BörsG für den Fall, dass eine inhaltlich falsche Entsprechenserklärung in einem Börsenzulassungsprospekt wiedergegeben wird sowie in gleichgelagerten Fällen auch nach §§ 55 BörsG, 13 Abs. 1 VerkProspG, 20 KAGG und § 12 AuslInvestmG.

Hingegen kommt eine Außenhaftung der Vorstands- und Aufsichtsratsmitglieder nicht in Betracht nach

- § 93 Abs. 2 AktG (i.V.m. § 116 AktG);
- § 823 Abs. 1 BGB;
- § 823 Abs. 2 BGB mangels Schutzgesetzeigenschaft des Kodex, der §§ 161, 93 Abs. 2, 116 und 117 AktG, § 15 WpHG und der Satzung oder Geschäftsordnung der Gesellschaft;
- §§ 37b und 37c WpHG;
- und den Grundsätzen der bürgerlich-rechtlicher Prospekthaftung, weder in Form der Eigenhaftung Dritter, §§ 311 Abs. 3 Satz 1, 280 Abs. 1 Satz 1 BGB, noch nach der bürgerlich-rechtlichen Prospekthaftung im engeren Sinne, wie sie von der Rechtsprechung entwickelt worden ist.

Im Fall einer Außenhaftung ist den Anlegern derjenige Schaden zu ersetzen, der nicht zugleich einen Schaden der Gesellschaft darstellt. Nur diejenigen Anleger, die bei zu positiver Darstellung der Corporate-Governance-Praxis des Unternehmens in der Entsprechenserklärung Aktien gekauft haben und diese bis zur Bekanntgabe der Falschinformation gehalten haben, können einen Schadensersatz in Höhe der Kursdifferenz erhalten. Daneben können Anleger, die schon vor der Fehlerhaftigkeit der Entsprechenserklärung Aktien gehalten haben, nur den Kursschaden ersetzt verlangen, der auf dem durch die Falschangabe hervorgerufenen Vertrauensverlust basiert. Bei allen anderen Anlegern, insbesondere soweit sie Verkäufer von Aktien sind, kommt eine Schadensersatzhaftung mangels Schaden oder auch mangels Pflichtverletzung nicht in Betracht.

Eine Haftung der Gesellschaft gegenüber den Aktionären für Verstöße gegen § 161 AktG oder die damit zusammenhängenden handelsrechtlichen Pflichten scheidet regelmäßig aus. Nur unter den zusätzlichen Voraussetzungen der § 44

BörsG bzw. §§ 15, 37b und 37c WpHG ist eine Haftung möglich. Ob auch eine Haftung nach §§ 823 Abs. 2, 826 BGB in Betracht kommt, bestimmt sich nach den allgemeinen Zurechnungsregeln des § 31 BGB.

Die richterrechtliche Entwicklung einer neuen Haftungskategorie scheidet aus. Das gilt sowohl für den Fall, dass allgemein Vertrauen als Grundlage der Haftung ins Auge gefasst wird, als auch für den Fall einer Anlehnung an §§ 37b und 37c WpHG, 44 BörsG oder 434 Abs. 1 BGB.

Derzeit wird von der Bundesregierung nach Empfehlungen der Regierungskommission Corporate Governance und des 64. DJT die Einführung einer Anspruchsgrundlage für fehlerhafte Kapitalmarktinformation geprüft. De lege ferenda ist daher eine Informationshaftung, die sich sowohl gegen das Unternehmen als Emittenten als auch gegen Vorstands- und Aufsichtsratsmitglieder – dann allerdings wohl nur bei grober Fahrlässigkeit und versehen mit einer Haftungshöchstgrenze – richten kann, denkbar. Hierfür kommt es aber auf die konkrete Ausgestaltung der betreffenden Haftungsnorm an.

Kapitel 7: Zusammenfassung der Ergebnisse der Arbeit

I. Mit Corporate Governance werden Regeln zur Unternehmensleitung und Unternehmensüberwachung bezeichnet. Diese dienen der Lösung des *principle-agent*-Problems. Nach verschiedenen Studien führt die Einhaltung von Prinzipien guter Corporate Governance bei börsennotierten Aktiengesellschaften darüber hinaus zu einer Prämienzahlung auf den Börsenkurs.

II. Prinzipien guter Corporate Governance werden in letzter Zeit häufig in Kodizes zusammengefasst. Nach verschiedenen privaten Initiativen erfolgt dies in Deutschland nun im Deutschen Corporate Governance Kodex, der von einer Regierungskommission erarbeitet und im August 2002 offiziell veröffentlicht wurde. Dieser enthält die Wiedergabe von Gesetzesrecht, Empfehlungen und Anregungen. Trotz aller Kritik hat dieser Kodex auch inhaltlich große Anerkennung erfahren.

III. Seit Juli 2002 verpflichtet § 161 AktG alle Vorstände und Aufsichtsräte börsennotierter Unternehmens mit Sitz in Deutschland zur Abgabe einer sog. Entsprechenserklärung zu den Empfehlungen des Kodex. Diese Erklärung ist durch Beschluss beider Organe einmal im Kalenderjahr abzugeben, wobei beide Erklärungen inhaltlich übereinstimmen müssen. Eine Einschätzungsprärogative eines Organs existiert nicht. In der Erklärung sind sämtliche Abweichungen von den Empfehlungen anzugeben. Darüber hinaus ist die Erklärung von Abweichungen auch dann zulässig, wenn die Empfehlungen tatsächlich eingehalten wird.

IV. Diese sog. Entsprechenserklärung ist zukunftsgerichtet und bis zu ihrer jederzeit möglichen Änderung auch verbindlich. Gegenstand der Erklärung sowohl in ihrem vergangenheits-, also auch in ihrem zukunftsbezogenen Teil ist der Deutsche Corporate Governance Kodex in seiner aktuellen Fassung..

V. Die Entsprechenserklärung ist einmal im Kalenderjahr abzugeben; sie ist eigenständig und zusätzlich zu anderen Pflichtveröffentlichungen zu publizieren.

VI. Zusätzliche Angaben zur Corporate Governance eines Unternehmens in der Entsprechenserklärung sind erlaubt, soweit noch erkennbar ist, von welchen Empfehlungen des Kodex abgewichen wird.

VII. Vorstand und Aufsichtsrat sind zur Änderung der Entsprechenserklärung auch unterjährig verpflichtet. Diese Änderung hat zu erfolgen, bevor sich die

Unternehmenspraxis ändert und ist vom Vorstand und Aufsichtsrat jeweils als Gesamtorgan vorzunehmen. Die Änderung ist auf allen Wegen, auf denen die Entsprechenserklärung offiziell bekanntgemacht wurde, vorzunehmen. Gegenstand der Änderungserklärung sind die Empfehlungen, die im Kodex stehen, der zum Zeitpunkt der Erklärung aktuell ist.

VIII. Geht mit der Änderung der Entsprechenserklärung eine Neuausrichtung der Corporate Governance eines Unternehmens einher, dann ist diese Änderung nach § 15 Abs. 1 Satz 1 WpHG ad-hoc-publizitätspflichtig. Eine Neuausrichtung liegt vor,

- wenn statt völliger Nichtbeachtung des Kodex in Zukunft sämtliche Empfehlungen beachtet werden und umgekehrt;
- wenn eine Vielzahl von Empfehlungen geändert wird;
- wenn sich die Einstellung zu (nahezu) sämtlichen Empfehlungen eines Kodex-Kapitels ändert (formale Betrachtung);
- oder wenn sich zu einem für die Corporate Governance besonders wichtigen Themenbereich die Einstellung eines Unternehmens komplett ändert (materielle Betrachtung).

IX. Eine Auswertung der abgegebenen Entsprechenserklärungen macht deutlich, dass ein Großteil der Empfehlungen eingehalten wird und die Befolgungsquote in Zukunft noch steigen wird.

X. Die Empfehlungen des Kodex können insbesondere in der Satzung, den Geschäftsordnungen von Vorstand und Aufsichtsrat und in den Anstellungsverträgen der Vorstandsmitglieder umgesetzt werden. Dabei sind Regeln und Grenzen der Gestaltungsmöglichkeit zu beachten, die sich aus allgemeinem Aktienrecht ergeben. Durch eine Aufnahme von Empfehlungen in gesellschaftsinterne Normen vergrößert sich der Pflichtenkreis der betreffenden Organe.

XI. Neben Verstößen gegen handelsrechtliche Publizitätsvorschriften sind Verstöße gegen § 161 AktG

- die Nichtabgabe der Entsprechenserklärung,
- die Abgabe einer formell fehlerhaften Entsprechenserklärung und einer unvollständigen Entsprechenserklärung; sie sind der Nichtabgabe einer Entsprechenserklärung gleichgestellt,
- und die Abgabe einer materiell fehlerhaften Erklärung.

XII. Die Abgabe divergierender Entsprechenserklärungen von Vorstand und Aufsichtsrat verstößt zwar gegen § 161 AktG, wird aber nicht der Nichtabgabe der Entsprechenserklärung gleichgestellt, da das Informationsbedürfnis des Kapitalmarkts in besonderer Weise erfüllt wird.

XIII. Der Abschlussprüfer schränkt seinen Bestätigungsvermerk im Fall der Nichtabgabe der Entsprechenserklärung sowie in den diesen gleichgestellten Fällen ein. Gleiches gilt, wenn die Entsprechenserklärung den Aktionären nicht dauerhaft zugänglich gemacht wurde. Eine Mitteilungspflicht des Abschlussprüfers gegenüber dem Aufsichtsrat ist denkbar, wenn eine materiell fehlerhafte Entsprechenserklärung abgegeben oder den Pflichten zur handelsrechtlichen Publizität nach §§ 285 Nr. 16, 314 Abs. 1 Nr. 8, 325 Abs. 1 und 2 HGB nicht nachgekommen wurde. Sie besteht nur bei Umsetzung von Ziff. 7.2.3 DCGK in der Prüfungsvereinbarung oder bei einer Bewertung der Verstöße durch den Abschlussprüfer als schwerwiegenden Gesetzesverstoß nach § 321 Abs. 1 Satz 3 HGB. Eine solche Bewertung ist nicht zwingend.

XIV. Die Aktionäre können bei Nichtabgabe der Entsprechenserklärung oder bei einem gleichgestellten Fall die Entlastung verweigern und einen erteilten Entlastungsbeschluss anfechten. Gleiches gilt, wenn die Erklärung den Aktionären nicht dauerhaft zugänglich gemacht wurde.

XV. Im Fall einer materiell fehlerhaften Entsprechenserklärung und bei Verstößen gegen die Publizitätsanforderungen nach §§ 285 Nr. 16, 314 Abs. 1 Nr. 8, 325 Abs. 1 und 2 HGB verbleibt ein Entscheidungsspielraum der Hauptversammlung hinsichtlich der Frage, ob sie Entlastung erteilt. Eine solche Entlastung ist nicht immer anfechtbar, da in den genannten Verstößen nicht zwingend ein schwerwiegender Gesetzesverstoß zu erblicken ist.

XVI. Im Zusammenhang mit der Abgabe einer Entsprechenserklärung ist eine Strafbarkeit nach §§ 400 Abs. 1 Satz 1 AktG, 263, 264a Abs. 1 Nr. 1 StGB und § 4 UWG unter bestimmten Voraussetzungen denkbar. Gleiches gilt bei einem Verstoß gegen § 20a WpHG für die Strafbarkeit nach § 38 Abs. 1 Nr. 4 WpHG bzw. alternativ für eine Ordnungswidrigkeit nach § 39 Abs. 1 Nr. 1 und 2 WpHG. In der Nichtabgabe der Entsprechenserklärung sowie in den ihr gleichgestellten Fällen liegt eine Ordnungswidrigkeit nach § 334 Abs. 1 Nr. 1 d) HGB, im Falle eines Konzerns nach § 334 Abs. 1 Nr. 2 f) HGB vor. Wird die Entsprechenserklärung nicht gemäß § 325 Abs. 1 und 2 HGB offengelegt, kann ein Ordnungsgeld gegen den Vorstand nach § 335a HGB verhängt werden.

XVII. Die Mitglieder von Vorstand und Aufsichtsrat haften der Gesellschaft gegenüber nach § 93 Abs. 2 AktG, wenn sie gegen gesetzliche oder gesellschaftsintern vorgegebene Pflichten oder die selbst abgegebene Entsprechenserklärung verstoßen haben. Bei der Schadensberechnung ist zu beachten, dass die Entsprechenserklärung grundsätzlich jederzeit geändert werden kann. Offengelegte Abweichungen von den Empfehlungen des Kodex, Abweichungen von den Anregungen und von gesetzesinterpretierenden Vorschriften des informatorischen Teils stellen grundsätzlich keine Pflichtverletzung dar und begründen daher keine Haftung nach § 93 Abs. 2 AktG. Allerdings kann dem Kodex eine Indizfunktion für eine Sorgfaltspflichtverletzung zukommen. Eine Innenhaftung nach § 117 AktG ist bei Vorliegen der – sehr hohen – Voraussetzungen möglich.

XVIII. Eine Außenhaftung der Mitglieder von Vorstand und Aufsichtsrat gegenüber den Anlegern ist nur im Falle vorsätzlichen Handelns bei Verletzung von § 117 Abs. 1 Satz 2 AktG bzw. § 117 Abs. 2 Satz 1 AktG, § 826 BGB oder § 823 Abs. 2 BGB i.V.m. einem Schutzgesetz möglich. Schutzgesetze sind § 400 AktG, § 20a WpHG; §§ 263, 264a StGB sowie § 4 UWG und für bestimmte Anleger auch § 334 Abs. 1 Nr. 1 d), Nr. 2 f) HGB. Ist eine dieser Normen erfüllt, können diejenigen Anleger, die Aktien bei zu positiver Darstellung der Corporate-Governance-Praxis des Unternehmens in der Entsprechenserklärung gekauft haben und diese bis zur Bekanntgabe der Falschinformation die Aktien gehalten haben, Schadensersatz in Höhe der Kursdifferenz verlangen. Daneben können Anleger, die schon vor der Fehlerhaftigkeit der Entsprechenserklärung Aktien gehalten haben, nur den Kursschaden ersetzt verlangen, der auf dem durch die Falschangabe hervorgerufenen Vertrauensverlust basiert. Bei allen anderen Anlegern kommt eine Schadensersatzhaftung nicht in Betracht.

XIX. Bei grob fahrlässigem Verhalten ist außerdem eine Haftung nach § 44 BörsG für den Fall, dass eine inhaltlich falsche Entsprechenserklärung in einem Börsenzulassungsprospekt wiedergegeben wird, denkbar. Gleiches gilt für die entsprechende Haftung nach §§ 55 BörsG, 13 Abs. 1 VerkProspG, 20 KAGG und § 12 AuslInvestmG. Die Schadensberechung richtet sich in diesen Fällen nach §§ 44 Abs. 1 Satz 1 BörsG, 20 Abs. 1 Satz 1 KAGG, 12 Abs. 1 Satz 1 AuslInvestmG.

XX. Eine Außenhaftung von Vorstand und Aufsichtsrat nach §§ 93 Abs. 2 AktG (i.V.m. § 116 AktG), 823 Abs. 1 BGB, § 37b und 37c WpHG sowie den Grundsätzen der bürgerlich-rechtlichen Prospekthaftung im weiteren oder engeren Sinne kommt nicht in Betracht. Mangels Schutzgesetzeigenschaft des Kodex, der §§ 161, 93 Abs. 2, 116 und 117 AktG, § 15 WpHG und der Satzung oder Geschäftsordnung der Gesellschaft ist bei Verletzung dieser Normen auch keine Haftung nach § 823 Abs. 2 BGB möglich.

XXI. Eine Haftung der Gesellschaft für Verstöße gegen § 161 AktG oder die damit zusammenhängenden handelsrechtlichen Pflichten ist nur möglich, wenn zusätzlich die Voraussetzungen der § 44 BörsG bzw. §§ 15, 37b und 37c WpHG erfüllt sind. Bei der Haftung der Gesellschaft nach §§ 823 Abs. 2,

826 BGB sind außerdem die allgemeinen Zurechnungeregeln des § 31 BGB zu beachten.

XXII. Die richterrechtliche Entwicklung einer neuen Haftungskategorie in Anlehnung an §§ 37b und 37c WpHG, 44 BörsG oder 434 Abs. 1 BGB oder allgemein in Anspruch genommenes Vertrauen ist nicht möglich.

XXIII. Inwieweit eine Informationshaftung für fehlerhafte Kapitalmarktinformation, wie sie derzeit de lege ferenda diskutiert wird, auch Verstöße gegen § 161 AktG und die damit zusammenhängenden Pflichten, insbesondere aber die Abgabe einer fehlerhaften Entsprechenserklärung, erfasst, bleibt abzuwarten.

Anhang: Deutscher Corporate Governance Kodex

Bekanntmachung des „Deutscher Corporate Governance Kodex (in der Fassung vom 21. Mai 2003) Vom 30. Juni 2003

veröffentlicht im Amtlichen Teil des elektronischen Bundesanzeigers am 4. Juli 2003

Nachstehend wird gemäß § 161 des Aktiengesetzes der im Amtlichen Teil des elektronischen Bundesanzeigers zu veröffentlichende Deutsche Corporate Governance Kodex der Regierungskommission Deutscher Corporate Governance Kodex in der Fassung vom 21. Mai 2003 bekannt gemacht (Anlage).

Berlin, den 30. Juni 2003

Bundesministerium der Justiz
Im Auftrag
Prof. Dr. U. Seibert

Anlage
Regierungskommission
Deutscher Corporate Governance Kodex

Hinweis:

Der Kodex in der Fassung vom 21. Mai 2003 wird im elektronischen Bundesanzeiger als Neufassung bekannt gemacht. Die Änderungen gegenüber der früheren Fassung sind nicht im Text hervorgehoben. Eine Version mit markierten Änderungen findet sich auf der Website der Kodex-Kommission: www.corporate-governance-code.de. Dort findet sich auch ein Archiv mit allen *früheren Kodexfassungen.*

Deutscher Corporate Governance Kodex (in der Fassung vom 21. Mai 2003)

1 Präambel

Der vorliegende Deutsche Corporate Governance Kodex (der „Kodex") stellt wesentliche gesetzliche Vorschriften zur Leitung und Überwachung deutscher börsennotierter Gesellschaften (Unternehmensführung) dar und enthält international und national anerkannte Standards guter und verantwortungsvoller Unternehmensführung. Der Kodex soll das deutsche Corporate Governance System transparent und nachvollziehbar machen. Er will das Vertrauen der internationalen und nationalen Anleger, der Kunden, der Mitarbeiter und der Öffentlichkeit in die Leitung und Überwachung deutscher börsennotierter Aktiengesellschaften fördern.

Der Kodex verdeutlicht die Rechte der Aktionäre, die der Gesellschaft das erforderliche Eigenkapital zur Verfügung stellen und das unternehmerische Risiko tragen.

Deutschen Aktiengesellschaften ist ein duales Führungssystem gesetzlich vorgegeben:

Der Vorstand leitet das Unternehmen in eigener Verantwortung. Die Mitglieder des Vorstands tragen gemeinsam die Verantwortung für die Unternehmensleitung. Der Vorstandsvorsitzende koordiniert die Arbeit der Vorstandsmitglieder.

Der Aufsichtsrat bestellt, überwacht und berät den Vorstand und ist in Entscheidungen, die von grundlegender Bedeutung für das Unternehmen sind, unmittelbar eingebunden. Der Aufsichtsratsvorsitzende koordiniert die Arbeit im Aufsichtsrat.

Die Mitglieder des Aufsichtsrats werden von den Aktionären in der Hauptversammlung gewählt. Bei Unternehmen mit mehr als 500 bzw. 2000 Arbeitnehmern im Inland sind auch die Arbeitnehmer im Aufsichtsrat vertreten, der sich dann zu einem Drittel bzw. zur Hälfte aus von den Arbeitnehmern gewählten Vertretern zusammensetzt. Bei Unternehmen mit mehr als 2000 Arbeitnehmern hat der Aufsichtsratsvorsitzende, der praktisch immer ein Vertreter der Anteilseigner ist, ein die Beschlussfassung entscheidendes Zweitstimmrecht. Die von den Aktionären gewählten Anteilseignervertreter und die Arbeitnehmervertreter sind gleichermaßen dem Unternehmensinteresse verpflichtet.

Das auch in anderen kontinentaleuropäischen Ländern etablierte duale Führungssystem und das international verbreitete System der Führung durch ein einheitliches Leitungsorgan (Verwaltungsrat) bewegen sich wegen des intensiven Zusammenwirkens von Vorstand und Aufsichtsrat in der Praxis aufeinander zu und sind gleichermaßen erfolgreich.

Die Rechnungslegung deutscher Unternehmen ist am True-and-fair-view-Prinzip orientiert und vermittelt ein den tatsächlichen Verhältnissen entsprechendes Bild der Vermögens-, Finanz- und Ertragslage des Unternehmens.

Empfehlungen des Kodex sind im Text durch die Verwendung des Wortes „soll" gekennzeichnet. Die Gesellschaften können hiervon abweichen, sind dann aber verpflichtet, dies jährlich offenzulegen. Dies ermöglicht den Gesellschaften die Berücksichtigung branchen- oder unternehmensspezifischer Bedürfnisse. So trägt der Kodex zur Flexibilisierung und Selbstregulierung der deutschen Unternehmensverfassung bei. Ferner enthält der Kodex Anregungen, von denen ohne Offenlegung abgewichen werden kann; hierfür verwendet der Kodex Begriffe wie „sollte" oder „kann". Die übrigen sprachlich nicht so gekennzeichneten Teile des Kodex betreffen Bestimmungen, die als geltendes Gesetzesrecht von den Unternehmen zu beachten sind.

In Regelungen des Kodex, die nicht nur die Gesellschaft selbst, sondern auch ihre Konzernunternehmen betreffen, wird der Begriff *„Unternehmen" statt „Gesellschaft" verwendet.*

Der Kodex richtet sich in erster Linie an börsennotierte Gesellschaften. Auch nicht börsennotierten Gesellschaften wird die Beachtung des Kodex empfohlen.

Der Kodex wird in der Regel einmal jährlich vor dem Hintergrund nationaler und internationaler Entwicklungen überprüft und bei Bedarf angepasst.

2 Aktionäre und Hauptversammlung

2.1 Aktionäre

2.1.1 Die Aktionäre nehmen ihre Rechte in der Hauptversammlung wahr und üben dort ihr Stimmrecht aus.

2.1.2 Jede Aktie gewährt grundsätzlich eine Stimme. Aktien mit Mehrstimmrechten oder Vorzugsstimmrechten („golden shares") sowie Höchststimmrechte bestehen nicht.

2.2 Hauptversammlung

2.2.1 Der Vorstand legt der Hauptversammlung den Jahresabschluss und den Konzernabschluss vor. Sie entscheidet über die Gewinnverwendung sowie die Entlastung von Vorstand und Aufsichtsrat, wählt die Anteilseignervertreter im Aufsichtsrat und in der Regel den Abschlussprüfer.

Darüber hinaus entscheidet die Hauptversammlung über die Satzung und den Gegenstand der Gesellschaft, über Satzungsänderungen und über wesentliche unternehmerische Maßnahmen wie insbesondere Unternehmensverträge und Umwandlungen, über die Ausgabe von neuen Aktien und von Wandel- und Optionsschuldverschreibungen sowie über die Ermächtigung zum Erwerb eigener Aktien.

2.2.2 Bei der Ausgabe neuer Aktien haben die Aktionäre grundsätzlich ein ihrem Anteil am Grundkapital entsprechendes Bezugsrecht.

2.2.3 Jeder Aktionär ist berechtigt, an der Hauptversammlung teilzunehmen, dort das Wort zu Gegenständen der Tagesordnung zu ergreifen und sachbezogene Fragen und Anträge zu stellen.

2.2.4 Der Versammlungsleiter sorgt für eine zügige Abwicklung der Hauptversammlung.

2.3 Einladung zur Hauptversammlung, Stimmrechtsvertreter

2.3.1 Die Hauptversammlung der Aktionäre ist vom Vorstand mindestens einmal jährlich unter Angabe der Tagesordnung einzuberufen. Aktionärsminderheiten sind berechtigt, die Einberufung einer Hauptversammlung und die Erweiterung der Tagesordnung zu verlangen. Der Vorstand soll die vom Gesetz für die Hauptversammlung verlangten Berichte und Unterlagen einschließlich des Geschäftsberichts nicht nur auslegen und den Aktionären auf Verlangen übermitteln, sondern auch auf der Internet-Seite der Gesellschaft zusammen mit der Tagesordnung veröffentlichen.

2.3.2 Die Gesellschaft soll allen in- und ausländischen Finanzdienstleistern, Aktionären und Aktionärsvereinigungen, die dies vor nicht länger als einem Jahr verlangt haben, die Einberufung der Hauptversammlung mitsamt den Einberufungsunterlagen mitteilen, auf Verlangen auch auf elektronischem Wege.

2.3.3 Die Gesellschaft soll den Aktionären die persönliche Wahrnehmung ihrer Rechte erleichtern. Auch bei der Stimmrechtsvertretung soll die Gesellschaft die Aktionäre unterstützen. Der Vorstand soll für die Bestellung eines Vertreters für die weisungsgebundene Ausübung des Stimmrechts der Aktionäre sorgen; dieser sollte auch während der Hauptversammlung erreichbar sein.

2.3.4 Die Gesellschaft sollte den Aktionären die Verfolgung der Hauptversammlung über moderne Kommunikationsmedien (z.B. Internet) ermöglichen.

3 Zusammenwirken von Vorstand und Aufsichtsrat

3.1 Vorstand und Aufsichtsrat arbeiten zum Wohle des Unternehmens eng zusammen.

3.2 Der Vorstand stimmt die strategische Ausrichtung des Unternehmens mit dem Aufsichtsrat ab und erörtert mit ihm in regelmäßigen Abständen den Stand der Strategieumsetzung.

3.3 Für Geschäfte von grundlegender Bedeutung legen die Satzung oder der Aufsichtsrat Zustimmungsvorbehalte zugunsten des Aufsichtsrats fest. Hierzu gehören Entscheidungen oder Maßnahmen, die die Vermögens-, Finanz- oder Ertragslage des Unternehmens grundlegend verändern.

3.4 Die ausreichende Informationsversorgung des Aufsichtsrats ist gemeinsame Aufgabe von Vorstand und Aufsichtsrat.

Der Vorstand informiert den Aufsichtsrat regelmäßig, zeitnah und umfassend über alle für das Unternehmen relevanten Fragen der Planung, der Geschäftsentwicklung, der Risikolage und des Risikomanagements. Er geht auf Abweichungen des Geschäftsverlaufs von den aufgestellten Plänen und Zielen unter Angabe von Gründen ein.

Der Aufsichtsrat soll die Informations- und Berichtspflichten des Vorstands näher festlegen. Berichte des Vorstands an den Aufsichtsrat sind in der Regel in Textform zu erstatten. Entscheidungsnotwendige Unterlagen, insbesondere der Jahresabschluss, der Konzernabschluss und der Prüfungsbericht, werden den Mitgliedern des Aufsichtsrats möglichst rechtzeitig vor der Sitzung zugeleitet.

3.5 Gute Unternehmensführung setzt eine offene Diskussion zwischen Vorstand und Aufsichtsrat sowie in Vorstand und Aufsichtsrat voraus. Die umfassende Wahrung der Vertraulichkeit ist dafür von entscheidender Bedeutung.

Alle Organmitglieder stellen sicher, dass die von ihnen eingeschalteten Mitarbeiter die Verschwiegenheitspflicht in gleicher Weise einhalten.

3.6 In mitbestimmten Aufsichtsräten sollten die Vertreter der Aktionäre und der Arbeitnehmer die Sitzungen des Aufsichtsrats jeweils gesondert, gegebenenfalls mit Mitgliedern des Vorstands, vorbereiten.

Der Aufsichtsrat sollte bei Bedarf ohne den Vorstand tagen.

3.7 Bei einem Übernahmeangebot müssen Vorstand und Aufsichtsrat der Zielgesellschaft eine begründete Stellungnahme zu dem Angebot abgeben, damit die Aktionäre in Kenntnis der Sachlage über das Angebot entscheiden können.

Der Vorstand darf nach Bekanntgabe eines Übernahmeangebots keine Handlungen außerhalb des gewöhnlichen Geschäftsverkehrs vornehmen, durch die der Erfolg des Angebots verhindert werden könnte, wenn er dazu nicht von der Hauptversammlung ermächtigt ist oder der Aufsichtsrat dem zugestimmt hat. Bei ihren Entscheidungen sind Vorstand und Aufsichtsrat an das beste Interesse der Aktionäre und des Unternehmens gebunden.

In angezeigten Fällen sollte der Vorstand eine außerordentliche Hauptversammlung einberufen, in der die Aktionäre über das Übernahmeangebot beraten und gegebenenfalls über gesellschaftsrechtliche Maßnahmen beschließen.

3.8 Vorstand und Aufsichtsrat beachten die Regeln ordnungsgemäßer Unternehmensführung. Verletzen sie die Sorgfalt eines ordentlichen und gewissenhaften Geschäftsleiters bzw. Aufsichtsratsmitglieds schuldhaft, so haften sie der Gesellschaft gegenüber auf Schadensersatz.

Schließt die Gesellschaft für Vorstand und Aufsichtsrat eine D&O-Versicherung ab, so soll ein angemessener Selbstbehalt vereinbart werden.

3.9 Die Gewährung von Krediten des Unternehmens an Mitglieder des Vorstands und des Aufsichtsrats sowie ihre Angehörigen bedarf der Zustimmung des Aufsichtsrats.

3.10 Vorstand und Aufsichtsrat sollen jährlich im Geschäftsbericht über die Corporate Governance des Unternehmens berichten. Hierzu gehört auch die Erläuterung eventueller Abweichungen von den Empfehlungen dieses Kodex. Dabei kann auch zu den Kodexanregungen Stellung genommen werden.

4 Vorstand

4.1 Aufgaben und Zuständigkeiten

4.1.1 Der Vorstand leitet das Unternehmen in eigener Verantwortung. Er ist dabei an das Unternehmensinteresse gebunden und der Steigerung des nachhaltigen Unternehmenswertes verpflichtet.

4.1.2 Der Vorstand entwickelt die strategische Ausrichtung des Unternehmens, stimmt sie mit dem Aufsichtsrat ab und sorgt für ihre Umsetzung.

4.1.3 Der Vorstand hat für die Einhaltung der gesetzlichen Bestimmungen zu sorgen und wirkt auf deren Beachtung durch die Konzernunternehmen hin.

4.1.4 Der Vorstand sorgt für ein angemessenes Risikomanagement und Risikocontrolling im Unternehmen.

4.2 Zusammensetzung und Vergütung

4.2.1 Der Vorstand soll aus mehreren Personen bestehen und einen Vorsitzenden oder Sprecher haben. Eine Geschäftsordnung soll die Geschäftsverteilung und die Zusammenarbeit im Vorstand regeln.

4.2.2 Das Aufsichtsratsplenum soll auf Vorschlag des Gremiums, das die Vorstandsverträge behandelt, über die Struktur des Vergütungssystems für den Vorstand beraten und soll sie regelmäßig überprüfen.

Die Vergütung der Vorstandsmitglieder wird vom Aufsichtsrat unter Einbeziehung von etwaigen Konzernbezügen in angemessener Höhe auf der Grundlage einer Leistungsbeurteilung festgelegt. Kriterien für die Angemessenheit der Vergütung bilden insbesondere die Aufgaben des jeweiligen Vorstandsmitglieds, seine persönliche Leistung, die Leistung des Vorstands sowie die wirtschaftliche Lage, der Erfolg und die Zukunftsaussichten des Unternehmens unter Berücksichtigung seines Vergleichsumfelds.

4.2.3 Die Gesamtvergütung der Vorstandsmitglieder soll fixe und variable Bestandteile umfassen. Die variablen Vergütungsteile sollten einmalige sowie jährlich wiederkehrende, an den geschäftlichen Erfolg gebundene Komponenten und auch Komponenten mit langfristiger Anreizwirkung und Risikocharakter enthalten. Sämtliche Vergütungsbestandteile müssen für sich und insgesamt angemessen sein.

Als variable Vergütungskomponenten mit langfristiger Anreizwirkung und Risikocharakter dienen insbesondere Aktien der Gesellschaft mit mehrjähriger Veräußerungssperre, Aktienoptionen oder vergleichbare Gestaltungen (z.B. Phantom Stocks). Aktienoptionen und vergleichbare Gestaltungen sollen auf anspruchsvolle, relevante Vergleichsparameter bezogen sein. Eine nachträgliche Änderung der Erfolgsziele oder der Vergleichsparameter soll ausgeschlossen sein. Für außerordentliche, nicht vorhergesehene Entwicklungen soll der Aufsichtsrat eine Begrenzungsmöglichkeit (Cap) vereinbaren.

Die Grundzüge des Vergütungssystems sowie die konkrete Ausgestaltung eines Aktienoptionsplans oder vergleichbarer Gestaltungen für Komponenten mit langfristiger Anreizwirkung und Risikocharakter sollen auf der Internetseite der Gesellschaft in allgemein verständlicher Form bekannt gemacht und im Geschäftsbericht erläutert werden. Hierzu sollen auch Angaben zum Wert von Aktienoptionen gehören.

Der Vorsitzende des Aufsichtsrats soll die Hauptversammlung über die Grundzüge des Vergütungssystems und deren Veränderung informieren.

4.2.4 Die Vergütung der Vorstandsmitglieder soll im Anhang des Konzernabschlusses aufgeteilt nach Fixum, erfolgsbezogenen Komponenten und Komponenten mit langfristiger Anreizwirkung ausgewiesen werden. Die Angaben sollen individualisiert erfolgen.

4.3 Interessenkonflikte

4.3.1 Vorstandsmitglieder unterliegen während ihrer Tätigkeit für das Unternehmen einem umfassenden Wettbewerbsverbot.

4.3.2 Vorstandsmitglieder und Mitarbeiter dürfen im Zusammenhang mit ihrer Tätigkeit weder für sich noch für andere Personen von Dritten Zuwendungen oder sonstige Vorteile fordern oder annehmen oder Dritten ungerechtfertigte Vorteile gewähren.

4.3.3 Die Vorstandsmitglieder sind dem Unternehmensinteresse verpflichtet. Kein Mitglied des Vorstands darf bei seinen Entscheidungen persönliche Interessen verfolgen und Geschäftschancen, die dem Unternehmen zustehen, für sich nutzen.

4.3.4 Jedes Vorstandsmitglied soll Interessenkonflikte dem Aufsichtsrat gegenüber unverzüglich offenlegen und die anderen Vorstandsmitglieder hierüber informieren. Alle Geschäfte zwischen dem Unternehmen einerseits und den Vorstandsmitgliedern sowie ihnen nahestehenden Personen oder ihnen persönlich nahestehenden Unternehmungen andererseits haben branchenüblichen Standards zu entsprechen. Wesentliche Geschäfte sollen der Zustimmung des Aufsichtsrats bedürfen.

4.3.5 Vorstandsmitglieder sollen Nebentätigkeiten, insbesondere Aufsichtsratsmandate außerhalb des Unternehmens, nur mit Zustimmung des Aufsichtsrats übernehmen.

5 Aufsichtsrat

5.1 Aufgaben und Zuständigkeiten

5.1.1 Aufgabe des Aufsichtsrats ist es, den Vorstand bei der Leitung des Unternehmens regelmäßig zu beraten und zu überwachen. Er ist in Entscheidungen von grundlegender Bedeutung für das Unternehmen einzubinden.

5.1.2 Der Aufsichtsrat bestellt und entlässt die Mitglieder des Vorstands. Er soll gemeinsam mit dem Vorstand für eine langfristige Nachfolgeplanung sorgen. Der Aufsichtsrat kann die Vorbereitung der Bestellung von Vorstandsmitgliedern einem Ausschuss übertragen, der auch die Bedingungen des Anstellungsvertrages einschließlich der Vergütung festlegt.

Bei Erstbestellungen sollte die maximal mögliche Bestelldauer von fünf Jahren nicht die Regel sein. Eine Wiederbestellung vor Ablauf eines Jahres vor dem Ende der Bestelldauer bei gleichzeitiger Aufhebung der laufenden Bestellung soll nur bei Vorliegen besonderer Umstände erfolgen. Eine Altersgrenze für Vorstandsmitglieder soll festgelegt werden.

5.1.3 Der Aufsichtsrat soll sich eine Geschäftsordnung geben.

5.2 Aufgaben und Befugnisse des Aufsichtsratsvorsitzenden

Der Aufsichtsratsvorsitzende koordiniert die Arbeit im Aufsichtsrat und leitet dessen Sitzungen.

Der Aufsichtsratsvorsitzende soll zugleich Vorsitzender der Ausschüsse sein, die die Vorstandsverträge behandeln und die Aufsichtsratssitzungen vorbereiten. Den Vorsitz im Prüfungsausschuss (Audit Committee) sollte er nicht innehaben.

Der Aufsichtsratsvorsitzende soll mit dem Vorstand, insbesondere mit dem Vorsitzenden bzw. Sprecher des Vorstands, regelmäßig Kontakt halten und mit ihm die Strategie, die Geschäftsentwicklung und das Risikomanagement des Unternehmens beraten. Der Aufsichtsratsvorsitzende wird über wichtige Ereignisse, die für die Beurteilung der Lage und Entwicklung sowie für die Leitung des Unternehmens von wesentlicher Bedeutung sind, unverzüglich durch den Vorsitzenden bzw. Sprecher des Vorstands informiert. Der Aufsichtsratsvorsitzende soll sodann den Aufsichtsrat unterrichten und erforderlichenfalls eine außerordentliche Aufsichtsratssitzung einberufen.

5.3 Bildung von Ausschüssen

5.3.1 Der Aufsichtsrat soll abhängig von den spezifischen Gegebenheiten des Unternehmens und der Anzahl seiner Mitglieder fachlich qualifizierte Ausschüsse bilden. Diese dienen der Steigerung der Effizienz der Aufsichtsratsarbeit und der Behandlung komplexer Sachverhalte. Die jeweiligen Ausschussvorsitzenden berichten regelmäßig an den Aufsichtsrat über die Arbeit der Ausschüsse.

5.3.2 Der Aufsichtsrat soll einen Prüfungsausschuss (Audit Committee) einrichten, der sich insbesondere mit Fragen der Rechnungslegung und des Risikomanagements, der erforderlichen Unabhängigkeit des Abschlussprüfers, der Erteilung des Prüfungsauftrags an den Abschlussprüfer, der Bestimmung von Prüfungsschwerpunkten und der Honorarvereinbarung befasst. Der Vorsitzende des Prüfungsausschusses sollte kein ehemaliges Vorstandsmitglied der Gesellschaft sein.

5.3.3 Der Aufsichtsrat kann weitere Sachthemen zur Behandlung in einen oder mehrere Ausschüsse verweisen. Hierzu gehören u.a. die Strategie des Unternehmens, die Vergütung der Vorstandsmitglieder, Investitionen und Finanzierungen.

5.3.4 Der Aufsichtsrat kann vorsehen, dass Ausschüsse die Sitzungen des Aufsichtsrats vorbereiten und darüber hinaus auch anstelle des Aufsichtsrats entscheiden.

5.4 Zusammensetzung und Vergütung

5.4.1 Bei Vorschlägen zur Wahl von Aufsichtsratsmitgliedern soll darauf geachtet werden, dass dem Aufsichtsrat jederzeit Mitglieder angehören, die über die zur ordnungsgemäßen Wahrnehmung der Aufgaben erforderlichen Kenntnisse, Fähigkeiten und fachlichen Erfahrungen verfügen und hinreichend unabhängig sind. Ferner sollen die internationale Tätigkeit des Unternehmens, potenzielle Interessenkonflikte und eine festzulegende Altersgrenze für Aufsichtsratsmitglieder berücksichtigt werden.

5.4.2 Eine unabhängige Beratung und Überwachung des Vorstands durch den Aufsichtsrat wird auch dadurch ermöglicht, dass dem Aufsichtsrat nicht mehr als zwei ehemalige Mitglieder des Vorstands angehören sollen und dass Aufsichtsratsmitglieder keine Organfunktionen oder Beratungsaufgaben bei wesentlichen Wettbewerbern des Unternehmens ausüben sollen.

5.4.3 Jedes Aufsichtsratsmitglied achtet darauf, dass ihm für die Wahrnehmung seiner Mandate genügend Zeit zur Verfügung steht. Wer dem Vorstand einer börsennotierten Gesellschaft angehört, soll insgesamt nicht mehr als fünf Aufsichtsratsmandate in konzernexternen börsennotierten Gesellschaften wahrnehmen.

5.4.4 Durch die Wahl bzw. Neuwahl von Aufsichtsratsmitgliedern zu unterschiedlichen Terminen und für unterschiedliche Amtsperioden kann Veränderungserfordernissen Rechnung getragen werden.

5.4.5 Die Vergütung der Aufsichtsratsmitglieder wird durch Beschluss der Hauptversammlung oder in der Satzung festgelegt. Sie trägt der Verantwortung und dem Tätigkeitsumfang der Aufsichtsratsmitglieder sowie der wirtschaftlichen Lage und dem Erfolg des Unternehmens Rechnung. Dabei sollen der Vorsitz und der stellvertretende Vorsitz im Aufsichtsrat sowie der Vorsitz und die Mitgliedschaft in den Ausschüssen berücksichtigt werden.

Die Mitglieder des Aufsichtsrats sollen neben einer festen eine erfolgsorientierte Vergütung erhalten. Die erfolgsorientierte Vergütung sollte auch auf den langfristigen Unternehmenserfolg bezogene Bestandteile enthalten.

Die Vergütung der Aufsichtsratsmitglieder soll im Anhang des Konzernabschlusses individualisiert, aufgegliedert nach Bestandteilen ausgewiesen werden. Auch die vom Unternehmen an die Mitglieder des Aufsichtsrats gezahlten Vergütungen oder gewährten Vorteile für persönlich erbrachte Leistungen, insbesondere Beratungs- und Vermittlungsleistungen, sollen individualisiert im Anhang zum Konzernabschluss gesondert angegeben werden.

5.4.6 Falls ein Mitglied des Aufsichtsrats in einem Geschäftsjahr an weniger als der Hälfte der Sitzungen des Aufsichtsrats teilgenommen hat, soll dies im Bericht des Aufsichtsrats vermerkt werden.

5.5 Interessenkonflikte

5.5.1 Jedes Mitglied des Aufsichtsrats ist dem Unternehmensinteresse verpflichtet. Es darf bei seinen Entscheidungen weder persönliche Interessen verfolgen noch Geschäftschancen, die dem Unternehmen zustehen, für sich nutzen.

5.5.2 Jedes Aufsichtsratsmitglied soll Interessenkonflikte, insbesondere solche, die auf Grund einer Beratung oder Organfunktion bei Kunden, Lieferanten, Kreditgebern oder sonstigen Geschäftspartnern entstehen können, dem Aufsichtsrat gegenüber offenlegen.

5.5.3 Der Aufsichtsrat soll in seinem Bericht an die Hauptversammlung über aufgetretene Interessenkonflikte und deren Behandlung informieren. Wesentliche und nicht nur vorübergehende Interessenkonflikte in der Person eines Aufsichtsratsmitglieds sollen zur Beendigung des Mandats führen.

5.5.4 Berater- und sonstige Dienstleistungs- und Werkverträge eines Aufsichtsratsmitglieds mit der Gesellschaft bedürfen der Zustimmung des Aufsichtsrats.

5.6 Effizienzprüfung

Der Aufsichtsrat soll regelmäßig die Effizienz seiner Tätigkeit überprüfen.

6 Transparenz

6.1 Der Vorstand wird neue Tatsachen, die im Tätigkeitsbereich des Unternehmens eingetreten und nicht öffentlich bekannt sind, unverzüglich veröffentlichen, wenn sie wegen der Auswirkungen auf die Vermögens- und Finanzlage oder auf den allgemeinen Geschäftsverlauf geeignet sind, den Börsenpreis der zugelassenen Wertpapiere der Gesellschaft erheblich zu beeinflussen.

6.2 Sobald der Gesellschaft bekannt wird, dass jemand durch Erwerb, Veräußerung oder auf sonstige Weise 5, 10, 25, 50 oder 75% der Stimmrechte an der Gesellschaft erreicht, über- oder unterschreitet, wird dies vom Vorstand unverzüglich veröffentlicht.

6.3 Die Gesellschaft wird die Aktionäre bei Informationen gleich behandeln. Sie soll ihnen unverzüglich sämtliche neuen Tatsachen, die Finanzanalysten und vergleichbaren Adressaten mitgeteilt worden sind, zur Verfügung stellen.

6.4 Zur zeitnahen und gleichmäßigen Information der Aktionäre und Anleger soll die Gesellschaft geeignete Kommunikationsmedien, wie etwa das Internet, nutzen.

6.5 Informationen, die die Gesellschaft im Ausland aufgrund der jeweiligen kapitalmarktrechtlichen Vorschriften veröffentlicht, sollen auch im Inland unverzüglich bekannt gegeben werden.

6.6 Erwerb oder Veräußerung von Aktien der Gesellschaft oder von darauf bezogenen Erwerbs- oder Veräußerungsrechten (z. B. Optionen) sowie von Rechten, die unmittelbar vom Börsenkurs der Gesellschaft abhängen, durch Vorstands- und Aufsichtsratsmitglieder der Gesellschaft oder ihres Mutterunternehmens sowie durch bestimmte ihnen nahestehende Personen werden von diesen unverzüglich der Gesellschaft mitgeteilt. Von der Mitteilungspflicht sind der Erwerb auf arbeitsvertraglicher Grundlage, als Vergütungsbestandteil sowie unwesentliche Erwerbs- und Veräußerungsgeschäfte (25 000,– EURO in 30 Tagen) ausgenommen. Die Gesellschaft veröffentlicht die Mitteilung unverzüglich.

Im Anhang zum Konzernabschluss sollen entsprechende Angaben gemacht werden. Der Aktienbesitz einschließlich der Optionen sowie der sonstigen Derivate des einzelnen Vorstands- und Aufsichtsratsmitglieds sollen dann angegeben werden, wenn er direkt oder indirekt größer als 1% der von der Gesellschaft ausgegebenen Aktien ist. Übersteigt der Gesamtbesitz aller Vorstands- und Aufsichtsratsmitglieder 1% der von der Gesellschaft ausgegebenen Aktien, soll der Gesamtbesitz getrennt nach Vorstand und Aufsichtsrat angegeben werden.

6.7 Im Rahmen der laufenden Öffentlichkeitsarbeit sollen die Termine der wesentlichen wiederkehrenden Veröffentlichungen (u.a. Geschäftsbericht, Zwischenberichte, Hauptversammlung) in einem „Finanzkalender" mit ausreichendem Zeitvorlauf publiziert werden.

6.8 Von der Gesellschaft veröffentlichte Informationen über das Unternehmen sollen auch über die Internetseite der Gesellschaft zugänglich sein. Die Internetseite soll übersichtlich gegliedert sein. Veröffentlichungen sollten auch in englischer Sprache erfolgen.

7 Rechnungslegung und Abschlussprüfung

7.1 Rechnungslegung

7.1.1 Anteilseigner und Dritte werden vor allem durch den Konzernabschluss informiert. Sie sollen während des Geschäftsjahres durch Zwischenberichte unterrichtet werden. Der Konzernabschluss und die Zwischenberichte sollen unter Beachtung international anerkannter Rechnungslegungsgrundsätze aufgestellt werden. Für gesellschaftsrechtliche Zwecke (Ausschüttungsbemessung, Gläubigerschutz) werden Jahresabschlüsse nach nationalen Vorschriften (HGB) aufgestellt, die auch Grundlage für die Besteuerung sind.

7.1.2 Der Konzernabschluss wird vom Vorstand aufgestellt und vom Abschlussprüfer sowie vom Aufsichtsrat geprüft. Der Konzernabschluss soll binnen 90 Tagen nach Geschäftsjahresende, die Zwischenberichte sollen binnen 45 Tagen nach Ende des Berichtszeitraums, öffentlich zugänglich sein.

7.1.3 Der Konzernabschluss soll konkrete Angaben über Aktienoptionsprogramme und ähnliche wertpapierorientierte Anreizsysteme der Gesellschaft enthalten.

7.1.4 Die Gesellschaft soll eine Liste von Drittunternehmen veröffentlichen, an denen sie eine Beteiligung von für das Unternehmen nicht untergeordneter Bedeutung hält. Handelsbestände von Kredit- und Finanzdienstleistungsinstituten, aus denen keine Stimmrechte ausgeübt werden, bleiben hierbei unberücksichtigt. Es sollen angegeben werden: Name und Sitz der Gesellschaft, Höhe des Anteils, Höhe des Eigenkapitals und Ergebnis des letzten Geschäftsjahres.

7.1.5 Im Konzernabschluss sollen Beziehungen zu Aktionären erläutert werden, die im Sinne der anwendbaren Rechnungslegungsvorschriften als nahestehende Personen zu qualifizieren sind.

7.2 Abschlussprüfung

7.2.1 Vor Unterbreitung des Wahlvorschlags soll der Aufsichtsrat bzw. der Prüfungsausschuss eine Erklärung des vorgesehenen Prüfers einholen, ob und ggf. welche beruflichen, finanziellen oder sonstigen Beziehungen zwischen dem Prüfer und seinen Organen und Prüfungsleitern einerseits und dem Unternehmen und seinen Organmitgliedern andererseits bestehen, die Zweifel an seiner Unabhängigkeit begründen können. Die Erklärung soll sich auch darauf erstrecken, in welchem Umfang im vorausgegangenen Geschäftsjahr andere Leistungen für das Unternehmen, insbesondere auf dem Beratungssektor, erbracht wurden bzw. für das folgende Jahr vertraglich vereinbart sind.

Der Aufsichtsrat soll mit dem Abschlussprüfer vereinbaren, dass der Vorsitzende des Aufsichtsrats bzw. des Prüfungsausschusses über während der Prüfung auftretende mögliche Ausschluss- oder Befangenheitsgründe unverzüglich unterrichtet wird, soweit diese nicht unverzüglich beseitigt werden.

7.2.2 Der Aufsichtsrat erteilt dem Abschlussprüfer den Prüfungsauftrag und trifft mit ihm die Honorarvereinbarung.

7.2.3 Der Aufsichtsrat soll vereinbaren, dass der Abschlussprüfer über alle für die Aufgaben des Aufsichtsrats wesentlichen Feststellungen und Vorkommnisse unverzüglich berichtet, die sich bei der Durchführung der Abschlussprüfung ergeben.

Der Aufsichtsrat soll vereinbaren, dass der Abschlussprüfer ihn informiert bzw. im Prüfungsbericht vermerkt, wenn er bei Durchführung der Abschlussprüfung Tatsachen feststellt, die eine Unrichtigkeit der von Vorstand und Aufsichtsrat abgegebenen Erklärung zum Kodex ergeben.

7.2.4 Der Abschlussprüfer nimmt an den Beratungen des Aufsichtsrats über den Jahres- und Konzernabschluss teil und berichtet über die wesentlichen Ergebnisse seiner Prüfung.

Literaturverzeichnis

Abram, Nils Ansprüche von Anlegern wegen Verstößen gegen § 161 AktG oder den Deutschen Corporate Governance Kodex – ein Literaturbericht, ZBB 2003, 41

Abram, Nils Ansprüche von Anlegern wegen Verstoßes gegen Publizitätspflichten oder den Deutschen Corporate Governance Kodex?, NZG 2003, 307

Altenhain, Karsten Die Neuregelung der Marktpreismanipulation durch das Vierte Finanzmarktförderungsgesetz, BB 2002, 1874

Assmann, Heinz-Dieter Corporate Governance im Schnittfeld von Gesellschaftsrecht und Kapitalmarktrecht, in: *Ekkenga, Jens; Hadding, Walter; Hammen, Horst* (Hrsg.), Festschrift für Siegfried Kümpel zum 70. Geburtstag, Berlin 2003, S. 1
zit.: *Assmann*, FS Kümpel, S.

Assmann, Heinz-Dieter Corporate Governance, AG 1995, 289

Assmann, Heinz-Dieter Prospekthaftung als Haftung für die Verletzung kapitalmarktbezogener Informationsverkehspflichten nach deutschem und US-amerikanischem Recht, Köln u. a. 1985
zit.: *Assmann* Prospekthaftung, S.

Assmann, Heinz-Dieter Referat, in: Verhandlungen des 64. Deutschen Juristentages, München 2000, P
zit.: *Assmann* Referat 64. DJT, P

Assmann, Heinz-Dieter; Buck, Petra Europäisches Kapitalmarktrecht, EWS 1990, 110, 190, 220

Assmann, Heinz-Dieter; Schneider, Uwe H. Wertpapierhandelsgesetz: Kommentar, 2. Auflage Köln 1999
zit.: *Bearbeiter* in: Assmann/Schneider WpHG, §

Assmann, Heinz-Dieter; Schütze, Rolf A. (Hrsg.) Handbuch des Kapitalanlagerechts, 2. Auflage München 1997
zit.: *Bearbeiter* in: Assmann/Schütze, Hdb. Kapitalanlagerecht, § Rn.

Austmann, Andreas Die gesellschaftsrechtliche Kautelarpraxis unter dem Deutschen Corporate Governance Kodex, Manuskript vom 2. Juni 2003, Veröffentlichung geplant im RWS-Verlag 2003
zit.: *Austmann* Gesellschaftsrechtliche Kautelarpraxis, RWS, S.

Bachmann, Gregor Der „Deutsche Corporate Governance Kodex“: Rechtswirkungen und Haftungsrisiken, WM 2002, 2137

Bar, Christian von Vertrauenshaftung ohne Vertrauen – Zur Prospekthaftung bei der Publikums-KG in der Rechtsprechung des BGH – , ZGR 1983, 476

Barnert, Thomas Deliktischer Schadensersatz bei Kursmanipulation de lege lata und de lege ferenda, WM 2002, 1473.

Bassen, Alexander; Böcking, Hans-Joachim; Loistl, Otto; Strenger, Christian Die Analyse von Unternehmen mit der „Scorecard für German Corporate Governance“, Finanzbetrieb 2000, 693

Baum, Harald Zur Diskussion über vergleichende Corporate Governance mit Japan, RabelsZ 62 (1998), 739

Baumbach, Adolf; Hefermehl, Wolfgang Wettbewerbsrecht, 22. Auflage München 2001
zit: *Baumbach/Hefermehl* Wettbewerbsrecht, §

Baumbach, Adolf; Hopt, Klaus J. Handelsgesetzbuch, 30. Auflage München 2000
zit.: Baumbach/*Hopt* HGB, §

Baums, Theodor (Hrsg.) Bericht der Regierungskommission Corporate Governance: Unternehmensführung, Unternehmenskontrolle, Modernisierung des Aktienrechts, Köln 2001;
auch veröffentlicht als BT-Drs. 14/7515 vom 14. August 2001
zit.: *Baums* (Hrsg.) Bericht RegKomm, S. / Rn.

Baums, Theodor Empfiehlt sich eine Neuregelung des aktienrechtlichen Anfechtungs- und Organhaftungsrechts, insbesondere der Klagemöglichkeiten von Aktionären?, in: Verhandlungen des 63. Deutschen Juristentages, München 2000, F;
zit.: *Baums* Gutachten 63. DJT, F

Bayer, Walter Aktionärsklagen de lege lata und de lege ferenda, NJW 2000, 2609

Beck´scher Bilanz-Kommentar, 5. Auflage München 2003
zit.: BeckBilKomm/*Bearbeiter* §

Behrens, Peter „Corporate Governance“ in: *Basedow, Jürgen* (Hrsg.) Festschrift für Ulrich Drobnig zum siebzigsten Geburtstag, 1998, S. 491
zit.: *Behrens* FS Drobnig, S.

Bender, Christian; Vater, Hendrik Lückenhaft und unverbindlich – Der Deutsche Corporate Governance Kodex lässt auch nach der Überarbeitung wichtige Kernprobleme der Unternehmensüberwachung ungelöst, DStR 2003, 1807

Bender, Gregor Auch Gewerkschafter im Aufsichtsrat müssen Kodex befolgen, FAZ vom 9.7.2003 (Nr. 156), S. 17
zit.: *Bender* FAZ vom 9.7.2003, S. 17

Benner, Klaus-Dieter Konsequenzen der Zentralisierungsbestrebungen der Wertpapiermarktaufsicht, ZRP 2001, 450

Berding, Benjamin Gesellschafts- und kapitalmarktrechtliche Grundsätze im Übernahmerecht, WM 2002, 1149

Berg, Stefan; Stöcker, Mathias Anwendungs- und Haftungsfragen zum Deutschen Corporate Governance Kodex, WM 2002, 1569

Berle, Adolf A.; Means, Gardiner C. The modern corporation and private property, Neudruck New York 1968
zit.: *Berle/Means* Modern Corporation

Bernhardt, Wolfgang Aufsichtsrat – die schönste Nebensache der Welt?, ZHR 159 (1995), S. 310

Bernhardt, Wolfgang Corporate Governance Kodex für den Mittelstand?, DB Heft 32/2003, S. I

Bernhardt, Wolfgang Der Deutsche Corporate Governance Kodex: Zuwahl (comply) oder Abwahl (explain)?, DB 2002, 1841

Bernhardt, Wolfgang; von Werder, Axel Der German Code of Corporate Governance (GCCG): Konzeption und Kernaussagen, ZfB 2000, 1269

Berrar, Carsten Die Entwicklung der Corporate Governance in Deutschland im internationalen Vergleich, Baden-Baden 2001
zit.: *Berrar* Entwicklung der Corporate Governance, S.

Berrar, Carsten Zur Reform des AR nach den Vorschlägen der Regierungskommission „Corporate Governance", NZG 2001, 1113

Borges, Georg Selbstregulierung im Gesellschaftsrecht – zur Bindung an Corporate Governance-Kodizes, ZGR 2003, 508

Bozicevic, Falko Ein Kodex nur für Konzerne? – Corporate Governance von Small Caps unter der Lupe, AG-R 2003, 432

Bröker, Klaus F. Neue Strafvorschriften im deutschen Börsenrecht, wistra 1995, 130

Brondics, Klaus; Mark, Jürgen Die Verletzung von Informationspflichten im amtlichen Markt nach der Reform des Börsengesetzes, AG 89, 339, 346

Buchta, Jens Die Haftung des Vorstands einer Aktiengesellschaft – aktuelle Entwicklungen in Gesetzgebung und Rechtsprechung, DStR 2003, 694 (Teil I), DStR 2003, 740 (Teil II)

Bundesaufsichtsamt für den Wertpapierhandel; Deutsche Börse AG Insiderhandelsverbote und Ad hoc-Publizität nach dem Wertpapierhandelsgesetz, 2. Auflage Frankfurt 1998;
auch abrufbar unter <http://www.dgap.de/dgap/downloads/insider_d.pdf>
zit.: *BaWe/Deutsche Börse* Insiderhandelsverbote und Ad hoc-Publizität, S.

Bundesministerium der Justiz Wichtige Hinweise zur Umsetzung der Beschlüsse der Cromme-Kommission, Nr. 49/03 vom 10. Juni 2003, Quelle:
<http://www.bmj.bund.de/ger/service/pressemitteilungen/10000736/?sid=5f7f9240>
zit.: *BMJ* Hinweis Nr. 49/03 vom 10.6.2003

Burgard, Ulrich Ad hoc-Publizität bei gestreckten Sachverhalten und mehrstufigen Entscheidungsprozessen, ZHR 162 (1998), 51

Bursee, Michael; Schawilye, Ramona Stock Options – und was kommt danach?, FAZ vom 24.3.2003 (Nr. 70), S. 30
zit.: *Bursee/Schawilye* FAZ vom 24.3.2003, S. 30

Cahn, Andreas Grenzen des Markt- und Anlegerschutzes durch das WpHG, ZHR 162 (1998), S. 1

Canaris, Claus Wilhelm Schutzgesetze – Verkehrspflichten – Schutzpflichten, in: *Canaris, Claus Wilhelm; Diedrichsen, Uwe* (Hrsg.) Festschrift für Karl Larenz zum 80. Geburtstag, München 1983, S. 27
zit.: *Canaris* FS Larenz, S.

Canaris, Claus-Wilhelm Die Vertrauenshaftung im deutschen Privatrecht, Neudruck München 1981
zit.: *Canaris* Vertrauenshaftung, S.

Charkham,Jonathan P. Keeping good Company. A Study of Corporate Governance in Five Countries, Oxford 1994 (Paperback Oxford 1995)
zit.: *Charkham* Keeping good Company, S.

Claussen, Carsten Peter; Bröcker, Norbert Corporate-Governance-Grundsätze in Deutschland – nützliche Orientierungshilfe oder regulatorisches Übermaß?, AG 2000, 481.

Claussen, Carsten Peter; Bröcker, Norbert Der Corporate Governance-Kodex aus der Perspektive der kleinen und mittleren Börsen-AG, DB 2002, 1199

Coombes, Paul; Watson, Mark Three surveys on corporate governance, McKinsey Quarterly IV/2000 – special edition S. 74 ff

Cromme, Gerhard (Hrsg.) Corporate Governance Report 2002, Stuttgart 2002
zit.: *Redner* in: Cromme (Hrsg.), Corporate Governance, S.

Cromme, Gerhard Die Bedeutung des Deutschen Corporate Governance Kodex für die Praxis, Kreditwesen 2002, 502

Davies, Paul Struktur der Unternehmensführung in Großbritannien und Deutschland: Konvergenz oder fortbestehende Divergenz, ZGR 2001, 268

Denninger, Erhard Verfassungsrechtliche Anforderungen an die Normsetzung im Umwelt- und Technikrecht, Baden-Baden 1990
zit.: *Denninger* Anforderungen, S.

Deutscher Corporate Governance Kodex, Kommentar, *Ringleb, Henrik-Michael/Kremer, Thomas/Lutter, Marcus/von Werder, Axel* (Hrsg.), München 2003
zit.: *Bearbeiter* in: DCGK-Komm, Rn.

Dreher, Meinrad; Görner, André Der angemessene Selbstbehalt in der D&O-Versicherung, ZIP 2003, 2321

Drobetz, Wolfgang; Schillhofer, Andreas Gute Corporate Governance senkt Kapitalkosten, FAZ vom 13. Januar 2003 (Nr. 10), S. 20
zit.: *Drobetz/Schillhofer* FAZ vom 13.1.2003, S. 20

DWS Corporate Governance Survey 2001, European Corporate Governance Ranking Report – EuroStoxx 50

Ehrhardt, Olaf; Nowak, Eric Die Durchsetzung von Corporate-Governance-Regeln, AG 2002, 336

Ellenberger, Jürgen Prospekthaftung im Wertpapierhandel, Berlin u.a. 2001
zit.: *Ellenberger* Prospekthaftung, S.

Emmerich, Volker Prospekthaftung bei Bauträgermodellen, Besprechung des Urteils BGH NJW 2001, 436, JuS 2001, 295

Escher-Weingart, Christina Corporate Governance Strukturen – ein deutsch-U.S.-amerikanischer Rechtsvergleich, ZVglRWiss 99 (2000), 387

Ettinger, Jochen; Grützediek, Elke Haftungsrisiken im Zusammenhang mit der Abgabe der Corporate Governance Entsprechenserklärung gemäß § 161 AktG, AG 2003, 353

Feddersen, Dieter; Hommelhoff, Peter; Schneider, Uwe H. Corporate Governance, Köln 1996
zit.: *Bearbeiter* in: Feddersen/Hommelhoff/Schneider, Corporate Governance, S.

Fehlmann, Regula Vertrauenshaftung – Vertrauen als alleinige Haftungsgrundlage, Diss St. Gallen 2002
zit.: *Fehlmann* Vertrauenshaftung, S.

Felton, Robert F.; Hudnut, Alec; van Heeckeren, Jennifer Putting a value on board governance, McKinsey Quarterly IV/1996, S. 170 ff;

Fleischer, Holger Das Vierte Finanzmarktförderungsgesetz, NJW 2002, 2977

Fleischer, Holger Der Inhalt des Schadensersatzanspruchs wegen unwahrer oder unterlassener unverzüglicher Ad-hoc-Meldungen, BB 2002, 1869

Fleischer, Holger Die persönliche Haftung der Organmitglieder für kapitalmarktbezogene Falschinformationen, BKR 2003, 608

Fleischer, Holger Directors' Dealings, ZIP 2002, 1217

Fleischer, Holger Empfiehlt es sich, im Interesse des Anlegerschutzes und zur Förderung des Finanzplatzes Deutschland, das Kapitalmarkt- und Börsenrecht neu zu regeln? – Kapitalmarktrechtliches Teilgutachten, in: Verhandlungen des 64. Deutschen Juristentages, München 2000, F;
zit.: *Fleischer* Gutachten 64. DJT, F

Fleischer, Holger Konkurrenzprobleme um die culpa in contrahendo: Fahrlässige Irreführung versus arglistige Täuschung, AcP 200 (2000), 91

Fleischer, Holger; Kalss, Susanne Kapitalmarktrechtliche Schadensersatzhaftung und Kurseinbrüche an der Börse, AG 2002, 329

Förster, Heinrich H. Die Prospekthaftung der organisierten und grauen Kapitalmärkte, Frankfurt u.a. 2002
zit.: *Förster* Prospekthaftung, S.

Fuchs, Andreas; Dühn, Matthias Deliktische Schadensersatzhaftung für falsche Ad-hoc-Mitteilungen, BKR 2002, 1063

Fürhoff, Jens Kapitalmarktrechtliche Ad hoc-Publizität zur Vermeidung von Insiderkriminalität, Frankfurt am Main u. a. 2000
zit.: *Fürhoff* Kapitalmartkrechtliche Ad hoc-Publizität, S.

Fürhoff, Jens; Wölk, Armin Aktuelle Fragen zur Ad hoc-Publizität, WM 1997, 449

Gaul, Björn Schuldrechtsmodernisierung und Unternehmenskauf, ZHR 166 (2002), 35

Gebauer, Stefan Börsenprospekthaftung und Kapitalerhaltungsgrundsatz in der Aktiengesellschaft, Frankfurt am Main u.a. 1999
zit.: *Gebauer* Börsenprospekthaftung, S.

Gehrt, John Alexander Die neue Ad-hoc-Publizität nach § 15 Wertpapierhandelsgesetz, Baden-Baden 1997
zit.: *Gehrt* Ad-hoc-Publizität, S.

Gelhausen, Hans Friedrich; Hönsch, Henning Deutscher Corporate Governance Kodex und Abschlussprüfung, AG 2002, 529

Gelhausen, Hans Friedrich; Hönsch, Henning Folgen der Änderung des Deutschen Corporate Governance Kodex für die Entsprechenserklärung, AG 2003, 367

Gerber, Olaf Die Prospekthaftung bei Wertpapieremissionen nach dem Dritten Finanzmarktförderungsgesetz, Baden-Baden 2001
zit.: *Gerber* Prospekthaftung, S.

Göthel, Stephan R. Grenzüberschreitende Reichweite ausländischen Kapitalmarktrechts, IPRax 2001, 411

Gompers, Paul; Ishii, Joy; Metrick, Andrew Corporate Governance and Equity Prices, Quarterly Journal of Economics, Bd. 118, S. 107
zit.: *Gompers/Ishii/Metrick* QuartJE, 118, S.

Grauke, Britta; Sandmann, Silke Kaum ein Unternehmen verlangt einen Selbstbehalt, FAZ vom 5.2.2003 (Nr. 30), S. 21
zit.: *Grauke/Sandmann* FAZ vom 5.2.3003, S. 21

Gregory, Holly J.; Simmelkjaer, Robert T. II (Weil, Gotshal & Manges LLP) Comparative Study Of Corporate Governance Codes Relevant to the European Union And Ist Member States, 2002; veröffentlicht unter <http://europa.eu.int/comm/internal_market/de/company/company/news/corp-gov-codes-rpt_de.htm>
zit.: *Gregory/Simmelkjaer* Comparative Study, S.

Grigoleit, Hans Christoph; Herresthal, Carsten Grundlagen der Sachmängelhaftung im Kaufrecht, JZ 2003, 118

Grobys, Marcel Vorstände müssen Kodex beachten, FAZ vom 4.12.2002 (Nr. 282), S. 23
zit.: *Grobys* FAZ vom 4.12.2002, S. .

Groß, Wolfgang Kapitalmarktrecht, 2. Auflage München 2002

Groß, Wolfgang Haftung für fehlerhafte oder fehlende Regel- oder ad-hoc-Publizität, WM 2002, 477

Großkommentar Aktiengesetz *Hopt, Klaus J.; Wiedemann, Herbert* (Hrsg.)
1. Lieferung: Einleitung A-D, 4. Auflage Berlin 1992
4. Lieferung: §§ 121-130, 4. Auflage Berlin 1993
5. Lieferung: §§ 179-191, 4. Auflage Berlin 1995
6. Lieferung: §§ 241-255, 4. Auflage Berlin 1996
7. Lieferung: §§ 23-40, 4. Auflage Berlin 1997
8. Lieferung: §§ 399-410, 4. Auflage Berlin 1997
11. Lieferung: §§ 92-94, 4. Auflage Berlin 1999
14. Lieferung: §§ 118-120, 4. Auflage Berlin 1999
16. Lieferung: §§ 131, 132, 4. Auflage Berlin 2001
zit.: GroßKommAktG/*Bearbeiter* §

Großkommentar UWG *Jacobs, Rainer; Lindacher, Walter F.; Teplitzky, Otto* (Hrsg.)
5. Lieferung: §§ 2-6e, Berlin u. a. 1992
zit.: GroßkommUWG/*Bearbeiter* §

Grote, Rainer Tagungsbericht Tagung der Vereinigung der Staatsrechtslehrer in St. Gallen 2002, JZ 2003, 510

Gruber, Urs Peter Neues Kaufrecht – Umsatz- und Ertragsangaben beim Unternehmenskauf, MDR 2002, 433

Grundmann, Stefan; Mülbert, Peter O. Corporate Governance – Europäische Perspektiven, ZGR 2001, 215

Grunewald, Barbara Rechts- und Sachmängelhaftung beim Kauf von Unternehmensanteilen, NZG 2003, 372

Gruson, Michael; Kubicek, Matthias Der Sarbanes-Oxlex Act, Corporate Governance und das deutsche Aktienrecht (Teil I), AG 2003, 337

Guyon, Yves Aktuelle Entwicklungen im französischen Gesellschaftsrecht in: *Schneider, Uwe H.* u.a. (Hrsg.) Festschrift für Marcus Lutter zum 70. Geburtstag, Köln 2000, S. 83
zit.: *Guyon* FS Lutter, S.

Haid, Alfred Proceedings of teh 3rd Workshop on Corporate Governance in Europe, Vierteljahrshefte zur Wirtschaftsforschung 2001, S. 193

Handbuch des Verfassungsrechts der Bundesrepublik Deutschland *Benda, Ernst; Maihofer, Werner; Vogel, Hans-Jochen* (Hrsg.), 2. Auflage 1994
zit.: *Bearbeiter* in: Hdb. VerfR, § Rn.

Handkommentar Bürgerliches Gesetzbuch *Schulze, Reiner (Schriftltg.)*, Baden-Baden 2003
zit.: Hk-BGB/Bearbeiter §

Happ, Wilhelm (Hrsg.) Aktienrecht. Handbuch – Mustertexte – Kommentar. 2. Auflage Köln u.a. 2004
zit.: *Bearbeiter* in: Happ (Hrsg.) AktR

Heinrich, Ralph P Complementaries in corporate governance, Heidelberg 2002
zit.: *Heinrich* Complementaries, S.

Henn, Günter Handbuch des Aktienrechts, 7. Auflage Heidelberg 2002
zit.: *Henn* HdbAktR, Rn

Heymann Handelsgesetzbuch (ohne Seerecht): Kommentar
Band 3: Drittes Buch, §§ 238-342a, 2. Auflage Berlin u. a. 1999
zit.: Heymann/*Bearbeiter* §

Hirte, Heribert (Hrsg.) Das Transparenz- und Publizitätsgesetz, München 2003
zit.: *Bearbeiter* in: Hirte (Hrsg.) TransPuG, Kap. Rn.

Hoffmann-Becking, Michael Organisation der Zusammenarbeit im Vorstand, ZGR 1998, S. 497

Hofmann, Bernd von Internationales Privatrecht, 7. Auflage München 2002

Hofmann, Rolf; Hofmann Ingo Globalisierung - Challenge für die Akteure der Corporate Governance, 2. Auflage Bochum 2002
zit.: *Hofmann* Globalisierung, S.

Holzborn, Timo; Foelsch, Martin Eberhard Schadensersatzpflichten von Aktiengesellschaften und deren Management bei Anlegerverlusten – ein Überblick, NJW 2003, 932

Holzer, H. Peter; Makowski, Andreas Corporate Governance, DB 1997

Hommelhoff, Peter Die Konzernleitungspflicht, Köln u.a., 1982
zit.: *Hommelhoff* Konzernleitungspflicht, S.

Hommelhoff, Peter Die OECD-Principles on Corporate Governance – ihre Chancen und Risiken aus dem Blickwinkel der deutschen corporate governance-Bewegung, ZGR 2001, 238

Hommelhoff, Peter Gesellschaftsrechtliche Fragen im Entwurf eines SE-Statuts, AG 1990, 422

Hommelhoff, Peter; Lutter, Marcus; Schmidt, Karsten; Schön, Wolfgang; Ulmer, Peter (Hrsg.) Corporate Governance, Heidelberg 2002
zit.: *Autor* in: Hommelhoff u. a. (Hrsg.) Corporate Governance, S.

Hommelhoff, Peter; Mattheus, Daniela Corporate Governance nach dem KonTraG, AG 1998, 249

Hommelhoff, Peter; Schwab, Martin Staats-ersetzende Privatgremien im Unternehmensrecht, Festschrift für Heinrich Wilhelm Kruse, Köln 2001, S. 693
zit.: *Hommelhoff/Schwab* FS Kruse, S.

Hopt, Klaus J. Arbeitnehmervertretung im Aufsichtsrat, in: *Due, Ole* (Hrsg.) Festschrift für Ulrich Everling (Band I), Baden-Baden 1995, S. 475
zit.: *Hopt* FS Everling, S.

Hopt, Klaus J. Corporate Governance: Aufsichtsrat oder Markt? – Überlegungen zu einem internationalen und interdisziplinären Thema – in: *Hommelhoff, Peter* (Hrsg.) Max Hachenburg: dritte Gedächtnisvorlesung 1998, Heidelberg 1998
zit.: *Hopt*, 3. Hachenburg-Gedächtnisvorlegung

Hopt, Klaus J. Die Haftung von Vorstand und Aufsichtsrat, in: *Immenga, Ulrich; Möschel, Wernhard; Reuter, Dieter* (Hrsg.), Festschrift für Ernst-Joachim Mestmäcker, Baden-Baden 1996, S. 909
zit.: *Hopt* FS Mestmäcker, S.

Hopt, Klaus J. Europäisches Gesellschaftsrecht – Krisen und neue Anläufe, ZIP 1998, 96

Hopt, Klaus J. Europäisches Kapitalmarktrecht – Rückblick und Ausblick in: *Grundmann, Stefan* (Hrsg.) Systembildung und Systemlücken in Kerngebieten des Europäischen Privatrechts, Tübingen 2000, S. 307
zit.: *Hopt* in: Grundmann, Systembildung, S.

Hopt, Klaus J. Gemeinsame Grundsätze der Corporate Governance in Europa?, ZGR 2000, 779

Hopt, Klaus J. Kapitalmarktrecht (mit Prospekthaftung) in der Rechtsprechung des Bundesgerichtshofes, in: *Heldrich, Andreas* (Hrsg.) 50 Jahre Bundesgerichtshof, Bd. 2, München 2000, S. 497
zit.: *Hopt* FS 50 Jahre BGH, S.

Hopt, Klaus J. Unternehmensführung, Unternehmenskontrolle, Modernisierung des Aktienrechts – Zum Bericht der Regierungskommission Corporate Governance – in: *Hommelhoff, Peter / Lutter, Marcus / Schmidt, Karsten / Schön, Wolfgang / Ulmer, Peter* (Hrsg.) Corporate Governance, Heidelberg 2002, S. 27
zit.: *Hopt* in: Hommelhoff u. a. (Hrsg.) Corporate Governance, S. 27,

Hopt, Klaus J.; Kanda, Hideki; Roe, Mark J.; Wymeersch, Eddy; Prigge, Stefan (Hrsg.) Comparative Corporate Governance – The State of the Art and Emerging Research – , Oxford 1998
zit.: (*Bearbeiter* in:) Hopt/Kanda/Roe u. a. Corporate Governance (1998)

Hopt, Klaus J.; Wymeersch, Eddy Comparative Corporate Governance – Essays and Materials, Berlin 1997
zit.: *Hopt/Wymeersch* Comparative Corporate Governance (1997)

Huber, Ulrich Die Praxis des Unternehmenskaufs im System des Kaufrechts, AcP 202 (2002), S. 179

Hucke, Anja; Ammann, Helmut Der Deutsche Corporate Governance Kodex – Ein Praktiker-Leitfaden für Unternehmer und Berater, Herne/Berlin 2003
zit.: *Hucke/Ammann* DCGK-Leitfaden, S.

Hüffer, Uwe Aktiengesetz, 5. Auflage München 2002
zit.: *Hüffer* AktG, §

Hütten, Christoph Unternehmenseigener Corporate-Governance-Kodex – Zulässigkeit und Sinnhaftigkeit in Zeiten von TransPuG und Deutschem Kodex, BB 2002, 1740

Ihrig, Hans Christoph; Wagner Jens Corporate Governance: Kodex-Erklärung und unterjährige Korrektur, BB 2002, 2509

Ihrig, Hans-Christoph; Wagner, Jens Die Reform geht weiter: Das Transparenz- und Publizitätsgesetz kommt, BB 2002, 789

Ihrig, Hans-Christoph; Wagner, Jens Reaktion börsennotierter Unternehmen auf die Änderung des „Deutschen Corporate Governance Kodex", BB 2003, 1625

Immenga, Ulrich Zuständigkeiten des mitbestimmten Aufsichtsrats, ZGR 1977, S. 249

Jahn, Joachim Mehr Schutz vor Bilanzskandalen, ZRP 2003, 121

Jauernig, Othmar (Hrsg.) Bürgerliches Gesetzbuch, 10. Auflage 2003
zit.: *Jauernig/Bearbeiter* BGB §

Kiethe, Kurt Falsche Erklärung nach § 161 AktG – Haftungsverschärfung für Vorstand und Aufsichtsrat?, NZG 2003, 559

Kiethe, Kurt Maßnahmenkatalog der Bundesregierung zur Aktienrechtsreform 2003 – „Verbesserung" der Klagerechte der Aktionäre?, ZIP 2003, 707

Kiethe, Kurt Persönliche Organhaftung für Falschinformation des Kapitalmarkts – Anlegerschutz durch Systembruch?, DStR 2003, 1982

Kindl, Johann Unternehmenskauf und Schuldrechtsmodernisierung, WM 2003, 409

Klitzing, Joachim von Die Ad-hoc-Publizität, Köln u. a. 1999
zit.: *von Klitzing* Die Ad-hoc-Publizität, S.

Knigge, Dagmar Änderungen des Aktienrechtes durch das Transparenz- und Publizitätsgesetz, WM 2002, 1729

Köhler, Helmut; Piper, Henning Gesetz gegen den unlauteren Wettbewerb, 3. Auflage München 2002
zit.: Köhler/Piper UWG, §

Kollmann, Katharina Aktuelle Corporate Governance-Diskussion in Deutschland – Deutscher Corporate Governance-Kodex der Regierungskommission sowie Transparenz- und Publizitätsgesetz (TransPuG), WM-Sonderbeilage 1/2003

Köndgen, Johannes Selbstbindung ohne Vertrag, Tübingen 1981
zit.: *Köndgen* Selbstbindung, S.

Köndgen, Johannes Zur Theorie der Prospekthaftung, Teil I AG 1983, 85; Teil II AG 1983, 120

Kreitmeier, Florian Corporate Governance: Aufsichtsgremien und Unternehmensstrategien, Herrsching 2001
zit: *Kreitmeier* Corporate Governance, S.

Krieger, Albrecht Empfiehlt sich eine gesetzliche Regelung der Publikums-KG?, in: *Lutter, Marcus;/ Mertens, Hans-Joachim, Ulmer, Peter* (Hrsg.) Festschrift für Walter Stimpel zum 68. Geburtstag, S. 307 ff.
zit.: *Krieger* FS Stimpel, S.

Krieger, Gerd Interne Voraussetzungen für die Abgabe der Entsprechenserklärung nach § 161 AktG, in: *Habersack, Matthias; Hommelhoff, Peter; Hüffer, Uwe; Schmidt, Karsten* (Hrsg.) Festschrift für Peter Ulmer zum 70. Geburtstag, Berlin 2003, S. 365
zit.: *Krieger* FS Ulmer, S.

Kümpel, Siegfried Bank- und Kapitalmarktrecht, 2. Auflage Köln 2000
zit.: *Kümpel* Bank- und Kapitalmarktrecht, Rn.

Kümpel, Siegfried Kapitalmarktrecht – Eine Einführung, Berlin 1995
zit.: Kümpel Kapitalmarktrecht, S.

Lackner, Karl; Kühl, Kristian Strafgesetzbuch, 24. Auflage München 2001
zit.: Lackner/*Kühl* StGB, §, Rn.

Larenz, Karl; Canaris, Claus-Wilhelm Lehrbuch des Schuldrechts, Zweiter Band Besonderer Teil, 2. Halbband, 13. Auflage München 1994
zit.: *Larenz/Canaris* Schuldrecht II/2, §

Leipziger Kommentar StGB *Jähnke, Burkhard; Laufhütte, Heinrich Wilhelm; Odersky, Walter* (Hrsg.)
24. Lieferung: §§ 264-265b, 11. Auflage 1997
zit.: LK-*Bearbeiter* StGB, § Rn.

Leitzke, Claus Die Anhörung beteiligter Kreise nach §§ 51 BimSchG, 60 Krw-/AbfG, 17 Abs. 7 ChemG, 6 WRMG, 20 BodSchG
zit.: *Leitzke* Anhörung beteiligter Kreise, S.

Lenzen, Ursula Verbot der Kurs- und Marktpreismanipulation im Referenten-Entwurf für das 4. Finanzmarktförderungsgesetz, FB 2001, 603

Lingemann, Stefan; Wasmann, Dirk Mehr Kontrolle und Transparenz im Aktienrecht: Das KonTraG tritt in Kraft, BB 1998, 853

Lübbe-Wolff, Gertrude Verfassungsrechtliche Fragen der Normsetzung und Normkonkretisierung im Umweltrecht, ZG 1991, 219

Lück, Wolfgang Corporate Governance und Aufsichtsrat, FAZ vom 21.10.2002 (Nr. 244), S. 24
zit.: *Lück* FAZ vom 21.10.2002, S. 24

Ludwig, Susanne Leitungsgremien und Aufsichtsräte im Konzern, Wiesbaden 1997
zit.: *Ludwig* Leitungsgremien, S.

Luhmann, Niklas Vertrauen. Ein Mechanismus der Reduktion sozialer Komplexität, 4. Auflage Stuttgart 2000
zit.: *Luhmann* Vertrauen, S.

Lutter, Marcus Anmerkung zu BGH JZ 2003, 680 (=NJW 2003, 1032, „Macrotron"), JZ 2003, 684

Lutter, Marcus Corporate Governance und ihre aktuellen Probleme, vor allem: Vorstandsvergütung und ihre Schranken, ZIP 2003, 737

Lutter, Marcus Das Europäische Unternehmensrecht im 21. Jahrhundert, ZGR 2000, 1

Lutter, Marcus Defizite für eine effiziente Aufsichtsratstätigkeit und gesetzliche Möglichkeiten der Verbesserung, ZHR 159 (1995), S. 287

Lutter, Marcus Die Erklärung zum Corporate Governance Kodex, ZHR 166 (2002), 523

Lutter, Marcus Gesellschaftsrecht und Kapitalmarktrecht in:*Lieb, Manfred; Noack, Ulrich; Westermann, Harm Peter* (Hrsg.) Festschrift für Wolfgang Zöllner, Köln u. a. 1998, S. 363
zit.: *Lutter* FS Zöllner, S.

Lutter, Marcus Kodex guter Unternehmensführung und Vertrauenshaftung in: *Schweizer, Rainer J.; Burkert, Herbert; Grasser, Urs* (Hrsg.) Festschrift für Nicolas Druey, Zürich 2002, S. 463
zit.: *Lutter* FS Druey, S.

Lutter, Marcus Professionalisierung der Aufsichtsräte, NJW 1995, 1133

Lutter, Marcus Vergleichende Corporate Governance – Die deutsche Sicht, ZGR 2001, 224

Lutter, Marcus; Krieger, Gerd Rechte und Pflichten des Aufsichtsrats, 4. Auflage Köln 2002
zit.: *Lutter/Krieger* Rechte und Pflichten, Rn.

Lux, Jochen Verjährung von Prospekthaftungsansprüchen, NJW 2003, 2966

Maier-Reimer, Georg Brüssel will das Aktienrecht umwälzen, FAZ vom 4.6.2003 (Nr. 128), S. 21
zit.: *Maier-Reimer* FAZ vom 4.6.2003, S. 21

Maier-Reimer, Georg; Webering, Anabel Ad hoc-Publizität und Schadensersatzhaftung, WM 2002, 1857

Marburger, Peter Die Regeln der Technik im Recht, Köln u. a. 1979
zit.: *Marburger* Regeln der Technik, S.

Marx, Friedhelm Überlegungen der Bundesregierung zur Umsetzung der Vorschläge der Regierungskommission, Wpg 2001, S 9

Maul, Silja; Lanfermann, Georg; Eggenhofer, Erich Aktionsplan der Europäischen Kommission zur Reform des Europäischen Gesellschaftsrechts, BB 2003, 1289

Mensch, Gerhard Grundlagen der Agency-Theorie, WiSu 1999, 686

Merkt, Hanno Die Rolle des Kapitalmarktrechts in der Diskussion um die Corporate Governance, Bonn 2002
zit.: *Merkt, Hanno* Die Rolle des Kapitalmarktrechts, S.

Michalski, Lutz (Hrsg.) Kommentar zum Gesetz betreffend die Gesellschaften mit beschränkter Haftung (GmbH-Gesetz), München 2002
Band I: Systematische Darstellungen 1-7, §§ 1-34 GmbHG
Band II: §§ 35-86 GmbHG
zit.: Michalski/*Bearbeiter* § Rn. bzw. Syst. Darst.

Millstein, Ira M. u. a. Corporate Governance: Verbesserung der Wettbewerbsfähigkeit und der Kapitalbeschaffung auf globalen Märkten. Ein Bericht der Beratergruppe für die Wirtschaft in Corporate-Governance-Fragen an die OECD, Paris 1998
zit.: *Millstein*/OECD Corporate Governance, S.

Möller, Andreas Die Neuregelung des Verbots der Kurs- und Marktpreismanipulation im Vierten Finanzmarktförderungsgesetz, WM 2002, 309

Möllers, Thomas M. J. Anlegerschutz durch Aktien- und Kapitalmarktrecht ZGR 1997, 334

Möllers, Thomas M. J.; Leisch, Franz Clemens Anmerkung zu OLG München, ZIP 2002, 1989, ZIP 2002, 1995

Möllers, Thomas M. J.; Leisch, Franz Clemens Haftung von Vorständen gegenüber Anlegern wegen fehlerhafter Ad-hoc-Meldung nach § 826 BGB, WM 2001, 1648

Möllers, Thomas M. J.; Leisch, Franz Clemens Schaden und Kausalität im Rahmen der neu geschaffenen §§ 37 b und 37 c WpHG, BKR 2002, 1071

Moosmayer, Klaus Straf- und bußgeldrechtliche Regelungen im Entwurf eines Vierten Finanzmarktförderungsgesetzes, wistra 2002, 161

Müller, Welf Die Änderungen im HGB und die Neuregelung der Sachdividende durch das Transparenz- und Publizitätsgesetz, NZG 2002, 752

Münchener Handbuch des Gesellschaftsrechts Band 4. Aktiengesellschaft, *Hoffmann-Becking, Michael* (Hrsg.), 2. Auflage München 1999
zit.: *Bearbeiter* in: Münch. Hdb. GesR IV, §

Münchener Kommentar zum Aktiengesetz, *Kropff, Bruno; Semler, Johannes* (Hrsg.)
Band 1: §§ 1-53, 2. Auflage München 2000
Band 5/1: §§ 148-151, 161-178 AktG, §§ 238-264c HGB, 2. Auflage München 2003
zit.: MünchKommAktG/*Bearbeiter*, §

Münchener Kommentar zum Handelsgesetzbuch, *Schmidt, Karsten* (Hrsg.)
Band 4: §§ 238-342a, München 2001
zit.: MünchKommHGB/*Bearbeiter*, §

Münchner Kommentar zum Bürgerlichen Gesetzbuch, herausgegeben von *Rebmann, Kurt; Säcker, Franz; Rixecker, Roland*
Band 2 (§§ 241-432), 4. Auflage München 2001
Band 5 (§§ 705-853), 3. Auflage München 1997
Band 11 (Internationales Handels- und Gesellschaftsrecht, Art. 50-237 EGBGB, 3. Auflage München 1999
zit.: MünchKommBGB/*Bearbeiter* §

Nassauer, Frank „Corporate Governance" und die Internationalisierung von Unternehmen, Frankfurt am Main 2000
zit.: *Nassauer* Internationalisierung von Unternehmen, S.

Neye, Hans-Werner; Teichmann, Christoph Der Entwurf für das Ausführungsgesetz zur Europäischen Aktiengesellschaft, AG 2003, 169

Nink, Karin; Ehrlich, Peter Verfassungsreform wird kleiner als erwartet, FTD vom 22. August 2003, S. 9

Nölting, Andreas Die ratlosen Räte, ManagerMagazin 9/2000, S. 132

Nowak, Eric Eignung von Sachverhalten in Ad-hoc-Mitteilungen zur erheblichen Kursbeeinflussung, ZBB 2001, 449

Oser, Peter; Orth, Christian; Wader, Dominic Die Umsetzung des Deutschen Corporate Governance Kodex in der Praxis, DB 2003, 1337

Otto, Harro Strafrechtliche Aspekte der Anlageberatung, WM 1988, 729

Palandt Bürgerliches Gesetzbuch, 62. Auflage München 2003
zit.: Palandt/*Bearbeiter* §

Papier, Hans-Jürgen Reform an Haupt und Gliedern – Eine Rede gegen die Selbstentmachtung des Parlaments, ZFSH/SGB 2003, 67

Pellens, Bernhard; Hillebrandt, Franca; Ulmer, Björn Umsetzung von Corporate-Governance-Richtlinien in der Praxis, BB 2001, 1243

Peltzer, Martin Corporate Governance aus der Sicht der deutschen Reformdiskussion, in: *Hommelhoff, Peter* (Hrsg.) Max Hachenburg: dritte Gedächtnisvorlesung 1998, Heidelberg 1998, S. 49
zit.: *Peltzer*, 3. Hachenburg-Gedächtnisvorlegung, S.

Peltzer, Martin Corporate Governance Codices als zusätzliche Pflichtenbestimmung für den Aufsichtsrat, NZG 2002, 10

Peltzer, Martin Deutsche Corporate Governance, München 2003
zit.: *Peltzer* DCG, Rn

Peltzer, Martin Die Kodex-Kommission hat eine Chance verpasst, FAZ vom 2.3.2002 (Nr. 52), S. 23
zit.: *Peltzer* FAZ vom 2.3.2002, S. 23

Peltzer, Martin Handlungsbedarf in Sachen Corporate Governance, NZG 2002, 593

Peltzer, Martin Organisation der Meldung der Entsprechenserklärung nach § 161 AktG, DB 2002, 2580

Peltzer, Martin; von Werder, Axel Der „German Code of Corporate Governance (GCCG)" des Berliner Initiativkreises, AG 2001, 1

Pfitzer, Norbert; Oser, Peter; Wader, Dominic Die Entsprechens-Erklärung nach § 161 AktG – Checkliste für Vorstände und Aufsichtsräte zur Einhaltung der Empfehlungen des Deutschen Corporate Governance Kodex, DB 2002, 1120

Pielorz, Michael In der Unternehmensinsolvenz lebendig wie nie – Organhaftung für Missmanagement, in: *Betteray, Wolfgang van; Delhaes, Wolfgang* (Hrsg.) Festschrift für Friedrich Wilhelm Metzeler zum 70. Geburtstag, Köln 2003, S. 167
zit.: *Pielorz* FS Metzeler, S.

Pohle, Klaus; von Werder, Axel Die Einschätzung der Kernthesen des German Code of Corporate Governance (GCCG) durch die Praxis, DB 2001, 1101

Raiser, Thomas Recht der Kapitalgesellschaften, 3. Auflage München 2001
zit.: *Raiser* Kapitalgesellschaften, §

Rattunde, Rolf; Berner, Susanne Insolvenz einer börsennotierten Aktiengesellschaft – Pflicht des Insolvenzverwalters zur Publikation von Ad-hoc-Mitteilungen nach Wertpapierhandelsgesetz, WM 2003, 1313

Reichert, Jochem; Weller, Marc-Philippe Haftung von Kontrollorganen, ZRP 2002, 49

Renzenbrink, Ulf; Holzner, Nelson Das Verhältnis von Kapitalerhaltung und Ad-hoc-Haftung, BKR 2002, 434

Richter, Rudolf; Furubotn, Erik G. Neue Institutionenökonomik, 2. Auflage Tübingen 1999

Rittstieg, Andreas Die Konkretisierung technischer Standards im Anlagenrecht, Köln u. a. 1982
zit.: *Rittstieg* Konkretisierung, S.

Rock, Edward B. America's Fascination with German Corporate Governance, AG 1995, 291

Rodewald, Jörg; Siems, Mathias Haftung für die „frohe Botschaft" – Rechtsfragen falscher Ad-hoc-Mitteilungen, BB 2001, 2437

Rosen, Rüdiger von Corporate Governance: Eine Bilanz, Die Bank 2001, 283

Rössner, Michael-Christian; Bolkart, Johannes Schadensersatz bei Verstoß gegen Ad-hoc-Publizitätspflichten nach dem 4. Finanzmarktförderungsgesetz, ZIP 2002, 1471

Roth, Günter H. Die (Ohn-)Macht der Hauptversammlung, ZIP 2003, 369

Roth, Günter H.; Büchele, Manfred Corporate Governance: Gesetz und Selbstverpflichtung, GesRZ 2002, 63

Rudolph, Bernd Viertes Finanzmarktförderungsgesetz – ist der Name Programm?, BB 2002, 1036

Ruffert, Matthias Entformalisierung und Entparlamentarisierung politischer Entscheidungen als Gefährdung der Verfassung?, DVBl 2002, 1145

Ruhnke, Klaus Prüfung der Einhaltung des Deutschen Corporate Governance Kodex durch den Abschlussprüfer, AG 2003, 371

Rümker, Dietrich Zur Auslegung der Insiderhandels-Richtlinien BB 1972, 1208

Rützel, Stefan Der aktuelle Stand der Rechtsprechung zur Haftung bei Ad-hoc-Meldungen, AG 2003, 69

Sachs, Michael Grundgesetz Kommentar, 3. Auflage München 2003
zit.: *Bearbeiter* in: Sachs Grundgesetz, §

Schäfer, Frank A. Wertpapierhandelsgesetz, Börsengesetz mit BörsZulV, Verkaufsprospektgesetz mit VerkProspV: Kommentar, Stuttgart u. a. 1999
zit.: *Bearbeiter* in: Schäfer WpHG u. a., §

Schilling, Florian Corporate Governance – Form oder Inhalt? FAZ vom 27. Mai 2002 (Nr. 120), S. 25
zit.: *Schilling* FAZ vom 27.5.2002, S. 25

Schlittgen, Volker Die Ad-hoc-Publizität nach § 15 WpHG, Frankfurt u. a. 2000
zit.: *Schlittgen* Ad-hoc-Publizität, S.

Schmalenbach-Gesellschaft Arbeitskreis „Externe und Interne Überwachung der Unternehmung" der Schmalenbach-Gesellschaft für Betriebswirtschaft e.V.: Auswirkungen des KonTraG auf die Unternehmensüberwachung, DB 2000, Beilage 11/2000

Schmidt, Karsten Gesellschaftsrecht, 4. Auflage Köln u. a. 2002
zit.: *K. Schmidt* GesR, §

Schmidt, Stefan Marcus Corporate Governance in deutschen und amerikanischen Aktiengesellschaften, Frankfurt a.M. u.a., 2001
zit.: *St. Schmidt* Corporate Governance, S.

Schmitz, Alexandra Aktuelles zum Kursbetrug gemäß § 88 BörsG, wistra 2002, 208

Schmoldt, Hubertus Corporate Governance und Mitbestimmung, Mitbestimmung 2002, Heft 6, S. 10

Schneider, Uwe H. Compliance als Unternehmensleitung, ZIP 2003, 645

Schneider, Uwe H. Internationales Kapitalmarktrecht, AG 2001, 269

Schneider, Uwe H. Kapitalmarktorientierte Corporate Governance-Grundsätze, DB 2000, 2413

Schneider, Uwe H.; Strenger, Christian Die „Corporate Governance Grundsätze" der Grundsatzkommission Corporate Governance (German Panel on Corporate Governance), AG 2000, 106

Schönke, Adolf; Schröder, Horst Strafgesetzbuch – Kommentar, 26. Auflage München 2001
zit.: Schönke/Schröder/*Bearbeiter* StGB §, Rn.

Schulze-Osterloh, Joachim Das deutsche Gesellschaftsrecht im Banne der Globalisierung, ZIP 2001, 1433

Schüppen, Matthias Der Kodex – Chancen für den Deutschen Kapitalmarkt!, Corporate Governance 2002, 1117

Schüppen, Matthias To comply or not to comply – that´s the question! Existenzfragen des Transparenz- und Publizitätsgesetzes im magischen Dreieck kapitalmarktorientierter Unternehmensführung, ZIP 2002, 1269

Schwarz Günter Christian Zum Statut der Europäischen Aktiengesellschaft, ZIP 2001, 1847

Seibert, Ulrich Aktienrechtsreform in Permanenz?, AG 2002, 417

Seibert, Ulrich Das „TransPuG", NZG 2002, 608

Seibert, Ulrich Das 10-Punkte-Programm „Unternehmensintegrität und Anlegerschutz", BB 2003, 693

Seibert, Ulrich Das Transparenz- und Publizitätsgesetz (TransPuG), Materialiensammlung, München 2003
zit.: *Seibert* TransPuG, S.

Seibert, Ulrich Im Blickpunkt: Der Deutsche Corporate Governance Kodex ist da, BB 2002, 581

Seibert, Ulrich OECD Principles of Corporate Governance – Grundsätze der Unternehmensführung und -kontrolle für die Welt, AG 1999, 337

Seibt, Christoph H. Deutscher Corporate Governance Kodex und Entsprechen-Erklärung (§ 161 AktG-E), AG 2002, 249

Seibt, Christoph H. Deutscher Corporate Governance Kodex: Antworten auf Zweifelsfragen der Praxis, AG 2003, 465

Seibt, Christoph H. Verwirrung um Inkrafttreten der Kodexänderung, FAZ vom 18. Juni 2003 (Nr. 139), S. 19
zit.: Seibt FAZ vom 18.6.2003, S. 19

Seidel, Martin Rechtliche Grundlagen eines einheitlichen Kapitalmarktrechts der europäischen Gemeinschaft in: *Leßmann, Herbert; Großfeld, Bernhard; Vollmer, Lothar* (Hrsg.) Festschrift für Rudolf Lukes zum 65. Geburtstag, Köln u.a. 1989, S. 575
zit.: *Seidel* FS Lukes, S.

Semler, Johannes; Wagner, Elisabeth Deutscher Corporate Governance Kodex – Die Entsprechenserklärung und Fragen der gesellschaftsinternen Umsetzung, NZG 2003, 553

Sieg, Oliver Die Corporate Governance-Diskussion und die Haftung von Organmitgliedern, in: *Betteray, Wolfgang van; Delhaes, Wolfgang* (Hrsg.) Festschrift für Friedrich Wilhelm Metzeler zum 70. Geburtstag, Köln 2003, S. 191
zit.: *Sieg* FS Metzeler, S.

Siol, Joachim Die bürgerlich-rechtliche Prospekthaftung im engeren Sinn, DRiZ 2003, 204

Sommer, Heike K. (Hrsg.) Being Public, Heidelberg 2002
zit.: *Bearbeiter* in: Sommer (Hrsg.) Being Public, Kap., Rn.

Sorgenfrei, Ulrich Zum Verbot der Kurs- oder Marktpreismanipulation nach dem 4. Finanzmarktförderungsgesetz, wistra 2002, 321

Staudinger, J. von Kommentar zum Bürgerlichen Gesetzbuch
Einführungsgesetz zum Bürgerlichen Gesetzbuch / IPR Internationales Gesellschaftsrecht, Berlin 1998
Zweites Buch. Recht der Schuldverhältnisse, §§ 823 – 825, Berlin 1999
zit.: Staudinger/*Bearbeiter*

Stein, Ursula Haftung für in Anspruch genommenes Marktvertrauen, in: *Lutter, Marcus* (Hrsg.) Festschrift für Martin Peltzer zum 70. Geburtstag , S. 557
zit.: *Stein* FS Peltzer, S.

Steinkühler, Stefan Die rechtliche Bedeutung von Unternehmensgrundsätzen, Berlin 2002
zit.: *Steinkühler* Bedeutung von Unternehmensgrundsätzen, S.

Strenger, Christian Corporate Governance: Braucht der deutsche Mittelstand einen speziellen Kodex, BB Heft 32/2003, S. I

Strenger, Christian Was will, was braucht der Kapitalmarkt, Mitbestimmung, Heft 6/2002, S. 17

Strunk, Günter; Kolaschnik, Helge Frank; Blydt-Hansen, Kristoffer; Jehn, Alexander; Wessel, Christian TransPuG und Corporate Governance Kodex, Hamburg 2003
zit.: Stunk u.a. TransPuG und Corporate Governance Kodex, S.

Talaulicar Till Der Deutsche Corporate Governance Kodex: Zwecksetzung und Wirkungsprognosen, Berlin 2002
zit.: *Talaulicar* Zwecksetzungen und Wirkungsprognosen, S.

Teichmann, Christoph Corporate Governance in Europa, ZGR 2001, 645

Theisen, Manuel René Der große Bruder aus Amerika lässt grüßen, Handelsblatt vom 27.2.2002 (Nr. 41), S. 8
zit.: *Theisen* HB vom 27.2.2002, S. 8

Theisen, Manuel René Überwachung der Unternehmensführung, Stuttgart 1987
zit.: *Theisen* Überwachung

Thoma, Georg F. Das Wertpapiererwerbs- und Übernahmegesetz im Überblick, NZG 2002, 105

Thoma, Georg F.; Leuering, Dieter Die Europäische Aktiengesellschaft – Societas Europaea, NJW 2002, 1449

Thümmel, Roderich C. Haftung für geschönte Ad-hoc-Meldungen: Neues Risiko für Vorstände oder ergebnisorientierte Einzelfallrechtsprechung?, DB 2001, 2331

Thümmel, Roderich C. Persönliche Haftung von Managern und Aufsichtsräten, 2. Auflage Stuttgart u.a. 1998
zit.: *Thümmel* Haftung, Rn.

Tricker, Robert Ian (Hrsg.) Corporate Governance, Aldershot 2000

Tripmaker, Stefan Der subjektive Tatbestand des Kursbetrugs, wistra 2002, 288

Tröndle, Herbert; Fischer, Thomas Strafgesetzbuch, 51. Auflage München 2003
zit.: Tröndle/*Fischer* StGB, § Rn.

Ulmer, Peter Aktienrecht im Wandel, AcP 202 (2002), S. 143

Ulmer, Peter Der Deutsche Corporate Governance Kodex – ein neues Regulierungsinstrument für börsennotierte Aktiengesellschaften, ZHR 166 (2002), 150

Van Hulle, Karel Aktuelle Entwicklungen im europäischen Gesellschaftsrecht, EWS 2000, 521

Vetter, Eberhard Deutscher Corporate Governance Kodex, DNotZ 2003, 748

Volhard, Rüdiger; Weber, Dolf Entlastung, wie oft?, NZG 2003, 351

Volk, Gerrit Deutsche Corporate Governance-Konzepte, DStR 2001, 412

Vortmann, Jürgen (Hrsg.) Prospekthaftung und Anlageberatung, Stuttgart u. a. 2000
zit.: *Bearbeiter* in: Vortmann (Hrsg.) Prospekthaftung, § Rn.

Wach, Karl J. T.; Lange, Markus Fehlerhafte Ad hoc-Mitteilungen; mögliche Haftung von Vorstandsmitgliedern gegenüber Anlegern, WuB I G 7. – 4.02

Waclawik, Erich Modulare Erfolgsvergütung von Vorstandsmitgliedern börsennotierter Aktiengesellschaften, DB 2002, 1461

Waldhausen, Stephan Die ad-hoc-publizitätspflichtige Tatsache, Baden-Baden 2002
zit.: *Waldhausen,* Die ad-hoc-publizitätspflichtige Tatsache, S.

Wartenberg, Ludolf von Corporate Governance aus der Sicht der deutschen Industrie, WM 2001, 2239

Weber-Rey, Daniela; Kellett, Christopher Entwicklung der Corporate Governance im United Kingdom, AG-R 2003, 508

Weitnauer, Wolfgang Der Unternehmenskauf nach neuem Kaufrecht, NJW 2002, 2511

Wellkamp, Ludger Vorstand, Aufsichtsrat und Aktionär, 2. Auflage Bonn 2000

Wels, Thomas; Scholz, Frank Corporate Governance wird zum Schlüsselkriterium für Investoren, Frankfurter Allgemeine Zeitung Nr. 155 vom 8. Juli 2002, S. 18
zit.: *Wels/Scholz* FAZ vom 8.7.2002, S. 18

Werder, Axel von (Hrsg.), German Code of Corporate Governance (GCCG), 2. Auflage 2001
zit.: *Bearbeiter* in: v. Werder, GCCG, S.

Werder, Axel von Der Deutsche Corporate Governance Kodex – Grundlagen und Einzelbestimmungen, DB 2002, 801

Werder, Axel von Grundsätze ordnungsgemäßer Unternehmensleitung in der Arbeit des Aufsichtsrats, DB 1999, 2221

Werder, Axel von; Talaulicar, Till; Kolat, Georg L. Kodex Report 2003: Die Akzeptanz der Empfehlungen des Deutschen Corporate Governance Kodex, DB 2003, 1857

Wiesner, Peter M. Corporate Governance und kein Ende – kommt der europäische Superkodex?, BKR 2002, 145

Wiesner, Peter M. Corporate Governance und kein Ende, ZIP 2003, 977

Wiesner, Peter M. Der Kampf um Investoren hat eine Normenflut verursacht, FAZ vom 10.9.2003 (Nr. 210), S. 23
zit.: *Wiesner* FAZ vom 10.9.2003, S. 23

Wiesner, Peter M. Europäisches Unternehmensrecht, ZIP 2000, 1792

Wiesner, Peter M. Neue Brüsseler Impulse für Corporate Governance und Gesellschaftsrecht, BB 2003, 213

Williamson, Oliver Transaction-cost economics: The governance of contractual relations, Journal of Law & Economics, 22 (1979), 233 ff.
zit.: *Williamson* JLE 22 (1979), S.

Wilsing, Hans-Ulrich Der Verhaltenskodex wird die Haftung verschärfen, FAZ vom 9. März 2002 (Nr. 58), S. 21
zit.: *Wilsing* FAZ vom 9.3.2002, S. 21

Winter, Jaap u. a. Report of the High Level Group of Company Law Experts on A Modern Regulatory Framework for Company Law in Europe, 2002; veröffentlicht unter <http://europa.eu.int/comm/internal_market/en/company/company/news/index.htm>
zit.: *Winter* u. a. Regulatory Framework for Company Law

Wöhe, Günter Einführung in die allgemeine Betriebswirtschaftslehre, 20. Auflage München 2000
zit.: Wöhe Einführung, S.

Wolf, Manfred; Kaiser, Jochen Die Mängelhaftung beim Unternehmenskauf nach neuem Recht, DB 2002, 411

Wolf, Martin Corporate Governance, ZRP 2002, 59

Wölk, Armin Ad hoc-Publizität – Erfahrungen aus der Sicht des Bundesaufsichtsamts für den Wertpapierhandel, AG 1997, 73

Worms, Alexander Anlegerschutz durch Strafrecht, Köln 1987

Wunderer, Felix Rolf Der Verwaltungsrats-Präsident, Zürich 1995

Wymeersch, Eddy Gesellschaftsrecht im Wandel: Ursachen und Entwicklungslinien, ZGR 2001, 294

Wymeersch, Eddy Unternehmensführung in Westeuropa, AG 1995, 299

Zimmer, Daniel Internationales Gesellschaftsrecht, Heidelberg 1996
zit.: *Zimmer* Internationales Gesellschaftsrecht, S.

Schriftenreihe zum Gesellschafts- und Kapitalmarktrecht

Herausgegeben von Lutz Michalski,
Axel Jäger und Klaus-Rudolf Wagner

Band 1 Volker Schulenburg: Bankenhaftung bei geschlossenen Immobilienfonds. Zugleich eine Untersuchung der Wissenszurechnung im Konzern. 2002.

Band 2 Jan Wittenberg: Der Bestandsschutz von Arbeitsverhältnissen im Umwandlungsrecht. 2002.

Band 3 Christian A. Eichner: Management-Buy-Out-Gestaltungen beim Konzern-Spin-Off. Unter besonderer Berücksichtigung der Unternehmenssteuerreform. 2002.

Band 4 Thomas Wunsch: Tracking Stocks - Geschäftsbereichsbezogene Gewinnbeteiligungen bei Aktiengesellschaften. Eine systematische gesellschafts- und steuerrechtliche Betrachtung. 2002.

Band 5 Jan Blumentritt: Die privatrechtlich organisierte Börse. Ein Beitrag zur Diskussion um die Neuordnung des Börsenwesens. 2003.

Band 6 Michael Grüner: Die Beendigung von Gewinnabführungs- und Beherrschungsverträgen. 2003.

Band 7 Holger Pittroff: Die Zurechnung von Stimmrechten gemäß § 30 WpÜG. 2004.

Band 8 Wolfgang Höhn: Ausgewählte Probleme bei Lock-up Agreements. 2004.

Band 9 Gunter Reiff: Gesellschaftsrechtliche Aspekte des regulären Delistings. 2004.

Band 10 Christoph Radke: Die Entsprechenserklärung zum Deutschen Corporate Governance Kodex nach § 161 AktG. Grundlagen und Haftungsfragen. 2004.

www.peterlang.de

Peter Lang · Europäischer Verlag der Wissenschaften

Kerstin Hartmann

Die Aufsichtsratsvergütung als Erfolgsfaktor im deutschen Corporate-Governance-System

Frankfurt am Main, Berlin, Bern, Bruxelles, New York, Oxford, Wien, 2003.
XVIII, 139 S., zahlr. Tab. und Graf.
Europäische Hochschulschriften: Reihe 5, Volks- und Betriebswirtschaft. Bd. 2961
ISBN 3-631-50893-X · br. € 34.00*

Im Rahmen der Corporate-Governance-Diskussion hat die Aufgabenintensität des Aufsichtsrates zugenommen. Er wird zunehmend in strategische Entscheidungen eingebunden und fungiert als Beratungsorgan. Die dualistische Form der Unternehmensverfassung in Deutschland erfährt dadurch eine tendenzielle Annäherung an das anglo-amerikanische Vereinigungsmodell. Doch trotz Konvergenz der Systeme bleibt das Corporate-Governance-Problem aufgrund der Trennung von Eigentum und Kontrolle bestehen. Die Agency-Theorie empfiehlt hier den Einsatz von erfolgsabhängigen Entlohnungsstrukturen, um Moral-Hazard zu reduzieren. Anhand einer empirischen Analyse wird überprüft, ob die Art der Aufsichtsratsvergütung einen Erfolgsfaktor im deutschen Corporate-Governance-System darstellt.

Aus dem Inhalt: Corporate Governance · Aufsichtsrat · Aufsichtsratsvergütungen · Agency-Theorie · Unternehmenserfolg

Frankfurt am Main · Berlin · Bern · Bruxelles · New York · Oxford · Wien
Auslieferung: Verlag Peter Lang AG
Moosstr. 1, CH-2542 Pieterlen
Telefax 00 41 (0) 32 / 376 17 27

*inklusive der in Deutschland gültigen Mehrwertsteuer
Preisänderungen vorbehalten

Homepage http://www.peterlang.de

FSC
www.fsc.org
MIX
Papier | Fördert
gute Waldnutzung
FSC® C083411

Kolibri 360 GmbH
Ferdinand-Jühlke-Straße 7
99095 Erfurt, Deutschland
produktsicherheit@kolibri360.de

Druck:
CPI Druckdienstleistungen GmbH
im Auftrag der
Kolibri 360 GmbH
Ferdinand-Jühlke-Str. 7
99095 Erfurt